周恩来与中国道路的探索

中国中共文献研究会周恩来思想生平研究分会　编

黑龙江人民出版社

图书在版编目(CIP)数据

周恩来与中国道路的探索/中国中共文献研究会周恩来思想生平研究会编. —哈尔滨:黑龙江人民出版社,2015.8 （2021.5重印）
ISBN 978 – 7 – 207 – 10412 – 0

Ⅰ.①周… Ⅱ.①中… Ⅲ.①周恩来(1898～1976)
—思想评论 Ⅳ.①K827 = 7

中国版本图书馆 CIP 数据核字(2015)第 220299 号

责任编辑：李　珊
封面设计：王　刚

周恩来与中国道路的探索
中国中共文献研究会周恩来思想生平研究会　编

出版发行　黑龙江人民出版社
通讯地址　哈尔滨市南岗区宣庆小区 1 号楼
邮　　编　150008
网　　址　www. longpress. com
电子邮箱　hljrmcbs@ yeah. net
印　　刷　北京一鑫印务有限责任公司
开　　本　787×1092　1/16
印　　张　29.25
字　　数　530 千字
版　　次　2015 年 8 月第 1 版　2021年5月第3次印刷
书　　号　ISBN 978 – 7 – 207 – 10412 – 0
定　　价　60.00 元

编·委·会

主　　审：廖心文

主　　编：沈安龙　潘敬国

执行主编：曾绍辉　唐　蕊

副 主 编：王　瑛　朱舒坤

目录

冷　溶	001	在"周恩来与中国梦"学术研讨会暨周恩来思想生平研究会 2014 年年会上的讲话
钱建民	006	在"周恩来与中国梦"学术研讨会暨周恩来思想生平研究会 2014 年年会开幕式上的致辞
李洪峰	008	周恩来的领导艺术
廖心文	024	在周恩来思想生平研究会 2014 年年会上的总结报告
张　谨	030	青年时代周恩来探索中国道路的历程与影响
王晓荣　何金凤	035	周恩来早期对救国道路的探索与选择
李　雪	045	周恩来学生时代"为中华之崛起而读书"的中国梦
刘　燕	054	早期南开校园文化对周恩来的影响
邱小云　程小强	064	探索与实践:周恩来与中央苏区政权建设
汪　浩	071	中国革命道路探索:毛泽东、周恩来贡献的比较研究
柳国庆	086	周恩来对探索适合中国国情社会主义发展道路的历史贡献
韩同友	098	周恩来关于中国社会主义建设和发展思想述论
王　骏	107	周恩来与新中国政治制度
庞廷娅	120	周恩来对社会主义民主政治建设道路的伟大探索
吴江龙　刘伶俐	127	周恩来民主政治思想的历史映像及现实启示
司云胜	135	探索中国民主政治建设的先导之论 ——读周恩来《专政要继续,民主要扩大》
胡晓青	144	民主协商精神是党的历来主张 ——周恩来推进协商民主的实践考察
杨　光	153	试析周恩来对新中国立法的思考

姜长青	160	新中国成立后头七年周恩来中央与地方关系思想与实践浅析
黄 园	168	试论周恩来对干部选拔培养问题的思考及其当代启示
张秋兵	176	官僚主义是领导机关最容易犯的政治病症
魏云兰	184	周恩来执政为民的群众路线观初探
		——以新中国成立初期的活动为中心的考察
徐 行	190	试论周恩来现代化思想的承前启后作用
		——基于同毛泽东、邓小平现代化思想比较研究的视角
陈国民	202	周恩来对探索适合中国国情经济发展道路的历史贡献
包爱芹	213	周恩来与中国社会主义经济发展道路的思考与实践研究
刘凯鹏	222	周恩来对中国科技发展道路的思考与实践
		——从一个讲话提纲谈起
朱少华	233	试论周恩来对中国特色军事发展道路的贡献
张文成 仲华	246	新中国成立前后周恩来争取军事人才述论
唐 蕊	253	周恩来与抗美援朝战争第一年
		——以《建国以来周恩来文稿》(第三册)为例
周贵卯	263	试论周恩来与中国特色的公安工作
魏 涛	269	周恩来文化思想探略
姚 尧	276	周恩来与中国文化发展道路的思考与实践研究
刘国新	284	周恩来与中国特色社会主义文化发展道路
毛 胜	292	周恩来对新中国政教关系的思考
		——以《关于基督教问题的四次谈话》为中心
张林鹏	304	20世纪50年代周恩来民族团结思想内容研究
苏洁菁	314	周恩来与民族多元文化传承及发展道路的实践研究
孙洪斌	322	周恩来:新中国外交发展道路的奠基者
何信恩	329	周恩来对外交往中的政治智慧

纪亚光　王育锋	338	为中国特色和平发展道路奠基
		——周恩来和平共处外交思想的实践特征与启示
牛丽君	348	试论周恩来关于新中国文化对外交流的思考
李　潇	358	周恩来与对外文化传播的探索
		——以日内瓦会议期间艺术片《梁祝》的热映为例
谭智俊	366	论周恩来外交思想中的国家利益观
		——以中日外交实践为例
薛琳　张象	374	论周恩来的非洲理念
李洪河	388	周恩来对生态文明建设的思考研究
潘铉	402	周恩来与我国生态文明建设
王家云	411	论周恩来对建设社会主义生态文明的奠基性贡献
刘明阳	422	浅析周恩来"以人为本"的环境保护思想
李　勤	430	试论周恩来可持续发展思想及其当代价值
沈安龙	436	周恩来生态文明观及其现实影响
杨明伟	441	为什么能够成为周恩来
		——再谈周恩来思想方法的总体特性
	449	附录1:中国中共文献研究会周恩来思想生平研究会章程(修正草案)
	455	附录2:周恩来思想生平研究会第二届理事会常务理事名单
	457	附录3:周恩来思想生平研究会第二届理事会理事名单
	460	附录4:周恩来思想生平研究会第二届理事会领导成员名单
	462	后记

在"周恩来与中国梦"学术研讨会暨周恩来思想生平研究会2014年年会上的讲话 冷 溶[*]

（2014 年 11 月 13 日）

各位领导,同志们,朋友们:

绍兴是周恩来同志的祖居地,也是他革命战斗过的地方。1939 年春,时任中共中央南方局书记的周恩来,曾以国民政府军事委员会政治部副部长的身份回绍兴探亲,开展抗日民族统一战线工作。周恩来同志向故乡人民讲解国内外形势,勉励他们学习鲁迅和秋瑾的革命精神,同日本侵略者斗争到底。其间,他还留下很多饱含革命激情的题词,如"冲过钱塘江,收复杭嘉湖""勿忘鉴湖女侠之遗风,望为我越东女儿争光""埋头苦干,只要抗战胜利,定必苦尽甘来""前途光明"等等。今天,我们在这里召开"周恩来与中国梦"学术研讨会暨周恩来思想生平研究会年会,无疑具有特殊的纪念意义。首先,我代表中央文献研究室和中国中共文献研究会,对这次会议的召开表示热烈祝贺,对各位领导和专家学者的到会表示热烈欢迎!

这次研讨会把主题确定为"周恩来与中国梦",非常有意义。一谈起"中国梦",就使人不由地想起周恩来同志的两句名言。一句是他十二三岁时在东北发出的"为中华之崛起而读书"的誓言,这时候的东北已经沦为日俄帝国主义的势力范围,民族危机格外深重;另一句是他十九岁赴日本求学前夕写给同学的一句话"愿相会于中华腾飞世界时"。可以看得出,青年时代的周恩来就忧国忧民、志向远大,他不仅心存梦想,而且努力为梦想去奋斗。他的梦想,就是我们今天讲的中华民族伟大复兴的中国梦。为了实现这个梦想,他坚定地选择了马克思主义的信仰,义无反顾地走上了革命的道路,无私地奉献出了自己的一切,直到生命的最后

* 冷溶,中央文献研究室主任。

一刻。周恩来同志曾回忆说：我自己和大家一样受过旧教育，后来因为看到民族危亡、山河破碎而觉悟起来，参加了革命。从爱国到革命，这是毛泽东、周恩来等老一辈革命家们走过的共同道路。为实现民族复兴梦想而不懈奋斗，也成为他们人生的共同轨迹。伟大的梦想塑造了伟大的人格，成就了伟大的事业。就像习近平总书记指出的那样，理想指引人生方向，信念决定事业成败。近代以来，中华民族始终有一个梦想，这就是实现中华民族伟大复兴，为人类做出更大贡献。我们的先辈们为实现这个梦想付出了巨大努力。我们党带领人民前赴后继、顽强奋斗，把贫穷落后的旧中国变成日益走向繁荣富强的新中国，使中华民族伟大复兴展现出前所未有的光明前景。他特别强调，要用老一辈革命家们的崇高风范来激励我们在实现"两个一百年"奋斗目标、实现中华民族伟大复兴中国梦的征程上奋勇前进。今天，我们纪念周恩来同志为民族复兴事业建立的丰功伟绩，研究他非凡的革命经历，学习他崇高的精神风范，这对于深入学习理解习近平总书记关于中国梦的重要论述和丰富思想，具有十分重要的意义。我们期待研讨会能够在这方面形成更多高质量的学术成果。

这次会议还有一项重要内容，就是要对周恩来思想生平研究会成立五年来的工作进行总结，选举产生新一届领导机构，研究规划今后一个时期的工作。应该说，这次年会的任务很重。

中央批准成立毛泽东、周恩来、邓小平等老一辈革命家的思想生平研究会，是从更好地宣传和维护党的领袖、宣传和维护党的历史的高度做出的决定。这是党的思想理论建设中的一件大事。2009年7月，周恩来思想生平研究会正式宣告成立。五年来，研究会做了出色的工作，取得了很大的成绩。我感到，有三个突出特点。一是，工作努力，活动开展多，社会影响大。先后召开5次年会，9次学术研讨会；出版论文集、工具书、学术专著9本，共计220万字；筹备大型展览11次。有些活动搞得很有特色，比如在全国广泛开展"周恩来班"创建活动，成立"学习周恩来精神青年联谊会"，主持拍摄第一部反映"周恩来班"的电影《我和我们》等，坚持用周恩来的事迹和精神来教育砥砺年轻一代。这项活动已经成为研究会的品牌，具有很强的社会影响力和感召力。二是，服务中心工作的意识强。比如，为配合群众路线教育实践活动，研究会与天津周恩来邓颖超纪念馆联合举办了"为民、务实、清廉——党风楷模周恩来"专题展览，先后在北京、天津、南京、上海等地巡展，产生很大影响。三是，工作有创意。比如，协助日本 NHK 电视台拍摄 4 集电视片《亲人和身边人员讲述的周恩来》，在美国和香港成功举办有关周恩来生平的展览等。在境外开展这类宣传活动,是研究会工作的新尝试。这充分证明,通过研究会五年来的努力,在研究宣传周恩来同志的思想理论、生平业绩和精神风范方面,已经搭建起了一个全国性的平台,凝聚了一支强有力的队伍,实现了当初成立周恩来思想生平研究会的目的。

这些成绩的取得非常不容易,是以廖心文同志为会长的一班人踏踏实实地干出来的,也是各周恩来纪念地以及全国理论界、党史界、高等院校、军队院校的专家学者们大力帮助的结果。我们要对长期以来支持和参与周恩来思想生平研究会工作的各方面人士和有关单位表示衷心感谢! 要特别感谢赵炜、高振普、纪东、周秉德、周尔均、邓在军等老同志,他们怀着对周总理的深厚感情,始终热情支持和积极参加研究会的活动。众人拾柴火焰高。希望大家在今后能够一如既往地支持周恩来思想生平研究会的工作,使研究会的工作越办越好。

这里,我就做好研究会工作谈几点希望。

第一,要认真组织学习习近平总书记系列重要讲话精神。这是当前全党的一项重要政治任务。周恩来思想生平研究会作为全国性的学术组织,也要努力抓好这方面的学习。习近平总书记系列重要讲话,内容丰富、思想深刻。其中,很多论述对开展研究会的工作具有重要指导意义。比如,在纪念毛泽东同志诞辰120周年的讲话中,他对毛泽东同志等老一辈革命家们为中华民族复兴做出的历史贡献给予高度评价,还深刻阐述了怎样正确看待党的历史、怎样正确评价领袖人物等重大问题。在纪念邓小平同志诞辰110周年的讲话中,他精辟概括和阐述了邓小平同志的精神风范,强调邓小平同志崇高鲜明又独具魅力的革命风范,永远是我们当代中国共产党人应当具备的政治品格。我们要认真学习领会这些重要讲话的精神,认真思考和谋划好今后的工作,使研究会更好地发挥"研究领袖人物以深化党史研究,宣传领袖人物以资政育人"的作用,努力成为周恩来思想生平研究和精神风范研究的学术高地和宣传阵地。

第二,要进一步深化周恩来研究。周恩来同志在党内外、国内外都具有崇高的地位和广泛的影响。在他的身上,集中体现了党的领袖人物的精神风采和人格魅力,集中体现了党的优良传统和作风,集中体现了社会主义核心价值观和中华民族优秀文化的精华。对这样一位伟大人物,我们给予多高的评价,给予怎样的怀念都不过分。这就是为什么周恩来思想生平研究会能够具有这样强的凝聚力和感召力的原因所在。应该说,我们在周恩来研究方面已经取得了很大成绩,但仍然需要进一步深化。前不久中央文献研究室第二编研部和南开中学编辑了有关周恩来同志的两本书,分别是《周恩来南开中学习作释评》和《周恩来南开中学论说文集》。书中收入了周恩来同志在南开中学就学期间写的多篇作文,读后很有感触,也很受教育和启发。这些作文,充分展示了周恩来年轻时期就具有的坚定理想信念和强烈的社会责任感,反映了他赤诚爱国、志向远大、无私为公、勇于担当、勤奋努力的优秀品格,也反映了他深厚的文化底蕴和出众的才华。比如,他写道:"当兹神州存亡危急千钧一发之秋,吾党青年,正宜努力前途,以做砥柱中流自任。""吾国民果欲占颜色于世界也,则当爱国。""立志者,当计其大舍其细,则所成之事业,当不至限于一隅,私于个人矣。""求学贵勤,勤则一生之计定矣。人人能勤,则一国之事定矣。""无论为何种事业,当其动作之始,必筹划其全局,预计其将来,成一希望在。"我举这个例子,就是想说明周恩来这座精神宝藏,我们还要继续挖掘,除了搞好生平和思想理论研究外,很重要的就是要宣传好周恩来精神,用它来树立主流价值,激发社会正能量,弘扬高尚情操,不断激励全党全国各族人民为实现中国梦而奋斗。

第三,要不断开拓创新研究会工作的领域。在开展周恩来思想生平研究和宣传方面,研究会已经有了很多成功的做法,积累了很好的经验。在今后的工作中,还要思考如何进一步开拓局面,更好地发挥作用。最近,习近平总书记在多次重要讲话中提出要加强智库建设的问题。他指出,智力资源是一个国家、一个民族最宝贵的资源。改革发展任务越是艰巨繁重,越需要强大的智力支持。要从推进国家治理体系和治理能力现代化、增强国家软实力的战略高度,把中国特色新型智库建设作为一项重大而紧迫的任务切实抓好。在研究会成立的时候,习近平同志也向我们明确提出过这方面的要求。他指出,中国中共文献研究会要努力成为党的思想理论建设的一个重要思想库。习近平总书记关于智库建设的这个明确要求,要作为今后研究会工作的努力方向。周恩来同志是党的第一代中央领导集体的重要成员,我们党历史上的很多重大事件,他都经历过,亲身参与过。深入研究周恩来同志的生平经历和思想理论,对于深刻总结党的历史经验,总结我们党在革命、建设中一系列重大决策的形成过程和有益启示,更好地为党和国家的政策咨询和决策服务,具有重要意义。今后,研究会应该着重把历史研究与现实研究结合起来,争取把周恩来思想生平研究会建设成为"围绕大局、服务中心、特色鲜明、具有较大影响力的智库类研究团体"。

总而言之,周恩来思想生平研究会的工作大有可为,前景光明,但仍任重道远。希望研究会新一届领导机构能够不辜负中央对我们的殷切期望,不辜负社会各界对我们的期待,努力承担起责任,把研究会的工作推上一个新的台阶。

最后,我代表中央文献研究室和中国中共文献研究会,向联合主办这次会议的绍兴市委、市政府,向承办这次会议的绍兴市旅游集团表示诚挚谢意!感谢他们为这次会议的召开提供的大力支持和周到安排。预祝大会取得圆满成功!

在"周恩来与中国梦"学术研讨会暨周恩来思想生平研究会 2014 年年会开幕式上的致辞 钱建民[*]

（2014 年 11 月 13 日）

尊敬的冷溶主任，尊敬的各位领导、专家、学者，同志们、朋友们：

今天，"周恩来与中国梦"学术研讨会暨周恩来思想生平研究会年会在绍兴举行，这是家乡人民的荣幸和自豪。在此，我谨代表中共绍兴市委、市人大、市政府、市政协，向这次会议的开幕表示热烈的祝贺！向远道而来的各位领导、各位来宾表示诚挚的欢迎！

绍兴是首批国家历史文化名城，是越文化的中心，建城史超过 2 500 年，历史文化底蕴深厚。绍兴是著名的名士之乡，周恩来就是其中的杰出代表，他曾经多次说过："我是绍兴人"，称绍兴为自己的故乡。大禹"三过家门而不入"、越王勾践"卧薪尝胆，十年生聚，十年教训"、陆游"位卑未敢忘忧国"、鲁迅"横眉冷对千夫指"等等，都对青少年时代的周恩来产生了深刻的影响，为他一生追求真理、爱国爱民、勤政廉政打下了重要基础。周恩来的精神风范是共产党人的党性原则、道德情操和中国传统美德的完美结合，也包含着绍兴优秀传统文化的积淀，具有鲜明的实践性、丰富的时代性、广泛的人民性。

党的十八大以来，习近平总书记提出并深刻阐述了实现中华民族伟大复兴的"中国梦"，生动表达了全体中国人民的共同理想和追求。"中国梦"就是周恩来总理最大的梦想，他从小立志"为中华之崛起而读书"，毕生都在为中华民族的伟大复兴而奋斗。大力弘扬周恩来精神风范，对于践行社会主义核心价值观，保持党的先进性和纯洁性，坚定中国特色社会主义道路自信、理论自信、制度自信，具有深远影响和现实意义。今天的"周恩来与中国梦"学术研讨会，对传承和弘扬周恩

---

* 钱建民，中共绍兴市委书记。

来精神风范有重要的推动作用,必将使"中国梦"更加深入人心。

这些年来,我们一直高度重视学习弘扬周恩来精神风范,保护好周恩来祖居、周恩来纪念馆和风范园,组织党员干部瞻仰周恩来雕像和参观《党风楷模周恩来》主题图片展等,使周恩来精神风范在绍兴深深扎根、永久传承,融入绍兴人民血脉之中。

镜水长流,总理的恩泽长留;稽山高耸,总理的功绩不朽。我们将继续深入学习弘扬周恩来精神风范,认真落实贯彻中央和省委各项重大决策,深入实施"重构绍兴产业、重建绍兴水城"战略部署,建设"两美"浙江,为实现"中国梦"而努力奋斗!

周恩来的领导艺术 李洪峰[*]

　　周恩来是历史上少有的一生信念如一、操守如一、言行如一、表里如一的人。于右任曾经写过一幅联语：养天地正气，法古今完人。这幅联语放在周恩来身上最为合适。周恩来是天地正气和古今完人最优秀品德的最完美体现者。

　　讲到周恩来的领导艺术，必须认真学习和研究周恩来的全部实践和全部理论，特别是要深入研究他的三篇有关文献：第一篇是他在1943年3月18日写的《我的修养要则》；第二篇是他1943年4月22日写的《怎样做一个好的领导者》；第三篇是他1949年5月7日所做的《学习毛泽东》的报告。在很大意义上，可以说，这三篇文献，是周恩来整个思想的集中体现，也是周恩来领导艺术的思想源头。

　　首先来看第一篇《我的修养要则》，全文不长，共七条，照录如下：一、加紧学习，抓住中心，宁精勿杂，宁专勿多。二、努力工作，要有计划，有重点，有条理。三、习作合一，要注意时间、空间和条件，使之配合适当，要注意检讨和整理，要有发现和创造。四、要与自己的他人的一切不正确的思想意识作原则上坚决的斗争。五、适当的发扬自己的长处，具体的纠正自己的短处。六、永远不与群众隔离，向群众学习，并帮助他们。过集体生活，注意调研，遵守纪律。七、健全自己身体，保持合理的规律生活，这是自我修养的物质基础。素质和修养是领导者领导艺术的基础。只有具备很高的素质和修养，才能具备很高的领导艺术。这七条修养要则，贯穿了周恩来一生的实践，奠定了周恩来领导艺术的基础。

　　其次再看第二篇《怎样做一个好的领导者》，这是周恩来为中共中央南方局干部做报告而写的提纲。关于领导者的立场，周恩来强调：（一）要有确定的马列主义的世界观和革命的人生观。（二）要有坚持原则精神。（三）要相信群众力量。（四）要有学习精神。（五）要有坚韧的奋斗精神。（六）要有高度的纪律性。关于什么是正确领导，周恩来认为：（一）必须正确地决定问题。（二）必须组织正确决

---

　　* 李洪峰，中纪委驻文化部纪检组原组长。

定之执行。（三）必须组织对于执行这种决定的情形之审查。关于领导艺术，周恩来指出：列宁、斯大林论领导艺术，不可跑得太前，也不可落在运动后面，而应抓住中心一环，推向前进。毛泽东同志论领导艺术，要照顾全局，照顾多数，以及和同盟者一道干。关于工作作风，周恩来重点讲到列宁和毛泽东，他认为，列宁的工作作风是：俄国人的革命胆略；美国人的求实精神。毛泽东同志的工作作风是：中华民族的谦逊实际；中国农民的朴素勤勉；知识分子的好学深思；革命军人的机动沉着；布尔什维克的坚韧顽强。这些要求，既是对中国共产党领导经验的深刻总结，也是对革命领袖领导风格的高度概括，也是周恩来自身领导工作的深切体会，是周恩来对各级干部做好领导工作的明确要求，也是他自身提高领导水平、领导艺术的努力方向。

再次，再看第三篇《学习毛泽东》，这是周恩来在中华全国青年第一次代表大会上所做报告的一部分，读来尤为亲切感人。这是周恩来向全国青年的号召，也是他一生的遵循。其中讲到，学习毛泽东必须全面地学习。我们要学习毛泽东，还因为他是最能坚持原则又最能灵活运用的领袖。毛泽东坚持原则之中有两点值得我们学习：一、坚持方向；二、实现方向。毛泽东思想的特点，就是把普遍真理具体化，运用到中国的土地上。毛主席在坚持真理、实现真理中还有一个经验，就是他所提出的原则总是照顾大多数，为着大多数人民的利益。要使马克思列宁主义的普遍真理在中国胜利实现，一定要结合中国的实际，做许多艰苦的具体工作，不屈不挠地前进，长期地奋斗，努力争取大多数的人民，争取大多数的青年群众跟着我们走，而不是靠着我们这个小队伍。学习毛泽东，还要学习毛泽东日夜不息、从不满足的学习精神。纵观周恩来伟大光辉的一生，学习毛泽东思想，学习毛泽东领导艺术，在毛泽东的旗帜下前进，是贯穿其中的鲜明主线。

综上所述，这三篇文献，可以为我们认识周恩来、理解周恩来，认识和理解周恩来的领袖气质和领导艺术，找到一把入门的钥匙。

周恩来担任政府总理26年，功勋卓著，被人民群众称为"人民的好总理"。他为什么能赢得人民这样的称赞？人民为什么爱戴周恩来？他为什么能出色地管理好中国这样一个世界上人口最多、国情最为复杂的大国的国务？他为什么能成为世界上最具影响力、至今仍令人津津乐道的大国总理？

这与周恩来坚定的信念分不开，他一生坚定社会主义和共产主义的信念不动摇，坚定中华民族腾飞于世界的信念不动摇，坚定为人民服务的信念不动摇。信念的光辉照亮了他的一生。这与他卓越的才能分不开，他思考事物的周密有如水银泻地,处理问题的敏捷有如电火行空。这也与他的勤劳分不开,他70余年如一日,26年如一日,鞠躬尽瘁,死而后已,他经常几天几夜不眠不休地工作,精力充沛,好像不知道疲劳。这与他的智慧分不开。他学贯中西,集东方智慧于一身,而且一生不停顿地学习,一生践行理论联系实际原则,一生坚持行重于言。这更与他的忠诚分不开,他对人民、对国家、对领袖始终忠心耿耿,越是在艰苦环境下,越是在危难局面下,越是在重大转折关头,他的大智慧和浩然正气越是充分显现。"疾风知劲草,板荡识忠臣。"正如郭沫若所形容的,"忠诚与日同辉耀,天不能死地难埋"。这还与他的思想方法和工作作风分不开,他具有深厚的理论修养与多方面知识修养,高度重视把马克思主义普遍真理同中国具体实际结合起来,致广大,尽精微,举轻若重,寓伟大于平凡,创造性地开展工作。

这里,对周恩来领导艺术做一些初步的归纳和梳理。

一、求同存异

在新中国成立前,这是周恩来做统一战线工作时提出来的。新中国成立后,求同存异是周恩来对包括外交工作在内的政府管理的一个重要方法,是周恩来政府管理智慧中最具魅力的范畴之一。

新中国从成立之日起,就面临着如何在同各国建立和发展正常关系的过程中正确处理各国间差异的问题。周恩来及时地将求同存异的思想方法运用到外交工作中,为解决这一问题开辟了正确的途径。1955年在万隆召开亚非会议,周恩来率领政府代表团参加会议。参加会议的国家,虽然都是在第二次世界大战后独立的国家,但是他们在政治制度和意识形态方面是不相同的。当时,我们建国不久,一些亚非国家对我们不太了解,加上个别国家又散布对我们的不满情绪,含沙射影地攻击我们,说什么"共产主义威胁""颠覆活动""宗教信仰不自由"等等,造成会议气氛相当紧张。如果处理不当,就可能使会议开不好,形成分裂。周恩来针对这种情况,果断在会议上做了补充发言,集中阐述了求同存异的重要原则。他说:"中国代表团是来求团结而不是来吵架的。我们共产党人从不讳言我们相信共产主义和认为社会主义制度是好的。但是,在这个会议上用不着来宣传个人的思想意识和各国的政治制度,虽然这种不同在我们中间显然是存在的。"周恩来指出:"在我们中间有无求同的基础呢? 有的。那就是亚非绝大多数国家和人民自近代以来都曾经受过、并且现在仍在受着殖民主义所造成的灾难和痛苦。这是我们大家都承认的。从解除殖民主义痛苦和灾难中找共同基础,我们就很容易互相了解和尊重、互相同情和支持,而不是互相疑虑和恐惧、互相排斥和对立。""我们的会议应该求同而存异。同时,会议应将这些共同愿望和要求肯定下来,这是我们中间的主要问题。我们并不要求个人放弃自己的见解,因为这是实际存在的反映。但是不应该使它妨碍我们在主要问题上达成共同的协议。我们还应在共同的基础上来相互了解和重视彼此的不同见解。"由于坚持求同存异方针和中国代表团的积极工作,会议终于对议程中的各项问题达成了一致协议,在和平共处五项原则基础上,制定了著名的万隆会议十大原则,使这次会议作为亚非国家团结反帝事业的一个伟大胜利而载入史册。周恩来把求同存异精神运用到外交的广泛领域,解决了我国同各国之间存在的许多问题,签订了一系列条约、协定、联合声明,使和平共处原则成为公认的国际关系准则,形成了我国外交工作的一大特色。

在内政管理中,如何处理不同思路、不同性格、不同方面的人的关系?如何调动一切可以调动的积极因素,团结一切可以团结的力量为国家建设服务?周恩来的一个重要方法也是求同存异。1950年8月,在全国自然科学工作者代表会议上,周恩来做《建设与团结》的讲话时指出:"人心不同,各如其面。人们的智慧、才能、性格各有不同,相互之间有时是有矛盾的。团结就是在共同点上把矛盾的各方统一起来。善于团结的人,就是善于在共同点上统一矛盾的人。"

我们国家存在八个民主党派和工商联,既然存在这些政党和组织,由于他们代表着各自所联系的群众的利益,也就存在着矛盾。周恩来注意运用求同存异的原则协调他们之间的关系。他说:"各民主党派同共产党长期共存,为一个共同的目标奋斗,求大同存小异,这并没有坏处。""只要和国家的政策接近,只要大的方向对了,就不要去改他们的,差一点更好,完全和我们说的一样倒不好。不能十全十美。我们同党外人士合作就是在共同的大前提下,接受他们的好意见,丰富我们的主张,只要大的方面有了共同性,小的方面存在差别是允许的。"求同存异,是有原则的。只有求同,才能团结和配合,才能共同奋斗;只有存异,才能彼此了解,才有利于团结,有利于互相学习。在毛泽东、周恩来领导下,由于我们党正确运用了求同存异原则,才加强了共产党领导下的多党合作和政治协商制度,密切了党同民主党派的关系。

二、人民至上

周恩来是具有深刻民主理念、优良民主作风的伟大政治家。他认为,在社会主义建设时期扩大民主具有本质的意义。他深信人民群众是真正的英雄这一历史唯物主义的基本原理,他一生坚持"人民至上"。不断从人民中汲取智慧和力量,成为他增长智慧的最深厚源泉。

周恩来认为政府总理这样的"大官"也就是人民的"总服务员"。他经常说:"我是总服务员。"他要求各级政府管理者,都要服务好老百姓,当好人民的服务员。他从昆曲《十五贯》的内容联想到政府管理,提出要处理好"官"与民的关系。"我们国务院,人民群众要见我们,有的也难见。""《十五贯》教育我们做'官'的人,让我们想一想,是不是真正在为人民服务。"

"小"是"大"的基础,没有小就没有大。江海之所以成为一切小河流的领袖,是因为它善居其下,有容乃大。周恩来的"以大事小"的思想方法,反映了大国对小国善居其下的智慧,反映了政府管理者"人民至上"的理念。

他针对党内民主生活和民主集中制遭到破坏的情况,提出要恢复实事求是、群众路线、自我批评等优良传统和作风,健全党的民主集中制,恢复和加强党内正常的民主生活。他对官僚主义深恶痛绝。他在《反对官僚主义》一文中,列举了官僚主义的二十种表现。他从不以上压下,从不强加于人。遇事他总是发扬民主,同大家商量,鼓励大家讲真话,他听了与自己不同的意见,哪怕是反对的意见,都认真考虑。他知道,能不能坚持民主,充分讨论并认真研究各种意见,是能不能制定正确决策、方案的重要条件。民主集中,兼听则明,是周恩来正确决策、正确领导的重要方法。

在周恩来的整个革命生涯中,始终同人民群众紧密地联系在一起。他一生全心全意为人民服务,时时向人民学习,尊重人民的意见,倾听群众的呼声,坚持从群众中来、到群众中去的正确方法,从群众的实际觉悟出发,引导群众前进。他心中装着全国各族人民,唯独没有他自己。他被称为真正的人民的总理,赢得了人民最广泛、最真挚、最深切的爱戴。周恩来已经成为党同人民血肉联系的优良作风的化身。

共产党员在人民群众中始终是少数。共产党人只有团结最大多数人民群众共同奋斗,才能取得革命、建设、改革的胜利。民主革命时期,周恩来就提出团结一切可以团结的力量,建立最广泛的统一战线。要争取多数,"那个多数一直要包括到敌人营垒中的少数开明分子"。"凡是有群众的地方一定要进去工作",包括黄色工会。他提出在统一战线问题上要反对关门主义的"左"倾错误和投降主义的右倾错误。"'左'倾是把整个队伍推出去","是把自己孤立起来,成了'无兵司令'‘空军司令’"。而"右倾是把整个队伍送出去"①，因而都不能坚持无产阶级的领导权。社会主义时期，周恩来提出要"团结一切可以团结的力量，动员更多可以动员的因素，来参加社会主义建设"。他教育党员，要有团结广大人民群众一道前进的气概和宽广胸怀。不仅要团结工人、农民、知识分子及城乡小资产阶级，同时要团结、改造民族资产阶级，即使对地主，也要通过劳动把他们改造成为新人，甚至对末代皇帝也要进行有效的教育和改造；不仅要团结有共同信仰的人，而且要团结有不同信仰的人；不仅要团进先进的人们，也要团结思想落后，有各种缺点的人。周恩来是彻底的唯物主义者，因而是党的群众路线、群众观点的彻底执行者，他用一生践行了永远不脱离群众、永远不脱离实际的诺言。

三、谦逊实际

中华民族谦逊实际的作风，集中、充分而完美地在周恩来身上得到体现。从青年时代做学生领袖开始，他就表现出谦逊大度的优秀品德。他把自己发起的团体叫作"敬业乐群会"，表现了团结群众、勤学创业的谦逊精神。

他经常勉励自己、教育同志："要有学习精神。""活到老、学到老"，是他终生不渝的座右铭。早在幼年时代，他就养成了好学深思的习惯，练就了常人达不到的记忆力。他既学习书本知识，又学习实践知识；既学习前人的间接经验，又学习当代人的现实经验，他持之以恒地从同志、朋友甚至敌人那里，汲取着无穷的智慧。

他严于律己，从不掩饰自己的缺点，不掩饰自己的错误。发现缺点或错误，总是诚心诚意、再三再四地做检讨，并在实践中改正。对自己工作中的失误，他经常自我检查，不强调客观原因；对自己领导的工作，出了问题，总是自己承担责任，引咎自责，决不文过饰非，诿过于人。他的这种精神，坚持终生。辞世前夕，他强撑着参加贺龙元帅的追悼会，连向贺龙遗体鞠了七个躬，还对家属致歉，自责没有保护好贺龙元帅。他在我们党的领导人中，是最勇于自我批评的人，也是自我批评最多的人。他制定的《自我修养要则》，恪守终生。

周恩来身居党和国家最高领导岗位数十年，但他始终把自己当作普通劳动者，当作人民公仆。他不论对什么人，从不摆架子，从不以领导自居，在他身上看不到官气的影子。他非常务实，注重实事求是。在数十年的领导工作中，他始终坚持调查研究，经常告诫干部："应该有临事而惧的精神。这不是后退，不是泄气，

① 《周恩来选集》上卷，人民出版社1980年版，第220页。

而是戒慎恐惧。"

周恩来认为政府管理千头万绪，"稍一不慎就会出乱子""不能急躁，不能草率，必须谨慎从事"。

在治理黄河中，周恩来针对黄河自然情况的复杂性和治理的艰巨性，反复强调："谦虚一些"，"谨慎一些"，"不要急躁"，"要兢兢业业地做"。1972年11月，他针对高坝大库的建设说："我对这个问题是战战兢兢，如临深渊，如履薄冰。可不要太自信。"

周恩来抓"上天"的尖端科技，提出了"严肃认真，周到细致，稳妥可靠，万无一失"的十六字工作方针。在"两弹"试验基地，工作者们将精心选出的彩色石块拼成这十六个大字，镶嵌在各工号的戈壁滩上。这十六个大字已经成为我国科学实验工作的座右铭。

政府管理中，如何协调和处理眼前利益与长远利益、当代人与后代人的关系？如何实现经济社会的可持续发展？周恩来坚持瞻前顾后、慎之又慎。他认为订计划要瞻前顾后留有余地，全面安排也需要瞻前顾后，政府工作就要抓"全面规划，瞻前顾后，分期进行"。

国家面貌的根本改变，不是一代人的事情，需要一代又一代人前赴后继的努力。周恩来认为每一代人要做好每一代人的事，既不要给子孙后代带来不利后果，也不要企图把子孙后代的事情都做完。把理想变成现实，得几代到几十代人的努力。我们的雄心壮志、伟大理想要世世代代传下去。

一位外国朋友曾说：在周恩来身上，从来没有那种狂想主义和极端主义的色彩。这句朴实而平凡的话，比较准确地概括出了周恩来谦逊实际的思想方法特点。

在对外关系上，周恩来认为，"一切国家，一切民族，都有长处，也有短处，有优点，也有缺点"。他号召"向一切国家的长处学习"，"必须把世界上一切好的东西都学来"。怎么学？"我们应该有批判地学习，不是盲目地学习。有批判地学习，就是要学人家的长处和优点；不盲目地学习，就是不要把人家的短处和缺点也学来。"他指出："敢于向一切国家的长处学习，就是最有自信心和自尊心的表现，这样的民族也一定是能够自强的民族。"

1963年12月14日至1964年2月29日，周恩来在出访亚非欧14国期间，多次用"天涯处处有芳草"的诗句，教育中国代表团人员应该向这些亚非欧国家学习一切有益的东西。

周恩来每次处理对外交涉、参加国际会议等都事先做好充分准备，透彻地分析形势，准确地掌握各方面的情况，制定出可行的谈判方针和具体的斗争策略。

四、平等待人

正是在倡导"求同存异"的万隆亚非会议上，周恩来阐述了新中国外交的另一原则立场，即：国家不分大小，一律平等。周恩来终身信守了这一诺言。这是他同外国人士经常谈到的一个主题。特别是对来自亚洲、非洲、拉丁美洲的朋友们，他时常虚心地询问他们对我们的工作有什么意见，是否发现我们有大国沙文主义的错误。直到他病重住院期间，他最后几次会见外宾时，仍然不倦地说明中国永远不称霸的方针。周恩来在国际交往中平等待人的态度，受到了国际舆论的普遍称赞。他对小国的尊重和体谅，尤其鲜明地体现了新中国平等待人的风格。有一次，他到一个友好邻邦去访问，该国首相准备亲自陪他坐一架小飞机到一个稍远的地方去参观。我们的工作人员担心这种飞机不很安全，周恩来却坚持尊重主人的安排。他说，人家的首相可以坐这种飞机，我为什么就不可以坐？这件事在该国人士中引起了良好的反响，增进了两国之间的友好感情。

周恩来在同外国普通人民的接触中，也同样处处表现出平等待人的精神。1971 年 4 月，美国乒乓球队首次应邀访华，周恩来接见了他们。在谈话中，美国乒乓球队的一位队员提出，希望周恩来谈谈对美国青年中流行"嬉皮士"运动有什么评论和看法。周恩来虽然并不同意"嬉皮士"运动，但是他完全站在平等的地位同这位美国青年进行交谈，没有一丝一毫的生硬说教，更没有半点强加于人。他诚恳、谦逊的态度，使谈话始终充满了令人愉快的气氛。许多外国朋友得知这件事后都对周恩来表示非常称赞和钦佩。

平等待人思想，不仅体现在周恩来大量的外事工作中，尤其体现在他领导国内工作的方方面面。这里谈两方面的情况：一是周恩来平等地对待广大知识分子；二是周恩来平等地对待各少数民族。

我国的知识分子工作，过去一直是由周恩来直接领导的。周恩来是我们党内最懂得知识分子，最善于做知识分子工作，而又最为知识分子爱戴的一位卓越领导人。他在担任共和国总理后，曾经三次发表关于知识分子问题的重要讲话。他生前在知识分子中做了大量工作，交了大量知识分子朋友，其深刻影响，在今天人们仍然能够感觉得到。他最早提出，我国知识界绝大部分知识分子已经成为工人阶级的一部分。强调知识分子是国家最宝贵的财产，要充分地动员和发挥他们的力量,对他们要既交给任务,又推广成果,把知识分子工作同建设国家紧密地结合起来。他特别强调要为知识分子创造一切必要的工作条件,关心他们的生活。一部分知识分子为了日常生活琐事,往往不必要地浪费掉太多的时间。周恩来说:"这应该看作是国家劳动力的损失。"有些知识分子的居住条件太差,一家几口合住一间小屋,休息娱乐生活也组织得不好,他要求主管的部门认真地加以解决。一次周恩来深夜步行至史家胡同话剧演员宿舍,实地查看他们的住宿情况。他关心许多科学家和文艺工作者的医疗问题,并多次探望过他们。在他逝世前三个月,当听到一位哲学家年老体弱,而所在单位却没有派车送其至人民大会堂去参加国庆宴会时,他非常生气。周恩来要求对知识分子的劳动"优质优价",尊重人才;对待成名作家,稿酬应与青年作家有所区别;应该根据按劳分配的原则,适当调整知识分子工资,使他们所得工资多少同他们对国家的贡献大小相适应;修改妨碍新生力量培养和知识分子提拔的不合理的升级制度,建立学位、学衔、知识界荣誉称号、发明创造和优秀著作奖励等制度。

中国是一个历史悠久的统一的多民族国家。实现民族平等,加强民族团结,促进各民族共同繁荣发展,维护祖国团结统一,是我们党一贯坚持的马克思主义民族观。周恩来不仅是我国民族问题的主要决策者、民族政策的精心制定者、阐释者,而且是推动这些政策付诸实施的组织者。

周恩来在民族交往中,坚持以平等求沟通,灵活运用各种沟通方式,排除交往中的社会障碍和心理障碍,他在这方面的艺术堪称一绝。

周恩来认为,"所有民族都是优秀的、勤劳的、智慧的,只要给他们发展的机会;所有的民族都是勇敢的、有力量的,只要给他们锻炼的机会"。因此,"各民族是完全平等的,不能有任何歧视",因为中国"人口众多"是汉族,"地大物博"则在兄弟民族区,所以,"各民族不分大小应互相依存,互相团结才有利"。在汉族与少数民族的关系上,由于历史上汉族长期处于优势地位,汉族统治阶级要么把少数民族同化,要么就把少数民族挤到边疆和生产条件差的地区,处于劣势地位的少数民族得不到发展因而落后了。周恩来认为要承认历史上是"汉族对不起少数民族,今后我们汉族同志要代为受过,向他们赔不是。要多做解释工作,说明今天的中国和过去不同,不会再去压迫少数民族了"。在如何处理民族关系上,周恩来强调汉族要主动替少数民族着想,相互间要以对方为重,"凡事都'求其在我',不要只说人家的错处",以自我批评的精神反对两种民族主义,求得各民族在共同发展、共同繁荣的基础上建立起各民族真正平等友爱的大家庭。

周恩来特别要求担任领导工作的同志应注意了解兄弟民族的心理感情,学习研究兄弟民族的历史、文化和风俗习惯,学习少数民族语言。他说:"风俗习惯常是一个民族一个,因此,风俗习惯也同样应该受到尊重,如果不尊重,就很容易刺激感情。"他说:"不能通话,怎么能交心、谈问题呢?"他每次到少数民族地区视察,都用当地民族语言向干部群众问候,受到热烈欢迎。

周恩来特别注意率先垂范,同少数民族群众水乳交融、打成一片。

最感人的事例是1961年3月,他在云南西双版纳傣族自治州首府景洪城与傣族、布依族、拉祜族等少数民族群众共度傣族新年——泼水节的生动情景。泼水节期间,周恩来曾三次穿起傣族服装与群众一起欢度节日。望着傣家装束的人民总理,各族群众热泪盈眶,连呼毛主席万岁,周总理好。开始泼水时,周恩来到达景洪街头。开始群众都用柏枝蘸着银碗里的清水礼节性地洒在总理身上,周恩来也照此向群众泼洒。当总理看见有些群众用大盆泼水时,也拿起一个大盆泼起来,各族群众一下消除了拘束,纷纷用大盆向自己的总理泼来。依照傣族习俗,泼水节时,水泼得越多越热烈就表示彼此越亲近、越尊重。警卫人员要用伞给周恩来遮挡,他让把伞收起来,说:"不要紧的,要到群众中去和大家一样。"他对当地干部说:"傣族群众的每滴水都是热乎乎的,我一点都不感到寒冷","只有尊重民族风俗习惯才能和各族人民心连心啊!"各族人民每回忆起这一天都激动万分,他们说:"周总理泼的不是一般的水啊,而是甘泉,甘泉落在我们身上,甜在我们心里!"穿一身民族服装,跳一段民族舞蹈,泼出一盆盆象征友谊的银水,映出一张张笑脸,这些热烈感人的画面,一下子拉近了总理与人民之间的距离,这种精神的吸引力、凝聚力是无法估量的。

五、以诚持国

周恩来一生会见外宾逾千人,一生全方位、多层次地结交了无数"畏友""诤友",周恩来成为人们心中最受尊敬和最信任的共产党人。为什么呢?根本在一个诚实。周恩来以诚待人,以诚持国,以诚感天下。大至国家关系,小至人与人之间的往来,周恩来的诚信,感动了中国,感动了世界。

西哈努克曾经这样回忆他在万隆会议上第一次同周恩来相识时的情境:"开会之后,第一个来找我的就是周恩来,同来的有陈毅元帅,那是周的左右手,一位革命与抗日时期的传奇英雄。我们三人很快建立了极友好的关系,周恩来请我到苏加诺给他安排的别墅去吃饭,我满口答应。""从最初接触,我就感到周恩来总理显然想在我们两国之间建立强固的友好关系。他深深触及我的心弦，热情赞扬我为争取柬埔寨完全独立、实行同不论何种意识形态只要尊重我们独立与领土完整的国家就和平共处的中立政策的'胜利斗争'，同时他明白说明中国保证尊重柬埔寨的主权与中立，永不干涉我们的内部事务。""最主要的是我完全为他的礼貌与聪明所折服，他使我感到我的小小柬埔寨和广大无垠的中国完全平等——同时他和我作为个人也平等。""一九五五年柬埔寨同中国还没有任何外交或贸易关系，但周不强迫我做出决定；他说建立关系的时间完全由我定。我邀请他当年对柬埔寨进行国事访问，周与陈毅元帅很高兴地接受了。他们邀请我在正式建交前访问中国，我一点也没迟疑就答应了。"从此，中国与柬埔寨、周恩来与西哈努克的友谊，一直保持了他们的一生。

周恩来有蓝天大海一样的广阔胸怀，赢得了广大人民群众和各界人士倾心拥戴。抗战时期，国民党与中国的联络代表张冲，早年反共，曾经采取阴险毒辣的手段诬陷过周恩来。周恩来与张冲既有公仇又有私怨。但是在抗日战争中，张冲坚决赞成国共合作，共御外侮。周恩来豁达大度，不咎既往，为全民族和人民的利益，与张冲建立了良好的合作关系，"由公谊而增友谊"。张冲置顽固派的攻击于不顾，多次真诚地给周恩来的工作以帮助。"皖南事变"后，张冲曾对周恩来说，"一朝中总有秦桧、岳飞，我们是忠，他们是奸；我们要顾全大局，他们是不顾大局的。"张冲极力弥合国共裂痕，成为国民党统治集团中的有识之士。1941年11月，张冲病逝，周恩来在《新华日报》发表悼念文章，亲自参加追悼会，并送挽联："安危谁与共？风雨忆同舟。"这件事在国民党上层人士中产生了良好影响。

周恩来交朋友是全方位、多层次的，他一生为党的事业结交了无数的朋友。朋友们都把他看作引路人和知音，对他无比信任。著名工商界领袖胡子昂是周恩来在抗战时期结交的一位朋友。胡子昂说："各方面人士一和他接触就敬服他——他和工商界接触，开一次会，谈一次话，都令人感动，令人流泪。"周恩来在朋友中起核心领导作用，但他从不以领导者自居。他说："领导群众的方式和态度要使他们不感觉我们是在领导。"许多朋友常常在不知不觉中，受到潜移默化的影响。周恩来1951年9月29日，在北京大学做《关于知识分子的改造问题》的报告，否定空泛地讲道理，而是首先从自己讲起，他说："讲到改造问题，我想还是先从自己讲起。我中学毕业后，名义上进了大学一年级，但是正赶上五四运动，没有好好读书。我也到过日本、法国、德国，所谓留过学，但是从来没有进过这些国家的大学之门。所以，我是一个中等知识分子。今天在你们这些大知识分子、大学同学面前讲话,还有一点恐慌呢。"他接着说:"拿我个人来说,参加五四运动以来,已经三十多年了,也是不断地进步,不断地改造。也许有的同志会说:你现在担任了政府的领导,还要学习和改造吗?是的,我还要学习和改造。因为我不知道的事情还很多,没有明白的道理也很多,所以要不断地学习,不断地认识,这样才能够进步。三十年来,我尽管参加了革命,也在某些时候和某些部门做了一些负责的工作,但也犯过很多错误,栽过筋斗,碰过钉子。"如此推心置腹、开诚布公的讲话,深深地打动和感染了广大与会者,也深深地打动和感染了广大知识分子。

周恩来对朋友真诚帮助、肝胆相照。抗战胜利后,爱国民主人士李公朴、闻一多,因反对内战,要求民主和平,于1946年7月中旬先后被国民党特务杀害。周恩来闻讯后,立即向国民党政府提出严重抗议,要求国民党惩办凶手,安葬死者,通令全国追悼、抚恤死者家属。接着在上海召开记者招待会,含愤发表声明,谴责国民党特务的罪行。稍后,他又在上海、重庆等地为李、闻举行追悼会,亲自为二位烈士写了悼词。7月25日,著名民主人士陶行知先生因忧国伤时,劳累过度而逝世。周恩来为之痛心疾首,专门向党中央发出《对进步朋友应多加关照》的电报,提出"今后,对进步朋友的安全、健康,我们必须负责保护"。他对朋友体贴入微的事例比比皆是,使朋友们刻骨铭心、永志不忘。著名经济学家马寅初,因抨击官僚资本被蒋介石下令逮捕,周恩来为之积极奔走、多方营救。蒋介石被迫释放了马寅初,但又将其软禁在家,规定"三不准":不准担任公职、不准教书、不准讲演和发表文章。马寅初经济拮据,生活困难,周恩来指示《新华日报》全文刊登马寅初的《中国工业化与民生》,并致送最高稿酬。解放后,马寅初任北京大学校长。1957年发表《新人口论》,由此遭到讽刺。康生要把他划为右派分子,因周恩来的坚决保护,才得幸免。1972年,90岁高龄的马寅初患直肠癌,经周恩来亲自批示,妥善进行了手术,基本康复。周恩来在去世之前,还让他的护理医生前去看望马寅初,仍不放心又打电话询问服用什么药。马寅初从数十年的交往中,得出一个结论:周恩来是"最得人心的党员"。

周恩来是具有强烈政治责任感和历史感的人。1959年,第一批特赦战犯中,大多数是黄埔军校早期学生。周恩来亲切接见了他们,畅叙师生之谊,同时严肃地告诉他们应如何继续学习,努力进步。之后,周恩来又多次会见他们,给予帮助教育,使他们真正感到这是"真正迈进了新生之路的第一步"。后来,这批人多数有了真正的进步,不少人移居国外,虽遇到各种威胁利诱,却义无反顾地表示拥护中国共产党,拥护新中国。周恩来从不忘记任何人在历史上做过的好事。他在生命垂危时，还专门嘱咐有关同志在《辞海》上介绍杨度时，要说明此人晚年立场转变，曾经周恩来批准参加了中国共产党。这个消息传出后，人们无不叹服周恩来的宏伟气魄。新中国成立后，周恩来曾两次向身边工作人员提到原国民党宪兵司令张镇，说：你们要记住，张镇在重庆谈判时做过两件好事，"李少石"事件发生后，他按照我们的要求，很快查明了事件的真相；当天晚上亲自陪同毛主席回红岩，保护毛主席的安全。这时，张镇早已跑到了台湾，而周恩来却没有忘记他做过的好事。

六、举轻若重

周恩来日理万机，是举轻若重的大师。以周恩来在三年经济困难时期，解决粮食问题为例。根据周恩来工作台历的记载，从 1960 年 6 月至 1962 年 9 月，两年零四个月里，周恩来关于粮食问题的谈话就达 115 次。其中 1960 年下半年 19 次，1961 年 51 次，1962 年 45 次。他及时审阅粮食报表，精心计算粮食安排，多次出京调查粮食情况，解决粮食调拨问题。从周恩来办公室退给粮食部办公厅，现仍保存的 32 张报表中，周恩来的笔迹有 994 处之多。例如在《1962 年至 1963 年度粮食包产产量和征购的估算》这张表上，周恩来用红蓝铅笔做标记 145 处，调整和修改数字 40 处，在表格边上进行计算 6 处，批注数字 70 处，批注文字 7 处，整个表格密密麻麻地留下了周恩来的手迹。这些报表作为珍贵的历史文物，是周恩来极端负责精神的生动见证，也是周恩来举轻若重领导风格的具体体现。

周恩来有惊人的关注细节的才能。从而造就了一个又一个精彩的历史瞬间。在 1954 年的日内瓦会议上，中国代表团为外国记者举行电影招待会，其目的是让世界了解新生的人民共和国。周恩来特别交代有关同志要选好放映日期，不要在开会的日子，也不要在周末，把请柬分成两种，一种指名邀请，一种不写名字，就放在"新闻之家"，准备让台湾、南越，南朝鲜（即韩国）以及不便邀请的美国记者自取。放映时根据中文解说词，用英文通过扩音器做简单说明。放映的电影是《梁山伯与祝英台》。为了能让外国朋友看懂，代表团的同志打算搞一个 15 页左右英文说明书，发给外国记者。周恩来听到汇报后，立即指出：十几页的说明书，谁看？我要是记者，我就不看。然后，他出了一个主意：在请柬上写一句话："请你欣赏一部彩色歌剧电影——中国的罗密欧与朱丽叶"，放映前用英语做个三分钟的说明，概括地介绍一下剧情，用词要带点诗意，带点悲剧气氛，把观众的思路引入电影，不再做其他解释。结果，演出大为成功，观众报以热烈掌声，认为太美了，比莎士比亚的《罗密欧与朱丽叶》更感人，说这是"东方式的细腻的演出"。周总理还让有关人员把影片拿到卓别林家里放映，这位电影大师也称赞不已。

周恩来的举轻若重，贯穿了他的一生，在他26年的总理生涯中尤有最光辉的体现。他的举轻若重，既体现在他处理纷纭变幻的外交工作上，也体现在他处理繁重艰巨的国内事务上；既体现在他处理中美、中苏、中日等大国关系和万隆会议、日内瓦会议等重大国际事件上，也体现在处理周边关系的棘手问题上；既体现在处理三年经济困难调整、抗美援朝、"文化大革命"等重大政治、经济、军事问题上，也体现在处理繁杂琐碎的日常工作上。

周恩来同毛泽东一样，在长期战争年代养成的工作习惯，新中国成立以后一直未变。在26年总理生涯中，他很少在清晨4点半或5点以前上床就寝。除非需要参加会议，他要睡到上午10时半或11时。午饭后，他通常午睡片刻，然后开始工作。下面是一位秘书以日记形式记录的周恩来工作的一天：上午11点，总理会见林业视察组后，发布森林防火的指令。12点他接见教育专家，12点半午餐时，他边吃边读他们交来的报告。午餐与往常一样，两盘菜，一荤一素，外加两个玉米饼。午餐后一边听我们给他念报告，一边活动右臂15分钟。随后，他阅读有关今后六个月所需粮食和煤炭的报告。下午2点，他中断阅读，询问我们："今年夏天防洪工作做得怎样？我们秋收有无保证？"的确，堤坝已年久失修，必须及时修复。总理命令工作组去查看各地堤坝情况，动员人民解放军和群众参加修复工作。总理亲自决定哪些部队到旱涝地区去参加抢险救灾。他审阅了城市的住房计划。工人们居住的贫民窟必须铲平，为他们盖上四层公寓式的砖瓦楼房。"但是，不要忘记应先敷设自来水管道。"下午4时，他与工程师商讨工厂的厂址。怎么能在缺煤、缺油、缺电的情况下建工厂呢？中国的电力和石油最为匮乏。下午5点，他和经济学家、科学家、工程师一道研究中国工业化的布局问题，会议一直开到晚上8时。总理说："目前我们甚至连缝衣针或自行车都还不能生产，却必须学会制造飞机。"周同他的朋友，中国科学院院长郭沫若一起喝粥，郭提醒总理在延安时开创过一所航空学校，尽管当时风沙弥漫的天空中没有出现过任何飞机。总理回答说，"我们知道首先要做好思想准备"。夜幕降临了，我们很多人都感到疲倦不堪，我们到院子里快跑了一阵，揉揉眼睛，再回到屋里继续工作。晚上9点，总理召集新成立的卫生部有关人员开会，商讨接种天花疫苗和预防霍乱的问题。"我们必须教育人民养成良好的习惯，避免传染霍乱"（此后两年内二亿人口接种了天花疫苗）。当天对外广播稿子送来了，总理很快地看了一遍。他把外贸部长找来。"日本商人表示愿意与我们签订合同。我们必须予以答复。可以通过香港办理。"他浏览了中国报纸的社论,不禁皱起眉头,因为他认为有一篇社论言辞偏激。晚上10点,作为军委副主席,他出席了军委会议,讨论人民解放军进驻西藏事宜。人民解放军必须与西藏地方政府达成协议后,方可进入西藏。总理说,西藏代表团已启程前来谈判,他们必须受到尊重。他找来有关西藏问题的专家。"我们绝对不能表现出大汉族主义。我们有许多少数民族。应该学会他们的语言和风俗习惯。"他向军队发布命令,重申必须爱护各地的纪念碑、塑像和古建筑。早在1948年,总理就已将需要保护的历史古迹和庙宇编目造册,并通知各军事指挥官和政委。这次再度发出通知,保护手册的文物古迹增加了西藏的庙宇和寺院。"让我们的西藏问题专家列个表。绝对不能允许军队在宗教圣地宿营生火。我们不是国民党。"子夜12点,他与中国科学院的成员就建立基础研究机构一事谈了整整两个小时。"中国在培养自己的科学家方面要敢于投资。"深夜2点,他接待了考古学家和历史学家。"我们必须成立一所考古研究所。中国的文化一定要加以保存。这是我们的宝贵遗产。过去的东西并非都是糟粕。"深夜3点半时,他开始阅读送来的文件、新闻摘要,直到4点半为止。对其中几份文件,他口述了答复的内容。凌晨5点,他拿着其他几份文件上床就寝了。

这就是周恩来一天的工作,不论问题是重要的,或者表面看来并不重要的,他都事无巨细,抓得很紧。因为他懂得,成就大事业必须从小事情上做起。一个小小的细节往往成为发展一整套新思想、新任务的新线索。一次阅读一份香港杂志,他发现有两幅12世纪字画轴卷在香港出售。一个电报马上打倒在香港的龚澎和她的丈夫乔冠华那里。乔当时负责香港新华社的工作。"把这两幅轴卷买下来。它们是我们国家珍宝的一部分。"有座寺庙要建一尊佛像,请他决定佛像面庞的样子,他说:"菩萨源自印度,不要把他塑造得太像中国人了。"一天,负责外交部办公厅工作的王炳南收到一张周总理写下的、措辞严厉的便条。问王为什么"连打一小时之久的电话,外交部无人值夜班?"一次,一位机要交通员送错了几份文件。周恩来让人把这位惶恐不安的交通员找来。难道他不热爱自己的祖国吗?倘若热爱,怎能办事这么马虎呢? 在他身边工作过的人说:"周从不大声喊叫,也不骂人,但是他说话的口吻越平静,他越是讲'责任在我,我没有交代清楚',我们就越觉得难受,好像我们身上给刀刺了一条口子似的。"一位财政部的青年妇女曾见过总理一次,她说:"我这一辈子都在问自己:这件事如果周总理来处理会是怎样的呢? 见过总理一面,谁也忘记不了。当时我是实习会计,我跟着新成立的中国银行的官员们去见总理,研究决定人民共和国发行的新货币。周总理仔细观察所有新货币的图案,逐一研究货币的大小、印刷和币值。他责成我们收集 1949 年以前各地军阀发行的 60 多种地方货币。'我们应该把这些货币保存在博物馆里,我们的后代应该了解过去的中国是什么样子。'"

  周恩来的领导方式和工作方法,得到了广大干部群众的欢迎。这就是人民群众心目中的总理形象。它的核心就是爱国爱民的崇高敬业精神,每个人都为做好本职工作而自豪,人人都全力以赴、埋头苦干。郭沫若曾经向周恩来引述过美国诗人惠特曼《草叶集》里的一句诗:"一片草叶的作用不亚于星球的运转。"对周恩来做了由衷的赞美。中国共产党在新中国成立前 30 年建立的崇高威望和历史功绩,既得益于毛泽东的删繁就简、举重若轻、高瞻远瞩、战略运筹;也得益于周恩来的事无巨细、举重若轻、殚精竭虑、夙夜在公。如果说,毛泽东思想培育了几代中国人,周恩来作风则影响了几代中国人。所谓"周公吐哺,天下归心","周公有吐握之劳",就是这个道理。中国不能没有毛泽东,也不能没有周恩来。毛泽东举重若轻的战略决策,为周恩来举轻若重,解决和处理一个又一个具体的矛盾、困难和问题,创造了根本前提和最主要的主观条件;周恩来举轻若重的具体落实,则为毛泽东海阔天空的战略思想,排除了琐碎事务的具体干扰。即使是在"文化大革命"这样极为特殊的历史时期,这两者的互相补充、互相依存关系也是这样明显。对于一个领导集体来说,举重若轻和举轻若重互相结合,是一种不可或缺的最佳组合。

在周恩来思想生平研究会 2014 年年会上的总结报告 廖心文[*]

尊敬的各位会员：

大家下午好。

我代表周恩来思想生平研究会第一届理事会，对五年来的工作做一个简要总结和对未来的工作提一些建议。

周恩来思想生平研究会成立于 2009 年 7 月 12 日，成立五年来，在总会冷溶、陈晋同志的悉心指导和大力支持下，在全体同志的共同努力下，圆满完成了我们这一届的任务。

在这 5 年中，我们主要做了以下几方面工作：

（一）以学术研讨会和学术论坛的形式，进一步推动和深化了周恩来思想生平研究工作，五年中共举办 5 次全国性学术研讨会；1 次国际研讨会；3 次学术论坛活动

这些学术活动都是围绕当时重要纪念活动展开的。2009 年结合新中国成立 60 周年纪念，由淮安周恩来纪念馆、淮阴师范学院承办，在淮安召开了"周恩来与新中国学术研讨会"；2010 年，为摸清周恩来研究现状，以便进一步明确学会组织学术研讨方向，由浙江省委党史研究室承办，在杭州召开"1996 至 2008 年间周恩来研究述评学术研讨会"；2011 年为纪念建党 90 周年，由重庆红岩纪念馆承办"周恩来与马克思主义中国化学术研讨会"；2012 年为纪念南昌起义 85 周年，与朱德思想生平研究会承办"纪念南昌起义 85 周年学术研讨会"；2013 年为纪念周总理诞辰 115 周年，结合我们研究薄弱的方面，由绍兴旅游集团承办了"周恩来与文化建设学术研讨会"。同一年，我们和南开大学周恩来政府管理学院共同承办了"第四届周恩来研究国际学术研讨会"。此外，由淮安周恩来纪念馆和周恩来邓颖超纪念馆、江苏周恩来研究会先后承办的学术论坛，对周恩来精神、周恩来纪念馆与

　＊　廖心文，周恩来思想生平研究会会长。

青少年教育等主题进行了研讨。这一系列研讨会，参与的学者有 450 余人，共提交论文 450 余篇，这些成果我们已编辑成册，供大家学习参考。让我们感到可喜的是论文作者中有很多年轻人，使我们感受到周恩来研究事业后继有人。

（二）在宣传工作方面，学会进一步促进了各地周恩来纪念馆的合作，使得各馆的资源尽可能共享，使所产生的成果发挥更大的作用。在宣传方面，我们采用的主要形式是举办展览

这五年，我们主办的几个展览在社会上产生了很好的影响，让更多的人了解了周恩来，特别是让青年人从中学习和感悟到很多有益于他们成长的东西。

2012 年，为纪念中美关系开始走向正常化 40 年，指导周恩来邓颖超纪念馆制作了"魅力·智慧——美国人眼中的周恩来"。这个展览不仅在天津、北京等地展出，而且在香港超艺理想文化公司支持下，送到香港展出。董建华先生出席了展览开幕式，称这个展览可以作为对香港市民特别是青少年进行国民教育的好教材。在董建华先生鼓励、支持下，展览被送到香港大学、浸会大学等学校展出，吸引了很多观众。在同周恩来和平研究院的共同努力下，这个展览还被送到美国洛杉矶尼克松图书馆和中美建交 35 周年论坛现场，夏威夷檀香山展览馆等地展出，对中美民间交流起到很好的作用，得到洛杉矶总领馆的好评。2013 年，为配合全党正在开展的群众路线教育活动，指导周恩来邓颖超纪念馆制作了"为民·务实·清廉——党风楷模周恩来展览"。这个展览在淮安、绍兴、梅园等周恩来纪念馆巡展，有力地配合了全党的中心任务。中央政治局委员孙春兰等领导参观了展览，给予高度评价。2013 年，为纪念周恩来访问非洲 10 国 50 年，指导周恩来邓颖超纪念馆制作了"开启中非关系的里程碑——周恩来与非洲"展览，这个展览在天津展出后，在北京中国人民对外友好学会举办了隆重的展出，有几个非洲国家的大使都前来观看。展览受到外交部的重视和好评，展览的解说被外交部用于今年 5 月李克强总理访非时报纸的宣传上。2014 年应周尔均、邓在军同志的邀请，和国际交流中心、人民出版社等单位合作主办了"你是这样的人——百年恩来图片展"。中共中央政治局常委、政协主席俞正声，政协副主席杜青林、张庆黎等参加了在北京政协文史馆举办的周恩来铜像揭幕和展览的开展仪式。展览还在上海、广东、北京大学等地展出，获得巨大成功。

此外，我们还主办了"周恩来纪念地联展"（2010）、"老一辈革命家与新中国筹建"（2009）、"百位将军颂总理——纪念南昌起义 85 周年展"（2012）、"书写周恩来箴言——将军书画展"（2014）等。都产生了很好的社会宣传效果。

（三）指导各地建立"周恩来班"和"邓颖超班"

第一个"周恩来班"创建于 1984 年江苏梅园中学，是民间在探索校园德育教育中把学习伟人精神同德育教育结合起来的成功道路。比较早介入"周恩来班""邓颖超班"创建活动的是我们学会的顾问赵炜、高振普；常务理事周国镇、理事周校水、苏毅等同志，1998 年成立周恩来邓颖超研究中心后，指导周恩来班、邓颖超班建设成为中心的一项重要任务，做工作最多的是我们的副会长李爱华还有副秘书长姜月鸿同志。周恩来思想生平研究会成立后，和研究中心一起，把指导和周恩来班和邓颖超班的建设放在了学会突出的位置。5 年来，我们在江苏无锡、南京；福建泉州；陕西西安；河北灵丘；山东滨州；辽宁铁岭；北京体院、安徽全椒、北京 21 世纪、河南郑州；重庆等 10 余个省市创建了数十个"周恩来班"，大多数学校我们采取了与他们共建的方式，并接受一些学校的邀请担任学校"周恩来班"的校外辅导员。为全面总结建设"周恩来班"的经验，我们和南开中学一起举办了第七届"周恩来班""邓颖超班"思想政治研讨会，并与南京梅园纪念馆合作举办了"依托基地，创建'周恩来班'成果展示"大会。这次会议开得十分隆重，原中共中央政治局常委宋平同志、现任中共中央政治局委员刘延东、全国人大常委会原副委员长顾秀莲同志发来贺词和贺信。"周恩来班"的创建，经过 30 年的检验证明，有益于加强和改善青少年的思想道德教育；有益于学校精神文明建设和同学们的健康成长；有益于全面提高学校的教育教学质量。此外，学会还指导并协助中关村中学建立了"周恩来励志馆"，作为对周恩来班孩子进行学习和教育的基地。

围绕"周恩来班"的建设，我们尝试着同森林奇艺文化公司合作组织拍摄了反映周恩来班孩子们成长的故事片——"我和我们"（已在河南郑州七中试映）。制作团队都是年轻人，在现有条件下尽了最大努力来完成这项任务。电影主题歌词的作者是我们熟知的"你是这样的人"歌曲的词作者宋小明同志。这个片子得到学会顾问赵炜、高振普、纪东、周秉德等的指导，得到翔宇教育集团及其董事长王玉芬女士、台湾朋友李传洪先生，以及周秉宜女士的大力支持。

（四）协助境外朋友做了几件事

指导并协助日本广播协会、日本铁木真电视公司拍摄 4 集电视片《亲人和身边工作人员讲述的周恩来》，该片通过 NHK 卫星频道（BS）播出，获得好评；协助香港超艺理想文化公司和对外友协在北京国家大剧院联合主办纪念周恩来诞辰 115 周年"中国梦"大型音乐会。协助香港各界文化协会在香港举办"周恩来与香港"大型展览；协助香港潮州商会在香港举办"周恩来与潮汕"大型展览。

（五）促进相互之间的学习和交流

2013年，在淮安周恩来纪念馆的提议下，学会同他们共同举办了两次"翔宇杯"大赛：一次是首届"全国'周恩来班'网络讲演大赛"；一次是首届"全国周恩来纪念地讲解员大赛"。这两项活动我们要特别感谢邓在军同志，她不仅亲自担任评委会主席，并为我们请到德高望重的著名播音员沈力老师等担任评委，使大赛成为一次高水平、更具权威性的赛事。评委们的点评对青年讲解员在专业上也有很大帮助。这类活动还是初步尝试，为我们以后开展这方面的活动积累了经验。

（六）鼓励年轻人发挥优势

为发展和培养年轻学者，鼓励他们发挥年轻人的优势，2010年学会成立的第二年，成立了"学习周恩来精神青年联谊会"，特别聘请北京市文化创意产业促进中心产业发展部部长周峥同志担任联谊会秘书长。联谊会的宗旨是六个字"联情、联谊、联志"，"联情"就是以热爱周恩来之情为纽带广交天下青年朋友；"联谊"就是以学习周恩来精神为平台互通友谊、互享学习经验和体会；"联志"就是要以弘扬周恩来精神为动力不断励志，锻炼成才。

为吸引广大青年学者研究周恩来，支持并同江苏周恩来研究会合作举办了两届周恩来研究中青年学者论坛，共收到论文近百篇，有些论文写得相当不错，达到一定的水平。

（七）编辑出版论文集

每一次研讨会后，我们都将论文集结成书，为学者们的研究成果提供了发表的机会。受到全体会员和与会者的称赞。五年中，我们共出版5本论文集，1本全国周恩来纪念地导览手册，资助2本个人专著，50余篇论文。因为学会经费有限，论文集的出版得到多方面支持和帮助，我们要感谢南开大学领导，我们学会的顾问薛进文书记、副会长刘景全副书记；天津贵金属交易所及我们学会的理事沈清同志在经费方面给予的支持，感谢黑龙江人民出版社所做出的努力。

（八）基本建设

学会成立后，我们注意吸收新会员的工作，为会员登记造册，建立了档案；制定了会徽；印制了通讯录及信纸信封。我们的副会长姜锡肇同志、理事殷华同志、季建平先生都给予了各方面的支持。

我们每年召开年会和学术研讨会，建立周恩来班等，都需要筹措经费、制定课题指南、组织评审工作，审定经费资助，帮助会员报销等等，经过五年的摸索，基本掌握了规律，形成了一套思路和办法。

做这些事，是很费时间和精力的，我们的副秘书长吴小宝、周峥等同志协助我室同志做了很多工作，付出了很多的心血。

（九）为纪念邓颖超同志诞辰110周年，编辑出版了《邓颖超画传》《邓颖超自述》，即将出版《周恩来邓颖超画传》；在赵炜同志的提议和指导下，和周恩来邓颖超研究中心一起搞了两项活动：(1)在政协文史馆展出了110位女画家展览，全国政协副主席李海峰、全国人大常委会原副委员长顾秀莲，以及我室领导冷溶、陈晋等同志参观了展览；(2)在人民大会堂召开了"音乐故事分享会"，顾秀莲、冷溶、陈晋等同志，文艺界的于蓝、王铁城、蒋大为等老艺术家倾情讲述了他们亲身经历的感人故事。研究会还组织赵炜、高振普、李爱华等同志做客人民网，向广大观众介绍了邓颖超的历史功绩、人格风范，并利用这个平台，澄清了邓颖超日记等谣传，产生很好的社会效果。

五年能取得这么多成绩，总结一下，有这么几个原因：

一是总会领导的关心和指导

总会会长冷溶同志、分管我分会的总会副会长陈晋同志都十分关心和支持分会的工作，我们的每一项活动都得到他们的指导性意见，保证了分会正确的发展方向。他们积极鼓励我们发挥主观能动性，在政策范围内给了我们很大的发展空间。正是在他们的指导、鼓励下，分会得以健康发展。

二是老同志和许多热爱周总理的各界朋友（包括媒体、企业界的朋友）的鼎力支持

分会成立后，赵炜、高振普、纪东等曾经在周总理身边工作过的老同志，周总理的亲属周秉德、周秉宜等同志利用他们的影响、威望，积极为学会筹集活动资金，并代表学会参加各种社会活动特别是"周恩来班"的建设，他们通过做报告形式宣传和弘扬周恩来的精神，扩大了学会的影响。一些企业界的朋友带着对周总理的感情和这份事业的关心慷慨解囊相助，为我们的研讨活动和基础建设提供了很大的帮助。媒体的朋友在宣传学会活动方面也做了很大的努力。没有各方面的支持，学会的活动不可能取得这样大的成绩。

三是创会单位和全国会员的积极参与和支持

我们分会的几次重大活动都是创会单位分别承办的（前面已提到，这里不再一一赘述），在活动资金和筹备工作方面做了很大的努力。全国的会员对每一次活动都很重视，积极参与，为分会在较短时间内打开局面贡献了力量。

在此，我代表分会向给予分会各项活动以帮助和支持的老同志、周总理的亲属、企业界的朋友、媒体的朋友，以及全体会员同志再次表示最衷心的感谢。

下面对进一步改进完善研究和宣传工作提几点建议。

上午冷溶主任的讲话，对学会下一步工作提出了很高的要求和指导性意见，我们应该根据这些要求和意见去进一步开拓学会的工作。我仅就这五年工作的一些不足问题，提一些建设性建议供新一届班子参考：

关于研究工作：在研究工作方面我们通过研讨会的方式组织大家撰写了一批论文，取得了一批研究成果。有些论文写得不错，有新意。但是从总体上看，文章质量还有待进一步提高。建议我们的会员特别是年轻同志要加强马克思主义基本原理、毛泽东思想、中国特色社会主义理论的学习，弄清历史研究和现实需要之间的关系，努力使我们的研究工作真正发挥为大局服务的功能，推出有学术价值的研究成果。二是加强对周恩来各类著作集和专题文集的学习，吃透周恩来的思想，这样才有可能提高自己，使自己的成果有所创新，推出有新意的研究成果（原创性、完善性、集成性）。三是加强史学理论、史学方法以及相关学科知识的学习，丰富我们的学术视野和改进我们的研究方法，推出有深度的研究成果。建议学会在每年结合年会召开一次规模较大的学术研讨会外，还要适时开一些小型化、专题化、作者年轻化的研讨活动。

关于宣传工作：进一步加强全国周恩来纪念馆、纪念地相互之间的联系与合作，使一些成果和资源得到最大化地利用；进一步加强对周恩来班建设的指导，既规范化，又要根据学校不同的情况办出特色，使之成为校园文化的一个亮点，为孩子们的健康成长做一些我们力所能及的工作；进一步发挥"学习周恩来青年联谊会"的作用，在一些条件比较成熟的学校建立周恩来读书会，指导学生阅读周恩来原著，撰写研究心得。利用这个平台团结更多的年轻朋友。

我向大家汇报的情况就是这些，说得不准确的地方，请大家指正。

谢谢大家！

青年时代周恩来探索中国道路的历程与影响 张 谨[*]

作为有志青年,总是把个人的前途与国家的命运紧密联系在一起。怀有远大抱负的周恩来更不例外,他始终把个人成长道路的探索融入中国发展道路的探索之中。"故立志者,当计其大舍其细,则所成之事业,当不至限于一隅,私于个人矣。"我们试从周恩来1913年入南开读书至1924年旅欧回国的经历中,分析青年时代周恩来探索中国道路的历程与影响。

一、探索中国道路的历程

1. 南开新学的熏陶与萌芽

1913年8月,立志"为中华之崛起而读书"的周恩来考入天津"私立南开中学"。南开学校是著名的爱国教育家严修、张伯苓以"教育救国"为理念兴办的新学,特别注重对学生五个方面的教育——重视体育、提倡科学、团体组织、道德训练、培养救国力量,同时秉持"公""能"二义,努力培养学生爱国爱群的公德和服务社会的能力。

校长张伯苓早年曾服役于海军,亲身参与甲午海战的经历使他对学生的爱国主义教育尤为强烈,经常在修身课上对全校学生进行关于国际形势、世界大事及中国积贫积弱的缘由与救济之方的演讲。他曾说"何以为人?则第一当知爱国"。

在这样的氛围影响下,周恩来的爱国主义思想进一步增强,他关心时事,对国家所处的危亡局势有着清醒的认识,认为青年学生当此国家危难之际,应"闻而兴鸡鸣起舞之感,天下兴亡匹夫有责之念"。

以救国为己任的爱国青年周恩来不仅在学业上发奋苦读,成绩优异,而且热心公益积极参加学校的各项活动,比如,他参加发起组织敬业乐群会,创办会刊《敬业》,宣传西方资产阶级民主主义思想;先后担任《校风》周刊的各项职务,经常

* 张谨,淮安周恩来纪念地管理局局长。

进行社会采访撰写文章揭露政府的腐败和社会的黑暗;参加新剧团,认为解决中国"昏聩愚顽"状况的办法,"舍通俗教育无由也",而新剧则是普及这一教育的"最要之主旨";参加天津各界群众举行的救国储金募款大会发表演说,号召人们奋起图强,振兴本国经济。这些活动反映了青年周恩来强烈的爱国主义思想和民族忧患意识,奠定了他寻求救国道路的基础。

2.日本多元思潮的浸染与审视

1917年9月,怀着"中华腾飞世界"的理想,周恩来东渡日本求学追梦。

周恩来到日本留学,除了想考学深造外,主要想了解日本的社会情况以及世界的"新思潮",掌握"哲学的思想"和"科学的能力",以便日后归国积极从事救国运动。他认为"事事都可以用求学的眼光看日本人的一举一动、一切的行事"。

在日本的一年半时间里,周恩来以主动的观察力了解日本社会和民情,关注日本社会的政治情况,接触了各种各样的政治观点和意识形态,日本是一个他审视世界的入口。这期间,他目睹日本在明治维新后资本主义得到极大发展的同时,应运而生是食不果腹、衣不蔽体的失业大军;耳闻日本军国主义分子侵略中国的叫嚣甚嚣尘上;参与中国留日学生反对封建军阀、反对帝国主义的"拒约运动",加入献身于改造中国的政治组织"新中学会";通过日本的报刊书籍初步接触了指导俄国十月革命胜利的马克思主义。尽管周恩来没有实现他最初的求学目标,但却改变了他对于世界事物的看法,对中国现状的分析与救亡图存道路的探究有了新的思考。

3.五四运动的洗礼与觉醒

1919年4月,周恩来由日本回到天津,投身于五四爱国运动的浪潮之中。

主编《天津学生联合会报》,主张"本民主主义的精神发表一切主张","介绍现在最新思潮于社会","选择各种有关世界新潮流的讨论同主张,供给正在求解放的中国";发起成立天津学生进步团体"觉悟社","共同钻研新思潮的各种理论,探索改造中国社会的道路";因领导天津学生请愿活动被捕入狱,出狱后他重新思考许多问题,更加认清严酷的社会现实。后来在谈到自己信仰共产主义时说:"思想是颤动于狱中",一种革命意识的萌芽,"是从这个时候开始的"。

这一年的8月,周恩来总结了觉悟社一年多来开展天津学生和各界救国运动的经验教训,认为:只有把五四运动以后在全国各地产生的大小进步团体联合起来,加以改造,采取共同行动,才能改造旧的中国,挽救中国的危亡。

4.欧洲社会现状的考察与抉择

留法勤工俭学运动是中国近代史上的一座里程碑，为有志改造中国的青年提供了探寻真理、解放思想的途径。从1919年3月到1920年底，先后有1 800多名中国青年到欧洲勤工俭学。周恩来于1920年11月7日启程前往法国，成为第18批赴法勤工俭学者。

在给表弟陈式周的信中，周恩来表达了自己赴法勤工俭学的思想："虔心考查以求了解彼邦社会真相暨解决诸道，而思所以应用之于吾民族间者。"

1921年至1922年间，周恩来对欧洲各国的政治、经济和社会状况以及工人运动进行了广泛的考察，以周恩来、恩来、翔宇、周翔的笔名为《益世报》撰写了56篇25万余字的通讯。

旅欧期间的考察，使周恩来感受到大战后欧洲社会的动荡不安，看清欧洲社会主义运动的现实，对欧洲帝国主义的实际状况和形成原因有了深刻的认识；切身体会到工人阶级政治斗争的力量，认识到中国工人运动落后的根源在于没有一个先进的政党领导，缺乏有组织的训练；另一方面，他看到欧洲和中国存在着的巨大的发展差距，清醒地意识到实业救国改变中国社会的不现实性；通过对当时国际共产主义运动中存在的各种"主义"的研究比较，认定"共产主义"为中国的"救时良方"，并与1922年3月加入中国共产党旅欧支部，从理论上到实践上完成了向共产主义者的过渡。

二、对中国道路的形成的影响

1. 确立共产主义信仰并较早论述了马克思主义与中国革命的关系，清醒认识中国国情，切实找出社会进步的力量，社会不平等的根源，提出解决的方法

周恩来在探索救国救民的道路的历程中，在日本第一次接触到马克思主义。回国后，通过在觉悟社的学习和实践，他对社会革命和阶级问题的看法逐步形成并得以强化。旅欧期间，亲身经历资本主义社会的巨大变革和历史潮流，看到西欧社会中的矛盾，从一个不同的角度审视中国的国情，开启了深刻的阶级意识的觉醒，明确提出：中国已夷为列强的半殖民地，非革命不足以图存。

通过一切主义的推求比较，周恩来确立了共产主义信仰，并论证了"共产主义与中国"的关系，即：实为中国的救时良方。所以为中国之利的，在其为彻底的改造良方，依着中国现在的时势，一切缓和修正的办法都无所实施。

2. 亲身参加社会革命实践活动，逐步认识到建立无产阶级政党的重要性，旅欧期间积极从事党团组织创建活动，为以后党的发展奠定了基础

在五四运动中,周恩来组织成立觉悟社时就认识到,必须建立一个思想先进、组织严密、作风优良的革命团体,作为领导群众的核心力量,才能使革命斗争取得胜利。旅欧期间,通过对各国工人运动的实地考察,他进一步认识到无产阶级要进行革命,争取彻底解放,就必须有自己的政党——共产党来领导。

1921 年 3 月,周恩来加入中国共产党巴黎共产主义小组,成为中国共产党创始人之一。此后逐步走上职业革命家的道路,坚持以马克思主义理论来统一思想认识,在欧洲开展反对无政府主义、国家主义的斗争,对确立马克思主义在中国的优势地位具有一定影响;在党的组织建设上,坚持民主集中制原则,既反对极端民主化,又反对奴隶主义,提出了处理个人与组织、领袖与集体关系的正确原则;有计划地"开展内部训练",组织成员学习共产主义理论,培养了一大批优秀领导干部,其中包括长期担任领导工作,为革命做出重大贡献,深受人民爱戴的朱德、邓小平、聂荣臻、李维汉、李富春等同志。周恩来在欧洲的建党活动是党创立时期建党工作的一个重要组成部分,它不仅对当时党的建立具有重要的意义,而且为以后党的发展奠定了基础。

3. 从中学时代的《爱国必先合群论》的思想,到五四运动时对学生必须努力"做群众运动"的认识,旅欧时期逐步认识到建立广泛的革命统一战线的重要性,开创了国共合作的先声

周恩来在天津上中学时,组织成立敬业乐群会,开始做团结群众、联络各阶层的工作;五四运动期间,他进一步认识到,学生必须努力"做群众运动",必须依靠人民大众联合起来的力量,才能反抗帝国主义的强权、军阀的强权;旅欧期间他引导党团组织成员深入群众,与所在国的共产党、共青团和赤色工会密切联系,从他们的斗争活动中"学习一切群众的活动能力";分析了建立广泛的革命联合战线的可能性和必要性,论述了中国革命分两步走的辩证关系,并据此论证了共产党员、青年团员以个人身份加入国民党,把国民党改造为统一战线的组织形式的合理性。在国内统一战线尚未建立前,与国民党旅欧支部在欧洲实现了国共合作,成为大革命时期国共合作的先声。

通过对欧洲社会的观察,对与国际合作,尤其是工人阶级国际联合的重要性有深刻的认识,指出:"全世界无产者为创造新社会,必须共同承担艰难的责任,并且我们中国人也必须切实地分担。"领会了对于一个国家的社会改革和政治改革来说,国际视野和国际支持的重要性。

4. 在南开中学时开始关注军事,初具"军盛则国强,军衰则国弱"的强军强国

思想。通过俄国十月革命的启发和欧洲考察的体验,对建立革命军队和开展武装斗争的重要性有了深刻的认识,初步回答了中国革命主要应采取什么方式这个根本问题

周恩来在南开中学组织的敬业乐群会中设立"军事研究团",发起组织国防演说会,引导青年学生学习军事知识。旅欧期间,他领导的中共旅欧支部中专门设立了军事部,是当时中共中央和其他地方党组织都没有的。1922 年 12 月,周恩来初步阐明了中国革命要取得胜利,夺取国家政权,必须建立极坚强极有组织的革命军队,明确指出:"真正革命非要有极坚强极有组织的革命军不可,没有革命军,军阀是打不倒的。"

综上,青年时代的周恩来在探索中国道路的历程中,一方面实现了自我人生的跨越,从一名品学兼优的爱国学生成长为进步团体的青年领袖,成长为职业革命家,成长为坚定的共产主义者;与此同时,他在从萌芽到思索、到实践的过程中,在从国内到国际的深度考察与综合比较中,逐步形成了对中国道路的朦胧构想与初始擘画,形成了许多具有高度历史契合性的思考与判断,这些对中国道路的正确抉择都产生了不可忽视的前瞻性、先导性和铺陈性影响。

周恩来早期对救国道路的探索与选择

王晓荣*　何金凤**

1917 年,周恩来在赴日留学前给友人赠言曰"愿相会于中华腾飞世界时"①,表达了他赴日留学的目的即寻求救国道路,实现中华民族伟大复兴。周恩来早期对救国道路的探索,主要侧重于青年学生的责任担当、民众组织形式的改造和参照先进国家发展模式等方面。

一、探寻救国道路的自我视角:改造青年学生

周恩来早期对救国道路的思考,首先关注与其自身经历密切相关的青年群体。作为经过五四浪潮洗礼的一代青年,周恩来意识到青年群体在民族复兴道路上的重要责任,提出"救国不忘求学,求学不忘救国"②,认为青年学生要担此重任,就应注重改造思想,关注国家民族命运,以真正实现自身价值。

首先,周恩来认为青年学生应改造思想、振奋精神。针对当时青年学生"只知道社会不好,人心不好,都不知道他们应该改造社会和人心","只知道别人不好,却不知道自己连一点毅力奋斗的精神也没有"③的状况,周恩来与觉悟社社友一起提出了"创造学生的新生命"的目标,认为"学生根本的觉悟"就是创造自己的新生命,这就需要学生改造旧有思想,振奋救国精神。这反映在青年"立志"上,就是要树立远大志向,即"计其大舍其细",这样,"所成之事业"才"不至限于一隅,私于

---

　*　王晓荣,陕西师范大学政治经济学院教授。

　**　何金凤,陕西师范大学政治经济学院博士生。

　①　中共中央文献研究室、南开大学编:《周恩来早期文集》上卷,中央文献出版社、南开大学出版社1998 年版,第 3 页。

　②　《周恩来早期文集》上卷,中央文献出版社、南开大学出版社1998 年版,第 444 页。

　③　《周恩来早期文集》上卷,中央文献出版社、南开大学出版社1998 年版,第 450 页。

个人矣"①。也就是说,立志不能"只追求个人享受","吃饱了,穿足了,便以为了事",凡有大志向者皆应"以国家民族的存亡为念"②,想着"去救国,尽力社会"③。为此,青年人在精神面貌上就要去除"颓靡之气",不对旧社会存有留恋之心,要本着革命的精神"振作起来"④,"急起图之"。尤其在学习、生活中,要突破陈规陋俗的束缚,勇敢追求进步和创新,"想要想比现在还新的思想","做要做现在最新的事情","学要学离现在最近的学问。思想要自由,做事要实在,学问要真切",要"随着进化的轨道,去做那最新最近于大同理想的事情"⑤,为国家解放和民族振兴而不懈奋斗。

其次,周恩来认为青年学生应关注社会、承担责任。周恩来在学生时代就密切关注社会发展,具有强烈的社会责任感。他12岁时就在具有进步思想的老师影响下,先后阅读了"陈天华的《警世钟》和《猛回头》、章炳麟的《驳康有为论革命书》、邹容的《革命军》等。并订阅《盛京时报》,养成了每天坚持读报,关心国事的习惯"⑥。1915年,日本向袁世凯政府提出企图独占中国的"二十一条",激起周恩来的强烈愤慨,他在作文中写道:"处今日神州存亡危急之秋,一发千钧之际,东邻同种,忽逞野心。噩耗传来,举国骚然,咸思一战,以为背城借一之举,破釜沉舟之计。一种爱国热诚,似已达于沸点。"⑦正是这种强烈的爱国热情,一直激励着周恩来为"中华之崛起"而探寻民族复兴之路,积极承担在中国这种"变态期"中"所不能免的责任"。他认为,学生在"发展个性,研究学术,求着实验以外"⑧,要"做事于社会,服役于国家,以其所学,供之于世"⑨,还要"负一种促进社会去谋人类幸福社会进化的责任"⑩,而学生只有"奋勉学习,'深究而悉讨','慎思而明辨','受完全教育,成伟大人物'",才能担此重任⑪。所以,在留日期间,对于报考哪所学校学习的问题,他劝好友张鸿诰"不能只顾一时的得失","应该考虑国家的需要和个人

---

① 中共中央文献研究室编:《周恩来年谱》(1898—1949)(修订本),中央文献出版社1998年版,第16页。

② 金冲及主编:《周恩来传》(1898—1949)(修订本)上,中央文献出版社1998年版,第61页。

③ 《周恩来年谱》(1898—1949)(修订本),中央文献出版社1998年版,第26页。

④ 《周恩来年谱》(1898—1949)(修订本),中央文献出版社1998年版,第63页。

⑤ 《周恩来年谱》(1898—1949)(修订本),中央文献出版社1998年版,第26页。

⑥ 《周恩来年谱》(1898—1949)(修订本),中央文献出版社1998年版,第9页。

⑦ 《周恩来年谱》(1898—1949)(修订本),中央文献出版社1998年版,第15页。

⑧ 《周恩来早期文集》上卷,中央文献出版社、南开大学出版社1998年版,第449页。

⑨ 周恩来作文:《一生之计在于勤论》,手稿。

⑩ 《周恩来早期文集》上卷,中央文献出版社、南开大学出版社1998年版,第449页。

⑪ 《周恩来年谱》(1898—1949)(修订本),中央文献出版社1998年版,第11页。

在哪一方面可能发挥更大的作用来决定取舍"①,1919年回国后,他号召男女学生"现在不是憩着的时候,我们应当每天实行警醒社会的事业"②,并宣布在他主编的《天津学生联合会报》中"选择各种有关世界新潮流的讨论同主张,供给现在正求解放的中国"③。

二、探寻救国道路的社会视角:改造国民及其组织形式

改造中国社会是周恩来早期探寻救国道路的着力点,他曾提出"欲救神州,请自改良社会始"④及"改造社会、改造思想的号召",其主持创立的觉悟社也主要是"共同钻研新思潮的各种理论,探索改造中国社会的道路"⑤。

(一)改造民德民生。国民素质体现社会文明程度,而教育水平则决定一个社会的国民素质。周恩来特别注重教育对人心风俗与国民道德的改造作用,认为"风俗之厚薄系乎人心,人心之转移系乎教育,教育得当,则一国之风俗与其厚,反之则薄"⑥。因此,针对当时"国民之道德可谓已达沦丧之极。江河日下,挽救无人"⑦,"数万万人咸趋于无良心、失人格之境地"⑧的状况,他指出"追源祸始",罪都"不得不归过于教育"。基于此,周恩来主张通过教育改造国民思想以正其心,"正心者,万事之基也","人格之造就,端赖良心。人同此心,心同此理。大道所在,正理趋之"。在校期间,他还围绕个人思想修养与拯救国家的关系,先后写了多篇作文,指出如果国民"内外如一,心正迹纯",即可"导法治国人唐虞之盛轨"⑨。至于正人心的方法,他认为"舍通俗教育无由也",而"通俗教育最要之主旨,又在舍极高之理论,施以有效之实事;若是者,其惟新剧乎!"⑩这也是周恩来南开中学时期十分热衷于新剧表演,相信通过新剧这种社会教育形式可以改造民众思想,改良社会风气,进而实现救国强国的原因所在。

周恩来在强调正人心,修民德的同时,还十分注重民生问题,他曾感言:"中国

---

① 金冲及主编:《周恩来传1898—1949》(修订本)上,中央文献出版社1998年版,第36页。
② 《周恩来早期文集》上卷,中央文献出版社、南开大学出版社1998年版,第429页。
③ 《周恩来年谱》(1898—1949)(修订本),中央文献出版社1998年版,第35页。
④ 《周恩来早期文集》上卷,中央文献出版社、南开大学出版社1998年版,第85页。
⑤ 《周恩来年谱》(1898—1949)(修订本),中央文献出版社1998年版,第34页。
⑥ 《周恩来早期文集》上卷,中央文献出版社、南开大学出版社1998年版,第221页。
⑦ 《周恩来早期文集》上卷,中央文献出版社、南开大学出版社1998年版,第213页。
⑧ 《周恩来早期文集》上卷,中央文献出版社、南开大学出版社1998年版,第182页。
⑨ 《周恩来年谱》(1898—1949)(修订本),中央文献出版社1998年版,第20页。
⑩ 《周恩来早期文集》上卷,中央文献出版社、南开大学出版社1998年版,第204页。

之今日，财尽矣，德衰矣，司农有仰屋之悲，君子有道丧之慨，言利则德不足以副之，言义则民穷足以困之"，所以，要"民德民生，双峰并峙，两利皆举"，"一则崇尚教育，涤除恶习，使国民之德性日益张，而达于尧天舜日之境；一则振兴实业，厚培民生，使民无不恒之产，国家有仓廪之余，而比隆于欧美"；他相信，若"秉国钧者果能并采而行之，则今日东邻之要求何足虑；白祸之恐慌，又何足忧"，但若只是"偏乎一端，言义者必达民穷财敝，坐待他人鱼肉……言利者必至终日奔走于利禄之场，持盈握算，任人瓜分，如漂流四散之犹太族，虽拥巨富又奚能救其不亡？"①表达出他对国民物质和精神面貌改造的双重关注及对救国道路的深刻思考。

（二）改造民众组织形式。周恩来早期对救国道路的探索，始终伴随着对民众组织形式改造的思考。尽管中国传统社会以家庭为主要组织形式，周恩来也出身于旧式家庭，但他一直重视群体的作用，并由最初的合群、组织思想发展为后来的联合思想。其一，最初的合群思想。周恩来很早就认识到："一个人不能脱离群体、组织，只顾自己而生活，他在作文中写道'人立足于世界上，既不能像草木禽兽那样只靠自己生活，必须依靠公众的扶持，而服役之事乃为人类所不可免'"②，且"富也、强也，亦非一朝一夕所能奏其效，一人一力所可成其功，必合全国之人民，万众之人心，以结构之，始克达其目的"③，因此，他总是甘于为公众"服役"，在为集体服务上，从不吝惜自己的时间和精力。同时，周恩来还认为，合群与爱国及强国之间都有重要联系，"人群不合，无爱国之理"，"欲爱国则必先合群，无分畛域，勿拘等级，孤寡者怜之，贫病者恤之，优者奖之，劣者教之。合人群而成良社会，聚良社会斯能成强国"④，这也是其自青少年时代就开始思考救国道路的结果。其二，实践中的组织思想。随着年龄增长，实践经验的丰富，周恩来开始重视组织的作用，认为"中国立国几千年，社会上最大的缺憾，是没有组织。没有集合多数民众的团体，社会的现象所以才日趋于'分崩'"⑤。因此，他在1919年提到讨伐安福派的办法时就指出"我们所恃的是群众运动"，而"群众运动的发动力"，第一就是学生"鼓动各种分子快快成立各种组织，各种工会、同业公会尤其要紧"⑥，体现出他在实践层面上对民众组织形式改造的深刻思考。其三，发展的联合思想。1920

---

① 《周恩来早期文集》上卷，中央文献出版社、南开大学出版社1998年版，第68页。
② 周恩来作文：《论名誉》，手稿。
③ 《周恩来早期文集》上卷，中央文献出版社、南开大学出版社1998年版，第84页。
④ 《周恩来年谱》（1898—1949）（修订本），中央文献出版社1998年版，第22页。
⑤ 《周恩来早期文集》上卷，中央文献出版社、南开大学出版社1998年版，第453页。
⑥ 《周恩来早期文集》上卷，中央文献出版社、南开大学出版社1998年版，第433页。

年周恩来在主持觉悟社年会时提出："只有把五四运动以后在全国各地产生的大小进步团体联合起来，加以改造，采取共同行动，才能改造旧的中国，挽救中国的危亡。并把它概括为'改造'、'联合'四个字"，还将"改造联合"的主张向北京少年中国学会等团体进行了说明，以"共同进行挽救中国、改造社会的斗争"①。这一思想在周恩来到达欧洲，观察欧洲社会实际并对马克思主义进行深入研究后得到更深刻的发展。1921年，中法政府当局策划，旅欧勤工俭学生104名代表包括李立三、蔡和森、陈毅在内，被强行遣送回国，周恩来疾呼："途穷了，终须改换方向；势单了，力薄了，更须联合起来……'全体勤工俭学的同志们，赶快团结起来啊！'"②并于次年提出，劳工朋友在急图团结组织的同时，不要远离可以为友的勤工同学，呼吁"双方必须无条件地携起手来，以图工学前途的发展"③。1923年，周恩来起草的《旅法各团体敬告国人书》号召："凡是具有革命新思想而不甘为列强奴隶军阀鹰犬的人，不论其属于何种派别，具有何种信仰，都应立即联合起来"，推翻帝国主义和军阀卵翼下的北京政府④，指出"新旧军阀既都不足恃，所可恃者以救中国的只有全中国的工人、农民、商人、学生联合起来，实行国民革命"⑤。在随后写的《赤光的宣言》中更提出："我们所认定的唯一目标便是：反军阀政府的国民联合，反帝国主义的国际联合"⑥，并强调在革命的联合中必须"看清我们的敌人和我们国民革命的势力究竟何在，且谁又是我们真实的友人"，指出中国革命的敌人就是"帝国主义的列强——特别是英、美、日、法"，而"最值得注意的革命势力"包括海外华侨、劳动阶级、中国智识界、新兴的工商业家和农民阶级⑦，认为"若能合此五派的革命分子于一个革命的政党统率之下，则国民革命的成功，必不至太为辽远"。此外，周恩来还注重国际联合，指出："我们若认清事实，果想将军阀打倒，国际帝国主义打倒，我们也非与全世界被压迫阶级联合一致来打此共同敌人不可"⑧，而在国民革命运动中，"我们可引为友之国"，自不外是"殖民地半殖民地的弱小民族和无产阶级之国的苏联俄罗斯"⑨，我们要促成国民革命的成功，就必须

① 《周恩来年谱》(1898—1949)(修订本)，中央文献出版社1998年版，第43~44页。
② 《周恩来年谱》(1898—1949)(修订本)，中央文献出版社1998年版，第52页。
③ 《周恩来年谱》(1898—1949)(修订本)，中央文献出版社1998年版，第57页。
④ 《周恩来年谱》(1898—1949)(修订本)，中央文献出版社1998年版，第63页。
⑤ 《周恩来早期文集》上卷，中央文献出版社、南开大学出版社1998年版，第528页。
⑥ 《周恩来早期文集》上卷，中央文献出版社、南开大学出版社1998年版，第525页。
⑦ 《周恩来早期文集》上卷，中央文献出版社、南开大学出版社1998年版，第535、536~537页。
⑧ 《周恩来年谱》(1898—1949)(修订本)，中央文献出版社1998年版，第66页。
⑨ 《周恩来早期文集》上卷，中央文献出版社、南开大学出版社1998年版，第537页。

同时将救国运动建立在国际主义上面,体现出他建立国内、国际统一战线的思想。

三、探寻救国道路的国际视角:比较鉴别各国发展模式

周恩来对救国道路的探索,不仅着眼于学生自身与国内社会的改造,他在坚定以中华文明为主导的前提下,更加注重从国际视角出发,比较、借鉴各先进国家的发展模式,以此作为寻找中华民族复兴途径的参照。

首先,立足中华文明,提倡多元借鉴。周恩来在探索救国道路的历程中,始终认为中华文明是国魂所系,应在国家发展进步中居主导地位。同时,他也反对故步自封,提倡学习别国经验,借鉴别国发展模式,以图中华文明的新发展。

面对当时的欧风美雨,周恩来 1915 年就曾批评当时学者"止知惟西学是求,视国学无所用而不重也,遂卑之。殊不知国魂国魂,惟斯是附。今吾弃之,国何以立?"他认为,"夫国之立于今而不败者,所恃非仅铁与血也。物质之文明,非足以卫国于永久,而延国脉于不堕者,惟精神上之国魂耳。一国之语言文字,即所以维系斯国魂,而连贯之,传播之,继续之,俾至于亿万纪而不灭磨,而不克有所沉沦者也"[1]。因此,他不赞成"惟西是尚"的维新派,提出"国学之当视为要图。西学非可卑也,兼而学之,要不失将来实用之旨。以国学役西学,吾主之。切勿使西学役吾,而国学转置之无用之地也"[2],表达出促进民族发展应以中华文明为主导的坚定信念。不过,周恩来在强调国学的同时,也并不赞成"惟返古是求"的复古派,其实,他所追求的是能实现中华民族复兴、具有中国特色及生命力的"新中华文明",这种新文明应体现出历史进步性。这就需要中华民族在坚持本国文明主导地位的同时,不再走固步自封的老路,而应敞开国门,开眼看世界,时刻关注世界文明发展走向,紧跟时代发展步伐,对他国经验和文明发展模式"取其精华,去其糟粕",吸收借鉴有益于本民族发展的文明道路。正如他所说:"英、德,有倡电力、光力以代兴汽力者……至在吾国,则汽力之兴,仅见诸二三工厂,他何有焉。此英、德、美、日所以趋于强盛,而吾国所以日就于衰弱也"[3],揭示了先进文明于国家强盛的关键意义。出于这种认识,1917 年周恩来在发表旅日留学生爱国团体"新中学会"的入会演说时,指出"泰东西的文化比较我们的文化可以说新的太多",所

---

① 《周恩来早期文集》上卷,中央文献出版社、南开大学出版社 1998 年版,第 63 页。
② 《周恩来早期文集》上卷,中央文献出版社、南开大学出版社 1998 年版,第 64 页。
③ 《周恩来早期文集》上卷,中央文献出版社、南开大学出版社 1998 年版,第 245 页。

以,中国留学生"来到外洋求真学问,就应该造成一种泰东西的民族样子"去主宰自己的民族,并认为只有"人人心中存着这新字,中国才有望呢!"①这是他探求救国道路的重要内容之一,亦表现出他对实现中华民族伟大复兴新文明的渴望。

其次,比较各国发展道路,确定救国方向。周恩来既提倡借鉴吸收别国发展经验,那么,各先进国家的发展模式自然是其寻求救国道路的重要坐标和参照,其中以日本、俄国和英法等欧洲国家为主。

其一,对日本道路的认识。1917年,周恩来赴日留学,他在日记中写下了这样的话:"求学又何必终日守着课本呢?""事事都可以用求学的眼光看日本人的一举一动、一切的行事",以便了解他们的国情,并认为古人说"'知己知彼,百战百胜',这句话实在是谋国的要道"②。因此,周恩来十分注意观察日本社会状况,当他看到日本社会的快速发展,就联想到中国问题说:"我现在住在日本,看着他们的国内的事情,很像一天比一天的发展。若论到我自己的国家,可就是一天不如一天。'积重难返'这种坏现象是一天比一天多。除去旧的换新的,这种力量也须得一天比一天多才行呢。"③不过,经过认真考察,周恩来并不认为日本模式是可行的救国道路,自言在国内时曾"一度认为要拯救贫弱的中国,非学德意志,实行富国强兵的军国主义和'贤人政治'不可",但"通过对同样实行军国主义的日本的观摩",逐渐认识到这样的发展道路并不完美,他说:"'军国主义'在二十世纪上,我看是绝对不能存留了。我从前所想的'军国'、'贤人政治'这两种主义可以救中国的,现在想想实在是大错了","试看看德意志的军国主义,现在能容留么? 中国人喜欢闭着眼睛说话,也不看看世界的大势,观察进化的潮流,就瞎编派事情。这种主义哪能够站得住呢?"④故此,随着中国留日学生爱国运动的高涨及五四运动的兴起,周恩来决定"返国图他兴"。

其二,对俄国道路的认识。尽管周恩来青年时期并没有专门去俄国考察,但他在日本和欧洲期间都受到了社会主义思潮的影响,并对俄国道路有了逐步深入的认识和理解。留日期间,周恩来就接触到马克思主义并对其进行初步研究,也了解到俄国革命和社会发展模式,他认为,"按现在情形说,成君主立宪的希望恐怕已没有再生的机会",而俄国"过激派的宗旨最合劳农两派人的心理,所以势力

①《周恩来年谱》(1898—1949)(修订本),中央文献出版社1998年版,第27~28页。
②《周恩来年谱》(1898—1949)(修订本),中央文献出版社1998年版,第25页。
③《周恩来早期文集》上卷,中央文献出版社、南开大学出版社1998年版,第330页。
④《周恩来早期文集》上卷,中央文献出版社、南开大学出版社1998年版,第337页。

一天比一天大,资产阶级制度、宗教的约束全都打破了,世界实行社会主义的国家,恐怕要拿俄罗斯作头一个试验场了"①,但此时他并没有贸然接受苏俄发展道路,而只是将其作为救国道路的一个可选项。旅欧期间,周恩来对俄国发展道路进行了更为深入的研究,1921年撰文指出:俄国"在以世界革命之思想,鼓动其民族之真正独立"②,并认为列宁实行的新经济政策"可谓通权达变。以求改造后新俄之渐进的建设,与方革命后之急进步骤,大有分别矣"③。同时,他认为"十月革命之所以能与旧日革命相异的,乃因其立足之点在于全般的社会革命,而非仅限于一国一种一阶级的革命"④,十月革命的意义在于"为全世界的无产阶级奠定了革命始基"⑤,实现世界革命,俄罗斯现在已是一个领路者了,"工业后进之国焉得不从而效法? 又焉得不看清马克思学说的真实价值?"他还分析十月革命成功原因指出:"这是因为有了多数派——共产党——在其中做了忠实的指导,唯一的指导"⑥,还有"自是劳动界本身的联合情状,同指示他们趋向最新的共产主义了。因为没有前者,社会主义便失了凭借;没有后者,劳动世界也不会有现今这样的热闹,俄罗斯的共产主义政府,更无由产生了"⑦,并表示从苏联的稳固和发展上可以断言"世界终属于工人阶级"。

其三,对英法道路及欧洲各社会主义流派的认识。周恩来观察社会讲求实际,审慎比较,决不盲从。1920年,他为探求救国真理决定到资本主义的发源地——英国留学考察,并解释其原因说:"主要意旨,唯在求实学以谋自立,虔心考查以求了解彼邦社会真相暨解决诸道,而思所以应用之于吾民族间者。"⑧周恩来对欧洲社会的考察,主要以英法社会实际为主,尤其关注其民族心理,正如他所说:"伦敦为世界之缩影。在伦敦念书,非仅入课堂听讲而已,市中凡百现象固皆为所应研究之科目也。"⑨经过考察,周恩来比较英、俄发展道路说:"英之成功,在能以保守而整其步法,不改常态,而求渐进的改革;俄之成功,在能以暴动施其'迅

① 《周恩来年谱》(1898—1949)(修订本),中央文献出版社1998年版,第27页。
② 《周恩来年谱》(1898—1949)(修订本),中央文献出版社1998年版,第49页。
③ 《周恩来年谱》(1898—1949)(修订本),中央文献出版社1998年版,第51页。
④ 《周恩来早期文集》上卷,中央文献出版社、南开大学出版社1998年版,第472页。
⑤ 《周恩来年谱》(1898—1949)(修订本),中央文献出版社1998年版,第58页。
⑥ 《周恩来早期文集》上卷,中央文献出版社、南开大学出版社1998年版,第475页。
⑦ 《周恩来早期文集》上卷,中央文献出版社、南开大学出版社1998年版,第433页。
⑧ 《周恩来书信选集》,中央文献出版社1988年版,第23~24页。
⑨ 《周恩来同志旅欧文集》续编,文物出版社1982年版,第70页。

雷不及掩耳'之手段，而收一洗旧弊之效"①，并认为在中国"积弊既深，似非效法俄式之革命，不易收改革之效；然强邻环处，动辄受制，暴动尤贻其口实，则又以稳进之说为有力矣"，不过，对于"取俄取英"他并没有确定的态度，只是以为"与其各走极端，莫若得其中和以导国人"，但又强调至实行之时，奋进之力，则终以为勇宜先也②，表现出在取舍英、俄道路上的犹豫。随着对欧洲社会观察的深入，尤其是对英国煤矿工人运动的观察和思考，周恩来对中国发展道路及马克思主义的认识都更为深刻，他向国内介绍"英国工人阶级的顽强战斗精神，赞扬他们在'饥饿困窘'的条件下，'犹坚持反对不懈'"，并指出："劳资战争，舍根本解决外其道无由，观此益信。"③他还认为，"工人失业不安，于社会影响至大，其结局仍不能丝毫加利于经济现象之改造，不仅不能，恐终不免变动与不安之加增也"，而"欧洲各国战后改造之方，诚未见其大妥"，"救济之术，尤难言尽当"④。经过这样的考察、推求和比较，周恩来最终认定"俄国十月革命的道路才是正确的"⑤。

在经过比较研究并认定俄国道路之后，周恩来对社会主义和共产主义做了进一步阐发。他认为社会主义潮流是世界发展方向，不可逆转，并指出："劳动问题和社会主义在欧洲各国已结成不解之缘"，"什么政府中的劳动政策，社会上的慈善济贫事业，在劳动问题根本解决上，早已失其威灵同效验"，"社会主义之不可侮，实已成了必然的趋势"。同时，周恩来也看到，当时社会主义派别很多，在"欧洲这个发源地上，更是五花八门"⑥，需要对其进行比较鉴别。因此，他在考察英、法等国社会实况和研读大量马克思主义经典著作及英、法共产党机关报的基础上，最终认识到："无政府主义的'自由作用太无限制'，处在旧社会势力盘踞的社会里，'容易流为空谈'；法国的工团主义，在现今的欧美'不免等于梦呓'……英国的基尔特主义'近已见衰'，并且'在英国始终也没大兴盛过'……最终确定了共产主义信仰。"⑦他认为，共产主义是中华民族救国道路的必然选择，指出，共产主义"在今日全世界上已成为无产阶级全体的救时良方"，"尤其是在中国，实负有变更经济制度的伟大使命"，总之，"中国现在的经济情势，除去努力预备革命，实行共

---

① 《周恩来早期文集》上卷，中央文献出版社、南开大学出版社 1998 年版，第 8~9 页。
② 《周恩来早期文集》上卷，中央文献出版社、南开大学出版社 1998 年版，第 9 页。
③ 《周恩来年谱》(1898—1949)(修订本)，中央文献出版社 1998 年版，第 49 页。
④ 《周恩来早期文集》上卷，中央文献出版社、南开大学出版社 1998 年版，第 241 页。
⑤ 《周恩来年谱》(1898—1949)(修订本)，中央文献出版社 1998 年版，第 67 页。
⑥ 《周恩来早期文集》上卷，中央文献出版社、南开大学出版社 1998 年版，第 428 页。
⑦ 《周恩来年谱》(1898—1949)(修订本)，中央文献出版社 1998 年版，第 52 页。

产革命外,实无法可解","至于别种社会主义,更是陷中国于歧路中的麻醉剂"。①

　　周恩来早期寻找救国道路的历程,是近代中国先进知识分子探索救国道路历程的集中体现,正如中华民族寻求复兴的历程一样,追求真理、追求进步却都伴随着艰辛、徘徊和犹豫,而一旦救国方向清晰可辨之时,以他为代表的近代先进知识分子也就与中华民族一起走出迷茫,开始了坚定不移的奋斗,中华民族便真正开始向复兴道路前进。

---

① 《周恩来早期文集》上卷,中央文献出版社、南开大学出版社1998年版,第461页。

周恩来学生时代"为中华之崛起而读书"的中国梦 李 雪[*]

中国梦是近现代中华民族为之追寻和奋斗的总体目标。近代以来,在内忧外患的形势下,中国梦具体表现为"建国梦""富国梦""强国梦"。中国梦的实现与每个人的努力奋斗息息相关,这就要求中华儿女从小形成爱国主义情怀、树立远大理想,从而为实现新时期中华民族伟大复兴的中国梦奠定思想基础。梁启超在《少年中国说》一文中提到,"少年智则国智,少年强则国强,少年进步则国进步",少年是国家未来发展的希望,少年的学习能力、道德品质和理想追求关乎一个国家的繁荣昌盛与兴旺发达。周恩来在少年求学时期将实现"中华之崛起"视为自己的求学目标,为他在探索和践行中国梦的人生道路上提供了方向指引。

一、银冈学堂[①]:孕育"为中华之崛起而读书"的萌芽

童年时代的周恩来在嗣母、生母、祖父的精心栽培和私塾先生的严厉教导下,接受了良好的传统文化教育,为他的优秀品质的形成奠定了重要基础,但传统文化教育终究不符合当时的社会发展潮流,与新式的学校系统教育之间有很大差距。因此,从严格意义上讲,周恩来的学生时代要从他 1910 年在铁岭银冈学堂读书开始。12 岁的周恩来"从伯父召,趋辽东"[②],由堂姑父王言伯从老家淮安把他带到南京浦口与三伯父周贻谦会合后,在上海经海路至牛庄,再由辽河上溯至铁岭马蓬沟渡口上岸。[③]据《周恩来年谱》记载他"1910 年春,到奉天省银州(铁岭的旧称),秋移居奉天府",可以知道周恩来到达铁岭的大概日期为 1910 年的春天。一般来说,半年的时间在人的一生中是极其短暂的,但是在少年周恩来的成长过程中却是重要的转折点,在这里少年周恩来孕育了"为中华之崛起而读书"的信

* 李雪,铁岭市周恩来少年读书旧址纪念馆助理馆员。
① 银冈学堂是 1903 年铁岭银冈书院改制后设立的一所实行西方教育的新式学堂。
② 《天津南开学校第十次毕业同学录—周君恩来小传》,天津南开中学档案资料。
③ 信息来源于铁岭市周恩来同志少年读书旧址纪念馆 2012 年调查考证结论。

念,铁岭也由此被周恩来称之为他"新生活的起点"。

20世纪初铁岭动荡的社会变革是周恩来孕育"为中华之崛起而读书"信念的社会原因。在经历了1905年的日俄战争后,本已严重殖民地化的铁岭再次被划分为战胜国日本的势力范围,城区设置多处兵营和物资军火仓库,殖民贸易加大对当地的贸易掠夺,铁岭人民遭受着深重的灾难,生活在水深火热之中。面对这种情形,当时铁岭许多先进的爱国人士纷纷举起救国大旗,加入了反殖民侵略的队伍中。特别是1910年周恩来到铁岭读书时,正值辛亥革命的前夕,辽北地区的革命党人在铁岭紧锣密鼓地宣传革命主张和组织群众运动,以此来反对帝国主义列强的殖民侵略和腐败清政府的残酷镇压,一时间爱国救国热情空前高涨。如此场景深深地触动了少年时期的周恩来,激发了他强烈的民族责任感,这也成为他能够树立"为中华之崛起"远大理想的现实因素。

银冈学堂先进的西式教育是周恩来孕育"为中华之崛起而读书"信念的主要原因。在家乡淮安,底蕴深厚的家庭文化教育和私塾教育赋予童年时代的周恩来以"礼""仁"等传统儒家思想,而银冈学堂的西方新式教育则是根据当时社会的发展形势传授救国救民新思想,使少年周恩来受到了西方启蒙教育和爱国主义熏陶。银冈学堂前身为银冈书院,是清朝顺治十五年(1658)原湖广御道史郝浴所建,长期以来作为辽北乃至东北地区的"昌明理学,启迪后贤"的庠序之地。自倡导新学的曾宪文担任银冈书院校董以来,书院进行改制,设立小学堂、中学堂、简易师范、商业学校等专门学堂。据《盛京时报》光绪三十二年(1906)九月十六日刊言,"据悉该县(铁岭)兴立学校义务等事俱觉胜于他处……"光绪三十三年(1907),铁岭县令廖彭"为振兴学务"选派了劝学所(银冈学堂的管理机构)办事员到日本学习教育事项。由此可见,铁岭当局特别重视新式教育的发展,为推动铁岭的教育文化事业发展做出重要贡献。银冈学堂开设国文、算数、历史、地理、体育、手工等多门课程给学生传授自然社会科学知识。此外,银冈学堂还效仿近代教育模式,通过举办公开讲座、春(秋)郊游、运动会、课外实践观摩等活动,让学生全面接触社会,积极提高自身参与社会实践的能力。由于周恩来在家庭接受过的家庭和私塾教育,具备一定的识字读书能力,因此直接被安排在银冈学堂的三年级甲班学习。首次接受到先进西式教育的周恩来很快掌握了学习技能,提升了个人本领,据他的同学曹荣的回忆:"周恩来和白洪模①是我们班学习最好的同学,

---

① 白洪模后来成为山东大学的数学教授。

老师每问，必对答如流。"

　　银冈学堂的爱国主义教育是周恩来孕育"为中华之崛起而读书"信念的根本原因。银冈学堂自己编写乡土历史地理教材，让学生全面了解家乡的历史和帝国主义列强的侵略掠夺对家乡所造成的严重破坏，让学生勿忘国耻家恨，从小树立起热爱家乡、保卫祖国的思想感情。在课外，教学生演唱《何日醒》《快猛醒》等歌曲对学生进行爱国主义教育。此外，还经常邀请政界和学界的知名人士到银冈书院来做公开讲座。据《盛京时报》记载，宣统元年（1909）银冈学堂开学之日，县令徐麟瑞亲自到学堂讲演，激励学生振兴图强，并指出"今日在书院求学之时代即为他日在世界自立之基础"①，这句话不仅作为演讲的重点内容而刊载于《盛京时报》，还作为书院重视和落实县令讲话内容而对学生进行爱国主义教育的主线，告诫学生设立的理想目标必须与国家的发展紧密联系在一起，此刻努力学习是为"民族独立、国家崛起"于世界而打好基础，使学生的读书目的渐趋明确，这为少年周恩来孕育"为中华之崛起而读书"的信念提供了生长土壤。宣统二年（1910），当时由校董曾宪文主持的铁岭学界人士大会在银冈书院召开，改良派的赵振清提出将救国的希望寄托在清政府的改良上的主张，遭到了银冈学堂教员王先生的激烈驳斥，王先生振聋发聩地提出武装革命、推翻满清政府的口号赢得了在座学界人士和学生的认同与掌声。仅从以上两个事件来看，银冈学堂特别注重对学生的革命思想的灌输，周恩来在这种学习氛围的熏陶下，萌发了"为中华之崛起而读书"的理想信念。这一推论在总理胞弟夫人王士琴女士访问银冈书院时所说的话中得到证实，她说道："听周总理亲口说过，他少年时期在铁岭银冈书院（学堂）读书时，教师为他讲述革命道理，在思想上受到的影响很大，那不是现在的革命思想，是早期的革命思想启蒙。"②此外，周恩来总理在1962年来铁岭视察时邓颖超同志对陪同同志说道："周总理来铁岭前，回想起少年时期在铁岭的情景，激动得一夜没睡好觉，他登的第一座山是铁岭的龙首山，他进入的第一所学校是银冈书院（学堂），他早想来铁岭，这是他的第二故乡。"铁岭的银冈书院对周恩来产生了重大影响，正如1946年周恩来同李勃曼的谈话记录中提到的："从受封建教育转到受西方教育，从封建家庭转到学校环境，开始读革命书籍，这便是我转变的关键。"③

---

① 《盛京时报》，宣统元年正月二十六日。
② 信息来源于铁岭市周恩来同志少年读书旧址纪念馆档案资料。
③ 中共中央党史资料征集委员会：《周恩来同志谈个人和革命的历史——和美国记者李勃曼谈话记录》（1946年9月），见《中共党史资料》第1辑，中共中央党史出版社1982年版，第6页。

以往对周恩来的成长过程和学习历程著作或研究中大多直接从他在沈阳读书开始，而忽略了在铁岭求学这一转折点，导致对周恩来少年时代思想转变研究不彻底、不充分，不利于全面研究伟人的成长历程和思想发展脉络。虽然周恩来北上铁岭求学的时间如他与李伯曼的谈话中提到的只有6个月，而且具体日期还尚未能有更加充分材料证实，但这并不能降低铁岭及银冈书院对少年时代周恩来的影响程度，也不能成为忽视研究周恩来铁岭求学阶段的借口。笔者认为，环境的改变对于一个十几岁孩子的影响是巨大的，姑且不谈南北自然环境的差异，仅从周恩来那时所处的动荡社会背景谈起，他从远离殖民迫害的江南小城来到民族危机格外深重的东北，目睹了帝国主义列强的侵略殖民活动给当地人民造成的巨大伤害，亲身感受到东北地区进步人士反对列强侵略和清政府反动统治的爱国救国热情，这难道不会对自幼懂事的周恩来产生重大影响吗？由此看来，铁岭及银冈书院对于少年周恩来的影响是不容忽视的，在周恩来的思想形成过程中占有重要地位。

二、东关模范学校：树立"为中华之崛起而读书"的志向

1910年秋，奉天省官立东关模范两等小学堂（以下简称为东关模范学校）建成，周恩来转入沈阳学习，并插班进入小学堂的高等丁班。由于在铁岭银冈学堂6个多月的初步学习，使得周恩来能够很快适应沈阳新的学习环境。在这里周恩来刻苦努力，增长见识，很快提出了他学生时代的"中国梦"，即著名的"为中华之崛起而读书"。

努力学习科学文化知识，个人素质能力全面提升。东关模范学校是当时沈阳师资力量较强的学校，课程设置齐全，教师水平高，教学质量好。学校开设修身、国文、算术、历史、地理、格致、英文、图画、唱歌、体操，共计十门课程，几乎涵盖了培养一个优秀人才的全部课程。周恩来每门课程都很好，经常受到老师的夸奖与表扬。特别是他的作文以立意鲜明、铿锵有力、文采飞扬而经常在学校走廊的优秀作文专栏里展出，其中由他1913年撰写的《东关模范学校第二周年纪念感言》一文还在奉天省的教育品展览会上展出，并附上国文老师的评语"教不如此不足以言教，学不如此不足以言学，学校不如此不足以言学校，文章不如此不足以言文章"，而后这篇作文又被编入《学校国文成绩》和《中学生国文成绩精华》两书中。此时的周恩来在学习态度上主张独立思考，做到"慎思而明辨"，对待任何事物要融会贯通，切勿"浅尝辄止"。如他以"赵苞弃母全城论"为题材写作文时，赞扬赵

苞为了民族大义而不得不做出弃母的抉择,借古讽今,讽刺清政府腐败无能的卖国行径。作文的优秀仅仅是周恩来学业成绩优异的一个缩影,他在其他功课上也十分刻苦,努力学习科学文化知识,注重提高自身的能力和本领。除了学习以外,周恩来还特别注重个人的道德修养,尊重师长、团结同学、乐于助人,勇于奉献。周恩来所在班级有一位下肢残疾的同学,这时周恩来主动要求与他同桌,并承担起帮助他、照顾他的重任;学校烧茶炉的吴师傅生病了,周恩来不仅主动去帮他烧茶炉,还将平时积攒下来的钱拿出来让他买药治病。仅仅通过以上两个事例,就可以基本看出周恩来少年时代优良品质的点点滴滴,这些点滴的汇聚升华了周恩来的个人素质。

加深对动荡时局的认识,救国责任意识明显增强。1911 年,以孙中山为代表的革命党人发动了震惊世界的辛亥革命,推翻了腐败的清政府统治,结束了2 000多年的封建帝制,推动了中华民族的思想解放。其"驱除鞑虏,恢复中华"的呐喊,激励无数中华儿女为中华崛起、为民族独立事业而奋勇前行。东关模范学校是一所进步学校,教师中不乏革命党人,历史老师高亦吾先生就是其中之一,他"经常向学生鼓吹反清革命,并且把章太炎的文章和同盟会的刊物拿给学生看,还曾把邹容充满激情地鼓吹革命的小册子《革命军》借给周恩来看"[1]。在学校这种革命氛围的熏陶下,周恩来的救国责任意识不断增强,他带头剪去辫子,以实际行动表示对革命的拥护,与封建主义彻底决裂。如此来看,他在一次修身课上提出"为中华之崛起而读书"誓言就不足为奇了;他在沈阳农村的魏家楼子与同学的爷爷何殿甲先生的对对联中发出了"誓做中华的主人"的豪言壮语就显得很正常了。因为在他的心中早已立下了以天下为己任的志向和担负起"国家将来之艰巨责任"的决心。周恩来在沈阳学习的两年,是他学生时代的重要组成部分,也为他顺利考入南开中学打下了良好的学业基础。

三、南开学校:积蓄"为中华之崛起"的能量

中学时期的教育对于青少年的成长至关重要,在塑造世界观、人生观、价值观方面发挥着关键性的作用。1913 年秋,周恩来以优异的成绩考入了南开学校。在这里长达四年的学习生活使他在品德、学业以及能力上都得到了显著提升。南开学校是由中国近代爱国教育家严范孙和张伯苓仿照欧美近代教育方式创办的一

---

① 《周恩来传》(1898—1949),中央文献出版社 1998 年版第 10 页。

所学校,以"造就学生将来能通力合作,互相扶持,成为活泼勤奋、自治治人之一般人才"①为宗旨,培养了大批救国建国的栋梁之材,周恩来就是其中的杰出代表。他的一句"我是爱南开的"道出了南开对他的重要影响以及他对南开的挚爱感情。

注重"知行合一,学以致用",锻炼组织领导能力。在南开学校浓厚的学习氛围的影响下,周恩来更加刻苦努力,奋发图强,在升入二年级时各科成绩均名列前茅。其中,最为人称道的是他的《诚能动物论》一文,在学校组织的作文大赛中获得第一名的好成绩。但是他并不仅仅满足于课业知识,还经常在课余时间阅读进步书籍,聆听学校组织的国内外名人演讲,以此来开阔眼界,增长见识。南开学校为丰富学生的校园生活和促进学生各方面能力的提升,大力支持学生的社团活动。学校三大社团组织之一的敬业乐群会就是由周恩来以及他另外两位同学共同发起的,在周恩来担任会长期间,社团各项工作都办得有声有色;在他担任校刊《校风》经理部的总经理一职时负责多项事务,培养了他多方面的能力,同时他高超的领导组织能力也初步凸显。

呼吁"天下兴亡,匹夫有责",发扬爱国奉献精神。周恩来曾在校刊《校风》上发表多篇文章,论述中国内忧外患的时局,指出当时中国已处于危险境地,因此他呼吁南开的青年学生应具备"闻而兴鸡鸣起舞之感,天下兴亡匹夫有责之念",应将救国救民视为己任,把个人发展与国家命运联系在一起。周恩来的爱国思想同时也体现在他的实际行动中,如1915年南开中学成立"南开学校国民长期救国储金会",倡导全校师生为缓解国家财政困难而捐款,周恩来不仅能够做到每日捐款,同时还在社会上进行演说、劝募,呼吁更多的人加入到募捐的爱国救国行列中。周恩来的奉献精神在南开学校主要体现在参加的各种社团活动和公益活动中。周恩来积极参加各种新剧表演,并饰演重要角色,其中在新剧《一元钱》和《仇大娘》中打破封建传统束缚,男扮女装,通过通俗的、观众喜闻乐见的方式引导人们摆脱愚昧落后的封建旧思想。在南开的公益活动中也少不了他为之忙碌的身影,从为《南开星期报》(校刊《校风》的原用名)筹款而参加新剧义演,到成为一名天津通俗演讲员进行启发民智的义务宣讲,都体现了周恩来的为了集体、为了国家,甘愿忍受劳苦、牺牲自我的奉献精神。

具体来说,周恩来在南开求学可分为两个阶段,第一阶段是中学的4年,也就是对周恩来的人格塑造产生重要影响的中学时代;第二阶段是周恩来在1919年

① 《张伯苓教育言论选集》,南开大学出版社1984年版,第3页。

留学日本归国后成为南开学校大学部第一期大学生。然而由于五四运动爆发，学生运动兴起，他因领导学生到直隶省公署请愿而遭到长达半年的关押，为此，周恩来失去了南开大学的学籍，但他与南开并没有从此分道扬镳。相反，在南开学校董事严范孙的帮助下，获得了赴欧洲留学的机会与资助，这也成为他人生道路的又一重大转折点，为后来踏上马克思主义的救国救民道路奠定了重要基础。

四、留学日欧:开启践行"为中华之崛起"的奋斗征程

正如习近平总书记在欧美同学会成立100周年的庆祝大会上指出的:"近代以来，我国大批留学人员负笈求学的足迹，记录着中华儿女追寻民族复兴的梦想……在中国共产党成立前后，旅欧勤工俭学和留苏学习的进步青年相继回国，在火热的斗争中成长为坚定的马克思主义者，为党和人民事业发展建立了不朽功勋。"①周恩来就是其中的典型代表，2年在日本和4年在欧洲的留学生活使他能够以更加客观、清晰、理性的态度来审视中国社会局势，并毅然加入中国共产党，开启了他"为中华之崛起"的中国梦的奋斗征程。

考察社会，探索救国救民之路。留学期间，周恩来在勤工俭学的同时特别关注所在国家的政治发展状况和社会民风。初到日本后，他发现原本在国内盛行的"军国主义"救国之路在日本并没有给百姓带来幸福，于是陷入了思考中国出路的彷徨与痛苦之中。就在此时，俄国十月革命爆发了，马克思主义学说和宣传社会主义的各种流派像潮水一样涌向日本。周恩来很快获知了俄国革命党的信息，并说该革命党是"最合劳农两派人的心理，所以势力一天比一天大，资产阶级制度、宗教的束缚全部打破了，世界实行社会主义的国家，恐怕要拿俄罗斯做头一个试验场了"②。为此还通过阅读辛德秋水的《社会主义神髓》和河上肇的《贫乏物语》等著作，③初步接触到俄国革命党所信奉的马克思主义的一些理论，从他在1919年4月5日准备回国前夕写下的"一线阳光穿云出"诗句，也可以看出他接触马克思主义后的喜悦心情。在周恩来留学欧洲期间，他看到了与书本上截然不同的欧洲，这里并不是欣欣向荣的繁荣景象，而是一个动荡不安、矛盾不断显现的社会。周恩来赴欧留学不久，在英国停留了一个多月，他一边学习，一边进行社会考察，

① 《习近平总书记在欧美同学会成立100周年庆祝大会上的讲话》，《光明日报》，2013年10月22日。
② 《周恩来早期文集》上卷，中央文献出版社1998年版，第356页。
③ 中共中央文献研究室:《周恩来年谱》(1898—1949)，中央文献出版社1998年版，第28页。

目睹了英国的工人运动背后资产阶级残酷的剥削,也认识到了工人阶级唯有集结力量进行反抗斗争,才能争取自身的权益。在此期间,周恩来还系统阅读了许多马克思主义经典著作和法国、英国共产党的报刊,为他革命思想的不断成熟奠定了基础。

追求真理,坚定共产主义信仰。周恩来在认真考察和比较的基础上,为了追求真理,挽救中国人民于苦难,他最终做出了救国道路的抉择——踏上马克思主义救国之路。在1921年2月,周恩来由张申府介绍加入中国共产党,从此他以共产主义作为指导中国革命、为中华之崛起的理论指导,以苏联十月革命道路作为参考经验,开启了践行中国梦的探索。周恩来曾在给天津觉悟社社员的信中写道:"我认的主义一定是不变了,并且很坚决地要为它宣传奔走。"在他加入中国共产党后,首先加入了中共巴黎小组(旅法支部),筹备组织中国少年共产党,并担任机关刊物《少年》的编辑和主要撰稿人,其中在《少年》的第5期发表的文章中指出"俄国三次革命既都是劳动阶级为其中的主动力,为什么偏要到十月革命才成功呢? 这不难回答,并且是很简答的回答,这是因为有了多数派——共产党——在其中做了忠实的指导,唯一的指导"①。然而周恩来追求真理的过程并不是一帆风顺的,在留学期间,他在精神上遭受过苦闷、痛苦和挣扎,在生活上也遭受了贫穷、困苦与艰辛,正如他后来说过的"一帆风顺是不能磨炼人的",就是在这种身心都遭受到巨大磨炼的基础上,才使得周恩来在留学期间更加明确了人生的航向,从而为之奋勇前行。

结语

周恩来以上四个时期的求学经历,对他的个人能力的提高、革命思想的成熟和人格魅力的塑造产生重要影响,也为后来参与领导民族独立和中华崛起事业奠定了坚实的基础。在求学过程中,他始终以"为中华之崛起而读书"为信条,始终将实现民族独立作为自己的奋斗目标。他学生时代对"中国梦"的探索对当代学生具有重要的启发和教育意义:一是他读书时立下的宏伟志向是指引当代学生奋勇前进的指向标;二是他学生时代所形成的乐于助人、坚毅的品格是激励当代学生自强不息的动力。当前国家正处于实现中华民族伟大复兴中国梦的关键时期,亟须大批的社会栋梁之材,即所谓"致天下之治者在人才",当代学生同样肩负着

---

① 伍豪:《十月革命》,载《少年》第5期,1922年12月1日。

"国家将来艰巨之责任"。因此，必须充分发扬周恩来在学生时代的学习精神，让当代学生将个人发展与国家的命运紧密联系在一起，热爱学习、勤于学习、善于学习，并为"为中华腾飞而努力奋斗"，为实现中华民族伟大复兴的"中国梦"而不懈努力。

早期南开校园文化对周恩来的影响 刘　燕*

　　"中学是一个人世界观形成的关键时期,也是打好知识基础的重要时期,中学教育会影响人的一生。"[①]一代伟人周恩来也不例外。1913—1917 年,周恩来在仿欧美近代教育制度而创建的天津南开学校,接受了当时先进的教育,从思想境界到身体素质,从知识积累到办事能力,都有了巨大的飞跃,为他以后赴欧留学,确立马克思主义信仰,并最终走上革命道路,奠定了坚实的基础。

　　在 15 岁至 19 岁这个人生阶段,南开学校的校风、传统、精神、文化,使周恩来耳濡目染中受其教化,并终身受益。

一、早期南开校园文化反映了西学和中学的完美结合

　　1904 年 10 月 17 日,中国近代教育家严修、张伯苓等人在严氏学塾和天津邑绅王奎章家塾的基础上,成立敬业中学堂,此即南开学校前身。

　　自创立伊始,严修、张伯苓就十分重视将私立教育办出特色,他们多次到日本、美国考察教育理念和模式,回国后,在南开学校加以模仿、创新:一方面,他们将西方资本主义国家先进的科学知识和办学理念引入中学课堂;另一方面,他们重视继承和弘扬中国优秀传统文化,坚持与中国实际情况相符合的教育方针。将世界先进文化和中国传统文化结合起来,从而形成早期南开校园文化。

　　(一)引入西方先进国家的科学知识和办学理念

　　鸦片战争后,中国在政治、经济、军事、教育等各领域都远远落后于西方资本主义国家。为了救亡图存,中国大批有识之士进行了不懈反思和求索,在教育领域也展开了对中国旧教育的改造。特别是戊戌变法中,在维新派的鼓动下,清政府广设学堂、提倡西学的改革,使新式教育在中国进一步发展起来。虽然变法失败,但在中国创办新式教育已成为一股不可逆转的历史潮流。在这样的形势下,具有开明思想的严修、张伯苓等人,必然会使南开学校走出一条学习西方先进教

---

*　刘燕,周恩来邓颖超纪念馆。
①　2003 年 9 月 9 日,温家宝与北京十二中学教师的谈话。

育制度的新路。

1. 先进的课业教学特色

一所学校,教授和学习各科知识,是最基本的日常任务。南开学生之所以具有较高的知识积累和动手能力,是因为学校具有先进的学制理念、科学的课程安排和教师较高的教授水平,是三者共同作用的结果。

(1)课业重,考试严

南开学校学制四年,相当于中等学校。主课有国文、英文、数学,每年都有;副课有物理、化学、中国史地、西洋史地、生物、法制、体操等,自然科学文化知识在课堂教学中占很大比重。各门课程每月考试一次,期末有大考,留级和淘汰的都不少,能坚持到毕业并不是一件容易的事。学校的教学作风比较自由,如国文教学,"任课教师自拟教学大纲,自编教材,一年学完一科,任学生自选……这是中学高中语文设课的创举"①。教师自编教材是学校学术自由的表现,一方面可因材施讲,另一方面体现出教师具有渊博的知识和极高的教学水平。

(2)对英文尤其重视

入学考试时,学校要求学生"英文须熟读浅近文法并浅近读本一册"②,从二年级起,除国文和中国史地外,各科都用英文课本。为了提高学生英语会话能力,还延请美国老师来教课。三年级起,要求学生阅读英文原著小说。这使得南开学生普遍具有较高的英文水平,为他们毕业后赴欧美大学继续深造打下了坚实的语言基础。

(3)常设实验课,增强学生的动手能力

自然学科的课程,如物理、化学、生物等,都必须上实验课,学生须亲自动手做实验,并写实验报告。为方便教学,学校从日本购买了大批实验设备、标本、模型等。学生入学时所交学费中,包含有理科实验费和预付的损坏赔偿费。③ 这使南开学生具有很强的动手能力和对自然科学的感性及理性认识。

2. 鼓励学生参加团体活动

张伯苓在《四十年南开学校之回顾》一文中对南开学校的办学方针有过系统的论述。其中写道:

---

① 杨坚白:《锲而不舍　再拓新境》,《南开中学建校八十周年纪念专刊》第32页。
② 《天津南开学校招考中学班学生广告》,《校风》第34期,1916年6月12日。
③ 参见杨坚白《锲而不舍　再拓新境》,《南开中学建校八十周年纪念专刊》第31页。

"一曰:重视体育　强国必先强种,强种必先强身。

二曰:提倡科学　其目的在开通民智,破除迷信,借以引起国人对于科学研究之兴趣,促进物质文明之发达。

三曰:团体组织　学校对于学生课外组织,团体活动,无不协力赞助,切实倡导,使学生多有练习做事参加活动之机会。

四曰:道德训练　教育为改造个人之工具,但教育范围,绝对不可限于书本教育,智识教育,而应特别注重与人格教育、道德教育。

五曰:培养救国力量　南开学校系受外侮刺激而产生,故教育目的,旨在雪耻图存,训练方法,重在读书救国。"①

在张伯苓的鼓励和倡导下,学校对社团活动和体育运动尤为重视。"学校积极提倡学生开展课外活动,要求学生在学校里不单是读书,而且要学会办事,养成自己管理自己的能力。"②南开学校自建校伊始,便以团体活动丰富为其特色,并作为传统一直保持下来。南开的社团不分师生限制,既有学生自己组织的团体如敬业乐群会、青年会等;也有以教师授课为特点的"特长班",如国文学会特别科③;既有以同籍名义组成的同乡会,如江浙同学会,也有囊括全校师生参与的新剧团。对社团的发展,学校予以经费、设备、场地的支持,鼓励学生以我为主,锻炼合作精神,促进全面发展。恰恰是南开学校的积极倡导和物质保证,使得学生们有了挖潜、锻炼、发展的广阔舞台。南开毕业生中涌现的许多数学家、戏剧家、文学家等,都是最初受到南开社团的影响,从而决定了自己一生的事业。

3.要求学生锻炼健全体魄,保持身体健康

这是张伯苓教育改革计划之一,也是学校将"西学"引入南开教育的又一表现形式。近代中国民众身体羸弱,病弱不堪,加之鸦片大量流入中国,吸食成瘾,使得国民身体与日本、欧美等西方国家民众相比,更显衰弱。为改变这种国民体质现状,大量有识之士意识到强国必先强体的重要。张伯苓也意识到"强国必先强种",并在学校率先推行德智体三育并进的教学理念。"南开学校里,下午四时起是课外活动时间。一到这个时间,教室和宿舍里就不能留人,都得到运动场和社

---

① 张伯苓:《四十年南开学校之回顾》,王文田等:《张伯苓与南开》,(台湾)传记文学出版社1987年版,第85~90页。
② 中共中央文献研究室编:《周恩来传》(一),中央文献出版社1998年版,第16页。
③ 《纪事·斯文之举》,摘自《校风》第12期,1915年11月15日。

团去参加活动。"①学生之间、班级之间、年级之间、学校之间,经常不定期地举行各种体育比赛。大量丰富的身体锻炼内容渗透进课间休息和课外时间。良好的运动氛围,提升了学生们的身体素质,加强了他们对体育的重视,并在国内外各种体育比赛中为学校和国家争得了荣誉。

（二）坚持中国传统文化的精神熏陶和道德培养

南开学校是一所由中国人创办的面向中国学生的私立学校。建校之初,中国尚处于清朝末年,包括校董严修、校长张伯苓在内的几乎所有中国籍教师都深得中国儒家传统文化教育,深受中华民族传统文化影响。中国传统文化中优秀的部分是应当世代继承并弘扬的,南开的教育者们在广泛吸纳西方资本主义国家先进教育理念的同时,并没有全盘否定中国传统文化中的精华部分,在实际教育中强调中西并重,在提倡新式教育的同时,坚持用中国优秀传统文化对学生进行精神塑造和道德培养。

1. 规范仪表、塑造气质的"容止格言"

在南开的教育理念之中,育人首先是从穿衣戴帽等基本素养开始规范的。晚清以来,精神萎靡、衣冠不整已成为整个中国社会的一大怪状。一个人仪态懒散,一个国家的国民蓬头垢面、精神涣散,这样的精神面貌,又怎么能谈得上救国强种呢?"苓鉴于民族精神颓废,个人习惯不良,欲力矫此弊,乃将饮酒、赌博、冶游、吸烟,早婚等等,悬为严禁,犯者退学,绝不宽假。"②严修、张伯苓等人要求南开学子注重自己的仪容仪表,希望青年一代从最基本的日常生活起居做起,振奋精神,洁身自爱,进而为中华民族的复兴大业学有所成。

1904 年敬业中学堂成立后,严修手书共40 字的"容止格言"(亦称"镜箴"),刻在长方形木匾上,悬挂于南开学校东楼左侧整容镜上方,全文为:"面必净、发必理。衣必整,钮必结。头容正,肩容平,胸容宽,背容直。气象:勿傲、勿暴、勿怠;颜色:宜和、宜静、宜庄。""镜箴"的文法体现着强烈的中国文化韵味,这与严修渊博的国学造诣密切相关。同时,箴词的朗朗上口,便于记忆,也使得幼时多受家学开蒙的学生们容易接受。这些规定看似简单,但确实是矫正当时社会上萎靡不振之风,使学生保持精神饱满、生气勃勃的好办法。

---

① 中共中央文献研究室编:《周恩来传》(一),中央文献出版社1998 年版,第20 页。
② 张伯苓:《四十年南开学校之回顾》,王文田等:《张伯苓与南开》,(台湾)传记文学出版社1987 年版,第89 页。

容止格言的基本教育,给南开学生留下了深刻印象。每个学生,每天都会面对整容镜,对照镜箴,检查并修正自己的仪容仪表。"这面镜子,这几句箴言,对我们这些早期南开中学的学生,确实起了教育作用。我们出校进校,确实常常在镜子面前,摩挲摩挲头发,整理整理纽扣,整饬仪容成了风气,南开学生走到街上,人们一看就看得出来。"①"这些训导用意良深,我们经过这面镜子时不禁要伫立镜前,肃然整容。六年里经过这些训导的点滴渗透,形成了我们一生中生活方式的指导规范。"②

容止格言不仅影响着南开学生,也声名远播,传到大洋彼岸。"犹忆美国哈佛大学校长伊利奥博士来校参观,见南开学生仪态与在他校所见者不同,特加询问。苓乃引渠至镜旁,将镜上箴词,详加解释,伊始了然。后伊归国,告其邦人,罗氏基金团且派员来校摄影,寄回美国,刊诸报端,加以谀辞。"③时至今日,容止格言不仅端正了中外学生的仪容仪表,也逐渐走向社会,向公众加以普及。2004年,在南开中学校门前翔宇广场落成的南开百年校庆纪念碑,就镌刻着容止格言。这40个字已经成为早期南开文化的重要组成部分。

2."爱国、创新、敬业、乐群"的学校传统

南开学校在长期发展中传承和统一学校先人社会经验和理念,达成共识,形成"爱国、创新、敬业、乐群"的学校传统。在学校成立之初,这八个字便已经开始作为精神追求和行为准则,渗透到师生的日常生活和人际交往之中。后来,这一传统也被大多数南开学子所熟知并传承。

(1)爱国,是南开师生在内心深处始终坚持的信念。但凡南开学校毕业的学生,无论才能高低,建树多寡,爱国思想是不约而同,贯穿一生的。即使信仰、志向不同,爱国始终是他们殊途同归的人生价值观。

(2)创新,是南开师生在事业上的一贯追求。建校以来,南开学校从一所以中学为主体的学校,繁衍出大学、女中、小学、研究所,并在重庆、四川等地创建南开学校,这本身就是一个创新的过程。正是在这一传统激励下,小至一个人,大到一所学校,皆能跟上时代,不断前进。

(3)敬业乐群,语出西汉·戴圣《礼记·学记》:"一年视离经辨志,三年视敬

① 黄钰生:《早期的南开中学》,《天津文史资料》第8期。
② 申泮文:《永志不忘的南开精神》,《南开中学建校八十周年纪念专刊》第82页。
③ 张伯苓:《四十年南开学校之回顾》,王文田等:《张伯苓与南开》,(台湾)传记文学出版社1987年版,第85~90页。

业乐群。"具体到南开文化中,意思是要求学生对自己的学业和将来的事业要很尽职,和同学、朋友相处要很融洽。

敬业,是张伯苓一贯倡导的做人做事的准则之一。"老老实实做人,实实在在做事"是他在办学中坚持的一个基本理念。他特别强调学生在校尽心学业,毕业后尽心事业,工作上任劳任怨、负责合作,养成一种笃实肯干、努力为公的作风。

乐群,是南开学校培养学生普遍具有的基本素质。乐群,顾名思义,即乐于参与集体活动,在团结协作的氛围中,发挥个体长处,锻炼自我能力,以达到个体与集体协同并进的目的。南开学校鼓励学生参与多种多样的集体活动,举办丰富多彩的集思想性、艺术性、趣味性、服务性于一体的文体活动,为学生的交往与自我教育提供广阔天地,使学生更好地形成民主、平等的意识,逐步培育起"乐群"精神。

3. "允公允能、日新月异"的南开校训

"允公允能,日新月异"作为南开校训,是对南开传统的传承和提炼,自南开学校创建时期就逐步形成的"爱国、创新、敬业、乐群"等学校传统在20世纪20年代被升华概括为"允公允能、日新月异"的南开校训。它是由严范孙、张伯苓共同制定,并终生为之推广的,简称"公能校训"。

"允"作为文言文首助词,最早见于《诗经·鲁颂·泮水》:"允文允武,昭假烈祖。""允"对师者来说有承诺、答应的意思;对学生来说则有要求、应该的意思,可见,这一校训是对师生的共同鞭策。"允公"重在德行,"允能"重在能力,意即为人、为学应该德才兼备。

公能校训既强调"德"与"能"的平衡发展,又强调要时刻进益,要求人以一种不松懈、不怠惰的意志,将自己的能力,奉献给整个国家和民族,这是一种心怀大公、将个体融于社会的理念,可以说是南开学校区别于其他学校的精神信仰。

三、早期南开校园文化对周恩来的影响

周恩来在南开学校(包括中学、大学)有五年多的时间,这是他思想和性格形成的关键时期。南开学校的教育为他打下了坚实的学识基础,养成了集体主义观念,锻炼了坚强的体魄,塑造了良好的修养作风,培养了高超的组织能力,从而选择了正确的人生道路,成为中国共产党人和中国人民的杰出代表。

周恩来是集中国共产党人的先进性和中华民族优秀传统于一身的人,这与他在南开学校所受的中西文化的共同教育和影响是分不开的。

（一）严谨的教学为周恩来打下坚实的学识基础

周恩来学习刻苦，成绩优秀，国文和数学成绩尤为突出，但英文基础较差。进校之初，他在保证国文和数学水平在全校名列前茅的同时，将大部分课余时间都用来学习英文，一进入二年级，他的英文就相当好了。教师严谨而高水平的教育为周恩来打下坚实学识基础，使他日后能够高水平地完成各项工作。例如革命战争年代，以中央名义发出的大量文稿、电报等，大都是由周恩来起草的；再如新中国成立后，他在对外交往中能及时纠正翻译的错误，也源于他有较深厚的英文基础。这些都是南开学校的课堂教育对他培养的结果。

（二）善于团结合作，参加多种团体活动

早在中学时期，周恩来就有很强的集体主义观念，善于与同学协作，参加学校多种团体活动，在各方面锻炼自己的才能。由于他的能力突出，表现活跃，先后担任了敬业乐群会智育部部长、总干事、副会长、会长、《敬业》杂志总编辑、《校风》周刊文苑部编辑、纪事类总主任、经理部总经理、南开新剧团布景部副部长、校演说会副会长等各类职务。每一份工作，周恩来都干得十分出色，更由于他谦虚亲切、待人和蔼、善于合作的性格，给人留下了深刻印象。他乐群、善交的思想和行动，在其一生中得到发扬。革命战争年代，周恩来广泛团结各界人士，领导建立抗日民族统一战线，在国统区力所能及地发挥共产党的领导和影响，最终团结各方面的力量，取得了民族解放战争的胜利。新中国成立后，周恩来担任第二至第四届全国政协主席，继续团结各族各界人士，为建设新中国不懈奋斗。

（三）积极参加体育锻炼，并取得一定成绩

置身南开学校浓厚的体育氛围中，周恩来也十分注重体育锻炼，提高自己的身体素质。由于身体瘦弱，周恩来并不擅长体育比赛，但他积极组织并参与各种体育活动。他在《校风》上发表的《本社之责任观》一文中提到，学生要做到"读书、励行、健身"，青少年要"以发达身体、陶养性情为第一要务"，只有"健身体"，才能"根基固"。"吾校成立，于今十有三载，身体之发达，性情之陶养，可云已略具端倪。""而千人之数，亦正如身体之健全，锻炼筋骨，新陈代谢，长其脑力，广其智慧，以图个人之成立，是犹吾校谋内部之健全也。"[①]

在1916年4月21日、22日、24日，周恩来所在的三年二班举行班级运动会。本学期，学校公布了《体育新章》，体育竞赛实行新的计分标准，即每班总成绩除以

---

① 《本社之责任观》，摘自《校风》第65期，1917年5月16日。

全班人数,所得分数,决定班级名次。这种方式意在鼓励人人参与体育竞赛,达到锻炼身体的目的。在这次运动会上,根据各人水平不同,分强弱两队。称"强勇"两队,周恩来不擅长体育运动,故分在较弱的"勇队"。对于运动会的情况,周恩来在《校风》第27、28期上予以详细报道。比赛进行了3天,各科任教师都来参与。周恩来获得"勇队"跳高第三名,其所在的排球和篮球队获"勇队"冠军。[①]

在此后的革命生涯中,周恩来依然重视体育锻炼。他将签名的小足球赠给身边工作人员的孩子,希望他好好锻炼身体;他自创一套保健体操,在工作累了的时候,活动身体;在西花厅设有乒乓球室,周恩来伏案工作疲乏的时候,常常挥拍上阵,与工作人员打乒乓球缓解疲劳……

（四）"容止格言"塑造了周恩来良好的修养作风

周恩来的仪表之美举世闻名,代表了中国形象。虽有早年在家乡母亲的言传身教,但不容否认,"容止格言"以及南开教育对他塑造自身仪表的教育更为深刻。无论在国内工作还是在国际舞台上,周恩来能始终按照40字"容止格言"去做,其英俊的外貌,得体的仪表给世界各国人民留下深刻印象。

迄今发现的文献中周恩来关于"容止格言"的言论较少。比较著名的是他在1916年4月17日出版的《校风》第26期《纪事·函索镜影》的叙述:"我校事务室前所悬之大镜及上列格言,原为资警励全校师生之用。前次美人白崔克博士（Dr. Buttrick）来校参观时,睹之甚以为善,今格瑞里先生（Mr. Greene）致函校长,索斯镜之摄影,并请将格言译作英文,同行寄去,以为纪念。藉俟归美时公之彼邦人士。闻格言现已由周梦贤先生译就,影已摄好,想不日即可报命矣。"

周恩来在南开学校的四年,家境贫苦,"学费时不济",在校园内,他一直穿布衣布鞋,夏天只有一件白长衫,入冬则是单薄的青棉袍,外面再罩一件已经泛白的蓝大褂,但这样的衣服周恩来却总是穿得干净整洁,规规矩矩。以"镜箴"为鉴,周恩来所在的班级被评为全校班风第一,所住的西斋19号宿舍获得"整齐洁净"的嘉奖。

走上革命道路的周恩来,同样没有忘记南开的"容止格言"教育,他的衣着总是很得体,神态总是很谦和。即使在革命形势处于低潮的时刻,周恩来也没有气馁、暴躁、懈怠。越是危难时刻,周恩来所表现出来的内在气质就愈能鼓舞人们继续革命、坚持到底。在后来的对外工作中,无论是同对手谈判,还是与朋友交往,

---

① 摘自《校风》第27期、第28期"纪事"栏目。

周恩来举手投足之间流露出的温文尔雅，都让对手折服，也让无数不了解中国共产党的人通过他开始重新认识中国共产党。

（五）参与创建、领导"敬业乐群会"，为南开传统注入新的内容

南开学校提倡学生开展丰富多彩的课外活动，允许学生自由结社。在周恩来入学时，校内已经有多个学生社团。如"自治励学会"，该社团成立于1905年，由学生中年龄偏大的学生组成，活动的内容和范围较窄，趋于保守，时任会长是陈钢；"三育竞进会"由高年级同学施奎龄、孔繁霈、冯文潜、黄钰生等组成，此时，该会骨干面临毕业，社团已停止活动；"青年会"是基督教会的青年组织，是有宗教色彩的。周恩来等同学认为，当时校中各社团的宗旨与他们个人的志趣皆不同，所以决定成立一个新的社团。尚处于一年级的周恩来和同班的张瑞峰、常策欧发起组织了一个新的团体。1914年4月，"敬业乐群会"成立，该会宗旨为："以智育为主体，而归宿于道德，联同学之感情，补教科之不及。"①

在四年的时间里，周恩来很少加入别的社团，却对敬业乐群会投入了最大的精力，先后担任敬业乐群会智育部部长、总干事、副会长、会长，还兼任《敬业》杂志总编辑，这使得他锻炼了极强的组织和领导能力。"会员最初是二十多人，后来逐步发展到二百八十多人，占全校学生总数的三分之一。"②

可以说，周恩来既是南开学校传统的继承者，更是创新者。"敬业""乐群"的学校传统即由"敬业乐群会"而得名，他以实际行动为南开文化注入了新的内容。在周恩来身上，时刻体现着"敬业""乐群"的精神，这种精神贯穿了周恩来的一生，直至他日后担任国务院总理的职务，依然能够从他的身上体会到对工作的极端认真，对朋友的真诚友善。

（六）心怀"允公允能、日新月异"的校训，周恩来终生为国服务

"公能校训"的精神对周恩来人格的塑造产生了深刻影响。公即怀有公心，周恩来自确立共产主义信仰之后，表示"我认的主义一定是不变了，并且很坚决地要为他宣传奔走"。自此，周恩来献身于中国革命事业，经过艰苦卓绝的奋斗，取得了最后胜利。1949年中华人民共和国成立后，周恩来出任政府总理，面对内政外交的繁重工作，他夜以继日，鞠躬尽瘁，毕生献给了国家的建设事业。周恩来是坚定的、完全彻底的共产主义者，他的公心得到了党内外人士的一致肯定。

---

① 《敬业乐群会简章》，摘自《敬业》学报第一期，1914年10月15日。
② 中共中央文献研究室编：《周恩来传》（一），中央文献出版社1998年版，第21页。

周恩来的能力也是毋庸置疑的。无论是战争年代,还是和平时期,周恩来在政治、经济、军事、外交等各个领域表现出了非凡的领导才能,特别是在外交领域,他主持并领导了新中国的外交事业,是我国外交工作当之无愧的奠基人。由此可见,"公能校训"的精神在周恩来身上得到了充分的表现和发扬,激励他为国为民服务终生。

四、结语

南开学校培养了包括周恩来在内的精英人才,形成了自身独具特色的校园文化。随着时代前进,早期的南开校园文化也不断被注入新的元素,但其根基并没有改变,以爱国主义为核心的优质拔尖人才教育一直是其秉持的根本。实践证明,早期的南开校园文化是符合中国国情的成功的教育之路。在这条道路的培养下,诞生了大批享誉中外的精英人物。

作为无产阶级革命家、政治家,周恩来是南开毕业生中的杰出代表。虽然他选择的是马克思主义道路,但南开学校给他的基础教育,影响着周恩来的人生。撇开其政治信仰,早期的南开校园文化塑造了周恩来完善的人格、优秀的思想和对国家、社会、他人的热情与责任。这对我们今天的中学教育来说,不能不是一个很好的范例和借鉴。在中国的中学教育历史和现实体系中,周恩来和南开学校只是个例,但从这一个例中,我们希冀总结出最适合于青少年全面发展的中学文化教育体系,以期用更好的方式方法教育后来者,使其成为国家的栋梁,经过一代代人的不懈奋斗,实现中华民族伟大复兴的夙愿,这是我们总结早期的南开校园文化并弘扬周恩来精神的意义所在。

探索与实践：周恩来与中央苏区政权建设

邱小云[*]　程小强[*]

20 世纪 20 年代后期至 30 年代前期，中国共产党在赣西南、闽西开辟了中央苏区，创建了以"苏维埃"命名的红色政权，这是中国共产党首次建立初具国家形态政权、学习国家管理、锻炼执政能力、并在特定时期内极其成功的尝试，对于后来在更大范围内执政直到建立新中国积累了比较丰富的执政经验。而在这一中央政权的艰难探索和伟大实践中，周恩来在思想组织、政治军事、工作作风上都做出了重要贡献。

一、思想建政：中央苏区政权建设的重要基础

中国共产党关于建立苏维埃政权的观点，来源于马克思关于国家政权建设的学说和列宁、斯大林以及共产国际关于中国革命的理论，也受到了十月革命以后俄国革命道路模式的启示。所以，中国共产党在成立之初，就把建立苏维埃政权作为自己奋斗的一个重要目标。

然而，年幼的中国共产党鉴于当时帝国主义的瓜分、封建军阀的割据、自身力量的单薄等客观条件和主观上对建立政权认识的局限性，以及受共产国际关于同国民党建立反帝反封建统一战线需要的影响，一方面，作为一支政治力量加入与国民党共同建立联合战线性质的国民革命政府；另一方面，为了保持自己的独立性，提出了一种并非严格意义的政权形式——在城市中以"一切权力归市民代表大会"[①]为基础，在农村则以"政权归农民协会"[②]作为政权的组织形式。但是，"四一二"反革命政变的爆发，迫使中国共产党不得不重新考虑组建自己独立领导的

---

* 邱小云、程小强，赣南师范学院。

① 《中国共产党为上海总罢工搞民众书》(1927 年 2 月 25 日)，《中共中央文件选集》第 3 册，中共中央党校出版社 1983 年版，第 18 页。

② 《中国共产党的政治任务与策略的决议案》(1927 年 8 月 21 日)，《中共中央文件选集》第 3 册，中共中央党校出版社 1983 年版，第 290 页。

革命政权。1927年周恩来领导的南昌"八一起义",打响了武装反抗国民党反动派的第一枪,它如一声春雷,让中国人民在黑暗当中看到了高擎的火炬,为中国革命指明了方向。"现在的任务不仅宣传苏维埃的思想,并且在革命斗争新的高潮中应成立苏维埃。"①所以,在继南昌起义、秋收起义之后,1927年12月,时任中共中央政治局常委的周恩来又决策和领导了广州起义,开创了中国共产党领导工农兵武装夺权政权的一次伟大尝试,并建立了"广州工农兵代表会政府——苏维埃政府",被中共中央认为是"中国第一个真正民众的革命政府"②。虽然,广州苏维埃政权最终失败了,但在我们党的政权建设史上具有十分重大的意义。它为日后建立的苏维埃政权、特别是中央苏区的政权建设做了思想上的充分准备。"我们应当团结起来,打倒当地的军阀豪绅地主资本家的势力,我们大家都要像广东的工友农友一样,起来组织自己的政府。"③同时,也提供了可资借鉴的经验,如苏维埃的一切权力归工农群众,苏维埃是革命政权的最高权力机关,苏维埃政权必须推行有利于广大工农群众的各项政策,必须组织武装斗争等。

另外,在探索武装斗争道路的过程中,周恩来明确提出了"先有农村红军,后有城市政权"的思想。中国革命走什么样的武装斗争道路?把党的军事工作中心放在城市还是农村?在这一关系人民军队生存发展和中国革命成败的重大问题上,周恩来积极探索,实事求是,逐步认识到党的军事工作中心必须放在农村,走农村包围城市的武装斗争道路。早在领导南昌起义军南下时,他就萌生了"先占农村,再图城市"的思想,主张先进入海陆丰地区,建立工农政权,待条件具备时,再取广州。起义军受挫后,他患病躺在担架上,仍坚持要带队伍去海陆丰。随着武装斗争的深入发展,他越来越深刻地认识到实行农村武装割据的重要意义。1929年,他明确提出了"先有农村红军,后有城市政权,这是中国革命的特征,这是中国经济基础的产物"④的重要思想。这是第一次以中央名义对中国革命特征也即革命道路这一根本问题做出的正确结论,与当时毛泽东同志的思想是完全一致

---

① 《关于"左派国民党"及苏维埃口号问题决议案》(1927年9月19日政治局会议通过),《中共中央文件选集》第3册,中共中央党校出版社1983年版,第313页

② 《中国共产党为广东工农兵暴动建立苏维埃告民众》(1927年12月14日),《中共中央文件选集》第3册,中共中央党校出版社1983年版,第462页。

③ 《中国共产党为广东工农兵暴动建立苏维埃告民众》(1927年12月14日),《中共中央文件选集》第3册,中共中央党校出版社1983年版,第462页。

④ 《中共中央给红军第四军前委的指示信》(1929年9月28日),《周恩来选集》上卷,人民出版社1980年版,第32页。

的。农村包围城市、武装夺取政权的理论，是以毛泽东为代表的中国共产党人集体智慧的结晶，周恩来为此做出了杰出贡献。

二、民主建政：中央苏区政权建设的重要内容

1931年11月，中华苏维埃第一次全国代表大会在江西瑞金隆重举行。会议选举产生了中华苏维埃共和国临时中央政府，庄严宣告了中华苏维埃共和国的诞生。鉴于当时中央工作的需要，周恩来缺席大会当选为中华苏维埃共和国中央执行委员会委员和中华苏维埃共和国中央革命军事委员会委员。但是，为支持创建中央革命根据地、建立中华苏维埃共和国临时中央政府，周恩来是不遗余力，从对中央革命根据地的建立、中华苏维埃第一次全国代表大会召开的高度关注、对中华苏维埃政权的建设、对《中华苏维埃共和国宪法大纲》的起草等都做出了巨大努力和重要贡献。特别是在对《中华苏维埃共和国宪法大纲》的起草上，中共中央于1931年11月5日给苏区中央局发出的第七号电报，就是由周恩来亲自起草的。该电报提出的17条宪法原则，充分体现了周恩来民主建政的重要思想，为确定中华苏维埃国家政权的性质为工农民主专政政权奠定了基础。

首先，明确了工农兵代表大会在国家政权中的地位和作用。周恩来在《关于宪法原则的要点》中，明确规定"中华苏维埃共和国最高政权为全国苏维埃大会"①。根据这一原则，《中华苏维埃共和国宪法大纲》和《中华苏维埃共和国中央苏维埃组织法》明文规定："中国苏维埃政权所建立的是工人和农民的民主专政的国家。苏维埃全部政权是属于工人、农民、红军兵士及一切劳苦民众的。在苏维埃政权下，所有工人农民红军兵士及一切劳苦民众都有权选派代表掌握政权的管理。""中华苏维埃共和国之最高政权为全国工农兵代表大会。在大会闭会期间，全国苏维埃中央执行委员会为最高政权机关，中央执行委员会下组织人民委员会，处理日常事务，发布一切法令和决议案。""中央执行委员会由全国工农兵代表大会选举产生，对全国工农兵代表大会负责，应向全国工农兵代表大会做工作报告。"②由此可见，工农兵代表大会在整个国家机关体系中起着主导的、决定性的作用，并以宪法的形式保障了"苏维埃全政权属于工农兵及一切劳苦民众"。

---

① 《中央给苏区中央局第七号电——关于宪法原则要点》(1931年11月5日)，《中共中央文件选集》第7册，中共中央党校出版社1983年版，第461页。

② 《中华苏维埃共和国宪法大纲》(1931年11月7日中华苏维埃第一次全国代表大会通过)，《中共中央文件选集》第7册，中共中央党校出版社1983年版，第464~465页。

其次,明确了工农兵劳苦大众作为苏维埃国家主人翁的地位。周恩来在《关于宪法原则的要点》中明确规定,"凡十六岁以上工农兵劳苦民众不分男女种族宗教皆享有选举权被选举权""保证工农劳苦民众的言论出版集会结社自由""保证彻底实行妇女解放""保证工农劳苦民众有受教育权利""保证工农劳苦民众有真正信教自由的实际和反宗教宣传自由""承认中国境内少数民族的民族自决权"①等。所以,中央苏区在政权建设中,为贯彻和推进民主建政的思想,不断建立健全县乡代表会议制,深入推进基层政权的民主化。明确规定:市乡代表会议由市乡选民依法选举的代表组成,是市乡的最高权力机关,在市乡"经过代表会议讨论,实行苏维埃的一切法令政策,完成苏维埃的各项任务"②。该制度的建立,"使苏维埃与民众的关系更加密切","使一切苏维埃工作的执行得着雄厚的力量"。③ 不断建立健全民主选举制,先后颁布了《中华苏维埃共和国选举细则》《苏维埃暂行选举法》等相关的法律法规,对选举中的选民资格、选举办法、选举程序、选举机构、选举费用、选民登记和候选人名单的公布等方面,都做了非常详细的规定,切实保障了人民群众的政治权利,吸引了最广大选民参加选举。如中央苏区 1932年的两次选举与 1933 年下半年的选举中,许多地方的选民到了 80% 以上,有的地方甚至达到 90% 以上,工农群众参与民主选举的积极性空前高涨,为巩固和发展新生红色政权发挥了巨大作用。

三、军事建政:中央苏区政权建设的重要保障

在中央苏区时期,军事是最大的政治。只有保存好红军的有生力量、不断取得军事斗争的胜利,才能建立、巩固和发展新生的苏维埃政权。所以,作为中共中央政治局常委,历任中央军委书记、中共苏区中央局书记、中国工农红军总政治委员兼第一方面军总政治委员、中央革命军事委员会副主席的周恩来,对红军建设和军事斗争倾注了大量心血。早在 1929 年 9 月 28 日,根据周恩来的多次谈话精神,由陈毅代为起草、经周恩来审定、中共中央政治局讨论通过的《中共中央给红四军前委的指示信》,即著名的"九月来信",就对红军的建设问题进行了深入研究。

---

① 《中央给苏区中央局第七号电——关于宪法原则要点》(1931 年 11 月 5 日),《中共中央文件选集》第 7 册,中共中央党校出版社 1983 年版,第 461～462 页
② 《毛泽东文集》第 1 卷,人民出版社 1993 年版,第 347 页。
③ 《毛泽东文集》第 1 卷,人民出版社 1993 年版,第 328 页。

首先,在实现党对红军的绝对领导上,周恩来开革命军队政治工作之先河,为做好党的军队政治工作、服务好的党的政权建设做出了突出贡献。周恩来认为,开展政治工作是革命军队与以往旧军队的最大不同点,是革命军打胜仗的根本原因。并对如何在革命军队中开展政治工作进行了积极、富有成果的探索,提出军队一定要"党化";但前提是"要弄清楚党的系统、军事系统、政治系统",指出,"党对军队的指挥尽可能实现党团路线,不要直接指挥军队,经过军部指挥军事工作,经过政治部指挥政治工作"①,"党代表名称应立即废除,改为政治委员,其职务为监督军队行政事务,巩固军队政治领导"②。到了中央苏区后,周恩来对红军政治工作提出了更高要求,在周恩来的领导下,红军总政治部与1934年2月在瑞金召开了红军第一次全国政治工作会议。周恩来在会上强调:"政治工作是红军的生命线",要"坚决地为党的路线而斗争,反对忽视政治工作的现象,巩固政委制度,巩固无产阶级的领导,建立党在红军中的支部生活,成为红军的血脉一样,更加保证战斗力的提高,一切政治工作为着战争,为着红军最大的胜利"③。明确了政治工作在革命军队中的地位和作用,为后来建立一套全新的政治工作制度;培养党的政治工作的优良作风,创造灵活多样的工作方法;造就一批治党、治军、治国的政治工作骨干奠定了坚实基础,对实现党对红军的绝对领导,确保红军的性质,履行好红军的任务职能,服务好党领导下的人民政权都具有根本性的意义。

其次,在红军中贯彻党的民主集中制,对于团结和保护苏维埃政权的革命骨干力量起到了积极作用。周恩来指出,"军队中民主化只能在集中指导下存在,并且实行的限度必须依据客观条件来决定伸缩,不应漫无限制,以妨害军纪之巩固";目前环境中红军"必须采取比较集权制",党的书记多负责任"绝对不是家长制",而事事"要拿到支部去讨论去解决——这是极端民主化的主张"。④ 同时,还率先垂范,勇于开展批评与自我批评,贯彻党的民主集中制原则。比如,在意识到自己起草的"二月来信"有许多不妥之处时,周恩来就在政治局会议上做自我批评,并有了随后党史上有名的"九月来信",从而结束了红四军的内部危机,为"朱

---

① 《中共中央给红军第四军前委的指示信》(1929年9月28日),《周恩来选集》上卷,人民出版社1980年版,第40页。

② 《中共中央给红军第四军前委的指示信》(1929年9月28日),《周恩来选集》上卷,人民出版社1980年版,第38页。

③ 《红星报》第28期,1934年2月11日。

④ 《中共中央给红军第四军前委的指示信》(1929年9月28日),《周恩来选集》上卷,人民出版社1980年版,第39~41页。

毛"红军驰骋赣南,更为中央革命根据地的形成和全国苏维埃政权的建立奠定了坚实基础。再比如,在第五次反"围剿"失败后,周恩来在批评"左"倾军事错误的同时,主动承担责任,并在干部的走留问题上,尽己所能,据理力争地保证毛泽东等一批重要干部随队长征,为苏维埃政权建设、为中国革命的最后胜利,保存了重要的革命力量。

再次,在军事战略上积极抵制"左"倾错误指挥,取得第四次反"围剿"的胜利,为新生的苏维埃政权提供了坚强保障。在第四次反"围剿"战争中,中央红军在周恩来、朱德等同志的直接指挥下,采用了"诱敌深入""声东击西""大兵团伏击"和在运动战中消灭敌人等灵活机动的战略战术,取得了反"围剿"的伟大胜利。收进《周恩来选集》上卷中的9份电报①,全面反映了第四次反"围剿"的有关情况。从这些电报中,我们可以看到周恩来力排王明"左"倾路线的干扰,运筹帷幄、巧妙用兵,最终夺取胜利,为保存新生的苏维埃政权提供了坚强保障。

四、作风建政:中央苏区政权建设的重要依靠

在中央苏区时期,对于处在白色包围又开始局部执政的中国共产党来说,如何密切自己同广大人民群众的联系,如何能更好地争取、团结、依靠群众,做好各项工作,实现革命目标,是当时苏维埃政权亟待解决的重要问题之一。毛泽东、周恩来、朱德等老一辈无产阶级革命家身先士卒,以身作则,密切联系群众,关心群众生活,注意工作方法,孕育并形成了党的群众路线,为党在中央苏区政权的建设、巩固和发展提供了强大的群众基础和力量源泉。

"苏区干部好作风"就是党在中央苏区的鲜明特色。周恩来作为中央苏区党、政、军的主要领导,从关心群众利益的点滴着手,讲原则,顾大局,做奉献,严格要求自己,体现了共产党员的高风亮节。1933年夏天的一天,周恩来在红军大学视察时,碰到两名到群众"私山"②砍柴的学员,和蔼可亲并意味深长地教育他们说:"美好的根据地就是我们的家,这里的群众就是我们家里的亲人。因此要十分爱护群众的一草一木,随随便便拿了亲人的东西就会使军民关系逐渐疏远起来,这对革命事业的危害是很大的。"1934年10月间,周恩来带病坚持工作,看着一天天

① 《关于粉碎第四次"围剿"的电报》(1933年1—3月)《周恩来选集》上卷,人民出版社1980年版,第59~68页。
② 私山是工农民主政府分给贫苦农民的山林,是群众自己的。公山是工农民主政府所有的,路途一般相对较远。

消瘦的首长,警卫员内心甚是着急,就用自己的津贴为周恩来炖了一份鸡汤,对此,周恩来严肃地批评道:"我的身体不是好好的,用不着喝鸡汤嘛,你们要知道,越是在艰苦的时候,我们越是要坚持原则。凡事都要想想群众,丝毫不能搞特殊化啊。"并用自己的津贴补上,随即叫警卫员去邀请了房东老乡一起就餐。还有一次,周恩来到七堡村调查扩红支前情况时,由于劳累过度,体力不支,竟一时昏跌在地。为此,警卫员悄悄把自己分内的三钱盐加到了周恩来的菜里,并招呼司务长每天往周恩来的菜里多加一钱盐。后来被周恩来发现并批评教育道:"我们都要记住,一个共产党员无论职位多高,都应该勤勤恳恳地为人民做公仆,只有为人民多做工作的义务,绝没有多向人民索取享受的特权。"①

正是有了一大批周恩来式苏区干部,中央苏区的军民关系鱼水情深,广大苏区群众积极参军参战,扩红支前运动如火如荼开展,涌现出了"八字参军""马前托孤""满门忠烈"等一系列感人事迹,以及长征出发时红军需要什么,苏区人民就无私奉献什么,为中国革命做出了重大贡献和巨大牺牲。以致周恩来曾感慨地说:"于都人民真好,苏区人民真亲。"

---

① 《周恩来同志在中央苏区的故事》,江西人民出版社1980年版。

中国革命道路探索：
毛泽东、周恩来贡献的比较研究 汪 浩[*]

农村包围城市，这一独具中国特色的武装夺取政权革命道路的探索，毛泽东、周恩来都做出了重大贡献。他们贡献的比较研究，近年来提出了一些新观点。加强这方面的比较研究，对于实现民族复兴伟大的中国梦，增强道路自信具有重要意义。

一、关于道路探索的新观点和新特点

（一）新观点：

1. 赵春生同志提出："周恩来最早提出'农村包围城市'武装革命道路的理论。"[①]

2. "农村包围城市"革命道路的理论，是全党集体智慧的结晶，代表人物应是周恩来，而不是毛泽东。这是一次学术会议上，一位老教授即席发言时提出的。

3. 关于"农村包围城市"这一革命道路的探索，前期"周主毛辅"，后期"毛主周辅"，农村包围城市这一革命道路的理论，"始于周，成于毛"。这是南开大学刘焱教授在周恩来研究第三届国际学术研讨会上提出的。

4. 毛泽东是"农村包围城市"革命道路的"最早开拓者"，周恩来是中央领导核心中最早探索并找到了中国革命的正确道路，并对这条道路做出了简略明确的表述，引导和带领全党实现了党的工作中心的转变，"周恩来是中国革命道路的另一个主要开拓者"。这是山东社会科学院孟庆仁研究员在周恩来研究第三届国际学术研讨会上提出的。

5. 周恩来从大革命失败至六届三中全会不懈探索中国革命的道路，他说服斯大林，纠正李立三的"左"倾盲动，带领全党在六届三中全会成功实现"城市中心"

＊ 汪浩，淮阴师范学院原副院长。

① 赵春生：《把周恩来研究引向深入》，《周恩来研究》（第 1 辑），中央文献出版社 2000 年版，第 17 页。

到"农村中心"的转移,可是关于党的历史问题的《决议》对周恩来的这一重大贡献一字不提,这是对毛泽东的迷信,对周恩来的不公。这是中央党校黄少群教授在周恩来研究第三届国际学术研讨会上提出的。

(二)主要特点:

一是突出先导性。较多的论者注重突出周恩来提出武装割据的思想早,甚至比毛泽东更早。有人提出,国民党右派叛变后的 1927 年 6 月 17 日、20 日,周恩来两次在中央常委会上提出湖南暴动计划的报告,利用两湖敌人力量的薄弱,先取湘潭,全力攻下反动势力薄弱的城池,在反动势力较强的地方则到处打击土豪劣绅,在可能范围内成立县乡村的临时委员会。他以中央军委的名义派了 10 名军事干部去浏阳、平江做准备。这不仅是一个及时而又周密的计划,也大体上提出了我党新民主主义革命时期武装斗争的一个基本纲领。在实践中如果不是共产国际代表的反对而没有实现,我们党领导的革命力量就有可能避免那么惨重的失败;在理论上它说明周恩来这时已经开始产生了在共产党领导下,在农村发展革命武装力量,建立基层革命政权的思想,实际上,后来大体上也就是这么办的[1]。

另有研究者提出,1927 年 10 月,周恩来指导南昌起义余部"各就所在地与农民结合,努力实行农村斗争"[2]。1927 年 11 月回到中央领导岗位上的周恩来把大部分精力放在指导工农武装割据上,多次主持中央常委会,并多次向各地省委发出关于武装割据的指示,提出要加强湖南、湖北、江西的斗争;指示海陆丰要向北发展,琼崖的斗争要深入,要求朱德与毛泽东农军切实联络,共同计划;明确提出士兵暴动必须具备党的领导、严密组织、与群众运动相结合,要有胜利把握等条件,并指出目的是发动群众,武力造成割据的暴动局面,建立工农兵代表会议——苏维埃政权。他指示贺龙等人"目前所应注意者,还不是什么占领大的城市,而是在乡村中发动群众,深入土地革命,故你们此时主要的任务,还在游击区域之扩大,群众发动之扩大,决不应超越主观的力量(主要的还是群众的力量,不应只看见武装的力量),而立即企图占领中心工商业的城市"[3]。明确提出"乡村中心"的思想。他在指导处理红四军内朱毛之争的"九月来信"中指出:"先有农村红军,后有城市政权,这是中国革命的特征,这是中国经济基础的产物。"有的研究者指出

---

① 孟庆仁:《周恩来、毛泽东中国革命道路思想的比较研究》,《周恩来研究第三届国际学术研讨会入选论文》,中央文献出版社 2008 年版,第 6 页。
② 刘伯承:《南昌暴动始末记》,载《中国共产党历史》上卷,人民出版社 1991 年版,第 128 页。
③ 金冲及:《周恩来传》,中央文献出版社 1998 版,第 24 页。

"农村包围城市"，以"农村为中心"的思想的表述，在当时再也没有比这更早更简洁明了的了，"需要强调的是，周恩来提出和努力贯彻这些思想和精神，都是在毛泽东提出和阐发'工农武装割据'之前；他对中国革命道路的探索，在中共中央的领导层，是走在前列的；周恩来作为党中央工作的主要负责人，代表党中央所提出的思想和做出的指示，对作为地方党组织领导人的毛泽东，不但有重大的影响，而且有直接的重要的指导作用"①。

二是突出系统性。有些研究者认为，1928 年六大，周恩来事实上就开始对武装割据的思想进行总结，他分析中国的国情"与俄国的不同"，指出革命发展的不平衡，有武装割据可能，应有长时间的准备。指出农民武装割据，特别是南方八省的割据与全国的准备——夺取千百万群众，促进革命高潮到来"有极大的关联"；强调红军应与工农群众打成一片，"否则就失去了阶级的基础"；强调要建立地方苏维埃，才能有巩固的红军的组织，不仅提出以无产阶级化作为中心内容的建军原则，而且还提出"建立和发展工农革命组织，使其成为群众斗争的革命党。所有这些，反映了周恩来对中国革命道路的探索，不仅是正确认识的开始，而且有了一定的系统性"②。

三是突出针对性。研究者针对历史上多次党内斗争往往涉及周恩来的妥协、调和问题，有针对性地论证周恩来在探索革命道路过程中，与"左"的盲动错误斗争的一面。论者列举周恩来 1927 年底、1928 年初先后三次，针对共青团的盲动情绪，在常委会上批评"共青团将变成盲动主义"，"无动不暴"；并先后去信批评福建、湖北、浙江、云南等省委的盲动倾向；1928 年 1 月 28 日，致江西省委的信，对江西省委在条件不具备时，准备在南昌、九江暴动而加以制止："指出暴动必致流产，必致引起统治军阀的更残酷的屠杀"；六大过程中对共产国际做出的《关于中国问题的决议案》，周恩来做长篇发言，除了肯定其关于中国革命性质、形势和当前主要危险等几个正确方面外，对其不了解中国国情，错误地批评中共单纯地进行农民革命，是"沉溺于……必致失败的游击战争"，进行了抗争。周恩来指出："中国与俄国的不同"，共产国际要求城乡配合好同时发动的观点"必致引起乡村（对）城市的等待，这是不好的"。会上，有些人不赞成周恩来的意见，支持共产国际决议

---

①　孟庆仁：《周恩来、毛泽东中国革命道路思想的比较研究》，《周恩来研究第三届国际学术研讨会入选论文》，中央文献出版社 2008 年版，第 8 页。

②　孟庆仁：《周恩来、毛泽东中国革命道路思想的比较研究》，《周恩来研究第三届国际学术研讨会入选论文》，中央文献出版社 2008 年版，第 6 页。

案。比如浙江省委负责人在会上批评说,过去中央"常有乡村包围城市的策略","说是根据中国的经济情形"①。这是"农村包围城市"这一提法的最早出处,不过它是以从反面对周恩来的批评的形式出现的,这也从反面证明周恩来关于农村包围城市的思想已经深入全国的党组织。在周恩来的支持下,六大决议中仍然强调了建立工农红军和农村根据地的重要性,认为在农村中"游击战争将成为主要的斗争形式,党必须积极领导","我们预料经过工农武装起义夺取政权后,新政权必将及时实现,这就是说和俄国一九一七年苏维埃事前能够公开存在,不会一样"。那时能认识到如此深度,实属难能可贵。毛泽东后来曾对六大的这个历史功绩做了很高评价:"因为这是一个最基本的问题,不答复中国革命根据地和中国红军能够存在和发展问题,我们就不能前进一步……中国革命从此就有了理论基础。"②

周恩来关于农民武装割据的思想,也受到向忠发、李立三等人的强烈反对,他们以此为由要解除周恩来职务,让他到北方局工作。但周恩来在苏联说服了斯大林,回国后又说服了李立三等人,并成功地开好了六届三中全会,实现了党的工作中心由"城市中心"向"农村中心"转移。上述这些方面的研究,不仅具有综合性、更在于针对性,突出学术界关于这方面研究不同观点的交锋和认识的渐趋统一。

四是突出实践性。有些研究者认为,周恩来建议成立苏区中央局,并自荐担任中央局书记,是周恩来关于党的工作中心转变的一个突出的标志,也证明周恩来作为当时全党事实上的主要负责人对实现这一转变的决心。1930年10月3日,中央政治局接受周恩来建议并正式任命他为苏区中央局书记。在布置全国工作时,他强调从中央政治局起,以百分之六十的干部力量去加强与巩固苏区的领导,并要求从苏联学习军事回来或在国内做过军事工作的干部,都要以百分之九十以上派往苏区。这表明,此时的周恩来不仅加强对苏区的理论、政策的指导,而且更强化了武装割据的实践性指导和帮助。

五是强调贡献度。有些学者指出大革命失败后的三年多(一说八年多)时间、其中较长时间周恩来是中央实际负责人。这时期是中共绝境中重生,是中国革命承上启下的时期。他同瞿秋白、李立三的盲动主义做斗争,富有创造性地推行了工农武装割据的思想,他带领全党,擦干身上的血迹,艰难地积聚力量,走武装斗

① 黄少群:《抹去历史尘垢,绽放历史光辉》,《周恩来研究第三届国际学术研讨会入选论文》,中央文献出版社2008年版,第25页。
② 《毛泽东选集》(一),人民出版社1991年版,第88页。

· 74 ·

争与土地革命相结合之路,探索城市中心向农村中心的转变,开创了中国革命一个崭新的局面;其一,党的力量恢复发展很快,大革命失败,党员仅剩一万多人,1930年周出国前达10万人;其二,中国红军的三大主力一、二、四方面军,中国革命三大根据地中央根据地、鄂豫皖、湘鄂西根据地都是在周恩来直接指导和关怀之下发展起来的,其中尤其是中央红军和中央根据地。他善于听取作为下级的毛泽东的正确批评,正确处理朱毛之争,由他主持起草的"九月来信",为开好古田会议指明了方向。古田会议决议,是我军建军思想的一座丰碑。到六届三中全会前,全国在周恩来主持下,红军统一了建制,达13个军10万人,15块大小不等的根据地,遍布全国8省127县,呈现一派蓬勃向上的景象。周恩来为这一局面的开创成就了历史奇功。其三,周恩来是我们党从事白区工作最早,也是最长的领导人,他在白区传奇式的战斗生活为党的白区工作写下了光辉的一页,他是我们党的白区工作以及蒋管区工作的正确路线的光荣代表。①

　　总之,突出先导性、系统性、针对性和实践性,强调周恩来的贡献度,是近年来在关于中国革命道路探索这个问题上,周恩来研究相关成果的一个基本倾向和共同特点。

二、关于几种新观点的辨析与评价

　　前文已经列出的几种新观点,只要稍加辨析,就会发现,其实就是三种观点:一种可称为"周恩来开创论",认为最早提出"农村包围城市"这一革命道路理论的是周恩来,周恩来是这一道路的代表人物;二是"毛周共同开创论",认定农村包围城市的革命道路,是毛泽东、周恩来为代表的中国共产党人集体智慧的结晶。主要代表人物是毛泽东,周恩来是另一位主要代表人物;第三是折中的观点,认为"前期周主毛辅,后期毛主周辅",农村包围城市革命道路的理论,"始于周,成于毛"。下面主要就这三种不同的观点,做些辨析和评价,以就教于有关专家。

　　(一)关于怎样辨析毛泽东、周恩来孰迟孰早

　　关于"工农武装割据",毛泽东和周恩来谁更早提出的种种说法,有关论者可能未顾及如下事实:

　　其一,关于毛泽东"上山"思想,是不是提得更早些?

　　1927年7月初,毛泽东曾向中央常委会汇报湖南省委的报告,陈独秀主持会

---

　　①　石仲泉:《我观周恩来》,中共党史出版社2008年版,第6页。

议,瞿秋白、周恩来发了言,报告内容是马日事变后,关于革命武装,湖南省委提了三条意见,其中有一条便是"上山,学匪"。另据文献记载,为了保存力量,再图发展,毛泽东和各地党员干部,相继提出"上山","当山大王"的主张。湖南省委领导人郭亮亲自到各地督促武装暴动的计划,他主张我们退到浏阳或江西边界"当大王"。毛泽东则提出"在山的上山,靠湖的下湖,拿起枪杆子保卫革命"的主张,若干年后,他回忆这一段历史进一步强调,我们是所谓"逼上梁山"①。

毛泽东的"上山"思想与前文提到的周恩来大革命失败后湖南暴动计划的认识水平,时间先后大体相仿,这不是说两人没差距。八七会议后,瞿秋白有意留毛泽东在中央工作,毛泽东婉拒说:"我不愿跟他们去住高楼大厦,我要去结交绿林朋友。"②南昌起义后,一个南下,"一个上山"后来南下的一部也上了山,但经历了更多曲折和失败。此前周恩来曾有起义后就地闹革命的建议,但未被采纳,而是按照国际代表加仑的意见南下,结果失败③。周恩来没有抱怨,接受了失败的事实,并承担了责任。其间的差距,正如周恩来自己所指出的是"没有就地闹革命""当时武装暴动的思想,不是马上深入乡村,发动土地革命,武装农民",却"有国民革命左派的名义,南下广东,想依靠外援,攻打大城市,这是基本政策的错误"④。

其二,"城市中心"到"农村中心",谁转变更早些?

考察中国革命史上关于这个问题的历史实际,我们会无可辩驳地承认,毛泽东更早、更彻底。刘焱、黄少群、孟庆仁等专家的文章都明确提出:"六届三中全会,在周恩来、瞿秋白等同志的努力下,全党实现了工作重点的转移,其理论上的标志是六届三中全会的决议明确提出根据地建设是'当前第一等重要任务','苏维埃已经是整合一切革命运动唯一的旗帜'";指出"建立集中统一的真正和工农群众密切联系的苏维埃临时中央政府,在最有保障的区域——苏维埃根据地,创造并且巩固其真正坚强的、政治上军事上有充分无产阶级领导的红军,以便改造政治军事的环境,进而占领一个或几个工业政治中心——这种形势,现在是湘鄂

---

① 冯建辉:《从陈独秀到毛泽东——中共六位总书记》,中央文献出版社 1998 年版,第 117 页。
② 谭震林:《回顾井冈山斗争历史 井冈山革命根据地》下卷,中共党史资料出版社 1987 年版,第 10 页。
③ 孟庆仁:《周恩来、毛泽东中国革命道路思想的比较研究》,《周恩来研究第三届国际学术研讨会入选论文》,中央文献出版社 2008 年版,第 6 页。
④ 金冲及:《周恩来传》,中央文献出版社 1998 年版,第 190 页。

赣最为成熟"。黄少群教授指出"这段结论正是农村包围城市道路的概括"①；其实践上的标志：一是苏区中央局的成立，党的最重要领导人周恩来自己出任中央局书记；二是增选毛泽东为中央政治局候补委员，朱德为中央委员，这在实践上表示对朱毛经验的肯定和全党对工农武装割据的重视。

应该承认周恩来等人和六届三中全会对中国革命道路探索所做出的重大贡献。上述所举这些论述无疑具有说服力，但却回避了一个要害问题，那就是周恩来在指导、领导工农武装割据，推进"城市中心"向"农村中心"转变的过程中，总没有与"城市中心"的国际路线脱过干系。周恩来自己后来在《关于党的"六大"的研究》中回顾自己当时的思想状况，是在"探索"，他从历史上的"流寇"式的农民战争，没有占领城市，终归失败。"这些使我感到要以城市作中心方能长期存在"②，促进以城市暴动为目标的全国革命高潮的到来为前提的。所以周恩来总是力求在"城市中心"的国际路线的包容之下，来推行他的割据的思想及其相关指导原则的。正因为如此，六大期间，张国焘和江苏省委个别人批评他的农村包围城市的策略"带有农民的意识"，并告诫周恩来"没有城市工人起来做中心，则农民斗争胜利是不可能的"。③ 周恩来在这种批评之下有所退缩，承认要以城市工人领导农民的自发暴动，主要是建立城市工作，加强无产阶级的领导和组织，同时又强调农村中"游击战争将成为主要的斗争方式"④。因此他在《关于党的"六大"的研究》中这样总结说："在六大那时候，关于要重视农村工作，在农村搞武装割据的重要和可能等问题，毛泽东同志是认识到了的，而'六大'则没有认识。"⑤当然这段话中，有迷信和不实之词，这一点下文还将提到。但有一点，那就是周恩来承认六大期间，没有摆脱城市中心论，这却是事实。而当时的毛泽东，虽然也没有明确表示反对"城市中心"，但他八七会议后，拒绝留在城市，表明他不仅有了自己正确的认识，更重要的是，他以自己的行动与"城市中心"的国际路线决裂，毛泽东始终是"左"的照搬俄国模式的错误倾向和所谓国际路线不妥协的斗争者。毛有正确认

① 黄少群：《抹去历史尘垢，绽放历史光辉》，《周恩来研究第三届国际学术研讨会入选论文》，中央文献出版社2008年版，第29页。
② 金冲及：《周恩来传》，中央文献出版社1998年版，第178页。
③ 黄少群：《抹去历史尘垢，绽放历史光辉》，《周恩来研究第三届国际学术研讨会入选论文》，中央文献出版社2008年版，第25页。
④ 黄少群：《抹去历史尘垢，绽放历史光辉》，《周恩来研究第三届国际学术研讨会入选论文》，中央文献出版社2008年版，第25页。
⑤ 《周恩来选集》上卷，人民出版社1980年版，第179页。

识能够坚持,周对自己的正确意见,却没能坚持。这可能就是周恩来与毛泽东那时的差距所在。所以他自己在总结那段历史时不能不那样说——承认六大、也就是承认自己"没有认识"的内在原因。

其三,毛泽东开创者的地位是不容动摇的。

毛泽东和周恩来不论提出工农武装割据思想谁更早,但毛泽东作为第一块、也是最大、最具示范意义的革命根据地的开创者,是不容动摇的。毛泽东关于中国革命道路的探索,更为可贵之处在于:从起初更关注国内问题到后来更关注农民问题,实践上最早在农村实行工农武装割据,最早"在行动上把党的工作重心从城市转向农村,开辟了一条具有中国特色的新民主主义革命道路","基于对农村、农民问题调查研究的周密和深入,对红军和革命根据地建设了解的全面性和深刻性,他对中国革命道路阐述的系统性和深刻性是无人可比的,说毛泽东是中国革命道路主要开创者,也是当之无愧的"①。

(二)关于"周恩来开创论"难以成立的理由

有些论者指出周恩来作为中央军委的负责人,六大后中共中央的实际主持人,他是那段时间党的领导核心。他关于中国革命道路的探索,总是从全党全军全局的高度出发,做出的指导总是着眼于全党全军的全局需要。他不但指导各地红军和根据地贯彻武装割据的思想,而且对革命道路做了在当时来说最明确的概括表述"先有农村红军,后有城市政权","现在中心是在苏维埃区域",对于农村包围城市,以农村为中心,在当时再也没有比这更简洁明了的了。他还在纠正瞿秋白、李立三"左倾"错误的斗争中起了主要作用,领导全党实现了工作中心从城市向农村的转移②。而毛泽东那时是红一军团、红一方面军和中央根据地的领导人,他还不是中央的领导人,所以还不可能指导全国的红军和农村根据地的建设,他所创造的一些宝贵的经验,也是通过中央和周恩来,介绍到各地红军中去的,对他们起了相当的作用③。在以周恩来为实际负责人的党中央的领导下,从大革命失败到周恩来1930年春出国前夕,不到四年的时间里革命形势发生了很大的变化,党的组织、红军和根据地都有了很大的发展,中央苏区还成立了全国苏维埃中央

---

① 孟庆仁:《周恩来、毛泽东中国革命道路思想的比较研究》,《周恩来研究第三届国际学术研讨会入选论文》,中央文献出版社2008年版,第47页。

② 孟庆仁:《周恩来、毛泽东中国革命道路思想的比较研究》,《周恩来研究第三届国际学术研讨会入选论文》,中央文献出版社2008年版,第14页。

③ 黄少群:《抹去历史尘垢,绽放历史光辉》,《周恩来研究第三届国际学术研讨会入选论文》,中央文献出版社2008年版,第25页。

政府,开创了一派大好的革命形势。因此,关于中国革命道路的探索,周恩来功不可没。这条革命道路的代表人物理应是周恩来,而不是毛泽东。我们应破除迷信,还周恩来以公道。

应该承认,对毛泽东确有迷信,对周恩来确有不公。但必须指出,上述这种"是周非毛"的观点,是错的,是不符合历史实际的。理由是:

第一,开创权,发明权属于毛,并不属于周。

"农村包围城市"的革命道路,其先导理论是工农武装割据,发明权和实践的开创权,应属毛泽东,或者是"以毛泽东为代表"比较确当。提出工农武装割据,可能不是毛周最早,而是农民的创造。如周恩来自己说的"农民自动起来把农会变成政权的情况,当时在湘、鄂、赣三省到处都有"[①],但毛泽东实践上比较早,而且有较大的影响。周恩来则更多的是总结全国、主要是朱毛的经验,向全国推广。虽然周恩来最早提出"先有农村红军,后有城市政权""乡村中心"等关于"农村包围城市"革命道路的更早更明确的概括,这是周恩来对这一道路探索做出的重大贡献,但这不能替代毛泽东关于第一块全国最有影响革命根据地的发明权与开创权。

第二,周恩来缺乏"正确路线"代表的鲜明特色。

周恩来为六大前后3年多中共较长时间的实际负责人,做出了如前许多同志所指出的重大贡献,他以他的勤恳、周密和包容为中国革命在危机四伏的艰难处境中,迅速地恢复和发展,发挥了重大作用。这是应予充分肯定的,《决议》显然在这方面存在缺陷。但也要承认,周恩来在推进向农村中心转变的过程中,始终处于"城市中心"的主导和监护之下。诚然,周恩来处于既不能违背共产国际指示,又想结合中国具体实际,力求推广朱毛行之有效的经验的两难境地。他的妥协、退让和包容,在当时情况下,具有积极的意义,但也使他失去了他作为正确路线代表人物所应具有的旗帜鲜明的特色。这一点,他与毛泽东成为鲜明的对照。

当时情况极为复杂,是一个重要的客观原因。除了外部险恶外,党内情况是"随着思想上的混乱,党内一度还出现组织上的混乱"[②],在批判李立三错误的过程中,党内几股政治力量纷呈:一是坚持根据地斗争的毛泽东等人,实践上抵制"立三路线",理论上反对本本主义,批教条与盲动。毛的意见受到压制,本人受排挤和打击;二是坚持白区工作,时任中宣部负责人恽代英和江苏省委的何孟雄等人,

---

① 《周恩来选集》上卷,人民出版社1980年版,第73页。
② 冯建辉:《从陈独秀到毛泽东》,中央文献出版社1998年版,第78页。

他们公开反对"立三路线",受排挤打击,不久先后被捕牺牲;三是中央委员罗章龙等人妄图趁乱夺权,另立中央;四是王明等人,拿着鸡毛当令箭,散布谣言,拉帮结派,伺机夺权。周恩来和瞿秋白,奉共产国际之命,回国纠正"立三路线",成功地说服向忠发、李立三检讨了错误,也成功地开好了六届三中全会,一定程度上实现了党的团结和工作重心的转移。可是会刚开过不久,共产国际就变调了。瞿秋白、周恩来又被米夫等人指责为"调和主义",使党内一时间莫衷一是。诚然,周恩来前期同陈独秀右倾、瞿秋白"左倾"做斗争,后期同李立三、王明"左倾"做斗争,比较包容,"不搞残酷斗争,无情打击"那一套,他总是比较善意的批评,实事求是地纠正错误,较多的是自我批评,既教育自己又教育全党,确实收到了好的效果,这是大革命失败至六届四中全会那一段时间,中共能够很快恢复和发展的一个不应被忽视的重要因素。但同时也应该注意到,周恩来包容、调和甚至对王明等人的妥协,也有负面效应,那就是为王明等人篡党夺权留下了可乘之机,导致周恩来维护了党的团结和统一,但却断送了自己亲手开创的大好形势。黄少群教授不肯承认周恩来"调和",认为周恩来、瞿秋白六届三中全会完全正确地执行了共产国际的决议,不应受到指责。但周恩来没有断然批评李立三对共产国际的蛮横态度,在革命形势的估计上又为李立三的"高潮论"修修补补,没有完全接受斯大林关于"低潮"的论断,因怕挫伤群众积极性而提出"目前中国革命的新高潮是在成熟的过程中,没有形成全国的、直接革命的形势"①。所以《周恩来传》指出:"周恩来在引导全党重视农村根据地和红军这个根本问题上是走在前列的,做出了重大贡献。""三中全会也有明显的不足之处,它把李立三的错误归结为个别的策略上的错误,这当然是不够的,表现了某些调和妥协精神,它继续强调了党内主要危险是'右倾机会主义',并错误地批判了何孟雄。"②这样的评价还是比较客观公正的。黄少群教授所说李立三的错误,就是共产国际的错误,周恩来不可能去批评共产国际。说李立三是策略错误,即使这种说法可以成立,恐怕也不足于开脱周恩来等人存在调和的责任。周恩来自己一生从不回避这一点。

第三,因有毛泽东,周恩来才成为今天的周恩来。

这是金冲及早就提出的。周恩来不能成为"农村包围城市"这一革命道路的代表人物,最重要的一点是:这条道路不是在周恩来而是在毛泽东坚持和带领下,

---

① 金冲及:《周恩来传》,中央文献出版社1998年版,第264页。
② 金冲及:《周恩来传》,中央文献出版社1998年版,第275页。

才走向胜利的,这就从根本上否定了周恩来成为这条道路代表人物的可能。周恩来在大革命失败后为开辟这条革命道路,从理论上到实践上做出了重大贡献,但周恩来"成也贵和,毁也贵和"。前文已经指出,他的谦让、调和甚至妥协,既有积极的一面,也有消极的一面。其消极的一面,除了为王明趁乱夺权留下可乘之机外,还有一点,那就是对于他自己也暴露了他难以成为中国革命所需要的领袖的不足。六届三中全会之前,周恩来在苏联说服了斯大林和共产国际,共产国际做出了《关于中国问题的决议案》,并派瞿秋白同他一起回国贯彻决议精神。回国后,他说服了有不同意见的向忠发、李立三,成功地召开了六届三中全会。这一过程很清楚,自始至终都是他在起主导作用。可是三中全会时,他"总是把瞿秋白推到前台,让他主持会议,做报告,发表结论性意见。因此三中全会让瞿秋白同志成为党中央实际上的主要领导人"。回忆此事的聂荣臻说周恩来"很谦虚"①。正是周恩来这种"很谦虚",使他在中国革命关键时期,在党内思想上组织上很混乱的节骨眼上,党需要众望所归的领袖的时候,他有机会但他却没有能够成为党所需要的领袖。

有人说,周恩来不是帅才。我不这样看。周恩来策划湖南农民暴动,虽因罗易反对流产,但组织的严密、计划的切合实际,体现了他的帅才;八一起义,他对退缩的张国焘据理力争,还拍了桌子,打响了武装革命的第一枪;第四次反围剿创造了我军历史上预设战场,大规模伏击占的辉煌战例;湘江战役后,主动承担红军指挥责任,力排李德的反对,且采纳毛泽东的意见,通道改向,黎平转兵,猴场会议彻底排除了李德这个国际代表,为遵义会议奠定了基础;抗日战争,我军的平型关大战,蒋军的台儿庄大战,战前都得益于周恩来的战略设计;三大战役,他成为毛泽东的主要助手,其果断和缜密,都体现他是难得的帅才;那么怎样理解周恩来六届三中全会的谦让? 我以为有两点:其一是周恩来的无私,从不拉摊子,争位子;其二是他自己缺乏像毛泽东那样的自信,这不是说周恩来缺乏自信,而是说他关于中国革命的理性认识还没有毛泽东那样透彻。这因为他对中国社会尤其是中国农民的认识,还没有真正跳出俄国革命的框子,没有真正认识到"城市中心"为什么不切合中国实际,"农村中心"为什么是唯一正确的选择。这就是他在"六大"期间张国焘与江苏省委的同志批评他常用农村包围城市的观点指导党的工作时,他就退让,不敢正面坚持;此后共产国际不赞成农民游击战争,要调朱毛离开红军

① 金冲及:《周恩来传》,中央文献出版社1998年版,第271页。

时,他就跟着下命令的原因。这些说明周恩来虽然能从中国革命的实际出发,也能总结全国尤其是朱毛武装割据的经验,提出许多指导全党全国的正确意见,但他思想上、实践上都没有达到自信的境界。他自己在《关于党的"六大"的研究》中,分析了自己没有认清"农村中心"的一些想法①,是比较符合实际的。六届三中全会,他的认识有了很大提高,但还没有达到"自信"、很有把握、一旦认清了决不退缩的程度。毛泽东则不同,基于他对中国社会的落后,尤其是中国农村、农民的认识以及熟知统治者的强大与残忍,他深切地认识到是"逼上梁山",虽然我们今天从文献资料上看到的他对农民武装割据的认识,并不比周恩来更高明。后来王明等人以反对国际路线为由,排挤打击毛泽东,周恩来在两者间,既不对抗国际路线,又想让毛泽东处于较为有利的境地,表现为他的两难处境,其根源就在于此。直至第五次反围剿,尤其是湘江战役惨败后,在全党全军一片埋怨与责难之下,他才真正认识到国际路线的不可信,决心排除李德,这才有他在通道、黎平会议上与李德的激烈争论,甚至拍了桌子,"桌上的马灯跳起来,熄灭了"②。正因为有思想基础,后来才可能在他的组织领导下,开好了遵义会议。正如迪克·威尔逊所说,周恩来认识到在中国革命的第一阶段,毛泽东比他更有优势,所以遵义会议他义无反顾推举毛泽东。虽然遵义会议后,毛泽东成为他军事指挥的助手,但他主动让贤,让毛泽东放手发挥军事指挥上的优势,从此毛周合作,创造了一个个人间奇迹。陕北下寺湾会议,他再次让贤,成为毛的助手,毛周合作进入了一个新的阶段。这一过程,印证了邓小平的一句话,如果没有毛泽东,我们还要在黑暗中摸索更长时间。有人说,如果没有毛泽东,周恩来也能将中国革命引向胜利。这是一个为中国革命证明是错误的结论,如果没有毛泽东,一定会有张泽东、李泽东等等毛泽东式的领袖引导中国革命走向胜利;而不是张恩来、李恩来等等周恩来式的领袖所能胜任的,这就是周恩来不能成为中国革命道路代表人物的道理。

(三)"始于周,成于毛"说得通吗?

刘焱教授的观点,前期"周主毛辅",后期"毛主周辅",总的结论是"农村包围城市"的革命道路的理论"始于周,成于毛"。这种说法,汪浩先生觉得有如下几点需要推敲:

其一,关于前期"周主毛辅",后期"毛主周辅"这一说法,孤立地看,如果用于

---

① 《周恩来选集》上卷,人民出版社1980年版,第177页。
② 《周恩来传》,中央文献出版社1998年版,第348页。

描述周到苏区后的毛周关系，我以为是可以的，拙著《周恩来与中共第一代领导集体》①中篇"毛周关系"中有类似的观点。但如果用来描述农村包围城市这一革命道路，就欠妥帖。尤其是前期"周主毛辅"的说法欠妥帖，因为"周主毛辅"的说法，否定了毛前期的开创之功，夸大了周恩来的早期贡献。要知道毛泽东上山开创根据地这一实践，比不论多少理论上的贡献都重要！再就是早期的毛周关系，在周到苏区前不是一般的合作关系，"主""辅"的说法嫌牵强。

其二，"始于周，成于毛"的说法更不当。这种说法可能是从中国特色社会主义理论曾有的"始于毛，成于邓"这一说法演变来的。农村包围城市，严格说来，始于农民的创造，全党的智慧。周恩来《关于党的六大的研究》中已经说得很清楚，不是毛泽东独创也不是毛泽东最早。毛泽东自己说，工农武装割据，有朱毛式的，贺龙式的，方志敏式的，李文林式的，这就证明工农武装割据，后来发展为"农村包围城市"的革命道路是集体智慧的结晶，无论说始于毛或始于周，都欠妥帖，这是前提。在此基础上，我们也不否认领袖人物个人的贡献，以往的提法是"毛泽东为代表……"出自《决议》的这一说法，大体上能够成立。欠缺在于《决议》只字不提周恩来和其他人，的确有些不公。所以孟庆仁同志做出这样的修正"毛泽东是中国革命道路的主要开创者"，"周恩来是中国革命道路的另一位主要开创者"②，是比较恰当的。

（四）关于"农村包围城市"革命理论的形成

有的同志认为："农村包围城市"的革命理论，形成于六届三中全会并以此作为认定周恩来是这条革命道路代表人物的重要依据。认为经周恩来同志的努力，使党的工作重心由"城市中心"向"农村中心"成功转移，这一理论就形成了。这种说法不够全面，也不符合史实。"农村包围城市"作为中国新民主主义革命的系统理论，应该说形成于抗日战争时期。这是因为中国革命进入了一个新的历史阶段，对许多问题的认识，有了新背景，展现了新的表现空间，也提供了审视和研究的新的平台：(1)1935年底，中共收到共产国际以"沪电"形式转来的指示："夺取中心城市"不是近期的革命目标，等于承认了"城市中心论"的不切合实际；(2)民族矛盾的上升，国共合作，联合抗日，中心城市不是在日军手中就是在蒋军手中，

① 汪浩、韩同友：《周恩来与中共第一代领导集体》，高等教育出版社2007年版。
② 孟庆仁：《周恩来、毛泽东中国革命道路思想的比较研究》，《周恩来研究第三届国际学术研讨会入选论文》，中央文献出版社2008年版，第14页。

或是没有力量夺或是不能夺,革命武装只能在敌后广阔的农村积聚力量,在打击侵略者中争取民意,武装民众,以图发展;(3)抗日战争必然的"持久战"战略选择,深化了土地革命中工农武装割据的经验,使之成为巩固和发展抗日根据地,走积小胜为大胜,占领越来越多的敌后农村和山区,逐渐形成对敌占的交通线和城市的分割、包围之势,最后积局部胜利为全局胜利,为实践上和理论上完成这一理论创造了可能。抗日战争时期,毛泽东先后发表《中国革命战争的战略问题》《论新阶段》《战争和战略问题》《中国革命和中国共产党》《论持久战》等著作,对"农村包围城市"这一理论做了系统的阐述。其基本内容包括:提出了这一理论的两个前提:认识不平衡性和克服急性病;一个中心,即以农村为中心,摆脱长期困惑中共的俄国模式,走自己的路;三个支撑点:武装斗争、土地革命和根据地建设及其三者间的辩证关系;一个目标,积小胜为大胜,从局部到全局,夺取城市实现全国革命的胜利,建立新民主主义的新中国。这样,"农村包围城市"作为理论才真正建立起来。

周恩来对这一理论的系统化也有突出贡献。周恩来指出"如果没有坚强的无产阶级政党的领导,即使以农村包围城市也难免失败"①,他说"在历史上无论中外都找不到农村包围城市的经验""在中国历史上农民武装割据常有,但最终都失败,只有在坚强的中国共产党领导下,武装割据才有胜利的可能"②。当然"农村包围城市"的道路,吸纳了中国历史上农民"上山""当大王"的经验,在马克思主义指导下,形成武装斗争、土地革命、根据地建设"三位一体"的工农武装割据理论,使中国历史上传统的农民割据思想呈现出新的活力,它不再是战略上消极防御的手段,而成为能容纳战略防御与战略进攻于一身的积极的斗争形式③,周恩来关于工农武装割据与党的领导关系的论断,把新旧两种农民武装割据截然分开。周恩来早期总结朱毛红军的经验,并力求推广至全国;后期提出工农武装割据,必须坚持党的领导的原则,这是周恩来应成为"农村包围城市"这一理论另一位主要开创者的理由。

三、关于道路探索的两点启示

（一）关于破除迷信与解放思想

---

① 《周恩来选集》上卷,人民出版社1980年版,第178页。
② 《周恩来选集》上卷,人民出版社1980年版,第278页。
③ 冯建辉:《从陈独秀到毛泽东》,中央文献出版社1998年版,第225页。

有的同志提出,历史研究需要破除迷信,解放思想。关于"农村包围城市"的革命道路,以往的文献中的确存在着对毛泽东的迷信,包括"决议"中也存在不实之词,有的同志已经指出毛泽东《星星之火,可以燎原》中那句著名的话"……工农武装割据是促进全国革命高潮的最重要因素",是20年后编辑出版《毛泽东选集》时,做了修订,那个"最"字是后加上去的。原文的意思与周恩来"九月来信"中认为武装割据"继续努力下去,将必然成为全国革命高潮的动力之一"的认识基本一致①。毛泽东选集出版时,对原文做修订是正常的,不足之处在于没有就毛泽东认识深化的过程做出说明,把毛20年后的认识当成20年前的认识,这就造成一定程度上的迷信成分。黄少群教授批评了这种现象,指出《决议》对大革命失败后三年多时间,革命形势很快好转,六届三中全会实现了工作重心的转移,周恩来卓著功勋"一字不提",还要受指责是"调和主义",是对周恩来的不公。石仲泉同志提出周恩来是在白区工作时间最早、也是最长的领导人之一。他是我们党在白区以及后来蒋管区工作的正确路线的光荣代表②,也包含对《决议》不实之词提出质疑的意思。这是破除迷信,进一步解放思想的好现象。

(二)关于不走歪路、不走邪路、走我们自己路的问题

毛泽东、周恩来关于中国革命道路的探索,给我们的另一条启示是:不唯上,不唯外,不唯书,坚持一切从实际出发,摸着石头过河,走我们自己的路。近几年来,关于中国民主政治,关于中国社会经济发展,关于中国现代化、城市化,关于外部环境和国际关系问题,关于持续发展、科学发展、包容发展的和谐发展问题等等,一句话,关于民族复兴伟大中国梦的实现路径问题,理论界、学术界热闹起来。这当然是好事,但从毛泽东、周恩来的探索经验中,我们觉得那种缺乏中国精神的道路、制度、理论自信的观点,如同毛泽东在70多年前所批评的那样,"言必称希腊",甚至月亮也是外国的圆,是错误的。我们坚信,现在和将来将进一步证明,这种迷信的不切实际。在习近平为总书记的新的党中央的领导下,我们不走歪路,不走邪路,我们将用我们自己的伟大实践,进一步证明:"人间正道是沧桑!"

---

① 《周恩来选集》上卷,人民出版社1980版,第33页。
② 石仲泉:《我观周恩来》,中共党史出版社2008年版,第46页。

周恩来对探索适合中国国情
社会主义发展道路的历史贡献 柳国庆*

　　新中国成立特别是社会主义制度建立以后,以毛泽东为核心的第一代中央领导集体坚持把马克思主义的基本原理和中国社会主义革命和建设的具体实践相结合,"以苏为鉴",积极探索具有中国特色的社会主义建设道路。周恩来作为第一代中央领导集体的重要成员,作为履职长达26年的共和国政府总理,"既是国家建设总体蓝图的重要设计者,又是将它付诸实施的卓越组织者和管理者。"[①]他"为积极探索符合我国国情的社会主义建设道路,全面组织和实施社会主义各项建设事业,兢兢业业,殚精竭虑,在政治、经济、外交、国防、统战、科技、文化、教育、新闻、卫生、体育等各领域倾注了大量心血,作出了奠基性的贡献"[②]。周恩来在对什么是社会主义、如何建设社会主义进行艰难探索的过程中,逐步形成和发展了如何走出一条符合中国国情的社会主义发展道路的新思想,成为三中全会以后以邓小平为核心的第二代中央领导集体成功开创中国特色社会主义道路的思想先导和理论来源,为"改革开放时期我们党形成中国特色社会主义理论体系提供了重要思想材料"[③]。

一、强调马克思主义普遍真理与中国具体实践相结合,探索中国特色的社会主义道路

　　从1955年底开始,中国共产党认识到"以苏为鉴"建设社会主义的局限性,提出要坚持把马克思主义普遍真理与中国具体实践相结合,探索有中国特色的社会主义建设道路。1956年5月,周恩来在国务院司局长以上干部会议上指出:"二十

---

　　*　柳国庆,绍兴文理学院法学院教授。

　　①　江泽民:《在周恩来诞辰100周年纪念大会上的讲话》,参见《周恩来百周年纪念——全国周恩来生平和思想学术研讨会论文集》上卷,中央文献出版社1999年版,第3~4页。

　　②　胡锦涛:《在纪念周恩来诞辰110周年座谈会上的讲话》,《人民日报》,2008年3月1日。

　　③　胡锦涛:《在纪念周恩来诞辰110周年座谈会上的讲话》,《人民日报》,2008年3月1日。

年来,我们所坚持的是马克思列宁主义的普遍真理与中国革命实践(或者说社会实践)相结合的原则。把马克思列宁主义和中国革命实践结合起来,才能创造性地运用它,才能使马克思列宁主义在中国的实践中又发展。”“马克思主义的普遍真理是共同的,基本的就是那么几条,具体化了就会有发展。这样认识才不会犯教条主义的错误,也不会犯经验主义的错误。”①1957年3月,周恩来在政协全国会议上做总结发言,他指出:匈牙利事件的教训是“促醒了社会主义国家要自己考虑自己的问题,要设想如何把马克思主义普遍真理跟自己的实践结合起来的问题”。他特别强调,我们应该把我们社会主义国家自己搞好,这是根本大计。

“大跃进”运动以后,中国共产党人开始总结经验教训,认识到对社会主义经济和社会发展规律知之不多,对社会主义的基本任务是什么、社会主义和共产主义的区别是什么等等,都没有搞清楚。1960年2月,周恩来参加了中央组织的读苏联《政治经济学教科书》学习小组,他联系苏联的经验和教训,对中国的社会主义建设进行了理论上的反思和总结。在第一次发言中,他主要谈过渡时期的问题,认为这个过渡时期要贯穿从资本主义到共产主义的整个时期,是一个比较长的过渡时期。他指出了过渡时期的五条方针:第一,认真贯彻“鼓足干劲、力争上游、多快好省地建设社会主义”的总路线。第二,两条腿走路。第三,五大革命:包括经济方面的三大改造,政治思想方面的百花齐放、百家争鸣,以及技术革命、文化革命、所有制方面的革命,“在过渡时期缺一不可”。第四,四个现代化,主要内容是“工业、农业、科学、国防四个现代化”。第五,逐步消灭三大差别。②同年7月,周恩来向各省、市、自治区委书记做了关于共产国际和中国共产党的关系的报告,进一步强调指出:“只有把马克思列宁主义的普遍真理和本国的具体实践相结合,才能使马克思列宁主义得到补充和发展”;“各国的革命和建设,要靠各国党自己独立自主和自力更生。”③1961年10月,周恩来率领中国共产党代表团赴莫斯科参加苏联共产党二十二次代表大会,和赫鲁晓夫谈话指出:“每个国家,由于他们的具体情况不同,因此,他们在革命和建设中的做法也会有区别”,“只要我们忠实于马列主义而不是修正主义,则可以将马列主义的普遍真理与各国的具体实践相结合。”“各国党只有根据自己的条件,在马列主义的基础上,积累自己的经验,

---

① 《周恩来经济文选》,中央文献出版社1993年版,第257页。
② 《周恩来传》(1949—1976)下卷,中央文献出版社1998年版,第578页。
③ 《周恩来选集》下卷,人民出版社1980年版,第301~302页。

才能取得胜利。"①1963年10月,周恩来向中共中央、国务院近期召开的五个专业会议的代表做报告指出:"为建立起我国独立的工业体系和国民经济体系,实现四个现代化,我们需要摸索出一条在中国建设社会主义的道路。马克思主义关于社会主义建设有一个概括的原则,计划经济,按比例地发展。但是具体的道路根据我们的总路线、总方针,还需要在实践中来发展,把它具体化,要创造自己的经验。"②1969年1月,周恩来在同新西兰共产党代表团会谈时进一步指出:任何一个国家,在把马列主义、毛泽东思想的普遍真理同本国革命的具体实践结合起来时,一定要有自己的创造。没有创造,不可能使革命取得成功。③ 所有这些,都反映了周恩来试图摆脱"苏联模式"的束缚,把马克思主义普遍真理和中国实际相结合起来,努力走出一条适合中国国情的社会主义建设道路。

二、坚持以经济建设为中心,实现经济建设和文化建设等全面协调发展

中国是在经济文化落后、"一穷二白"的基础上走上社会主义道路的。新中国成立时,经济社会状况可谓满目疮痍,百事待举。1949年全国的工农业生产总量与历史上的最高年产量比较,煤减少了一半以上,铁和钢减少了百分之八十以上,棉纺织品减少了四分之一以上。全国粮食产量比抗战前降低百分之二十一,棉花产量约相当于抗战前产量的百分之五十四点四。④周恩来清醒地认识到,"国家面貌的改变要从经济面貌的改变做起。这样,我们的国家才能永远站立起来。这是一百多年来多少仁人志士所追求并为之流血奋斗的宏伟事业。不实现工业化和经济改造,我们的国家就不能完全独立,就不能持久,就不能避免遭受挫折"⑤。他主张,中国走社会主义道路,必须始终坚持以经济建设为中心不动摇,实现经济建设、文化建设等全面发展,大力发展社会生产力,提高劳动生产率,最大限度满足人民日益增长的物质和文化生活的需要。这一重要思想,贯穿他的共和国总理生涯的始终。

周恩来始终把经济建设放在社会主义建设的首位,而且强调经济建设、文化建设全面发展、协调发展。早在1949年12月,周恩来就提出:"生产是我们新中

---

① 《周恩来传》(1949—1976)下卷,中央文献出版社1998年版,第653页。
② 《周恩来年谱(1949—1976)》中卷,中央文献出版社1997年版,第586页。
③ 《周恩来年谱(1949—1976)》下卷,中央文献出版社1997年版,第276页。
④ 《周恩来传(1949—1976)》上卷,中央文献出版社1998年版,第91页。
⑤ 《周恩来经济文选》,中央文献出版社1993年版,第152页。

国的基本任务。"①1952年7月,他在政务会议上再次强调:"我们要进行大规模的建设,经济建设是我们建设的主要方面。"他强调,我们国家要进行大规模的建设,"一方面是经济建设,另一方面还要进行文化建设"。"而文化建设,又是教育、卫生当先。""今后教育事业要有很大的发展,我们对教育事业的投资要超过任何一个工业部门。"②由周恩来执笔写成的《三年来中国国内主要情况的报告》,明确提出了今后五年建设方针和基本任务是"为国家工业化打下基础,发展农业,加强国防,逐步提高人民的物质生活和文化生活,使中国经济向社会主义发展"③。同年10月,周恩来在政务会议上强调:国家即将进入大规模的经济建设阶段,"我们不应该把文化建设看作是将来的事,不能等待,现在就应着手。经济建设和文化建设,好像一辆车子的两个轮子,相辅而行。""要进行经济建设,文教工作就必须加强,决不能削弱。"④1954年9月,他在全国人大一届一次会议上进一步强调:"经济建设工作在整个国家生活中已经居于首要的地位。"⑤"最主要的事情,就是我们人人都要关心提高我们国家的生产力。我们必须了解,增加生产对于我们全体人民,对于我们国家,是具有决定意义的。只有生产不断地增加,不断地扩大,才能逐步克服我们人民的贫困,才能巩固我们革命的胜利,才能有我们将来的幸福。"⑥他强调要正确处理经济发展和改善人民生活的关系,"在我们的国家里,经济建设的发展和人民生活的改善不能不是互相一致的,因为社会主义经济的唯一目的,就在于满足人民的物质和文化的需要,而为了充分满足人民的物质和文化的需要,又必须不断发展社会主义经济"⑦。1956年1月,他强调:"我们所以要建设社会主义经济,归根到底,是为了最大限度满足整个社会经济增长的物质和文化的需要,而为了达到这个目的,就必须不断地发展社会生产力,不断地提高劳动生产率。"⑧

以经济建设为中心的思想贯穿周恩来的26年的总理生涯。即使在"文化大革命"运动的狂澜中,周恩来心里最牵挂的仍然是经济建设,是整个国民经济的正

① 《周恩来选集》下卷,人民出版社1980年版,第4页。
② 《周恩来传》(1949—1976)上卷,中央文献出版社1998年版,第110~112页。
③ 《周恩来传》(1949—1976)上卷,中央文献出版社1998年版,第112页。
④ 《周恩来传》(1949—1976)上卷,中央文献出版社1998年版,第119页。
⑤ 《周恩来经济文选》,中央文献出版社1993年版,第177页。
⑥ 《周恩来经济文选》,中央文献出版社1993年版,第201页。
⑦ 《周恩来选集》下卷,人民出版社1980年版,第143页。
⑧ 《周恩来选集》下卷,人民出版社1980年版,第159页。

常秩序怎样才不致被打乱,人民群众的吃、穿、用等生活必需品怎样得到基本保障。他曾向协助他抓工业的余秋里、谷牧谈到自己心中的忧虑:"你们可得帮我把住经济工作这个关啊!经济基础不乱,局面还能维持。经济基础一乱,局面就没法收拾了。所以,经济工作一定要紧紧抓住,生产决不能停。生产停了,国家怎么办? 不种田了,没有粮食吃,人民怎么能活下去? 还能闹什么革命?"①1973 年,周恩来在会见喀麦隆总统时进一步强调:"我觉得我们第三世界还是应该从改善人民生活着手,首先是发展独立的民族经济,这最主要。"

在探索如何建设社会主义的过程中,周恩来还提出了经济社会全面发展的思想。他强调要正确处理各种关系,做到统筹全局、全面安排、综合平衡、协调发展;强调"我们的国家不仅要有经济建设,还要有政治建设和精神建设",建设社会主义必须全面发展;强调一定要重视环境保护,不能因发展经济而牺牲环境,不要做对不起子孙后代的事。② 这些思想,无疑成为中国特色社会主义"五位一体"建设思想的重要来源。

三、允许和鼓励多种所有制经济共同发展,解放和发展社会主义社会生产力

社会主义制度建立以后,如何正确处理生产力和生产关系两者的关系,建立适应生产力发展需要的所有制结构,是探索有中国特色的社会主义一个重大问题。周恩来认为,尽管我国已经进入社会主义社会,但是由于生产力发展水平低下,因此,保留一些非公有制经济成分,发挥它的有益的补充作用,对发展国民经济和社会主义事业都是有利的。如此明确且坚定地坚持发展非公有制经济,以促进生产力的解放和发展,在第一代中央领导集体中是罕见的,在当时的历史条件下也是难能可贵的。

1956 年 1 月 30 日,面对正在加速进行的手工业和资本主义工商业的社会主义改造,周恩来冷静地指出:"我们对资本主义工商业进行改造的基本目的是为了改变生产关系,解放生产力,它的最终表现是生产的发展和提高。""对于那些分散的肩挑小贩,不要急于改变他们的经营方式,因为这种经营方式对人民是方便的,也是受人民欢迎的,应该在长时间内保留下来。对于数量极大、分布极广的小商

---

① 余秋里:《中流砥柱,力挽狂澜》,《我们的周总理》,中央文献出版社 1990 年版,第 43 页。
② 胡锦涛:《在纪念周恩来诞辰 110 周年座谈会上的讲话》,《人民日报》,2008 年 3 月 1 日。

店,在公私合营以后,应该继续实行代销拿手续费的办法。"①在中国共产党第八次代表大会上,周恩来强调指出:在农业上,"凡是不必要由合作社统一经营的农家副业,应该鼓励社员单独经营。"商业方面,"在国家统一市场的领导下,将有计划地组织一部分自由市场;在一定范围内,将实行产品的自产自销;对某些日用工业品,将推行选购办法;对所有商品,将实行按质分等论价办法,等等"。这样,"将会对国家统一市场起有益的补充作用"。"某些制造性的行业,特别是许多修理性、服务性的行业,都应该让他们继续保持分散活动和原有的经营特点,以便于直接为居民服务,同时便于吸收家庭辅助劳动参加生产。"1957年4月,国务院第四十四次全体会议专题研究私人开办小煤窑、小矿产的问题,周恩来明确提出了多种所有制经济共同发展的设想:"大煤矿,国家开办;小的,合作社、私人都可以开。""主流是社会主义,小的给些自由,这样可以帮助社会主义的发展。工业、农业、手工业都可以采取这个办法,我看除了铁路不好办以外,其他的都可以采取这个办法。如三轮车、摊贩等可采取自负盈亏办法,有些私办的小学让它办下去。大概工、农、商、学、兵,除了兵以外,每门都可以来点自由,搞一点私营的。文化也可以搞一点私营的。这样才好百家争鸣嘛! 在社会主义建设中,搞一点私营的,活一点有好处。""一切东西都靠国家生产不行,各方面都应该有百分之几的自由活动,太死了不行。不仅商业方面如此,工业方面也可以如此。资本主义复活不了。"②上述主张的基本精神,就是在社会主义公有制占优势的情况下,允许多种所有制存在,鼓励多种所有制经济的发展,不是要把一切都纳入国家计划,目的是解放和发展生产力。

经过"大跃进"和人民公社化运动的教训,周恩来更是从社会主义的发展阶段的特殊性和长期性出发,从而对社会主义条件下所有制结构有了更理性的思考,对坚持发展多种所有制经济有了更清醒的认识。1961年9月,他在接见蒙哥马利元帅时说:中国现在正在建设社会主义,社会主义是共产主义的第一阶段,还不是共产主义,建设社会主义是一个长期的任务;社会主义时期在很长一段时间内的生产关系主要是全民所有制和集体所有制,除此之外,还有第三种补充性质的个人所有制。他还强调说:在社会主义时期,我们党和国家的政策和指导思想是一

---

① 《周恩来传(1949—1976)》上卷,中央文献出版社1998年版,第263页。
② 《周恩来经济文选》,中央文献出版社1993年版,第350~351页。

切为了有利于促进生产关系的改进、生产力的发展和物质财富的增加。① 蒙哥马利问:社会主义和共产主义的区别究竟在哪里? 周恩来指出,它们的区别表现在生产关系上,也表现在生产力上。他说:"在建设社会主义的过程中,有很长一段时间有两种所有制,一种是全民所有制,一种是集体所有制,此外还有一种是补充性质的个人所有制,如小商小贩或手工业者,或单独的个人中医诊所。"②1962 年 4月,周恩来在和全国青联四届一次会议代表交谈中指出:"过去什么都要变成全民的,有些东西搞得过急了。有些可单独开业的医生应该允许他单独开业,有些家庭教师可以给人家教一点书,过去都搞成全民的就搞死了。"③周恩来关于发展多种所有制经济的思想,符合中国特殊的国情,有利于满足人民生活的需要和促进生产力的发展,无疑是十分正确的,成为改革开放后中国特色社会主义所有制理论的思想先导。

四、积极探索试办"托拉斯",推行工业体制改革提高社会主义劳动生产率

为了加快经济建设的步伐,提高劳动生产率,周恩来十分重视经济体制和运行机制的改革,较早地提出了借鉴资本主义的成功经验"托拉斯"等进行社会主义经济体制改革的思想。1963 年夏天,周恩来就强调:"我们要搞一套制度出来","人治不行的,第一还是法治"。这年 8 月,在邓小平主持下,成立了由周恩来等参加的工业发展问题起草委员会。在调查研究过程中,起草委员会发现十几年来因循沿袭的工业管理体制存在不少弊端,是妨碍生产力发展的重要原因,亟待改革,提出了通过试办"托拉斯"来改进工业管理体制。周恩来主张:首先要集中力量搞必要的和最需要的,什么都搞、分散力量是不行的。1964 年 6 月,在试办托拉斯的座谈会上,周恩来再次强调:"托拉斯要按照经济的办法来办,按照经济规律要求来管理。公司的企业职能逐步扩大,行政的职能就要逐步缩小,行政的职能要转化为经济的职能。"④在 7 月 29 日又说:"组织托拉斯就是要解决行政管理和生产管理方面存在的问题,要对目前的一些官僚主义的办法来个革命,汲取资本主义企业管理的长处,当然不是追求利润的办法,而是用社会主义经济革命的办法,来发展新技术,提高劳动生产率,发展生产力。""组织托拉斯,可以有两种做法。一

---

① 《周恩来年谱(1949—1976)》中卷,中央文献出版社 1997 年版,第 435 页。
② 《周恩来传》(1949—1976)下卷,中央文献出版社 1998 年版,第 651 页。
③ 《周恩来传》(1949—1976)下卷,中央文献出版社 1998 年版,第 679 页。
④ 《周恩来经济文选》,中央文献出版社 1993 年版,第 548 页。

是开始就组织全国性的托拉斯,又设分公司。这种托拉斯既是集中,又要分权,地方上也管,但是要用经济办法来管。一是先从地区搞起,然后再组织全国性的托拉斯。"①

1965年2月,他在会见外宾时强调,可以采取资本主义企业的某些组织形式来办社会主义的企业,完全按照经济方法来管理,不要靠行政命令。他说:"用政府名义管理工厂,不利于经营管理。行政命令太多,层次太多,一个中央部门和一个省的部门直接管到企业,单位太多,中间层次太多。我们有大小工业企业十万多个,这种管理方法不容易。""我们想采取资本主义托拉斯的组织形式,但这是社会主义方式的公司,按行业自上而下领导。这样完全按照经济的方法来管理,经济核算,改善方法,不要行政命令。"②

试办托拉斯,无疑是周恩来对社会主义工业管理体制的改革探索,开了我国社会主义经济改革的先河,意义十分重大。遗憾的是,这个探索由于"文化大革命"的发生而中断。薄一波评论道:"当年中央决定试办托拉斯,期望以此为契机,逐步改变中央权力过分集中而束缚生产力发展的经济体制,是有远见卓识之举。""'文化大革命'否定了它,使经济又回到老路上去,实在是一大憾事。"③

五、立足国情,充分认识中国建设社会主义的长期性和艰巨性

如何认识我国社会主义社会所处的历史阶段,正确认识中国的国情,是探索社会主义建设道路一个基础性和根本性的问题,也是我们制定正确的路线方针政策的基本立足点和出发点。在周恩来看来,社会主义是与共产主义完全不同的社会发展时期,不能急躁冒进和操之过急,必须充分认识到中国建设社会主义的长期性、艰巨性和复杂性,从而采取正确的方针政策。

周恩来很清醒地认识到,从现实的国情出发,尽管已经进入了社会主义社会,但中国要建成成熟的社会主义,经济的发展和人民生活水平的提高,需要一个很长的历史阶段。1958年夏天,周恩来到戏剧学院实验剧场看了师生的一个话剧。因受当时形势的影响,话剧中宣传了共产主义马上就要到来。周恩来看后严肃地指出:"五年后就实现了共产主义,那么容易啊?!你们不要这样宣传,这个戏太浪

---

① 《周恩来经济文选》,中央文献出版社1993年版,第550~551页。
② 《周恩来传》(1949—1976)下卷,中央文献出版社1998年版,第818~819页。
③ 薄一波:《关于重大决策和事件的回顾》下卷,中共中央党校出版社1993年版,第1189页。

漫,脱离了实际。"①1960年5月,周恩来接见来华访问的蒙哥马利时指出,中国在经济上要比西方国家落后至少一百年。我们要在经济方面、科学水平和人民生活水平方面赶上西方国家,就不能等一百年,因为一百年以后你们又前进了。中国是一个一穷二落后的国家,加快我们的建设是我们最迫切的任务。②1963年9月,他在接见肯尼亚非洲民族联盟代表团时又强调:取得完全的独立,建设和改造一个国家,是个更艰巨和长期的任务,不只是需要十几年、几十年,甚至要上百年。1964年5月,周恩来又指出:"中国过去是半封建半殖民地,中国的人口也不平衡,经济发展更不平衡,以后就是要逐步走向平衡。""要走向平衡,那是一个大的经济斗争。我们这样一个占世界四分之一人口的国家,要在政治、经济、军事、文化各方面都发展到平衡,非要到二十一世纪不可。"③

在看到中国经济发展基础薄弱,与世界上先进国家存在较大差距的基础上,周恩来充分认识到中国社会主义建设的长期性、复杂性和艰巨性,强调以此指导社会主义建设事业的发展,要克服社会主义建设中"急于求成、急躁冒进"的错误倾向。1965年11月,周恩来在接见中华医学会第一届全国妇产科学术会议全体代表时说:我们要把共产主义社会建成,不是几十年,可能花几个世纪。为什么这样看,要和全世界联系起来看。你一个国家不能单独进入共产主义社会,因为还有帝国主义存在,还有资本主义社会存在,你被包围着,怎么能单独搞共产主义呢? 说厉害点,是乌托邦思想,这是不现实的。④1966年3月,周恩来到天津参加华北局会议时又指出:"从全国说,我们一穷二白的落后状态未摆脱,工业、农业都比较落后,甚至不能不承认,我们社会主义国家比资本主义国家还落后。"⑤同年6月18日,在同罗马尼亚领导人会谈中介绍中国情况时说:"中国是个一穷二白的国家,太落后了,要摆脱落后状态,恐怕还要二三十年,也许要接近本世纪末。社会主义经济建设的目的应该使封建主义、殖民主义和资本主义遗留下来的三大差别逐步缩小而不是逐步扩大。这就是社会主义的要求,不然就谈不上社会主义。"⑥1971年6月6日,在陪同外宾参观上海工业展览馆时,看到一张照片中有"发扬共产主义大协作精神"的提法,当即指出:这样提法不好。现在我们是搞社

---

① 力平:《开国总理周恩来》,中央文献出版社1994年版,第368页。
② 《周恩来年谱(1949—1976)》中卷,中央文献出版社1997年版,第321页。
③ 《周恩来传》(1949—1976)下卷,中央文献出版社1998年版,第811页。
④ 《周恩来年谱(1949—1976)》中卷,中央文献出版社1997年版,第761~762页。
⑤ 《周恩来传》(1949—1976)下卷,中央文献出版社1998年版,第866页。
⑥ 《周恩来年谱(1949—1976)》下卷,中央文献出版社1997年版,第38页。

会主义,应当提社会主义大协作,讲共产主义风格还可以。共产主义什么样子我们还都未经过嘛!① 1973 年 9 月 13 日,与法国总统蓬皮杜举行会谈,在谈到国内问题时说:有人讲中国是个大国,我们说既是又不完全是。从面积大、人口多这一点看,这算是个大国;但从经济发展、经济实力上讲,却差得很远。如果按国民生产总值的人均水平看,我们要小得多,不能和你比,你们现在十倍于我们。因此,尼克松总统、基辛格博士说我们是"潜在力量",这是有道理的,就是说,是有发展前途的。我们还需要几十年的努力,至少到二十一世纪时,才能达到你们那个水平。②

周恩来关于中国国情的清醒认识,强调社会主义建设的长期性、艰巨性和复杂性,为改革开放后提出社会主义初级阶段理论,坚持党的基本路线一百年不动摇,奠定了重要的思想基础。

六、从实现工业化到"四个现代化",明确了社会主义建设的战略目标

要使中国在一个比较短的历史时期内赶上世界上的发达国家,必须有一个明确的发展目标。从实现"工业化"到实现"四个现代化",这是周恩来在领导社会主义建设事业中不断思考和孜孜追求的重大战略目标,成为改革开放后中国特色社会主义"三步走"战略目标的思想渊源。

实现国家的工业化和现代化,一开始就成为中国社会主义建设的重要发展目标。1949 年,周恩来主持起草的中国人民政治协商会议的《共同纲领》提出,中国要"发展新民主主义的人民经济,稳步地变农业国为工业国"。1952 年,他主持起草的《中国经济状况和五年建设的任务(草案)》提出的基本任务是"为国家工业化打下基础"。1954 年第一届全国人民代表大会上,周恩来指出:"我国的经济原来是很落后的,如果我们不建设起强大的现代化的工业、现代化的农业、现代化的交通运输业和现代化的国防,我们就不能摆脱落后和贫困,我们的革命就不能达到目的。"③这个目标也被写入了 1956 年中共八大通过的党章总纲。

经过"大跃进和人民公社化运动"的深刻教训,周恩来对中国社会主义的发展战略有了较为理性的认识。1963 年 8 月,周恩来在出席中共中央《关于工业发

① 《周恩来年谱(1949—1976)》下卷,中央文献出版社 1997 年版,第 461 页。
② 《周恩来年谱(1949—1976)》下卷,中央文献出版社 1997 年版,第 623 页。
③ 《周恩来选集》下卷,人民出版社 1980 年版,第 132 页。

问题》起草委员会会议时指出:"我看不要把走在世界前列作为重点,还是提四个现代化。是否可以提,用二三十年的时间或者在二十世纪内实现四个现代化,把我国建设成为世界先进的社会主义强国?"①他还提出,必须抓住中国的特点。可以用八个字来概括"国大、物博、人多、任重"。国民经济发展的方针和目标是"以农业为基础,以工业为主导,是发展国民经济的总方针";"应当按照农、轻、重的次序安排基建和生产"。② 同年 9 月,周恩来在中共中央工作会议开幕会上指出:1963 年到 1965 年三年过渡之后,我们打算搞一个十五年的设想,就是基本上建立一个初步的独立的国民经济体系或工业体系,然后再有十五年左右,在二十世纪内,建成一个现代农业、现代工业、现代化国防、现代化科学技术的社会主义强国。③ 1964 年 12 月,周恩来在全国人大三届一次会议上做《政府工作报告》,代表中共中央第一次提出了"四个现代化"的目标:"今后发展国民经济的主要任务,总的说来,就是要在一个不太长的历史时期内,把我国建设成一个具有现代农业、现代工业、现代国防和现代科学技术的社会主义强国,赶上和超过世界先进水平!"根据参加报告起草的吴冷西回忆:当时总理就在考虑一个长远的计划,并且写了段话,说我们的目标应该是实现四个现代化。中央常委会在讨论这个稿子的时候,总理提出是不是可以把四个现代化写进去,毛泽东说:我已经写好了。④

　　1964 年 12 月,周恩来在接见斯诺时说:中国人口多,还不能算是个工业发达的国家。从需要量讲,中国变成现代化的国家,还需要相当长的时间,这是从工业化的标准来说。中国的情况复杂得很,"搞了十五年经济建设,老实说,我作为总理还没有学会呢!""经济发展的规律是极其复杂的。我们有了些经验,还要取得更多的经验。我们认识了一些规律,还有更多的未被认识的经济发展规律。十五年来,我们做对的不少,也有些做错了的。人必须有两方面的经验。"⑤"赶上英国"的口号我们现在不大提了,经过这几年摸索,我们依靠自力更生摸出一套建设经验后,赶上英国已经不是我们的中心问题,也不是一个主要方向,单在几个工业产品上追求数量,不能解决我们工业现代化的问题,重要的还是研究我们的整个工业水平和技术水平。⑥

　　① 《周恩来年谱(1949—1976)》中卷,中央文献出版社 1997 年版,第 574 页。
　　② 《周恩来年谱(1949—1976)》中卷,中央文献出版社 1997 年版,第 574～575 页。
　　③ 《周恩来年谱(1949—1976)》中卷,中央文献出版社 1997 年版,第 577～578 页。
　　④ 大型电视文献纪录片《周恩来》,陕西人民出版社、珠海出版社 1998 年版,第 145 页。
　　⑤ 《周恩来经济文选》,中央文献出版社 1993 年版,第 554 页。
　　⑥ 《周恩来年谱(1949—1976)》中卷,中央文献出版社 1997 年版,第 693～694 页。

1975 年 1 月,周恩来在四届人大一次会议上代表国务院做《政府工作报告》,郑重地重申 1964 年在三届人大《政府工作报告》里提出的"两步设想":"第一步,用十五年时间,即在 1980 年以前,建成一个独立的比较完整的工业体系和国民经济体系;第二步,在本世纪内,全面实现农业、工业、国防和科学技术的现代化,使我国国民经济走在世界的前列。"

从实现工业化到重申"四个现代化"的发展战略,周恩来为中国共产党和全国人民树立了中华民族伟大复兴的一个里程碑式目标,成为中国特色社会主义道路发展永恒和持久的发展动力,更是周恩来对探索有中国特色社会主义发展道路做出的重大的历史性贡献!

周恩来关于中国社会主义建设和
发展思想述论 韩同友[*]

中国道路,就是围绕什么是社会主义,怎样建设社会主义的根本问题,形成和发展起来的中国特色社会主义道路。周恩来是新中国建设的卓越领导者和组织者,对中国特色社会主义道路做出了初步的探索和实践。新中国成立后,他围绕如何建设和发展中国社会主义这一根本性问题,将马克思主义基本原理同中国社会主义建设和发展的具体实际相结合,提出了一系列社会主义建设和发展的思想。这些思想,不仅构成毛泽东思想的重要组成部分,而且成为邓小平理论和科学发展观产生的历史渊源,为中国特色社会主义理论体系的形成奠定基础。周恩来对中国特色社会主义事业的探索,构成中国特色社会主义道路形成的先导。

一、周恩来关于中国社会主义建设和发展思想的主要内容

1. 发展的主线:经济建设是一切工作的中心

在领导和组织中国社会主义建设和发展的整个过程中,周恩来始终坚持并牢牢抓住经济建设和发展生产这条主线。1949年3月,党的七届二中全会决定把党的工作重点由农村转到城市,同时确定城市工作的中心任务是恢复和发展生产。会后,周恩来积极贯彻中央的决议,开始确立起将经济建设和发展生产力作为中心工作的思路。1949年12月,他明确指出:"现在,全国的工作已经开始从军事方面转向建设方向。"[①]"生产是我们新中国的基本任务。"[②]随着国民经济全面恢复和基本好转,周恩来以经济建设为中心,大力发展生产力的思想更加明晰和坚定。他在1954年9月一届人大一次会议上所做的《政府工作报告》中首次明确指出:

---

  * 韩同友,盐城工学院纪委书记。
  ① 《周恩来选集》下卷,人民出版社1980年版,第2页。
  ② 《周恩来选集》下卷,人民出版社1980年版,第4页。

"经济建设工作在整个国家生活中已经居于首要的地位。"①"增加生产对于我们全体人民,对于我们国家,是具有决定意义的。"②他说,新中国建设虽然任务重、头绪多,"而这里最主要的事情,就是我们人人都要关心提高我们国家的生产力"③。1956 年,社会主义制度在我国基本确立,周恩来根据国内主要矛盾的变化和实施第一个五年计划的经验,在八大会上做了《关于发展国民经济的第二个五年计划的建议的报告》。报告的主题是生产力是人类历史的出发点和基础,是一切社会的最终决定力量。以经济建设为中心是报告的核心内容。集中力量发展社会生产力成为报告的主线。报告中的清晰思路是以周恩来为代表的中国共产党人对如何建设和发展社会主义所做的深入思考。

八大以后,我国进入全面建设社会主义时期,但由于国内外阶级斗争和政治形势发生的变化,以发展生产力为根本任务的党的工作重点受到干扰,造成十年曲折发展,接着又发生了"文革"十年。然而,周恩来从没有改变发展社会主义生产力的立场和观点,并始终抓住经济建设这个主要矛盾不放。他认为,我国进入社会主义阶段现在面临着社会主义建设的伟大任务。"现在要团结一切可以团结的力量,动员更多可以动员的因素,来参加社会主义建设……这就是我们的新任务。"④"文革"期间,周恩来身处劣境,但是他经常找国务院分管经济工作的负责同志了解和研究问题,强调:你们可得帮我把住经济工作这个关啊!经济基础不乱,局面还能维持,经济基础一乱,局面就没法收拾了。所以,经济工作一定要紧紧抓住,生产绝不能停。⑤ 显然,建设和发展社会主义是周恩来不变的信念和追求。

2. 发展的方针:既反保守又反冒进,综合平衡,稳步前进

周恩来认为,社会主义建设时期,人民政府的工作重点,就是组织和领导经济建设。而经济建设的成败与否,关键在于有没有遵循实事求是的思想路线,有没有制定出切合实际的发展方针。早在新中国成立之初,他就郑重强调:"经济工作要实事求是。"⑥ 国民经济恢复时期,他主张采取逐步恢复和稳妥推进的政策。1956 年,面对第一个五年计划已有可能提前实现的情况,某些领导同志中出现急

---

① 《周恩来选集》下卷,人民出版社 1980 年版,第 133 页。
② 《周恩来选集》下卷,人民出版社 1980 年版,第 144 页。
③ 《周恩来选集》下卷,人民出版社 1980 年版,第 144 页。
④ 《周恩来选集》下卷,人民出版社 1980 年版,第 389 页。
⑤ 陈雪薇:《共和国的经济与周恩来》,中共党史出版社 1996 年版,第 30 页。
⑥ 《周恩来选集》下卷,人民出版社 1980 年版,第 190 页。

躁情绪。为此,周恩来提出了既反保守又反冒进,在综合平衡中稳步前进的经济建设方针。这一指导方针,正确提出了要重视克服经济建设中"左"和右的错误倾向,突出了经济建设的根本问题:综合平衡。周恩来提出:我们"一定要为平衡而奋斗。数量上平衡以后,还有品种和时间上的平衡问题"①。只有真正综合平衡,经济建设才能实现有效益的、速度适当的稳步前进。党的八大会议上,周恩来进一步阐述了这个方针。他指出:"在有利的情况下,必须注意到当前和以后还存在着某些不利的因素,不要急躁冒进;相反地,在不利的情况下,又必须注意到当前和以后还存在着许多有利的因素,不要裹足不前。"②正确的做法是"应该根据需要和可能,合理地规定国民经济的发展速度,把计划放在既积极又稳妥可靠的基础上,以保证国民经济比较均衡地发展"③。1958 年到 1960 年的"大跃进"违背了综合平衡、稳步前进的正确方针,使得我国社会主义建设事业遭到严重挫折。周恩来在总结教训时指出:"这几年来,我们调查研究较少,实事求是也差,因而'五风'刮起来就不容易一下子得到纠正。"④他还说:"这几年来,党风不纯,产生了浮夸和说假话的现象。"⑤ 我们讲"实事求是,也就是说真话,鼓真劲,做实事,收实效"⑥。正是由于周恩来把坚持实事求是的指导思想作为做好经济工作的首要问题,因此,在我国社会主义经济建设中出现偏差时,往往是周恩来最早发现,同时,又都是他亲自领导加以纠正。历史的实践证明,周恩来提出的既反保守又反冒进,在综合平衡中积极稳妥地推进社会主义建设和发展的方针是完全正确的。

3. 发展的目标:实现四个现代化,建设强大的社会主义中国

新中国成立前夕,周恩来在中国人民政治协商会议第一届全体会议上就曾指出:我们的目标是:建设一个独立、民主、和平、统一和富强的新中国。1954 年 9 月,周恩来根据毛泽东关于"在几个五年计划之内,将我们现在这样一个经济上文化上落后的国家,建设成为一个工业化的具有高度现代文化程度的伟大的国家"⑦的号召,在一届人大一次会议上,他代表党中央第一次正式提出"建设起强大的现

---

① 《周恩来经济文选》,中央文献出版社 1993 年版,第 253 页。
② 《周恩来选集》下卷,人民出版社 1980 年版,第 219 页。
③ 《周恩来选集》下卷,人民出版社 1980 年版,第 218 页。
④ 《周恩来选集》下卷,人民出版社 1980 年版,第 313 页。
⑤ 《周恩来选集》下卷,人民出版社 1980 年版,第 349 页。
⑥ 《周恩来选集》下卷,人民出版社 1980 年版,第 349 页。
⑦ 《毛泽东著作选读》下册,人民出版社 1986 年版,第 715 页。

代化的工业、现代化的农业、现代化的交通运输业和现代化的国防"①的宏伟设想。1964年底，在国民经济调整取得初步成效后，周恩来在三届人大一次会议上，代表党中央正式宣告：我们"就是要在不太长的历史时期内，把我国建设成为一个具有现代农业、现代工业、现代国防和现代科学技术的社会主义强国，赶上和超过世界先进水平"②。此后，他反复重申实现四个现代化的奋斗目标。因为，实现四个现代化，是"我国伟大的人民革命的根本目的……解放我国的生产力，使我国国民经济能够沿着社会主义的道路得到有计划的迅速的发展，以便提高人民的物质生活和文化生活的水平，并且巩固我们国家的独立和安全"③。只有实现四个现代化，中国才能立足于世界之林，一方面用现代化的强大实力保卫本国民族的独立；另一方面同各爱好和平的国家一道，增强保卫世界和平的力量。为早日实现四个现代化的战略目标，周恩来对实现这一目标的重要步骤做了科学的论述。他认为中国实现现代化，这就是"从第三个五年计划开始，我国国民经济的发展，可以按两步来设想：第一步，用十五年时间，即在一九八〇年以前，建成一个独立的比较完整的工业体系和国民经济体系；第二步，在本世纪内，全面实现农业、工业、国防和科学技术的现代化，使我国国民经济走在世界的前列"④。综上可见，实现四个现代化是周恩来毕生的宏愿，也是他对社会主义建设和发展的战略构思。

4. 发展的动力：既要变革生产关系和相关的制度，关键还在于发展科学技术

历史唯物主义认为，生产力与生产关系的矛盾构成人类社会最基本的矛盾，生产力是社会发展的最终决定力量。周恩来认为，社会主义制度是一种新的社会制度。在社会主义制度建立后，随着生产力的不断发展，需要改革生产关系和上层建筑中不适应生产力发展的环节和方面。他说："马列主义的原则是，上层建筑一定要同经济基础相适应，适合生产力的发展。"⑤ 这就告诉我们，上层建筑的最终目的是通过为自己的经济基础服务而促进生产力的发展。改革是社会发展的必然要求和趋势，也是社会主义发展的动力。1956年6月，在国务院召开的关于体制问题会议上，他说："生产力大大发展，要求生产关系改变。三大改造取得胜利，生产力又会更大发展，需要我们动员一切力量、一切积极因素，甚至把消极因

---

① 《周恩来选集》下卷，人民出版社1980年版，第132页。
② 《周恩来选集》下卷，人民出版社1980年版，第349页。
③ 《周恩来选集》下卷，人民出版社1980年版，第132页。
④ 《周恩来选集》下卷，人民出版社1980年版，第479页。
⑤ 《周恩来经济文选》，中央文献出版社1993年版，第267页。

素化为积极因素,发展生产,建设国家。因此,在各种制度上也就需要作相应的改变。"①1957 年 8 月,周恩来在《关于民族繁荣和社会改革的问题》的讲话中,深刻指出:"我们新中国就是要帮助各民族发展,这就必须实行一个根本性的措施,就是进行社会改革。社会改革是我们中国各民族的共同性问题。"他还说,"我们所说的社会改革,最根本的是经济改革"②。"经济改革是各民族必须走的路。走这条路才能工业化、现代化。工业化、现代化了,经济生活才能富裕,民族才能繁荣,各族人民才能幸福。"③这样,就对社会主义改革的必要性及其目的,做出了明确的回答。改革的内容涉及方方面面,包括社会主义宏观经济管理体制问题;所有制结构和正确看待私营经济问题;分配制度的改革与完善问题,等等。社会改革的目的在于全面促进社会主义生产力的发展。

社会主义建设和发展的动力还在于大力发展科学技术。在周恩来看来,科学技术的进步是推动我国经济迅速发展的决定性因素。1953 年,他就提出培养技术人才是我们国家建设的关键的英明论断。1956 年以后,他反复强调,在四个现代化建设中关键在于实现科学技术的现代化,科学是关系我们的国防、经济和文化各方面的有决定性的因素。因此,"在社会主义时代,比以前任何时代都更加需要充分地提高生产技术,更加需要充分地发展科学和利用科学知识。"周恩来认为,实现科学技术现代化,除了必须依靠工人阶级和广大农民的积极性、创造性外,最重要的是必须更加充分发挥知识分子的积极性、创造性。为此,他在确立知识分子的阶级属性,落实知识分子的政治地位和物质待遇等方面做出了巨大的努力。

二、周恩来关于中国社会主义建设和发展思想的基本特征

1. 发展的全面性:经济、政治、文化、社会各方面的共同发展

周恩来认为,社会主义发展是个大系统,单纯的经济发展或政治发展,都不是真正的发展。他精辟地提出:"我们的国家不仅要有经济建设,还要有政治建设和精神建设。"④他认为,社会主义应该是经济、政治、文化、社会各方面的全面建设和共同发展。

一是在经济领域,周恩来说,经济建设要有四个观念:整体观念,重点观念,先

---

① 《周恩来经济文选》,中央文献出版社 1993 年版,第 265 页。
② 《周恩来经济文选》,中央文献出版社 1993 年版,第 368 页。
③ 《周恩来经济文选》,中央文献出版社 1993 年版,第 373 页。
④ 《周恩来统一战线文选》,人民出版社 1984 年版,第 398 页。

后观念,全面观念,我们进行社会主义建设,必须综合平衡,全面安排。进行建设不看到整体不行,看到了整体,心中有了全局,才能够建设有重点,安排有先后,全面地考虑问题。他多次强调应该使重点建设和全面安排相结合,以便国民经济各部门能够按比例地发展。二是在政治领域,周恩来强调社会主义民主政治建设,应坚持专政要继续,民主要扩大。1957 年 8 月,周恩来在民族工作会议上指出:"政治上的制度要适应社会主义的经济基础,也要改革,要改革成为民主集中制。又有民主、又有集中;又有自由,又有纪律;又有个性的发展,又有统一意志。"①他高度重视人民群众的民主权利,同时强调反对官僚主义。三是在文化领域,周恩来主张以发展科学技术为重心,正确对待和尊重知识分子,坚持"百花齐放、百家争鸣"的方针;正确认识知识分子的阶级属性和社会作用,重视发挥知识分子的作用;坚持和弘扬民族文化,重视吸收和学习世界各国的文化。四是在社会领域,周恩来认为,社会是一个系统,经济基础和上层建筑要相互适应,不相适应时就必须改革。社会的发展除了经济建设外,还有人口的素质提高、资源的利用、环境与生态的保护、教育的发展,等等。

2.发展的人民性:我们的一切工作都是为了人民的

在周恩来的社会主义建设和发展思想中,深深蕴含着他对祖国的无限忠诚,对人民的无限热爱和高度负责的精神。他认为:"我们的一切工作都是为了人民的。我们的经济工作和财政工作直接地或间接地都是为着人民的物质生活和文化生活的改善。"②新中国刚成立时,面对物资短缺、通货膨胀、民不聊生的现状,为了保证人民生活的需要,周恩来开始了恢复国民经济、稳定物价的一系列工作。当他发现农产品和工业品的差价很大时,及时进行调整,以免农民和一部分以粮食计算的工资生活者的生活受到影响。"一五"期间,国家确立了优先发展重工业的方针,由于"左"的思想指导,冒进情绪渐长,各项指标越定越高,全国人民勒紧腰带搞建设。他认为,必须把逐步改善人民物质文化生活当作我们党的一项经常性和根本性的任务,要结合经济建设的发展实际来贯彻党的全心全意为人民服务的宗旨。坚持"要重工业,又要人民"的原则。他说:"如果不关心人民的当前利益,要求人民过分地束紧裤带,他们的生活不能改善甚至还要降低水平,他们要购买的物品不能供应,那么,人民群众的积极性就不能很好地发挥,资金也不能积

---

① 《周恩来选集》下卷,人民出版社 1980 年版,第 266～267 页。
② 《周恩来选集》下卷,人民出版社 1980 年版,第 142 页。

累,即使重工业发展起来也还得停下来"①。20世纪60年代初经济最困难的时期,他仍努力把国民经济的调整工作同迎接建设的大发展密切联系起来。当经济形势开始好转时,他就在三届人大一次会议上,重新提出了在1980年前建成比较完整的工业体系和国民经济体系;在20世纪内,全面实现四个现代化,使我国国民经济走在世界前列的宏伟蓝图。"文革"期间,他虽处境艰难,但仍坚持组织生产和建设工作,艰苦支撑着经济建设局面,并利用有利时机,整顿、恢复和发展经济。1975年,在四届人大一次会议上,又带病做报告,再次向全党、全国人民提出了实现四个现代化的宏伟目标。

3. 发展的可持续性:重视人口、环境、资源之间的和谐

人口、资源、环境作为人类社会存在和发展的自然条件。在社会主义建设与发展中,如何将以人口、资源、环境之间的关系处理好是社会主义建设和发展过程中的一个十分重要的问题。在领导经济建设的实践中,周恩来对人口、资源、环境问题有着精辟地论述。关于人口问题,周恩来较早认识到人口增长过快会对社会经济发展带来不利影响。1953年我国第一次人口普查结果出来后,周恩来就认识到我国人口增长与经济发展不协调,提出应该做到有计划地生育。他说:"怎样使我国人口能有计划的生育,这是一个伟大的事业。如果不实行计划生育,人口增长得太快,生产就跟不上,这是个大问题。"②对于资源问题,建国初,周恩来就对森林、草地、水资源等关系到子孙后代生存条件的问题做了研究。1950年他在全国自然科学工作者代表大会上指出:"中国森林的面积,远不够一个森林国家的标准。"③他多次列举国内外破坏森林的历史教训,指出国家保护森林的必要性。强调植树造林是百年大计,总得坚持到21世纪。"一五"计划期间,他就把黄河问题列为重点项目,专门成立了三门峡工程局,多次亲临工地视察,并批准建立西北林业建设兵团,治理流入黄河的泥沙来源地,建设大型生态综合治理工程。在水资源的开发和利用上,主要目标是长江和淮河,在1958年他带领专家勘探,提出兴建三峡水利枢纽,将水利工程建成防洪抗旱、水土保持、发电运输综合利用的系统。在环境保护问题上,他曾说:"我最担心的,一个是治水治错了,一个是林子砍多了。治水治错了,树砍多了,下一代人也要说你。"④基于全国人民保护环境意识

---

① 《周恩来选集》下卷,人民出版社1980年版,第230页。
② 《周恩来选集》下卷,人民出版社1980年版,第445页。
③ 《周恩来选集》下卷,人民出版社1980年版,第25页。
④ 《周恩来选集》下卷,人民出版社1980年版,第446页。

淡薄,一些地方出现滥砍滥伐现象,他在 1960 年国务院政务会议上说,"靠山吃山,靠水吃水"这两句话要写得适当才行,否则"靠山吃山",把树木砍光了,水灾就来了。他认为,发展工业要注意保护环境,并对污水排放和释放浓烟等问题提出治理措施。周恩来是我国环境保护法规和环境保护机构的创立者。1973 年 8 月 5—10 日,在周恩来的指导下,国务院制定了《关于保护和改善环境的若干规定》(试行草案)。这是新中国第一部环境保护的综合性法规,从而使我国的环境保护逐步走上制度化、经常化的轨道。

4.发展的辩证性:正确处理和解决经济与社会发展中的一系列重大关系

在现代化建设的过程中,需要正确处理和解决一系列重大的经济和社会发展关系,为此,周恩来有着自己独到的认识。一是积极理顺农、轻、重的次序,坚持"农业是基础,工业为主导"的方针。一方面,周恩来强调农业对工业的极其重大的基础作用。认为,农业的发展关系到整个国民经济的发展,影响工农联盟的巩固。另一方面,他也主张,要实现国家的工业化和国防的现代化,必须集中主要力量发展重工业,即冶金工业、燃料工业、动力工业、机械制造工业和化学工业。同时也只有依靠重工业,才能保证人民的物质生活和文化生活的不断提高。周恩来指出,我们的方针是把农业放在发展国民经济的首要地位,按照农业、轻工业、重工业的次序来安排经济计划。以农业为基础,以工业为主导,是发展国民经济的总方针。

二是认真对待发挥主观能动性与实事求是的关系,指出发挥主观能动性必须以实事求是为前提。周恩来指出:"我们有辩证唯物主义思想为指导。辩证唯物主义思想能够帮助我们更好地认识客观规律,更好地发挥主观能动性。"[①]1956 年初,面对全国各地热火朝天地掀起社会主义改造高潮,周恩来及时强调经济工作要实事求是,主张建设速度不宜太快,要辩证地看超越现实可能和没有根据的事,不要乱提,不要乱加快,否则很危险。1963 年 7 月,他又说,我们在探索社会主义建设的道路上要求太急,许多事情搞大了,搞多了,留下后遗症,经过两年多基本上调整过来,由此得出一条重要经验,经济建设要循序渐进,这是对我国经济发展的经验教训所做出的科学性结论。"文革"期间,周恩来坚持实事求是的方针,与各种破坏经济的言论与行为做了机智和勇敢的斗争,使我国的经济损失减小到最低限度,为此他一直战斗到生命的最后一刻。

---

① 《周恩来选集》下卷,人民出版社 1980 年版,第 413 页。

三是妥善安排经济建设与改善人民生活的关系,主张经济建设与改善人民生活互相一致,同时并举。在社会主义建设过程中,人民的长远利益和眼前利益之间、国家整体利益和劳动者个人利益之间,常常容易产生矛盾。所以,必须妥善地安排国民收入中积累与消费的比例关系,在保证经济建设规模逐步扩大的同时,使人民生活水平逐步得到提高。既要不断提高人民的物质生活水平,又要不断提高人民的文化生活水平,还要增进人民的健康。周恩来认为,逐步改善人民的物质生活和文化生活,是我们的经常性和根本性的任务。他说:"在我们国家里,经济的发展和人民生活的改善不能不是互相一致的,因为社会主义经济的唯一目的,就在于满足人民的物质和文化的需要,而为了充分满足人民的物质和文化需要,又必须不断发展社会主义经济。"①不顾当前生产水平,把工资和福利提得过高过快,就会损害了人民的长远利益,是不对的;相反,对职工福利生活等漠不关心,不注意或不愿意解决必须要又可能解决的问题,这也是不正确的。倘若不关心人民的眼前利益,要求人民生活太清苦,群众欲购买的物品无法供应,那么,人民群众的积极性就不能充分发挥,建设也必然会受到损失。

四是主张涉及自力更生与学习外国的关系,强调"自力更生为主,争取外援为辅"。早在1949年12月的一次讲话中,他就指出,生产建设上要自力更生。他反复强调,自力更生是革命和建设事业的基本落脚点。1963年又提出"奋发图强、勤俭建国、自力更生,迎头赶上"②的十六字方针。他认为,要建设我们这么大的国家,使它变得富强起来,应该主要依靠自己的力量,任何外国的力量都不可能代替我们来解决自己的问题。

在强调国家建设要以国内力量为主的同时,周恩来也积极主张外国的长处,反对闭关锁国和盲目排外。他说:"我们固然以自力更生为主,但还要以争取外援为辅。"③因为,一切国家,一切民族,都有长处,也有短处,有优点,也有缺点。要学人家的长处和优点。外国一切好的经验,好的技术,都要吸收过来,为我所用。同时,他还批评了崇洋媚外的错误思想,强调对外国的东西我们应该有批评地学习,不是盲目地学习。

① 《周恩来选集》下卷,人民出版社1980年版,第143页。
② 《周恩来经济文选》,中央文献出版社1993年版,第519页。
③ 《周恩来经济文选》,中央文献出版社1993年版,第396页。

周恩来与新中国政治制度 王　骏[*]

新中国的政治制度是在人民民主专政的国体下由人民代表大会制度这一根本政治制度、中国共产党领导的多党合作和政治协商制度以及民族区域自治制度等基本政治制度组成的。新中国的政治制度是我们党把马克思主义的基本原理与中国具体实际相结合、在领导中国人民进行新民主主义革命的实践中逐步确立的。无疑，毛泽东是新中国政治制度的主要创立者，周恩来作为党的第一代领导集体的重要成员，他提出的一系列重要思想和观点，对新中国政治制度的形成和发展做出了重要而独特的贡献。今天，回顾这一历史进程，学习周恩来的重要思想和伟人风范，对于在新的形势下坚持和完善中国特色社会主义政治制度，推进国家治理体系和治理能力现代化，团结全国各族人民全面建成小康社会，实现中华民族伟大复兴的中国梦必将具有重要意义。

一、坚持人民民主专政，推动人民代表大会制度建设

国体是国家性质或者国家阶级本质的反映，它确定社会各阶级、阶层在国家中的地位，是由统治阶级的性质决定的。政体是国家政权的组织形式，即统治阶级以何种形式组织政权反对敌人、为本阶级利益服务的政权机关。国体决定政体，政体反映国体，政体又有相对独立性。在领导中国人民进行新民主主义革命的过程中，以毛泽东为代表的中国共产党人将马克思主义的国家学说同中国革命的具体实践相结合，深刻总结中外民主的历史经验教训，创造性地提出了人民民主专政的思想，确定了新中国的国体和与之相适应的政权组织形式。

1940年1月，毛泽东在《新民主主义论》中集中论述了新民主主义国家的国体和政体问题。他明确指出，新民主主义革命胜利后建立的政权，只能是工人阶级领导的、以工农联盟为基础的人民民主专政，同这一国体相适应的国家政权组织形式，只能是民主集中制的人民代表大会制度。1945年4月，毛泽东在《论联合政

＊　王骏，中央文献研究室研究员。

府》中对此做了进一步阐述。毛泽东的新民主主义理论为新中国政权的建设、人民代表大会制度的确立奠定了坚实的理论基础。

周恩来坚决支持拥护毛泽东的新民主主义理论。1944年3月在延安中央党校做报告时,他通过切身体会诚恳地指出,正因为毛泽东的新民主主义理论,才使我们党对中国革命的性质、任务和前途等有了清醒而自觉的认识,推动了中国革命的胜利发展,可是之前到"六大"时,我们对这些问题还认识不清,影响了革命事业的发展。他还指出,苏维埃是工农代表会议,是毛泽东"把它发展成为中国的代表会议制。这种政权是一元化的,不是两权并立的",与资产阶级的议会制度有原则区别,"是真正的民主制度。"①

新中国成立前夕,在主持共同纲领起草过程中,针对一些民主人士对以"新民主主义"作为建国指导原则产生异议,周恩来花费了大量精力做他们的思想工作。他利用各种形式,向民主人士介绍情况,分析形势,阐述我们党的方针政策。他还亲自安排民主人士赴解放区参观,让他们亲身感受党的新民主主义政治、经济、文化政策及其带来的巨大变化,解除他们思想上的疑虑。经过深入的思想工作,到1949年6月新政协筹备会正式开幕之前,各民主党派和无党派民主人士的绝大多数,在"以新民主主义即人民民主主义为中华人民共和国的政治基础"等原则问题上,与中国共产党取得了一致,保证了共同纲领制定的顺利进行。

根据毛泽东新民主主义理论,经过与民主人士充分协商,周恩来在共同纲领草案初稿中对新中国的国体做出这样的表述:"我们主张的新民主主义的国家制度,是工人阶级领导的以工农联盟为基础的团结各民主阶级及中国境内各民族的人民民主专政的国家制度,亦即人民民主统一战线的联合政府制度。"②

此前,毛泽东在论述人民民主专政时,主要强调以工人阶级领导、以工农联盟为基础,周恩来在这里加上了"团结各民主阶级及中国境内各民族",形成了对人民民主专政国体内容更完整更清晰的表述,因为人民民主专政的"政权是属于工人阶级、农民阶级、城市小资产阶级和民族资产阶级四个阶级联盟的"③,同时还包括各少数民族。这既体现了人民民主专政的内在要求,也展现了人民民主专政的中国特色。在当时的情势下,团结各方力量,建立新中国,人民民主专政才能确立

① 《周恩来选集》上卷,人民出版社1980年版,第161页。
② 《建国以来周恩来文稿》第1册,中央文献出版社2008年版,第296页。
③ 《周恩来统一战线文选》,人民出版社1984年版,第131页。

和巩固,充分发挥作用,"做到国家权力属于人民,使各民主阶级在国家政权中皆占有应有的地位,取得一切自由及权利,实现人民民主","实现对各反动阶级及一切反动分子的专政"①。

对于新中国的政体,周恩来在共同纲领草案初稿中是这样表述的:"我们主张的新民主主义的政权制度,是民主集中制的人民代表大会的政权制度。这个制度应由人民实行普选,直接选出各级人民代表大会为国家政权的各级权力机关;然后由这个权力机关,决定大政方针,选举各级人民政府,使之负责处理各级人民代表大会所委托的一切国家的或地方的事务。人民对其所选举的代表,各级人民代表大会对其所选举的政府人员,有遇事监督和随时撤换之权。这个制度是既民主的又集中的。"②

周恩来在随后的政协会上对此做出解释,"新民主主义的政权制度是民主集中制的人民代表大会的制度,它完全不同于旧民主的议会制度,而是属于以社会主义苏联为代表的代表大会制度的范畴之内的。但是也不完全同于苏联制度,苏联已经消灭了阶级,而我们则是各革命阶级的联盟。我们的这个特点,就表现在中国人民政协会议的形式上。政府各部门和现在各地的人民代表会议以及将来的人民代表大会都将同样表现这个特点"③。与人民民主专政的国体相适应,这里,进一步体现和突出了人民代表大会制度的鲜明的中国特色。

值得注意的是,周恩来在叙述中将民主集中制这一党的组织原则运用到国家政权机关的建设中,在确立人民代表大会制的政权组织形式的同时,也确立了国家政权的民主集中制的组织领导原则。"它是民主的,又是集中的,就是说,在民主基础上的集中,在集中指导下的民主。只有这个制度,既能表现广泛的民主,使各级人民代表大会有最高的权力;又能集中处理国事,使各级政府能集中地处理被各级人民代表大会所委托的一切事务,并保障人民的一切必要的民主活动。"④

除了个别文字上的修改,周恩来主持起草的共同纲领最后在 1949 年 9 月 21 日召开的中国人民政治协商会议第一届全体会议上得以顺利通过。具有宪法地位的《共同纲领》规定:"中华人民共和国为新民主主义即人民民主主义的国家,实行工人阶级领导的,以工农联盟为基础的、团结各民主阶级和国内各民族的人民

---

① 《建国以来周恩来文稿》第 1 册,第 296 页。
② 《建国以来周恩来文稿》第 1 册,第 296~297 页。
③ 《周恩来选集》上卷,人民出版社 1980 年版,第 369 页,
④ 《毛泽东选集》第 3 卷,人民出版社 1991 版,第 1057 页。

民主专政","中华人民共和国的国家政权属于人民。人民行使国家政权的机关为各级人民代表大会和各级人民政府。各级人民代表大会由人民用普选方法产生之。各级人民代表大会选举各级人民政府。各级人民代表大会闭会期间,各级人民政府为行使各级政权的机关。国家最高政权机关为全国人民代表大会。全国人民代表大会闭会期间,中央人民政府为行使国家政权的最高机关"①。

政协一届全体会议的召开,宣告了中华人民共和国的成立,开辟了人民当家做主的新时代,也使人民代表大会制度的建立成为现实。根据形势的发展,1953年1月,中央人民政府委员会第20次会议做出了《关于召开全国人民代表大会及地方各级人民代表大会的决议》。这次会议还决定周恩来担任选举法起草委员会主席。

选举制度是人民代表大会制度的基础和组织保证,选举权是人民行使民主权利的根本标志。但在当时的情况下,做到直接投票的普选,还"是非常困难的"②。周恩来秉持实事求是、循序渐进的精神,在充分征求各方面意见的基础上,主持制定了一个合乎当时实际的最民主的《选举法》,既保证了选举的顺利进行,也为其后选举制度的改进和完善奠定了基础。

为了保证选举工作的顺利开展,周恩来亲自撰文号召和动员全国人民积极准备和参加全国人民代表大会及地方各级人民代表大会的选举,把他们认为满意的人选举出来,代表自己去参加国家政权的工作,负责管理国家和地方的事务。同时,他还要求广大的党员干部"应该把普选看作是检查工作和考验干部的机会,不要为选举而选举,不要采取资产阶级竞选那一套"。他强调,如果"真正为人民服务","如果你工作做得好,人民当然会选你"③。

从1954年5月开始,全国范围进行了第一次大规模的普选,从乡、县到省自下而上逐级召开了人民代表大会,在此基础上,第一届全国人民代表大会第一次会议于1954年9月在北京举行。会议通过了第一部具有社会主义性质的宪法,对中华人民共和国的国体和政体做了进一步明确规定。全国人民代表大会的召开和宪法的颁布施行,标志着我们进入了发展人民民主的全新阶段。

全国人民代表大会召开后,周恩来在实践中积极探索坚持人民民主专政,加

---

① 《建国以来重要文献选编》第1册,中央文献出版社1992年版,第2、4页。
② 《周恩来统一战线文选》,人民出版社1984年版,第140页。
③ 《周恩来统一战线文选》,第244~245页。

强人民代表大会制度建设。1956 年 7 月,他在中共上海市第一次代表大会上指出,根据国内外形势的发展,"现在我们的人民民主专政应该是:专政要继续,民主要扩大。"他强调,我们要时常警惕"忽视民主"的倾向,要在国家制度上想一些办法,他提出,要使人大代表经常接触人民群众,参加对政府工作的检查,要一直检查到公安、司法工作。要把全国人大所有代表的发言,包括小组会、大会上的辩论,不管对的错的都发表出来,以揭露政府工作的缺点。他强调,资本主义国家的制度我们不能学,但西方议会的某些形式和方法还是可以学的。[①] 这些重要思想,尽管在当时没有完全得以实行,但无疑对人民代表大会制度建设产生了积极作用。

在周恩来等党和国家领导人的支持和推动下,全国人民代表大会作为最高国家权力机构,开始真正肩负起自己的职责,审议和通过有关经济建设和社会秩序方面的法律、法令及有关法律问题的决定,审查批准经济社会发展计划,决定重大问题等。按照全国人大常委会通过的相关决定,人大代表每年组织两次视察,广泛征集人民群众的意见,加强对政府工作的监督和检查。人民代表大会制度在国家政治经济生活中发挥着越来越重要的作用,保证了国家政权机关能够有效地领导和管理国家的各项工作,极大地调动了全国各族人民建设、管理国家的积极性。实践证明,新中国确立的国体政体,是符合中国国情的根本制度保证。

二、坚持和发展中国共产党领导的多党合作和政治协商制度

政党制度是现代民主政治的重要组成部分,确立和实行符合国情的政党制度,对一个国家的发展和稳定具有极为重要的意义。中国共产党领导的多党合作和政治协商制度是由人民民主实践的"历史发展而来的"[②],是中国共产党在领导中国革命的过程中创立的。在这项制度形成和发展过程中,周恩来做了大量的奠基性工作。

辛亥革命建立了"中华民国",并仿效西方国家实行多党制,但这并没有给人民带来民主,反而导致了中国社会的一片混乱。国民党蒋介石集团打着孙中山资产阶级共和国的幌子,却顽固地坚持一党独裁,最终也被人民所抛弃。中国近代民主实践的历史表明,在中国搞多党制不行,搞一党专政也不行。必须要确立适

---

① 《周恩来选集》下卷,人民出版社 1980 年版,第 207~208 页。
② 《周恩来选集》下卷,人民出版社 1980 年版,第 95 页。

合中国国情的新的政党制度,而承担这一历史重任的只能是中国共产党。

我们党探索适合中国国情的政党制度的道路并不平坦,土地革命时期,曾实行过"左"的政策,搞关门主义,导致了惨痛的教训,到抗战时才逐渐走向成熟。我们党在实践中深刻地认识到,中国无产阶级"虽然是一个最有觉悟性和最有组织性的阶级,但是如果单凭自己一个阶级的力量,是不能胜利的。而要胜利,他们就必须在各种不同的情形下团结一切可能的革命的阶级和阶层,组织革命的统一战线"①。在抗日根据地的政权建设中,我们党通过与党外民主人士和进步势力紧密合作,建立起"共产党主导"和"多党派参与"的"三三制"政权,对夺取抗战的胜利产生了重要的作用,同时也为中国共产党领导的多党合作和政治协商的政党制度的形成积累了经验。

周恩来坚决支持并在实践中践行中国共产党同党外人士实行民主合作的思想原则,1945年4月,在党的七大上做报告时,周恩来全面阐述了新民主主义统一战线思想,对统一战线的构成,如何争取队伍的大多数,特别是要掌握队伍的领导权等问题做了具体论述。他明确指出,"中国的事情,一定要经过各党派协商","任何一个大党不应以绝对多数去压倒人家,而要容纳各方,以自己的主张取得胜利",搞专制统治只能给国家和人民造成灾难。②

抗战胜利后,在中国共产党的积极推动下,由包括国共两党和其他党派参加的政治协商会议在重庆召开,这是多党派的政治协商在中国政治发展中的第一次尝试。在此期间,周恩来广泛宣传中国共产党关于召开各党派会议,建立联合政府的主张。在周恩来的领导下,中共与民主党派和无党派民主人士通力合作,互相配合,为反对蒋介石的独裁、内战政策,争取和平民主而共同斗争,逐渐形成了风雨同舟、患难与共的合作关系。1948年4月30日,当中共中央发布五一劳动节口号,提出"为着打倒蒋介石建立新中国而共同奋斗",号召"各民主党派、各人民团体、各社会贤达迅速召开政治协商会议,讨论并实现召集人民代表大会,成立民主联合政府"时③,立即得到了各民主党派代表人物的积极响应,他们纷纷表示愿意在中国共产党领导下为建设新中国而共同努力。

在筹备召开政协会议特别是主持起草共同纲领的过程中,周恩来认真听取并

---

① 《毛泽东选集》第2卷,人民出版社1991年版,第645页。
② 《周恩来选集》上卷,人民出版社1980年版,第253页。
③ 《周恩来年谱》(1898—1949)(修订本),中央文献出版社1998年版,第790页。

基本采纳了民主人士提出的建议,"确认各民主党派应实行长期合作",并使民主党派在各级人民代表大会及各级民主联合政府中"有职有权",同时还补充了"政治协商"的新思想。① 经过与各民主党派的共同努力,中国人民政治协商会议顺利召开。会议在通过了《共同纲领》的同时还通过了《中国人民政治协商会议组织法》,标志着人民政协作为统一战线组织正式成立,同时也标志着中国共产党领导的多党合作和政治协商制度正式确立。

确立中国共产党领导的多党合作和政治协商制度,是我们党运用马克思主义政党学说,深刻总结国内外历史经验教训,在探索建立中国特色的政党制度方面的一大创造。从政治制度角度看,这一制度既不同于西方资本主义国家的多党制,也有别于苏联的一党制,反映了我国人民民主专政具有的广泛人民性和民主性等优点,对人民民主专政制度的巩固与完善起着重要的保证作用。从政党制度角度看,中共是执政党,民主党派是参政党。中共和民主党派之间的关系是亲密合作的友好党和参政党,不是在朝党与在野党或反对党。共产党和各民主党派在国家重大问题上进行民主协商、科学决策,并互相监督,集中力量办大事。这既避免了多党竞争、相互倾轧造成的政治动荡,又避免了一党专制、缺少监督的弊端。

根据《共同纲领》的规定,新中国成立后到全国人民代表大会召开前,中国人民政治协商会议代行全国人民代表大会职权。当时,周恩来在担任政务院总理的同时,兼任全国政协第一副主席,协助毛泽东主持全国政协的工作。在周恩来的具体领导下,人民政协共召开过四次全体会议,协商讨论了中央人民政府关于稳定物价、对财政经济工作实行国家统一管理和统一领导以及惩治反革命等关系国计民生的重大方案及决策事项,审议了《土地改革法》等重大法律草案等,为恢复和发展我国国民经济、巩固新生的人民政权、促进社会主义革命和建设发挥了重要作用。与此同时,政协的组织机构和工作机制也逐步建立和完善起来。

1954 年全国人大召开后,有人对政协是否存在、如何发挥作用产生了疑问。实际上,在讨论制定《共同纲领》时,就有代表提出了类似的疑虑。对此,周恩来明确指出,"政协作为人民民主统一战线的组织仍将存在,今后还要继续发挥统一战线的作用"②,"政协会议还将对中央政府的工作起协商、参谋和推动的作用"③。

---

① 转引自陈扬勇《建设新中国的蓝图》,社会科学文献出版社 2013 年版,第 114 页。
② 《周恩来统一战线文选》,人民出版社 1984 年版,第 258~259 页。
③ 《周恩来统一战线文选》,人民出版社 1984 年版,第 146 页。

同时,他还指出,说其他党派很快就要消灭,是不恰当的,不仅充分肯定了人民政协存在的必要性,还进一步明确了政协的性质、地位和作用。

根据毛泽东的意见,周恩来在政协第二届全国委员会第一次会议上具体提出了政协今后的任务,即协商国际问题;对全国人大和地方各级人大代表候选人名单以及政协各级组织组成人员的人选进行协商;协助国家机关,推动社会力量,解决社会生活中各阶级间相互关系问题,并联系群众,向有关国家机关反映群众意见和提出建议;协商和处理政协内部和党派团体之间的合作问题;帮助和督促政协成员学习马列主义和努力进行思想改造。[①] 这五个方面的任务,进一步明确了政协今后工作的基本方向。

为了推动政协工作的顺利开展,周恩来明确指出,必须要充分发挥政协的民主协商功能。还在1949年新政协筹备会期间,他就多次指出,"新民主主义的议事精神不在于最后的表决,主要是在于事前的协商和反复的讨论"[②]。突出了政协的"协商"功能。新中国成立后,在领导全国政协和政务院的工作中,周恩来一直强调,凡准备由中央人民政府委员会通过的一切重大决定和法律、条例,事先都提请政协全国委员会常务委员会交换意见,经过协商后再提交政府委员会讨论通过,以保证一切比较重大的决定和法令,更能适合最大多数人的共同需要,在贯彻实施时也更能得到最大多数人的拥护和协助。

由此,周恩来高度重视政协代表的广泛性,要求充分发挥政协委员的作用。他指出,"政协不是一盆清水,如果是一盆清水就没有意思了","我们要吸收不同意见的人在一起,要善于和这些人一起协商,团结他们","我们同党外人士合作,就是在共同的大前提下接受他们的好意见,丰富我们的主张"[③],"这样,政治协商会议才能前进,才能有利于国家建设"[④]。他强调,要让党外人士做到"知无不言,言无不尽",尤其要让党外人士要"有职、有权、有责",以充分"发挥他们的积极性"。[⑤]

周恩来还指出,要处理好共产党与其他民主党派关系,坚持长期共存,互相监督的方针。他反复强调,"中国共产党同民主党派长期共存、互相监督的方针,必

---

① 《周恩来年谱》(1949—1976)上卷,中央文献出版社1997年版,第433页。
② 《周恩来统一战线文选》,人民出版社1984年版,第134页。
③ 《周恩来统一战线文选》,人民出版社1984年版,第202页。
④ 《周恩来统一战线文选》,人民出版社1984年版,第262页。
⑤ 《人民政协重要文献选编》上卷,中央文献出版社、中国文史出版社2009年版,第112页。

须由共产党提出,而且必须要共产党真正做到"①,因为共产党是领导党,很容易滋长官僚主义,脱离群众,甚至会出现个人野心家,"这个问题怎么解决? 最好的办法是有人监督。"各民主党派联系群众的方面不同,可以听到一些不同意见,对共产党执政有好处。"建设社会主义,没有互相监督,不扩大民主,是不可能做得好的。"②

周恩来的这些重要思想和实践,推动和促进了政协工作的正常开展,同时也为坚持和发展中国共产党领导的多党合作和政治协商制度这一基本政治制度奠定了重要的理论和政策基础,对于今天我们充分发挥其协商民主的功能仍然具有重要的现实指导意义。

三、坚持并积极实践民族区域自治制度

确立民族区域自治制度,是我们党一项"史无前例的创举"③,周恩来为此从理论到实践都做了大量的工作,做出了重要贡献。

我们党成立伊始,就把解决民族问题作为中国革命的一项重要任务。1922 年7 月,中共二大提出在蒙古、西藏、新疆实行自治,以建立联邦制国家作为解决中国民族问题的纲领。1931 年 11 月,中华苏维埃第一次全国代表大会通过的《宪法大纲》规定,中国苏维埃政权承认中国境内少数民族的民族自决权。抗战时期,为了争取全国各族人民共同抗日,我们党对民族政策进行调整,强调坚持实行民族平等,开始推行民族区域自治。1938 年 10 月,毛泽东在中共六届六中全会上提出"允许蒙、回、藏、苗、瑶、夷、番各民族与汉族有平等权利,在共同抗日原则下,有自己管理自己事务之权,同时与汉族联合建立统一国家"的主张④,标志着我们党的民族区域自治思想的初步形成。

周恩来一直强调要坚持民族平等团结,时刻关注着民族问题的解决。1936 年6 月 8 日,他在与毛泽东等联名电中就提出"我们对境内蒙古诸民族,完全平等待遇,并承认其自治权,这就是实行中国境内各民族一律平等"⑤。1946 年 1 月,周恩来在重庆召开的政协会议上代表共产党提出《和平建国纲领草案》,要求"在少

① 《周恩来统一战线文选》,人民出版社 1984 年版,第 350 页。
② 《周恩来统一战线文选》,人民出版社 1984 年版,第 350~351 页。
③ 《周恩来选集》下卷,人民出版社 1980 年版,第 258 页。
④ 《民族问题文献汇编》,中共中央党校出版社 1991 年版,第 595 页。
⑤ 《民族问题文献汇编》,中共中央党校出版社 1991 年版,第 729 页。

数民族区域,应承认各民族的平等地位及其自治权"①。经过努力,这一建议后被写入《关于宪章问题的协议》。

在实践中,周恩来悉心指导我国第一个民族自治区——内蒙古自治区的成立。1947 年 3 月 23 日,周恩来代表中共中央起草了致东北局并转西满分局、云泽(乌兰夫)等的电报,就成立内蒙古自治区的原则与办法等做出了明确规定,并强调,在代表大会宣言中应确立民族自治政府为非独立政府,仍属中国版图,并愿为中国真正民主联合政府之一部分。② 4 月 20 日、23 日,他又就筹备工作中出现的问题先后起草了两封中共中央致东北局电报,强调"内蒙问题中心在其武装须掌握在我党手中,其自治政权须由我党领导"③。1947 年 5 月 1 日,内蒙古自治区政府成立,在全国各少数民族中引起了积极的反响,同时也使我们党民族区域自治思想取得了宝贵的实践经验。

尽管由于受列宁民族自决理论、苏联联邦制实践及共产国际的影响,我们党对如何运用马克思主义的民族理论来解决中国民族问题还一直处于探索阶段,在整个民主革命时期都主张民族自决和建立联邦制国家。然而,随着理论认识的深入和实践的发展,我们党在新中国成立前夕,最终决定以民族自治代替民族自决,建立统一共和国,实行少数民族区域自治。

根据毛泽东的提议,周恩来在主持起草《共同纲领》时,删除了原先的"民族自决""组成中华各民族联邦"的提法,将"民族政策"单列为第六章,加写了"应实行民族的区域自治",即规定各少数民族聚居的地区,应实行民族的区域自治,按照民族聚居人口的多少和区域大小,分别建立各种民族自治机构。凡各民族杂居的地方及民族自治区内,各民族在当地机构政权中均应有适当相当名额的代表,以增强各民族的团结。④

1949 年 9 月 7 日,周恩来在向政协代表做报告时专门对此做出解释,"关于国家制度方面,还有一个问题就是我们的国家是不是多民族联邦制……任何民族都是有自决权的,这是毫无疑问的事。但是,今天帝国主义者又想分裂我们的西藏、台湾甚至新疆,在这种情况下,我们希望各民族不要听帝国主义者的挑拨。为了这一点,我们国家的名称,叫中华人民共和国,而不叫联邦。我们虽然不是联邦,

① 《民族问题文献汇编》,中共中央党校出版社 1991 年版,第 991 页。
② 《周恩来年谱》(1898—1949)(修订本),中央文献出版社 1998 年版,第 746 页。
③ 《民族问题文献汇编》,中共中央党校出版社 1991 年版,第 1102 ~ 1103 页。
④ 转引自陈扬勇《建设新中国的蓝图》,社会科学文献出版社 2013 年版,第 299 ~ 300 页。

但却主张民族区域自治。今天到会的许多人是民族代表,我们特地向大家解释,同时也希望大家能同意这个意见"。他还特别提到,陈嘉庚先生到内蒙古自治区参观,说现在内蒙古的汉、蒙二族合作得很好,犹如兄弟一样。证明我们的民族政策的成功。①

周恩来的讲话,清楚地表明我们党放弃联邦制而选择民族区域自治,是为了加强民族团结,实现国家统一,防止帝国主义及国内少数民族中反动分子的挑拨分化。

在第一个社会主义国家苏联已经实行共和国联邦制的情况下,我们党独立自主地提出和确立了民族区域自治制度,充分显示了我们党在政治上理论上的成熟和自信,对中国国情实际的深刻认识和正确把握。而这正是我们党放弃联邦制的更重要原因,即中国和苏联的国情和民族关系不同,也就是说,在中国实行民族区域自治"是从两国的历史发展的不同而来的,部分地也是由于中国和当年十月革命时代的形势不同而来的"。

对此,周恩来也做过明确阐述:其一,俄罗斯在 19 世纪已经成为帝国主义国家,拥有殖民地;而中国是个殖民地半殖民地国家,各民族包括汉族都同样遭受帝国主义的压迫和剥削。其二,俄国的少数民族占总人口的 50%,各民族大多数都是各自聚居的,内部联系相对单纯而密切;而中国少数民族人口不到全国的 10%,大都同汉族或其他少数民族杂居或交错聚居,一个民族完全聚居在一个地方的很少。其三,十月革命时,俄国无产阶级首先是在城市中起义取得政权,然后才普及到农村和少数民族地区,为了使第一个社会主义国家站住脚,就必须强调民族自决权,实行联邦制,以便反对共同的敌人;但中国自古以来就是一个统一的多民族国家,汉族和不少少数民族都曾入主中原并统治过全国。中国各民族不是经过分裂而后走上统一的,而是在中国共产党领导的反抗压迫的民族民主革命中平等联合团结地建立统一的人民共和国的。

基于上述原因,周恩来得出结论,"历史的发展使我们的民族大家庭需要采取与苏联不同的另一种形式。每个国家都有它自己的历史发展情况,不能照抄别人的"。"中华人民共和国是单一体的多民族的国家,而不是联邦国家,也无法采取

---

① 《周恩来统一战线文选》,人民出版社 1984 年版,第 139~140 页。

联邦制度"①。"采取民族区域自治的办法对于我们是完全适宜的"②,是合乎中国国情实际的正确选择,代表了中华民族共同的根本利益,是中国共产党对马克思主义民族理论的一个重大突破和创新。最后,《共同纲领》对"各少数民族区域自治、武装权利及其宗教信仰之被尊重,均在条文中加以明确的规定"③。

新中国成立后,周恩来坚持《共同纲领》的有关规定,积极支持和推进民族区域自治工作。从 1950 年开始,国家在少数民族聚居区进行民族区域自治试点。周恩来领导政务院先后制定了《关于民族事务的几项规定》《关于人民民主政权建设工作的指示》等,尤其是 1952 年 8 月,中央政府颁布了新中国第一部民族问题的法规《民族区域自治实施纲要》,对民族自治地方的建立、自治机关的组成及自治权利等重要问题做出明确规定,有力地促进了民族区域自治工作的开展。1954年《宪法》颁布后,国务院先后发出《关于更改相当于区的民族自治区的指示》《关于建立民族乡若干问题的指示》和《关于改变地方民族民主联合政府的指示》等文件,全面推行民族区域自治。从 1955 年 10 月开始,新疆维吾尔自治区、广西壮族自治区、宁夏回族自治区和西藏自治区先后成立,全国共建立了 31 个自治州和 82个自治县(旗),在少数民族散居杂居地方建立了 333 个民族乡,全国范围内民族区域自治格局基本形成。

在坚持和推行民族区域自治的过程中,周恩来指出,要充分注意和照顾少数民族的特点和特殊性,"切不可将汉族地区的一套简单地搬用到少数民族地区"。针对当时一些地方出现的包办代替、对自治权利注意不够等错误倾向,他提出严肃批评,强调要充分发挥民族自治地方自主管理本民族内部事务的职能,把自治权落到实处。周恩来提出,实行民族区域自治"最根本的问题是帮助少数民族发展生产,改善生活"④。他提出国家要从财力、人力、物力和技术上等各方面给予民族自治地方大力支援,并要给予民族自治地方优惠政策。他亲自提议在内蒙古包头建立钢铁基地,指示有关部门拨巨款和派技术人员帮助西藏进行基础设施建设,推动建设新疆的石油和有色金属工业,着力促进民族地区经济文化事业的发展。周恩来还指出,实行民族区域自治的关键在于培养和使用少数民族干部,要

---

① 《周恩来论统一战线》,人民出版社 1984 年版,第 376 页。
② 《周恩来选集》下卷,人民出版社 1980 年版,第 256 页。
③ 《周恩来统一战线文选》,人民出版社 1984 年版,第 149 页。
④ 《周恩来统一战线文选》,人民出版社 1984 年版,第 309 页。

把培养少数民族干部"当作一项政治任务来完成"①。他主持批准了《培养少数民族干部试行方案》和《筹办中央民族学院试行方案》等,推动和加快了培养民族干部的建设步伐。60多年的实践证明,民族区域自治制度作为我国一项基本政治制度,对促进我国各民族合作互助,共同发展与繁荣,维护国家统一和社会稳定产生了重要的作用。

总之,新中国成立特别是改革开放以来,我们国家发生的历史性变化充分证明,我们党领导全国各族人民取得新民主主义革命的胜利,建立的中国特色社会主义政治制度,是最适合中国国情,最能够把中国人民的意志和力量凝聚起来共同奋斗的根本政治制度,"为当代中国一切发展进步奠定了根本政治前提和制度基础"。在新的形势下,我们要坚持和完善中国特色的社会主义政治制度,完善和发展中国特色社会主义制度,推进国家治理体系和能力现代化,为全面建成小康社会,实现中华民族伟大复兴的中国梦而努力奋斗。

---

① 《周恩来统一战线文选》,人民出版社1984年版,第193页。

周恩来对社会主义民主政治建设道路的伟大探索 庞廷娅*

加强社会主义民主政治建设,推进社会主义制度的自我完善和发展,更好地发扬党内民主和人民民主,这不仅是坚持走中国特色社会主义政治发展道路的必然要求,而且是我们推进政治体制改革的唯一正确的政治方向。

开国总理周恩来,在统抓国民经济建设和科学文化建设的同时,也曾对社会主义民主政治建设的本质、目标、途径、原则、方法等,做了多方面有益的探索,对我们当前贯彻落实党的十八大精神,坚持走中国特色社会主义政治发展道路和推进政治体制改革,有着重要的理论指导价值和深刻的实践启迪作用。

周恩来对社会主义政治建设道路探索的伟大成果,主要有以下几个方面:

一、周恩来"民主要扩大"的思想,就是走群众路线,这是中国革命和建设事业胜利的根本保证

早在1956年7月,周恩来在论述发展社会主义民主问题时,曾经说过一段最经典的话。他指出:"现在我们的人民民主专政应该是:专政要继续,民主要扩大……我们要时常警惕,要经常注意扩大民主,这一点更带有本质的意义。"[①]这是因为,专政的权力虽然建立在民主的基础上,但这个权力是相当集中相当大的,如果处理不好,就容易忽视民主。而一旦背离了民主,也就背离了由人民自己当家做主的社会主义政治制度的根本原则,这是一个带有本质性的原则问题。再者,由于社会主义改造基本完成,阶级斗争已不再是我国社会的主要矛盾,国家的主要职能将转变为用民主的方法来正确处理人民内部矛盾,动员和团结全国各族人民来进行社会主义的全面建设和全面改革,这就是周恩来所说的扩大民主"更带有本质的意义"的深刻内涵。

---

* 庞廷娅,淮安市周恩来故居管理处主任。

① 《周恩来选集》下卷,人民出版社1980年版,第207页。

为强调扩大民主在社会主义政治建设中的突出地位,周恩来指出,所谓扩大民主,真正实行民主集中制,即是中国共产党人向来所说的走群众路线,这是中国革命和社会主义建设事业胜利的根本保证。群众路线,是中国共产党人总结中国长期的革命经验而提出的根本工作路线和根本领导方法。早在1929年9月,周恩来主持起草的《中共中央给红军第四军前委的指示信》中,曾经首次运用并多次使用了"群众路线"这个概念。其含义是:一切工作都要依靠和发动广大群众来做,"要经过群众路线"①。这是周恩来的一次重大的实践总结和理论创新。周恩来之所以能有如此深邃的认识,主要是他深信人民群众是实践的主体,是一切真知的唯一源泉,是推动社会历史发展的伟大力量。中国共产党就是运用了这个法宝,便无往而不胜,在战争年代从事军事斗争是如此,在和平年代从事经济建设、文化建设乃至从事民主政治建设,莫不如此。而"扩大民主",就是"践行群众路线"的同义语,二者从本质上来说,其内涵是完全一致的。

当前正在全国深入开展的党的群众路线教育实践活动,是全党政治生活中的一件大事,是新时期以习近平为总书记的党中央对老一辈无产阶级革命家所倡导的"群众路线"的继承丰富和发展。从一定意义上来说,这项群众路线教育实践活动,就是党的十八大以来,中央实施的社会主义民主政治建设的一项基础性工程。

二、周恩来提出"健全民主集中制",就是我国社会主义民主政治建设的基本目标

周恩来早在1957年就提出:我国社会主义民主政治建设的基本目标是健全民主集中制,做到又有民主,又有集中;又有自由,又有纪律,又有个性的发展,又有统一意志。周恩来提出的这一基本目标准确地表述了民主政治建设的新要求、新理念。

众所周知,我们要建立一个民主集中制的生动活泼的政治局面这个观点,是毛泽东首先提出的。由于1957年发动反右派斗争,犯了把阶级斗争扩大化的"左"倾错误,毛泽东在《一九五七年夏季的形势》一文中,在提到要建立生动活泼的政治局面这个重要观点时,对阶级斗争形势做了过于严重的估计,对民主与集中、自由与纪律的侧重点与主倾向性,与反右前的表述做了不正确的改变。他说:"我们的目标,是想造成一个又有集中又有民主,又有纪律又有自由,又有统一意

---

① 《周恩来选集》上卷,人民出版社1980年版,第36页。

志,又有个人心情舒畅、生动活泼,那样一种政治局面。"①

　　然而,不到一个月时间,1957年8月4日,周恩来在全国人民代表大会民族委员会召开的民族工作座谈会上的讲话中,依据马克思关于人的全面发展的思想和社会主义民主政治建设的总目标、总要求,对毛泽东的提法做了两处必要的修正:一是将民主和自由的排序置于集中与纪律之前;二是将"个性发展"替换了"个人心情舒畅"的提法。周恩来指出:"政治上的制度要适合社会主义的经济基础,也要改革,要改革为民主集中制。又有民主,又有集中;又有自由,又有纪律;又有个性的发展,又有统一意志。"②显然,周恩来的这个提法完善和发展了毛泽东关于民主集中制的政治局面的提法,更准确,更科学,更能经得起社会主义民主政治建设历史的检验。

三、周恩来建立健全政治协商制度的伟大实践,是中国特色民主政治建设的重要内容

　　周恩来一贯把健全政治协商制度,看成是进行社会主义民主政治建设的重要内容。从政协的筹建开始到历届全国委员会,周恩来都十分注重发挥政协组织的民主协商作用。诸如土改、镇反、抗美援朝、中华人民共和国宪法制度等有关国家的大政方针,都事先在政协中进行酝酿协商。周恩来高度评价民主协商的重要性,他认为,在人民内部有一些对立面的意见,这对我们的进步是有好处的。周恩来身居要职,在其十分繁忙的工作中,始终不渝地恪守民主协商的原则,直到生命弥留之际,仍是如此。1975年5月,周恩来在医院病房里,还对中共中央统战部《关于组织爱国人士外出参观的请示报告》做了如下批示:"此类参观人员,如尚未与他们协商就突然宣布,似仍应分别约他们座谈一次,取得他们同意后再定,以示我们历来主张的民主协商精神。"③

　　周恩来对"中国式"的新民主主义和资产阶级旧民主主义的议事方法,做了深刻的比较。他认为,我们的民主协商体现了无产阶级的民主精神。这种民主精神不在于最后表决,而主要在于事先协商和反复讨论,尽可能达到一致意见。这种议事规则并不排除民主集中制的原则,对于不同意见的争论,经过反复协商酝酿

　　① 《毛泽东选集》第5卷,人民出版社1991年版,第456~457页。
　　② 《周恩来选集》下卷,人民出版社1980年版,第266~267页。
　　③ 《周恩来统一战线文选》,人民出版社1984年版,第452页。

之后，仍须按照少数服从多数的原则，通过和执行决议，这既解决问题，又达到团结，它比单纯由多数表决通过更能令人心悦诚服，更能巩固团结。

周恩来在中国特色民主政治建设的伟大实践中，始终如一地坚守民主协商的精神，开创了中国人民政治协商制度的先河，功不可没，永载史册。

四、周恩来社会主义民主政治建设的行政方略，就是建立对干部权力的有效监督机制

既然在社会主义建设时期扩大民主具有本质的意义，那么，我们就要想方设法来扩大民主生活。周恩来提出要用扩大各方面互相监督的方法来扩大民主、实现国家的民主化。他说，中国共产党和各民主党派"长期共存、互相监督"的方针，实际上是扩大民主。我们是六亿人口的国家，要把六亿人的生活搞好，建设社会主义，没有互相监督，不扩大民主，是不可能做得好的。因此，互相监督的面还要扩大，不能缩小。我们要加强各级人民代表大会及其常委会对政府工作的监督，并且使下级对上级也能够有监督的责任。这对我们的民主化有极大的好处。①

通过审理党内腐败分子刘青山、张子善的特大贪污案，周恩来就必须建立对干部权力的有效监督机制进行了深刻的思考。他说，"我们也需要一套制约的办法。"②一是加强党内监督，发扬党内民主。周恩来针对党内民主生活极不正常的状况，曾经严肃提出："有一种不好的风气，就是民主作风不够。""别人的话说出来，就给套框子、抓辫子、挖根子、戴帽子、打棍子。"③结果，使人们不敢讲真话，不敢发表不同意见，更不敢行使民主监督权力了。因此，周恩来指出："我们要发扬民主，恢复和加强党内正常的民主生活。"④二是加强人民监察，依靠群众监督。早在1953年7月，为切实加强政府机关内部对国家工作人员违法行为的监督。周恩来颁布了《各级人民政府人民监察机关设置人民监察通讯员通则》，通过加强监察机关与人民群众联系的办法来强化监督国家工作人员违法行为的职能。1954年。周恩来进一步提出了通过国家权力机构来监督政府活动的思想，他指出："全国人民代表大会和地方各级人民代表大会都有监督我们的财政收支的权利和责任。"⑤

---

① 《周恩来统一战线文选》，人民出版社1984年版，第351～352页。
② 《周恩来选集》下卷，人民出版社1980年版，第199页。
③ 《周恩来选集》下卷，人民出版社1980年版，第325页。
④ 《周恩来选集》下卷，人民出版社1980年版，第351页。
⑤ 《周恩来选集》下卷，人民出版社1980年版，第142页。

三是加强法律监督、运用法制手段。1952年2月,周恩来亲自过问了刘青山、张子善特大贪污案的审理过程。同年3月,他就主持制定并颁布了《关于"三反"运动中成立人民法庭的规定》,规定要求人民法庭要用法律手段严肃、适时地监督和查处贪污分子、行贿受贿的腐败分子等。

新中国成立伊始,周恩来就着力强化了党员监督和行政监察的措施,逐步完善了法律监督和民主监督的手段,着眼于从制度上全方位地建立起对干部权力的有效监督的机制,这是有着多么长远的战略眼光,多么睿智的民主政治思维的行政方略啊!

五、周恩来指出"同官僚主义做不调和的斗争",是发展社会主义民主政治的必要举措

早在新中国成立之初,周恩来就以其无产阶级政治家的敏锐洞察力,提出了"光有集中,没有民主,就成为官僚主义""提倡民主,才能克服官僚主义"的新思维。1956年4月,周恩来在中央政治局扩大会议上,进一步强调指出:"在制度上的中心问题就是民主集中制。集权集得多也有好处,就是社会主义改造、社会主义建设搞起来了。但是,也有毛病,也带来了阴暗的一面,就是容易缺乏民主,忽视民主,脱离群众,脱离实际,很容易生长出严重的官僚主义,把旧社会残留下来的东西保留下来,甚至更浓厚起来。我们的制度要求我们不仅不能扩大和怂恿这种事情,而且要防止这类事情。"①因此,"要使人民民主专政的制度实行得更好,必须同官僚主义作斗争,经常反对官僚主义。这是一个很重要的问题"②。

周恩来对官僚主义一贯深恶痛绝,认为"官僚主义是领导机关最容易犯的一种政治病症"。1963年5月,他在中共中央和国务院直属机关负责干部会议上的报告中,就对官僚主义的表现、危害和根源,做了尖锐、彻底的解剖。周恩来深刻地指出了官僚主义不单单是自由主义、个人主义、命令主义、事务主义、分散主义、本位主义、宗派主义这特别突出的七种,还列举了"高高在上""狂妄自大""官气熏天""不学无术""遇事推诿"等20种恶劣的表现。对此,周恩来倡导若干消除官僚主义的办法,譬如:通过整风、通过批评与自我批评、通过克服体制弊端、通过建立完善民主集中制的一系列具体制度以及强化党群、干群、上下级间的平等意识、

---

① 《周恩来年谱(1949—1976)》上卷,中央文献出版社1997年版,第569页。
② 《周恩来选集》下卷,人民出版社1980年版,第209页。

造成民主风气等项举措来消除官僚主义。1961 年 6 月 19 日,他曾对文艺界的同志讲道:"我们要造成民主风气,要改变文艺界的作风,首先要改变干部的作风;改变干部的作风,首先要改变领导干部的作风;改变领导干部的作风首先从我们几个人改起。"①这虽然是对文艺界讲的,但当时有普遍意义。周恩来是这么说的,也是这么做的。尽管他身居要职、有着相当高的威望,有着丰富的领导工作经验,但他从来都是以民主的作风和平等一员的资格出现。周恩来是我们党内、政府内具有民主意识和政治平等意识的行为表率。

周恩来对社会主义民主政治道路初步探索,所产生的一系列重要观点,是在党的八大前后的历史大背景下逐步形成的。他探索社会主义民主政治建设道路主要有四个特征:

一是人民性。周恩来是代表中国最广大人民根本利益的楷模。"人民性"是周恩来社会主义民主政治建设思想的主要特征。他在主持制定的《中国人民政治协商会议共同纲领》中,就始终坚持以人民主权,人民当家做主作为其基本原则。他认为,国家根本大法的本质是"表现人民意志的",人民权力是国家根本大法的主要内容;国家根本大法是人民权力和利益的保障。周恩来一贯认为"力量的源泉是人民,归根到底,一切胜利的取得是依靠人民的力量"②。所以,我们必须一切依靠群众,走群众路线,必须健全党和国家政治生活中的民主集中制,必须扩大党内民主和人民民主,必须建设社会主义民主政治。

二是原则性。在中国进行社会主义民主政治建设的进程中,周恩来不仅提出了许多内容丰富,博大精深的思想观点,而且还从社会主义民主政治的本质特征和建设规律出发,着重强调社会主义民主政治建设必须遵循的基本原则,譬如:人民主权原则、政党原则、法制原则、民主集中制原则、监督原则等。在每一个基本原则下,周恩来还提出了一套具体的操作性很强的实施原则。例如,在如何坚持民主集中制的原则中,周恩来提出了要坚持扩大和发扬民主生活的原则,坚持实行集体领导,反对"家长制"的原则,坚持严格党的纪律的原则。

三是科学性。周恩来始终坚持用全面的辩证的观点和实事求是的科学态度,观察、分析和处理民主政治建设中出现的一些矛盾关系。1956 年 5 月 3 日,周恩来在国务院司局长以上干部会议上,讲到"民主集中制"中,民主和集中两者的关

① 《周恩来选集》下卷,人民出版社 1980 年版,第 324 页。
② 《周恩来选集》下卷,人民出版社 1980 年版,第 274 页。

系时,强调说:"集中固然需要,但不是不要民主,民主会更有助于集中。"①周恩来在剖析党政关系、上下级关系时,同样做到见解精辟,逻辑性强、严谨科学,符合客观规律。他说:"党政有联系也有区别。党的方针、政策要组织实施,必须通过政府,党组织保证贯彻。党不能向群众发命令。"②关于上下级关系,即中央和地方关系问题,周恩来说:"我们实行的是民主集中制,不是封建割据。要既利于国家统一,又利于因地制宜……在中央的统一领导下发挥地方的积极性,才能使各方面的工作生气勃勃,否则就死气沉沉。"③

四是宏观性。周恩来身为党和国家主要领导人之一,他对民主政治建设道路的思考,往往具有宏观性、全局性、战略性、长远性的显著特征。1956 年,周恩来提出"扩大民主更具有本质的意义"的著名论断,其主要依据是,从国内形势的变化来看,国家的主要职能已经伴随着社会主要矛盾的变化,而转变为用民主的方法来正确处理人民内部矛盾了。从整个无产阶级专政的国际大背景来看,"苏联的历史经验可以借鉴",有的社会主义国家已经犯了"对外的大国主义,对内的大民族主义,对人民的专制主义"④的错误。这说明周恩来把扩大国家制度上的民主,看作是反对官僚主义的根本战略之策,看成是着眼于民主政治建设长远发展方向的明智之举。

周恩来对社会主义民主政治建设道路的伟大探索,已经为改革开放新时期的政治体制改革,指明了正确的方向,为社会主义民主政治建设厘清了道路,成为可资实行的理论依据。所以,我们应该十分珍视周恩来给我们留下了这些难能可贵,来之不易的政治遗产,并努力把这些思想观点,转变为实现"中国梦"的现实成果,这便是我们对老一辈无产阶级革命家周恩来的最好纪念。

① 《党的文献》2007 年第 3 期,第 6~7 页。
② 《周恩来统一战线文选》,人民出版社 1984 年版,第 174~175 页。
③ 《周恩来选集》下卷,人民出版社 1980 年版,第 13 页。
④ 《周恩来选集》下卷,人民出版社 1980 年版,第 229 页。

周恩来民主政治思想的历史映像及现实启示 吴江龙*   刘伶俐*

近代中国对民主政治思想的探索,是在民族危机日益加深、民族矛盾日趋激烈的时代背景下进行的。作为中国第一代领导人,周恩来在早期的社会主义革命和建设中建构起具有现代意识的民主政治思想。回顾、梳理周恩来的民主政治思想,可以发现,其中蕴含了宝贵的政治财富。认真学习周恩来的民主政治思想,继承发扬其中的精华,对于构建社会主义政治文明具有积极的作用。

一、周恩来民主政治思想的形成过程

周恩来民主政治思想的形成并非是偶然的,生活在高压政治的年代,他对民主有着更强烈的诉求。早在读书阶段,周恩来就通过阅读西方书籍、旅欧求学等方式了解西方世界,并在后期的社会实践中,逐步将具有现代意识的民主政治思想运用到实际的政治生活中。周恩来的民主政治思想大致经历了以下几个阶段。

（一）民主的萌芽:南开求学阶段

南开的求学经历,对于周恩来思想的形成具有极其重要的影响。1913 年,周恩来考进南开学校。当时的南开学校是国内比较先进的学校,它的授课方式主要是仿照欧美,除了教授学生知识以外,还举办各种各样的课外活动,重视提高学生的综合能力。周恩来在南开学校学习,能够接受到系统的西方教育。他有机会阅读西方进步的书籍,如卢梭、孟德斯鸠等人的作品。正是在这些书籍的影响下,周恩来的民主意识开始萌芽。

这一时期,周恩来对民主也有了自己的想法和主张。在《共和政体者,人人皆治人,人人皆治于人》这篇文章中,他较为系统地论述了对民主的看法。他指出,民主不是一蹴而就的,是一定阶段社会历史的产物,"酋长也、君主也、民主也、大同也,为政体必往之阶段,人民应渡之时期,循序而进……今日民主共和之潮流日

*　吴江龙、刘伶俐,华东师范大学政治学系研究生。

益汹涌"①。但民主也不是历史的终结,在民主之后还会有更高级的阶段循序发展。而民主的优越性就在于它在政治中扮演弥漫着一种不确定性,从而保持政治的平衡,即"人人皆治人,人人皆治于人……出为总统,固可治人,退而为民,亦必被治于人"②。

1917年,周恩来对民主的看法有了进一步的理解,主张"人民主权",他在《本社之责任观》中提出:"人民,国家之主人也……共和国之统治权在全体国民,行使此统治权者,则限于统治之机关。此统治之机关有为一人所独有,或为立法、司法,行政所分司。"③

南开的求学经历开启了周恩来对民主的认知,使他对民主有了初步的了解。总的来说,周恩来青年时期对民主的主张涉及人民主权、三权分立等内容,属于西方基本的政治思想。但这些西方的主张在当时的中国并没有付诸实践,周恩来在接触这些政治思想时,更多的是从理论上学习,对于在中国如何实现民主还缺乏深入的思考。

(二)初步形成:五四前后

1917年,周恩来从南开学校毕业。和当时大多数的有志青年一样,周恩来选择了到日本留学。为期一年多的日本留学经历对于周恩来的民主政治思想产生了重要的影响。旅日期间,他接触到了《新青年》,《新青年》所倡导的价值理念给他带来了思想上的冲击,他在日记中这样写道:"这个月开月以来,觉得心里头安静了许多。这几天连着把三卷的青年仔细看了一遍,才知道我从前在国内所想的全是大差,毫无一事可以做标准的。来到日本所讲的'无生主义'虽然是高超了许多,然而却不容易实行。总起来说,从前所想的所行的所学者全都是没有用的。"④日本的留学经历让周恩来接受了近代西方资产阶级民主启蒙思想,对于探求救国之路又充满了信念和希望,他在日记中写道:"风雪残留犹未尽,一轮红日已东升!"⑤

1919年,周恩来回国后,五四运动爆发,周恩来投身到运动中。"五四"以前对民主的理解,多数是集中在政治领域,民主作为一种政府形式,是指能够让多数人

① 《周恩来早期文集》上卷,中央文献出版社、南开大学出版社1998年版,第86页
② 《周恩来早期文集》上卷,中央文献出版社、南开大学出版社1998年版,第87页
③ 《周恩来年谱》(1898—1949)上卷,中央文献出版社2007年版,第22页
④ 《周恩来传》,中央文献出版社1998年版,第45页
⑤ 《周恩来年谱》(1898—1949)上卷,中央文献出版社2007年版,第26页

参与国家的管理。当时,还有不少人热心于讨论在中国实行民主政治的具体主张和方案,主要议题有:制定刚性宪法还是柔性宪法,实行总统制还是内阁制,中国应实行联邦制还是单一制,是采取中央集权主义还是地方分权主义,是国会制宪还是国民制宪,是先制省宪法还是先制国家宪法,是人民只有选举权还是应有选举、罢免、创制、复决等权,如此等等。争取民主的方式主要是以运动为主。当时的天津学生联合会为了唤起民众参与运动,决定创办《天津学生联合会报》。周恩来撰文《天津学生联合会报发刊旨趣》,明确提出办报的宗旨是"本革心同革新的精神为主旨"。文章的核心体现了青年周恩来对民主的理解,在随后的社会活动中,周恩来以实际的行动去深化对民主的认识。可以说,这个时期周恩来对民主政治的思想已经开始形成,但对这些思想主要停留在大力提倡的阶段,希望唤起国人参与各种民主活动。

(三)正式确立:旅欧经历

1920年,周恩来前往欧洲勤工俭学。到达欧洲后,第一次世界大战后的欧洲呈现在周恩来眼前的是各种尖锐的社会矛盾,眼前的现实使他从更深层次的角度剖析中国问题。此时的欧洲盛行着各种思潮,如无政府主义、马克思主义等,周恩来借助欧洲具有丰富的文献的优势,阅读了大量的文献。他在欧洲如饥似渴地阅读了马克思的著作,如《共产党宣言》《家庭、私有制和国家的起源》《法兰西内战》等。经过对现实社会的考量及各种思潮的比较研究,周恩来最终选择了马克思主义。

欧洲求学时期是周恩来思想转变的一个重要时期,他从原来的民主主义者转变成为马克思主义者,相信马克思主义才能拯救中国。他在研读了大量马克思主义的著作后,宣扬马克思主义的全新的民主思想,积极地投身到爱国运动中。1924年,周恩来回国后,马上投身到实际的政治生活中。随后的国内革命实践中,周恩来将自己所掌握的马克思主义原理运用到实际的政治斗争中,并不断地从现实革命中总结经验。可以说,周恩来为新民主主义革命和社会主义的建设做出了巨大的贡献,他的民主政治的思想也是在实践中不断丰富和完善的。

二、周恩来民主政治思想的主要内容

周恩来的民主政治思想的内容涉及的范围非常广泛,但由于他的民主思想主要体现在实际的新民主主义革命和社会主义建设中,因而缺乏理论性和系统性。总结归纳周恩来民主政治思想,可以发现,周恩来民主政治思想主要集中在两个方面：

（一）正确处理民主与专政的关系

马克思主义的一个基本观点是要实现民主与专政的统一。周恩来在实际的政治实践中，明确提出"专政要继续，民主要扩大"①，专政的对象是当时的压迫人民的三座大山，即帝国主义、封建主义和官僚资本主义。享有民主权利的人应该是"工人阶级、农民阶级、小资产阶级、民族资产阶级，以及从反动阶级觉悟过来的某些爱国民主分子"②。

1956 年，社会主义改造建设基本完成，在国家政权相对稳定的情况下，周恩来并没有放松对专政的警惕，他说："从国内来说，残余的反革命分子没有完全肃清，从国外来说，帝国主义还敌视着我们，因此，我们的专政应该继续。"③专政要继续是建设社会主义的需要，但继续专政绝不能扩大专政，反而要扩大民主。

扩大民主是周恩来民主政治思想的重要议题。扩大民主是防止执政党在掌握政权之后居功自傲而忽略了民主的建设，同时，苏联的历史经验告诉我们，忽略民主就会给国内政权带来根本性的破坏。"专政的权力虽然建立在民主的基础上，但这个权力是相当集中，相当大的，如果处理不好，就容易忽视民主，苏联的历史经验可以借鉴。"④

回顾新中国成立以来的历史，20 世纪 50 年代由于党内"左"的思想错误主导，至 20 世纪 60 年代爆发"文化大革命"，在此期间，个人的权威取代了制度的规定，民主受到了巨大的破坏。对历史的反思更让我们感受到周恩来在当时的时代背景下提出扩大民主的正确性。

（二）坚持人民代表大会制度

社会主义建设要坚持扩大民主，那么，如何才能扩大民主呢。在这方面，周恩来从我国的政体入手，在理论和实践中做出了巨大的贡献。他认为，扩大民主的有效手段是坚持人民代表大会制度。"在我们的国家里，一切权力属于人民，全国人民代表大会和地方各级人民代表大会是人民行使权力的机关。在这些机关和其他国家机关里实行民主集中制。这些就是宪法规定的我们国家的基本制度。我们的国家制度是我国社会主义经济关系的上层建筑。正是因为有了这种国家

① 《周恩来选集》下卷，人民出版社 1980 年版，第 207 页。
② 《周恩来选集》上卷，人民出版社 1980 年版，第 368 页。
③ 《周恩来选集》下卷，人民出版社 1980 年版，第 207 页。
④ 《周恩来选集》下卷，人民出版社 1980 年版，第 207 页。

制度,才保证了我国社会主义革命和社会主义建设的伟大胜利,今后还必须依靠这种国家制度,才能保证在我国建成社会主义社会。"①

人民代表大会制度是和我国的人民民主专政的国家性质相适应的政权组织形式,是社会主义民主的重要体现。坚持人民代表大会制度才能够真正地实现人民当家做主。对于如何完善人民代表大会制度,周恩来主要从两方面提出建议:

一是对人大代表的要求。首先,人大代表要经常去和人民交流,从不同的方式和途径与人民接触,在和人民接触的过程中了解实际工作中的不足,从而能够更好地改善人大代表的工作。其次,人大代表的发言内容应该尽可能地公开,这是人大工作要实现公开化、透明化的早期雏形。最后是人大代表要加强对一府两院的监督检查,正确行使代表的权利,履行代表的职责。

二是重视群众的民主权利建设。首先,产生人民代表大会的代表要通过选举的方式,并且随着文化水平的逐步提高,要实现无记名投票、直接选举等重要的选举过程。其次是要充分实现人民群众的监督权,人民群众是国家的主人,人民群众要对人大代表进行监督,对政府进行监督,这样才能有利于社会主义事业的建设。

(三)正确处理执政党与民主党派的关系

在新民主主义革命时期,中国共产党与各民主党派为了新中国的建立而共同奋斗,是友好而亲密的关系。新中国建立之后,中国共产党得到民心而成为执政党,各民主党派成为参政党。如何处理执政党与参政党之间的关系,是政治生活中一件大事。

作为新中国政府首脑,周恩来在处理执政党和参政党之间的关系做了巨大的努力。1950 年,周恩来提出:"各民主党派间的关系,主要是中国共产党和各友党之间的关系,是良好的和融洽的。各民主党派对于中央人民政府所执行的各项重要政策,都经过了充分的协商,取得了一致的意见。"②可见,中国共产党的执政离不开民主党派的参政,中国共产党和民主党派存在着密切的联系。各民主党派和中国共产党的法律地位是平等的,民主党派在政治上要拥护中国共产党的执政地位,这是一种密切合作的关系,共产党作为执政党需要听取来自各方不同的意见,

---

① 《1954 年政府工作报告——1954 年 5 月 23 日在中华人民共和国第一届全国人民代表大会第一次会议上》,中华人民共和国中央人民政府网站,http://www.gov.cn/test/2006-02/23/content_208673.htm
② 周恩来:《为巩固和发展人民的胜利而奋斗》,中国共产党新闻网,http://cpc.people.com.cn/GB/69112/75843/75874/75994/5183866.html

通过吸纳民主党派的人士参与国家政权,听取民主人士的建议,对于中国的民主政治建设具有重要的作用。新中国成立初期,有许多党外人士担任政府部长;政务院成立时,21名政务委员中,民主人士占11位,各部委93名负责人中,民主人士占42位,每次开政务会议时,周恩来总是一个一个地请他们发言,认真听取他们的意见。①

政治协商是民主党派参政议政的一项重要制度。周恩来历来高度重视政协的工作,并担任了第二、三、四届政协主席,围绕着政协的工作主题,倾听民主党派人士的意见和建议,充分发挥民主党派的参政作用,对于巩固提高中国共产党的执政地位起到了重要的作用。

三、周恩来民主政治思想的现实启示

民主是社会主义建设的重要内容,实现民主的路途是曲折而坎坷的。认真学习周恩来的民主政治思想,挖掘其民主思想中的有益成分,掌握社会主义建设的规律,对于提高党的治理水平及完善社会主义现代化建设具有重要的意义。

(一)发扬民主集中制,加强党的权威

民主集中制是党的根本组织制度和领导制度,只有充分地发扬党内的民主,才能充分地表达出各种意见,为制定党的路线、方针、政策提供有益的建议,从而实现党内决策的集中。它既有利于将党内民主创新的成功经验提升到制度层面,巩固党内民主探索的有益成果,保证集体领导决策的科学性,又有利于为党内发展提供有力的制度支撑,凝聚党员的向心力,保证相关措施的及时执行。

2014年1月,习近平同志在十八届中央纪委第三次全会上进一步强调:“民主集中制、党内组织生活制度等党的组织制度都非常重要,必须严格执行。各级领导班子和领导干部都要严格执行请示报告制度。要切实加强组织管理,引导党员、干部正确对待组织的问题,言行一致、表里如一,讲真话,讲实话,讲心里话,接受党组织教育和监督。要切实执行组织纪律,不能搞特殊、有例外,各级党组织要敢抓敢管,使纪律真正成为带电的高压线。”②

执政党在发展民主时,要始终坚持民主集中制的原则。民主集中制不是无限度的集中,也不实行突破边线的民主。坚持党的领导是在民主政治的基础上实行

---

① 卓晓宁:《论周恩来的民主执政思想与实践》,《河南科技大学学报》2004年第2期。
② 资料来源于《人民日报》,2014年1月15日。

的集中,是多层次的组织体系的集中。坚持党的领导,在民主中集中了大多数人的意见,才能形成正确的主张。同时,不受约束的民主是不存在的。在充分吸收周恩来民主思想时,要考虑其时代价值,简单地套用社会主义建设初期的理论可能会导致实质上的不民主。坚持民主集中制,要强调统一和团结,保证下级对上级命令的服从,维护党的权威,维护大多数人的利益。同时,要在坚持党的领导的基础上,充分调动党员参与党组织生活,下放权力,解决权力过于集中的问题,从制度上扩大党员的参与权。

(二)加强人大制度建设

十八大报告将人民代表大会制度的改革放在政治体制改革的首位,其内容主要包括人大制度的角色定位、人大职能的发挥、人大代表结构比例及国家权力机关的组织制度等。把人大制度放在政治体制改革的首要地位,说明人大的制度建设至关重要。人民代表大会制度是我国的根本政治制度,是体现人民民主专政的政权组织形式,是实现人民当家做主的重要途径,将人民代表大会制度放在政治体制改革的首位体现了党中央对人民的关怀、对人大制度建设的重视。

人大的制度建设必须以实现好、维护好、发展好人民群众的根本利益为出发点。加强人大制度建设,一是必须突出人大代表的工作重点。人大代表是人民代表大会制度的主体,代表人民反映情况是人大基础性的本职工作,突出人大的工作重点要加强代表和群众的联系,拓宽群众的利益表达渠道。其次是如何改善人大闭会期间的代表活动,人大代表在闭会期间应该更多地参与到与群众的互动中,在大会闭会期间,要丰富人大代表的履职活动,突出人大代表的工作重点,完善人大制度建设。

二是要改善人大代表的比例结构,突出人大代表的广泛性。十七大报告对人大代表结构的要求是:"实行城乡按相同人口比例选举人大代表"[①],并已通过《选举法》的修改,将要求贯彻落实到各级人大的选举工作中。《选举法》实施后,首次实行城乡按相同人口比例选举全国人大代表。我们发现:"各地区、各民族、各方面都有适当数量的代表,特别是来自一线的工人、农民代表达到 401 名,比上届上升了 5 个百分点,农民工代表人数大幅增加,妇女代表比例有了提高,党政领导干

---

① 　胡锦涛:《坚定不移沿着中国特色社会主义道路前进,为全面建成小康社会而奋斗》,2012 年 11 月 8 日。

部代表比例下降了近 7 个百分点,代表结构进一步优化。"①

十八大关于人大代表结构的问题,做出了更为仔细的要求:"提高基层人大代表特别是一线工人、农民、知识分子代表比例,降低党政领导干部代表比例。"②总体来看,目前人大代表的构成与人大代表的代表性存在一定的矛盾。政治发展的一个重要变化是实现政治角色的专业化。随着国家逐渐转向现代化,人大代表中精英阶层占据大多数的情况需要逐步改变,因为这与人大的性质不相适应。十八大强调提高人大代表中一线工人、农民和知识分子的比例,是对人大代表的群众性、广泛性提出要求,要克服人大代表中党政干部过多的现象,进一步优化人大代表的结构,使人大代表能够更真实地反映出民意从而发挥人大制度的优越性。

（三）发挥民主党派的监督作用

民主党派从新中国成立初期对共产党进行监督,党派之间的"互相监督"是中国政治制度的一大特色。发挥民主党派的监督,要扩大民主党派的知情权,监督的有效性,从某种程度上来说是建立在公开透明的基础之上的。监督主体对监督客体掌握了更多的情况,才能实现更好的监督效果。发挥民主党派的监督作用,要完善公示制度。除涉及国家机密、商业秘密和个人隐私外,有关政务信息应及时向社会公开,让民主党派在进行民主监督时能够了解更多的情况。其次,要完善听证制度。针对社会热点问题与人民群众利益相关的问题,请有关部门进行专项说明,并直接答复和办理有关意见和建议。最后,要完善民主监督情况发布制度。将民主党派在履行监督职能时反馈的意见和建议进行及时的公开,使老百姓关注的话题能够及时地产生监督效果。

---

① 参见《全国人大代表结构优化》,《南方日报》,2013 年 2 月 28 日。
② 胡锦涛:《坚定不移沿着中国特色社会主义道路前进,为全面建成小康社会而奋斗》,2012 年 11 月 8 日。

探索中国民主政治建设的先导之论 司云胜*

——读周恩来《专政要继续,民主要扩大》

收入《周恩来选集》下卷的"专政要继续,民主要扩大"一文,是他 1956 年 7 月 21 日在中共上海市第一次代表大会上的讲话节录。作者以政治家特有的睿智和清醒,在我国社会主义改造基本完成后,提出了"专政要继续,民主要扩大"的著名政治公式,并得出"扩大民主,这一点更带有本质的意义"①的科学命题。文章围绕这一命题,充分论证了扩大民主的历史必然性,适时创新了扩大民主的实际办法,鲜明提出了扩大民主必须反对官僚主义的历史任务。这是一篇高屋建瓴、言简意赅的先导之作,旨深义远,启悟后人。

(一)从辩证唯物主义高度,论证了扩大民主的历史必然性和现实必要性

首先,从国际国内形势的发展变化,论证扩大民主的必然性、必要性。就国际形势而言,周恩来说:"帝国主义还敌视我们","专政要继续"。但是,"我们处在国际紧张局势肯定地趋向和缓的时期中","世界战争推迟的可能性加大,便于我们争取时机加速进行经济建设"。②就国内形势而言,一方面经过新中国成立初期农村的清匪反霸斗争,城乡的镇压反革命运动,以及机关肃反和社会肃反,把反革命分子打垮了,他们活动的余地越来越小。虽然还有反革命残余存在,也会产生新的反革命分子,但比解放初期情况大不相同了。另一方面,通过土改,地主阶级已被消灭;经过社会主义改造,资产阶级作为一个阶级已不复存在,因此,国家政权专政的职能范围在缩小,而民主的职能范围在扩大。"我们必须有这样的估计,必须认识到我们人民民主专政的巩固性。"③

其次,从我国社会阶级关系和主要矛盾的变化,论证扩大民主的必然性、必要性。周恩来明确指出,在社会主义改造基本完成后,阶级斗争已不是我国的主要矛盾,国内主要矛盾是大量的人民内部矛盾。而正确处理人民内部矛盾,只能用

* 司云胜,江苏省徐州市委宣传部原副部长。

① 《周恩来选集》下卷,人民出版社 1980 年版,第 207 页。

② 《周恩来年谱(1949—1976)》上卷,中央文献出版社 1997 年版,第 602 页。

③ 《周恩来选集》下卷,人民出版社 1980 年版,第 204 页。

民主的方法,说服教育的方法,平等协商的方法。在这种新的历史条件下,国家政权的基本职能应当突出地表现为扩大人民民主,使更多的人参加管理国家和社会的公共事务,即用民主的方法,团结一切可以团结的力量,调动一切积极因素,化消极因素为积极因素,共同为建设社会主义服务。

再次,从国际共运的经验教训,论证扩大民主的必然性、必要性。1956 年春,苏共二十大揭露了斯大林领导时期政治、经济等方面出现的许多严重的弊端,包括高度集权和个人崇拜问题。周恩来说,无产阶级专政的历史经验告诉我们:"专政的权力虽然建立在民主的基础上,但这个权力是相当大的,如果处理不好,就容易忽视民主。苏联的历史经验可以借鉴。所以我们要时常警惕,要经常注意扩大民主。"①周恩来进而指出:有的社会主义国家已经犯了"对外的大国主义,对内的大民族主义,对人民的专制主义"。这样的错误"在我们这个社会主义国家是不是也可能产生呢?"他认为"当然可以避免,而且应当避免,但是也有可能产生,并且有些萌芽在过去的工作中已经发现"②。鉴于此,周恩来结论道:"在社会主义改造和社会主义建设取得伟大成果的基础上,现在要团结一切可以团结的力量,动员可以动员的因素,来参加社会主义建设,扩大我们的民主生活,这就是我们的新任务。"③

以上,周恩来从客观实际出发,遵循社会主义发展的逻辑进程,以辩证唯物的思维方式,多角度论证了扩大民主的历史必然性和现实必要性。他明确告诉我们:在社会主义改造基本完成后,阶级斗争已不是我国的主要矛盾,国家政权的主要职能是扩大民主,建立完善的社会主义民主政治制度,用民主的方法处理人民内部矛盾,动员和支持广大人民群众当家做主,充分发挥积极性和创造性,为建设社会主义现代化国家而奋斗。这就是周恩来所说的:扩大民主,更带有本质意义的深刻内涵和真谛所在。

当我们回望新中国走过的历史道路时,从曲折与顺利、失败与成功、艰难与辉煌的鲜明对照中,更加体会到周恩来"扩大民主,更带有本质的意义"这一论断的卓尔不凡和深沉高远。

(二)从改革完善党和国家领导体制的高度,创新了扩大民主的实际措施和具

---

① 《周恩来选集》下卷,人民出版社 1980 年版,第 207 页。
② 《周恩来选集》下卷,人民出版社 1980 年版,第 229 页。
③ 《周恩来统一战线文选》,人民出版社 1984 年版,第 432 页。

体办法

新中国成立时,鉴于党领导的 20 多年武装斗争的历史经验和当时国内外的严峻形势,以及借鉴苏联的经验,建立了一个高度集权的国家领导体制。周恩来最早觉察这种体制的弊端及其潜伏的危险,率先提出在国家制度上想办法,注意扩大民主,以解决权力过分集中的问题。他在马克思主义发展史上,第一次提出社会主义要全面建设、全面改造、全面改革的思想。他指出:"这种改革,不仅是经济制度的改革,也会影响到别的方面。""政治上的制度要适合社会主义的经济基础,也要改革。""思想也要适合这个社会制度的要求。"①

关于如何改革国家领导体制,周恩来在这篇文章中,提出两个方面的内容。

第一方面,改革完善人民代表大会制度。人民代表大会制度是我国政体的根本制度,它直接反映了人民当家做主这一社会主义民主的本质,是人民行使当家做主权利的最好形式。周恩来不仅为这一制度的确立做出历史性贡献,而且为这一制度的改革和完善最早提出具体办法。

一是人民代表要经常去接触人民,就是让人民代表首先拥有知情权。他认为人民代表包括政协委员"每年应有两次到人民中去直接视察工作",从"不同角度去接触广大人民,接触实际",直接听取群众的呼声和要求,听取他们对政府工作的意见和批评。不论党内党外的,对的错的,各种意见都要广泛听取。真正做到了解下情,代表人民参政、议政;充分发挥人民代表的作用,促进政府工作改进,代表人民掌好权、用好权。

二是在人代会召开期间,要允许所有代表充分发言,并公开发表出来。就是要充分尊重人民代表的发言权。他指出:"所有代表的发言,不管对的、部分对的、甚至错的都要发表出来。""任何问题公之于众总是有好处的。"②让人民充分揭露政府工作中的缺点,并在人民中公开这些缺点。政府对人民提出的意见,要给予回答,允许辩论,允许"唱对台戏"。值得注意的是,周恩来在这里明确提出了民主政治的"公开透明"原则,这是极有远见、极有深意的。

此外,周恩来还在不同场合反复提倡,要多听"不同意见""反对意见""批评意见""逆耳之言";要鼓励"唱对台戏""找岔子""挑毛病""将军""树立对立面";要允许"争辩""辩论""讨论""批判""否定";要善于交"诤友""畏友"。总之,要

① 《周恩来选集》下卷,人民出版社 1980 年版,第 266~267 页。
② 艺侠:《周恩来的公共关系艺术》,上海人民出版社 2006 年版,第 20 页。

倾听来自人民群众的一切意见和呼声,坚持真理,修正错误,为人民谋最大利益、造最大幸福。

三是人民代表应参加对政府工作的检查、监督,包括公安、司法工作。这是说人民代表对政府和工作机关有充分的监督权。法国启蒙思想家孟德斯鸠说过:"一切有权力的人都容易滥用权力,这是万古不易的一条经验。"①因而对国家政权机关及公务人员进行民主监督是人民当家做主的必然要求。这种监督除党和政府机关内部之间、部门之间、同事之间、前后程序之间的监督外,主要是靠人代会和人大代表的监督,民主党派和政协委员的监督。另外还有社会团体,社会舆论和人民群众的直接监督。周恩来指出:我们的政府是为人民服务的,但是存在缺点和错误,因此要经常进行检查,发现缺点错误就监督政府加以改正。他十分关注来自基层人民群众的直接监督,告诫政府工作人员:"在不同的意见中,更重要的是广大群众的意见,就是在公社、工厂等基层组织里从事生产活动的广大群众的意见,还有学校里的群众的意见。"②周恩来高度重视人民群众来信来访工作,他亲自批转人民来信,亲自安排设立人民来访接待站,将此视为接受人民群众直接监督的重要渠道。

以上三项措施,其要义是:扩大人民代表的知情权、发言权、监督权等民主权利,增强政府机关工作的政治透明度,通过代表人民意愿的人民代表,充分行使民主权利,检查监督政府工作,保证人民政府真正代表人民利益,全心全意为人民服务。这样人民代表就成为联系人民与政府的桥梁,把人民的意志化为政府权力,从而达到扩大民主,建设社会主义民主政治的目的。

第二方面是正确处理中央和地方的关系问题。前已论及,新中国成立后,我国形成高度集权的领导体制,特别中央的权力更加集中。正如周恩来所说:"权力过分集中就会有偏向。特别是因为我们搞社会主义,为最大多数人谋最大利益,集中最大权力,做最大的好事,人民比较满意,在这样的情况下做错了一点事情,容易为人民谅解,这就使我们很容易忽视发扬民主而犯官僚主义和主观主义的错误。"③所以,一定要处理好中央与地方的关系。他提出的中央与地方合理分权,在中央统一领导下适当扩大地方权限,即所谓简政放权,就是由此而来的。

---

① 孟德斯鸠:《论法的精神》上册,商务印书馆1995年版,第154页。
② 《周恩来选集》下卷,人民出版社1980年版,第393页。
③ 《周恩来选集》下卷,人民出版社1980年版,209~210页。

周恩来论述道:中央和地方所处的地位不同,各有优势,应相互取长补短。党中央、国务院处在领导地位,可以比较全面地看到大局的发展,但比较容易忽视实际问题、局部利益和群众的眼前利益。而地方比较容易接触群众、接触实际,能更多地看到实际问题、局部问题和群众眼前利益,这正好弥补中央的不足。所以必须上下沟通,上下合作,互相影响,互相监督。为此,周恩来强调:"建设社会主义,没有互相监督,不扩大民主,是不可能做好的。"在上下级关系之间,尤其要加强地方对中央、下级对上级的监督,"这对我们的民主化有极大的好处。""现在要多强调民主的扩大。"①

周恩来在谈到中央与地方的关系时,特别强调了一个实质性问题,就是不论地方和中央的领导都要尽可能接触群众,接触实际。他本人树立了深入群众,深入实际,调查研究,了解下情的榜样。他三上大庆,三上大寨,三上三门峡,五上梅家坞,三上邯郸,两次到邢台地震灾区,七到密云水库。他戴安全帽,系白毛巾下矿井了解作业情况;他戴草帽,穿草鞋在烈日下和农民一起推车;他踏万里波涛在舰艇上和指战员交谈;他在延边脱鞋上炕和朝鲜族群众拉家常;他在新疆葡萄园询问维吾尔族老人的病情;他在西双版纳和傣族群众一起过泼水节……他深有感触地说:"拿我来说,你要有一两年不到底下去,就和群众隔阂,许多的事情就会不晓得了。"②

总之,处理好中央与地方关系的终极目的是为了联系群众接触实际,扩大民主,服务人民。周恩来正是深入群众的典范,扩大民主的化身。

(三)从贯彻群众路线、巩固国家政权的高度,提出铲除扩大民主的障碍,反对官僚主义的历史任务

官僚主义是扩大民主的障碍,人民当家做主的大敌。列宁曾不无忧虑地说过:如果有什么会把苏维埃政权毁掉,那就是官僚主义。周恩来深会其义。他始终坚持与官僚主义这一政治顽症做坚决斗争。可以说,他是反对官僚主义最认真、最坚决、最持久、最有成效的领导人。

新中国成立后,周恩来多次论述过反对官僚主义问题。他尖锐指出"要使人民民主专政的制度实行得更好,必须同官僚主义做斗争,经常反对官僚主义"。他认为,长期脱离实际,脱离群众既是官僚主义产生的重要原因之一,又是官僚主义

---

① 《周恩来统一战线文选》,人民出版社1984年版,第351~352页。
② 曹应旺:《周恩来经历记述》,上海人民出版社2006年版,第206页。

的本质特征。为此,他"要求在中央工作的同志以及省、地、县、区的各级领导,思想上一定要高度警惕,要接触实际,接触群众",避免"犯官僚主义"。①

周恩来在《反对官僚主义》一文中,对官僚主义做了全面、系统、透彻的分析。对官僚主义的表现详尽穷举竟达20种之多;对官僚主义产生的根源,从历史、社会、阶级以及党政体制等方面进行了深刻的剖析;对如何防止官僚主义提出了中肯可行的意见。这是一篇声讨官僚主义的檄文,也是一剂防治官僚主义的良药,应是周恩来反对官僚主义的代表作。

周恩来不仅从理论上提出反对官僚主义,而且更加注重在实践中克服官僚主义。诸如注重调查研究,联系群众,深入实际,堵住产生官僚主义的源头;加强机构改革,克服机构臃肿,人浮于事,铲除产生官僚主义的温床;改进作风,反对文山会海,提高工作效率,封住产生官僚主义的路径;党员、干部加强党性修养和思想改造,提高素质,根绝产生官僚主义的思想基础等等。

周恩来清醒地认识到,反对官僚主义是长期任务。他说:"官僚主义不是能够一下子彻底反掉的,今天反掉了,明天它又来了",必须"经常反对官僚主义"。②这是因为:其一,"官僚主义是剥削阶级长期统治的遗产,中国是封建社会,一百年来又是半封建半殖民地社会"③,官僚主义根深蒂固;其二,我国经济文化落后的现实,限制着高度民主的建立,而有利于"官僚制度复活"④。其三,官僚主义基本上是思想观念和思想作风问题,是人民内部矛盾,只能用批评与自我批评的办法,说服教育的办法,学习改造的办法来解决,不应纳入阶级斗争的范围。所以,反对官僚主义是一个渐进的、有序的、长期的历史过程。

这里应特别指出的是:尽管周恩来对官僚主义做过阶级分析,进行过不妥协的斗争,但他对官僚主义的认识与克服的方法与"左"的指导思想是有原则分歧的。他从来不认为反对官僚主义的斗争是两个阶级、两条路线的斗争,更反对把犯官僚主义错误的人当成阶级敌人打倒。这是周恩来作为伟大的马克思主义者、成熟的无产阶级革命家的又一例证。

(四)从改革开放新时代高度,审视周恩来扩大民主思想的不朽价值

1. 为我国政治体制改革提供了理论和实践依据。周恩来不仅从理论上阐明

① 《周恩来选集》下卷,人民出版社1980年版,第209页。
② 《周恩来选集》下卷,人民出版社1980年版,第209页。
③ 《周恩来选集》下卷,人民出版社1980年版,第418页。
④ 《列宁选集》第3卷,人民出版社1995年版,第766页。

了社会主义社会全面改造、全面改革的思想,而且从实践上提出完善人民代表大会制度的具体办法;提出人代会政协会同时举行,充分发挥人民代表和政协委员的作用,把选举民主和协商民主结合起来的创举;提出正确处理中央和地方关系的问题;提出扩大民主必须反对官僚主义的历史任务。同时,他还提出了改革必须坚持的重要原则:坚持中国共产党领导的原则;坚持社会主义国家根本制度的原则;坚持从实际出发、实事求是的原则;坚持有利于生产力发展的原则;坚持稳步推进的原则。这些思想和原则,成为十一届三中全会后全面改革包括政治体制改革的理论依据和思想源头;成为邓小平提出党和国家领导体制改革和建设有中国特色社会主义民主政治的历史起点和逻辑起点。

不仅如此,周恩来关于政治体制改革的思想和举措与党的十八届三中全会提出的政治体制改革的目标和任务,也是一脉相承的。全会要求:"发展社会主义民主政治,必须以保证人民当家做主为根本,坚持和完善人民代表大会制度、中国共产党领导的多党合作和政治协商制度、民族区域制度以及基层群众自治制度,更加注重健全民主制度,丰富民主形式,从各层次各领域扩大公民有序政治参与,充分发挥我国社会主义政治制度优越性。"这一切,都可以在周恩来一系列独创性民主思想和实践中找到理论依据和实践根基。

2. 为我国社会主义民主政治建设指明了正确方向。周恩来在领导我国社会主义民主政治建设中,一直坚持反对两种倾向,一是反对思想僵化,拒绝向西方学习的"左"的错误倾向;二是反对盲目崇拜西方民主,主张全盘西化的右的错误倾向。为了扩大社会主义民主,他曾以极大的政治勇气提出:"西方议会的某些形式和方法还是可以学的,这能够使我们从不同方面来发现问题。"同时,他又郑重指出:"资本主义国家的制度我们不能学,那是剥削阶级专政的制度。"[1]不论西方政客如何鼓吹他们的自由民主是"真正的民主""纯粹的民主""全民的民主""普世的民主",都无法改变资产阶级专政、金钱统治、维护少数垄断集团利益的阶级本质,这与我们的人民民主专政,与绝大多数人民当家做主的社会主义民主是截然不同的。当今,警惕这后一种倾向,尤为必要。

在我国社会主义民主政治建设进程中,总有一些所谓知识精英在鼓噪:中国的政治体制改革,只要铲除封建专制,建立西方自由民主,拆故宫,建白宫,一切问题就迎刃而解。但是,世界上只有一个白宫,中国即使建成白宫也是假的,那不是

---

① 《周恩来选集》下卷,人民出版社1980年版,第208页。

自由民主的标志,只能是奴性和奴才的象征。事实告诉我们,西方的自由民主是不可移植的,西方民主不应是唯一选择。西方强制推行的"阿拉伯之春""颜色革命",带来的结果是动乱不已,灾难无穷。一位西方记者描写道:看看你的周围,你会发现一个沸腾的世界。乌克兰、叙利亚、埃及、泰国、土耳其、委内瑞拉、巴西、印度到处是高呼民主口号的游行,更不要说爆炸声不断的伊拉克、利比亚、阿富汗了。强行移植西方民主招致的是阶级对抗,政党恶斗,族群纷争,宗教冲突,国家分裂,生灵涂炭。在这些国家移植西方民主,只能是愚不可及的幻想,无异于想"在石头上种出玫瑰花来"①。

中国独特的历史轨迹,独特的文化传统,独特的基本国情,独特的人民群众,选择了具有中国特色的人民当家做主的社会主义民主模式,新中国成立 65 年、特别改革开放 30 多年创造的惊世伟业,雄辩地证明了这一正确选择。我们应该充满自信,从容而坚定地沿着老一辈革命家开辟的中国特色社会主义民主道路,义无反顾,奋然前行。

3. 为学习和运用马克思主义世界观和方法论,树立了光辉典范。周恩来经常教育党员和干部"要学习哲学"。他说:"哲学解决我们的世界观问题,思想方法问题。""应该掌握这种马克思主义哲学,作为我们日常分析问题的武器,把它运用到实际生活中去。"②"专政要继续,民主要扩大"这篇短文,充满唯物论和辩证法,洋溢着浓浓的哲学气息。

文章在论证扩大民主的必然性时,坚持从客观事实出发,以国内国际形势的变化,以国内阶级关系和主要矛盾的变化,以国际共运的历史经验和我国的具体实践为依据,以事论理,具体分析,从事实中引出科学结论。这样的论证具有无可怀疑的说服力和无可辩驳的逻辑力量。

文章还运用对立统一规律,把两点论和重点论结合起来,对扩大民主问题进行多角度详尽解读,通篇贯穿辩证法。比如关于民主与专政关系的论述;关于镇压反革命与改造反革命的论述;关于镇反与肃反不同政策的论述;关于对反革命分子处理从宽与从严的论述;关于对民族资产阶级改造即有专政又有民主的论述;关于学习资本主义民主某些形式与不能学习剥削阶级专政制度的论述;关于中央与地方关系的论述;关于大局与局部、群众眼前利益与长远利益关系的论述

---

① 《参考消息》,2014 年 6 月 2 日。
② 《周恩来文化文选》,中央文献出版社 1998 年版,第 458 页。

等等。既分析了问题的两个方面,又强调侧重点,这种灵动活跃的辩证思维,把问题讲得全面透彻,重点突出,无懈可击,令人折服。

总之,周恩来运用唯物论辩证法观察形势,分析矛盾,解决问题的范例,不论是对我们今天的民主政治建设,还是对整个中国特色社会主义建设事业,都具有不朽价值和永恒意义。

民主协商精神是党的历来主张 胡晓青[*]

——周恩来推进协商民主的实践考察

  党的十八大报告把健全社会主义协商民主制度作为推进政治体制改革,加强社会主义民主政治建设的一项重要措施提出来并做出部署。党的十八届三中全会《决定》提出"协商民主是我国社会主义民主政治的特有形式和独特优势,是党的群众路线在政治领域的重要体现"的重要理论观点,对推进协商民主广泛多层制度化发展做了全面的规划和部署。在中国革命和建设实践过程中,已经成功践行了协商民主的理念,协商民主从一开始就作为一种重要的民主形式存在。周恩来就是推进协商民主实践发展的先驱,他在革命和建设时期从不同方面推动着民主协商的深入,为我们今天探索协商民主形式广泛多层制度化建设提供了有益的帮助。

一、国家和人民的大事,能在协商的空气中求得解决

  1922 年,党的二大通过的《关于"民主的联合战线"的决议案》,提出与其他党派"互商"的概念。抗战时期,在敌后根据地,为了巩固和扩大抗日民族统一战线,加强抗日民主政权的建设,中共中央决定实行"三三制",吸纳党外进步人士、民主党派成员作为政权建设的参与者。1941 年,毛泽东《在陕甘宁边区参议会的演说》中强调:"我们不是一个自以为是的小宗派,我们一定要学会打开大门和党外人士实行民主合作的方法,我们一定要学会善于同别人商量问题。"[①]"三三制"政权建设开始了"协商"决策事务的历程,可以看作是党对协商民主这一民主形式的有效实践。

  周恩来是在政治领域内运用协商的倡导者。抗战时期,为反对国民党一党专政,周恩来做出了大量努力。1944 年 10 月,周恩来在延安发表演讲,阐明了中国共产党要求召集紧急国是会议,取消一党专政,成立民主联合政府的理由和主张。

---

  * 胡晓青,中央文献研究室。

  ① 《毛泽东选集》(第 3 卷),人民出版社 1991 年版,第 810 页。

在这次演讲中,周恩来首先深刻地揭露和批判了国民党的一党专政制度对国家民族造成的严重危害,强调指出:"在政治方面,国民党当局是死死守住一党专政,个人独裁,绝不容许有多党政治、人民民主的。"1945年4月,党的七大提出抗战胜利后的目标是建立联合政府,建设一个独立、自由、民主统一和富强的新国家。周恩来在发言中提出建立民主政府,反对国民党以"主人"姿态搞"大包办",建议"大家坐下来开圆桌会议,一道商量"。1945年8月15日,日本宣布无条件投降,中国人民取得了抗日战争的胜利。日本投降后,蒋介石连发三封电报邀请毛泽东到重庆"共定大计",为着国家和民族的命运,毛泽东亲赴重庆谈判。其实当时国共谈判已经进行了好多年,周恩来一直是主要代表,这一次仍负责具体谈判内容。1945年9月10日,双方在讨论政治会议问题时,周恩来认为"所谓政治会议,即党派协商会议",并提出了协商会议的五点内容。当时经过双方代表多次交换意见,国民党方面不得不同意中共方面关于召开政治会议的主张,但是仍要求不用党派会议或政治会议的名称。国民党代表王世杰提议会议名称以政治协商会议为好,得到了周恩来等人的认可。于是,政治协商会议的名称及其任务便正式商定下来,并写进了《国共双方代表会谈纪要》("双十协定")。协定的第二条规定:"关于政治民主化问题:一致认为应迅速结束训政,实施宪政,并应先采取必要步骤,由国民政府召开政治协商会议,邀集各党派代表及社会贤达协商国是,讨论和平建国方案及召开国民大会各项问题。"

1946年1月10日,政治协商会议(旧政协)在重庆国民政府礼堂开幕。中国国民党、中国共产党、中国青年党、中国民主同盟、无党无派社会贤达五方38人出席。经过数十次会议,政治协商会议达成改组政府、整编军队、和平建国纲领、国民大会、宪法草案五项决议案。周恩来在会上强调各党派"要互相商量,不要独断。既然是政治解决,就是要互相协议,而不是一方面决定了,通知别方面去做,这样是无法求得解决的"[1]。认为"此次政治协商会议开会……一定可以树立起一个协商的楷模"[2]。政治协商会议给苦于战火与独裁的中国人民带来和平民主的新希望。但国民党却撕毁协议,大肆逮捕进步人士。1946年3月1日,国民党召开六届二中全会,决议以一党意志修改政协决议。3月20日,国民党召集共产党拒绝参加的国民参政会四届二次会议,公然否定政协议案。对此,周恩来发出严

<hr>

① 《周恩来统一战线文选》,人民出版社1984年版,第112页。
② 《周恩来统一战线文选》,人民出版社1984年版,第112页。

正警告:"政协的一切决议不能动摇或修改,这是由五方代表起立通过的,应成为中国的民主契约。谁要破坏,谁就是破坏今天中国的民主和平团结统一。"在中国人民争取和平民主的道路上,周恩来提出以协商方式来解决争议,反对国民党一党专政独断政策,并强调协商结果是"民主契约",为我们党在后来工作中提供了新思路。政治协商会议已经在人民中留下不可磨灭的印象,以协商方式解决国事的理念已经深入人心。

二、新民主主义的议事精神在于事前的协商和反复的讨论

1948 年 4 月 30 日,中共中央发布"五一口号",号召"各民主党派、各人民团体及社会贤达,迅速召开政治协商会议,讨论并实现召集人民代表大会、成立民主联合政府"。5 月 1 日这天,毛泽东致函民革中央主席李济深和民盟中央常委沈钧儒,以协商的口气具体提出了召开政治协商会议的时间、地点、参会党派和原则、实施步骤等,提议由中国国民党革命委员会、中国民主同盟中央执行委员会、中国共产党中央委员会于本月内发表三党联合声明,以为号召。"五一口号"不只是宣传,扎扎实实的协商已经开始。5 月 2 日,中共中央电示上海局,明确指出:准备邀请各民主党派及重要人民团体的代表来解放区商讨召开政治协商会议,同时还强调:必须由参加会议的每一个单位自愿同意,不得强制。周恩来专门指示上海的吴克坚与香港的潘汉年:对于民主党派头面人物,不能像对待党内同志一样,把人家叫来开会,而是要一家一家地登门拜访。周恩来开出 29 人名单:"拟邀请李济深、冯玉祥、何香凝、李章达、柳亚子、谭平山、沈钧儒、章伯钧、彭泽民、史良、邓初民、沙千里、郭沫若、茅盾(沈雁冰)、马叙伦、章乃器、张炯伯、陈嘉庚、简玉阶、施复亮、黄炎培、张澜、罗隆基、张东荪、许德珩、吴晗、曾昭抡、符定一、雷洁琼及其他民主人士前来解放区参加协商。"各民主党派、人民团体和无党派民主人士热烈响应"五一口号",拥护中国共产党重新举起政治协商的旗帜。周恩来说:"凡是重大的议案提出来总是事先有协商的,协商这两个字非常好,就包括这个新民主的精神。"中国共产党人已经把"协商"看成是新民主主义即人民民主的重要内涵,协商民主是中国共产党领导的充分保障各阶级、各社会力量最广泛团结与联合的新型民主。

1. **政协担负协商的伟大使命**

"五一口号"发布后,得到了各党派人士的广泛回应。新政协筹备会和新政协主要任务的协商,主要在香港、哈尔滨和李家庄三地同时举行,在中国共产党和民

主党派之间以及各民主党派之间进行。1948 年 11 月 25 日,中国共产党和各民主党派达成了《关于召开新的政治协商会议诸问题的协议》。新政协筹备会和新政协的具体参与者的协商,时常为了某一个代表的适当与否而函电往返,多方协商,费时达数周之久。毛泽东、周恩来经常参加讨论。各民主党派领导人李济深、谭平山、蔡廷锴、沈钧儒、黄炎培等参加了这一工作,经过两次筹备会议和八次常委会协商,历时 3 个多月,最终确定参加单位为 45 个,最后确定参加新政协会议的五个方面的代表名额共 662 人,其中党派代表 142 人。

1949 年 6 月 15 日,"新政协"筹备会议开幕。周恩来在新政治协商会议筹备会第一次全体会议上指出,"凡是重大的议案不只是在会场提出,事先就应提出来或在各单位讨论。新民主的特点就在此。因此不是只重形式,只重多数与少数。凡是重大的议案提出来总是事先有协商的,协商这两个字非常好,就包括这个新民主的精神"。政协担负着协商的重大使命。1949 年 9 月中国人民政治协商会议的召开,标志着中国共产党领导的多党合作和政治协商制度的建立,这使协商精神在中国现代民主制度中得到正式体现。通过广泛协商制定具有临时宪法性质的《中国人民政治协商会议共同纲领》,各党派经过反复讨论和修改,广泛地吸收了各方面的意见。此外,对新政协名称、新中国国名、革命胜利后民主党派前途、国旗、国徽和国歌等问题,各政党都进行了充分协商。在此后的实践中,协商的领域相当广泛,涉及政治、经济、法律、外交等方面。只要是国家和政府的重大决策范围内的议题,中共都与各民主党派进行协商。在政府的人事任免上,中共听取多方意见,体现了人员安排上的协商民主。经济方面,中共制定的年度财政预算,都会在政协会议上以报告形式向民主党派通报,并积极吸收各党派意见。同时多次共同讨论关于发行公债的问题。法律方面,协商讨论了土地改革法、婚姻法,协商审议了其他重要法案。外交方面除了协商抗美援朝、与苏联签订条约事宜,还积极为维护祖国的领土完整、侨民等问题进行民主协商。1949 年 9 月 7 日,周恩来在政协第一届全体会议召开前向政协代表做的报告中指出:"新民主主义的议事精神不在于最后的表决,主要是在于事前的协商和反复的讨论。"[①]周恩来把协商作为新民主的一个重要特点给予肯定,成为新中国成立后发扬民主的一个重要原则。

2. 政协机关是发扬民主的主要形式

①　《周恩来统一战线文选》,人民出版社 1984 年版,第 134 页。

1949 年政协会议召开前,周恩来就曾对政协代表说明:普选以前,政协代行人大职权,普选以后政协全体会议不再代行人大职权,"但是它仍以统一战线的组织形式存在,国家的大政方针,仍要经过人民政协协商"①。在这里,周恩来明确指出政协的主要工作方式是协商。他把政协采取的协商方式作为新民主的形式加以阐发,他说:"到开会的时候才把只有少数人了解的东西或者是临时提出的意见拿出来让大家来讨论决定,这是旧民主主义议会中议事的办法。"②所以周恩来一针见血地指出,"我们反对的是旧民主主义议会制度,因为它不是事前协商,只是便于剥削阶级政党间的互相争夺,互相妥协,共同分赃的制度"。"新民主主义议事的特点之一,就是会前经过多方协商和酝酿,使大家都对要讨论决定的东西事先有个认识和了解。然后再拿到会议上去讨论决定。达成共同的协议。"③新中国成立初期,当时许多事情周恩来都指示拿到政协去协商讨论,做到集思广益,广泛听取各方意见。

周恩来是第一届全国政协副主席,二、三、四届全国政协主席,所以他十分重视人民政协在协商民主中的不可替代作用。1954 年全国人民代表大会成立后,毛泽东专门召开党派座谈会,阐述人民政协作为各党派的协商机关存在的必要性。周恩来进一步提出,在政协任职必须具备一个前提条件,就是要学会民主协商,善于运用民主协商的方式解决问题、开展工作。在政协的各种会议上,他反复强调"事先协商""互相监督"。他指出提案是政协发扬民主的重要渠道,视察是扩大民主、进行监督的重要方式。他率先垂范,高度重视发挥人民政协的作用。在他的提议下,全国政协第三届一次会议同第二届全国人大一次会议同时召开。从此,政协全国委员会历次全体会议都与全国人民代表大会同时召开,政协全国委员会委员列席全国人大会议。1957 年 4 月周恩来在中共浙江省委扩大会议上发表讲话,指出:"我们是六亿人口国家,要把六亿人的生活搞好,建设社会主义,没有互相监督,不扩大民主,是不可能做得好的。因此,互相监督的面还要扩大,不能缩小。"人民政协应该怎样去监督呢?周恩来提出"我们的人大代表,还有政协委员,每年应有两次到人民中去直接视察工作。他们可以从与政府不同的角度去接触广大人民,接触实际,看我们的工作是否做得恰当,做错了没有,有什么缺点,有什

---

① 《周恩来统一战线文选》,人民出版社 1984 年版,第 137 页。
② 《周恩来统一战线文选》,人民出版社 1984 年版,第 129 页。
③ 《周恩来统一战线文选》,人民出版社 1984 年版,第 129 页。

么偏差。就是说可以去找岔子"。其次,就是要信息公开,把批评政府的发言公布出来接受监督。周恩来对人民政协开展民主监督的方式方法的探索,对我们更好地开展民主监督工作,有深刻的启示意义。

改革开放以来,民主协商依然是人民政协开展活动、发挥作用最为显著、最为集中的重要方式。2006 年在《中共中央关于加强人民政协工作的意见》中得以集中体现。文件将政协的协商与人大的选举放在同等重要的位置,赋予其更加重要的使命。2012 年,党的十八大提出"协商民主是重要的民主形式之一"。2013 年党的十八届三中全会强调"发挥人民政协作为协商民主重要渠道作用"。对政协发挥协商民主提出了更高的要求。

三、协商民主是党的群众路线在政治领域的重要体现

1. 习惯听朋友的不同意见

周恩来擅于与人交朋友,更是提倡交"诤友"。他认为在听取朋友的不同意见的同时,互相商量,发扬民主。① 1950 年 6 月 14 日,周恩来在政协第一届全国委员会第二次会议第一次党组会上指出,对党外人士要和蔼真诚,不要虚伪。要让党外人士做到"知无不言,言无不尽",使他们在各种会议上敢于说话。1958 年 11 月 29 日,周恩来在各民主党派和无党派民主人士座谈会上指出,"许多朋友有事愿和共产党商量,就是因为他们感到自己没有把握。对社会发展规律,共产党也不能说都认识到了。尽管大的原则方面掌握了,但是具体问题还常常难于掌握。所以我们大家遇事总是要多商量"②。他还要求各党派朋友间也要互相商量。彼此要推心置腹,要有最基本的信任。1962 年 4 月,周恩来在全国政协三届三次会议上的讲话中对发扬民主问题做了系统的阐述。他提出"要实现民主生活,还要求共产党员多交党外的朋友。我们党员应该把许多党外的意见集中起来,集中到党的领导机关来。这就要和党外的朋友来往,就要听到一些不同的意见。每个共产党员都得有几个党外朋友来往,可以多交新朋友,也可以有些固定的朋友,能够反映一些意见。敢于提出意见的。要有畏友,就是说,他敢于提出不同意见,敢于批评对方的短处,习惯了就不是畏友而是诤友了"。

最让人感动的是 1975 年 5 月 25 日,重病期间的周恩来对中共中央统战部《关

---

① 　朱晓明、甄小英主编:《周恩来统一战线思想与实践》,华文出版社 2006 年版,第 334 页。
② 　《周恩来统一战线文选》,人民出版社 1984 年版,第 390 页。

于组织爱国人士外出参观的请示报告》上的批示，要求我们坚持民主协商："此类参观人员，如尚未与他们协商就突然宣布，似仍应分别约他们座谈一次，取得他们同意后再定，以示我们历来主张的民主协商精神。如因有人不去，而有人报名愿去，也可考虑加入适宜的人员去。统战部同志请多采取这种工作方式，不要通知一下了事。""在第一类人士中，有年老体弱的，有业务不易离开需经常参加会诊的，如林巧稚、张孝骞、钟惠澜，最好征求一下本人和业务机关意见后再定。在第二类人士中，必有年老多病，不宜长途跋涉的，最好也与本人商量一下。"这一批示被《周恩来统一战线文选》以"要坚持民主协商"为题作为压轴篇收录在最后。周恩来以对待朋友相商的方式表达对党外人士的尊重。在与朋友相商的过程就是发扬民主的过程，在这一方面，周恩来表现出超人的智慧。

2. 群众利益无小事，要多与群众商量

群众路线是我们党一直倡导和践行的，周恩来更是其中贯彻群众路线的好楷模。周恩来在他的领导实践中一贯重视并积极倡导协商民主，凡涉及群众利益、事关全局的问题，他总是与有关方面协商，充分征求大家意见，以便形成共识。周恩来认为我们党员干部不能仅仅依靠党的文件生活，而要深入群众，把党的大政方针和政策带到群众中，同时把群众意见反映到党内来"与政府不同的角度去接触广大人民，接触实际，看我们的工作是否做得恰当，做错了没有，有什么缺点，有什么偏差。就是说可以去找岔子"①。只有深入接触群众，才能更好地协商。这样才是发扬了协商民主的精神，1948 年 2 月，周恩来在写给邓颖超的信中，提到毛泽东做农民工作的事情，达到"使农民感觉他们有权过问党事，敢于批评干部"，要求邓颖超"与人商量，向农民请教"，营造了一种与群众协商的氛围，从而摸索出新的办法打开新局面。新中国建设时期仍是这样，1953 年 7 月，政务会议上讨论关于造林计划问题时，周恩来指出各级政府"和当地群众共同商量，因地制宜提出造林计划"。在工作中，周恩来强调"任何政策的决定或改变，任何政策中之正确的部分或错误的部分，必须适时地不但向干部而且向群众公开指出，才能得到群众的了解和拥护而成为力量"②。周恩来始终坚持从群众中来，到群众中去的工作路线，将协商的方式更好地实践于群众工作中，为我们今天开展群众路线教育实践活动提供了重要启示。

---

① 《周恩来选集》下卷，人民出版社 1980 年版，第 207 页。
② 《周恩来选集》上卷，人民出版社 1980 年版，第 301 页。

四、启示：协商民主是实现民主的重要形式

1. 党的领导——广泛协商于决策之前和决策实施之中

坚持中国共产党的领导是新民主的重要特征。周恩来在新中国成立后不久就指出：在今天，如果搞单一阶级的资产阶级政党，势必走欧美资产阶级的道路……但是这条路在中国是行不通的，是不被许可的。多党合作和政治协商必须坚持中国共产党的领导。1949年，周恩来在《关于政协全国委员会常务委员名单协商经过和政协全国委员会工作条例主要内容的报告》中提出政策性的工作，设想可以从三个方面提出："首先就是政府方面在推行当中发现有重大问题，重要措施，需要经过各党派，各团体协商的，那么政府的各部门或中央人民政府委员会提出意见，交到全国委员会常务委员会来协议。假使同意了，交给政府，制成条文，然后送达中央人民政府委员会通过，成为法律，法令，决议，命令。这是一方面。另一方面，全国委员会本身，每个委员提议，或常务委员会觉得某种重要措施，重大问题需要成为决议送给政府采纳实行，可以由全国委员会常务委员会自己制成决议，提交政府。这是第二方面。第三方面，人民中间，或各人民团体，各党派的下层组织，他们觉得有些问题，如直接向政府提请，那么手续上就变成了个提请的东西，经过了全国委员会常委会决议以后，就更便于推行。"在这里，周恩来实际上已经初步提出了把政协的协商纳入决策程序的想法。可以说，周恩来将协商民主在决策之前的思想已经有了雏形。党的十八届三中全会提出在党的领导下，以经济社会发展重大问题和涉及群众切身利益的实际问题为内容，在全社会开展广泛协商，坚持协商于决策之前和决策实施之中。要构建程序合理、环节完整的协商民主体系，深入开展立法协商、行政协商、民主协商、参政协商、社会协商。周恩来的这些思想对我们有着重要的借鉴意义。

2. 有序参与——协商主体处于平等地位

习近平在《关于〈中共中央关于全面深化改革若干重大问题的决定〉的说明》中指出"推进协商民主，有利于完善人民有序政治参与、密切党同人民群众的血肉联系、促进决策科学化民主化"。中国共产党与各民主党派及其他社会力量从"联合革命"到"协商建国"再到"合作治国"，和衷共济，团结奋斗，充分体现了协商民主主体地位平等。周恩来历来要求共产党与党外人士和群众平等相待，他指出"个人都是平等的，如果从工作上说，大家都是人民的勤务员，彼此平等的交换意

见,决不能个人自居于领导地位"①。现在看来,这番话仍是振聋发聩,在协商民主的道路上,主体都处于平等地位,都是国家的主人,有参与民主决策的权利。

3. 广泛多层协商——确保协商决策指向最广大人民群众的根本利益

社会主义协商民主是我们党把马克思主义民主理论与中国民主政治建设具体实际相结合的独特创造。中国人民政治协商会议第一届全体会议的召开,标志着协商民主这种新型的民主形式开始在全国范围内实行。此后经过变革、发展,协商民主作为与选举民主相对应的民主形式保存和延续下来,成为我国社会主义民主政治的特有形式和独特优势。群众路线和我们党与生俱来,贯穿于党的全部工作,伴随着党奋斗的全部历程,是我们党的根本工作路线、优良作风和重要法宝,是我们党的巨大政治优势。群众路线所体现的民主,与协商民主高度契合,强调的都是广泛的社会联系和政治参与。周恩来在这一方面进行了很好的实践,他在践行群众路线的同时尊重群众的创造,注意与群众协商,对我们今天协商民主与群众路线结合有着重要启示。协商民主作为党的群众路线在政治领域的重要体现,就是要将群众路线的优势转化为协商民主的丰富资源,把群众路线优势和协商民主优势紧密结合起来,拓宽国家政权机关、政协组织、党派团体、基层组织、社会组织的协商渠道,创新立法协商、行政协商、民主协商、参政协商、社会协商形式,推进社会主义协商民主广泛多层次制度化发展,从而使协商民主植根于党的群众路线实践的深厚沃土,获得更为广阔的生长空间和更加旺盛的生命力。

---

① 《周恩来选集》下卷,人民出版社1980年版,第392页。

试析周恩来对新中国立法的思考 杨　光[*]

　　从解放战争到新中国成立初期,中共领导人已经开始思考新中国的立法之路——如何消除国民党的反动旧法律、如何建立新民主主义的法律,周恩来也是其中之一。当然,这一时期,戎马倥偬,大业甫兴,任务繁多,毛泽东、刘少奇、周恩来等中共主要领导人无暇深度地去研究新中国的立法问题。但周恩来作为中央书记处书记之一,自然要主导或参与制定未来中国法制发展方向的任务。他的这些思考,无疑会直接或间接地影响到新中国所采取的立法方式。

周恩来与中共中央法律委员会

　　中共研究法律问题的专业机构是中央法律委员会。周恩来与法委的主要成员多有交集,曾与他们一起讨论过法律问题,对当时的法律现状也有着深入的思考。

　　抗战胜利后,中共中央提出要在中央政治研究室下研究法律问题。随后为了应对重庆召开的政治协商会议,讨论政协纲领和制宪问题,宪法研究委员会于1945年12月成立。1946年6月,中央书记处设立了法律问题研究委员会。1948年12月12日,中央法律问题研究会改组为中央法律委员会,协助中央研究与处理有关全国立法和司法问题,其任务是草拟有关全国性之法律大纲或条文,协助其他机关草拟或审查专门性之法律或法令,协助中央书记处审查各地送来之法律草案,制定司法制度与法院组织纲要,拟订司法人员训练计划,编译法律书籍材料和总结司法工作经验。[①]法委下设研究室和编译室,王明为主任,谢觉哉、张曙时、李木庵、陈瑾昆、何思敬、郭任之、杨绍萱、孟庆树为委员。1949年4月,法委人员先后到达北平。5月,经周恩来、刘少奇同意,沈钧儒、张志让、沙千里、王之相加入。

＊　杨光,中央文献研究室调研员。

①　参见《建党以来重要文献选编(1921—1949)》(第25册),中央文献出版社2011年版,第685页。

9月,法委完成中央交办的职能,并入政务院法制委员会,正式结束。① 周恩来与毛泽东、刘少奇等人均对法委工作予以指导和关注。

国共谈判期间,周恩来曾与宪法委员会诸同志共同工作,并给予指导。周恩来作为主要谈判代表,与国民党代表反复交涉,均涉及宪法、组织法、选举法等法律问题。为了研究有关法律问题,王明曾致信周恩来、任弼时等搜集有关法律材料。当时,周恩来主持国共两党军事调解工作,多往返于延安与国统区之间,王明希望能从周恩来那里得到更多的法律书籍作为参考。他在5月27日给周恩来的信中写道:"为着帮助起草民法、刑法及民事诉讼法与刑事诉讼法等工作,急需苏联法律作参考。据李木庵同志说,过去陕甘宁边区法院曾买到过中译本之苏联(或苏俄)民法与刑法,系北平大学出版部翻译和印行的,因此,请您即设法代买,最好各种均买十份左右,因法委须人手一编,且办训练班时,亦须作参考书用。"5月30日,周恩来批示给陆定一:"王明同志要买苏俄的民法和刑法及民刑诉讼法以及其他法律书,英美民刑法等,均请中宣部指定专人登记起来统一办理。"6月19日,王明再次致信周恩来,提出"法委会想买一批法律书籍,请设法派人去北平购买",信后附书单一张。次日,周恩来在信上批示:"请尚昆同志办。"

陈瑾昆曾是国统区著名的法学教授和律师,解放战争时反对国民党一党统治,只身投奔延安,受到了毛泽东、刘少奇、周恩来等领导人的欢迎。周恩来对陈瑾昆关怀有加,陈瑾昆也对周恩来盛赞备至。二人交谈过法律问题,对国民党法律的弊端多有批评。

中央法律委员会的成员对解放区法律和国统区法律十分熟悉。周恩来在与他们的工作与生活的交往中,他对法律问题有着相当深入的思考。

周恩来与废除《六法全书》的指示

1949年2月22日,中共中央法律委员会制定了《中共中央关于废除国民党〈六法全书〉和确定解放区司法原则的指示》,在取得中央书记处同意后,向各解放区发出。

该指示批评了一些干部对《六法全书》认识上有错误,批判了《六法全书》可以适用的观点。指示不仅确立了新解放区的司法原则,同时也宣告了新的法律理念。新的法律理念表现为,强调法律的阶级性,强调旧法律的反动反人民本质,强

---

① 参见《中国共产党组织史资料》(第4卷上),中共党史出版社2000年版,第64~65页。

调新司法原则与旧法的彻底决裂,对新中国的法制建设产生了极为深远的影响。

在指示的起草稿件上,周恩来在页边写道:"法律条文,在新民主主义的法律精神下还可批判地分别采用和修改一些,而不是基本不用,这对今后司法工作仍然需要。此点请王明同志加以采补。"①这句话表明,周恩来对指示有所修正。他认为国民党的法律条文可以加以采用,并不完全同意指示中彻底废除《六法全书》的方式。

对于是否要废除国民党的全部法律,中共党内存在争议。在中央法律委员会内部,谢觉哉主张全部废除,为主废论的代表;陈瑾昆主张积极利用,为主存论的代表。陈瑾昆还曾草拟了四部法律草稿致信周恩来,称周为党内萧相国,何妨将"制律"作为一件大事。他殷切地希望周恩来能赞同他的立法方案。但法委在内部经历过多次辩论,最终确立废除《六法全书》。

当然,一些中共领导人曾经也认为旧法律可以利用。在1948年5月25日,刘少奇在宴会中与谢觉哉谈话,表达了对旧法徐图改革的想法。他说:"刑法先就旧的改下施行。民法也可以这样,边做边改。有总比无好。现急须稳定秩序,财产有保证,使人民乐于生产建设……旧的经验不是全部否认,亦不是全部通用。那些部分适用,或不适用,谁也不能先肯定,靠商量,然后看使用时有助于人民建设的就对,否则改掉。"②之后,刘少奇与董必武的谈话中讲到,"希望赶快把民、刑两法草拟出来备用"③。对于刘少奇的想法,需要注意两点:一是早日确定法律;二是并不完全排除《六法全书》的进步内容。董必武于7月17日给谢觉哉的信中转述了刘少奇的建议,并认为这个提议很好。刘少奇对新旧法律关系的解释十分明确,即旧的法律有存在的价值,不必全部否定。

周恩来、刘少奇的观点可以说是一种"主存论"。他们认为,为保障社会的稳定性,对旧法做必要的修改而加以沿用。可以说,主存论者是从实用主义出发,有一定的积极意义。然而,主存论的观点并没有成为中共党内的正式决策。但废除《六法全书》的指示,毛、刘、周等主要中共领导人都曾批阅过,显然是经过他们同意的。他们并不赞同完全排除旧法律,为什么又支持这一指示呢?笔者认为,毛、刘、周是在政治意义上支持这一指示的,展示了对旧政权的抛弃,并非局限在司法

① 熊先党:《废除〈六法全书〉的缘起与影响》,《炎黄春秋》2007年第3期。
② 《谢觉哉日记》,人民出版社1984年版,第1204页。
③ 《董必武年谱》,中央文献出版社2007年版,第310页。

政策上。

解放战争时,推翻国民党统治为时局的首要任务,因此废除《六法全书》有着重要的政治意义。从这一立场出发,广大民主党派及国统区进步人士均接受了中共废除《六法全书》的主张。废除《六法全书》的指示在推翻国民党反动统治的宏观背景下,得到了不同政治群体的认可。各民主党派、无党派群体、法律界人士,大都肯定废除《六法全书》的政治意义,接受对《六法全书》反动本质的批判。但废除《六法全书》在司法建设的意义上,却存有认识上的差别。这些差别主要表现为:肯定法律的技术性还是突出法律的政治性,是主张旧法一无是处还是认为旧法有参考价值。这一认识上的差别不仅存在于中共党与其他政治全体之间,也存在于中共党内,这一差别为日后的司法改革运动埋下了伏笔。

新中国成立初期周恩来对旧法律的认识

废除《六法全书》指示发布之后,周恩来在肯定和坚持该指示的前提下,仍然认为旧法律有研究的必要,应当接受、改造为新法律。

1949 年 7 月 14 日,周恩来在中国社会科学工作者代表会发起人会议上讲到:"我们也应该承认,在过去的学术中尽管是又庞杂又贫乏,但也还有可以学习的东西。拿法律来说,我们要否定《六法全书》,但是不是《六法全书》一条一条的都一无可取呢? 那还不是。我们打垮了旧政权,但是不是旧政权下的材料一无可取呢? 这好比盖房子,有两种盖法,一种就是推翻了,另打地基,盖新房,旧房子里面很多材料还是可以用的。当然,像雷峰塔自己腐朽倒塌了,那就一无可取了,但是它经过了化学变化,变成了肥料,还是可以肥田。所以,推翻旧政权,好像推翻一幢旧房子,可以选择有用之材。因此,研究解释社会现象的各部门的朋友,虽然有许多旧观点要否定,但里面还有许多好的意见、好的因素,我们应该把它接受过来。"①周恩来的这些话鼓舞了社会科学工作者,也包括旧法学研究者和工作者。对非马克思主义的法律学者,周恩来主张容纳、吸收,甚至相互学习的态度。

对于从事社会科学研究和活动的朋友,周恩来认为不能仅限于接受马克思主义的人,一些学过资产阶级思想的人,对马克思主义有怀疑的人,只要愿意来,都可以加入。那些在旧社会里研究哲学、历史、政治、经济、法学的人,有些意见值得我们注意和借鉴。即使这些人徘徊踟蹰,"我们也应该去争取、帮助、教育他,并且

---

① 《周恩来文化文选》,中央文献出版社 2009 年版,第 493 页。

互相学习"①。新中国成立后,周恩来还始终坚持新旧法律存在着联系,认为我们对资产阶级的东西,一方面要抛弃,一方面也要认识资产阶级的武器,新的和旧的,不能一点没有联系,旧社会的经验,也可供我们参考。

然而,时局变迁已导致旧法律的研究瘫痪瓦解。1949 年,华北人民政府司法部工作报告描绘了华北地区旧法律学校的情况:"有的因经费无着不能续办(如朝阳学院要求接管,华北学院中国大学学校已经取消),有的因旧法已被废除,不能续教。北大清华虽曾努力勉强维持,以后也不得不停止原作法,改变为请人讲演,着手现行法令研究,总的情况,随着旧法统的被废除,旧的司法教育已失去其存在的基础而自然的停顿下来……现在某些大学法律系学生不过几名,浪费财力物力。"②新中国成立后,政法教育陷入困境。1950 年 5 月 18 日,政务院第 85 次政务会议讨论《关于一九五〇年全国教育工作总结和一九五一年全国教育工作方针和任务》时,董必武分析了政法教育不景气的状况及产生的原因,希望教育部在文件上对政法教育工作要说几句话才行,不然趋势扭不过来。③"旧的东西,并非一无可用,但基本是反动的"④,是中共党内主要的观点。

刘少奇主张对非马克思主义法律学说进行改造和废除。1949 年 5 月 3 日天津市教育界代表座谈会上,刘少奇曾指出:"大学的理科可仍照过去办下去,文法方面如法律系、政治系基本上要改。"⑤虽然刘少奇与周恩来都曾主张对旧法律予以利用,但二者的差异在于,刘的思路更多的是从稳定政治形势的实用主义出发,而周则认识到旧法学知识的内在价值。因此,二者在对《六法全书》、对资产阶级法律学说以及对原国民政府时期非马克思主义的法律研究者和法律工作者的态度和政策上,表现出了不同。

新中国成立初期周恩来对新法律建立的思考

旧法律被废除后,已经导致旧法学教育陷入瘫痪,那么新法律如何建立,也是中共领导人不得不正视的问题。1948 年 12 月 22 日,毛泽东审阅《新区图书出版

---

① 《周恩来文化文选》,中央文献出版社 2009 年版,第 491 页。
② 《华北人民政府司法部工作报告》,武艳萍、刘根菊编:《刑事诉讼法学参考资料汇编》,北京大学出版社 2005 年版,第 627 页。
③ 参见《董必武传》,中央文献出版社 2006 年版,第 754 页。
④ 《华北人民政府司法部工作报告》,武艳萍、刘根菊编:《刑事诉讼法学参考资料汇编》,北京大学出版社 2005 年版,第 627 页。
⑤ 《刘少奇年谱》下卷,中央文献出版社 1996 年版,第 205 页。

发行暂行办法》后,致信刘少奇、朱德、周恩来、任弼时、陆定一等人,称"对此问题,现在不宜规定得太细密,事实上办不到,勉强去做,是危险的。此件应重新考虑,目前只规定几条容易做而又最得社会同情者即够"。同时,毛泽东又对立法问题做了一个原则性的批示:"目前任何法律,都只宜规定大端,不可失之太密,否则是不利的。"①新中国成立后,毛泽东仍旧持此主张,反对立法过细过早。"譬如关于定息问题,有人要求立个法,对此,毛主席曾再三指示,不要过早固定为法律。"②虽然毛的这一批示并没有成为中共党内的正式文件,但其对新中国的立法过程产生了深远的影响。缓立法、立大端成为一种普遍的立法指导思想。毛泽东的考虑固然有其道理,但完全扭转了党内一些同志最初尽早立法的构思,也基本阻断了党内外积极立法的呼吁和主张。

此后面对社会各界要求加紧立法的呼声,中共党内高层反复解释其"缓立法"的原因。在1950年第一届全国司法工作会议上,董必武虽然提出要有法律,但不要担心法律不完备。制定完备的法律,特别是民法、刑法、诉讼法,需要长期的过程,需要多种人才能实现,所以不要设想一下完成。我们的法律要逐渐发展,逐渐充实,才能趋于完备。③

1954年1月14,周恩来曾就立法之缓做出解释。他从马克思的基本原理分析了法律变化的过程。经济基础变化了,法制只能逐步发展起来,不断改进,一下子完全建立起来,是不可能的。对于新旧法律关系,周恩来提到章伯钧"不破不立,毁法造法"的例子,说明了革命的人民民主法制就是要把旧的去掉。"社会主义革命""社会主义改造""社会主义建设"是一致的。周恩来从马克思列宁主义原理,对民主党派讲述了法制的发展变化、新旧法律之间的关系。他认为企图一下子完全建立起来,是不可能的。中国的法制既不能把苏联的一套完全搬来,也不能把旧的一套保留下来不变。周恩来认为法律最本质的就是私有关系问题。在过渡时期,民法上就不能把土地私有制规定得太死,否则不久又要修改,而应该把土地私有、合作社集体所有、国有等分别加以规定,城市的所有制更复杂。因此,立法只能"逐步健全"。周的讲话以经济基础决定上层建筑为理论基础,从革命与旧法律的对立的出发点,说明逐步完善法律规范的法制建设思路。周恩来反对急于立

---

① 《毛泽东年谱》(1983—1949),中央文献出版社1993年版,第423页。
② 《陶希晋文集》,法律出版社2008年版,第64页。
③ 参见《董必武政治法律文集》,法律出版社1986年版,第102页。

法,讲话中他还举英国为例说:英国的资产阶级,靠旧的一套东西维持其统治,有些国家搞了一套大法,规定得很死,结果对他并不利。周恩来还提出了制定法律的方式方法:法制是从运动中产生的,要研究运动的规律,总结运动的经验,以建立人民民主法制,适应国家发展。轻视、否定运动,关在屋子里写法律,是写不出来的。制定法律要从个别到全套。民、刑法要先有个大纲。英国资产阶级的法律在17、18世纪也是粗糙的,到了20世纪才细致了。关于英国法律发展历程,周恩来还曾询问过钱端升的法治观念。

为了解决新旧法律的问题,周恩来领导的政务院于1950年初着手草拟新公司法草案,尝试着修订旧法律形成新法律。他们认为新中国存在着国营经济、合作社经济、农民和手工业者的个体经济,如果要把各种性质根本不同的公司都容纳在一个所谓公司法之内,是重形式不重实质,而是应该先起草一个规制私人资本主义经济的《私营企业暂行条例草案》。当代学者曾对这一条例给以很高的评价:"'条例'是一部成功制作,原因有二:第一,就立法政策的合理性而言,'条例'领先于1946年和1993年公司法……第二,就法律管制措施的宽松和灵活而言,'条例'比1946年和1993年(至少从法条主义中得出这一结论是没有问题的)公司法高出许多。"[①]

总之,新中国成立之后强调新旧对立的革命话语中并没有因为人民政权的建立和巩固而弱化,而是伴随着各种政治运动的迭起不断强化。这种思维方式同样深刻影响着中共高层对司法的认识和决策,强调新旧法律对立性成为普遍的认识。周恩来也开始突出强调新旧法律的区别。他也认为新旧法律的根本区别在于,新法律是根据马列主义的国家学说和对中国的阶级关系、社会经济关系等实际情况的分析制定的,而旧法律正好相反。[②]

在当时历史形势下,革命话语主要是强调新旧两个政权的对立与割裂,"彻底""粉碎""打破"成为最强有力的形式象征,为人们习用,乃至滥用,而切实的建设性意见反而沦落为革命的对立面。周恩来在当时的条件下,提出了新中国立法的一些认识,对于我们反思新中国的法制之路有着现实意义。

---

① 方流芳:《试解薛福成和柯比的中国公司之谜》,梁治平主编:《法治在中国:制度、话语与实践》,中国政法大学出版社2000年版,第290页。

② 参见《周恩来年谱》(1949—1976)第1册,中央文献出版社2007年版,第69页。

新中国成立后头七年周恩来中央与地方关系思想与实践浅析 姜长青*

中国历史上中央与地方关系是非常重要的关系。正确处理中央与地方分权，不仅关系国家发展，而且有时还关乎国家存亡。1949年9月29日中国人民政治协商会议第一届全体会议通过的《中国人民政治协商会议共同纲领》第十六条规定："中央人民政府与地方人民政府间职权的划分，应按照各项事务的性质，由中央人民政府委员会以法令加以规定，使之既利于国家统一，又利于因地制宜。"[①]

作为新中国成立后第一任总理，周恩来高度重视中央与地方关系问题。他认为中央与地方的关系问题，从根本上说就是集权和分权的问题。从中华人民共和国成立起，周恩来就十分重视正确处理中央和地方的关系。1949年12月，他把上下关系作为必须正确解决的新中国经济的六种关系之一。

一、中央应向地方进行合理的分权

中国是一个地域广大的多民族国家，各地情况差别很大。地方政府由于更接近人民群众，对本地方的事务更熟悉，具有更大的信息成本优势。如果更多地让地方去办理本地方的具体事务，则可能更有效率。

早在新中国成立初期周恩来就充分认识到分权到地方的重要性，在一次讲话中，他从打仗谈到建设，"毛泽东同志领导中国革命战争，在战略领导上抓得很紧，在战役的组织和战术的运用上就交给下面去办，因为他们最了解具体情况，只有充分发挥干部和群众的积极性和创造性才能打胜仗。打仗是这样，建设也是这样"[②]。周恩来指出，"中心的问题是在中央的统一领导下，适当地扩大地方的权限。因为地方比中央更加接近企业和事业的基层单位，更加接近群众，也更加容

* 姜长青，中国社会科学院经济研究所副研究员。

① 全国人大常委会办公厅研究室编:《中华人民共和国人民代表大会文献资料汇编》，中国民主法制出版社1991年版，第61页。

② 《周恩来选集》下卷，人民出版社1980年版，第13页。

易了解实际情况,适当地扩大地方的权限,就能够更好地把地方上的一切力量,一切积极因素,组织到社会主义建设事业中来。"①1951 年 1 月 12 日,在第 67 次政务会议上讨论水利工作时,周恩来强调要处理好中央与地方、统一性与积极性的关系。他说:"苏联专家对中国建设工作的要求有高度的统一。要求统一和要求有计划性,是对的,但这要有个过程,要有时间和步骤。现在地方的积极性很高,对工作又熟悉,若不顾地方的积极性,把中央不熟悉的工作骤然集中到中央来,就会把工作搞乱。集中与分散,统一性与积极性要恰当注意才好。因统一而妨害积极性是不好的。"②

中国实行的单一制国家结构形式,中央政府在国家政治社会生活中具有统揽全局的重要地位。这种情况决定了中央政府只能把其工作重点放在全国性的重大的方针政策的制定上,而把一些具体事务交给地方去办。如果事无巨细统由中央包揽,则很可能使中央政府陷入事务主义,整天拘泥于小的具体事情,而不可能担负起为国家发展指引方向和道路的责任。另外,中央政府如果包揽大量的具体事务,还可能导致官僚主义、效率低下。

对于中央政府应该肩负什么样的职责,周恩来在 1951 年 4 月 6 日主持政务院第七十九次政务会议讨论《关于第一届全国工业会议情况的报告》等文件时说:这次会议,划分了中央和地方工业的范围,现在中央不但不要妨碍地方的经营,还要把原来"统"过来的再放出去一些。这样做的好处,除陈云同志所说的三种(积累资金、积累干部、集中领导注意力)外,还有一个好处,就是中央部门不会忙于企业事务,不会成为企业机关,而成为全面领导企业的机关,这样就有力量和时间注意发展方向、发展规律和掌握政策,这样就可以提高了。中央要先解放出来,才有时间考虑发展、提高和计划的问题。中央把完成生产数字、完成基本建设和实行经济核算放到地方上去,才能有时间去加强领导。③ 他还指出:"特别是因为我们搞社会主义,为最大多数人民谋最大利益,集中最大权力,做最大的好事,人民比较满意,在这样的情况下做错了一点事情,容易为人民谅解,这就使我们很容易忽视发扬民主而犯官僚主义和主观主义的错误。"④

1956 年 9 月 25 日周恩来接见卡达尔·亚诺什率领的匈牙利劳动人民党代表

① 《周恩来经济文选》,中央文献出版社 1993 年版,第 315 页。
② 《周恩来经济文选》,中央文献出版社 1993 年版,第 88 页。
③ 《周恩来年谱(1949—1976)》上卷,中央文献出版社 1997 年版,第 146 页。
④ 《周恩来选集》下卷,人民出版社 1980 年版,第 209～210 页。

团时,向外国客人介绍了中国处理中央与地方关系的经验,他说:在中央和地方分权问题上,我们的做法是,对可以给中央也可以给地方的权力就多给地方一些。这样中央可以抽出更多时间来注意中心问题,少犯一些错误。①

二、调动中央和地方两个积极性,发展社会主义生产力

中国在进行社会主义革命和建设事业时,周恩来认为既不能片面追求集中、统一,也不允许各自为政;既不要犯本位主义,也不要妨害地方的积极性。他指出:"在中央的统一领导下发挥地方的积极性,才能使各方面的工作生气勃勃,否则就死气沉沉。只有广大人民在生产中发挥了积极性和创造性,才能提高他们的物质生活和文化生活水平,也才能更有效地克服官僚主义。"②

1951年周恩来在全国秘书长会议上做报告,当谈到财政问题时指出,要继续巩固财经统一,但不应妨碍地方积极性。他说:"在中央统一领导下,应留给大行政区、省以至县以因地制宜的权力。中央如此,地方亦应如此。过分统一的倾向是不对的,应该在适当的情况下,让地方分管,有计划地发挥地方的积极性。"③

中国自近代以来积贫积弱,长期以来陷入落后挨打、挨打更落后的恶性循环之中。中华人民共和国成立初期,国家一穷二白,发展生产力被提到了前所未有的高度。怎么样更好更快地发展生产力,是中国领导人所关注的最重要的问题。新中国成立初期,为了抑制恶性通货膨胀、迅速恢复国民经济并且支援朝鲜战争等,实行了中央高度集中统一的财经制度,在实践中也取得了国民经济快速恢复的效果。朝鲜战争结束后,国内进行了大规模的经济建设,重点是苏联支援的156项。由于国家经济基础差,底子薄,国家工业化又处于起步阶段,为了提高有限资金的利用效率,"一五"计划的各项建设工作主要是由中央实施的。到1956年"一五"计划的若干指标已经完成,国家工业化有了一定的基础,对资本主义工商业的社会主义改造也取得了重要进展。各个地方这时也有了发展地方经济的强烈愿望。如何正确处理中央与地方关系,发挥中央与地方两个积极性。毛泽东在听取一些部门的汇报后,做了《论十大关系》的重要讲话,提出要发挥中央与地方两个积极性。

---

① 《周恩来年谱》(1949—1976)上卷,中央文献出版社1997年版,第620页。
② 《周恩来选集》下卷,人民出版社1980年版,第13页。
③ 《周恩来经济文选》,中央文献出版社1993年版,第93页。

1956 年 6 月 15—30 日，周恩来出席第一届全国人民代表大会第三次会议时就政府工作中的几个重要问题（体制、财政工作、职工群众生活、文教工作和反对官僚主义）做出说明和解答："在中央统一领导下实行中央与地方的适当分权，是为了更能发挥地方和广大人民发展生产、加强工作的积极性和创造性。这样，就更有利于社会主义建设。这种职权的划分。具体表现在各种体制上。""过去我们提出了在发展生产和提高劳动生产率的基础上，逐步改善职工群众的生活的方针，这是正确的；反过来说，我们适当提高职工的工资，改善职工的生活，正是为了促进劳动生产率的进一步提高。"①

鉴于现实工作中集权过多的弊端，周恩来提出了要在体制改革中实行中央与地方适当分权的思想。他认为分权的动因是经济建设发展的需要，"实行中央与地方分权，是为了发展生产，不是为了缩小生产和妨碍生产"。1956 年 6 月 23 日周恩来在国务院体制会议上讲话，针对集权过多给生产力发展带来的种种消极影响，说："毛主席论十大关系的中心，就是动员一切力量来建设社会主义国家。在这个前提下提出了分权给地方的问题，以便于发挥地方的积极性，也便于动员全国广大劳动人民参加社会主义建设。""社会生产力大发展不能光靠集权。苏联过去集权多了，地方权小了，这是一个经验教训，是一面镜子。"有些部门有这样的顾虑，怕分权后分散力量，影响生产、基建、技术和计划。其实，"实行中央与地方分权，是为了发展生产，不是为了缩小和妨碍生产"。"过去担子一个人挑，现在很多人挑，可以大大发展生产力。"中央要分一部分权力给地方，"主要的是为了增产，而不是分产，这是大原则"；"主要的是使地方有权，有权才能动员"，"有权就能增加生产"。不要怕分权，"适当分权给地方就会更好地集权于中央"。"中央有权，地方也有权，真正有利于社会主义建设。"②"分权的目的是为了增加生产，而不是减少生产。过去，力量没都用上，厂矿动用 200 元以上就要报中央批准，给地方的权很少，使得地方有力无处用，限制住了。现在是全部用上，生产会发展起来。"③1956 年 6 月 30 日，周恩来总理在一届人大第三次会议闭幕会上的发言中就中央与地方事权调整问题着重指出："在中央统一领导下实行中央与地方的适当的分权，是为了更能发挥地方和广大人民发展生产，加强工作的积极性和创造性。这

① 《周恩来年谱(1949—1976)》上卷，中央文献出版社 1997 年版，第 189～190 页。
② 《周恩来年谱(1949—1976)》上卷，中央文献出版社 1997 年版，第 591 页。
③ 《周恩来经济文选》，中央文献出版社 1993 年版，第 266 页。

样,就更有利于社会主义建设。"①

三、反对中央与地方关系中几种错误倾向

在社会主义国家里,集权太多必然管得较死,形成僵化的管理体制;而分权太多必然造成资源分散,削弱整体效能,妨碍国家发展战略顺利进行。对此,周恩来在开国之初主张采取"在中央的领导下发挥地方的积极性"的方针,来协调中央与地方集权与分权的矛盾。

周恩来在中央与地方关系中既反对中央集权主义,也坚决反对地方封建割据和地方分散主义。中国是一个经历了长期封建主义发展的国家,近代以来在中央统治日益削弱的情况下,地方割据、军阀混战的现象时有发生,对中国的发展形成了很大牵制。反对封建割据和分散主义是中央政府成立时所面临的一个重要任务。早在1949年12月,周恩来就指出中央与地方关系"在今天的情况下,我们还不能完全做到集中和统一,但也不允许各自为政。我们实行的是民主集中制,不是封建割据。要既利于国家统一,又利于因地制宜"②。在这里,周恩来把中央与地方关系看成是"上下关系",强调了集中和统一的必要。这对当时各军队地方还没有完全整合统一的情况下,对防止地方"割据"现象的发生有着重要的警示意义。

1953年下半年,中国政治高层出现了高饶事件。高饶事件的出现及处理,是当时党和国家政治生活史上的一件大事,此事对其他一系列问题包括中央与地方的关系都产生了极大影响。对此周恩来高度重视,他警告性地指出:"我们反对把自己领导的地区和部门当做独立王国,反对把个人放在组织之上,反对分散主义、地方主义和本位主义等等。""因为这些错误是与党的民主集中制、党的统一领导和集体领导原则完全不相容的。"③

"一五"计划取得巨大成就的同时,中央高度集权体制的弊端逐渐暴露出来。从1956年3、4月开始,周恩来以相当的精力思考和研究体制问题,并主持了5至8月份的国务院体制会议,感到必须革除集权过多产生的弊端。他对中央集权的弊端进行了多次批评。指出,在政治上,"中央集权的政府,权太多了,很容易养成

---

① 转引自洪承华、郭秀芝等编《中华人民共和国政治体制沿革大事记(1949—1978)》,春秋出版社1987年版,第142页。
② 《周恩来选集》下卷,人民出版社1980年版,第13页。
③ 《周恩来选集》下卷,人民出版社1980年版,第121~122页。

官僚主义";在行政上,中央集权过多,使地方"什么事都拿来批,不胜其烦";在经济上,苏联近20年由于"过分集权于中央,进一步集权于斯大林","社会主义建设成就比应有的少了"。所以"社会生产力发展不能光靠集权",中央集权太多"就容易犯主观主义、教条主义、官僚主义、形式主义"的错误。① 1956年5月3日周恩来在国务院司局长以上干部会议上做传达毛泽东关于调动一切力量为社会主义服务的报告时,在谈到中央和地方的关系时指出:社会主义国家集权比较容易。"中央集权的政府,权太多了,很容易养成官僚主义,要时常警惕。"当然,反对中央集权并不是主张无原则地对地方分权,而是要在民主集中制的基础上正确处理中央与地方的关系。"必须把两者结合起来",实行"在民主基础上的集中,在集中指导下的民主"。②

由于对中央与地方关系中的错误现象的重视和及时防范,工作措施得当,从而保证了中央与地方关系的健康发展。

四、不断改进体制逐步实现中央与地方关系的科学化

中央与地方关系是一对矛盾。周恩来在工作中辩证地处理这一对矛盾,逐步实现中央与地方关系的科学化,较好地解决了中央与地方关系。他认为体制的调整和改革,"主要的是使地方有权","地方除了有党权、政权(就是行政权)以外,还要有人权、财权"。他同时指出:"适当分权于地方就会更好地集权于中央。""分权给地方正是更好地巩固中央的领导。""使中央有权,地方也有权,真正有利于社会主义建设。"③

1956年4月20日周恩来主持国务院常务会议,在讨论国务院体制研究十人小组《关于研究和解决财政、事业、企业和计划体制问题的工作安排》的报告时,阐释毛泽东在十九日中共中央会议上提出的要正确处理的几个关系问题,中央与地方的关系,就是集权还是分权的问题。注意分权也就是为了集权。二者也是辩证的,不是绝对的,否则就犯错误。苏联在这个问题上就过分集中了。我们是在集权之下的分权,不是只有分权。发挥地方上的积极性,就有利于集权。体制问题就是中央与地方的关系问题,每个都要制定一些制约的办法。搞体制就是为了适

---

① 转引自吕星斗、白云涛主编《周恩来和他的事业》,中共党史出版社1990年版,第337页。
② 《周恩来年谱(1949—1976)》上卷,中央文献出版社1997年版,第572页。
③ 转引自吕星斗、白云涛主编《周恩来和他的事业》,中共党史出版社1990年版,第337页。

应这个要求。① 5 月 2 日周恩来出席最高国务会议第七次会议并发表讲话指出:在执行五年计划的过程中,感到有一个中央和地方的权限问题和中央各部门的分工问题,这是两个很重要的问题。我们这样一个国家搞社会主义,集权的事情比较多,过去对分权给地方注意得少,集中多、民主少,这方面是有缺陷的。现在,需要把一些体制问题搞一搞,使中央与地方分权分得恰当。我们要发挥地方的积极性,因为地方更接近实际,更接近下层。政府组织上也是这样,准备用五六两个月的时间,把各项体制研究一下。8 月 28 日周恩来和陈云主持国务院第三十六次全体会议,并就《国务院关于改进国家行政体制的决议(草案)》中的各项问题做了说明。指出:体制会议主要是解决中央与地方的关系问题。说决议(草案)反映了他在 6 月 23 日会上讲的意见。现在还有两点应该在《决议(草案)》的序言中提出:一是为了更好地实现全面规划,加强领导,一是分权于地方是为了更好地集权于中央。②

周恩来在党的八大上提出了改进国家行政管理体制、解决集权与分权问题的基本方针和七项原则,以便有策略有步骤地进行行政体制改革,以达到中央集权与地方分权的平衡。他指出:改进国家行政管理体制的基本方针是"统一领导,分级管理,因地制宜,因事制宜"③。他随后提出了七项原则对上述基本方针进行具体展开和落实。其第一项原则就是"明确地规定各省、自治区、直辖市有一定范围的计划、财政、企业、事业、物资、人事的管理权",以确立"分级管理"的基础。第二项原则是"凡关系到整个国民经济而带全局性、关键性、集中性的企业和事业,由中央管理;其他的企业和事业,应该尽可能地多交给地方管理"。旨在确定和划分中央与地方政府管理经济的事权范围。第三项原则是"企业和事业在下放的时候,同他们有关的计划、财务管理和人事管理权一般地应该随着下放,改进和推行以中央为主、地方为辅或者以地方为主、中央为辅的双重领导的管理方法"。第四项原则是"中央管理的主要计划和财务指标,由国务院统一下达,改变过去许多主要指标由各部门条条下达的办法"。这有利于国家的计划的统一性和严肃性。第五项原则是"某些主要指标和人员编制名额等,应该给地方留一定的调整幅度和机动权",以增强管理弹性,放手让地方"制宜"。第六项原则旨在处理好少数民族

---

① 《周恩来年谱(1949—1976)》上卷,中央文献出版社 1997 年版,第 567 页。
② 《周恩来年谱(1949—1976)》上卷,中央文献出版社 1997 年版,第 614~615 页。
③ 《中国共产党第八次全国代表大会文件》,人民出版社 1956 年版,第 223 页。

地区的"分级管理"问题。第七项原则是确定推进改革的策略步骤。周恩来提出的中央与地方分权的基本方针和基本原则,体现了大权集中、小权分散,既要统一领导,又要因地制宜的精神,操作性和实践性都很强。

因为中央集权与地方分权的矛盾在中国具有明显的非对抗性特征,又由于体制改革的重要性和复杂性,周恩来认为在进行体制改革时要全面规划,逐步推进。新中国成立初期实行高度集中的体制,虽然有缺点,但还是取得了很大的成绩。改进体制时一定要把情况摸清,不要匆忙进行。对此周恩来指出:"过去的体制是集权多了,分权少了,但我们也有些权没有人管,应该很好地分。所以现在要改进体制,总得作个全面的规划。"①他认为体制的改进是一个逐步实现的过程,要坚持实事求是的思想路线,体制"在执行中要不断地改进。实行一个时期,又要有改进,要不断地改进。不要急,我们要实事求是。不要急躁冒进,也不要右倾保守;要逐步实现,不要求之一步登天"②。这就提出了对体制改革的渐进性原则。

作为一个地区发展不平衡的多民族大国的总理,周恩来对新中国成立以来中央与地方的关系进行了多方面的探索,并且取得了一些重要的成果。这些探索和认识,有的仍然对今天的社会主义建设实践具有指导和借鉴意义,需要我们很好地予以学习和总结。

---

① 《周恩来经济文选》,中央文献出版社 1993 年版,第 272 页。
② 《周恩来经济文选》,中央文献出版社 1993 年版,第 272 页。

试论周恩来对干部选拔培养问题的思考及其当代启示 黄　园*

　　新中国成立后,中共完成了由革命党向执政党的转变。如何加强新时期的干部队伍建设,从根本上解决干部数量少、分工简单等行政管理缺陷,为中共未来的发展提供行之有效的干部资源管理运行体系,是作为执政党的中共所必须面对的问题。毛泽东在论述干部在推动中国政治发展中的重要作用时,就曾强调"政治路线确定以后,干部就是决定的因素"①。刘少奇也曾强调"党的干部问题,是一个极端重要的问题","没有干部,我们党的纲领与政策,就不可能通过群众去执行,就不能完成中国人民的解放事业"②。因此,为更好地适应中共所面临的新形势的需要,"党对干部的管理工作必须大大加强,党对现行管理干部的方法,亦应适当地加以改变"③。作为新中国首届总理,周恩来不仅亲自构建了政务院各机构,还亲自选拔了一批有能力的领导干部,实现了政府机构最优化运转。周恩来重视能力、重视规章制度、重视知识分子的领导干部选拔和管理方法,对于当下我国建立科学、规范的党政领导干部选拔任用制度,推动中国梦的实现仍具有重要指导和启示意义。

一、重视能力,唯才是举,拓宽政治参与渠道

　　周恩来在新中国政权建设和干部选拔任用中,坚持选贤任能、唯才是举的原则,将能力作为选拔的第一标准。在周恩来的努力下,大量无党派爱国民主人士和民主党派政治精英被吸收到新中国政府干部队伍中。

　　周恩来深知强化党外人士参政的重要性,他认为,党外人士作为中国政治生活中的一支重要力量,如果正确发挥其作用,有利于巩固和扩大人民民主专政,推

---

　　*　黄园,南开大学周恩来政府管理学院博士研究生。
　　①　《毛泽东选集》第2卷,人民出版社1991年版,第526页。
　　②　《刘少奇论党的建设》,中央文献出版社1991年版,第470页。
　　③　中共中央组织部、中共中央党史研究室、中央档案馆主编:《中国共产党组织史资料》第9卷,中共党史出版社2000年版,第187页。

动新政权各方面的建设。新中国成立后,周恩来在提到各民主党派及无党派人士在新政权管理中的作用时,强调"今天中国还有各个阶级,我们的党员只占全国人口的百分之一,要做好工作,就需要听取各方面的意见。毛泽东同志常说,和党内同志在一起,听到的意见总是差不多,不同的意见就不容易听到。所以毛泽东同志每月总有几次和民主党派人士谈一谈。这对于研究中国社会,吸取党外人士的好意见,改进工作,都是有益的"①。在周恩来的安排下,大量的各民主党派代表及无党派爱国民主人士不仅参加了新政权的筹备、组建工作,而且还积极地参与到了新政权的管理体系之内。在其亲自组建的第一届政务院中,副总理四人,中共党员和民主人士各占百分之五十;政务院委员 15 人,民主人士 9 人,占总人数的百分之六十;在政务院所辖的四个部委,三十个部级机构中,担任部长的党外人士 15人,占总人数的百分之四十四。② 不仅如此,周恩来曾再三邀请民盟负责人黄炎培出山。早在国民党统治时期,国民政府就曾多次邀请黄炎培参与政府管理,但遭到了黄的拒绝。新中国成立后,周恩来两次登门造访,与其长谈,动员他参加新政府,为人民服务。为了让黄炎培能够参加新政府,周恩来特别谈到:"不同于旧社会做官,现在是人民的政府,不是做官,是做事,是为人民服务。在政治协商会议上,由各党派斟酌制定了《共同纲领》,就是为人民服务的'剧本'。我们有了自己的'剧本',自己怎能不上台唱呢?"③周恩来求才若渴的精神感动了黄炎培,这位著名民主人士担任了新中国第一任副总理兼轻工业部部长职务,在其后近 6 年的工作中,他为新中国轻工业事业做出了贡献。

周恩来在干部遴选中的选贤与能、唯才是举还体现在其邀请原国民党内杰出的人才参加各级人民政府管理,让他们能够继续为人民服务。例如,在解放初期,周恩来曾亲自任命程潜为中央人民政府委员、湖南省省长;任命陶峙岳为新疆省省长;任命刘文辉为西康省省长。周恩来不重出身,唯才是举的干部遴选原则,为党外各方面民主人士参与新中国政府管理拓宽了渠道。

二、重视规章,建立标准,加强干部队伍管理

现代政治文明的核心标志就是在一定法理之下进行活动。对于程序的重视

① 《周恩来统一战线文选》,人民出版社 1984 年版,第 204 页。
② 徐行编著:《新中国行政体制的初创——周恩来与中央政府筹建管理论述》,当代中国出版社 2013年版,第 23 页。
③ 参见谢双明《新中国第一届政府的组建》,《史事纵横》1999 年第 5 期。

成为现代国家政治设计与运作的核心。在保证程序公正的基础上，关键在于具体操作过程中的"公开透明"，也即在具体程序中，让公民评判是否"公正"。一个国家的制度、机制设计和运行是否公开透明，是对于这一国家的廉洁度进行评价的重要指标，也是公民政治信任感的重要来源。因此设计构建一定的标准和机制，保证程序的公开透明为现代国家和政府所必需。

国家的政治制度和政府机构被确定下来后，干部的选拔任用即成为国家政治建设的决定性因素。实现干部遴选科学化，是政府工作的重中之重。周恩来非常重视干部遴选工作，他不仅把干部看作党和国家的宝贵财富，强调要慎选人才、尊重人才、培育人才，而且还非常重视干部选拔程序，将公开透明作为干部选拔和任用的最基本标准。在遴选干部时注重程序公正，并设计制定了一套新中国干部选拔标准和规章制度，保证社会各界有能力的人都有机会被纳入到政权体系之中。

在周恩来看来，新中国干部选拔标准可归纳为三个字"坚、熟、严"，即在选拔和任用各级领导干部时必须注重三个基本原则，第一，要有坚定、明确的立场，坚持中国共产党在新政权中的领导地位，从而保证新中国各项政策能够得到有效推行。第二，要熟悉党的各项政策，并做到熟练地从事本职工作，从而在落实党的各项方针政策的同时，能够更好地为人民服务。第三，要严格遵守党的组织纪律，所有干部一旦走上领导岗位，就必须严格要求自己，杜绝官僚主义。在这一科学的干部选拔、任用原则下，周恩来又思考制定一系列具体用人标准，使一批政治精英走上领导岗位，巩固和发展了新中国的政权体系。如新中国成立初期，周恩来在组建外交部时就提出了培养、选拔外事干部的十六条方针，即站稳立场、掌握政策、熟悉业务、严守纪律。① 周恩来认为，在外事工作中，应善于选拔任用能够胜任以上十六条标准的领导干部，使符合条件的人都能够加入到外事工作中来，进而推动新中国的外交发展。在具体阐释十六条标准时，周恩来指出，政策是党和国家为实现一定的任务，依据国际国内形势制定的行动准则。并且，国内政策和对外政策是党和国家总政策中相互联系、互相影响的两个有机组成部分。如不了解国内政策，便不能正确地宣传自己，在执行对外政策中也就难免出现这样那样的问题。因此，他在遴选外事干部时，首先要求其必须具备良好的德行，要严格遵守党中央的要求，认清形势的发展，顾

---

① 参见丛文滋《建国初期周恩来提出选拔、培养外事干部的十六字方针》，《党的文献》2006 年第 2 期。

全大局,从全局上把握和执行各项政策。在充分掌握党和国家基本政策的基础上,还必须练就能够胜任本职工作的基本功。周恩来提出的十六字方针不仅成为我国外交干部队伍选拔的标准,而且推广为各部门干部选拔的普遍标准。在这一标准下很多有能力、能胜任、敢担当的人才被吸纳到了政府管理队伍中,扩大了我国党政干部的人才储备。

新中国成立初期,国家的行政部门尚处于创建时期,党政各部门所制定的各项方针、政策急需行政人员具体贯彻落实,政府机关中的经济、科技、外交等方面的各项工作都迫切地需要具体的行政人员执行,此时,国家迫切地需要培养选拔一大批德才兼备的干部安排到各个工作岗位上。正如周恩来总理所提出的:"如果干部问题解决不好,一切政策就都没有人实施。如果干部闹对立、包办、单干、歧视、分裂,则一切都搞不好。"①为加强干部队伍管理,周恩来曾向外事部门干部提出了"五勤"的要求,即:一、眼要勤,要多读马列和毛主席著作,深入学习领会中央的对外方针政策;二、耳要勤,要多听和广泛收集各方面意见和反映,提高办案质量和调研水平;三、嘴要勤,要积极地、有效地宣传党的方针政策;四、手要勤,凡事要自己动手,决不可养成懒惰作风,依赖旁人;五、腿要勤,驻外大使或外交官一定要多走动,广为结交朋友,不能深居简出等人上门。② 周恩来所制定的这五项干部行为标准,基本上涵盖了干部工作的各个方面,不仅为外事部门干部也为所有干部确立了一个工作指南,有利于领导干部基本工作能力的训练和养成。不仅如此,周恩来还制定了选拔任用干部的规章制度。在周恩来看来,严格的纪律和规章制度有利于推动上下级间、党内党外间的相互监督,进而避免国家各机关中所可能出现的领导干部腐败堕落、违法乱纪、与民争利现象。他指出:"如果说'严于责己,宽于责人',对共产党员就应该要求严些。党外的同志们也应该责备我们严一点。"③因此,政务院成立后,周恩来就在第一次政务议会上要求各部门,要明确制定工作条例和组织条例,保证各部门行政管理的规范、有序进行。1949 年 10 月 28 日,刚刚成立不足一个月的政务院,即在周恩来的主持下召开了第三次政务会议,这次会议初步通过了《政务院及其所属机关组织通则》《政务院指导接收工作委员会条例》,从而彻底实现了干部管理的有章可循。同年 12 月,政务院第 9 次

---

① 《周恩来选集》下卷,人民出版社 1980 年版,第 270 页。
② 参见丛文滋《建国初期周恩来提出选拔、培养外事干部的十六字方针》,《党的文献》2006 年第 2 期,第 46～47 页。
③ 《周恩来选集》下卷,人民出版社 1980 年版,第 349 页。

政务会议再次通过了《政务院所属机关组织通则》，并经中央同意，于同月 5 日正式实施。周恩来注重制定严格的规章制度，构建干部管理标准的思想，为新中国实现严管干部奠定了制度基础。

三、重用知识分子，培养工农干部，提高决策科学性

决策的科学化、民主化是新时期对于政府的新要求。周恩来在选拔和任用干部时，不仅注重考核干部的思想政治工作以及他们的业务能力，而且还主张应该将领导干部自身所掌握的文化知识作为考核的一项重要标准，以提高决策的科学程度。周恩来重视知识，提高决策科学程度主要体现在两个方面：第一，重视知识分子在国家及政权体系建设中的作用，为知识分子进入权力体系创造机会；第二，重视提高工农干部的文化素养和专业技能，积极培养和安排工农干部担任领导工作。

周恩来认为新中国建立后应热情诚恳地邀请知识分子参加新政权，加入中国共产党领导下的干部队伍建设体系，发挥其科技骨干作用和智囊团作用。恢复国民经济离不开知识，离不开知识分子的智力支持与奉献。作为执政党的中国共产党和作为参政党的各民主党派，必须团结广大的知识分子，加速培养更多德才兼备的知识分子，改造他们的思想，从而实现更好地为人民服务。他强调，社会主义经济建设的最终目的就是通过社会主义生产的不断扩大，从而实现社会财富的不断增加，并最终最大限度的满足整个社会不断增长的物质和文化需要，这也是所有党政机关领导干部的最核心、最根本及最终的奋斗目标。因此，社会主义的中国在选拔和任用干部时，必须将此作为工作核心。他指出，社会主义时期"比以前任何时代都更加需要充分地提高生产技术，更加需要充分地发展和利用科学知识"①。建设社会主义，除了必须依靠工人阶级和广大农民的积极劳动外，"还必须依靠知识分子的积极劳动"②，在社会主义建设新时期，"知识分子已经成为我们国家的各方面生活中重要的因素"③。在社会主义建设中，周恩来善于使用和安排好知识分子到各个不同的工作岗位，发挥他们的专长，尽量做到人尽其才。例如，新中国成立后，周恩来亲自任命林业专家、九三学社成员梁希作为中央人民政府林垦部部长，他在自己擅长的专业岗位为新中国林业事业的发展做出了重要贡献。

---

① 《周恩来统一战线文选》，人民出版社 1984 年版，第 275 页。
② 《周恩来统一战线文选》，人民出版社 1984 年版，第 275 页。
③ 《周恩来统一战线文选》，人民出版社 1984 年版，第 276 页。

为促进新中国各项建设事业的发展,周恩来还积极争取远在海外的知识分子,鼓励他们回到祖国,运用自己的知识为人民服务。周恩来亲自任命从伦敦归国的著名知识分子李四光为新中国第一任地质部部长,在李四光的主持下,中国的石油勘探工作取得了历史性的飞跃。从20世纪50年代后期至60年代,中国勘探队先后发现了大庆油田、大港油田、胜利油田、华北油田等多个石油资源储备丰富的油田。从而解决了国家在建设和发展过程中对于石油的巨大需求,使中国摘掉了"贫油国"的帽子。

为使政府决策更加科学化,周恩来还重视拓宽干部队伍来源,广泛吸收一线工农干部参加到政府的决策和管理中来。在新中国创建中,工农领导干部功不可没。其具备的艰苦朴素的政治本色,忠诚信仰,热爱祖国、献身民族的奉献精神,对于新政权稳定发展意义重大。但是,由于历史原因,他们的文化程度普遍不高。因此,新中国成立后,周恩来一面主张要广泛吸收一线的工农干部加入到政府决策和管理中来,一面提出要加强基层干部培训,发展教育,提高工农干部的文化素养和业务管理水平,帮助他们掌握先进的科学技术,提高其决策的科学性。1952年10月24日,周恩来在政务院第156次政务会议上指出:"我们要建设,干部、人才就成为一个决定性的因素。其他条件都具备,缺乏干部、人才也是不行的。而培养干部、人才,就是文教部门最主要的任务。文教工作,除了教育,还包括文化艺术、科学、卫生、新闻、出版等。这些都与经济建设密切相关。所以,要进行经济建设,文教工作就必须加强,决不能削弱。"[1]在周恩来的积极推动下,新中国成立初期根据干部的不同文化层次和工作需要,通过举办短期培训班,参加扫盲班学习、送入各区军政大学或不同级别党校进行系统教育等不同方式对大批基层干部开展了广泛培训。当时中央各个部委、各地党政部门按专业系统基本都成立了专业干部学校,举办了长短不一的专业短训班。各地也相继办起了不同层次的干部学校,使广大工农干部的文化水平和专业技能很快得到不同程度的提高,从而使全国干部队伍的素质亦随之提升。

周恩来在重视发挥知识分子在国家政权体系中作用的同时,积极培养和选拔工农干部,不但使知识分子的特长发挥出来,而且使工农干部普遍增加了文化知识水平和专业管理技能,从而提高了政府决策的科学性。

---

① 《周恩来年谱(1949—1976)》上卷,中央文献出版社1997年版,第551页。

四、周恩来选拔和管理领导干部的现代启示

新中国成立初期,国务院的各项建设、各部门机构调整以及干部选拔等工作可谓摸着石头过河,正是因为周恩来在政府建设中遴选出了一批有能力的干部,才在人才储备上满足了各级政府的工作需要,并最终保证了其正常运转。现今,我国的干部遴选程序已基本形成,并已经拥有了一支德才兼备的领导干部队伍。同时,随着人事制度改革的不断深化,我国干部的整体素质亦有了很大提高。但是,现阶段我国的干部构建体系仍存在着高高在上、忽视调查研究、不抓政策、任人唯亲、贪污腐败等政治病。干部队伍中日渐滋长的官僚主义风气不仅腐蚀了我国的干部队伍,而且极大地破坏了各级领导干部在群众中的形象。因此,重温周恩来选拔和管理领导干部的正确思考与实践,对加强我国的干部队伍建设,具有重要的启示意义。

首先,必须完善干部选拔、培养的制度化建设。随着中国社会经济的迅速发展,现代政府的管理职能日益强化,其已经由最初的实现政治统治的职能,逐渐担负起了涵盖政治、经济、教育、文化和社会事务等多方面的管理。为适应机构增加及管理专业化所带来的压力,必须强化干部遴选的制度化建设,既不能"唯身份论",在干部任用和选拔过程中只注重阶级出身;同时也不能"唯关系论",只任用提拔和自己关系亲近的人。要使干部选拔任用有章可循、有法可依。然而,现阶段在我国的干部选拔任用机制中,仍存在近亲繁殖、迁就照顾,论资排辈、缺乏竞争等不良现象。一些单位在选拔任用干部时,还存在着不讲原则讲关系,不讲党性讲人情,不看能力看资历,不看水平看辈分,不看政绩看工龄等现象,既不坚持原则,亦不尊重民意。从而直接破坏了其所在单位或部门的干部遴选机制,将大量有能力的人拒之千里之外。因此,适应形势的发展,借鉴周恩来关于干部遴选制度化建设思想,提高党政干部选拔工作水平,保障领导干部遴选的制度化发展,制定并妥善实施相应的规章制度,以制度约束领导者行为,是新时期加强中国干部队伍建设的关键。

其次,必须加强干部选拔、任用程序化建设。政府管理的现代化、民主化、科学化、法制化、社会化建设,是现代民主制国家发展的必然趋势。为适应现代政府管理职能的转变及管理方式的变化,应推动管理方式的法制化建设,保证政府机构设置、政府工作人员的选拔、任用及管理、政府工作的程序、政府工作人员的行为都在宪法及法律的范围内,必须完善选拔、任用干部程序建设,将有能力的人选

拔到干部队伍中来。周恩来在遴选干部时,特别重视选拔工作的程序化建设,所有领导干部在被任命前,必须经历严格的选拔、任命程序。但是,新时期在我国的干部选拔任用工作中,仍存在着选拔程序缺失,或发展不健全等问题。例如,我民主选举中,往往存在推荐投票失真现象,并且在某些经济发展落后地区甚至存在拉票、买卖选票等问题。因此,借鉴周恩来的干部遴选思想,深入贯彻执行《关于严格按照党的原则选拔任用干部的通知》《关于坚决防止和纠正领导干部选拔任用工作中不正之风的通知》《党政领导干部选拔任用工作暂行条例》《关于对违反〈条例〉行为的处理规定》《关于实行党风廉政建设责任制的规定》等规章制度,强化干部评价考核体系建设,有利于完善遴选程序,使干部选拔更科学更民主,实现干部遴选合理化发展。

最后,必须实现干部选拔、任用民主化建设。民主化既是政治发展的最终目标,同时也是完善干部选拔任用民主化管理,反对个人专断、加强集体领导的关键。民主管理主要指,采取宏观的管理方式,进行微观放活、综合协调,并借用指导、协调、激励、资助、惩罚、取缔等方式,让社会各行业在法律规定的范围内,独立处理本单位负责的事务,实现自行发展。政治民主不仅仅体现在立法民主、管理民主上,同时亦体现在干部选拔、任用民主层面上。在政府管理中,周恩来向来非常重视扩大民主,推动政治体系的民主化管理,这一民主管理思想全面地展示在他选拔和任用干部上。但是,近年来在我国的干部遴选民主、公开程度还很低,群众的知情权、参与权、选择权、监督权的落实力度还不够,并仍存在着"少数人选少数人"的现象。其中干部遴选暗箱操作、少数领导干部或部门搞"一言堂"、施行"一把手"说了算、干预干部考察、酝酿干部先入为主、讨论决定干部任免会议质量不高等非民主化选拔任用现象屡禁不止。因此,以周恩来干部遴选思想为奠基,完善新时期的干部遴选机制建设,就必须加强民主推荐、民意测验、民主评议、考察考核、讨论决定、任前公示等机制建设;同时,引入激励竞争机制,推进公开选拔、竞争上岗等干部升迁路径建设,从理论和实践两个方面,全面实现干部遴选的民主化。

干部选拔、任命的重要性在于,其不仅推动了政府管理及运行体制的不断发展,而且有利于最大限度地发挥人的主观能动性,实现人尽其才,为政府有效开发和利用人才资源奠定组织基础。因此,重温周恩来干部遴选思想,坚持任人唯贤,唯才是举,努力构建一个有能力、素质高、覆盖面广的干部管理群体,提高行政管理效率,密切党群关系,推动新时期中国的干部队伍建设,是实现中国梦的关键。

官僚主义是领导机关
最容易犯的政治病症 张秋兵*

这不是笔者的独创,也不是什么专家研究成果,更不是字典词典对官僚主义的定义,而是周恩来总理在 1963 年所做的《反对官僚主义》报告中的第一句话。这份报告分析了官僚主义的历史根源,系统细致地描绘了官僚主义的 20 种表现,指出了官僚主义的危害,在中共领导人反对官僚主义的报告中绝无仅有。多年来,包括在开展群众路线教育实践活动的今天,人们在学习研究宣传这份报告时,往往局限于报告本身的 2 300 字,而忽视了报告之外的原因和背景。周恩来在这篇报告中开门见山地就给官僚主义下了定义,这个定义一语中的,对当今的群众路线活动有着极其重要的指导作用。

一、报告诞生的原因:"跃进号"沉没

《反对官僚主义》的诞生,有直接原因和间接原因。直接原因就是 1963 年 5 月 1 日的"跃进号"沉没事件。1958 年大连造船厂开工建造我国第一艘万吨轮,在造船时间上创造了世界造船新纪录,只用了短短 58 天,真正实现了所谓的"赶英超美"。船厂给这艘万吨轮起了一个名副其实的名字——"跃进号",并特制一枚第一艘万吨远洋轮纪念章。"跃进号"代表了当时中国的造船水平和工业形象。媒体载文欢呼"我国第一艘万吨远洋货轮下水",盛赞社会主义建设的这一伟大成就。邮电部还发行了九百万枚"中国制造的第一艘万吨远洋货轮"特种邮票。然而 1963 年"跃进号"竟然在首次远洋航行中就触礁沉没,被称为中国的"泰坦尼克号"。"跃进号"的跃进式诞生和跃进式沉没成为"大跃进时代"的缩影。2012 年泰坦尼克号沉没 100 周年,世界各地都举行了纪念活动。2013 年"跃进号"沉没 50 周年,我国官方、民间都没有任何纪念活动。"跃进号"正被人们遗忘。

---

* 张秋兵,周恩来纪念地管理局宣传处处长。

而 1963 年的"跃进号"事件曾经让周恩来"彻夜未眠"①,"一时间成为周恩来的头等大事"②,改变了周恩来一个月的工作计划。据《周恩来年谱》记载:1963 年5 月份一个月,周有 14 天都在处理"跃进号"事件。5 月 1 日,得悉"跃进号"在由青岛首航日本途中突然沉没后,立即指示海军派军舰前往出事地点营救。5 月 2日、3 日、7 日,四次约有关负责人谈"跃进号"事件。据获救船员反映:"跃进号"因敌对潜艇发射两枚鱼雷袭击沉没。5 月 8 日,主持中央会议,讨论关于"跃进号"事件的声明和到现场进行潜水调查问题。并同意调查小组提出的关于沉船原因"极大的可能性是触礁"的判断。5 月 9 日,再次致信毛泽东,提出:"'跃进号'遇难事件,取得教训极大,首先暴露了交通部门的严重官僚主义。"③10 日又到杭州向毛当面报告"跃进号"事件。12 日,又冒着浓雾飞往上海。在听取东海舰队和上海海难救助打捞局关于出海调查准备工作的汇报后,提出:"'跃进号'沉没事件,已成了国际事件了。对于这样的大事,我当总理的要抓;你们这些当司令、当政治委员的,也要亲临第一线,不能只交给第二把手、第三把手!"④当天,还到海军第六研究所看潜水员做加压实验,提醒必须周密考虑潜水员安全。13 日,还检阅了将要出海的编队舰只。17 日,在北京再次召集新华社、交通部和解放军等有关部门的人员开会,针对调查工作中可能会涉及的一些问题进行研究。18 日,出海编队从上海起航,19 日到达调查作业区。从 20 日上午开始,周恩来收到一份又一份的调查报告。24 日,出海编队向周恩来报告了调查结果,最后说:"根据上述情况分析,可以证实'跃进号'确系触礁而沉没的。"

"跃进号"沉没完全是官僚主义的灾难,正如周恩来所指出的"首先暴露了交通部门的严重官僚主义"。就在"跃进号"事件发生前后,交通部门还连续发生多起事故。为此,交通部长王首道请示:结合"跃进号"事件召开一次电话会议。5月 24 日,周恩来仔细审阅了报来的《电话会议计划》,批示道:"同意。有点意见,见批注。"周在《电话会议计划》所述"会议内容,主要是号召直属企事业及地方交通系统,立即行动起来,坚决接受'跃进号'的沉痛的经验教训"后批注:"什么叫作'行动起来',太抽象了。应该要求交通部直属企业事业单位和地方交通系统,首先是电话会议所提到的各单位,将报告中要点、事故及其经验教训和紧急措施,向

① 《周恩来年谱 1949—1976 中卷》,中央文献出版社 1997 年版,第 551 页。
② 杨明伟:《走出困境——周恩来在 1960—1965》,中央文献出版社 2000 年版,第 244 页。
③ 《周恩来年谱 1949—1976 中卷》,中央文献出版社 1997 年版,第 552 页。
④ 《周恩来年谱 1949—1976 中卷》,中央文献出版社 1997 年版,第 553 页。

各单位全体职工进行传达,动员他们讨论,并提出改进意见,保证实施。一句话,就是有领导地走群众路线。首长带头,大家动手,同心协力,保证安全。去掉官架子,建立新风气,这是交通部'五反'的中心环节。""五反"指的是 1963 年初中共中央提出的在城市中开展反对贪污盗窃、反对投机倒把、反对铺张浪费、反对分散主义和反对官僚主义的"新五反"运动。中共中央还专门提出在领导机关和领导干部中开展反官僚主义、反分散主义、反铺张浪费斗争,这就是"五反"中的"三反"。而 1963 年"五反"运动正是《反对官僚主义》诞生的间接原因。

交通部 5 月 27 日安全生产紧急电话会议开过以后,周恩来于 5 月 28 日听取了薄一波汇报工业交通各部领导干部开展"三反"斗争的情况,详细审阅了《工业交通各部(局)"五反"运动情况简报》,并在上面批示:"一波同志:听了你今天的汇报,又看了这个简报,工交各部领导的'三反'阶段算是搞开了。我看,领导'三反'洗澡的重点应是政治、思想、工作作风,而不要在小事、细节上滑过去,我明天也要讲讲。"①"明天也要讲讲"就是 5 月 29 日的《反对官僚主义》这篇报告。

二、报告诞生的背景:"官僚主义今天反了,明天还来"

在《反对官僚主义》诞生之前,中共中央就一次又一次组织大规模的政治运动,旗帜鲜明地反对官僚主义。在每次政治运动中,中共中央都是以阶级斗争的雷霆之势严惩官僚主义。运动包括:1. 1950 年整风运动。2. 1951 年 12 月到 1952 年 10 月的"三反"运动。3. 1953 年"新三反"运动。4. 1957 年整风运动。5. 1960 年农村的"三反"运动。

在 1951 年的"三反"运动中,毛泽东起草了《关于三反斗争必须大张旗鼓进行》的电报,强调:"他们的罪名是贪污浪费和官僚主义,但这个问题现在已极严重,必须看作如同镇压反革命斗争一样的重要,一样的发动群众大张旗鼓去进行斗争,一样的用死刑和徒刑等对待他们。"这次运动判处刑事处分的38 402人。判处死刑的 42 人。"打虎"成为流行词语,被打死的"虎"包括刘青山、张子善。

然而,虽然经历多次暴风骤雨式运动的打击,官僚主义却屹立不倒。1956 年周恩来就指出一个问题:"官僚主义不是能够一下子彻底反掉的,今天反掉了,明

---

① 杨明伟:《走出困境——周恩来在 1960—1965》,中央文献出版社 2000 年版,第 256 页。

天它又来了。"①"跃进号"事件证明：官僚主义甚至是"今天也没有反掉"。"跃进号"事件正是发生在 1963 年反对官僚主义运动的"今天"而不是"明天"。就在"跃进号"事件发生的两个月前，即 1963 年 3 月 1 日，中共中央刚刚发布了《关于厉行增产节约和反对贪污盗窃、反对投机倒把、反对铺张浪费、反对分散主义、反对官僚主义运动的指示》，指出："官僚主义的态度和作风，已经给我们的工作造成许多损失，如果听其发展，不坚决加以克服，必将造成更大的危害。"

正是"官僚主义今天反掉，明天又来"甚至"今天也没有反掉"的现状促使周恩来在 1963 年的又一次反对官僚主义的运动中感到有必要系统地分析并批判官僚主义，也是这篇《反对官僚主义》报告诞生的时代背景。

这篇报告公开刊登是在 20 年之后。1984 年 8 月 29 日《人民日报》第 1 版刊登了周恩来的《反对官僚主义》，这是这篇报告首次公开与世人见面。文章《题解》指出："这是在中共中央和国务院直属机关负责干部会议上的报告中关于反对官僚主义部分的要点。至今仍有极大现实意义，值得在整党中认真学习。"改革开放后《人民日报》刊登 20 年前的这篇文章，是将之作为整党运动中的学习材料。

三、报告的历史局限

今人绝不能用当今眼光来"苛求前人"，前人的伟大也完全轮不到今人拔高一篇文章来贴金。《反对官僚主义》开篇第一句便给官僚主义下了定义："官僚主义是领导机关最容易犯的一种政治病症。"报告开门见山地指明官僚主义是"政治病症"而不是思想病症。然而，报告接下来不谈政治病根，而是谈思想病根；详细列举了 20 种病症，却没有开方拿药。

报告指出官僚主义政治病症的思想病根是："剥削阶级长期统治的遗产。中国长期是封建社会，一百年来又是半封建半殖民地社会，官僚主义更是有深远的影响。"报告指出了历史根源、思想病根，却没有提及现实政治病根。而在 7 年前，周恩来就曾揭示出官僚主义的现实政治病根是"集权集得多""缺乏民主，忽视民主"。1956 年 4 月 28 日，在中共中央政治局扩大会议上，周恩来就体制问题发言："集权集得多也有好处，就是社会主义改造、社会主义建设搞起来了。但是，也有

---

① 周恩来：《专政要继续 民主要扩大》，《周恩来政论选》下，中央文献出版社、人民日报出版社 1998 年版，第 824 页。

毛病,也带来了阴暗的一面,就是容易缺乏民主,忽视民主,脱离群众,脱离实际,很容易生长出严重的官僚主义,把旧社会残留下来的东西保留下来,甚至更浓厚起来。"①1956 年,刘少奇也强调要通过扩大民主,来反对官僚主义。当年 9 月,刘少奇在中共八大政治报告中指出:"目前国家工作中的一个重要任务,是进一步扩大民主生活,开展反对官僚主义的斗争。"

《反对官僚主义》非常详细地描述了官僚主义政治病症的 20 种症状,在 2 300 字的文章中,有 1 900 字是描述 20 种病症,占全文的 83%。然而,报告在定性病症、详细描述病症之后,却没有提出任何解决病症的处方。而在 7 年前,周恩来曾经为官僚主义开方拿药。1956 年 7 月,周恩来在中共上海市第一次代表大会上做了《专政要继续 民主要扩大》报告,指出:"政府应该让人民代表批评自己的错误,承认应该承认的错误……西方议会的某些形式和方法还是可以学的,这能够使我们从不同方面来发现问题。换句话说,就是允许唱'对台戏',当然这是社会主义的'戏'。"还指出:"中央与地方尽管是上下关系,必要时也要唱'对台戏'。唱对台戏就是从两个方面看问题,来完成社会主义的伟大事业……这样做能够推动我们的工作,减少官僚主义。"②周恩来提出了允许唱"对台戏",甚至提出了"西方议会的某些形式和方法还是可以学的"。当时,毛泽东也号召:"要唱对台戏,唱对台戏比单干好。"③然而,第二年,即 1957 年,55 万人被打倒的"反右运动"证明了"对台戏"是唱不得的。而周恩来本人因反冒进,与当时的形势唱对台戏,在 1958 年南宁会议上被毛泽东公开严厉批判。

毛泽东在解放前就高声疾呼"要把官僚主义方式这个极坏的家伙抛到粪缸里去"④。1944 年,毛泽东在延安也曾对官僚主义进行描述,虽然没有 20 年后周恩来描述得系统细致,但却非常生动形象。毛泽东谈到官僚主义,念了一首咏泥神的旧诗,并说,除了三餐不食这一点不像外,官僚主义者的其他方面都很像一座泥神像:一声不响,二目无光,三餐不食,四肢无力,五官不正,六亲不靠,七窍不通,八面威风,久坐不动,十分无用!

《反对官僚主义》指出了官僚主义是政治病症,却既没有指出政治病根,也没有提出政治处方。政治病症的政治病根和处方,周恩来不是不知,而是不讲。在

---

① 《周恩来年谱 1949—1976》上卷,中央文献出版社 1997 年版,第 569 页。
② 《周恩来选集》下卷,人民出版社 1980 年版,第 208 页。
③ 《邓小平文选》,人民出版社 1994 年版,第 270 页。
④ 《毛泽东选集》第 1 卷,人民出版社 1991 年版,第 124 页。

当时的特殊政治气候下,周恩来深知:讲了不仅没用,而且会因言获罪。4 年前,即1959 年 7 月庐山会议,针对大跃进的恶果,彭德怀一针见血地说道:"浮夸风、小高炉等等,都不过是表面现象;缺乏民主、个人崇拜,才是这一切弊病的根源。"①7 月14 日,彭德怀给毛泽东写了那封信。7 月 23 日,周恩来在与彭的谈话中,具体谈到了当时形势的困难。彭德怀说:"这些情况为什么不到大会上讲一讲呢?"周恩来:"开始就讲这些困难,像诉苦会了,误会成泄气不好。"彭德怀:"你们真是人情世故太深了,老奸巨猾。"周恩来:"这是方法,不是 1956 年犯了反冒进的错误吗?当时是冲口而出的,没有准备好,跑到二中全会讲了那么一通。应当谨慎,吸取教训。"②周恩来在 1959 年庐山会议上就已经吸取了 1956 年反冒进的教训,讲究"方法","应当谨慎"了。而不讲方法、不谨慎的彭德怀则被彻底打倒,1974 年被迫害致死。

必须指出的是:1984 年《人民日报》刊登的《反对官僚主义》这篇文章并不是1963 年周恩来报告的全文而是"要点"。文章最后一句是"我们绝不能容许官僚主义再继续发展下去"。到这里,文章便戛然而止。而《周恩来年谱》在这最后一句下面还记录了:"并提出,要克服官僚主义的弊病必须加强思想、政治、组织、经济这四项基本建设。"③但《周恩来年谱》并没有再做进一步的介绍。或许,周恩来在当天报告中对这四项基本建设有着具体的阐述。关于周恩来 1963 年 5 月 29 日这天的报告,1984 年 11 月出版的《周恩来选集下卷》收录了两篇文章,一篇是《人民日报》已刊登的《反对官僚主义》,另一篇是《过好"五关"》。笔者不认为《过好"五关"》就是周恩来对如何"加强思想、政治、组织、经济这四项基本建设"来反官僚主义的进一步阐述,因为主题、内容都明显不符。

四 "政治病症"必须政治解决

50 年前的《反对官僚主义》报告有其历史局限,但开门见山地指出了"官僚主义是领导机关最容易犯的政治病症"。这个定义一语中的、振聋发聩,"至今仍有极大现实意义",对于当下正在开展的群众路线教育实践活动更有方向性的指导意义。

---

① 余广人:《庐山会议四十周年感言》,《炎黄春秋》1999 年第 8 期,第 34 页。
② 李锐:《庐山会议实录》,河南出版社 1996 年版,第 146 页。
③ 《周恩来年谱 1949—1976》中卷,中央文献出版社 1997 年版,第 557 页。

官僚主义是"领导机关最容易犯的",就必须针对领导机关改革领导制度。1980年,邓小平就做了《党和国家领导制度的改革》的报告,强调:"如果不坚决改革现行制度中的弊端,过去出现过的一些严重问题今后就可能重新出现。"邓小平还指出了官僚主义的24种表现,痛批:"这无论在我们的内部事务中,或是在国际交往中,都已达到令人无法容忍的地步。"新中国成立65年,官僚主义给国家民族带来的灾难又何止一个"跃进号"?! 其实,邓小平在1956年《关于修改党的章程的报告》中,就将官僚主义作为贯彻群众路线的反面进行了批判,为"贯彻群众路线,克服官僚主义",还提出了一系列具体措施,包括"必须健全党的和国家的民主生活,使党的和政府的下级组织,有充分的便利和保证,可以及时地无所顾忌地批评上级机关工作中的错误和缺点,使党和国家的各种会议,特别是各级党的代表大会和人民代表大会,成为充分反映群众意见、开展批评和争论的讲坛"。1980年邓小平"忍无可忍"与1944年名单"泥神比喻",以及1963年周"20病症描述"一脉相承,特别是邓小平明确指出毛泽东、周恩来所没有指出的官僚主义的"总病根"——"中央高度集权的管理体制。"①

官僚主义是"政治病症",就必须政治解决,进行政治体制改革,而绝不是政治运动或阶级斗争,更不是思想教育运动。1986年邓小平指出:"政治体制改革同经济体制改革应该相互依赖,相互配合。只搞经济体制改革,不搞政治体制改革,经济体制改革也搞不通,因为首先遇到人的障碍。事情要人来做,你提倡放权,他那里收权,你有什么办法? 从这个角度来讲,我们现有的改革最终能不能成功,还是决定于政治体制的改革。"②官僚主义这个"政治病症"的药方,只能是政治体制改革,而绝不是政治运动或阶级斗争,更不是思想教育运动。因为无论政治运动或阶级斗争如何残酷无情,无论思想教育如何醍醐灌顶,都丝毫不触及"缺乏民主,忽视民主"的政治体制痼疾,也就永远不能解决官僚主义这个政治顽疾。

1922年列宁指出:"共产党成了官僚主义者。如果说有什么东西会把我们毁掉的话,那就是这个。"③70年后,这句话一语成谶。使苏共亡党亡国的,不是所谓西方的坦克大炮,而是苏共自身脱离群众,"成了官僚主义者"。1959年庐山会议

① 参见《邓小平文选》第2卷,人民出版社1993年版,第321~328页。
② 《邓小平文选》第3卷,人民出版社1993年版,第163页。
③ 《列宁全集》第52卷,人民出版社1988年版第300页。

上，张闻天跟着彭德怀为民请命，并说："毛主席关于群众路线、实事求是的讲话，我认为是讲起来容易做起来难。"①仅仅几天后，这种"难"便被"彭黄张周反党集团"验证。

---

① 李锐：《庐山会议实录》，河南出版社 1996 年版，第 129 页。

周恩来执政为民的群众路线观初探 魏云兰[*]
——以新中国成立初期的活动为中心的考察

1949 年 10 月,中华人民共和国成立,标志着中国共产党带领中国人民取得新民主主义革命胜利之后,成功进入新的历史阶段。由此,中国共产党也由革命党转变为执政党。政党身份的变化,引发了周恩来等老一辈无产阶级革命家一系列新的思考,即新中国的国体、政体是什么? 中国共产党执政后和群众的关系是什么? 在庆祝新中国成立一周年的大会上,周恩来特别指出:"今天出现了第一次的中国人民的统一。人民自己成了中国土地上的主人。"[①]因此,"我们的一切工作都是为了人民的"[②]。革命时代的实践证明,人民是力量的源泉,一切胜利唯有依靠人民才能最后取得。执政后,中国共产党应该全心全意代表人民的利益,受人民监督,做为人民办事的"公仆",所以,周恩来反复强调,"我们考虑一切问题都要从人民的需要,人民的爱好来着眼"[③]。这充分表明了周恩来在执政后正确认识了党和人民的关系,将革命时期形成的群众路线贯穿在执政当中的思路。

一、执政为民的群众路线观是对马克思主义群众观的科学把握

马克思主义经典作家在《共产党宣言》中指出:"过去的一切运动都是少数人的或者为少数人谋利益的运动,无产阶级的运动是绝大多数人的,为绝大多数人谋利益的运动。"[④]周恩来执政为民的思想,正是坚持以人民为根本,考虑绝大多数人民的利益,坚持让人民当家做主。这种观点恰是群众路线在新时期的体现,依靠人民夺取政权,执政后即要依靠人民管理国家。

历史唯物主义认为,人民群众是历史真正的创造者,既创造了物质文化成果,又推动和参与了社会变革。马克思主义高度评价人民群众在推动社会历史前进

* 魏云兰,中共代表团梅园新村纪念馆宣教部主任。
① 《周恩来选集》下卷,人民出版社 1980 年版,第 33 页。
② 《周恩来选集》下卷,人民出版社 1980 年版,第 142 页。
③ 《周恩来论文艺》,人民出版社 1979 年版,第 3 页。
④ 《马克思恩格斯选集》(第 1 卷),人民出版社 1995 年版,第 283 页。

中的决定作用,揭示人民群众是人类社会进步发展的根本动力。任何一个阶级及政党,无论在政治上如何标榜,只有反映并维护人民群众的根本利益,才有可能成为推动社会进步的力量,才不会落后群众和时代,才有资格站在时代的前列。由此,马克思主义群众路线观"一切依靠群众、一切为了群众"的核心内容形成。

在中国革命和建设的过程中,以周恩来为代表的第一代领导集体结合理论与实践,历史和现实,在实践中不断丰富了马克思主义的群众路线。执政后,周恩来指出,领导干部是人民的公仆和勤务员,手中的权力是人民赋予的,从这点出发,便决定了只能对人民负责,为人民服务,必须要代表人民群众正当行使权力。作为总理,周恩来常把自己看成人民群众的"总服务员",始终坚持人民的利益高于一切。他认为,干部被看成是凌驾于人民群众之上的官老爷是对党的一种损害。他说:"我们搞社会主义,为最大多数人谋最大利益,集中最大权力,做最大的好事。"①由此可见,在新中国成立后执政党尚未有足够的执政经验和经历的情况下,周恩来便依靠马克思主义理论对党如何执政展开思考。

新中国成立后,周恩来担任总理职务,肩负着管理和建设新中国的重任。他始终强调我们的政府是人民的政府,政府的权力应该为人民所用,过去革命是为了人民解放,现在建设是为了人民幸福。阶段不同了,任务变了,但是党的宗旨和群众路线没有变。周恩来这种思想,正是群众路线观在执政为民中的生动体现。周恩来要求,全心全意为人民服务是党的根本宗旨,也是政府工作的出发点。政府在社会管理中,应该切实对人民负责,保护群众利益,任何共产党员包括领导干部都不能"堕落到资产阶级卑鄙的个人主义"②。1950年9月,在全国政协为建国一周年举行的庆祝会说:"在中国,历史上只有一个政府,曾经在一年内做了这么多有利于人民的工作,而给予人民一种欣欣向荣的气象,这个政府,就是中央人民政府。"③周恩来在《我的修养要则》中写道:"永远不与群众隔离,向群众学习。"④在政府管理活动中,周恩来也反复指出:"群众比我们强,比我们智慧多,办法多。""我们要先恭恭敬敬地当学生,特别要听主管同志的意见,然后才能提出指导性意见。"⑤周恩来在执政中,一直相信群众,依赖群众,服务群众,践行了领导群众一起

---

① 《周恩来选集》下卷,人民出版社1980年版,第209页。
② 《周恩来选集》下卷,人民出版社1980年版,第119页。
③ 《周恩来选集》下卷,人民出版社1980年版,第49页。
④ 《周恩来选集》上卷,人民出版社1980年版,第125页。
⑤ 《我们的周总理》,中央文献出版社1990年版,第541页。

参与社会主义建设,建设新中国的群众路线观。

二、执政为民的群众路线观是周恩来执政思想的核心价值追求

新中国成立初期的执政实践中,周恩来始终强调执政为民的价值原则,这是对传统的私有制社会中人民始终处于压迫地位的一种彻底否定和鞭笞,同时,也是对中国共产党执政理论的丰富和发展,并成为新中国成立初期周恩来执政思想中群众路线观形成和发展的基石。

周恩来指出,"在几千年的阶级社会中,少数人无止境的欲望,妨碍了大多数人的生存与发展,这个的个性发展是专制主义的,是个人主义的"①。执政为绝大多数人民而不是为少数人,正式对以往剥削阶级社会制度的一种革命,执政为民的群众路线观改变了以往少数人对绝大多数人实行统治的局面,执政开始由统治向服务转变。与此同时,广大人民也由原来消极服从的"臣民"角色转向积极的社会主人,主体意识得以唤醒,人民在制度框架内有了更多的参与管理国家和社会的机会。人民参与政权进行管理国家和社会的执政模式,正是周恩来执政思想中的核心,因而在社会事务中,周恩来特别强调重视和发挥人民群众的作用,他指出:"人民的力量是不可战胜的。"②同时,周恩来还指出让人民群众参与国家事务的管理必须要真实,真正让人民享有各项民主权利,从而形成"又有民主。又有集中;又有自由、又有纪律;又有个性发展、又有统一意志"③的活泼局面。唯有如此,人民群众当家做主,中国共产党执政为民的愿望才能不打折扣地得以实现。

周恩来在执政为民中践行群众路线观,主要表现在对人民的热爱、尊重、亲近和谋利上。首先是爱民。周恩来在执政实践中,不仅对干部进行言教,更重要的是带头以实际行动践行人民公仆本色,真心爱民。1949年,周恩来在听取北京市治安情况的报告时,听说前一天发生电车被烧事件,便立即询问在场汇报的同志有没有到过事故现场,当听说都没有到过时便异常生气地带领大家赶往现场去查看,深入了解情况,着力解决问题。归途中,周恩来深有感触地说,"我们这一车都是官僚主义啊!"④1956年5月,周恩来还在谈话中提到人民群众"要见我们,有的也难见"时,批评说:对于我们这些做官的人,让我们想一想,是不是真正地在为人

---

① 《周恩来选集》下卷,人民出版社1980年版,第30页。
② 《周恩来统一战线文选》,人民出版社1984年版,第399页。
③ 《周恩来选集》下卷,人民出版社1980年版,第267页。
④ 甄小英:《周恩来精神风范》,中共中央党校出版社2008年版,第75页。

民服务。①其次是尊民。周恩来除了再三表示人民群众有力量、有智慧之外，还在不同的场合表示一定要尊重人民群众，听取群众意见和建议。新中国成立初期，周恩来在一次全国统战部长会议上说："我们管理这么大一个国家，就要注意听取人民的意见。"②事实上，如果执政党唯我独尊，无视人民群众在底层产生的意见，势必会造成人民与政府目标的背离，也容易让执政党凌驾于群众利益之上。周恩来每次起草政府工作报告时，都要悉心听取各方面的意见。在日常的工作中，也鼓励大家多提意见，尊重人民的意愿。再次是亲民。亲民即是对人民群众有着赤子般的情怀，周恩来年轻时东渡日本求学，曾作《大江歌》，中有"邃密群科济世穷"之句，表现了对人民的深厚感情。执政后，周恩来虽为国家总理，但总是与人民打成一片，常说"我也是人民群众的一员"。周恩来总是利用一切可能的机会，去接近人民群众，同各行各业的群众交流，置身于群众中倾听呼声，谈论国家大事，了解国计民生，更谈论与人民利益切实相关的小事。凡是与群众利益相关的事，只要反映到周恩来那里，他都高度重视，要求妥善处理。最后的利民。周恩来无论走到哪里，总是着力解决群众的安危疾苦，为民谋利。新中国成立初期，国家总体比较贫困，人民生活条件艰苦，衣食住行方面的需求很大，矛盾很多。周恩来强调革命和建设的根本目的就是让人民过上好的生活，因此在执政中将主要精力发在如何恢复和发展经济上。在新中国成立初期短短的几年内，周恩来领导广大人民群众在战胜灾荒、解决就业、社会保障、发展医疗卫生事业、稳定社会治安等方面做了大量卓有成效的工作，为社会主义三大改造和一五计划的实施创造了条件。

三、执政为民的群众路线观是实现和维护人民根本利益的落脚点

利益是与人的生成密切相关的一种价值追求。马克思曾表示："人们为之奋斗的一切，都同他们的利益有关，人们一旦离开利益思考，就一定会出丑。"③因此，追求利益是人类一切社会活动的基本动因。但在私有制条件下，剥削阶级通过国家政权为自己谋取了利益，牺牲了广大人民群众的利益。以至于马克思在考察过资本主义制度后断言，"因为每一企图取代旧统治阶级的新阶级，为了达到自己的目的不得不把自己的利益说成是社会全体人员的共同利益"④。以中国共产党为

①《周恩来选集》下卷，人民出版社1980年版，第199页。
②《周恩来选集》下卷，人民出版社1980年版，第103页。
③《马克思恩格斯全集》（第1卷），人民出版社1995年版，第187页。
④《马克思恩格斯选集》第1卷，人民出版社1995年版，第100页。

先锋队的中国工农联盟在取得政权后,通过打碎旧的国家机器,彻底消灭了剥削阶级,让执政的权利回归到人民手中。人民的利益和国家的利益实现了一致。

周恩来在担任总理后,更加重视人民的利益,坚持人民利益至上,始终关注如何实现好和维护好人民的利益,并以此作为制定政策的出发点和落脚点。新中国成立后,周恩来与党的各级干部和群众谈话中,多次强调我们党的执政前提就是大家要"有一个共同的立场,这就是为绝大多数人的最高利益着想的人民立场"①,并指出为人民服务就是要为中国人民的最高利益服务。换言之,周恩来执政为民的群众路线观,就是要照顾到最大多数人民的最大利益。在政府管理工作中,他教育工作人员说:"情义只有建立在人民的利益上才是伟大的、崇高的"②,管理者只有始终把人民群众的利益放在心上,并在管理工作的实践中贯彻下去,才能得到广大人民群众的爱戴,并从人民群众那里吸取能量和支持。群众接受和认可了管理者的意图,执政才能长治久安。作为人民公仆,周恩来要求各级干部要想群众之所想,急群众之所急,把方便留给群众,把困难留给自己。但是,为最大多数人的最大多数利益着想,需要有高超的理论素养和切实的执行能力,现实中却不是每个干部都能理解和发挥得很好。周恩来对此深恶痛绝,批评认为出现这种情况的原因是资产阶级个人主义和封建思想残余在作怪,是剥削阶级长期统治的遗产,是旧社会衙门作风的反映。1954 年 9 月在第一次全国人民代表大会上,周恩来庄严宣告,我们的国家机关是属于人民群众的,它同旧中国的压迫人民的衙门在本质上根本相反,贪污诈骗、任用私人、欺压群众等旧官僚机关的传统恶习,在共产党执政的机关里是绝对不允许的。周恩来长期对各级干部进行以群众路线为核心的执政观教育,就是要在执政中彻底体现为民实现利益、守护利益。

新中国成立初期,周恩来不仅关心全局性大事的解决,也十分关注和人民群众具体利益相关的小事。新中国成立初期按照《共同纲领》的规定,新中国实现新民主主义方针,在经济上实行五种经济成分并存,在政治上建立包括工人阶级、农民阶级、小资产阶级和民族资产阶级在内的人民民主政权。针对这种情况,周恩来认为政策制定不能损坏人民群众的利益,要"坚持国营经济的领导",也要照顾"四面八方",必须有效化解社会各个阶级和不同利益群体的利益矛盾,对于民族资本主义工商业,周恩来最早提出要采用国家资本主义的办法,达到"阶级消灭,

---

① 《周恩来选集》下卷,人民出版社 1980 年版,第 65 页。
② 《周恩来教育文选》,教育科学出版社 1984 年版,第 53 页。

个人愉快"的效果,这一效果的实现,其实是群众路线在具体政策操作中的真实落实。

从 1953 年起,新中国开始进行大规模的经济建设。由于新中国经济基础比较薄弱,如何处理好经济建设和人民生活的关系,即协调好社会积累和社会消费的比例关系在整个国家经济生活中至关重要。周恩来坚决反对把经济建设和人民生活对立起来的错误观点,强调在发展生产的基础上提高人民群众的生活水平,促进社会和经济的相互协调。否则,发展依靠谁和为了谁的问题便没有解决。周恩来认为,把国家建设和人民生活对立起来的观点是错误的,让人民群众降低个人生活水平来参与国家建设、支援国家建设不利于调动人民的积极性,经济最终也难以健康发展起来。从 1955 年起,随着农业合作化运动速度的加快,社会主义改造和社会主义建设的速度也相应加快,党内好大喜功、急于求成的思想十分严重。经济建设指标不断加码,工业化速度水涨船高,资金、物资和原材料需求严重不足,社会积累所占比例升高,造成了各方面的紧张,严重影响到了人民群众的生活。周恩来认为政府领导经济工作必须实事求是,超过现实可能和没有根据的事不要乱加快,任何失误都会造成人民群众利益的损害。周恩来坚持人民群众根本利益和眼前利益要结合起来,不可偏废,"如果不关心人民的当前利益,要求人民过分地束紧裤腰带,他们的生活不能改善甚至还要降低水平,他们要购买的物品不能供应,那么,人民群众的积极性就不能很好地发挥,资金也不能积累,即使重工业发展起来也还得停下来"[①]。这种对经济规律的认识,归根结底落脚在执政为民的群众路线观上。

周恩来执政为民的群众路线观,是中国共产党人执政为民群众路线观的一个代表,是中国共产党全心全意为人民服务的一个缩影。以周恩来为代表的中国共产党在执政道路上,始终坚持权为民所用、情为民所系、利为民所谋,以人民为大,以人民为本,并依靠群众解决中国发展道路上出现的各种问题。不可否认,中国共产党在执政过程中面对过许多困难,但从长远来看,都是发展中的困难,只要依靠人民群众,从群众中来、到群众中去,都可以最终在人民的智慧下获得解决,最终也会实现伟大的民族复兴的中国梦。

---

① 《周恩来经济文选》,中央文献出版社 1993 年版,第 336 页。

试论周恩来现代化思想的承前启后作用 徐 行[*]

——基于同毛泽东、邓小平现代化思想比较研究的视角

本文将在分析周恩来现代化思想对新中国各项建设事业所起的积极作用的基础上,深入阐明在新中国现代化建设道路上,周恩来的现代化思想在毛泽东时代和邓小平时代起着承前启后的重要作用。特别是其适合中国国情的经济思想既是毛泽东社会主义建设思想的有益补充和丰富发展,同时又对邓小平后来改革开放,搞活经济的思想有重大启示意义,并对今日我国现代化道路的发展仍有现实指导意义。

一、周恩来对毛泽东现代化思想的丰富和发展

作为新中国第一代领导核心的最主要成员,周恩来和毛泽东共同领导了新中国的现代化建设,他们的现代化思想中有许多相同之处,许多正确的主张是他们在领导中国探索现代化道路中共同提出来,是周恩来在具体实践中不断完善和补充的。他们的现代化思想的共同之处和周恩来的丰富发展,主要体现在以下几个方面:

第一,他们皆怀着振兴中华的宏愿,皆提出了现代化的战略目标和建设构想。把伟大的祖国建设得繁荣富强是他们一生的追求和希望。

早在中共七届二中全会上,毛泽东就指出:新中国建立以后,要迅速地恢复和发展生产,进而使中国稳步地由农业国转变为工业国。1954年毛泽东在第一届全国人民代表大会上阐明:"准备在几个五年计划之内,将我们现在这样一个经济上文化上落后的国家,建设成为一个工业化的具有高度现代文化程度的伟大的国家。"毛泽东还对我国的现代化战略目标如何实现做了初步设想。他认为可以分两步:第一步是通过"一化三改"运动建成社会主义社会;第二步是建成社会主义现代化强国。

---

* 徐行,南开大学周恩来政府管理学院教授。

周恩来最早地完整提出了四个现代化的设想,他对实现现代化战略目标的步骤也有自己的思考。1954年,他在第一届全国人大上所做的《政府工作报告》中阐明:"我国的经济原来是很落后的。如果我们不建设起强大的现代化的工业、现代化的农业、现代化的交通运输业和现代化的国防,我们就不能摆脱落后和贫困,我们的革命就不能达到目的。"①周恩来对于科技在现代化中的作用认识最为深刻,他提出没有现代化的技术,就没有现代化的工业、现代化的农业和现代化的国防,四个现代化要同时并进,相互促进。关于现代化战略发展的步骤,他提出:"可以按两步来考虑:第一步,建立一个独立的比较完整的工业体系和国民经济体系;第二步,全面实现农业、工业、国防和科学技术的现代化,使我国经济走在世界的前列。"②

第二,为最广大人民群众谋利益,将人民的需求和群众的利益置于首位,是他们现代化建设思想的核心,也是他们共同的奋斗目标。

毛泽东早就指出:"全心全意为人民服务,一刻也不脱离群众;一切从人民的利益出发,而不是从个人或小集团的利益出发;向人民负责和向党的领导机关负责的一致性;这些就是我们的出发点。"③他认为共产党要做到一切为了群众,就必须与人民群众紧密联系在一起,从群众中来,到群众中去,充分了解群众需要什么,想些什么,要了解群众的要求和愿望。同时,必须正确处理人民群众的眼前利益和长远利益,根本利益与具体利益的关系。

为广大人民群众谋利益也是周恩来领导中国现代化建设的出发点,他一贯认为:"在我们的国家里,经济建设的发展和人民生活的改善不能不是互相一致的,因为社会主义经济的唯一目的,就在于满足人民物质和文化的需要,而为了充分满足人民的物质和文化的需要,又必须不断发展社会主义经济"④,早在1950年代他就指出:"我们进行社会主义建设、社会主义改造、目的就是要在生产发展的基础上,在劳动生产率提高的基础上,逐步地改善人民的物质生活和文化生活。"周恩来终生都在用实际行动履行全心全意为人民服务的宗旨。

第三,他们都认识到,在现代化建设中应坚持从中国具体国情出发,坚持实事求是的原则。他们的差别只是认识的程度和深度有所不同。

---

①　《周恩来经济文选》,中央文献出版社1993年版,第176页。
②　《周恩来经济文选》,中央文献出版社1993年版,第563页。
③　《毛泽东选集》第3卷,人民出版社1991年版,第1094~1095页。
④　《周恩来经济文选》,中央文献出版社1993年版,第196~197页。

毛泽东早在新中国成立前就强调要从实际情况出发,要大兴调查研究,只有这样,工作才能做好。他强调:"认清中国的国情,乃是认清一切革命问题的基本依据。"①正是从实事求是的角度出发,新中国成立初期,毛泽东对中国国情有清醒的认识,他提出:"要使全体干部和全体人民经常想到我国是一个社会主义大国,但又是一个经济落后的穷国……要使我们富强起来,需要几十年艰苦奋斗的时间。"②

　　周恩来一贯坚持实事求是原则,坚持经济建设必须从中国实际情况出发。他始终强调"说真话,鼓真劲,做实事,收实效"。他在领导现代化建设的过程中,强调:"各部门订计划,不管是十二年远景计划,还是今明两年的年度计划,都要实事求是。"③"应根据需要和可能,合理地规定国民经济的发展速度,把计划放在既积极又稳妥可靠的基础上,以保证国民经济比较均衡地发展。"④周恩来一再提出各国的建设必须根据自己的具体情况,根据国情和国民经济发展需要制定奋斗目标。历史已充分证明,能否坚持实事求是原则关系到我国现代化建设的成败,关乎国家的兴衰盛亡。

　　第四,他们都强调在现代化建设中要以自力更生为主,争取外援为辅,一方面立足于本国实际,走自己的路;一方面对外开放搞活,学习和利用一切人类先进文明成果。

　　毛泽东一贯倡导和坚持的原则就是独立自主,自力更生。他主张中国独特的国情,独特的历史条件,决定了我们不能随意照搬照套他国的发展模式和道路。但是他也反对闭关自守,新中国成立之初他就向全世界声明:"中国人民愿意同全世界各国人民实行友好合作,恢复和发展国际的通商事业,以利发展生产和繁荣经济。"⑤如何处理自力更生和争取外援的关系呢?毛泽东提出:"我们是主张自力更生的,我们希望有外援,但是我们不能依赖它。"⑥1958 年毛泽东在为国家计委起草的《第二个五年计划》的批示中进一步阐明了他的这一观点:"自力更生为主,争取外援为辅,破除迷信,独立自主地干工业、农业、干技术革命和文化革命,打倒奴隶思想,埋葬教条主义,认真学习外国的好经验,也一定研究外国的坏经验——

　　① 《毛泽东选集》第 2 卷,人民出版社 1991 年版,第 633 页。
　　② 《毛泽东著作选读》下卷,人民出版社 1986 年版,第 795~796 页。
　　③ 《周恩来经济文选》,中央文献出版社 1993 年版,第 252 页。
　　④ 《周恩来经济文选》,中央文献出版社 1993 年版,第 278 页。
　　⑤ 《毛泽东选集》第 4 卷,人民出版社 1991 年版,第 1466 页。
　　⑥ 《毛泽东选集》第 3 卷,人民出版社 1991 年版,第 1016 页。

引以为戒,这就是我们的路线。"①

　　周恩来对毛泽东这一思想完全赞同,他阐述得更透彻:"以国内力量为主,即自力更生为主。小国应该这样,有四亿五千万人口的大国更应该这样。毫无疑问生产建设上要自力更生,政治上要独立自主。"②他旗帜鲜明地表明了自己的立场:"我们必须以自力更生为主,同时也应该认识到外援对于我国的发展和建设,还是起了很大作用的"③,周恩来还批评了两种错误的思想倾向。一是关起门来搞建设的思想。由于国际经济交流日趋紧密,国家间的经济技术合作往来已不可避免,我国现代化建设需要对外交流,需要充分利用外援。"我国同世界各国在经济上、技术上、文化上的联系,必然会一天比一天发展。因此,在建设社会主义事业中的孤立思想是错误的。"④另一种错误就是全面依赖外援的思想。周恩来认为像我们这样一个人口众多的国家,有必要建立自己的完整的工业体系,要去掉依赖思想。1964 年 12 月他在第三届全国人民代表大会上阐明:"自力更生是我们党一贯坚持的方针。中国人民不是懒汉懦夫,过去没有,今后也决不会依赖别人过活。我们能完全依靠自己的力量,建立一个独立的完整的现代化的国民经济体系。同时,我们仍然要在力所能及的范围内,认真地加强对外援助,努力做出更大的国际主义贡献。"⑤

　　第五,他们都有不同程度的改革设想。在探索现代化道路的过程中,我国的经济体制、管理体制改革,从毛泽东、周恩来,到邓小平,乃至到现任国家领导人,就一直没有停止过探索。

　　20 世纪 50 年代中期,毛泽东发现了我国经济管理体制中的一些问题,并提出了一些调整的主张。毛泽东认为我国的经济管理中,中央统得过多过死,不利于调动和发挥地方积极性,因而提出要调整中央和地方的关系。他提出:"应当在巩固中央统一领导的前提下,扩大一点地方的权力,给地方办更多的事情,这对我们建设强大的社会主义国家比较有利。"⑥毛泽东还对国家制订统一生产计划,统一收购产品,对工厂统得过死的问题进行了反思。他说:"把什么东西统统都集中在中央或省市,不给工厂一点权力,一点机动的余地,一点利益,恐怕不妥。"他主张

---

①　顾龙生编著:《毛泽东经济年谱》,中共中央党校出版社 1993 年版,第 423 页。
②　《周恩来经济文选》,中央文献出版社 1993 年版,第 30 页。
③　《周恩来经济文选》,中央文献出版社 1993 年版,第 396 页。
④　《周恩来经济文选》,中央文献出版社 1993 年版,第 289 页。
⑤　《周恩来经济文选》,中央文献出版社 1993 年版,第 565 页。
⑥　《毛泽东文集》第七卷,人民出版社 1999 年版,第 31~32 页。

企业要有点"独立王国"①。毛泽东还对我国经济体制中的所有制模式进行了思考。1956 年 12 月 7 日,毛泽东与民建、工商联负责人黄炎培、陈叔通等人谈话时指出:"现在国营、合营企业不能满足社会需要。如果有原料,国营投资困难,社会有需要,私人可以开工厂。"②

作为中国经济建设的领导者和规划设计者,周恩来对经济管理体制中存在的问题感受最深,他在不断地思考,力图克服这些弊端。他在制订"二五计划"时提出,适当地扩大地方的权限,"因为地方比中央更接近企业和事业的基层单位,更加接近群众,也更加容易了解实际情况,适当地扩大地方的权限,就能够更好地把地方上的一切力量,一切积极因素,组织到社会主义建设事业中来"③。他认为在中央统一领导下,实行中央与地方的适当分权,是为了更好地发挥地方和广大人民发展生产,加强工作的积极性和创造性。这样就更有利于现代化建设。周恩来还注意到企业的自主权问题,他指出:"不能只照顾国家,不管一个个小的生产单位","必须给一个单位以一定的自治权利,给每一个劳动者以应得的福利,给它以一定的机动范围,使其经营性不受阻碍"④。另外,周恩来还对我国的经济所有制形式做了思考。他指出:"主流是社会主义,小的给些自由,这样可以帮助社会主义的发展。"他认为这可以在工业、农业、手工业等领域实行开展,都可以采取这个办法:大型企业由国家开办;小的企业、合作社、私人都可以开,采取自负盈亏的办法,"在社会主义建设中,搞一点私营的,活一点有好处。"⑤他的这些思想为后来的经济体制改革开拓了思路。

综合分析毛泽东和周恩来的现代化建设思想,我们看出他们有共同的理想,共同的目标,他们在社会主义建设道路的探索中有许多共识,在探索现代化道路上的大目标是一致的,他们的出发点也是一致的。但是在一些具体的政策措施上,他们之间也存在着分歧。具体表现在:如在现代化建设的速度方面,周恩来始终持谨慎态度,主张稳步前进,而毛泽东主张建设速度要大大加快,错误地批评了周恩来的反冒进;在经济建设的具体指标方面,周恩来一贯主张统筹兼顾,合理安排,毛泽东急于迅速改变中国一穷二白落后面貌,鼓励制定高指标,积极提倡大干

① 《毛泽东文集》第七卷,人民出版社 1999 年版,第 29 页。
② 顾龙生编著:《毛泽东经济年谱》,中共中央党校出版社 1993 年版,第 387 页。
③ 《周恩来经济文选》,中央文献出版社 1993 年版,第 315 页。
④ 中共中央文献研究室编:《周恩来年谱(1949—1976)》上卷,中央文献出版社 1997 年版,第 572 页。
⑤ 《周恩来经济文选》,中央文献出版社 1993 年版,第 350~351 页。

快上,要在全国迅速形成"大跃进"的局面;在农村所有制结构方面,周恩来主张以社会主义国营经济为主体,以个体私营经济为补充;以计划经济为主体,以市场调节为补充,毛泽东主张建立"一大二公"的人民公社,大搞平均化;在工资福利制度和物质奖励方面,周恩来很早就提出"劳资两利"的主张,他认为"必要的奖励政策不能叫物质刺激"①。毛泽东重视精神奖励,"政治挂帅",反对等级化。

尽管在探索社会主义现代化建设道路上,周恩来与毛泽东在某些问题的看法上存在差异,但总体看来,新中国第一代领导人的现代化思想可以说是互为补充、共同完善的,也可以说这一思想是毛泽东的宏伟设想和周恩来等人的具体实践的有机结合。其中,不可否认的是周恩来有将毛泽东的现代化思想付诸实践、努力传承、不断创新之功。

二、周恩来的现代化思想对邓小平理论的启示

实现社会主义现代化是全国人民伟大梦想,更是中国共产党人孜孜所求的目标。周恩来与邓小平两位伟人对社会主义现代化建设进行了卓有成效的探索,勾画出了我国社会主义现代化建设的独特轨迹。任何一种伟大理论的产生,既是对实践经验和发展规律的概括和总结,又必然闪烁着前人的思想光辉。正是有了周恩来现代化思想的奠基,才使邓小平现代化思想和邓小平理论有了更加牢靠的根基。周恩来提出并做过一定尝试的许多正确思想,在十一届三中全会后得到了邓小平的继承和创新,仍然闪烁着耀眼的光辉。周恩来现代化思想对邓小平理论的启示主要体现在以下三个方面:

(1)以社会主义现代化建设为各项工作的中心

周恩来对现代化建设事业始终非常重视。在一届全国人大一次会议上,他在报告中明确指出:"经济建设在整个国家工作中已经居于首要的地位"②此后,中共八大也做出了把工作重点转移到经济建设上的决策。但是,由于"大跃进"带来的国民经济不平衡和严重困难,打乱了周恩来原来对国家现代化建设的部署,不得不把注意力集中于抓国民经济的调整工作。但20世纪60年代初国民经济一有好转,他立即把注意力转移到现代化建设上来。在1964年12月召开的三届全国人大一次会议上,周恩来提出:"今后发展国民经济的主要任务,总的说来,就是要在

---

① 《周恩来选集》下卷,人民出版社1980年版,第459页
② 《周恩来选集》下卷,人民出版社1980年版,第133页。

不太长的历史时期内,把我国建设成为一个具有现代农业、现代工业、现代国防和现代科学技术的社会主义强国,赶上和超过世界先进水平。"①邓小平在"文革"后期顶住"四人帮"的压力,坚持抓经济整顿工作,以实际行动努力实现着周恩来的宏愿。粉碎"四人帮"后,邓小平得将周恩来的四个现代化思想付诸实施。他向全党全国人发出号召,要坚定不移地把全党全国的工作重点转移到现代化建设上来,并把一个中心,两个基本点确定为中国共产党在新时期的基本路线。他一再强调:"就我们国内来说,什么是中国最大的政治?四个现代化就是中国最大的政治。"②"同心同德地实现四个现代化,是今后一个相当长的时期内全国人民压倒一切的中心任务,是决定祖国命运的千秋大业。"③

(2)设计制定出中国现代化建设的伟大战略部署

周恩来在提出四个现代化的设想和领导全国现代化建设过程中,还提出了"两步走"的设想:"为了实现这个伟大的历史任务,从第三个五年计划开始,我国的国民经济发展,可以按两步来考虑:第一步,建立一个独立的比较完整的工业体系和国民经济体系;第二步,全面实现农业、工业、国防和科学技术的现代化,使我国经济走在世界的前列。"④为实现这个伟大的战略部署,周恩来呕心沥血,鞠躬尽瘁,可惜由于国内外各种因素的影响和干扰,终成遗愿。中共十一届三中全会以来,邓小平继承了周恩来的遗志,在总结以往经济建设经验的基础上,提出了"三步走"战略,即"第一步在八十年代翻一番。以 1980 年为基数,当时国民生产总值人均只有 150 美元,翻一番,达到 500 美元。第二步是到本世纪末,再翻一番,人均达到 1 000 美元。实现这个目标意味着我们进入小康社会,把贫困的中国变成小康的中国。那时国民生产总值超过一万亿美元,虽然人均数还很低,但是国家的力量有很大增加。我们制定的目标更重要的还是第三步,在下世纪用三十年到五十年再翻两番,大体上达到人均四千美元。做到这一步,中国就达到中等发达的水平"⑤。改革开放的新时期,我国的现代化建设正是在邓小平的伟大战略部署下顺利开展起来,至今我国经济发展三步走的战略已经成功地走完了两步,到 20 世纪末,我国大部分地区已经达到温饱和小康,20 世纪再用几十年时间我们将走完

①　中共中央文献研究室编:《周恩来年谱(1949—1976)》中卷,中央文献出版社 1997 年版,第 696 页。
②　《邓小平文选》第 2 卷,人民出版社 1994 年版,234 页。
③　《邓小平文选》第 2 卷,人民出版社 1994 年版,203～209 页。
④　中共中央文献研究室编:《周恩来年谱(1949—1976)》中卷,中央文献出版社 1997 年版,第 696 页。
⑤　《邓小平文选》第 2 卷,人民出版社 1994 年版,226 页。

第三步,经过全国人民齐心协力的艰苦奋斗,我国的现代化将最终胜利建成,周恩来、邓小平的遗愿最终一定会实现,到20世纪中叶我国将达到中等发达国家的水平。

(3)强调科学技术现代化在四个现代化中的关键地位

周恩来在组织领导我国社会主义现代化建设的实践中,深切感受到科学是关系国防、经济和文化各方面的决定性的因素。早在1954年9月,周恩来就提出"没有现代化的技术,就没有现代化的工业"①,基于对科学技术重要性的认识,他把最早提出的"科学文化现代化"改为"科学技术现代化"。因为他认为文化本来属于意识形态的范畴,"我们要实现农业现代化、工业现代化、国防现代化和科学技术现代化,把我们祖国建设成为一个社会主义强国,关键在于实现科学技术的现代化"②。中共十一届三中全会以来,邓小平发展了周恩来科技现代化的思想,他根据时代特征和需求,提出了"科学技术是第一生产力"的著名论断,成为中国人民进行现代化建设的一个重要指导思想。在领导社会主义现代化建设过程中,邓小平远见卓识地提出了可持续发展的思想,并将它作为中国现代化建设和经济发展的基本战略。邓小平认为实现可持续发展的根本途径是科技创新和人力资源的开发。1992年他在南方视察工作时指出:"经济发展得快一点,必须依靠科技和教育。""高科技领域的一个突破,带动一批产业的发展。""要提倡科学,靠科学才有希望。""高科技领域,中国也要在世界占有一席之地。"③从中外经济发展史上看,一个国家科学技术的发展必然带来经济繁荣;而科技落后必然导致经济的停滞不前。根据我国统计资料显示,科技含量最高的第一个五年计划也是新中国成立以来各项经济指标发展最快的五年,而科技含量最低的"文革"时期我国的国民经济亦濒于崩溃。改革开放以来,在邓小平的领导下国家加大了对科技的投入,科学技术的作用日显突出,生产力水平也随之迅速提高。实践证明,科学技术的创新、人力资源的合理开发,是实现可持续发展的根本途径。

三、周恩来现代化建设思想的当代指导意义

周恩来杰出的现代化建设思想是我们进行社会主义建设、实现中国梦的一笔

① 《周恩来选集》下卷,人民出版社1980年版,第136页。
② 《周恩来年谱(1949—1976)》中卷,中央文献出版社1997年版,第528页。
③ 《邓小平文选》第3卷,人民出版社1994年版,第377~378页。

宝贵精神财富。新中国第一代领导人在探索中国现代化道路过程中遇到了多艰难险阻,对从没有经历过的新情况、新问题,他们不可能一切都看得很清楚,受时代的局限他们工作中也会有失误和不正确的认识。但值得肯定的是,周恩来在担任政府总理期间,为寻找一条适合中国国情的现代化建设道路,进行了力所能及的最大努力和探索,留下了许多被实践证明是完全正确的珍贵的、闪光的思想主张。如:要把经济建设放在国家工作的首位;必须以农业为基础,工业为主导;实现四个现代化,科学技术是关键;要大力发展教育、培养人才,正确对待知识分子;经济工作要从实际出发,实事求是,因地制宜;现代化建设既要自力更生又要开展国际合作、吸收与利用外资等等,这些都为后来邓小平提出的经济建设方针和改革开放理论提供了极有价值的思想源泉。

开国总理周恩来殚精竭虑,呕心沥血,在实践中反复探索,提出了四个现代化的宏伟目标,奠定了建设社会主义现代化强国的坚实理论基础,其理论的核心内容至今仍在闪闪发光。周恩来提出并努力为之奋斗的许多正确思想主张,在中共十一届三中全会以后得到继承发展和创新。在当前加快改革开放的进程中,周恩来的现代化建设思想和成功实践仍给今天中国全面的现代化建设以深邃的启迪:

首先,要正确认识从建立独立的工业体系到全面实现四个现代化的密切相关。

周恩来的四个现代化思想最早源于工业化思想,并随着建立完整大工业体系逐渐发展成熟。最初周恩来提出的工业化是以苏联为标准的,当时许多人都认为当国民经济总产值中工业产值比重达到70%时,国家就实现了工业化,就可以步入世界强国之列。但是,在领导中国经济建设的实践中,周恩来感到苏联的工业化标准过于简单,他提出要把我国"基本上建成一个完整的工业体系"①。他阐明了建立完整的工业体系的具体内容,即是"自己能够生产足够的主要的原材料;能够独立地制造机器,不仅能够制造一般的机器,还要能够制造重型机器和精密机器,能够制造新式的保卫自己的武器,像国防方面的原子弹、导弹、远程飞机;还要有相应的化学工业、动力工业、运输业、轻工业、农业等"②。

在第一个五年计划实施中,周恩来开始探索更加全面均衡的现代化目标体系,逐步提出了"四个现代化"战略,即从单纯的工业化的发展战略转变为实现工

---

① 《周恩来选集》下卷,人民出版社1980年版,第225页。
② 《周恩来选集》下卷,人民出版社1980年版,第232页。

业、农业、科学技术和国防四个方面现代化并进的发展战略。这样,工业化的标准就由单纯仿效苏联转为学习世界上最先进的工业国家了。在积极倡导实现国家工业化的同时,周恩来又揭示了工业化和现代化的关系,提出了两步走战略。他认为工业化是现代化的必要前提,现代化是工业化的发展前景。为了防止重犯苏联"光提工业化,把农业丢了"的错误,周恩来从最早提出的建立独立的工业体系,发展到建立一个包括各行业在内的独立的国民经济体系,以实现第一步奋斗目标。在阐述四个现代化的关系时,周恩来特意指出:"我们的四个现代化要同时并进,相互促进,不能等工业现代化以后再来进行农业现代化、国防现代化和科学技术现代化。"①

周恩来还阐明了工业化建设和其他几方面现代化建设的关系。他一贯坚持农业是基础、工业是主导的思想,新中国成立初期就提出"我们必须在发展农业的基础上发展工业,工业的领导下提高农业生产水平"②。他揭示了科学技术现代化在四个现代化建设中的战略地位,明确指出:"没有现代化的技术,就没有现代化的工业。"③周恩来的这些思想主张,实践证明是完全正确的,对我们今天如何处理四个现代化之间的关系,如何实现国民经济的全面发展有很强的现实性指导意义。

其次,要解放思想,积极对外开放,大胆学习和借鉴人类一切先进文明成果。

早在新中国成立初期,周恩来就曾明确指出,我们利用资产阶级,与他们进行合作,不仅政治上可能,经济上也需要。今天,为加快我国现代化建设步伐,很有必要扩大对外开放,破除一切僵化的保守的观念,大胆学习和利用西方先进的管理经验和科学技术。当年周恩来还提出以私营经济作为国营经济的补充,发展中国型的国家资本主义。周恩来认为,在我国生产力水平落后的情况下,为了恢复和发展国民经济,为了进行现代化建设,就应该允许和扶持私人资本主义经济的存在和发展。周恩来的这一正确主张在当时极"左"的形势下没有完全实现,但对指导我们当前的现代化建设事业具有很强烈的借鉴意义。今天我们进行现代化建设同样需要国内外私营经济的帮助与合作,他们是我国公有制经济的有益补充。私营经济使国家增加了税收,工人增加了就业机会,在华投资的国外企业还

① 《周恩来选集》下卷,人民出版社 1980 年版,第 412 页。
② 《周恩来选集》下卷,人民出版社 1980 年版,第 9~10 页。
③ 《周恩来选集》下卷,人民出版社 1980 年版,第 136 页。

带来了先进的技术和管理经验,归根到底有利于提高我国的生产力水平,增强综合国力。

总之,认真学习和研究周恩来的现代化建设思想有助于我们认清积极引进和兴办"三资"企业对我国现代化建设的重要作用,加快改革开放的进程。周恩来提出的要敢于和善于学习利用资本主义的观点,对我们今天解放思想,破除迷信,更新观念,大胆学习、借鉴和引进人类一切先进文明成果仍有直接的指导意义。

最后,要既反保守,又反冒进,坚持综合平衡,稳步向现代化迈进的方针。

根据新中国成立后我国生产力极为落后的现状,周恩来估计,即使按苏联工业化的标准,中国实现工业化也需要"十年、二十年"的时间。① 若按欧美发达工业国家的标准,"不仅要十几年,要半个世纪才能赶上先进的国家"②。因此周恩来警告:"绝不要提出提早完成工业化的口号。冷静的算一算,确实不能提。工业建设可以加快,但不能说工业化提早完成。"③在实践中,周恩来又多次强调:不要急躁冒进,要尊重事实,从客观实际出发,不能从主观想象出发,必须实事求是。"一五"时期,面对经济建设获得的巨大成就,周恩来并没有盲目乐观,头脑发热,而是冷静地思考分析各种情况,及时提醒人们,"不要光看到热火朝天的一面,应小心谨慎","超过现实可能和没有根据的事,不要乱提,不要乱加快,否则很危险"④。在"超英赶美"的"大跃进"时期,周恩来不顾个人安危,冒着辞职的危险,大声疾呼要"讲真话,鼓真劲,做实事,收实效"⑤。既积极又稳妥地向四个现代化目标迈进。这与当时的急于求成,追求不切实际的高指标、高速度形成鲜明的对照,更加凸显出周恩来这一思想对我国社会主义现代化建设的深远的理论价值和实践价值。

周恩来制定的既要反对右倾保守,又要反对急躁冒进,坚持综合平衡,统筹兼顾,稳步发展的方针,对我们今天的社会主义现代化建设仍有重要的指导和借鉴意义。周恩来一贯主张从中国的具体国情出发,在经济建设中坚持实事求是的原则。可惜的是 20 世纪 50 年代末,由于我们在经济建设上急于求成,严重违背了客观经济规律,盲目追求高速度,结果使生产力遭到严重破坏。20 世纪 60 年代由于政治上越来越"左",终于导致了十年动乱的发生。历史已多次证明:"左"的错误

---

① 《周恩来经济文选》,中央文献出版社 1993 年版,第 126 页。
② 力平:《开国总理周恩来》,中共中央党校出版社 1994 年版,第 290 页。
③ 《周恩来选集》下卷,人民出版社 1980 年版,第 190 页。
④ 《周恩来选集》下卷,人民出版社 1980 年版,第 190 页。
⑤ 《周恩来选集》下卷,人民出版社 1980 年版,第 349 页。

给国家带来的危害和灾难往往比右的错误更严重。今后我们在进行现代化建设中，必须特别防止急躁冒进等"左"的错误倾向再发生，要大胆探索和开创一条中国特色的现代化道路，同时要统筹安排，合理规划，持续发展，稳步前进。

进入 21 世纪 10 年代中叶，中国面临着继续推进现代化建设，实现祖国统一，维护世界和平与促进共同发展等重大战略目标。在全面对外开放，深化经济改革、推动政治改革，维和世界和平与发展的大趋势下，我们有信心把周恩来等人当年提出的现代化的宏伟梦想变为现实，并正紧密团结在以习近平为总书记的新一代党中央领导集体周围，为实现这一伟大而艰巨的目标而努力奋斗着。

周恩来对探索适合中国国情经济发展道路的历史贡献 陈国民*

一、在经济发展战略方面,周恩来动态分析中国国情,按照发展前进的逻辑设计祖国美好未来,提出并努力实施"四个现代化"

1. 动态分析中国国情,确定"四个现代化"这一经济发展战略目标

国情是一个国家、一个社会赖以生存和活动的基础性和制约性的条件,是经济发展的现实依据。从理论上分析,国情具有静态和动态的双重内涵。从静态上讲,国情指的是一个国家全部的现实构成,动态的国情是指国情并非一成不变,不是一个既定结构,而是一个不断变化着的过程,在不同的历史阶段里处于不同的层次之上。

周恩来从静态角度分析了中国国情。他认为:"中国的特点,可以用八个字来概括,就是国大、物博、人多、任重。"①"必须认识,像我们这样一个经济落后人口众多的国家,在相当长的时期内,各种物资的缺乏是经常的现象,而物资的多余是暂时的现象。"②国民经济恢复时期,周恩来关于经济落后"破烂摊子"的分析成为新中国成立初一个相当长时期内考虑经济问题的基本出发点。全面建设时期,他关于社会主义改造基本完成后只能说进入了社会主义,但尚未完成社会主义的论断,成为指导社会主义经济建设的正确出发点。

周恩来不仅静态看国情,还动态地看国情。周恩来认为,国情是变化着的。"我们所要求的独立的工业体系,就比以前更加先进。时代不同了,我们不能满足于照抄老的。"③"控制城乡人口的比例。这个比例不是一成不变的,它是根据经济

---

* 陈国民,周恩来纪念馆研究室主任。
① 《周恩来经济文选》,中央文献出版社 1993 年版,第 518 页。
② 《周恩来经济文选》,中央文献出版社 1993 年版,第 283 页。
③ 《周恩来经济文选》,中央文献出版社 1993 年版,第 425 页。

发展来逐步改变的。"①"我们不能走世界各国技术发展的老路,跟在别人后面一步一步地爬行。我们必须打破常规,尽量采用先进技术。"②随着人们对客观世界的不断改造,国情也会不断发生变化。周恩来说:"我们必须不断地去认识,认识了一个,解决一个,还有新的未被认识。"③他总是提醒人们看问题要有全局观点,要看到变动的情况。

在新中国,要看到在社会主义制度前提下,国情在历史环节中向好的方向前进发展,因而制定既依据于现有国情又力求将来好的国情的逐渐形成的经济发展战略。人们应当在承认现实国情的基础上考虑最佳选择。因此,周恩来反复强调"主观能动性要和客观可能性结合起来"。"要做好工作,应该情况明,决心大,办法对。"④"办法对",就是在情况明、决心大的前提下选择最佳的行动方案。而在经济工作上,首先要确定一个经过努力可以实现、鼓舞人心的经济发展战略和目标。

周恩来经过艰辛的探索,为我国确立了一个正确的经济战略目标,这就是"实现四个现代化"。在一届全国人大一次会议上,周恩来第一次正式提出了四个现代化构想的雏形。他说:"我国的经济原来是很落后的,如果我们不建设起强大的现代化的工业、现代化的农业、现代化的交通运输业和现代化的国防,我们就不能摆脱落后和贫困,我们的革命就不能达到目的。"⑤1963 年 1 月,周恩来在上海市科学技术工作会议上的讲话中指出:"我们过去的科学基础很差,我们要实现工业现代化、农业现代化、国防现代化和科学技术现代化,把我们祖国建设成为一个社会主义强国,关键在于实现科学技术的现代化。"从此,四个现代化内容确定了,与后来的提法完全一致。在 1964 年召开的三届全国人大一次会议的《政府工作报告》中,周恩来第一次向全国人民郑重提出实现四个现代化的目标。在 1975 年四届人大一次会议的《政府工作报告》中,周恩来重申四个现代化的构想,并且明确了"两步走"的实施步骤,坚定了中国人民现代化建设的信心。

2. 循序渐进地发展国家经济,制订和实施国家经济发展计划

四个现代化是长远构想,它必须通过一个一个相对它来说较短的计划的完成

---

① 《周恩来经济文选》,中央文献出版社 1993 年版,第 509 页。
② 《周恩来经济文选》,中央文献出版社 1993 年版,第 565 页。
③ 《周恩来经济文选》,中央文献出版社 1993 年版,第 557 页。
④ 《周恩来选集》下卷,人民出版社 1980 年版,第 405 页。
⑤ 《周恩来年谱(1949—1976)》上卷,中央文献出版社 1997 年版,413 页。

而最终实现。国民经济计划管理是一个国家管控经济发展的重要手段。为什么要制订国家经济发展计划,周恩来是这样说的:"中国是这样大的一个国家,从各方面的观点、从需要的观点、从原料的观点、从技术的观点出发,整个这方面的工作都需要很好的计划。"①

周恩来认为在国家经济发展计划中,要考虑到经济发展速度,考虑到远期计划和近期计划的区别和联系,并且要符合计划制订时的国情。他指出:"应该根据需要和可能,合理地规定国民经济的发展速度,把计划放在既积极又稳妥可靠的基础上,以保证国民经济比较均衡地发展。"②他明确指出要把长期计划的指标定得比较可靠,而由年度计划加以调整。

周恩来要求计划制订要比较可靠,要实事求是地规定各项指标。他认为在编制长期计划的时候,"应该保留一定的后备力量,使计划比较可靠"。"编制年度计划的时候,在有利的情况下,必须注意到当前和以后还存在着某些不利的因素,不要急躁冒进。"③

周恩来还认为搞建设,要区别轻重缓急,量力循序进行。"集中使用人力、物力,就能一个一个地增加建成投产项目。这样,表面上看,建设速度慢些,实际上速度是加快了。如果依靠外资、外援同时上马项目太多,就会出现劳力、物资紧张,建设周期拉长,技术、管理力量缺乏等一系列问题。"④

"一五"计划是在"边计划、边执行、边修正"的情况下制订的。计划编制时,困难很多,主要是对全国资源缺乏调查,统计资料少,国有经济很小,缺少编制长期计划经验,党对经济工作不熟悉等。周恩来针对这些国情,十分敏锐地有别于苏联的经济建设模式,指明五个方向性问题。其中包括要重视地质勘查工作、设计工作。我国在第一个五年计划期间新建和改建的重大工业建设项目约有六百个。"二五"计划制订时,周恩来严肃地提出,要贯彻既积极又可靠的方针。"三五"计划制订时,周恩来在提纲中强调在"三五"计划期间一定要把建设放在三线。事实证明,这些指示都是正确的。

---

① 《周恩来经济文选》,中央文献出版社1993年版,第59页。
② 《周恩来经济文选》,中央文献出版社1993年版,第278页。
③ 《周恩来经济文选》,中央文献出版社1993年版,第280页。
④ 《周恩来经济文选》,中央文献出版社1993年版,第649页。

二、在对待经济发展限制因素方面,周恩来充分分析我国国情中的诸多弱项,采取措施,努力减轻经济发展制约因素的影响力

1. 从我国资源缺乏的情况出发,提倡艰苦奋斗和厉行节约

由于自然资源具有相对稀缺性和不可再生性,使资源成为经济发展的限制因素。

周恩来认为我们这个国家有这么几个数字,说明不是轻易可以建设得好的。所以必须发扬艰苦奋斗的精神。他指出:"因为六万万人口的国家,这样多的人口的国家,而我们现在可耕地只有十六万万亩。"而外国"都比我们耕地多,有的多了一半,有的多了几倍。""我国人口跟可耕地面积比,平均每人不到三亩。""这样一个农业的基础,来供养我们现有的人口,来建设工业,就有困难。"①

因此,周恩来要求一切国家机关、国营企业、事业单位和合作社,都应该厉行节约,使人力、物力、财力都能够充分发挥作用,以加速我国社会主义的建设事业。怎样厉行节约呢,首先,要克服非生产性建设过多、生产性建设成本过高、工程和产品质量不好、物资损耗很大等不良现象。第二,重视计划对节约的作用。各级国家机关和企业部门应该首先做好计划工作。一切企业单位,都应该加强定额管理工作,推行各种合理的先进定额。第三要贯彻执行责任制度,克服无人负责的现象。第四在国家行政机关方面,应该继续克服机构重叠和人浮于事的现象。必须采取有效措施,精简行政机构,把机关人员适当下放,把非生产人员调往生产单位。② 第五要求高级干部首先节约。要求两三万十七级以上的干部,实行工资制,虽然以前有些东西公家承担,但是为了整体利益,个人应该节约一些。③ 第六,要求节衣缩食。灾荒时提出口粮低标准、瓜菜代,这是需要的。④ 除了供应量比较低以外,还有一个是实行低工资,这也是节衣缩食的一个方面。⑤

2. 针对人口众多影响国家建设的情况,提出控制人口生产的一系列政策

现代人口学理论告诉我们,过剩的人口从根本上制约了人均生活水平的提高,增长的人口吞食了大部分新增的国民收入,减少了储蓄和投资,并使生产要素

---

① 《周恩来经济文选》,中央文献出版社1993年版,第346页。
② 《周恩来经济文选》,中央文献出版社1993年版,第325页。
③ 《周恩来经济文选》,中央文献出版社1993年版,第217页。
④ 《周恩来经济文选》,中央文献出版社1993年版,第429页。
⑤ 《周恩来经济文选》,中央文献出版社1993年版,第431页。

的组合比例失调,造成人口素质下降及基础设施供应紧张。同时还会让社会面临着巨大就业压力、劳动力转移压力,这说明人口快速增长已经成为经济发展的阻碍因素。

新中国成立初期,当人们还普遍沉浸在中国地大物博的喜悦中时,周恩来就已经深刻认识到中国的现实状况是人口多底子薄。周恩来针对我国人口多的国情,曾说:"中国与日本不同,中国人口多。人多了会引起种种问题。"[①]他早就认识到中国存在巨大的人口分母效应,在对统计数据进行了分析的基础上,提出了深切的担忧,"等到我们扩大到二十亿亩时,我国人口又要增加到十亿左右了"[②]。因此,"人口有计划地发展,不但可以使人民体质更加健康,使人民的生活水平得到提高,而且对国家的经济建设也是有作用的"[③]。

1956年9月27日,周恩来在党的八大上所做的《关于发展国民经济的第二个五年计划的建议的报告》中,提出"我们赞成在生育方面加以适当的节制,卫生部门应该协同有关方面对节育问题进行适当的宣传,并且采取有效的措施"。这里我党第一次在公开文献中讲节育问题。针对我国人口自然增长率居高不下的紧急情况,他明确提出:"在二十世纪以内把人口纯增率控制在百分之一。"[④]

周恩来提出了贯彻计划生育政策的方法和途径。首先,要加强对控制生育的计划与研究。其次,强调计划生育要有全局观念,要与其他方面协调解决。他曾经说过:"中国解决人口控制问题,有多方面的问题,控制人口发展计划、城乡关系的如何安排、工农业布局、劳动力安排、教育方针、生理卫生知识的传播,还有有关晚婚和节育的各种政策和措施……"[⑤]这一思想完全符合经济规律和我国的国情。再次,首先要控制城市人口。计划生育工作应先抓城市,农村要有重点地结合社教工作来抓。在他的推动下,1973年的国务院计划生育领导工作小组成立,提出"晚生、稀生、少生"的生育口号,加强了人口控制的宣传和领导,取得明显成绩。

三、在经济发展内容上,周恩来深刻剖析我国经济不平衡性特点,全力促进各层次各方面经济结构趋于合理

1. 根据我国区域经济发展不平衡情况,加强中西部及民族地区经济建设

---

① 《周恩来经济文选》,中央文献出版社1993年版,第355页。
② 《周恩来教育文选》,教育科学出版社1984年版,第224页。
③ 《周恩来经济文选》,中央文献出版社1993年版,第355页。
④ 《周恩来选集》下卷,人民出版社1980年版,第445页。
⑤ 费虹寰:《周恩来的计划生育思想》,《当代中国史研究》1998年第1期,第80页。

由于历史的原因,新中国成立初期我国生产力布局很不合理,工业基础和交通基础设施过于集中于东部沿海地区,内地工业落后已经直接影响经济发展和民族的团结与和谐相处。

为了改变旧中国遗留下来的不合理的生产力布局,缩小地区发展差距,周恩来主张区域发展必须坚持统筹兼顾平衡布局的方针和原则。其主要内容包括:

其一,必须充分利用和发挥沿海地区的引领作用。周恩来认为,我们必须充分利用沿海地区原有的工业基地。他指出:"我们必须充分地利用近海地区原有的工业基础。我们在内地进行工业建设所需要的许多原材料、设备、资金和技术人才,都需要近海城市原有工业来供应和支援。可以说,近海地区原有的工业基础,是我国工业化的出发点。"①

其二,在内地建立起相对独立的工业体系和经济体系。在"一五"时期,苏联援建的156项工业基本建设项目有4/5布局在内地。全国800个限额以上的工业新建项目,有508个布局在内地,占63.5%,内地的基建投资占全国总投资的50%以上。周恩来认为,这样做将使我国的工业基地和工业区域能够尽可能地覆盖更多地区,使新中国成立前和新中国成立后不久工业分布的不合理状况有所改变。后来,他又强调,"为了合理地配置我国的生产力,促进各地区的经济发展,并且使我国工业的布局适合于资源和国防的条件,必须在内地有计划地建设新的工业基地。这是我们必须坚持的不可动摇的方针。"②

其三,必须重视少数民族地区经济的发展。少数民族地区生产力相当落后,经济十分不发达。而少数民族地区经济发展关系到我国社会稳定、民族团结和国防安全。在周恩来的大力倡导下,在我国西南、西北等少数民族聚集地相继建成了成渝、宝成、青藏及南疆等很多条铁路。

2. 根据农轻重比例失调现状,实行农轻重按合理比例发展

1958年下半年,大炼钢铁严重影响了农业生产。周恩来认为大炼钢铁、大搞工业之后出现了国民经济的不平衡、工业与农业的不平衡、生产与生活的不平衡,需要进行调整。

当时,国民经济调整包含着多方面的内容,而首要的是要适当地调整农业和工业的相互关系,使工业的发展规模能与农业基础相适应。周恩来说:"没有农业

---

① 《周恩来经济文选》,中央文献出版社1993年版,第297页。
② 《周恩来经济文选》,中央文献出版社1993年版,第296页。

的恢复和发展,就不可能有国民经济的协调发展。""工业的发展不能不受农业的限制,也就是说,工业的发展规模,绝不能超过农业提供商品粮食、工业原料和其他农副产品的可能性,也绝不能挤掉农业所需要的劳动力。"①他还指出,工业所需要进口的机器大部分需要用出口农产品去交换。许多工业产品的主要市场是农村。因此,他要求"在第二个五年计划期间,我们应该继续努力发展农业,求得农业和工业的发展互相配合。为了使国民经济的各个部门和各个方面按比例地互相协调地发展,我们又应该妥善地安排重工业和轻工业之间的关系"②。

周恩来明确地提出以农轻重为序安排计划,把农业放在发展国民经济的首要地位。即制订国民经济和社会发展计划,必须首先安排好农业的发展速度和生产规模,安排好农业内部的粮食、棉花、油料的生产,安排好种植业与林牧副渔各业的结构和比例关系;其次安排好轻工业的发展速度和生产规模及其内部的结构和比例关系;然后根据农业、轻工业特别是农业的发展速度和生产规模来决定重工业的发展速度和生产规模,安排重工业内部的结构和比例关系。

1962年3月7日,周恩来在中央财经小组会议上提出了"先抓吃穿用,实现农轻重"的思想。他指出:"在一九六二年,我们必须采取更有力的措施,切实按照农业、轻工业、重工业这样的次序,对整个国民经济进行全面调整,合理安排,以便集中主要力量,逐步地解决人民的吃、穿、用方面的最迫切的问题,并且逐步地在国民经济各部门之间建立新的平衡。"③以农轻重为序,使正确处理重工业和轻工业、农业的关系有了行之有效的可操作的方法。

3. 除处理好农轻重关系列,周恩来还统筹兼顾好其他经济结构之间的关系,如解决好城乡之间、中央和地方及各行业之间等关系。

周恩来认为,我国要建立的独立经济体系,不仅表现在生产方面,而且也表现在社会基础上,包括城乡、工业和农业、生产和生活、积累和消费等。独立经济体系是全面的,不只是生产指标或者生产品种的问题。④ 因此,要解决好城乡之间、中央和地方及各行业之间等关系。

如何统筹城乡关系,周恩来根据当时的历史条件,指出:"城市领导乡村、工业

①　《周恩来选集》下卷,人民出版社1980年版,第371页。
②　《周恩来经济文选》,中央文献出版社1993年版,第290页。
③　《周恩来选集》下卷,人民出版社1980年版,第375页。
④　《周恩来经济文选》,中央文献出版社1993年版,第405页。

领导农业,资本主义社会就是如此,社会主义社会更是如此。"①周恩来强调以农业为基础,以工业为重点,城乡交流,统筹安排城乡之间的发展。其一,必须坚持农业的基础地位,兼顾国家和农民的利益。首先必须大力发展农业。周恩来认为"粮食是基础的基础"②,在抓紧粮食生产的同时,要发展多种经营。他说:"我们提倡乡村增产粮食、棉花和花生,那就必须在城市很好地组织它的出口和外销,使农民得到利益,增加农民的购买力。"③此外,要实现农业现代化。其二,发展工业,加大工业对农业的支持。周恩来曾指出"各行各业都应该面向农村,为农业服务"④。要求要做到干部下乡、知识下乡,把医疗卫生和文化教育事业的发展重点放在农村。其三,必须统一全国市场。市场是联系城乡以及工农的桥梁。实行城乡统筹必须借助于全国统一的市场体系。

周恩来强调城市领导乡村、工业领导农业,绝不是忽视广大的农业生产对发展工业的作用。如果没有广大农业的发展,工业发展是不可能的。⑤

在中央和地方的关系问题上,周恩来认为,要在中央的统一领导下发挥地方的积极性,才能使各方面的工作生气勃勃。⑥

经济发展中,还要处理好除工业农业外的其他行业之间的关系。在说到铁路、水利行业时,周恩来曾经说:"我们要恢复,要调整,首先还是要修铁路,修水利,这是根本的工作。运输便利了,才便于调整工商业,便于城乡交流、内外交流。"⑦

四、在经济发展动力上,周恩来充分发扬经济发展驱动因素的积极作用,推动我国科技现代化的实现,推行工业管理制度的改革

1. 重视技术进步在国家经济发展中的驱动作用,强调科学技术现代化在国家经济发展战略中的关键作用

经济发展和科技发展存在着互动关系,科学技术对于产业部门生产率的提高和产业结构的转变,进而推动了工业化的进程和城市化的发展,推动整个经济结

① 《周恩来经济文选》,中央文献出版社1993年版,第28页。
② 《周恩来年谱(1949—1976)》下卷,中央文献出版社1997年版,446页。
③ 《周恩来经济文选》,中央文献出版社1993年版,第6页。
④ 《周恩来选集》下卷,人民出版社1980年版,第440页。
⑤ 《周恩来经济文选》,中央文献出版社1993年版,第29页。
⑥ 《周恩来经济文选》,中央文献出版社1993年版,第34页。
⑦ 《周恩来经济文选》,中央文献出版社1993年版,第59页。

构的转变和社会生产力水平的全面提高,科学技术已经是经济发展的巨大动力。

周恩来对世界科学技术进步情况非常清楚。他告诉人们,"科学技术正在一日千里地突飞猛进"。"人类面临着一个新的科学技术和工业革命的前夕。就它的意义来说,远远超过蒸汽和电的出现而产生的工业革命。"①

周恩来全面分析了我国技术现状。"我国工业中原有的技术力量很弱,我们现有的高等学校所能培养出来的技术干部,在数量上、门类上和质量上都还不能在短时期内满足工业和基本建设的需要。""许多工业企业和工业管理机关没有正确地分配技术人才,没有把他们组织起来合理使用,没有在技术工作中建立必要的制度,没有严格地贯彻操作规程和技术安全规程。"②在公私合营企业中的几十万资方人员,绝大多数都有一些生产技术或者经营管理经验,其中有一些人有相当高的生产技术和相当多的经营管理经验。③ 我国的工业水平相当于四十年代的国际水平,技术水平有的已经达到五十年代的国际水平。④ 当前我国科学研究的重点,大多数是我们工作中的薄弱环节,甚至是缺门。⑤

在分析现状的基础上,周恩来指出科学技术对我国的重要性。他说要实现四个现代化,"关键在于实现科学技术的现代化"。"没有现代化的技术,就没有现代化的工业。""必须更加合理地有效地使用和提高现有的技术人才,加强技术组织工作和在企业中培养技术人才的工作,以便提高现有的技术水平和企业管理的水平,提高产品质量,增加新产品的品种和数量,并保证完成现代化的新企业的建设和掌握这些新建企业的生产技术。"⑥"现代我们必须赶上这个世界先进科学水平。"周恩来定下了我国科学赶上世界先进水平的时间表。他说:"我们现在就必须提出这样一个任务,就是要在第三个五年计划期末,使我国最急需的科学部门接近世界先进水平。"⑦

怎样是最迅速最有效地达到上述目的的道路呢? 周恩来指出这样的道路就是:第一,最迅速地派遣若干组专家、优秀的科学工作人员和优秀的大学毕业生到苏联和其他国家学习。第二,向苏联和其他有关的国家聘请若干组专家。第三,

① 《周恩来经济文选》,中央文献出版社1993年版,第234页。
② 《周恩来经济文选》,中央文献出版社1993年版,第185页。
③ 《周恩来经济文选》,中央文献出版社1993年版,第313页。
④ 《周恩来经济文选》,中央文献出版社1993年版,第517页。
⑤ 《周恩来经济文选》,中央文献出版社1993年版,第318页。
⑥ 《周恩来经济文选》,中央文献出版社1993年版,第185页。
⑦ 《周恩来经济文选》,中央文献出版社1993年版,第234页。

组织科技人员向现在在中国的苏联专家学习。第四,各个高等学校要大量地培养合乎现代水平的科学和技术的新生力量。第六,政府各部迅速地建立和加强必要的研究机构,同科学院进行合理的分工和合作。①

为了推动我国科技的发展,1956 年,周恩来主持制定并组织落实了 1956—1967 年的 12 年科学技术发展远景规划。经过科技界的共同努力,该规划圆满完成,有效地解决了我国经济建设中的许多重大科技问题,我国的科技事业从此开始迅速向前发展。

2. 发挥先进制度在国家经济发展中的积极作用,推行工业管理制度的改革

三年经济调整初期国家又重新实行高度集中办法,再一次陷入"一统就死"的怪圈。通过对两个"五年"计划执行过程的深入调研以及工业生产专业化与协作化推进工作的实践,周恩来发现用行政办法管理经济是怪圈出现的主要原因。周恩来指出:"我们现行的工业管理体制,不利于新技术的发展,管理机构越来越庞大,官僚主义越来越发展。"组织托拉斯,"就是要解决行政管理和生产管理方面存在的问题,要对目前的一些官僚主义的办法来个革命,汲取资本主义企业管理的长处","用社会主义经济革命的办法,来发展新技术,提高劳动生产率,发展生产力"②。周恩来指出,"用托拉斯的组织形式来管理企业,这是工业管理体制上的一项重大改革。"他要求,托拉斯要照经济的办法来办,按经济规律的要求来管理。公司的企业职能要逐步扩大,行政职能要逐步缩小,行政的职能要转化为经济的职能。要按行业从上而下领导,要实行经济核算,不要行政命令。③

试办托拉斯,集中地体现了周恩来对工业管理现代化的探索。1964 年 8 月 17 日,中共中央和国务院批准了国家经委《关于试办工业、交通托拉斯的意见报告（草案）》,当年在工交行业试办烟草等 12 个行业的全国性和区域性托拉斯。1965 年试办黄金、石油等 4 个托拉斯,另外在 6 个省市试办了一些地方性托拉斯。经过一段时间的实践,试办的托拉斯出现了较好效果。这些效果有:1. 机构精简,产量提高。以烟草工业公司为例,经合理调整,104 家卷烟厂归为 62 家,人员精简13 800 多人。卷烟的产量由 330 万箱上升到 480 万箱,提高 42.2%。牌号由 900 多种下降为 270 种,杂牌劣质烟停产,甲级烟产量大大上升。2. 成本降低,利税增

① 《周恩来经济文选》,中央文献出版社 1993 年版,第 238 页。
② 《周恩来经济文选》,中央文献出版社 1993 年版,第 549 页。
③ 《周恩来年谱》(1949—1976 年)中卷,中央文献出版社 1996 年版,第 707 页。

加。烟草加工费用降低 20%,利税增加 45%。华东煤炭工业公司成立不到一年,就扭转了连续四年的亏损。3. 指挥灵活,方便了生产。制铝公司设在郑州,接近基层生产单位,用电话调度效率高。

1966 年,"文化大革命"爆发,我国在工业、交通部门试办托拉斯工作被迫中断。但是,托拉斯的试办,是我国工业企业管理体制改革的伟大经验,为以后的经济体制改革积累了宝贵的经验。

周恩来与中国社会主义经济发展道路的
思考与实践研究 包爱芹 *

新中国建立后,寻找一条适合中国国情的社会主义经济发展道路,是中国共产党面临的重大课题。周恩来历来重视社会主义经济建设,他与中共中央其他主要领导人一起,努力把马克思主义的普遍原理同中国经济建设实际相结合,对中国社会主义经济发展道路问题进行了认真的思考,并在实践中做出了艰难的探索。周恩来关于中国社会主义经济发展道路的思考与探索主要有以下几个方面:

一、确立了以实现四个现代化为中心任务的中国经济发展目标,并提出了实现这一目标的两步走战略部署

新中国成立初,中国是一个经济十分落后的农业国,工业不仅落后,而且发展不平衡,大都集中于东部沿海地区带与东北少数城市。要从根本上实现国家的独立、富强,就必须着眼于社会主义工业化的建设。因此,1953 年在制定党在过渡时期总路线时,党提出的总目标是"实现国家工业化,变落后的农业国为先进的工业国"。但周恩来认为"工业国的提法不完全"[①]。他提出四个现代化的设想,并逐渐进行了补充,不断完善和发展这一重要思想。在 1954 年 9 月全国人大一届一次会议上提到经济发展目标时,周恩来首次指出:"我国伟大的人民革命的根本目的,是从帝国主义、封建主义和官僚资本主义的压迫下,最后也从资本主义的束缚和小生产的限制下面,解放我国的生产力,使我国国民经济能够沿着社会主义的道路有计划的迅速发展,以便提高人民的物质生活和文化生活水平,并且巩固我们国家的独立和安全。我国的经济是很落后的。如果我们不建设起强大的现代化的工业、现代化的农业、现代化的交通运输业和现代化的国防,我们就不能摆脱落后和贫困,我们的革命就不能达到目的。"[②]这个创造性的论断,是周恩来关于

---

* 包爱芹,山东师范大学历史与社会发展学院副教授。
[①] 《周恩来经济文选》,中央文献出版社 1993 年版,第 519 页。
[②] 《周恩来选集》下卷,人民出版社 1980 年版,第 132 页。

四个现代化的初步思考。在这里,周恩来把四个现代化同摆脱贫困落后紧密联系起来。

随着形势的发展,周恩来逐渐认识到科学技术在四个现代化中应占有重要地位。1963年1月,周恩来在上海科技工作会议上对四个现代化的内容进行了重新概括:"我们要实现农业现代化、工业现代化、国防现代化和科学技术现代化,把我们祖国建设成为一个社会主义强国,关键在于实现科学技术的现代化。"①由此,四个现代化加进了科学技术的现代化,其内容确定了,提法更完善了。1964年12月,周恩来在三届人大一次会议的政府工作报告中正式提出了"今后发展国民经济的主要任务,总的说来,就是要在不太长的历史时期内,把我国建设成为一个具有现代农业、现代工业、现代国防和现代科学技术的社会主义强国,赶上和超过世界先进水平"②。从此,四个现代化成为我国社会主义经济建设的奋斗目标。为了使四个现代化建设的时期与任务更加明确化,周恩来进而提出了实现四个现代化分两步走的战略部署思想。他在三届人大一次会议上指出:"为了实现这个伟大的历史任务,从第三个五年计划开始,我们的国民经济发展,可以按两步来考虑:第一步,建立一个独立的比较完整的工业体系和国民经济体系;第二步,全面实现农业、工业、国防和科学技术的现代化,使我国经济走在世界的前列。"③

两步走的战略部署思想,表明周恩来把四个现代化的目标,推向了更高更深更实的层次,使四个现代化建设的时间序列阶段任务更加具体化,特别是把国家工业化的设想纳入建设社会主义强国两步走的第一步,使得国家工业化的思想更加丰富完整。"文化大革命"的爆发影响了四个现代化这一奋斗目标的实现。1975年周恩来在四届人大一次会议上再次强调把我国建设成为一个社会主义现代化强国的宏伟目标。在这次会上,他又重申了四个现代化建设必须分两步走的思想。

周恩来关于四个现代化目标的战略设想,既影响着党和政府关于社会主义的经济建设方针的制定,也影响着国民经济计划的制订与实施,更影响着中国社会主义经济的发展。在实现四个现代化的宏伟目标号召和影响下,全国一切力量被动员起来和凝聚起来,为了实现四化而努力奋斗。

---

① 《周恩来选集》下卷,人民出版社1980年版,第412页。
② 《周恩来选集》下卷,人民出版社1980年版,第439页。
③ 《周恩来选集》下卷,人民出版社1980年版,第439页。

二、以经济建设为中心,在经济建设中要以农业为基础,农轻重协调发展

新中国成立初期中国社会经济还处于十分落后的状态。周恩来充分认识到中国经济的落后性,十分注重经济工作。1949 年 12 月周恩来在《当前财经形势和新中国经济的几种关系》的讲话中指出:"现在,全国的工作已经开始从军事方面转向经济方面"①,"生产是我们新中国的基本任务"②。他在 1953 年 9 月 11 日的政协会议的发言中强调:"经济是基础","国家面貌的改变要从经济面貌改变做起"③。1954 年 9 月,周恩来在全国人大一届一次会议上明确指出"经济建设工作在整个国家生活中已居于首要的地位"④。他在 1956 年 1 月讲得更加深刻:"我们所以要建设社会主义经济,归根结底,是为了最大限度地满足整个社会经常增长的物质和文化需要,而为了达到这个目的,就必须不断地发展生产力,不断提高劳动生产率,就必须在高度技术的基础上,使社会主义生产不断地增长,不断地改善。"⑤即使在"文化大革命"中的大动乱年代,处在险恶环境中的周恩来,面对各种复杂局势,坚持顾全大局,忍辱负重,仍然抓革命促生产,利用一切有利时机,抓调整恢复经济。

在经济建设中,如何妥善地处理农、轻、重的关系,是一重大课题。周恩来多次谈到农轻重的关系并且十分重视农业的基础作用。以农业为基础,以工业为主导,农轻重协调发展,这是我国发展国民经济的基本方针,也是周恩来的一贯主张。他认为:"要正确处理农业、轻工业、重工业的关系","发展国民经济的计划,应该按照农、轻、重的次序来安排"⑥。在新中国成立初期,针对党内有些人因党的工作重点转移到城市而产生的轻视农业和农村的思想,周恩来强调发展农业生产的重要性。在 1949 年《当前财经形势和新中国经济的几种关系》的讲话中,周恩来就指出:"农业的恢复是一切部门恢复的基础,没有饭吃,其他一切就都没有办法。""如果没有广大农业的发展,工业发展是不可能的。""城市离不开乡村而要依靠乡村,工业离不开农业而且要以农业为基础","谁忽视了农民和农业,谁就要

---

① 《周恩来选集》下卷,人民出版社 1980 年版,第 2 页。
② 《周恩来选集》下卷,人民出版社 1980 年版,第 4 页
③ 《周恩来经济文选》,中央文献出版社 1993 年版,第 152 页。
④ 《周恩来经济文选》,中央文献出版社 1993 年版,第 177 页。
⑤ 《周恩来选集》下卷,人民出版社 1980 年版,第 159 页。
⑥ 《周恩来选集》下卷,人民出版社 1980 年版,第 439 页。

犯错误"①。1956年,周恩来在亲自主持制订第二个五年计划时,提出在"二五"期间必须大力发展农业生产,使农业的发展同工业的发展相互协调。他认为只有农业得到稳步的发展,人民生活才能安定,国民经济才能健康发展。

国民经济调整时期,针对农业生产急速下降的情况,周恩来把恢复和发展农业作为一个中心环节来处理。1962年,周恩来在第二届全国人大第三次会议上所做的《政府工作报告》中强调:"必须把农业放在发展国民经济的首要地位,按照农业、轻工业、重工业的次序来安排经济计划。""我国国民经济的发展,必须以工业为主导,而以农业为基础。"②他在报告中重申了农业的重要性:"没有农业的恢复和发展,就不可能有国民经济的协调发展。多年来的经验完全证明,我国国民经济的发展,必须以工业为主导,而以农业为基础。"③1964年12月周恩来在第三届全国人大第一次会议所做的《政府工作报告》中,继续重申"发展国民经济的计划,应该按照农、轻、重的次序来安排"④,他要求"必须更好的执行以农业为基础、以工业为主导的发展国民经济总方针",发出"各行各业都应该面向农村,为农业服务"⑤的号召。农业是国民经济的基础,农业如果搞上去了,就解决了当时人民最为迫切的吃粮问题。正是在国民经济调整期间,纯粹的工业化被四个现代化所取代,其中最为突出的是农业地位明显上升了,原先作为基础和重点的工业化,被排在了农业现代化之后,退居第二位。这主要是由于"大跃进"和三年自然灾害使我国在农业方面吃了大亏,对农业的重要性看得更清楚了。

"文革"严重地影响了农村经济的发展,广大农民生产的积极性受到极大挫伤。1971年林彪事件发生后,在毛泽东的支持下,周恩来主持中央日常工作,开始了对各项工作特别是对农村农业的整顿。1970年党的九届二中全会后,根据周恩来的多次讲话精神,国务院曾先后召开北方地区农业会议、全国棉花、油料、糖料生产会议和全国林业会议,决定适当放宽农村经济政策,使农业的基础地位在"文化大革命"时期得到了加强。与此同时,周恩来还于1973年1—3月主持召开了全国计划会议。这次会议除了继续强调要加强农业,坚持农村政策外,还揭露和批判了林彪、陈伯达一伙在农村强迫扩社并队、没收自留地、砍家庭副业、搞"一平

---

① 《周恩来选集》下卷,人民出版社1980年版,第5、8、9页。
② 《周恩来选集》下卷,人民出版社1980年版,第371页。
③ 《周恩来选集》下卷,人民出版社1980年版,第371页。
④ 《周恩来选集》下卷,人民出版社1980年版,第439页。
⑤ 《周恩来选集》下卷,人民出版社1980年版,第440页。

二调"等做法。在周恩来的领导下,农村工作开始摆脱混乱,农业生产走向回升。到 1973 年下半年,农村经济形势明显好转。从 1973 年到 1975 年农业恢复了低速增长的势头。

中国是一个农业大国,农业问题是中国的根本问题。周恩来的以农业为基础的发展经济主张,具有深远的指导意义。

三、经济建设既要立足于自力更生, 又要善于向外国学习,积极扩大对外经济技术交流

周恩来对中国社会主义经济发展道路的问题进行了认真的探索,提出了从本国的实际出发,不照抄照搬别国模式,强调既要立足于自力更生,又要积极扩大对外经济技术交流,依靠本国人民自力更生进行社会主义经济建设的主张。周恩来指出:"自力更生是革命和建设事业的基本立脚点。社会主义国家只有从本国的具体情况出发,依靠本国人民的辛勤劳动,充分利用本国的资源进行建设,才能比较迅速地发展本国的经济, 从而增强整个社会主义阵营的威力。"①周恩来在强调自力更生的同时,也不排除各国人民之间的援助和国际合作,周恩来于 1956 年在党的八大所做的《关于发展国民经济的第二个五年计划的建议的报告》中,指出:"由于各国人民争取和平、民主、民族独立的力量日益强大, 国际局势日益趋于和缓,我国同世界各国在经济上、技术上、文化上的联系,必然会一天比一天发展。"②因此,他认为,在建设社会主义过程中的孤立思想、关门思想是要不得的,强调指出要正确处理自力更生和国际合作的关系。他说:"各国人民之间的援助,从来就不是单方面的,而是互助互利的。那种以'经济互助'为名,把别国的经济变成附庸,是大国沙文主义的做法。国际合作必须建立在自力更生的基础上。一个国家只有自力更生地进行建设,才能更有力量去援助别国。而在援助别国的时候,又必须促进受援国家实现自力更生。"③

1956 年 5 月 3 日,周恩来在向国务院司局长以上的干部做报告时指出:"要向世界上一切国家学习。"除了向苏联等兄弟国家学习外,也要"向和平中立的国家如印度、缅甸、印度尼西亚、埃及等国家学习",就是日本、英国和美国,"除了它

---

① 《周恩来选集》下卷,人民出版社 1980 年版,第 440 页。
② 《周恩来选集》下卷,人民出版社 1980 年版,第 226 页。
③ 《周恩来选集》下卷,人民出版社 1980 年版,第 440 页。

们的国家制度我们不学以外,资本主义生产上好的技术,好的管理方法,我们也可以学"①。他认为:"敢于向一切国家的长处学习,就是最有自信心和自尊心的表现,这样的民族也一定是能够自强的民族。"②那么如何向外国学习呢? 周恩来强调应该根据自己的具体情况,创造性地、有选择地向外国学习。周恩来认为,任何国家都有值得学习的地方,也有不值得学习的地方,"我们应该有批判地学习,不是盲目地学习。有批判地学习,就是要学习人家的长处和优点;不盲目地学习,就是不要把人家的短处和缺点也学来"③。周恩来多次强调:我们实行自力更生,同时也要积极进行国际合作和交流,外国一切好的经验、好的技术,都要吸收过来,为我所用。周恩来这些富有远见的战略设想对后来我国确立对外开放的指导思想和基本政策产生了积极影响。

四、积极稳妥、统筹兼顾、均衡发展进行社会主义经济建设

新中国成立后国民经济的恢复、农业合作化、对资本主义工商业改造的成功,社会主义制度的迅速建立,使党内充满了关于快速发展的乐观情绪,许多党的高级干部认为改变贫穷落后面貌,赶上和超过那些资本主义发达国家可以在很短时期内实现。急躁冒进思想开始发展,在超越生产力发展水平,违背生产力决定生产关系、生产关系一定要适合生产力性质规律的思想支配下,党在发展经济的方法问题上出现了失误,"对经济建设的规模和速度也有严重错误决策"④。要求迅速建成社会主义成了当时中央占统治地位的指导思想。

周恩来关于国民经济快速发展的情绪和态度,起初与许多中央领导人,没有什么差异。他是在后来的实际工作中,针对经济建设中所产生的种种矛盾和出现的不平衡问题,果断地展开了纠偏工作,并总结出既反保守又反冒进,在综合平衡中稳步前进的经济建设方针。这一方针在1956年9月党的八大会上得到了肯定和确立。

周恩来在中共八大上所做的关于"二五"计划的建议的报告,肯定了"一五"计划的巨大成就,同时也分析了缺点和问题,并总结出带有指导意义的经验教训。

---

① 《周恩来外交文选》,中央文献出版社1990年版,第160～161页。
② 《周恩来外交文选》,中央文献出版社1990年版,第159页。
③ 《周恩来外交文选》,中央文献出版社1990年版,第159页。
④ 《马克思主义中国化研究——历史进程和基本经验》上卷,北京出版集团、人民出版社2009年版,第327页。

周恩来在总结这些经验教训的基础上，提出了社会主义经济建设应坚持积极稳妥、统筹兼顾、均衡发展的方针，强调了经济发展必须根据国家财力量力而行，指出："应该根据需要和可能，合理地规定国民经济的发展速度，把计划放在既积极又稳妥可靠的基础上，以保证国民经济比较均衡地发展。"①周恩来多次论述了综合平衡工作的基本原则并多次强调综合平衡工作的重要性。他说："应该使重点建设和全面安排相结合，以便国民经济各部门能够按比例地发展。"②在关于社会主义经济建设方针的问题上，周恩来的这个报告实际上贯穿着反冒进的基本精神。周恩来在八大上所做的这个报告中，在贯彻反冒进精神的时候，是以事实为依据来分析经济建设中的急躁冒进等缺点与问题，并根据实际情况提出切实可行的建设方针，灵活地运用了《论十大关系》原则精神来解决实践中具体问题，具有较强的说服力。周恩来的这些主张，不仅重申了《论十大关系》中毛泽东已经讲过的，而且在有些问题上进一步深化了《论十大关系》的原则精神。周恩来以这种既反右倾保守又反冒进的态度，把关于积极稳妥、统筹兼顾、均衡发展的建设社会主义的方针，由建议而变为全党的决议，这是周恩来 1956 年反冒进的一个重大成果。1956 年间，包括党的八大以后一段时间，反冒进仍然在继续进行。1956 年 11 月 10 日，周恩来在八届二中全会做国民经济计划的报告时指出："过去设想的远景计划，发展速度是不是可以放慢一点？经过八大前后的研究，我们觉得可以放慢一点。比如，原来设想钢产量在第三个五年计划的最后一年要达到年产三千万吨，肯定地说，照现在这个速度是不可能实现的……现在不能定到三千万吨。因为定到三千万吨，其他就都要跟上去。那就会像我们常说的，把两腿悬空了，底下都乱了，不好布局，农业、轻工业也会受影响，结果还得退下来。"③

"三年大跃进"造成了我国国民经济比例严重失调。1962 年 5 月，周恩来在中央工作会议上谈到了之前四年工作的教训是："这四年，工业和基本建设的计划指标本身就没有综合平衡，结果一面是跃进，一面又被迫地大调整，被迫地后退。"④为了对严重失衡的国民经济进行全面调整，在周恩来主持下制定了"调整、巩固、充实、提高"的八字方针以及其他一系列具体政策和措施，以便尽快实现国民经济的综合平衡。周恩来反复强调，经济建设工作一定要瞻前顾后，全面安排，一定

① 《周恩来选集》下卷，人民出版社 1980 年版，第 218 页。
② 《周恩来选集》下卷，人民出版社 1980 年版，第 219 页。
③ 《周恩来选集》下卷，人民出版社 1980 年版，第 233 页。
④ 《周恩来经济文选》，中央文献出版社 1993 年版，第 482 页。

"要搞综合平衡。国家计委要搞综合平衡,各个部门、各个地方都要搞综合平衡"①。周恩来在领导和组织中国的经济建设中,逐步形成了积极稳妥、统筹兼顾、全面安排综合平衡、协调发展的方针。这实际上是对我国社会主义经济建设经验的科学总结,对促进经济社会全面、协调、持续发展具有重要的意义。

五、以计划经济为主,允许个体所有制和自由市场经济在一定范围内的存在和发展

由于我国生产力发展的总体水平不高以及地区之间的不平衡,在国内的高度计划经济体制问题上,周恩来虽然在总体上也主张计划经济,但他在此问题上并没有教条化,而是主张以计划经济为主,市场调节为辅,反对全盘的计划经济。他认为,应从改善人民生活、繁荣城乡经济的角度着眼,应当允许个体所有制和自由市场经济在一定范围内的存在和发展,以此作为公有制经济的有益补充成分。1957 年 4 月他在国务院全体会议的两次讲话中提出"社会主义建设中,活一点有好处",他说:"大煤矿,国家开办;小的,合作社、私人都可以开。""把过去的规定改一下,这样有好处。""主流是社会主义,小的给些自由,这样可以帮助社会主义的发展。工业、农业、手工业都可以采取这个办法。我看除了铁路不好办外,其他的都可以采取这个办法。如三轮车、摊贩等都可以采取自负盈亏的办法。加入合作社的占总数的百分之九十六,其余的个体就让他个体。"②为了活跃市场,发展经济,周恩来一直在思考所有制的多元性问题,他提出,"工、农、商、学、兵除了兵以外,每一行都可以来点自由,搞一点私营的。文化也可以搞一点私营的。这样才好百家争鸣嘛! 在社会主义建设中,搞一点私营的, 活一点有好处。"③他还说:"私人工商业基本上是为国计民生服务的,所以又要一视同仁。"④

20 世纪 60 年代初国民经济调整的时候,在中央试办和推行托拉斯的过程中,周恩来主张托拉斯要按照经济的办法来办,按照经济规律的要求来管理。中央试办托拉斯,虽然其实质是计划经济的产物,但如果搞得好,可采用一些市场经济的方法。周恩来主张应逐步扩大公司的企业职能,逐步缩小行政职能,而且建议以后地方上同托拉斯的关系,也应由行政关系为主转化为经济关系为主。这实际上

① 《周恩来经济文选》,中央文献出版社 1993 年版,第 460 页。
② 《周恩来经济文选》,中央文献出版社 1993 年版,第 350 页。
③ 《周恩来经济文选》,中央文献出版社 1993 年版,第 350~351 页。
④ 《周恩来选集》下卷,人民出版社 1980 年版,第 116 页。

是提出了一个政企分开的问题。如果托拉斯脱离了行政或者以经济关系为主,那么它的产品在交易的过程中就将具有一定的市场内容。

周恩来关于以计划经济为主,市场调节为辅,允许个体所有制和自由市场经济在一定范围内的存在和发展主张,是切合中国国情的。

总之,周恩来在领导中国社会主义经济建设的过程中,根据形势与客观情况的变化在不断地思考中国社会主义经济发展的正确道路。周恩来关于中国社会主义经济建设道路的探索对于我们今天的经济建设仍有重要的启迪和借鉴作用。

周恩来对中国科技发展道路的
思考与实践 刘凯鹏*
——从一个讲话提纲谈起

1949 年 7 月 13 日至 18 日,中华全国第一次自然科学工作者代表会议筹备委员会在北京举行。在会议的第一天,也即 7 月 13 日,时任新政协筹备会常务委员会副主任的周恩来到会祝贺并发表了讲话。根据周恩来手稿刊印的这个讲话的提纲(以下简称《提纲》)已经先后收入《周恩来文化文选》和《建国以来周恩来文稿》(第一卷)。《提纲》虽然只有六百余字,但笔者认为,其中所列"政治与科学""理论与实践""普及与提高""自由研究与计划研究"这四个方面,正是周恩来科技思想最为核心且独特之处,而且他后来领导科技工作的实践完全是沿着这个思路展开的。就笔者所见,目前学界对《提纲》的研究还不多,故此本文仅从这个讲话提纲入手,围绕周恩来对中国科技发展道路的思考与实践做一简要分析。

一、政治与科学——革命者的角度

在新政权建立前的这样一个特殊场合,面对着从旧社会走过来、对即将诞生的新国家充满着热情但对马克思主义还没有深刻理解的这些科技工作者,周恩来首先讲的就是马克思主义观点下政治与科学的关系。他说,现在这个时期,"科学并不能脱离政治,而且为政治所支配,所管辖","我们的新民主政治在于使科学不为反动统治转而为人民所支配,所管辖,不为反动统治转而为人民服务。为人民服务的科学,只有在无产阶级领导之下,才能走向无阶级社会脱离政治"①。

事实上,政治与科学的关系是马克思主义科学观中最具根本性的问题。马克思在《法兰西内战》初稿中论述巴黎无产者的公社革命时,有这样一句名言:"只有工人阶级能够……把科学从阶级统治的工具变为人民的力量,把科学家本人从阶

---

　*　刘凯鹏,中央文献研究室。
　①　周恩来:《在中华全国第一次自然科学工作者代表会议筹备委员会全体会议上的讲话提纲》,《建国以来周恩来文稿》(第 1 卷),中央文献出版社 2008 年版,第 119 页。下文中引自此篇的内容不再一一注出。

级偏见的兜售者、追逐名利的国家寄生虫、资本的同盟者，变成自由的思想家！只有在劳动共和国里，科学才能起它的真正的作用。"①这就表明，马克思主义经典作家认为，科学本身虽然没有阶级属性，但存在一个科学被谁利用、科学家依附于谁的问题。因此，只要是在阶级社会，科学就不可能超然于政治。

周恩来在很早的时候就接受了马克思主义对科学与政治之间关系的这种判断。1922 年 9 月，在旅欧少年共产党的刊物《少年》上，他就曾写道："一旦革命告成，政权落到劳动阶级的手里，那时候乃得言共产主义发达实业的方法"，"由此乃能使产业集中，大规模生产得以实现，科学为全人类效力，而人类才得脱去物质上的束缚，发展自如"。② 对于科学技术同社会革命之间关系的这种剖析，完全是从马克思主义立场出发的。1950 年 8 月在中华全国自然科学工作者代表会议上讲话时，他指出，"一百多年来，帝国主义者站在中国人民头上，利用科学作为剥削、压迫和屠杀中国人民的手段"，因此我们要团结"为人民服务的科学家"，反对"甘心为帝国主义服务的少数堕落的科学家"，争取"被动的、盲目的，或者是在非常不得已的条件下跟着敌人走的"科学家。③ 纵观周恩来后来领导科技工作的实践历程，不难发现他始终是从一个革命者的角度来看待科学技术的，认为科学技术一定要牢牢把握在人民手中，为人民服务。

科学与政治的关系最直接地体现在人的身上，也即体现在科技人员身上。因此，在新中国成立后头 30 年特别强调阶级斗争的那段历史时期，对科技人员的阶级定性就成了科学与政治关系中最核心的问题，这是理论逻辑的必然，也是政治实践的必然。科技人员是知识分子的一部分，党的知识分子政策在科技人员身上有着直接的反映。从 20 世纪 50 年代中期开始，由于指导思想上"左"的倾向逐渐加重，知识分子和研究工作受到了严重冲击，为了纠正这些错误，周恩来付出了很大努力。他对知识分子问题的观点，最集中地体现在 1956 年和 1962 年两次关于知识分子问题的讲话中。

新中国成立后接连进行的几次思想改造运动，再加上一些党政机关的错误工作方式，导致不少知识分子遭受冲击，很多人感到思想压抑、无法充分发挥自身作用。正是在这样的背景下，1956 年 1 月，中共中央召开了关于知识分子问题会议

---

① 《马克思恩格斯选集》第 3 卷，人民出版社 2012 年版，第 149～150 页。
② 《少年》第 2 号，1922 年 9 月 1 日。
③ 《周恩来选集》下卷，人民出版社 1980 年版，第 22、27、28 页。

（以下简称"知识分子会议"），对知识分子政策进行调整。周恩来在大会上代表中央做了报告，这篇报告贯穿了他本人对解决知识分子问题的基本想法。报告认为知识分子"中间的绝大部分已经成为国家工作人员，已经为社会主义服务，已经是工人阶级的一部分"，"知识界的面貌在过去六年来已经发生了根本的变化"；报告批评了党内在知识分子问题上存在的宗派主义倾向，指出不能低估了"知识界在政治上和业务上的巨大进步"和"他们在我国社会主义事业中的重大作用"，要"最充分地动员和发挥知识分子的现有力量"。当然，周恩来也同样强调知识分子改造的重要性，指出不能"只看到知识界的进步而不看到他们的缺点，对他们过高地估计，不加区别地盲目信任，甚至对坏分子也不加警惕，因而不去对他们进行教育和改造工作"①。1962年2月在广州召开的全国科学技术工作会议（以下简称"广州会议"）是在国民经济全面调整时期召开的。在这之前的几年，受大政治环境的影响，在对待知识分子的过程中犯了严重错误。周恩来在同会议代表谈话时指出，大多数知识分子已经转变到为广大人民服务，不能把他们当作资产阶级知识分子看待，不久他又明确肯定我国知识分子的绝大多数是"属于劳动人民的知识分子"；他还批评了科技领域不信任知识分子、外行领导内行干预业务工作的现象，强调"科学研究不是靠突击和群众运动能解决问题的"。在当时的环境下，这是很重要的纠"左"努力。②

周恩来在《提纲》中还写道，科技人员"并不是说人人要去做政治工作，政治活动不能免而且必要"，这可以说是关于后来常讲的知识分子"红""专"问题较早的论述。分析这句话不难引出如下结论：尽管要成为坚定的无产阶级知识分子，政治活动不能免而且必要，但并不能因此就本末倒置、占用大量业务时间搞政治活动。周恩来后来多次强调要保证知识分子的业务工作时间，指出"拉科学家去做行政工作，只管自己的工作需要，不管研究工作的需要，这是小圈子作风"③，就是这一思想的延伸和发展。

以1956年和1962年这两次会议为代表，周恩来在很长一段时间内为保护科技工作者、调动他们的积极性做了很多工作。长期领导科技工作的聂荣臻同志后来就在回忆录中对此给予了极高的赞誉，许多老科学家回忆起来也充满了感激之

---

① 《周恩来选集》下卷，人民出版社1980年版，第162、163、166、167页。
② 《周恩来选集》下卷，人民出版社1980年版，第353、366页。
③ 《周恩来文化文选》，中央文献出版社1998年版，第542页。

情。但遗憾的是,周恩来对于知识分子的这些判断当时在党内就曾受到非议,后来随着形势的变化更是基本遭到摒弃。直到"文化大革命"结束后,邓小平明确提出知识分子"绝大多数已经是工人阶级和劳动人民自己的知识分子,因此也可以说已经是工人阶级自己的一部分"①,我们党才从理论上根本解决了知识分子的阶级定性问题,把科技工作者从政治束缚中彻底解放了出来。

二、理论与实践——生产力的角度

《提纲》第二部分主题是"理论与实践"。周恩来写道:"科学理论也要中国化,大众化,首先就是与实践结合",科学家"只有理论与实践结合才能更发扬光大","重视研究,与实践结合,研究在实践基础上提高,实践在研究指导下普及","反对轻视理论,也反对轻视实践","研究可接受国际丰富知识,发扬国内遗产,实践可深入民间发掘自然宝藏,并懂得如何服务"。这些论述同我们党所倡导的"理论联系实际"作风是一脉相承的。强调科研与生产实践相结合,把科学技术视为促进生产发展、推动现代化建设的关键因素之一,鲜明地反映出周恩来总是从生产力范畴看待科学技术的。

马克思主义认为生产力是推动社会发展的根本动力,科学技术的进步在其中发挥了重要作用。1883 年马克思逝世时,恩格斯就曾写道:"如果什么地方有了新的科学成就,不论能否实际应用,马克思比谁都感到莫大的喜悦。但是,他把科学首先看成是一个伟大的历史杠杆,看成是按最明显的字面意义而言的革命力量。"②作为一个马克思主义者,周恩来关于科学技术的许多经典论述,诸如"科学是关系我们的国防、经济和文化各方面的有决定性的因素","只有掌握了最先进的科学,我们才能有巩固的国防,才能有强大的先进的经济力量"③,"要实现农业现代化、工业现代化、国防现代化和科学技术现代化,把我国建设成为一个社会主义强国,关键在于实现科学技术的现代化"④等,同样也都直接反映出他把科学技术视为推动生产力发展的核心要素。

把发展科学技术作为改变国家面貌的重要推动力,这在党的第一代领导人中是相当普遍而强烈的愿望。中国革命者之所以对科学技术如此关切,赋予其强烈

① 《邓小平文选》第 2 卷,人民出版社 1994 年版,第 89 页。
② 恩格斯:《马克思墓前讲话草稿》,《马克思恩格斯全集》第 25 卷,人民出版社 2001 年版,第 592 页。
③ 《周恩来选集》下卷,人民出版社 1980 年版,第 181、182 页。
④ 《周恩来选集》下卷,人民出版社 1980 年版,第 412 页。

的工具属性，根本原因就是近代以来落后挨打的局面。旧中国同西方的差距最直接地体现在科学技术上，因此把科技作为救国、强国的重要途径，几乎是不言自明的道理。早在1916年11月，还在读中学的周恩来就在作文中分析了西方强国从"人工之时代""役物之时代"到"汽力之时代"甚至"电力光力"时代的发展，认为正是科技上的差异造成了"英、德、美、日所以趋于强盛，而吾国所以日就于衰弱也"①。1918年5月，他在日本加入新中学会演讲时把"哲学的思想，科学的能力"作为给其他会员的赠言。② 所谓"能力"，笔者认为既可以指用科学认识事物、分析事物的能力，也可以指用科学解决事物、即将科学运用于生产建设的能力。到了延安时期，随着指导思想上的发展和成熟，党对科技问题的认识也更加深入了。如果说五四时期对科学的倡导更多是精神与口号上的追求，那么延安时期中国共产党更为看重的已经是科学技术本身对革命和建设的实际作用，是生产力层面的问题。③ 这一变化对周恩来个人的科技观，毫无疑问也产生了深远的影响。

新中国成立后，作为科技战略的重要决策者，同时也是许多大科学工程的组织者和实施者，周恩来对国家科技水平的落后状况有了更直接、更系统的认识，对科学技术同生产力之间的关系做了许多更为清晰的论述。在1956年的知识分子会议上，他说："我们所以要建设社会主义经济，归根结底，是为了最大限度地满足整个社会经常增长的物质和文化的需要，而为了达到这个目的，就必须不断地发展社会生产力，不断地提高劳动生产率，就必须在高度技术的基础上，使社会主义生产不断地增长，不断地改善。因此，在社会主义时代，比以前任何时代都更加需要充分地提高生产技术，更加需要充分地发展科学和利用科学知识。"④在1957年6月一届人大四次会议的政府工作报告上，他进一步指出："新中国科学事业的特点，是科学和生产的密切结合。生产对于科学是基本的推动力量。在国民党时代，由于工农业生产的衰落，科学家们虽然也做了些研究工作，但是无法在生产上发挥作用。解放后八年来，随着生产的发展，生产部门向科学研究部门提出了大量的要求，我们科学家们在这方面就有了充分的机会来发挥他们的才能，而且已

---

① 《周恩来早期文集》上卷，中央文献出版社、南开大学出版社1998版，第245页。
② 《周恩来传》，中央文献出版社2008年版，第35页。
③ 张敏卿：《延安时期中国共产党发展科技事业的思想和政策》，《自然辩证法研究》2005年第1期，第93~96页；胡晋源：《中国共产党科学技术观的历史演进》，《中共贵州省委党校学报》2012年第2期，第37~43页。
④ 《周恩来选集》下卷，人民出版社1980年版，第159、160页。

经取得了很大的成绩，但是，我们的科学研究力量，还远远不能满足生产的需要。"[1]正是基于这种认识，周恩来多次批评科研中脱离生产、脱离实际的情况，强调"科学的理论要与实际结合起来，即科学研究部门要与政府的生产部门、学校、厂矿结合起来"[2]，"科学研究部门、教育部门和工厂要密切结合，有分工有合作，而不是把力量全部集中在科学研究部门，也不是全部集中在教育部门或工厂"[3]。

虽然周恩来强调理论与实践相结合，反对科研与生产脱节的现象，但他绝没有忽视基础理论研究，更没有要求所有基础研究都和生产直接挂钩。相反，他对基础理论研究的重要意义和特点有着清楚的认识："没有一定的理论科学的研究作基础，技术上就不可能有根本性质的进步和革新。但是理论力量的生长，总是要比技术力量的生长慢一些，而理论工作的效果一般也是间接的，不容易一下子就看出来。"他批评那种不注重理论工作的近视倾向，指出"在理论工作和技术工作之间，在长远需要和目前需要之间，分配的力量应该保持适当的比例，并且形成正确的分工和合作，以免有所偏废"[4]。也正是在周恩来的直接关注下，《1956—1967年科学技术发展远景规划》(以下简称《十二年科学规划》)中增列了"现代自然科学中若干基本理论为的研究"这一部分，以后又在这一基础上专门制定了基础科学研究规划。[5] 当然，考虑到当时有限的资源条件，基础理论研究的投入不可能很大，将力量集中到应用性强的研究上来也是完全适当的。

同样是出于对生产力发展的敏锐观察，周恩来对现代科技革命的新动向高度关注。正如他所言："如果说过去是十年一变化，那么现在可能是五年、三年一变。第二次世界大战以后十七年中，原子、电子、超音速等，其发展速度比过去任何时候都快，比过去一个世纪还快，可以说是日新月异。"[6]在各种新科技中，周恩来尤其重视原子能技术的发展，认为"科学技术新发展中的最高峰是原子能的利用……使人类面临着一个新的科学技术和工业革命的前夕"[7]，"现在既不是三十年代，也不是四十年代，接近七十年代了，是原子、电子时代"[8]。从这些论述中不难

① 《周恩来教育文选》，教育科学出版社1984年版，第158页。
② 《周恩来文化文选》，中央文献出版社1998年版，第542页。
③ 《周恩来选集》下卷，人民出版社1980年版，第414页。
④ 《周恩来选集》下卷，人民出版社1980年版，第183页。
⑤ 武衡：《周恩来对我国科学技术事业的关怀和指导》，《不尽的思念》，中央文献出版社1987年版，第358页。
⑥ 《周恩来文化文选》，中央文献出版社1998年版，第585页。
⑦ 《周恩来选集》下卷，人民出版社1980年版，第181页。
⑧ 《周恩来文化文选》，中央文献出版社1998年版，第578页。

看出,他之所以如此重视原子能,不仅是出于国防安全的考虑,更是因为原子能技术带来了生产力发展史上的一次飞跃。

三、普及与提高——发展规律的角度

《提纲》第三部分主题是"普及与提高",内容虽然简短,但含义也很丰富。就笔者的理解,这里所谓"普及",是指科学技术普遍的推广和应用,要实现这一点就必须采取发展高等教育、加强研究机构、扩大科技队伍等措施;所谓"提高",就是指国家科研实力的增长和各方面技术水平的总体进步。周恩来认为"两者不相矛盾,是相成相助的",而且"一面提高一面普及,普及人要多,提高人要精,从多中走向精,在普及基础上提高,在提高指导下普及"。总体来看,这是一种循序渐进、由量到质的思想,反映了当时周恩来对科技事业发展规律的认识。

一个国家的科技发展有其客观规律,在一两个项目上可能快速实现突破,但总体科技水平的提升受制于众多因素,必然是渐进的,不可能超越阶段。遗憾的是,在一个时期内,我们对这一问题没有认识得很清楚,过分夸大了主观能动性的作用。特别是在"大跃进"期间,"全党办科学""全民搞科学"、放科技"卫星"的风潮一度在科研生产中扩散开来,一些部门提出了过高过快的目标,喊出了完全不切实际的口号,造成了很大损失。这种现象在国防科研生产中更是有集中体现。这些领域本身就是尖端技术,在我国当时的科技和工业水平下,必须先把基本的理论、设计、生产都搞扎实。然而很多人却头脑发热,忽视了这一过程的必然性。以导弹研制为例,我国自主设计的首型弹道导弹"东风"二号 1962 年 3 月首次试射失败,其原因固然是多方面的,但其中很重要的一个方面就是过分追求速度,跨越了应有的阶段,没有打牢基础。之后不久,周恩来就在一次军工干部会议上再次强调了科研工作要遵从客观规律,他说:"科学研究、尖端技术,要循序而进,不可能一步登天,要在一定的基础上逐步往上爬,要有步骤和秩序,登珠穆朗玛峰,也要分几个阶段,一个阶段、一个阶段地上去。不把一个阶段、一个阶段的困难克服,怎么能上去呢?总不能飞上去,飞上去和从陆地上上去是两个性质的事情。过去几年,把生产和研究工作及发明创造的次序颠倒过来了,想一步登天,这是不行的。当然,我们这样的国家、这样的人民,处在这样的时代,是可以快一点的,也应当快一点;应当有登上珠穆朗玛峰的志向,分阶段地、一步一步地登,总是可以

上去的,中间也会有小的跳跃。这几年的经验给我们的启发很深刻。"①周恩来常说"基础打不好,尖端也上不去",这种基础与尖端的关系,就是普及与提高问题在国防科技领域的一种突出体现。1963 年 1 月在上海讨论《1963—1972 年科学技术发展规划》(以下简称《十年科学规划》)时,周恩来又提出了著名的"实事求是,循序渐进,相互促进,迎头赶上"十六字方针。"循序渐进",就是要尊重科技发展自身的客观规律,但这并不意味着亦步亦趋、无所作为;"相互促进",就是要指科技发展要与现代化建设形成良性的互动关系,不能相互脱节、各自为战;"迎头赶上",就是要利用后发优势学习别国先进经验、少走弯路、后来居上,"不应该跟在别人后面把所有的程序都走一遍"。② 这可以视为周恩来在"普及与提高"这个问题上的进一步思考。

四、自由研究与计划研究——政府管理的角度

《提纲》最后一个部分是"自由研究与计划研究",周恩来在这里写了三句话:一是"两者并行不悖,后者为主,逐渐走向计划",这指的是科技工作要从没有计划的状态逐渐过渡到有计划的状态;二是"研究方向,研究计划",意思应该是政府要尽快拿出系统的科技规划,明确主攻的研究方向;三是"成立机构,分工合作",这是指科技工作要有管总的、起到统筹协调作用的部门。虽然只有 41 个字,但在这样一个场合讲出来,就等于明确宣示了新政府要把科技工作纳入计划之中,要主动引导国家科技发展的方向。正是在这一指导思路下,我们后来形成了一套具有高度计划性的科技体制。

其实,从世界范围来看,政府应不应当对科研工作进行系统管理,一直具有很大争议。二战前,美欧等发达国家总体上都对科学研究、特别是基础研究采取放任自流的态度,政府的方向引导甚至财力支持在很多时候都会受到质疑。二战中科技和战争的紧密结合,彻底颠覆了人们对政府和科技事业之间关系的认识,特别是涉及国家重大利益的原子弹、导弹等大科学工程,远远超出了民间科研的范围,没有政府的主导是绝对搞不成的。因此二战后,在以美国为代表的发达国家,政府应当积极促进科技发展逐渐成为社会的共识,其中军事方面的科研工作更是

① 《周恩来文化文选》,中央文献出版社 1998 年版,第 578、579 页。事实上,几乎完全相同的话,1961年 8 月周恩来在北戴河出席国防工委会议时,围绕如何发展原子能工业问题已经讲过一遍。见《周恩来年谱》中卷,中央文献出版社 1997 年版,第 427 页。
② 《周恩来选集》下卷,人民出版社 1980 年版,第 413 页。

普遍由政府主导。

1949年之前，我国没有过系统完整的科技发展规划，政府对科技事业的支持更是极为薄弱，这是当时科技水平严重落后的重要原因。新中国成立后，周恩来非常重视科技规划的制定工作。在知识分子会议上，谈到接受苏联科技援助的问题时，他就要求克服"没有全面规划，头痛医头、脚痛医脚"的问题，做到"做出全面规划，分清缓急本末"。正是在这次会议上，周恩来宣布国务院已经开始制定《十二年科学规划》，这个规划必须"按照可能和需要，把世界科学的最先进的成就尽可能迅速地介绍到我国的科学部门、国防部门、生产部门和教育部门中来，把我国科学界所最短缺而又是国家建设所最急需的门类尽可能迅速地补足起来，使十二年后，我国这些门类的科学和技术水平可以接近苏联和其他世界大国"[①]。《十二年科学规划》确定了57项国家重点科学技术任务，每项任务又分解成若干个中心问题，每个问题都参照当时的国际先进水平，结合中国情况，提出了解决问题的科学途径和研究题目。在这个基础上，又提出了需要优先发展的12个重点。后来的实践证明，这个规划基本符合当时的实际，完成情况是比较好的，对于短时期内快速提高我国科技水平起到了非常积极的作用。[②]

在制定这个规划的过程之中，有一些科技工作者表示过怀疑，认为应当由科学家自发分散地搞研究。针对这种倾向，周恩来在第二年的政府工作报告中专门做了非常详尽的解释："科学技术研究的基本任务，是为了发展生产，同自然界做斗争。如果不把我国现有的科学力量适当地组织起来，密切地联系社会主义建设的需要，做出比较全面的和长期的规划，那么，我国科学事业的发展，就没有了方向，就不可能收到我们预期的效果。当然，这个规划，以后必须根据各种新的情况，不断地加以补充和修正，甚至可能有很大的改变。即使如此，也不能否定这个规划的必要性，因为没有今天的初步蓝图，就不可能有将来日益完备的科学工作计划。社会主义经济是有计划的经济，为社会主义经济建设服务的科学事业，也必须是有计划的。在国家规划之外，无疑也应该允许科学家从事他们自己所专长的某些研究工作，以便充分发挥科学家的潜力。但是，反对科学研究工作的计划

---

① 《周恩来选集》下卷，人民出版社1980年版，第182～184页。
② 武衡等：《当代中国的科学技术事业》，当代中国出版社1991年版，第29、91、92页。1962年对《十二年科学规划》执行情况进行检查时认为，54项任务中有46项已经基本上达到了相应的目标，规划已经提前五年基本完成，但同世界上20世纪60年代的水平相比差距仍然较大。

性,使科学事业陷于无政府状态中,这对社会主义、对科学事业本身都是不利的。"①从这段话中,可以非常清晰地看出周恩来是如何理解科技发展规划的,概括起来就是:科技发展必须有方向,这个方向就是"密切地联系社会主义建设的需要",要保证这个方向就必须有规划,使科研工作和计划经济匹配起来,不能"使科学事业陷于无政府状态中"。同 1949 年时相比,周恩来这时对科技规划的认识显然更深刻、更具体,也更坚定了,这有其历史必然性。在极端落后的条件下制定科技政策,首先考虑的必然是如何把有限的资源集中起来,用到同经济社会发展和国防安全密切相关的领域。特别是国防科技领域,西方国家尚且都是由政府主导的大科学工程,在我国更是必须有高度统一的规划和协调。没有这种高度集中的计划体制,"两弹一星"这样的尖端技术是搞不出来的。

周恩来还高度重视科技规划的科学性和可行性。他始终坚持实事求是,反对脱离实际的"左"的做法。1955 年 6 月在中科院学部成立大会上讲话时,他就坦诚地告诫科技工作者:"要赶上美国现在的水平,要半个世纪……即使我们达到了资本主义的日本的水平,如果以现在的世界的发展水平看也是落后的。所以,我们不能有丝毫的自满。"②1956 年 1 月知识分子会议上,他承认现在还很难确切估计要多长时间我国科学才能赶上世界先进水平,因此当前的任务主要是打基础,"要在第三个五年计划期末,使我国最急需的科学部门接近世界先进水平"③。只是在"最急需"(不是整体)的部门"接近"(不是赶超)世界先进水平,这就留有很大余地。1962 年 2 月广州会议在讨论制定《十年科学规划》和组织科学技术力量等问题时,强调要贯彻"调整、巩固、充实、提高"的方针,决定大力精简机构和人员,缩短战线,集中使用力量,不分散地去搞许多力所不及的新研究。④ 如果没有周恩来的讲话卸下思想包袱,要做出这样的调整恐怕也是很困难的。

通过以上四个方面的分析,可以看出在中国科技发展道路的探索过程中,作为共和国总理的周恩来发挥了不可替代的作用。总的来看,新中国成立后第一个30 年,在党和政府的领导下,中国科技事业在极其薄弱的基础上实现了大的发展,形成了相对完整的组织体系和基础设施,培养了一大批科技人才,取得了不少重要成果,因此可以说我们走过的这条科技发展道路适应了当时的国情,是基本成

① 《周恩来教育文选》,教育科学出版社 1984 年版,第 159、160 页。
② 《周恩来文化文选》,中央文献出版社 1998 年版,第 540 页。
③ 《周恩来选集》下卷,人民出版社 1980 年版,第 182 页。
④ 武衡等:《当代中国的科学技术事业》,当代中国出版社 1991 年版,第 28、29 页。

功的。当然,改革开放以后各方面条件发生了很大变化,特别是伴随着由计划经济向市场经济的转型,这条道路中的许多体制性弊端也逐渐突显出来。但我们绝不能因此就否认这条道路,因为1978年以后我们在科技领域的一系列重大改革举措,本质上都是对这条道路的补充与完善,这是一种继承与发展的关系。我们今天研究周恩来对这一问题的思考与实践,当然也承认其历史局限性。但正如习近平总书记所讲的,我们不能用今天的时代条件、发展水平、认识水平去衡量和要求前人,不能苛求前人干出只有后人才能干出的业绩来。回顾这段历史,意义就在于通过对历史脉络的把握,为今后科技体制改革的进一步实践提供有益的借鉴。

试论周恩来对中国特色军事发展道路的贡献 朱少华[*]

　　周恩来是一位伟大的革命家、政治家、外交家,也是一位伟大的军事家,是我军的缔造者之一,甚至可以说是新中国没有授元帅军衔的大元帅。然而,一直以来,对周恩来作为伟大的军事家这方面的研究,非常欠缺。深入研读周恩来的生平事迹和他的军事文集,我们可以深刻地体会到,他对军事工作高屋建瓴的认识、对党在军队建设中的地位的强化、对军队政治工作的创造性实践以及对国防和军队现代化建设的谋划与期待,等等,为中国特色军事发展道路的形成和发展,做出了不可磨灭的伟大贡献。党的十八大后,习近平同志从实现中华民族伟大复兴的战略高度,提出了"中国梦""强军梦"。研究周恩来的这些贡献,对于贯彻落实党在新形势下的强军目标,建设一支听党指挥、能打胜仗、作风优良的人民军队,具有重大而深远的意义。

一、军事是政治的延续和战争的产物。周恩来深谙军事工作在革命和建设中的重要地位,强调在革命时期必须依靠军事斗争夺取政权、在建设时期必须巩固和加强国防力量

　　马克思主义认为,战争是政治的继续,军事是随着战争的发生、发展而逐渐形成发展起来的。军事,又始终是政治的一部分,是社会政治生活中的重要方面。就像习近平同志在中央政治局第十七次集体学习时所强调的那样:"学习研究军事问题,对从中国特色社会主义事业总体布局的角度认识国防和军队建设改革的重要地位和作用,具有非常重要的意义。"周恩来对军事工作在革命和建设中的重要地位和作用有着极为深刻的认识,提出了具有重要历史意义的一些思想。

　　1. 军事力量建设是武装斗争的主要原素。军事,从其基本内容来说,是战争

＊　朱少华,解放军南京政治学院上海校区教授。

及其一切直接有关武装力量建设事项的总称。在 1927 年初总结上海工人一、二次武装起义和部署第三次武装起义的时候,周恩来就指出:"既然全党从前没有夺取政权的打算,它在国民革命时期也就成了一种似乎是辅助的力量,而这对党的军事工作是很有影响的。"①南昌起义后,他明确提出了"军事力量建设是武装斗争的主要原素"的思想,说:"总结起来,在革命新的高涨将到来时,我们应加紧军事组织、军事技术工作,定出详细的工作计划,经常地来实行。在现在中国军事新局面下,武装暴动准备是非常重要的。在准备武装斗争中,军事力量是主要原素。"②1931 年,周恩来在给苏区中央局并红军总前委的指示信中又指出:"红军是国内战争最主要的力量,谁要否认将红军改造成铁军的重要……谁便根本不懂得怎样进行战争。"③"今天来讨论红军,根本任务就是要解决如何使红军成为工农民主专政的主要力量的问题。""要更进一步强固红军、集中红军的领导来担当组织革命战争的任务。"④在这里,他明确告诫全党,要把红军建设为铁军,否则就不可能进行战争,不懂得这一点,也就根本不懂得怎样进行战争。

2. 党的军事工作必须从头脑军事化做起。军事工作,从外延上说包括以战争为标志的军事行动以及军队工作和军人工作。为了推进军事,为了进行战争,周恩来要求军事工作必须从头脑军事化做起,并在为中共中央起草的通告中提出了"党员军事化"的概念。他说:"目前本党的军事化,首先要从头脑军事化做起,因为一切对军事的忽略和错误,都只有在武装头脑条件下才能谈得到武装身躯,进而武装群众,这是军事化的第二步。"⑤他还从历史教训的角度指出:"在过去党不能在政治上夺取军队,不能创设自己阶级的武装力量,不能以宣传和组织下层兵士群众和引导工农群众加入军队以改变军队性质的种种错误之下,自然会产生视军事工作为点缀之品物或与党一切工作不能联系成为单纯军事运动的错误。这完全是党员大部分不了解军事在革命意义上的作用所产生的结果。"⑥新中国成立之际,他仍然强调"军事在革命意义上的作用",并在青年团第一次全国代表大会上语重心长地告诫年轻人:"中国人民解放军不是突然形成现在这样的力量的,而是经过了二十二年的艰苦奋斗才形成的。它开始时是一支很小的队伍。在北伐

① 《周恩来军事文选》第 1 卷,人民出版社 1997 年版,第 23 页。
② 《周恩来军事文选》第 1 卷,人民出版社 1997 年版,第 59~60 页。
③ 《周恩来军事文选》第 1 卷,人民出版社 1997 年版,第 147 页。
④ 《周恩来军事文选》第 1 卷,人民出版社 1997 年版,第 116 页。
⑤ 《周恩来军事文选》第 1 卷,人民出版社 1997 年版,第 73 页。
⑥ 《周恩来军事文选》第 1 卷,人民出版社 1997 年版,第 72 页。

战争时,我们党还不懂得也不会领导军队、组织军队,当时虽然组织了工人纠察队和农民自卫军,可是对这支队伍忽视了,没有认识到其重要,所以这就成了大革命末期党在领导上所犯的错误之一。对于把农民武装起来改造成为革命队伍的问题,当时只有毛主席和朱总司令认识到了。"①他要求年轻人应该积极参加和支援人民解放军。

3. 巩固和加强国防力量是头等重要的任务。党的十八大在论述"加快推进国防和军队现代化"时有这样一句话:"建设与我国国际单位相称、与国家安全和发展利益相适应的巩固国防和强大军队,是我国现代化建设的战略任务。"其实,这一思想,周恩来在新中国成立之初就已经提出,他在对中央政府部门负责人所做的形势报告中就明确提出:"巩固和加强国防力量是头等重要任务。"他说:"现在我们所差的,就是在装备上和技术上。要逐步地赶上敌人,就需要我们努力,而且我们有信心做好……绝不能因为停战,就可以松懈我们国防力量的加强,那是极大的错误。"②周恩来的这一认识,是有历史缘由的。从根本上说,源于他对战争实践的认识。早在1938年初,他在论述怎样进行持久战时就明确指出:"我们虽不赞成唯武器论的观点,然而军队技术的提高,装备的现代化,是迫切需要的。没有装备好的技术高的政治坚定的现代化的几十个师,是不能最后驱逐日本帝国主义出中国的。"③他甚至提出了建立国防工业的设想,说:"建立军事工业——为提高军事技术,最后战胜日寇,必须集中各种专门人才,建立统一的国防工业。"④1939年3月,他在新四军军部干部大会上的讲话中又强调:"建军工作。以强大为原则,也就是说,第一要精,第二要发展。我们不能忽视精的方面,因为我们的扩充是有限制的。我们要使一个人有十个人的用处,一个干部当一百个干部用。我们走向正规军不能采取跳跃的方式,不是一下子可以成功的。"⑤这似乎就是"走中国特色精兵之路"战略思想的最早蓝本。新中国成立后,周恩来进一步明晰了他的这一思想。他在全国人大一届一次会议报告中指出:"为了保卫我们的国家建设事业不受破坏,还必须加强我们的国防……要有足以保卫我国领土完整、领空领海不受侵犯的强大陆军、空军和海军。"⑥在中央知识分子会议上,他又指出:"只有

① 《周恩来军事文选》第3卷,人民出版社1997年版,第626页。
② 《周恩来军事文选》第4卷,人民出版社1997年版,第229~230页。
③ 《周恩来军事文选》第2卷,人民出版社1997年版,第85~86页。
④ 《周恩来军事文选》第2卷,人民出版社1997年版,第89页。
⑤ 《周恩来军事文选》第2卷,人民出版社1997年版,第180页。
⑥ 《周恩来军事文选》第4卷,人民出版社1997年版,第349页。

掌握了最先进的科学,我们才能有巩固的国防。"①他甚至将部队裁军也作为国防建设的重要组成部分,在 1958 年 5 月 27 日为复员工作的题词中他这样说:"几年来复员工作是有巨大成绩的,必须认真地总结经验,发扬优点,纠正错误,使军事服从政治,平时不忘战时,为今后建设一支以复员军人作骨干与我国民兵制度相结合的强大的国防后备力量而奋斗!"②

二、政治建军是我军建军治军的根本特色。周恩来深谙党领导军队的极端重要性,参与创立了党对军队绝对领导的建军根本原则和坚持这一原则的基本制度

中国共产党对中国人民解放军的绝对领导,是历史形成的我军建军的根本原则。正如习近平同志指出的,我军是党缔造的,一诞生便与党紧紧地联系在一起,始终在党的绝对领导下行动和战斗。坚持党对军队的绝对领导这一我军建军治军最重要的历史经验的形成,有周恩来直接的、重大的贡献。围绕这一建军治军根本原则,周恩来提出了一系列重要思想。

1. 党一定要管军队。周恩来从负责我党军事工作的实践中,充分认识到党管军队的极端重要性。因此,在党的六大军事工作报告中,他明确提出:"在工农武装中党应该起中心作用。"他说:"在乡村领导广大群众武装斗争,党员军事化是根本的问题,应在决议上明确规定,同时应成为大会主要口号。在秘密条件下,存在工农武装,党应起中心作用,或领导作用。"③1930 年,周恩来主持召开了中共中央军委扩大会议,他在会议上做了"目前红军的中心任务及其几个根本问题"的报告,指出:"红军中党的工作问题,这是大家所最注意的问题。在此有些建议,就是我们怎样在红军中排除非无产阶级的意识,加强共产主义的教育与宣传。"④他要求加强红军中的党的建设,提高党在红军中的领导地位。新中国成立以后,百业待举,百废待兴,社会主义建设成为全党关注的中心工作。这在一定意义上说,是符合历史发展的逻辑的。但是,周恩来对这种历史的必然却有着自己独到的见解。他 1957 年底在上海驻军军官大会上说了一段意味深长的话:"这几年来,我

---

① 《周恩来军事文选》第 4 卷,人民出版社 1997 年版,第 369 页。
② 《周恩来军事文选》第 4 卷,人民出版社 1997 年版,第 398 页。
③ 《周恩来军事文选》第 1 卷,人民出版社 1997 年版,第 58 页。
④ 《周恩来军事文选》第 1 卷,人民出版社 1997 年版,第 127 页。

们党更多地注意了建设工作,注意了阶级斗争,对军队工作管得少了些,这是个缺点。对这一点,你们可以给我们提意见。党一定要管军队。"①他要求要进一步提高军队的政治素养,坚定地听党指挥。这充分反映了我党对军队建设的殷切期待。

2. 党对军队的领导作用是绝对的。我党对我军的领导,是完全的、无条件的。周恩来早在1929年代表中共中央给红四军前委的指示信中就明确提出:"集权制问题。党的一切权力集中于前委指导机关,这是正确的,绝不能动摇。"②1930年他又指出:"党的领导作用要绝对的提高。红军中只能有党的领导,党要运用集中指导的原则来建立权威,政治委员在这一原则上有他的极重要的意义。"③抗日战争时期,他在临汾群众大会上发表演讲时,向广大人民群众表明了我党的这一根本原则,指出:"军队的改造。原有的正规军,虽越打越少,但打仗要用组织好了的军队来打,因此,改造旧军,成立新军,便成为目前迫切的任务了。改造军队,目的不是在换一批人,而是在改造他的组织制度。"④解放战争时期,他就这一问题专门指示东北野战军,在为中央起草的电报中重申:"人民解放军是劳动人民的军队,为中共所创造和领导,不容有第二个党在内活动和发展……人民解放军必须是单一政党的领导。"⑤社会主义建设时期,他在畅谈人民军队与人民战争的六种关系(人和武器的关系;军、党关系;军、政关系;官兵关系;友军关系;国际关系)时,又一次 明确指出:"军、党关系。党是领导力量,军队必须在党的绝对领导之下,这就是军队的党性和阶级性。"⑥周恩来的这些思想,丰富了我军建军治军根本原则的核心内容。

3. 军队各级党组织和指战员必须严格号令。党对军队绝对领导的根本原则,是通过一系列根本制度来保证和实现的。周恩来对党对军队绝对领导的根本制度的建立,也做出了重要贡献。周恩来强调军队党的组织的建立和建设 ,指出:"军队中设政治委员,建立党委制,这是保证党的领导,保证战争胜利的根本因素。"⑦在抗日战争期间,他指出:"八路军的政治工作员要切实地建立各地方的党

---

① 《周恩来军事文选》第4卷,人民出版社1997年版,第386页。
② 《周恩来军事文选》第1卷,人民出版社1997年版,第101页。
③ 《周恩来军事文选》第1卷,人民出版社1997年版,第124页。
④ 《周恩来军事文选》第2卷,人民出版社1997年版,第68页。
⑤ 《周恩来军事文选》第3卷,人民出版社1997年版,第328页。
⑥ 《周恩来军事文选》第1卷,人民出版社1997年版,第439~441页。
⑦ 《周恩来军事文选》第4卷,人民出版社1997年版,第440页。

部。各地方党的工作员与八路军在游击区活动时,要以共产党代表的面目在群众中出现,不要使群众只看见八路军看不见党。"①他在拟定的"目前战争形势和坚持长期抗战的军事方针"中说:"建立新的军队:1. 统一的原则;2. 由征兵转向志愿兵;3. 培养大批的军政干部;4. 建立政治工作,改善军队生活;5. 改变教育方针,达到近代化的目的。"②他特别强调军队各级党组织的统一领导和全体官兵的号令意识,指出:"红军军人坚决执行号令,是战胜阶级敌人的重要条件之一。因为战时负有各种任务的大军,分布于广大的战场,各处境遇不同,而要一切指挥员、战士们都向着一定的方针,一致地动作起来,必须有统一动作的号令,且必须服从此种号令,才能成功。"③历史证明,在党的绝对领导下,军队各级党组织和全军指战员的号令意识,是我军战无不胜的宝贵财富。

4. 建军原则和我军性质的一致性。周恩来坚持党对军队绝对领导的建军治军原则,对虚伪的"军队国家化"进行了批驳。在 1946 年的政治协商会议第六次会上,他就军队国家化问题做了专门论述,提出了"军队国家化的标准问题",指出:"现在的军队,无论其为国民党所领导,为共产党所领导,其根源都是从革命武力而来。但军队要属于人民,是最难做到的一件事。这种军队应该不是站在人民之上,而是人民的子弟兵,因为人民以其血汗所得来养兵,为的是保护自己。军队能够这样做,才真正是国家的军队、人民的军队。这是我在军队国家化的要求上认为很重要的一点。"④从这段论述我们可以看到,周恩来强调的军队国家化,说的是军队必须是人民的军队,是为人民谋利益的军队。他在 1947 年给中共中央直属单位做时局问题报告时讲得更明确,他说:"我们的军队,是为人民的,是人民的子弟兵。他从诞生的时候起,就是为人民谋利的。"⑤也就是说,周恩来没有提倡当下西方反动势力所鼓吹的所谓"军队国家化",而是认为坚持党对军队绝对领导的我军建军原则与保持我军全心全意为人民服务性质宗旨是完全一致的。正如习近平同志指出的那样:我们党是马克思主义政党,是全心全意为人民服务的政党,只有坚持党对军队的绝对领导,才能从根本上保证人民军队的性质。我们必须旗帜鲜明地回击西方反动势力对周恩来思想的歪曲。

---

① 《周恩来军事文选》第 2 卷,人民出版社 1997 年版,第 51 页。
② 《周恩来军事文选》第 2 卷,人民出版社 1997 年版,第 77 页。
③ 《周恩来军事文选》第 1 卷,人民出版社 1997 年版,第 289 页。
④ 《周恩来军事文选》第 3 卷,人民出版社 1997 年版,第 43 页。
⑤ 《周恩来军事文选》第 3 卷,人民出版社 1997 年版,第 271 页。

三、政治工作是我军的生命线。周恩来深谙政治工作对于凝聚军心巩固部队的重要作用,提出政治工作是军队的生命线并为我军政治工作的理论认识和实践内容做出了开拓贡献

军队的政治工作,是中国共产党在军队中的思想工作和组织工作,是我军建设的一系列基本原则得以贯彻落实的重要保证。军队政治工作只能加强和改进,任何时候都不能削弱。正如习近平同志在 2013 年 12 月的军委扩大会议上所说:"面对艰巨繁重的军队建设、改革、军事斗争准备任务,必须加强和改进军队思想政治建设。"削弱或者丢掉了政治工作,军队建设就会迷失方向。周恩来作为军队政治工作的创建者,深知军队政治工作的极端重要性。他不仅对军队政治工作有明确的定位,而且在实践中创新发展着军队政治工作的内容。

1. 政治工作是军队的生命线。政治工作是我军的生命线,这是人们熟知的一句话。通常人们认为这句话是毛泽东提出来的,其实,这句话是由周恩来 1934 年第一次提出,10 年以后的 1944 年,写进了著名的"谭政报告",又过了 10 年,1954 年写进了我军政治工作条例。1938 年周恩来在《激流》第 6 期上发表文章,专门论述了政治工作的生命线地位。他指出:"要使军队政治工作健全起来。政治工作是军队的生命线。政治工作加强了,第一可使部队的战斗力提高,相互间友爱加深……第二可影响到党员的运输队、担架队、民夫等,使他们政治认识提高……第三更可影响到广大战区的民众。"[①]其实,早在 1926 年,周恩来就深刻阐述了军队政治工作的重要意义,他说:"军队中为什么要有政治工作。现在的军队,无论是北洋军或革命军,都是由于社会上经济上不安里崩溃来的,他们一方面走入北洋军队,一方面走入革命军队。政治工作就是使军阀军队渐渐觉悟,革命军队确实具有革命观念。"[②]他在 1933 年初的黄陂战役前给部队的 15 条政治工作指示中明确指出,政治工作是争取胜利的先决条件,"领导党员在战斗中成为绝对的模范作用"[③]。1949 年 9 月 22 日,周恩来在政协第一届全体会议做关于"共同纲领"起草的说明,在讲到"军事制度问题"时,他再一次重申:"人民解放军之所以能取得今

① 《周恩来军事文选》第 2 卷,人民出版社 1997 年版,第 110~111 页。
② 《周恩来军事文选》第 1 卷,人民出版社 1997 年版,第 17 页。
③ 《周恩来军事文选》第 1 卷,人民出版社 1997 年版,第 265~266 页。

天的胜利和得到全国人民的拥护,绝不是偶然的。它的特点是不仅勇敢机智善于作战,而且能正确地执行政策,并帮助人民劳动。政治工作制度是它的灵魂。"①从这些论述,我们可以清楚地看到,周恩来对我军政治工作地位作用的认识,是领先的、深刻的、一贯坚定的。

2. 政治工作的目的使命是党化。政治工作作为党在军队中的思想工作和组织工作,它的基本任务是什么呢? 对于这个问题,周恩来也有深刻的认识。早在1926 年,他就对国民革命军的政治工作的目的使命有过明确定位,他说:国民革命军政治工作的目的:"(1)党化。要使官佐士兵及一切群众晓得党的理论、主义、政策。因为革命军是党的军队,革命军的行动要依着党的政策的缘故。(2)要使士兵了解本身生活的环境。(3)要使官长士兵群众晓得时代的政治。""我们做政治工作的使命,对于官长官佐要巩固其革命观念,对于士兵要使之有革命常识,所以我们要认识革命化、纪律化、统一化。"②在瑞金召开的中国工农红军全国政治工作会议上,他就怎样用政治工作来提高部队战术、用政治工作来保证命令绝对执行的问题,明确指出:"一切政治工作都是为着前线的胜利,为着实现整个作战计划。""政治工作的任务,是巩固红军,提高战斗力,保障命令的执行,为党的路线而斗争。""为着要保障每一个战斗的胜利,政治工作要非常机动、紧张、灵活、坚定和迅速。"同时他还指出:"后方勤务机关政治工作与前线的配合,现在比过去任何时候都重要。""游击队中的政治工作,尤其是一刻都不能与战斗任务分开。"③在这里,周恩来首次提出了部门政治工作的概念。新中国成立后,周恩来在不同场合仍然强调政治工作的党性使命。1957 年底他在上海驻军军官人会上说:"经过朝鲜战争的锻炼,我们的军事装备逐步走向现代化,部队的军事素养也得到新的提高。这就要求我们必须在另一个最重要的最基本的方面,也就是说要在军队的政治素养方面,在现有的基础上更加提高,在政治思想工作方面更为加强。"④周恩来的这次讲话,有一个十分值得注意的情况,就是他提出了政治思想工作的概念。将政治工作加上"思想"两个字,意义是深远的。这应该成为研究我们党 的政治工作思想发展史的一个里程碑式的提法。

3. 政治工作必须联系群众深入群众。我们党的群众路线,既是思想路线,又

① 《周恩来军事文选》第3卷,人民出版社1997 年版,第657 页。
② 《周恩来军事文选》第1卷,人民出版社1997 年版,第18、19 页。
③ 《周恩来军事文选》第1卷,人民出版社1997 年版,第317、318、320、324、325 页。
④ 《周恩来军事文选》第4卷,人民出版社1997 年版,第386 页。

是政治路线,还是工作路线。周恩来很早就从这样的高度论述政治工作。他在1929年8月21日代表中共中央给红四军前委的指示信中指出:"红军不仅是战斗的组织,而且更具有宣传和政治的作用。每一个红军士兵都负有向群众宣传的责任;整个红军的游击,更充分负有发动群众实行土地革命经理苏维埃政权的使命。谁忽视了这一点,谁便要将红军带向流寇土匪的行径。"①1930年,他在论述目前红军的中心任务及其几个根本问题时说:"政治委员对军事方面也应该学习并要直接参加战争。红军中要有计划地办理军事政治学校,专门训练红军干部人才,每军应有随营学校,每特区应有较大的红军学校。"②抗日战争时期,他在论述如何在医院开展对伤病员的政治工作时,提出了八个方法。他说:"医院的政治工作,这更直接影响到伤员身上。其要求是使伤员能安心在医院治疗,能在治好后争先恐后地回前线去……要他们觉得躲缩在后方为耻辱,回前线为光荣;骚扰为耻辱,守纪律为光荣。"③他曾经细致地论述了新四军的政治工作,对政治委员、政治机关、营教导员和连指导员、连队的政治组织、政治协理员等工作进行了系统阐述,特别提到:"政治工作与各部门关系。我们在这方面和国民党不同,国民党中多表现出是政治工作与其他部门对立,漠不相关,是带有侦探性质的。我们就不同,我们的政治工作是积极的,与其他部门是相互配合的。"④周恩来倡导的我军政治工作联系群众深入群众的优良传统,正是我们今天加强和改进政治工作必须光大发扬的。

4. 思想政治教育是军队的政治命脉。毛泽东曾经说,掌握思想教育是团结全党进行伟大政治斗争的中心环节。习近平同志也指出,越是形势复杂、任务艰巨,越要抓住思想政治教育不放松。周恩来在我军建立之初,就认识到思想政治教育的重要性,将其定位为红军的命脉。他在代表中共中央给红四军前委的指示信中明确指出:"红军中的政治部工作及宣传队组织(或如你们所称'宣传兵')是红军的政治命脉,其作用决不减于战斗兵,如工作不好、组织不得法,那是另一问题,然决不能因此便动摇了根本路线。""政治工作。军与纵队设政治部,营连只设政治委员,这是可以的,其任务为对内管理政治教育,对外作政治宣传以至管理地方政

---

① 《周恩来军事文选》第1卷,人民出版社1997年版,第85页。
② 《周恩来军事文选》第1卷,人民出版社1997年版,第124页。
③ 《周恩来军事文选》第2卷,人民出版社1997年版,第113~114页。
④ 《周恩来军事文选》第2卷,人民出版社1997年版,第188页。

务,发动群众斗争,扶助群众组织等。"①第三次反"围剿"后,在红军的间歇训练期间,周恩来作为总政委与朱德总司令一起下达的关于军事政治训练的训令指出:"红军的军事政治教育,主要是在实际战斗中,其次则利用战斗间隙及配置后方的一瞬间内,来实施训练和讲评。这样的教育状况,如得到一切的军事干部及政治干部深刻的注意、冷静的判断,来解答实际的需要,则红军军事政治的进步,将愈迅速愈切实。"②"阶级的政治教育,是健全和坚强部队最主要的元素。"在第四次反"围剿"发至连队一级的行动训令中,他再一次指出:"要使全方面军的行动都如上述的一致,这必须对红军战士进行充分的政治鼓动宣传,加紧军事、政治的训练,一直到严格地执行红军中铁的纪律,来提高和巩固红军的战斗力,来保障红军的坚固和阶级团结。"③他亲自组织制订新战士教育计划,并指出:"最近扩大红军已获得了空前的、伟大的胜利,我们为要保障和发展这一胜利,须加强新战士的军事、政治工作的领导和教育,使新战士成为政治坚定、军事熟练的好战士。"④1933年6月30日,中央革命军事委员会决定"八一"为中国工农红军成立纪念日。周恩来在拟定红军纪念"八一"活动的中心任务时,明确:"提高政治教育和政治工作。要使每个红军战士在文化政治水平上消灭文盲,提高政治学习……以加强红军战士的阶级觉悟,提高红军战士的战斗热情。"⑤1939年,他在拟定的中共中央政治局会议发言提纲中,也没有忘记强化政治教育,指出:"国防师的干部应依照各该挑选部队的原有系统,给以近代化的军事训练与坚强的政治教育,同时并使之仍保存各该部队的优良传统。"⑥这里特别值得一提的是,抗日战争时期的1939年,他在新四军干部会上的讲话中,提出要把与不良倾向做斗争作为政治工作的一个方向,他说:"连队中另一个政治工作方向,就是与不良倾向做斗争。我们军队在江南环境中发展与扩大,就要与外间的引诱和不正确的意识做斗争。"⑦这一思想,为深化军队思想政治教育指明了方向。

---

① 《周恩来军事文选》第1卷,人民出版社1997年版,第85、99页。
② 《周恩来军事文选》第1卷,人民出版社1997年版,第214页。
③ 《周恩来军事文选》第1卷,人民出版社1997年版,第226页。
④ 《周恩来军事文选》第1卷,人民出版社1997年版,第294页。
⑤ 《周恩来军事文选》第1卷,人民出版社1997年版,第306页。
⑥ 《周恩来军事文选》第2卷,人民出版社1997年版,第249页。
⑦ 《周恩来军事文选》第2卷,人民出版社1997年版,第189页。

五、军民融合是国防和军队建设的必由之路。周恩来深谙国防军队建设与经济社会建设的关系,提出全党全国来注意、团结起一切建设力量为建立现代国防和军队而斗争

走军民融合式发展之路,是国防和军队现代化的战略选择;推动军民融合深度发展,是深化国防和军队改革的战略任务。周恩来在战争年代、在动荡的环境中就认识到国防军队建设与经济社会建设相互依存、互相促进的关系,新中国成立后不仅深化了这一认识,而且付诸实践,为我党探索军民融合发展打下了理论基础和实践基础。

1. 国防建设必须团结起一切建设的力量。1941 年 7 月 20 日,周恩来在《新华日报》发表了"团结起来打敌人"的文章,指出:"必须加紧国防建设,这也须团结起一切建设的力量,以建立国防工业的始基……所以,我们自始就应该不分国营私营,不分厂方工方,不分技师专家,都应团结一起,集中力量,为着加紧国防生产,建立国防工业而斗争。"①新中国成立前夕,他在军委后勤代表会议上的总结中明确指出:"我们的革命战争依靠人民,后勤工作也是依靠人民。过去我们的小米加步枪,小米是由农民生产的,枪是把工人、农民组织起来向敌人夺取的。现在的正规化战争,还是依靠人民的力量。我们军队的来源,是人民的子弟兵,军工物资靠工厂的工人来生产,粮食靠农民生产。"②1950 年 5 月,全军展开参谋会议,会上周恩来提出全党全国关注全军的中心工作的思想,指出:"教育与学习,已成为目前全军中心的工作……我认为要想把这件大事办好,一定要:全党全国来注意,军队内部外部来配合。不如此,要想把军队的文化、政治水平提高就是一件难事。"③习近平同志在政治局第 17 次学习时讲到"推进国防和军队建设改革是全党全国人民的共同事业,要调动全党全国力量齐心协力做好工作",这一思想,与周恩来的上述思想是一脉相承的。

2. 经济建设和国防建设应当相互促进。早在 1941 年,周恩来就批评了那种把经济建设与国防建设对立起来的观点。他在 1941 年 7 月 7 日发表在《新华日

---

① 《周恩来军事文选》第 2 卷,人民出版社 1997 年版,第 364～365 页。
② 《周恩来军事文选》第 3 卷,人民出版社 1997 年版,第 593 页。
③ 《周恩来军事文选》第 4 卷,人民出版社 1997 年版,第 10 页。

报》的"'七七'四年"一文中指出:"我们认为一切应为着国防工业,反对将目前战时的财政经济政策与国防建设分立起来,或仅仅看成是它的一部分。"①新中国成立前夕,他指示后勤工作应加重加快加大,他说:"部队走向正规化,后勤工作应当先……要想根本解决武器装备问题,得自己会造才行。当然这必须要有重工业,有了重工业才有真正的装备正规化。"②新中国成立后,他更是反复强调国防建设与经济建设的辩证统一。1950年他在全军参谋会议讲话中指出:"军工生产的前途是很好的。因为要建设近代化的国防,就必须要有近代化的军工生产为基础。没有工业化的基础,那谈什么近代化国防呢?!"③ 1964年他在第三届人大一次会议做政府工作报告中指出:"正确处理经济建设与国防建设的关系","在经济建设中,要贯彻实行和战结合的方针。""军事工业在平时也要兼为经济建设服务,充分利用现有的设备能力,尽可能多生产一些民用产品。""经济建设和国防建设应当相互促进。""适应建设现代化国防的需要,国防建设费用应当逐步有所增加……但是,由于经济建设和文化建设需要大量的资金,国防建设费用不可能增加过多。因此,在国防建设上要尽可能注意节约,讲求实效。"④1971年8月,他对全国人防工作的指示中说:"人防工事建设要平战结合。要把人防建设和国防建设结合起来。"⑤

3. 军队调整要与国家经济形势相适应。国防和军队建设走军民融合式发展之路,对军队建设提出了新的更高要求。周恩来认为,军队的调整改革必须与国家的经济形势相适应。他在1962年中央军委常委会上的讲话中说:"关于军事工作,敌人是扩军备战,我们改一字就行,'整军备战'。"整军"要形式和内容相适应,它有如生产力和生产关系的关系,编制得不好,会妨碍、限制、甚至破坏部队的战斗力"。"军队的调整要与国家的经济形势相适应。"他认为,应该"提出五个口号:第一,整训结合……第二,兵农结合(亦兵亦农)……第三,军经结合……第四,今明结合……第五,自力更生"⑥。当然,军队是要打仗的,因此,军队必须保持和发展自己的特色,坚持一切为了"能打胜仗"。这一点,我们从周恩来1971年对《解放军报》的指示中就可以明确体会到,他说:"部队报纸要加强战备的宣传。军报

① 《周恩来军事文选》第2卷,人民出版社1997年版,第358页。
② 《周恩来军事文选》第3卷,人民出版社1997年版,第592页
③ 《周恩来军事文选》第4卷,人民出版社1997年版,第12页。
④ 《周恩来军事文选》第4卷,人民出版社1997年版,第500~501页。
⑤ 《周恩来军事文选》第4卷,人民出版社1997年版,第559页。
⑥ 《周恩来军事文选》第4卷,人民出版社1997年版,第425、426页。

不能跟着《人民日报》转。《人民日报》登了的文章,军报不一定都照登。"①

　　从以上对周恩来的军事理论和部分军事实践的回顾中,我们可以看到,周恩来的军事发展道路理论和军队建设思想是无比丰富的,周恩来对中国特色军事发展道路的贡献是本质的、全方位的。这里只是做了一些粗线条的梳理,旨在为深入研究周恩来对中国特色军事发展道路的贡献提供一些线索。

　　① 《周恩来军事文选》第 4 卷,人民出版社 1997 年版,第 560 页。

新中国成立前后
周恩来争取军事人才述论 张文成* 仲 华**

新中国成立前后,人民解放军面临着巩固新生政权与适时开展自身正规化现代化建设的历史重任,对于军事人才的需求异常迫切。在除旧布新的时代大环境中,周恩来作为党、国家和军队的主要领导人之一,充分认识到军事人才的极端重要性,高度关注军事人才的建设问题,除系统规划军队教育训练发展以培养军队人才以外,大力争取国民党方面和海外的军事人才。在他的有力领导下,争取军事人才的工作细致开展,成绩斐然,大量国民党方面的军事人才弃暗投明、为我所用,大批海外军事人才矢志归国、投身国防与军队建设,不仅缓解了当时的燃眉之急,而且在稍后全面展开的军队现代化正规化建设中发挥了重要和深远的作用。

一、周恩来关于军事人才的认识

新中国成立前后,我国国防建设有了极大的进步。我党也面临着几个巨大的变化:身份角色上,成为中华人民共和国社会主义建设事业的领导者;国内形势总体趋于安定,但仍要应对来自残余敌军、匪患以及其他敌对势力的威胁;军事保障方面,人民解放军的保障体系逐渐趋于完备,但要顺利完成自身的正规化现代化建设仍是任重道远。在这空前的变化面前,作为军委副主席、抗美援朝的"总后勤部长",周恩来敏锐地察觉到了新中国扩充军事人才队伍的必要性和紧迫性,对于人才匮乏问题有着清醒的认识,感到忧心如焚,由此展开了一系列细致的争取工作。

对人才,尤其是军事人才的定位,是周恩来争取军事人才的前提。1949年8月22日,周恩来在《新民主主义的共同纲领》草案初稿中指出,要为新中国的建立准备军事人才:"一切适合国防需要的军事编制及组织,现在就应开始准备,尤其

* 张文成,解放军南京政治学院研究生。
* * 仲华,解放军南京政治学院教授。

是人才的训练及培养。"①1949 年 10 月 1 日,新中国成立,中国历史掀开崭新一页。百废待兴中,我党亟须广泛延揽得力的建设人才。1950 年 6 月 8 日,周恩来在全国高等教育会议上明确指出:"现在我们国家的经济正处在恢复阶段,需要'人'急,需要'人'专,这是事实。"②8 月 24 日,周恩来在中华全国自然科学工作者代表大会上做《建设与团结》的报告,指出:"国防工业方面,制造兵器、飞机等都需要专家,也感到人才不够""只要整理工作有了头绪,就会感到我国的科学家不是太多而是太少。现在愈接触各种事实,愈使我们感到这个问题的严重性。"③由此,周恩来认定:我国要建设,人才就成为一个决定的因素,是社会主义建设事业一支伟大的、不可或缺的重要力量。

关于军事人才的使用原则,周恩来也有自己的见解,一向宽容温厚,以诚相待。1949 年 4 月 22 日,周恩来在出席新民主主义青年团第一次全国代表大会中指出,对于人才在精神上要有这样一种气概,即"应该在千军万马中敢于与人家来往,说服教育人家,向人家学习,团结最广大的人们一道斗争,这样才算有勇气,这种人叫作有大勇"④。同年 11 月 11 日,周恩来主持政务院第五次政务会议时指出:"对于人才,我们要敢于提拔,但不能滥用私人,凭主观喜怒来评定和提升干部。我们的标准是要看他的历史、工作态度、经验和能力,以及群众对他的认识。"⑤在同党内外"左"和右的斗争中,周恩来也坚持保护人才,保护知识分子。1955 年 11 月,周恩来察觉到了某些轻视知识分子作用、地位,甚至把知识分子视作敌人的倾向,于 22 日郑重向毛泽东汇报自己的意见。党中央立即成立了由周恩来负总责的中共中央研究知识分子问题 10 人领导小组,并展开调查研究,召开座谈会。最后由周恩来组织撰写了针对知识分子问题现状的 11 份调查报告,主持并讨论通过了《中共中央关于知识分子的指示(草案)》,并在 1956 年 1 月 14 日开幕的中共中央关于知识分子大会上做了报告。在报告中,他将知识分子问题第一次郑重地提到全党面前,作为全党上下都要关注的一项重要工作,在全国引起了极大反响。

周恩来一以贯之的人才观,总结于他多年培养、使用人才的实践中,同样应用

① 《建国以来周恩来文稿》第 1 册,中央文献出版社 2008 年版,第 312 页。
② 《周恩来选集》下卷,人民出版社 1980 年版,第 19 页。
③ 《周恩来选集》下卷,人民出版社 1980 年版,第 26 页。
④ 《周恩来选集》上卷,人民出版社 1980 年版,第 330 页。
⑤ 《周恩来年谱(1949—1976)》上卷,中央文献出版社 1998 年版,第 10 页。

在对军事人才的争取、任用实践中。本着这样的思想基础,周恩来才能不拘一格,海纳百川,为我党我军争取到了大量优秀的敌军人才。

二、周恩来争取敌军人才的努力

新中国成立前后,如何争取敌军人才是一个比较实际的问题,如果能从原则、使用和情感方面处理得当,不仅对我战斗力是一个直接的提升,同时对在观望中动摇不定的敌军人才也是一种无形的鼓励。周恩来在这个问题上,真正做到了既信任又改造,抓住重点、形成号召和以情动人、细致入微。

首先,针对敌军人才的特殊身份,周恩来采取了既信任又改造的策略。1949年11月18日,周恩来在安东海军学校副校长张学思向中央军委报送的《关于学校教育的初步意见》上批示:"从起义人员中选一些政治可靠的青年,分入普通班与速成班,然后才能鼓励来者。"①遴选起义人员读军校,既达到了教育改造起义人员的目的,又能以此吸引更多敌军人才投诚。1950年11月27日,周恩来在给毛泽东的绥远起义部队改造方案中,针对绥远部队将领刘万春、鄂友三、张朴在绥远起义之后仍与国民党驻港特务机关联系,企图叛变的事件,指出:"任何部队团体都会有坏人的,现在有,将来还会有,坏事由坏人自己负责,领导者不要气馁,应引为教训,坚决肃清坏人,提拔好人。""历史关系不能割断,傅、董对绥远部队应积极负责改造,动员他们参加抗美援朝""绥远部队在傅、董领导下,应是开出来整体改造,不采取混编分编办法,更谈不到解甲归农。"②周恩来的指示,一方面成功地化解了一场信任危机,另一方面也解决了关于绥远部队的改编问题。不仅消解了傅作义、董其武等原敌军将领的顾虑,还委之以重任,使其参与到抗美援朝的准备工作中去。

为了和平解决湖南问题,周恩来在1949年6月2日致电远在香港的乔冠华:"争取程潜、李默庵、陈明仁站在我们方面反美反蒋反桂极为必要。请你们认真进行此项工作。如有可能,应与程潜或李默庵建立电台联系。"7月2日,周恩来在为中共中央起草的一个电报中说:"程潜只要决心反桂系,并布置截断桂系退路,表面上主张湘桂合作,以麻痹桂系是可以谅解的。""应力求留在长沙,作为内应。"③

---

① 《周恩来年谱(1949—1976)》上卷,中央文献出版社1998年版,第13页。
② 《周恩来军事文选》第4卷,人民出版社1997年版,第118~119页。
③ 《周恩来传》第2册,中央文献出版社1998年版,第938页。

此后一直耐心细致地指导该项工作,直到程潜、陈明仁等 8 月 4 日在湖南宣布起义。从中可以看出,周恩来争取敌军人才的原则之一:一方面极为重视敌军人才,有机会即大力争取之;另一方面,并不是无原则地争取一切敌军将领,而是在考察的基础上,力争能够为我所用的人才。

其次,周恩来在争取敌军人才的过程中,着重关注重点人,形成了很好的号召。1949 年 8 月 13 日,周恩来致电粟裕和周骏鸣,提醒进攻福州时,注意争取和保护时任国民党政府海军部高等顾问的海军元老萨镇冰,并指明:"如(萨镇冰)能与我合作,对解放福建,争取海军,影响台湾,都有帮助。"21 日,周恩来提醒粟、周将侯德榜问候萨的电文送至萨处。25 日,周恩来再次致电华东局,望其将萨镇冰外孙女婿刘良模的电报送到萨处,刘电报内容恳切,请求外祖父应邀参加政协会议,共襄建国大计,"深望外祖父即能来平出席此划时代之大会,以奠新中国之基础"①。在日理万机的工作中,周恩来连续发送的这三封电报,充分表明了其细致入微的工作方法。在其细致工作下,萨镇冰欣然应邀,虽因年事已高未能莅临 9 月份的中国人民政治协商会议第一届全体会议,但作为特邀代表当选了全国政协第一届委员会委员。争取到萨镇冰这位晚清以来的海军元老,不仅为新中国国防建设事业添砖加瓦,对其他敌军已投诚或拟投诚的将领也是一种极强的号召力。

此外,周恩来注重掌握主动,运用亲朋故旧之影响以情动人,开展细致工作,取得了很好的效果。1949 年 9 月 13 日,为了解决新疆问题,周恩来指示将原国民党官员张治中劝降的电报交给陶峙岳、包尔汉。25 日,在周恩来的斡旋下,新疆实现了和平解放,加速了全国解放。对于已投诚的敌军人才,周恩来也尽力关照其家属和生活,事无巨细,以减少其后顾之忧。如 1950 年 12 月 1 日,周恩来致电要求张铁生帮助龙云之子龙绳武赴港搬家,并帮其售卖香港房产。② 在著名的两航起义中,周恩来抓住机会,在陈卓林和刘敬宜犹豫徘徊、权衡不定时果断派出查镇湖和吕明,分别对其劝说,陈和刘在新中国的感召下同意起义。1949 年 11 月 9 日,两位总经理率部分员工驾机北飞,正式起义,成为国民党驻港机构起义的先声,切断了国民党西南地区的空中补给线,加速了全国解放的进程。

在敌军人才的使用上,周恩来也认真衡量每个将领的身份、才能、历史,委以重任,充分调动其参与建设新中国的积极性。如 1949 年 10 月 10 日,周恩来以外

---

① 《建国以来周恩来文稿》第 1 册,中央文献出版社 2008 年版,第 259~261 页。
② 《建国以来周恩来文稿》第 3 册,中央文献出版社 2008 年版,第 569 页。

交部长名义电复前国民党政府驻法国大使馆暨巴黎总领事馆全体人员,欢迎他们宣告脱离国民党,听候人民政府接管,号召在国外的一切前国民党使馆人员效法,并明确宣布对所有这种脱离反动政府的有功人员,"本部均将量才录用,使能对于祖国有所贡献"①。

本着这几点策略,周恩来争取敌军人才的工作成绩斐然,如与既有公仇又有私怨的抗战时期国民党与中共的联络代表张冲建立起良好的合作关系,以及使侨居在美国的曾任国民党代"总统"的李宗仁回国,为新中国的国防建设做出了巨大贡献。

三、周恩来争取海外人才归国的努力

新中国成立时,留学西方或旅居海外的知识分子不在少数,他们当中,有众多优秀人才,有些在军事领域堪称执牛耳者。这些学者、专家和留学生出生在积贫积弱、任人宰割的旧中国,国共内战期间,他们密切关注国内形势,普遍对蒋介石国民党政权的腐败无能感到失望,从强势上升的共产党力量身上看到了希望和光明。然而,在美苏冷战铁幕的全球格局中,在国共隔海对峙的严峻局势下,他们归路漫漫,遭到了美国与台湾当局的百般阻挠。

面对这种情况,我党采取开明的知识分子政策,争取海外学者的措施切实细致,并不失时机地开展外交攻坚。这其中,周恩来发挥了特殊而重要的作用。

早在新中国成立之前,周恩来即深谋远虑,明令各方注重吸引海外人才。1949年春,中共派出郭沫若为团长的代表团赴欧洲参加保卫世界和平大会,周恩来要求该代表团广泛开展对旅欧学人的宣传争取工作,并特别嘱咐郭沫若带信给留居英国的李四光,希望他早日回归共建新中国。在李四光归国事宜上,周恩来亲自过问,给予助力。1949年11月15日,他专门给时任新华社驻布拉格分社社长吴文焘和驻苏联大使王稼祥发去关于保护李四光回国的电报,指示他们设法与李四光接触,先行与李途经国家当局交涉,使之做到给李以入境便利,并予保护。②

1950年5月,李四光冲破台湾国民党方面的重重阻力,取道瑞典、意大利,辗转回到魂牵梦萦的祖国怀抱。李入住北京饭店的第二天,周恩来便登门看望,表示热烈欢迎。李夫人许淑彬回忆道:"到了北京,许多新旧朋友都来迎接。有的老

---

① 《周恩来年谱(1949—1976)》上卷,中央文献出版社1998年版,第4页。
② 《建国以来周恩来文稿》第1册,中央文献出版社2008年版,第533页。

朋友告诉仲揆(笔者注：李四光的字)，解放后不久人民政府就曾考虑召开第一次地质会议，但周总理指示要等仲揆回国后再开。谁知一直等了五个月还不见仲揆回来。于是有人造谣说：李某人是不会回来的，他去台湾了。周总理听了这话后说：我相信他不会去台湾，现在还没有回来，一定是给什么困难耽误了，我们一定等他回来再开会。仲揆听到总理这样信任他，极为感动。"①嗣后，李四光出任中国科学院副院长、中华自然专门学会联合会主席、地质工作计划指导委员会主任委员，1952 年 8 月又就任中央人民政府地质部部长，担负起领导新中国地质事业全面发展的重任。

钱学森的回国也是在周恩来的大力斡旋下才得以成行。1954 年，周恩来率领中国代表团，以世界五大国之一的身份出席讨论朝鲜问题和印度支那问题的日内瓦国际会议。其间，在印度支那停止敌对行动问题上，周恩来提出了包括"相互释放战俘和被拘的平民"在内的原则性建议，表明了中国解决重要国际争端的基本主张。同时，向新闻界发表关于美国无理扣押中国留学生和科学家的谈话，为下一步与美国的接触谈判埋下了伏笔。翌年 6 月，钱学森通过外国朋友请求中国政府帮助他回国。7 月，中美两国的大使级会谈开始启动，周恩来指示参会的王炳南，通知美方中国将提前释放被俘的 11 名美国飞行员，要求美国政府取消对钱学森等归国的无理限制。面对周恩来有理有节的外交斗争和国际舆论的强大压力，美国政府不得不于 8 月初取消了对钱学森一家回国的限制。10 月，钱学森携家人远渡重洋，终于踏上了暌违多年的祖国大地。从此，他投身国防尖端科技发展的伟业，为中国航天事业发展立下了不朽功勋，也为自己赢得了"中国导弹之父"的威名。张劲夫回忆说："钱学森从美国回来后，懂得搞导弹关键靠推进器，于是科学院下决心搞推进器，靠新的腿走路，很快就搞出来了。没有两条腿，苏联毁约停援，我们就抓瞎了。"②

周恩来对海外人才的爱护、提携，为海外人才顺利归国所做的众多工作，以及由此所产生的影响，发挥的效能，感召和哺育了一代代人才，成为推进我们党和国家事业的巨大力量。

纵观周恩来在新中国成立前后的争取军事人才工作，他始终以战略家的眼光，从新中国建设的整体需要出发，重视军事人才在国防建设中的巨大作用，并且

① 《周恩来传》第 3 册，中央文献出版社 1998 年版，第 1192 页。
② 《周恩来传》第 3 册，中央文献出版社 1998 年版，第 1193 页。

在争取敌军人才、海外人才的过程中，提出了许多精辟的见解，付出了大量艰辛而卓有成效的努力。对于我们广大国防工作者来说，在努力实现"强国梦""强军梦"的今天，重温周恩来争取军事人才的历史，汲取争取、培养人才的宝贵经验，有极强的现实意义。

周恩来与抗美援朝战争第一年 唐蕊[*]

——以《建国以来周恩来文稿》(第三册)为例

2008 年,周恩来诞辰 110 周年之际出版了由中共中央文献研究室和中央档案馆联合主编的《建国以来周恩来文稿》(1~3 册),收入了 1949 年 6 月至 1950 年 12 月期间的文稿,内容涉及政治、经济、统战、外交、军事、文化、教育、卫生等各个方面,其中第三册收入的是 1950 年 7 月至 12 月的文稿,直接或间接与抗美援朝战争有关的文稿有近 140 篇,侧重涉及抗美援朝战争的外交斗争、战前准备、后勤工作、苏联援助、停战谈判等问题,这些文稿对抗美援朝战争的研究有重要意义,但是目前学术界还没有对这方面的研究。本文试图从文稿分析的角度去挖掘周恩来在抗美援朝战争中,尤其是在战争决策和战争第一年中的重要作用。

一、外交途径的沟通是中国政府应对朝鲜战争的第一反应

1950 年 6 月,新中国建立不到一年之际,中国政府正在准备新中国成立后最大规模的裁军,中国政府和人民对于和平和重建家园的愿望是迫切的,是不会主动想卷入一场战争的,朝鲜战争的爆发和美国舰队入侵台湾海峡阻碍了这种愿望,中国政府和人民被迫抗美援朝。在朝鲜战争爆发之初,中国政府试图通过外交途径进行沟通,希望能在一定程度上有助于这场战争的和平解决或使之地方化。周恩来及中国政府通过不同的外交途径表达了自己的声音和意见,甚至包括对于朝鲜战争中国政府可能采取的行动方向。《建国以来周恩来文稿》(第三册)(以下简称《文稿》)中的许多篇目显示了当时中国政府的这种和平愿望,以及周恩来为了实现这一愿望所付出的努力。

朝鲜战争爆发后的第二天,1950 年的 6 月 27 日,美国总统杜鲁门发表声明,宣布命令美国的空海军部队给予南朝鲜(现韩国)政府部队以掩护及支持,命令美国第七舰队阻止对台湾的任何攻击。6 月 28 日,周恩来代表中国政府发表《对杜

---

* 唐蕊,中央文献研究室。

鲁门声明的声明》:"杜鲁门二十七日的声明和美国海军的行动,乃是对中国领土的武装侵略,对于联合国宪章的彻底破坏。"并庄严宣布:"不管美国帝国主义者采取任何阻挠行动,台湾属于中国的事实,永远不能改变","战胜了日本帝国主义和美国帝国主义走狗蒋介石的中国人民,必能胜利地驱逐美国侵略者,收复台湾和一切属于中国的领土"①。这个声明的重点在于对美国第七舰队侵入台湾海峡表示抗议,出发点是对于中国主权的维护,同时表达了不怕外来侵略的决心。

7月6日,周恩来代表中国政府发表《致联合国的声明》,声明指出:"联合国安全理事会于六月二十七日在美国政府指使和操纵下所通过的关于要求联合国会员国协助南朝鲜(现韩国)当局的决议,是支持美国武装侵略、干涉朝鲜内政和破坏世界和平的,并且这一决议是在没有中华人民共和国和苏联两个常任理事国参加下通过的,显然是非法的。"并对杜鲁门在27日发表的声明再次表示强烈抗议,态度鲜明:"美国总统杜鲁门在六月二十七日关于以武力阻止我中华人民共和国解放台湾的声明和美国海军侵入我台湾沿海的行动,是彻底破坏联合国宪章关于任何会员国不得使用武力侵害任何其他国家之领土完整或政治独立的原则的公开侵略行为。""台湾是中国领土不可分割的一部分。""不管美国政府采取任何军事阻挠,中国人民抱定决心,必将要解放台湾。"②

7月9日,在《对印度大使关于朝鲜问题及中华人民共和国代表加入联合国各组织问题的谈话的口头答复稿》中,周恩来表示对于印度政府提出的关于中华人民共和国代表加入联合国各组织的意愿表示赞成,并赞成在此成立后和平调处朝鲜问题及解决台湾问题。③

类似的文稿还有《关于安理会讨论美机侵犯中国领空案必须有中国代表参加给杰伯等的电报》《关于支持苏联和平调处朝鲜问题提案给联合国的电报》《关于要求制裁美国武装侵略中国领土事给联合国的电报》《关于抗议美机侵入中国领空事给赖伊等的电报》《关于安理会讨论美国武装侵略中国领土台湾案必须有中国代表参加给杰伯等的电报》《关于联大讨论美国侵华案必须有中国代表参加等问题给安迪让等的电报》《关于安理会应合并讨论美国侵台和武装干涉朝鲜案给毛泽东等的信》《关于安理会应合并讨论美国侵台和武装干涉朝鲜案给赖伊等的

---

① 《建国以来周恩来文稿》第2册,中央文献出版社2008年版,第524、525页。
② 《建国以来周恩来文稿》第3册,中央文献出版社2008年版,第9、10页。
③ 《建国以来周恩来文稿》第3册,中央文献出版社2008年版,第15、16页。

电报》。这些文稿中,周恩来及中国政府对美国侵略中国领空和台湾问题提出强烈抗议,将朝鲜战争和台湾问题、中国加入联合国等问题进行了捆绑,要求恢复中国政府在联合国的合法席位。对于朝鲜战争,中国政府旗帜鲜明地表达了自己的声音,也希望能从外交途径与美国进行某种程度的沟通,以有助于朝鲜战争的和平解决。

9 月 29 日,美国公开宣称将向三八线以北地区进攻,10 月 1 日,周恩来在国庆庆祝会上发表讲话,当时的《人民日报》予以刊登,新中国的声音掷地有声:"中国人民热爱和平,但是为了保卫和平,从不也永不害怕反抗侵略战争。中国人民决不能容忍外国的侵略,也不能听任帝国主义者对自己的邻人肆行侵略而置之不理。"①不能"置之不理",斩钉截铁地向世界表达了中国的决心。从某种意义上,这可以说是中国政府公开发表的正式声明,但此时,美国当局正醉心于朝鲜战场的胜利,麦克阿瑟正肆无忌惮地向三八线以北挺进,这一公开声明没有起到任何效果。

除了公开的声明外,周恩来还通过其他渠道向美国传递了中国政府的声音。当得知联合国军可能已经越过三八线后,10 月 3 日凌晨,周恩来紧急约见印度驻华大使潘尼迦,向他郑重地表达了中国政府在朝鲜战争中所持的严正立场:"美国军队企图越过三八线,扩大战争。美国军队果真如此做的话,我们不能坐视不顾,我们要管。"②周恩来通过这种途径向美国政府发出了最后的警告。在约见潘尼迦前,周恩来曾特别嘱咐当时的翻译浦寿昌,在"要管"的翻译上要加重分量,"要管"其实意义非比寻常。事实上,美国政府从多条渠道收到了周恩来的这次警告。但是,美国政府认为潘尼迦是同情共产党的人,是带有政治色彩的传声筒,不能作为公正客观的话来对待,同时认为这不是官方的正式声明,对于"要管"的理解也不够到位。

对于这些外交声明和信息,美国单方面认为是中国政府的政治恫吓和外交勒索,始终认为刚刚成立的新中国,百废待兴,不过是"说说而已"。美国当局认为,新中国不敢直接同训练有素、装备精良的美国三军较量,不会插手朝鲜问题。事实证明,美国当局的判断错了。

客观地说,中美之间这种战前的信息沟通在表达的渠道和方式上,确实是出现了一些问题,但美国当局的成见也的确削弱了这种沟通试图达到的效果。中国

---

① 《建国以来周恩来文稿》第 3 册,中央文献出版社 2008 年版,第 360 页。
② 《周恩来外交文选》,中央文献出版社 1990 年版,第 25 页。

政府发出的警告,未能起到应有的作用。

二、加强东北边防、组建东北边防军是中国政府应对朝鲜战争的战略准备

未雨绸缪,加强东北边防,组建东北边防军,是新中国应对朝鲜战争的战略反应,事实证明,这一决策是非常重要的。

7月7日、10日,根据中共中央和毛泽东的指示,周恩来两次主持召开国防会议,传达中央根据朝鲜战争形势决定成立东北边防军的决议,商定加强东北边防和着手组建东北边防军的准备。10日,周恩来在《关于调部队加强东北边防事给高岗的电报》中明确指出"军委已决定十三兵团及四十二军与炮兵第一、二、八三个师等调至东北本溪至安东、通化至辑安线集结待命"①。13日,周恩来将会议形成的《关于保卫东北边防的决定》送毛泽东审阅,毛泽东批示"同意,照此执行"。《决定》对包括调动部队部署、指挥机构组织、后勤工作准备、兵员补充准备、政治动员工作等都做了详细的规定。②《决定》对后勤保障问题给予了很大的关注,其中包括弹药携带数、交通运输工具、粮草汽油准备、被服改装、卫生设备、担架队、沿途补给、兵员补充等具体问题。比如,关于交通运输工具,"决定从四野调三个汽车团,计600辆,另由东北调汽车400辆,并在东北动员4000辆大车,担任粮草运输";关于粮草汽油准备,"按31万人员,3万匹牲口,1000辆汽车,4000辆大车的数目,准备三个月的粮食、草料、汽油。在部队到达之前,应先运一个月的粮草汽油";关于卫生设备,"决定配备足够的野战医院,除计划收容本军三万人的伤病员外,并准备收容一万人的友军伤病员,所需配备医院数目、药品数目、伤病员的收容办法等,责成总后勤部制订计划,经核定后实施之"。③ 这些具体详细的规定,为东北边防军的组建和抗美援朝战争的后勤保障夯实了基础。

此后,周恩来对东北边防军的后勤工作及以后抗美援朝战争的后勤保障工作都倾注了很大的心血。领导后勤工作是周恩来参与前期抗美援朝战争的一个重要部分。可以说,自抗美援朝战争始,中国人民解放军才有了真正意义上的后勤工作,后勤工作的正规化、现代化也正是从抗美援朝战争开始的。周恩来为此做了大量细致烦琐的工作。

---

① 《建国以来周恩来文稿》第3册,中央文献出版社2008年版,第24页。
② 《建国以来周恩来文稿》第3册,中央文献出版社2008年版,第34、35页。
③ 《关于保卫东北边防的决定》,1950年7月10日。

7月7日第一次国防会议之后,军委后勤系统就开始了准备工作。由于关内外币制不同,在计算兑换时出现问题,存在差价,影响了工作进度和物资流通。7月14日,周恩来给高岗发去《关于东北边防部队后勤供给问题》的电报,"决定凡四野在东北境内的机关、部队,除武器、弹药、服装、医药器材、电讯器材、汽车油料,由军委直接补给外,其余粮料、柴草及一切经常费与作战费等,完全由东北人民政府负责供给,经过东北军区后勤部转发边防后勤司令员李聚奎"①,并提出了六条具体办法。四野经过山海关时,公款一律交回军委总后勤部,由东北人民政府会同军区后勤部提供一亿东北币作为部队经费。币制不同的问题由此得到迅速解决。之后,周恩来又提议尽快统一关内外的货币。

东北边防军到达东北后,指挥与供应成为头等大事。原来军委确定的边防军的指挥机构,司令员粟裕重病在身需要休养,副司令员萧劲光忙于海军机构建设、副政委萧华主持总政治部工作,一时都还难以离京到任。同时,后勤机构方面也出现问题,东北和各军区的后勤机构层次太多又力量不够,不能满足边防军的后勤供应需要。7月22日,周恩来与中央军委代总参谋长聂荣臻为明确东北军的指挥与供应问题联名报告毛泽东:"请主席考虑边防军目前是否先归东北军区高岗司令员兼政治委员指挥并统一一切供应,将来粟、萧、萧去后,再成立边防军司令部。中南李聚奎到东北后,即兼任军区后勤部长,所带之后勤机构,即合并到东北后勤部中,因东北军区后勤部太弱,不能胜目前的大任。这样,部队指挥既可免生枝节现象,供应问题也较容易解决。是否可行,请主席批示,以便及早布置。"毛泽东第二天批示:"同意。"②这样解决了边防军的领导机构问题,为后勤准备工作奠定了良好的组织基础。

8月23日,周恩来根据东北边防军到达指定地点后的有关情况和可能出现的问题召集中央和东北有关部门负责人开会,磋商东北边防军的人员补充和供给问题。会议重新做出关于东北后勤工作的有关决定,包括粮草油料的供给、经费的支出代付、货币发行回笼等方面。第二天,周恩来将研究结果电告毛泽东,说明自己和薄一波认为"为东北不致担负发行过重,应准备提早实行关内外货币统一"③。毛泽东批示:同意。

① 《建国以来周恩来文稿》第3册,中央文献出版社2008年版,第36、37页。
② 《建国以来周恩来文稿》第3册,中央文献出版社2008年版,第80、81页。
③ 《建国以来周恩来文稿》第3册,中央文献出版社2008年版,第195页。

志愿军出国作战前，周恩来多次召集有关人员研究后勤保障工作，专门听取工作汇报，明确提出志愿军出国作战要立足于国内供应的方针，对武器、弹药、车辆补充、伤员收治和后勤干部调配等问题一一布置，更进一步研究志愿军出国作战的后勤供应问题，检查并落实入朝部队的物资装备，拟订了部队作战物资的补给计划。《文稿》中许多篇目有对此的具体记录。这些工作对七十万大军的顺利秘密入朝以及志愿军的后勤供应起到了极大的作用。

中国人民志愿军于1950年10月19日秘密入朝，10月25日即打响了抗美援朝战争的第一场战役。从决定参战到入朝，时间仓促，准备不足，也没有出国与美军进行现代化战争的经验，再加上装备落后，国内形势本身也面临许多问题，志愿军的后勤供应遇到了极大的困难，甚至一度跟不上作战的需要，限制了作战行动影响了作战规模和战果。周恩来为保障志愿军的后勤供应想方设法，做出了许多努力。

1950年11月初，志愿军刚刚出国作战，周恩来就派总后勤部副部长张令彬到东北实地调查了解后勤供应上存在的实际困难，并就经他亲自批改的解决方案，征求有关方面的意见。他给东北军区负责人的信中说："凡有不妥、不实或隔靴搔痒之处，请当面指出，以便改正。""只要东北提出要求，我们愿全力以赴，帮助你们解决困难。"①张令彬回到北京后，周恩来立即听取汇报，对提出的问题提出了解决办法。

抗美援朝战争的后勤保障虽然取得了巨大的成绩，但无法用成功来概括，这毕竟是中国人民解放军进行的第一场真正意义上的现代化战争，很多东西有待于不断总结不断提高，但是它确实积累了丰富的实践经验，对研究现代战争后勤保障工作具有很重要的意义，为我军调整后勤机构、健全标准制度提供了可资借鉴的可贵经验，避免了解放军后勤建设中完全照搬苏联模式的道路，对建立科学的后勤保障机制，理顺保障关系，在和平时期进行必要的、充足的后勤储备，具有很好的参考价值。

三、争取苏联援助是中国政府抗美援朝战争的一个重要因素

苏联援助是抗美援朝战争的一个重要因素。10月8日，周恩来和林彪专程赶往苏联与斯大林商讨军事援助和志愿军的空军掩护问题。这期间一波三折，从

---

① 《建国以来周恩来文稿》第3册，中央文献出版社2008年版，第453、456页。

《文稿》来看,周恩来为争取苏联援助曾多次与苏联方面协商,最终还是为志愿军争取到相当大的军事装备的援助。《对刘亚楼等关于准备接受苏联空军武器装备报告的批语》《对空军关于东北兵力部署建议报告的批语》《在刘亚楼关于复斯大林电报报告上的批语》《对空司关于准备接收苏两个空军师武器装备报告的批语》《对伍修权关于苏联对华技术援助问题报告的批语》《对高岗关于向苏增购高射炮电报的批语》《关于补聘苏联军事顾问事给布尔加宁的电报》《关于与苏联顾问谈话情况给毛泽东等的信》《关于苏空军入朝作战等问题给斯大林的信》《关于同意苏联增加汽车供应给毛泽东的报告》《关于定购苏式高射机关枪事给毛泽东的信》,这些文稿都从不同角度反映了周恩来争取苏联援助包括军事贷款、武器装备、技术援助、培训军事人才等的一些情况。

在苏联援助中需要提到的是关于苏联的空军支援,虽然在周恩来赴苏联请求援助时,斯大林在没有证实中国参战决心之前拒绝了中国的请求,但是,志愿军跨过鸭绿江不久,苏联空军就担负了保卫中国领空的任务,并逐步发展到护卫三八线以北地区的后勤线。中国志愿军在朝鲜打响第一枪后不久,10 月 29 日,周恩来在《关于苏飞行员担任防空事给毛泽东等的信》中就提到了"今日与沙哈诺夫(当时任苏联派驻中国的军事总顾问)会谈,他告我苏方又同意派苏航空员驾喷气式飞机至安东担任防空,并可超过中国边境数里"①。苏联空军于 11 月 1 日首次出现在了抗美援朝战争的上空。这个时间比斯大林答应的两个半月提前了很多。到 1950 年底,为增加苏联空军在我军后方对美空军的作战,苏联方面主动询问是否需要增加援助,"拟增派一百二十驾喷气式米克十五式飞机分两批加到比洛夫空军师的组织内,并成立空军军的机构指挥之"。对此次增派飞机的提议,周恩来认为"是由于苏机在东北的战绩(十二天中击落美机二十三架)而由沙哈诺夫提出的。同时,苏机加强给中国军队以后盾,对美国也是一个示威,这大概是菲里波夫决定增强苏联空军的主要原因"②。11 月 15 日,周恩来以毛泽东名义给斯大林复电,同意苏联增派来华空军。在整个抗美援朝战争中,苏联空军的任务是保卫后方和交通线,始终没有承担掩护志愿军地面部队作战的任务。

①　《建国以来周恩来文稿》第 3 册,中央文献出版社 2008 年版,第 427 页。
②　《建国以来周恩来文稿》第 3 册,中央文献出版社 2008 年版,第 498 页。

四、拒绝 1950 年底的联合国停火议案是中国政府对抗美援朝战争形势的一种抉择

1950 年底,当联合国军全线撤退,中国志愿军处于优势时,印度等十三个中立国提出了关于在朝鲜停战的建议(即 1950 年 12 月 12 日劳氏(当时任印度驻联合国安全理事会代表)代表阿富汗、缅甸、埃及、印度、印度尼西亚、伊朗、伊拉克、黎巴嫩、巴基斯坦、菲律宾、沙特阿拉伯、叙利亚和也门十三国在联合国大会政治委员会上提出的关于在朝鲜停战的提案),并在联合国大会获得了通过。从《文稿》看,周恩来代表中国政府最初并没有拒绝,并一再表达了自己的和平愿望。

12 月 2、3 日,周恩来在《关于在联大政治委员会发言方针给伍修权等的电报》中首先阐明了中国政府及"人民激于反抗美帝侵朝侵台轰炸中国的义愤,因而志愿援朝"①的观点,并对目前形势和可能出现的停战谈判做出了自己的分析和判断,"美国在东西两线均惨败,现正向平壤、咸兴、元山之线撤退中。英法甚怕牵入对中国作战,故急。美国想骗取停战,好稳住阵线,调整兵力,以便再行进攻。此时,他急我不急。你们应采取攻势,凡遇以朝鲜停战为言者,你们都不要拒绝谈判,你们应答以只要美军从朝鲜撤退,朝鲜自停,并且愿将他们意见向北京作报告"②。

12 月 13 日,周恩来在《关于与劳氏谈话原则给伍修权等的电报》中指出"我们一向坚持和平解决朝鲜问题,现在更愿努力使中国人民志愿部队和朝鲜人民军被迫而反抗美国侵略的军事行动迅速得到结束"。对于十三国试验性的停战:"停战不是骗局,是要真正能结束朝鲜战事。这样,就必须要求美国表明它对停战条件的意见,看它是在想继续战争扩大战争,还是在想结束战争。所以各国代表先生们如愿真正结束朝鲜战争,就应如苏联代表一样,提出一切外国军队从朝鲜撤退,而不是其他。"③

12 月 14 日,在十三国建议在联合国大会表决前,周恩来在《关于招待记者谈话稿的修改意见给伍修权等的电报》中再次强调"我们历来主张和平解决朝鲜问题并使朝鲜问题局部化的"④,并说明中国政府对目前所谓停战谈判的看法,"美国统治集团却在武装干涉朝鲜的同时,实行武装侵略台湾,轰炸中国本土,并扩大在

---

① 《建国以来周恩来文稿》第 3 册,中央文献出版社 2008 年版,第 574 页。
② 《建国以来周恩来文稿》第 3 册,中央文献出版社 2008 年版,第 575 页。
③ 《建国以来周恩来文稿》第 3 册,中央文献出版社 2008 年版,第 635、636 页。
④ 《建国以来周恩来文稿》第 3 册,中央文献出版社 2008 年版,第 642 页。

东亚的侵略。现在在全世界爱好和平的人民都要求和平解决朝鲜问题的时候,美英集团却要在朝鲜保留侵略军队和侵略行动,继续侵占中国台湾,并对全世界加紧进行其侵略政策和战争政策。这从杜鲁门总统、艾德礼首相的联合公报中,从马歇尔将军向美国国会提及准备宣布全国处于紧急状态中,就可得到证明,并从而可以懂得奥斯汀(当时任美国驻联合国安全理事会代表)先生所赞成的在朝鲜首先停战的真正意图就是要求朝鲜人民军和中国人民志愿部队束手以让美国侵略军在朝鲜继续侵略,就是要求台湾仍然被美国武装侵占,就是要求日本军国主义可以被麦克阿瑟重新恢复起来,就是要求美国人民可以被美国统治集团任所欲为地驱入到战争深渊"①。在一面表达对于和平的愿望的同时,揭露美国的真正目的。但是,从此时的文稿中已经可以看出拒绝议案的可能性更大了。

12 月 16 日,周恩来在《关于与劳氏、安迪让谈话原则给伍修权等的电报》中"着重说明我们亟愿努力使朝鲜战事早日得到结束,但只有在我们提案的基础上进行商谈,才能实现真正的停战"。并指出先停战后商谈"只能是适合美英集团的要求,继续侵略朝鲜,侵略台湾,轰炸中国,并威胁亚洲和世界的和平",在这封电报中,周恩来明确表示中国政府"绝对不能同意"这样的停战提案。②

12 月 22 日,周恩来在《关于联大通过"朝鲜停战三人委员会"决议的声明》中详细阐述了中国拒绝联合国"三人委员会"停战提案的原因,也表达了中国政府的立场。"联合国大会通过的所谓'朝鲜停战三人委员会'的决议,中华人民共和国的代表既未参加讨论,亦未表示同意。""中华人民共和国及其代表不准备与上述这个非法的'三人委员会'进行任何接触。""美国政府从开始到现在都拒绝撤兵,故它绝无结束朝鲜战事的诚意,更不会让朝鲜人民得到真正的和平与自由。""麦克阿瑟司令部的代表便干脆说,唯有在军事基础上而无任何政治条件时,才可接受停战。这就是说,停战后一切侵略状态照旧,准备好了再打,并且还借此先宣布紧急状态存在","在没有一切外国军队撤出朝鲜及朝鲜内政由朝鲜人民自己解决作基础,来讨论停战和谈判,都将是虚伪的,都将适合美国政府的意图,而不可能达到世界爱好和平人民的善良愿望"③。

虽然中国政府拒绝了这次谈判,但是,鲜明地表达了对于和平的愿望和对于

---

① 《建国以来周恩来文稿》第 3 册,中央文献出版社 2008 年版,第 642、643 页。
② 《建国以来周恩来文稿》第 3 册,中央文献出版社 2008 年版,第 663、664 页。
③ 《建国以来周恩来文稿》第 3 册,中央文献出版社 2008 年版,第 684～686 页。

朝鲜战争的立场以及和平解决朝鲜战事的条件。

五、从突发事件及危机处理的角度看抗美援朝战争的现实意义

抗美援朝战争已经过去 60 多年了,它是新中国进行的第一场现代化战争,对中国的政治、经济、军事、外交、社会等都产生了深远的影响。从某种意义上说,抗美援朝战争是中国政府应对突发事件和危机的一种的反应,总体来看,它是成功的,对于今天仍然有积极的借鉴作用。

合适的外交途径,明确的信息表达才能起到沟通的作用。事实上,中国政府一开始就对朝鲜战争表达了自己的意见,并且通过不同渠道传递给了美国政府,但是这种信息表达并没有起到真正的作用。美国人出于某种自负认为中国政府的声明只是政治恐吓。一定程度上说,这也是沟通渠道不畅的后果。周恩来选择了印度驻华大使潘尼迦作为信息传递人,而美国却认为潘尼迦是倾向于共产主义的有色人,所以,这种渠道的信息传达打了折扣,此外,在语言的表达和理解上也存在问题,周恩来非常明确地说不会置之不理,中国政府"要管",但是东西方文化的差异致使这种有分量的字眼未能引起美国方面的注意。如果能用毛泽东 1956年的表达——"美帝国主义如果干涉,不过三八线,我们不管,如果过三八线,我们一定打过去。"①——也许能起到更大的作用。抗美援朝战争的前车之鉴在援越战争中得到了避免,法国方面始终没有越过十七度线,这其中中国政府明确的信息表达一定程度上起到了警示作用。

未雨绸缪、早做准备才能防患于未然。朝鲜战争初期,朝鲜方面进展顺利,一度有迅速解决战争的态势,但是周恩来等领导人对此并不存侥幸心理,他们判断朝鲜战争将是一个复杂的、长期的过程,为此迅速做出了加强东北边防、组建东北边防军的准备,并积极做好后勤准备,这为之后志愿军能够在关键时刻迅速入朝做了充分的准备,如果没有这样的准备,想要援助朝鲜,可能也是来不及的。

争取国际援助和支持,才能有效利用一切有利因素。苏联援助是抗美援朝战争的一个重要因素,战争期间,苏联从政治、经济、军事、外交等方面给予中国政府和志愿军以强大的支持,甚至可以说中国人民解放军的现代化、正规化是从抗美援朝战争开始的。在停战谈判达成协议后,彭德怀曾感叹,争取到的苏联军事援助还没来得及在战场上真正发挥它的作用。

---

① 毛泽东会见苏共中央代表团时的谈话,1956 年 9 月 23 日。

试论周恩来与中国特色的公安工作 周贵卯*

中国特色的公安工作是中国特色社会主义的重要组成部分。党的绝对领导、群众路线、公安工作纪律,是中国公安工作的重要特色和优势。周恩来为中国特色公安工作做出了重大贡献,他提出的公安工作性质、根本原则、根本路线、组织纪律等至今仍被广泛运用,成为中国特色社会主义的重要内容。

一、周恩来是"坚持党对公安工作的绝对领导"这一根本原则的落实者

1. 党对公安工作的绝对领导是公安工作的根本原则,也是中国特色公安工作的核心

中国共产党是中国特色社会主义事业的领导核心,公安机关作为国家机器的重要组成部分,必须置于中国共产党的绝对领导之下。1950 年 9 月,毛泽东在对全国经济保卫工作会议的指示中明确指出:"保卫工作必须特别强调党的领导作用,并在实际上受党委直接领导,否则是危险的。"[1]这不仅确立了中国公安工作的根本原则,而且明确了党对公安工作的领导。党对公安工作的绝对领导是我国公安工作的政治优势,公安机关服从党的领导是绝对的,无条件的,不能以任何理由和借口削弱、抵制、损害或摆脱党的领导。只有坚持党对公安机关的绝对领导,才能把这专政的"刀子"牢牢地掌握在无产阶级手里,充分发挥其打击敌人、保护人民的作用。

2. 周恩来具体落实党对公安工作的绝对领导

新中国成立初期,周恩来强调人民警察和人民解放军一样,都是党和人民的武装力量,必须坚持党的领导。1949 年,周恩来亲自主持起草了《中国人民政治协商会议共同纲领》,把保证党对军队的领导专门作为一条写了进去,明确规定:"中华人民共和国建立统一的军队,即人民解放军和人民公安部队,受中央人民政府革命军事委员会统率,实行统一的指挥,统一的制度,统一的编制,统一的纪律。"

---

* 周贵卯,湖北警官学院德育室主任。

① 《建国以来毛泽东文稿》第 1 册,中央文献出版社 1987 年版,第 535 页。

后来,周恩来在《关于国家武装领导管理的指示》中进一步明确规定:"我们国家的武装应该是:解放军、地方部队、公安部队、人民警察、民兵,这几种领导管理必须集中统一,只能是军委和公安两个部门管武装,别的部门都不应该管武装。"①为切实加强党对公安工作的绝对领导,1951年6月29日,公安部队领导在给周恩来的建议中提出:"按级建立党委会,形成党的垂直领导关系。"②周恩来批示同意。同年12月10日,周恩来批准的《关于整编各级公安机关各地人民警察和人民公安部队的决定》,对"人民公安部队应与人民解放军一样实行党委制"问题做了具体规定。

3. 周恩来主张的公安双重领导体制为目前公安领导体制所借鉴

为了加强党对公安工作的绝对领导,周恩来提出:"为了人民公安部队与人民公安工作的密切结合,并为了各级公安部门便于指挥和使用公安部队进行工作起见,各级公安部门首长,一律兼任各该级公安部队指挥机构的司令员或政治委员。"③

根据周恩来指示,在第一次全国公安会议上明确提出了人民公安部队"其各级部队党委应受同级地方党委领导"的原则。实践证明,周恩来强调的公安双重领导体制,是毛泽东关于"党指挥枪"原则在公安工作上的具体运用,是适应公安工作性质、职能特点,确保党的绝对领导的有效组织形式,不仅有利于地方党委调动和使用这支部队,也有利于人民警察更好地完成党和国家赋予的各项任务。现阶段公安机关领导体制隶属县级以上党委和政府,业务上受上级公安机关领导或指导,人事管理实行属地原则,即由地方党委、政府任免。这是借鉴周恩来提出的双重领导体制。

二、周恩来是公安工作群众路线的先行者

1. 群众路线是我国公安工作的根本路线,也是中国特色公安工作的基础

坚持群众路线是由中国公安机关的性质、宗旨决定的。"一切为了群众,一切依靠群众;从群众中来,到群众中去"是我们党在长期革命和建设的历史经验中总结出来的一切工作的根本路线,也成为公安工作的根本路线。一切为了群众是党

---

① 《毛泽东等中央领导同志关于加强武警部队建设的指示汇编》,第4页。
② 《武警部队40年》,群众出版社1990年版,第26页。
③ 《毛泽东等中央领导同志关于加强武警部队建设的指示汇编》,第13页。

的宗旨,也是公安工作的宗旨,即在公安工作中,把为人民服务的宗旨与履行职责统一起来,一方面保障人民的合法权益,另一方面有效地打击敌人,惩罚犯罪,管理社会公共安全事务。一切依靠群众就是在各项公安工作中坚定地相信群众、宣传群众、组织群众,依靠群众的力量同违法犯罪做斗争,维护社会治安秩序,保护人民群众的利益。从群众中来,到群众中去就是人民警察要深入到群众中去,听取群众的意见和要求,把群众在维护社会治安实践中创造出来的经验进行总结推广,指导公安实践,并将成熟经验法律化、制度化、长期坚持下去。

2. 周恩来是公安工作走群众路线的先行者

早在周恩来主持公安工作的前身特科工作时,他就明确指出:隐蔽战线的斗争要深入群众,依托人民开展。他强调全党应以极大的努力注意遵守秘密工作的纪律,"坚守'深入群众'的口号,指导每个党员都能从群众生活中和群众斗争中锻炼出来,加强他们的阶级意识和对革命的信念,使党真能生长在群众中而不是架空和脱离群众的组织"①。他认为"主要的路线应是领导同志走入工厂农村社会中,寻找职业,深入群众"②,具体到秘密工作中,就是要"职业化"和"社会化",特科的工作人员以各种身份工作,有商人、车夫、职员等,利用一切条件开展活动。新中国成立后,周恩来多次强调公安人员不能脱离群众,要与群众相结合。

3. 专门工作与依靠群众相结合是周恩来倡导的我国公安工作的根本方针

坚持专门工作与依靠群众相结合,有利于公安群众路线健康全面地贯彻执行,一方面防止只看重业务和技术而忽视群众,另一方面防止过分夸大群众的作用,轻视业务和技术,甚至"群众说了算"。1964 年 12 月 27 日,针对警卫工作中存在的为保卫首长便不惜驱散群众,首长出行时前呼后拥,脱离群众的问题,周恩来对北京市公安局警卫处的干部许彦英说:"你们搞警卫工作的,除了保卫首长的安全,还要注重政治和社会影响。我们是社会主义国家,不能脱离群众。群众想见我们的心情是可以理解的,我们也不想脱离群众。"③后来,周恩来归纳了三条。第一,警卫工作要灵活,注意形式;第二,不要生硬阻拦群众和首长接近;第三,保卫首长,也要照顾群众方便。从此,专门工作与群众路线相结合成为我国公安工作的重要方针。

① 《周恩来年谱》(1898—1949),人民出版社 1989 年版,第 148 页。
② 《周恩来选集》上卷,人民出版社 1980 年版,第 20 页。
③ 穆玉敏:《周总理给北京市公安局立规矩》,《人民公安》2001 年第 14 期,第 51 页。

三、周恩来是我国公安工作性质的确立者

1. 公安机关是人民民主专政的重要工具之一,是中国特色社会主义的建设者捍卫者

公安机关是我国人民民主专政政权中具有武装性质的治安行政和刑事执法机关。其阶级属性是它的根本属性,表明公安机关作为人民民主专政的重要工具必须坚持对人民实行民主,保护人民的利益;对极少数危害国家、危害人民利益的敌对势力、敌对分子实行专政。作为国家机器的重要组成部分的公安机关,它同军队、法庭、监狱等国家强制机构一道构成了国家政权,在这个政权中,军队与警察是最主要的支柱,也是中国特色社会主义的建设者捍卫者

2. "国家安危,公安系于一半。"周恩来明确指出了公安机关在国家政权中的重要地位

1949 年 10 月 1 日,中华人民共和国诞生。各级人民政府建立了各级人民公安机关以及公安武装。10 月 15 日至 11 月 1 日,第一次全国公安会议召开。10 月 30 日,周恩来同代表们座谈时说:"军队与保卫部门是政权的主要的两个支柱。你们是国家安危系于一半,国家安危你们担负了一半的责任,军队是备而不用的,你们是天天要用的。"①周恩来明确了公安机关是国家机器的重要组成部分。公安工作担负维护社会治安、保持社会稳定的任务是经常性的,是天天要用的,是"养兵千日,用兵千日"。新中国成立后,新生的人民政权面临着极其复杂的国际国内形势。西方敌对势力掀起反华"大合唱",台湾国民党反动派千方百计地对新生的人民政权进行颠覆破坏,国民党残留的土匪武装和特务及反动党团骨干分子猖狂捣乱破坏。大陆上一些边远地区尚未解放,特别是一些少数民族地区还处在匪特和民族极端分子相勾结的统治之下。新解放区的广大城乡,社会秩序很不稳定。同时,国民党留下的破烂摊子百孔千疮,国民经济亟待恢复,新的社会秩序亟待建立。正是在这样严峻的形势下,1949 年 11 月 14 日,中国人民解放军总政治部召开全军保卫工作会议,周恩来亲笔题词:"加强人民公安工作是巩固人民民主专政必不可少的条件之一。"②

3. 周恩来指出:国家政权的巩固,公安战线功不可没

---

① 《中国人民武装警察部队组织史资料总卷》,第 7 页。
② 《周恩来年谱(1949—1976)》上卷,中央文献出版社 1998 年版,第 19 页。

按照周恩来的指示,公安工作认真履行打击敌人、保护人民的神圣职责。哪里出现敌特分子的捣乱和破坏就冲向哪里,坚决打击敌人,维护国家安全;哪里出现群众性的治安事件和暴力案件就赶到哪里,化解矛盾,惩治罪犯;哪里国家和人民生命财产受到威胁,就出现在哪里,保护人民,保护国家财产。1950 年朝鲜战争爆发后,龟缩在台湾的国民党蒋介石集团,认为反攻时刻到了,加紧向大陆派遣间谍特务,有空投的,有从海上偷渡的,还有从边境潜入的,并以"杀死一名部长,奖励十条黄金"为诱饵,使一批亡命之徒铤而走险,把暗杀的目标盯在一些高级干部和重要民主人士身上。为保卫新生的人民政权,公安部长罗瑞卿从全国抽调精兵强将,布下天罗地网。不久,名噪一时的国民党特务飞贼段云鹏落网。在此前后,广大公安干警还先后除掉了企图在广州刺杀叶剑英的赵一帆、混入我中央机关内部企图暗杀陈毅的刘金德等敌特分子。还把几批空投到东北地区,企图搞反革命暴乱的敌特和数名美国间谍也悉数擒获。敌人阴谋利用"五一""十一"重大节日搞爆炸,制造恐怖气氛的图谋也被彻底粉碎。同时,各级公安机关在党的领导下,会同检察、司法部门,发动群众,把斗争的矛头指向土匪、恶霸、反动党团骨干和反动会道门头子等反革命分子,沉重打击了他们的嚣张气焰;人民政权日益巩固,周恩来给予了充分肯定,认为公安工作功不可没。

四、周恩来是公安工作纪律的制定者,公安工作纪律是中国特色公安工作的重要内容

　　1."公安局的领导遇上大的案件、事件,必须亲自到现场。"这是周恩来亲自规定的公安工作纪律

　　1949 年 4 月 25 日,刚刚解放的北平电车厂遭敌特纵火破坏,损失折合当时币值两亿多元。时任中共中央副主席并分工负责情报保卫工作的周恩来一听到消息就马上中止正在进行的会议,赶往火灾现场。然而在前领路的当时北平市公安局局长谭政文和治安处副处长武创辰并不知道火灾现场所属的公安局外三分局的确切位置,汽车在花市大街上兜圈子,谭、武找交警问路。周恩来很是生气地说:"这么大的事,你这个局长、处长连个路都不知道,可真成了官僚主义了!"周恩来来到三分局,劈头就问分局长慕丰韵:"电车厂着火,你去现场了没有?"当听到已经去过刚回来时,周恩来愠怒渐消,他说:"前清时,县太爷听说哪儿着了火,都亲自到现场。国民党上海市市长吴国桢还查看火灾。我们是人民政府,是为人民服务的。今后,你们公安局的领导遇上大的案件、事件,必须亲自到场。"他强调公安保卫工作必须尽快

进入角色,担当起城市管理和保卫工作,并特别要求信息渠道必须畅通。此后,北京市公安局把周恩来要求干部亲自到大的事件、案件现场的要求作为一条纪律,坚决贯彻执行。全国公安机关都按照这一规定严格遵守。现在实施的《公安机关办理刑事案件程序》规定:"重大、特别重大案件的现场勘查由侦查部门负责人现场指挥。必要时,发案地公安机关负责人应当亲自到现场指挥。"

2. 周恩来明确提出严格警容风纪

1955 年 12 月,参加第七次全国公安会议的同志住在北京饭店。在这期间,周恩来在北京饭店宴会厅宴请外宾,周恩来看见某省一位公安部门的同志披着大衣从宴会厅穿过,有失礼貌,当即提出批评。按照周恩来的指示,第九次全国公安工作会议专门做出了《关于公安人员八大纪律十项注意的决议》,要求武警部队和地方公安、警察人员服从领导听从指挥,多办好事服务人民。周恩来一再强调,公安部队是为人民服务的,要把公安部队建设成为政治上绝对坚定,永远听党的话,密切联系人民群众,为敌人害怕,为人民喜爱的队伍。

3. 周恩来强调公安机关要反对主观主义和官僚主义的工作作风

1952 年 10 月 25 日,罗瑞卿向周恩来汇报甘肃省通渭县公安局长苏朋在镇反运动中所犯的严重扩大化的错误,致使 133 名无辜群众被捕,另有 3 人被逼死。周恩来说:"通渭倒是记得的,我们长征时路过了这个县,还在那里修整过一段时间。那里是个穷地方,可是人民群众还是大力支持红军的。现在我们掌权了,理应为人民好好服务,怎么反倒这样对待群众呢? 瑞卿同志,你要抓紧查办这件事! 对于责任人苏朋,如果确实查明已经触犯了法律,要予以严肃处理。"①公安部迅速组成调查组,通渭冤案得以纠正。为了解决公安工作中某些人不实事求是,搞主观主义等问题,1956 年,根据毛泽东和周恩来的指示,公安机关组织公安干警观看昆曲《十五贯》,周恩来说:"《十五贯》一针见血地讽刺了官僚主义、主观主义是成功的。官僚主义和主观主义在现在不是个别的……"②使广大警察受到了一次生动形象的教育。

总之,周恩来一直重视公安工作的发展,对公安工作提出了许多具体的工作原则、工作路线、工作纪律和工作方法,是公安工作科学发展的理论基础,对建设中国特色的公安工作具有重大的指导意义和实践价值。

---

① 东方明:《一起惊动周恩来的特大冤案》,《公安月刊》2003 年第 10 期,第 57 页。
② 《周恩来选集》下卷,人民出版社 1980 年版,第 195~196 页。

周恩来文化思想探略 魏 涛[*]

    文化是民族的灵魂。文化国力,作为一个国家综合国力的重要组成部分,是国际战略学家公认的国家软资源、软权力。作为一种资源,文化的开发永无止境,它将为一个国家和民族的发展提供永久的动力和支持。作为一种权力,它和政治对社会的硬控制相对,成为一种软控制。无论在过去还是未来,文化的作用都是任何一个政治家不可小视的力量。无产阶级革命家李大钊曾指出,"文化之兴衰,民族之兴亡系之"[①]。西方马克思主义代表人物安东尼奥·葛兰西的"文化领导权"理论也指出,无产阶级只有占领了文化领导权阵地,才能真正取得无产阶级革命的最终胜利。鉴于此,在中国的新民主主义革命时期和社会主义建设时期,如何掌握以马克思主义意识形态为核心的文化领导权、振兴中华文化、提高国家文化软实力成为国家文化建设的应有之义。周恩来作为新中国第一任总理,同样特别重视文化的力量,并以他独到的智慧方式促进了中华文化的繁荣与发展,他所建构的中国文化发展战略,不仅丰富和发展了马克思主义文化观,实践了毛泽东文化思想,还为实现中华民族的全面复兴奠定了坚实基础。

一、继承并发扬传统文化精华,奠定民族文化之本

    一个民族文化的传承与发展离不开优秀的传统文化精华,否则就成了无源之水,无本之木。周恩来结合马克思主义基本原理,将继承和发扬传统文化作为新中国文化建设的重中之重,以科学的态度对待传统文化,正确处理传统文化与中国现代化的关系,不仅保护和发展了传统文化,还提高了人们对传统文化的重视程度,将传统文化深入人心,奠定了民族文化之本。

    以科学辩证的态度对待传统文化。中国传统文化中既有积极进步的文化,也有落后消极的思想,如何做到"取其精华,去其糟粕"这是必须深度思考的问题。在中国近代历史上,五四运动作为反帝爱国运动和文学革命运动而备受称颂,但

  * 魏涛,铁岭市周恩来同志少年读书旧址纪念馆馆长。
  ① 《李大钊全集》第1卷,人民出版社2006年版,第255页。

是它以批判传统礼教入手,过激批判传统文化的行为却成为世人诟病的焦点,为此在新民主主义革命时期,早期的中国共产党在共产国际思想文化的影响下对五四反传统的思想倾向进行反思时,重新对传统文化进行全面分析,批判地吸收和继承传统文化精华。周恩来曾指出"一切事物都是在矛盾斗争中辩证地发展着的"①,"历史的发展总是今胜于古,但是古代总有一些好的东西值得继承。所以毛主席要我们继承优秀的文化遗产,批判地吸收其中的一切有益的东西,'弃其糟粕,取其精华'。"②因此他主张科学辩证地对待传统文化,将传统文化进行优劣划分。他指出传统文化中落后的、消极的旧思想是必须要剔除的,决不允许封建的、资本主义的文化糟粕侵蚀人们的思想,这些都为指导人民树立正确的传统文化观发挥了重要作用。同时,传统文化精华在周恩来的思想政治工作中体现得十分明显,在他身上中国传统文化的思想精髓的印痕很深,如他将传统文化中的"仁爱""民本""爱民""节俭"等思想表现的淋漓尽致,成为优秀传统文化的践行者与推动者,是一位具有强大人格魅力的领袖人物。

正确处理传统文化与中国现代化的关系。传统与现代并不是互相冲突、相互矛盾的,而是并行不悖、共同发展的。正确处理好二者的关系,加强传统文化与现代文化的融合是推动文化进步的重要因素。周恩来认为,新的东西是在旧的基础上发展起来的,新社会是从旧社会脱胎出来的。只有继承和发扬我们祖先遗留下来的优秀文化传统,并将它与中国的现代化发展结合在一起,才能创造出社会主义的新文化。新中国成立初期,周恩来在高校教师学习会上提到,"我国历史上有一些很宝贵的传统,其中最基本就是革命的传统。比如,奴隶反对奴隶主,农民反对封建主……这些革命传统我们应该发扬",这些革命传统创造了可歌可泣的文化,有利于推进社会主义现代化的进程,传统文化中的积极成分对于推动国家现代化的发展也具有非常重要的意义。与此同时,周恩来还特别注重传统文化的人才的培养,他曾在多次教育工作会议上提出要培养有创造性的传统文化人才,将优秀的传统文化发扬光大。为此他还提出了培养传统文化的具体意见和措施:一是要尊重老专家,发挥他们在传统文化事业上的作用;二是要培养青年才俊投入到传统文化事业的发展上;三是要坚持创造性与实践性并重,使传统文化能够做到古为今用,服务社会主义文化建设。

① 《周恩来教育文选》,教育科学出版社1984年版,第17页。
② 《周恩来选集》下卷,人民出版社1980年版,第467页。

二、提出经济与文化建设并行，夯实民族文化之基

经济与文化的发展相辅相成，齐头并进。没有经济的保驾护航，文化建设则难以扬帆起航；没有文化建设的引领推动，经济建设则暗淡无光，难以持久。周恩来根据经济基础与上层建筑的辩证关系，提出"文化建设是社会主义建设的一个重要方面，经济建设与文化建设如车之两轮，相辅而行"①，并在工作实际中协调二者的关系，以经济发展为基础助推文化进步，以文化为动力推动经济实现跨越。

以经济发展为基础助推文化进步。周恩来曾说过，"没有饭吃，其他一切都没有办法"，这也就是说，经济是决定其他各项事务发展的基础，只有经济发展了，文化的繁荣才指日可待。在新中国成立初期，国家积贫积弱，百废待兴，以毛泽东为核心的第一代领导集体，以恢复和发展经济为工作重心，使得国民经济初步好转。在此过程中，周恩来运用他高超的政治智慧，采取了多项措施发展经济。社会主义改造初期，周恩来强调"改造当然不限于经济方面，整个社会都在改造，政治、经济、文化各个方面都在改造"②。即经济建设、政治建设与文化建设必须共同发展，只有这样才能加快社会主义现代化建设。在1954年的全国人大一次会议上的政府工作报告中，周恩来首次提出实现四个现代化的目标，并在1964年明确提出"把我国建设成为一个具有现代农业、现代工业、现代国防和现代科学技术的社会主义强国"，这都为推动国家文化事业的发展奠定了坚实的基础。经济的发展用国民生产总值来衡量，然而对文化进步与否的衡量却需要一个庞大的综合指标，不仅包括科技文化和教育事业的发展，还包括国民个人道德理论素养的提高。因此，周恩来主要从这两方面着手，一方面，在经济上增加对科教文化和教育事业的投入，加强国家文化发展的硬件建设；另一方面，以丰富人民的文艺生活和进行思想教育为方式，提高人民的精神文化水平和道德修养。

以文化为动力推动经济不断发展。新中国成立初期，致使国民经济比例严重失调的"大跃进"和人民公社运动，使社会主义经济遭受重大损失，连续几年的困难时期给人民造成了极大的灾难。面对如此惨痛的教训，周恩来等国家领导人开始反思决策与执行上的失误，忽视事物发展的客观规律性成为造成如此灾难的主要原因。然而，缺少对事物的正确客观认识，文化人才匮乏却是根本原因。可见，

---

① 《周恩来教育文选》，教育科学出版社1984年版，第71页。
② 《周恩来统一战线文选》，人民出版社1984年版，第253页。

经济的发展需要强大的人才队伍支撑。周恩来等领导同志认识到这一点后,将科学文化视为一种巨大的力量,将培养高水平的文化人才作为文化建设工作的重点内容,以此实现人才推动经济发展的目标。周恩来在 1956 年 1 月的《关于知识分子问题的报告》中提到:"我国的知识界的面貌在过去六年来已经发生了根本的变化,他们中间的绝大部分已经成为国家工作人员,已经为社会主义服务,已经是工人阶级的一部分"①,这加强了知识分子为社会主义服务的决心,也有力地确保了国家经济建设的人才支撑。

三、推动实施文化建设的方针,提升文化软实力之源

当今社会,文化软实力在国家的综合国力中的重要性日益凸显,如何提升文化软实力、掌握国际话语权成为各国争相竞争的焦点。当前我国正处于实现民族伟大复兴中国梦的探索道路上,一系列有利于实现文化振兴的文化建设方针相继推出,为文化软实力的提升创造了良好的政策环境。追溯到新中国成立初期,虽然当时"文化软实力"一词尚未提出,但是从文化建设的方针政策可以看出国家对文化建设的重视,周恩来在推动毛泽东"百花齐放,百家争鸣"文艺方针的实施以及灵活运用文化外交途径塑造中国文化新形象上发挥了重要作用,为提升国家综合国力做出了巨大贡献。

推动"百花齐放,百家争鸣"文艺方针的实施。"百花齐放,百家争鸣"是 1951 年 3 月和 1953 年 10 月,毛泽东分别就戏曲发展和历史研究两个方面提出的,即"艺术问题上的百花齐放,学术问题上的百家争鸣"。这一方针是由毛泽东提出,经中共中央确定的关于科学和文化工作的重要方针。在周恩来等领导的推动下,这一文化方针给予文艺工作者和科学研究者以独立的思考空间、创作和研究的热情,促进了科技、文化各领域的生动活泼局面的初步形成。但是事物的发展并不是一帆风顺的,这一文化政策在 1957 年的"反右派"斗争扩大化中受到阻碍,再加上后期的"文化大革命",偏离了这一文化政策,阻碍了社会主义文化建设的进程。周恩来在此过程中,不仅在经济工作上力挽狂澜,在文化工作上也倾其全力,仍然推行"百花齐放,百家争鸣"的文化方针,他顶着江青等人的干扰,策划并导演了一部大型的史诗性歌舞《东方红》,不仅证明了新中国成立以来所取得的文化成就,还为参演的艺术工作者穿上了一层"保护衣",有力地阻止了江青等人对他们的政

---

① 《周恩来选集》下卷,人民出版社 1980 年版,第 162 页。

治迫害。此外,周恩来还经常召开文艺工作者会议,对电影的制作、地方戏的发展提出建议,这也为特殊时期的文化建设填上了一笔靓丽的色彩。

灵活运用文化外交途径塑造新中国的形象。周恩来的外交事迹和外交成果为世人称道,不仅有力地指导了当时的外交工作,同时还成功地塑造了新中国的文化形象,为世界了解中国、认识中国发挥了重要作用。新中国成立之初,为了打破帝国主义孤立封锁中国的政策,加强同亚非等国家的来往,周恩来在1953年底接见印度代表团时第一次提出"和平共处五项基本原则",标志着新中国外交的成熟,此后,在1955年的万隆会议,周恩来又提出了"求同存异"的和谐外交方针,使中国的国际威望和国际地位迅速提高。他强调在文化外交的过程中要淡化意识形态的差异性,对各国各民族的文化要采取开放和包容的态度,同时,向这些国家的人们讲述中国当时的社会发展状况和中国人民的生活情况,用最大的真诚消除他们以前对中国的误解,进而促进他们了解中国。细数这些外交政策和外交方式,都源于周恩来对中国传统文化的继承与发展,所以说,中华民族的文化传统是周恩来在外交工作上展现人格魅力的关键因素。除此之外,周恩来还通过文化外交的途径,建立与非洲、拉美等发展中国家的友好合作和援助关系,从而为中国恢复联合国合法席位寻求了帮助,周恩来曾亲切地说道,"这是非洲黑人兄弟把我们抬进去的"。由此可见,发挥外交文化上的作用也在很大程度上为国家赢得了政治上的地位,为新中国良好形象的塑造奠定了坚实基础。

四、强调文化发展的大众性与民族性,增强中国人的文化自信

马克思主义群众观认为,人民群众是历史的创造者,也是社会物质财富和精神财富的创造者。文化作为人类在社会实践中所创造的物质产品和精神产品的总和,它的发展也离不开人民群众的力量。鉴于此,周恩来作为具有高度文化自觉和文化自信的一代伟人,特别重视人民群众创造文化的力量,强调文化发展的民族性与大众性,使文化发展面向大众,让人民群众都感受到文化的魅力所在,潜移默化中也增强了中国人的文化自信。

推行文化发展的大众性。正如社会历史的发展离不开人民群众的力量,文化的建设也如此,周恩来充分发挥人民群众投入文化事业的积极性。一方面,"充分发挥社会集团和群众的力量",发挥文艺工作者和人民群众的创造性。如他在谈到国庆献礼影片的时候说道,文艺创作"多听意见就会集中大家的智慧,因为群众的特长是从自己最熟悉的角度提出意见"。由此可以看出,周恩来特别注重文化

建设过程中人民群众的力量,并将其视为推动文化进步的原动力;另一方面,以"为人民服务乃是文化发展的基本方向",从而确保"文化面向大众"。发展文化的根本目的在于提高和丰富人们的物质文化生活,在周恩来撰写的《新民主主义的共同纲领》中提到"中国人民应当建立自己的民族的、科学的、大众的文化",明确指出国家文化建设的发展方向,同时这也是党的群众路线在文化建设中的具体体现,即"文化的发展为了群众,文化的发展依靠群众",为社会主义文化的建设筑牢了群众性基础。此外,周恩来还认为,党在文化建设中要居于总揽全局的地位,但这并不意味着一切事情都要由党来管,而是统领大政方针,他指出"不是说领导都对,而往往是人民群众的智慧超过领导",所以说,领导发挥的是主导和集中的作用,正确处理好领导与人民群众的关系在很大程度上影响着文化发展的走向与趋势。

倡导文化发展的民族性。民族文化是民族的根,民族精神是民族文化的魂。一个民族的文化历史越长,文化积淀越厚,文化的民族性就越强,民族精神也就更加根深蒂固。中国上下五千年悠久的历史长河,塑造了一个民族性较强的中华文化,无数中华儿女无不对其产生认同感和归属感,这也印证了著名社会学家费孝通先生文化自觉论的观点。新中国成立初期,为继续发展中华文化的民族性,培养人们的爱国主义精神,周恩来主要从两个方面提出了发展文化民族性的要求:一是继承和弘扬传统文化,做到"古为今用";二是结合社会发展的时代性,将民族性与时代性紧密结合。他还特别强调,"文艺要有中国的传统、情调和气派。成功的文艺要能激动人的思想、感情,引起共鸣"①,同时文化的"人民性是我们的共同性,民族形式是我们的特殊性,这两个东西结合起来,人家就能欣赏,就感觉新鲜,也就会产生鼓舞的力量"②。从根本上来说,发展文化的民族性实质是激发人们的民族精神和爱国热情,因为民族精神是与其他民族精神相比较而体现出来的独特性,是爱国主义精神形成的前提和基础。但发展文化的民族性并不意味要保守,相反是要加强不同国家、不同民族之间文化的相互交流与相互促进,周恩来主张学习西方的先进科学技术,适时"洋为中用",并说道"中国人民是尊重和爱好世界上一切优秀的进步的文化的",在当时复杂的社会历史背景下,主张文化发展的开放性也可谓之文化发展的一大进步。

---

① 《周恩来文化文选》,中央文献出版社 1998 年版,第 42 页。
② 《周恩来文化文选》,中央文献出版社 1998 年版,第 148 页。

综上所述,周恩来作为新中国文化建设的奠基人,为促进社会主义文化事业的繁荣和发展做出了重要贡献。从继承和弘扬传统文化,到推动文化发展的多样性和民族性;从培养各类科学文化人才,到提升中国人民的爱国主义民族情怀,无不凸显周恩来为中华文化发展所做出的努力,所取得的成绩也为当前推进社会主义文化大发展大繁荣、实现中华民族的伟大复兴做好了前期准备。

周恩来与中国文化发展道路的思考与实践研究 姚 尧*

文化是民族的血脉,人们的精神家园。周恩来在担任共和国总理的 26 年间,始终十分重视和关心我国的社会主义文化建设,并就文化建设做了许多精辟的论述,提出了一系列科学的见解和正确的主张,丰富和发展了马克思列宁主义、毛泽东思想关于社会主义文化建设的理论。党的十八大提出以建设社会主义文化强国为目标的文化发展道路。学习研究周恩来的文化思想,认真总结周恩来与文化建设的历史经验,对贯彻"十八大"精神,扎实推进社会主义文化强国建设有着非常现实的借鉴意义。

一、坚持扬弃的辩证方法,科学地传承和对待传统文化

中国有五千年的文明,传统文化博大精深,尤其是儒家文化对中国社会的影响深入到社会的各个层次。自近代的五四运动以来,反对封建文化的新文化运动唱响,成为新一代文化思想的主流,一方面是企盼与要求自由、理性、法治与民主的实现与发展;另一方面则是全盘性反传统的兴起与泛滥。直到"文化大革命","破四旧、立四新",斥儒学为封建糟粕,传统文化在中国成为落后与守旧腐朽的代名词。在新的社会里如何对待传统文化?传统文化对当前社会还有没有价值?从新中国成立以来周恩来对传统文化的态度和做法我们可以有所启迪。

周恩来成长过程中深受东西方文化的熏陶,特别是中华民族的传统文化对他的影响尤为深刻。因此,他对中国传统文化的理解、把握和挖掘都有独特的地方。

周恩来认为对待传统文化必须坚持以辩证唯物主义为指导。周恩来首先是一个马克思主义者,因此他的思想基础是建立在马克思主义之上的。在中国五千年的发展历史中,传统文化有着璀璨的光芒,也有失色的秕糠。在解放前夕,周恩来就明确地指出:"新民主主义的教育就包括了两个方面:一方面是反对旧的,另

---

　*　姚尧,铁岭市周恩来同志少年读书旧址纪念馆馆员。

一方面是发展新的。这就是要反对帝国主义、封建主义和官僚资本主义的文化，发展民族的、科学的、人民大众的文化。"①这是他提出对待传统文化的基本原则和方向。周恩来认为中国传统文化是在历史发展的长河中积淀的，难免要受到时代的限制，阶级的制约，因此它不可避免地存在着鱼龙混杂，这就要用历史观点和阶级分析的方法，辨其真伪。他在追忆五四以来30年在对待文化态度上的经验教训时说："那时认为旧的，历史遗留下来的一切都无用，因此变成了否定一切。须知旧文化也有可用的，可以批判的接受。"②他说："古今中外都有好的东西，都要学，不要排斥。"③他还不无遗憾地感叹："'五四'时期不知道这个道理，所以很幼稚，而今天你们则进步了，一说很容易就懂了。这就是说，我们不要否定旧的一切，而要把旧文化里可用的部分接受下来，即批判的接受。"他特别强调"对旧的东西取根本否定或全盘接受的态度，都会使这一社会无法改造"④。

周恩来认为对待传统文化必须坚持扬弃的辩证方法。他指出："历史的发展总是今胜于古，但是古代总有一些好的东西值得继承。所以毛主席要我们继承优秀的文化遗产，批判地吸收其中的一切有益的东西，'弃其糟粕，取其精华'。"⑤周恩来认为中国传统文化不是一切都好，也不是一切都不好。社会主义的新文化是继承了传统文化中的精华发展来的，传统文化中只要是优秀的，是对人民有益的，都要大胆地继承。没有正确的继承就没有创造，发展就无从谈起。

中国传统文化中历代思想家系统化、理论化了的文化学说很多，这类文化孕育和成熟于春秋战国时期，当时诸子百家争鸣，形成了各家的思想，这些都对中国文化发展起着重要的影响，特别是儒家思想影响更广、更深，并流传至今。周恩来强调对这一类文化要加以批判地吸收，不能全盘否定，不能割断历史。1957年，他在杭州群众大会讲话时说："'五四'时期提出打倒孔家店是完全应该的，孔家店是要打倒的。可是现在对孔子就应该全面评价，对他的一些好的地方，就应该给予肯定。"⑥这个观点对于我们当前研究和传承儒家传统文化思想依然具有指导意义。

对中国优秀传统文化需要继承，对外国的优秀文化或有益文化同样需要合理

---

① 《周恩来教育文选》，教育科学出版社1984年版，第2页。
② 《周恩来文化文选》，中央文献出版社1998年版，第48～49页。
③ 《周恩来选集》下卷，人民出版社1980年版，第196页。
④ 《周恩来文化文选》，中央文献出版社1998年版，第48～49页。
⑤ 《周恩来选集》下卷，人民出版社1980年版，第343页。
⑥ 《周恩来教育文选》，教育科学出版社1984年版，第146页。

吸收、借鉴和学习。周恩来指出，科学技术不分国界，对于全人类都是有用的。每一个民族都有它的优点，值得我们尊重和学习。"外国一切好的经验、好的技术、都要吸收过来，为我所用。"①当然，对待外国的文化，必须采取科学分析的态度。我们应该从世界各国吸取一切好的东西，但"决不能让那些糟粕影响我们的干部，影响我们的青年一代"②。同时，学习外国的东西要坚持以我为主，为我所用。"在中外关系上，我们是中国人，总要以自己的东西为主。"③吸收外国的东西，要切合中国的实际，要根据我国的实际来取舍，要把它加以溶化和改造，使之溶化在我们民族文化里。周恩来强调指出，学习外国必须同独创精神相结合。我们要学习世界上先进的文化，但是外国的文化只能做我们的参考和借鉴，不能代替我们的文化。我们一定要根据自己民族文化的特点，用我们民族的形式，进一步创造我们民族的灿烂文化。这一思想观点对当前仍然具有重要指导价值。周恩来为了使中国传统文化现代化付出了创造性的劳动。他不仅要求各业务部门要重视这项工作，而且还身体力行，亲自领导、指挥发掘古代文化的精华，推陈出新，古为今用。他认为学习古代的东西，不能为现实服务，是毫无意义的，发掘传统文化"都是为了今天的创造"④。新中国成立之初，面对遍布城乡的旧文艺工作者，周恩来指出，旧文艺"包含几十万艺人并影响几千万观众、听众、读者"，那种认为"旧文艺什么都不好，什么都否定，或置之不管，那就是对于民族传统和群众感情采取错误的态度"⑤，在此观点指导之下，对旧文艺开始进行改造。1952 年 10 月初到 11 月中旬，文化部主办了新中国第一届全国戏曲观摩会演，检验三年来的戏曲改革工作。全国 23 个剧种、7 个剧团共 1 600 多人表演了不同风格的大小节目 81 个。周恩来到会讲话认为戏曲观摩演出大会"标志着戏曲工作前进了一大步"。

二、充分重视文化建设，改造和提升文化艺术形式

周恩来十分重视文化建设，并明确提出了经济建设与文化建设如车之两轮，相辅而行的重要思想。新中国成立后，周恩来又多次援引和阐释毛泽东"随着经济建设的高潮的到来，不可避免地将要出现一个文化建设的高潮"这一论断，反复

---

① 《周恩来选集》下卷，人民出版社 1980 年版，第 441 页。
② 《周恩来选集》下卷，人民出版社 1980 年版，第 427 页。
③ 《周恩来选集》下卷，人民出版社 1980 年版，第 343 页。
④ 《周恩来选集》下卷，人民出版社 1980 年版，第 344 页。
⑤ 《在中华全国文学艺术工作者代表大会上的政治报告》，《人民日报》，1949 年 7 月 7 日。

强调:"我们国家要进行大规模的建设,一方面是进行经济建设,另一方面还要进行文化建设。"1952年10月,他在一次讲话中指出:"我们不应该把文化建设看作是将来的事,不能等待,现在就应着手。经济建设和文化建设,好像一辆车子的两个轮子,相辅而行。"①这就阐明了文化建设与经济建设是相互促进和相互制约的辩证统一关系:一方面,经济建设为文化建设提供物质基础,如果没有经济建设的发展,文化建设就会由于缺乏物质支撑而落空;另一方面,经济建设也离不开文化建设提供的智力支持和精神动力。

1949年7月在北平召开的第一次文代会揭开了新中国文化建设的第一页。9月29日通过的《共同纲领》"关于文化教育政策"从国家法律的角度做了规定:第一,关于性质,中华人民共和国的文化教育为新民主主义的,即民族的、科学的、大众的文化教育。第二,关于任务,主要是提高人民文化水平,发展为人民服务的思想,启发人民的政治觉悟,鼓励人民的劳动热情,肃清封建的、买办的、法西斯主义的思想。第三,关于具体目标,是发展人民的戏剧电影事业。周恩来在阐述《共同纲领》的特点时,说到文化政策,他讲:"这个问题讨论不多,简单地说来,就是民族的形式,科学的内容,大众的方向。"②

新中国成立后,中国共产党成为执政党,经济建设逐步成为国家工作的重心。作为一国总理,在狠抓经济建设的同时,周恩来也狠抓文化建设,从国家领导机构层面在政务院专门设立了文化教育委员会,其地位"相当于政务院的一个分院"③。1957年他又明确提出新中国"文化工作的方向"是"面向全国,面向农村"④,因为农村人口占全国的绝大多数。随着"一五"计划的完成特别是社会主义改造的完成,到1956年文化工作已经取得了相当的成就。于是,到1957年,周恩来适时提出文化工作的任务一方面是普及,另一方面是提高。1959年4月18日,周恩来在二届人大一次会议《政府工作报告》中提出:"继续调动文教战线上的一切积极因素,向前推进文化革命的事业,普及社会主义的文化,并且不断地在普及的基础上进行巩固和提高的工作,使文教工作的发展能够适应整个社会主义建设的需要,这就是我们的任务。"⑤

① 《周恩来教育文选》,教育科学出版社1984年版,第71页。
② 《建国以来重要文献选编》第1册,中央文献出版社1992年版,第19页。
③ 《周恩来文化文选》,中央文献出版社1998年版,第55页。
④ 《周恩来文化文选》,中央文献出版社1998年版,第64页。
⑤ 《周恩来文化文选》,中央文献出版社1998年版,第71~72页。

把文艺工作者组织起来是文化建设中的一件大事。旧中国的文人、艺人的绝大多数是个体劳动者,或者从属于戏班子一类的松散团体,这种状况很难与新社会性质相适应。所以,确有必要解决组织问题,以"便于进行工作,便于训练人材,便于推广,便于改造"①。第一次文代会上建立了全国统一的文学艺术界组织——中华全国文学艺术界联合会(简称"中国文联"),会后陆续成立了美术、舞蹈、曲艺、文学、音乐、戏剧、电影、书法、杂技、摄影等专业协会组织。这些协会不仅成为党和政府联系各专业文艺工作者的桥梁和纽带,更主要的是把那些从旧社会过来的艺人组织起来,根本改变了他们的生存状态。

周恩来提出,改造旧文艺首先从加强电影市场管理开始。电影在当时被看作在整个文化艺术工作中,是第一个重点事业。1950年7月,经国务院批准,文化部公布施行《关于电影业五个暂行办法》。加强电影市场的管理,根本改变了旧中国美国电影一统中国电影市场的局面,同时,加大了对国营电影的宣传和放映。充分开发电影院资源,1952年全国有电影院755座,1953年达到783座。大量组织电影放映队,到工厂、农村和部队,让工人、农民和战士以最便宜票价或者是免费欣赏电影。1950年全国有电影放映队100个,1951年增加到1000个,1952年增加到1119个,1953年达到2254个。电影观众达到7.5亿人次。② 人均每年看电影一场半。

改革旧戏剧是另一项重要的任务。1951年5月,在周恩来亲自主持下政务院发布了《关于戏曲改革工作的指示》,提出"改戏、改人、改制"的号召。明确规定保留与发展旧戏曲的优良传统部分而去其不合理的、由长期封建社会所造成的落后部分,提出依靠用新戏曲逐渐代替旧戏曲,而不是依靠行政命令与禁演的方法。文化管理部门按照有益、无害和有害的三类标准,和戏曲艺人一道,对传统剧目和传统的表演艺术,进行了整理和改革的工作,使许多解放前濒临灭亡的剧种获得新生,大批传统剧目经过去芜存菁,剧本、唱腔和表演都放出了新的光彩。在此基础上,国家将所有的民间文艺团体、戏班子、艺人和国有文艺团体组成国家、省、地区三级设置的国营文艺团体,旧社会过来的艺人的社会地位发生了翻天覆地的变化。

① 周恩来:《在中华全国文学艺术工作者代表大会上的政治报告》,《人民日报》,1949年7月7日。
② 国家统计局编:《1953年度国民经济发展和国家计划执行结果的公报》,财政经济出版社1953年版,第38页。

党和政府把文化建设的重点放在电影和戏曲上,符合新中国成立之初的国情。因为从旧社会过来的人绝大多数是文盲,没有阅读能力。看电影和观戏听曲不需要识字就能接受,为广大中下层人民所喜闻乐见。这就找到一个联系群众的文化纽带。而经过改造的电影和戏曲,在内容上以宣传革命历史题材为主,在形式上以现实主义见长,具有强烈的艺术感染力。可以说,文化建设把握住了文化自觉的脉。

周恩来对文化建设的重视和支持还体现在他对大型音乐舞蹈史诗《东方红》的大力支持和亲自指导上。1964 年 7 月,周恩来召集有关方面负责人开会,拍板决定策划并批准一个由 3 000 多人参加的大型歌舞《东方红》,从歌词、歌曲、乐曲、朗诵词以及服装道具、舞美等表演艺术手段的设计,

甚至每一次分场排演,他都亲自审看。正式公演前预演过 8 遍,周恩来竟然看了 5 遍,可以说他是名副其实的总导演。1964 年 10 月 2 日,《东方红》第一次在人民大会堂演出,到 16 日结束,共演出了 14 场,场面之大、演员之多、气势之宏伟,轰动了整个北京城。后来在周恩来的亲自安排下,《东方红》又拍成电影,成为 20世纪 60 年代艺术创作的顶峰。

三、坚持和强调"双百方针",大力倡导发扬艺术民主

新中国成立后,党中央逐步确立了"百花齐放,百家争鸣"这一文化工作的总方针。这一方针是 1951 年 3 月至 1953 年 10 月,分别就戏曲发展和历史研究、科学发展提出的。1956 年 4 月,毛泽东代表党中央正式把"百花齐放,百家争鸣"作为科学文化发展的指导方针在《论十大关系》中加以强调,同年 9 月党的八大政治报告和决议对"双百方针"又进行了再阐释。此后,周恩来对"双百方针"一再强调,反复阐释。1963 年他专门论述文艺工作,在经过一番理论论证后说:"百花齐放,推陈出新,百家争鸣,厚古薄今,这四句话成为文艺工作的方针。"周恩来指出,要繁荣社会主义文艺,就必须坚持"百花齐放、百家争鸣"的方针。一是要坚持百花齐放。艺术形式要多样化,文艺的形式是多种多样的,不能框起来。题材要多样化,现代片多少、历史片多少,要大体上有个比例,至于题材,完全可以允许作者自由选择。艺术典型要多样化,要根据实际生活创造出各种各样的人物来,不能有一个固定的模式。总之,文艺工作者,要"各显所长,百花齐放",这样才能满足人民群众丰富多样的精神生活需要。二是要坚持百家争鸣。"文艺作品要允许别人批评,既有发表作品的自由,也要有批评的自由;同样,既有批评的自由,就要有

讨论的自由"。要提倡百家争鸣，自由讨论。只要是在社会主义大框框中争论，各种意见都可以发表。①

"双百"的提出，为我国的文学艺术和科学研究带来了新的生机。在文艺界，一大批传统剧目被发掘、整理和上演，仅北京市就先后开放了京剧传统剧目20余出，同时收到老艺人献出和收集的京剧剧目1 000多个本子，1 060余出戏。在文学创作上，题材和主题的范围扩大了，体裁和风格多样。最能反映思想活跃的杂文这片荒芜已久的园地，也开始繁盛起来。学术界也空前地活跃起来。据1956年12月21日新华社报道，1956年一年中举行的比较重要的全国性学术会议有50多次，多于过去任何一年。科学工作者提出的学术论文和报告共有2 000篇以上，也超过了以往任何一年。这年8月，由中国科学院和高教部共同主持，100多名中国的生物学家在青岛举行了遗传学座谈会。会议各抒己见，打破了长期以来遗传学界米丘林学派一家独鸣的局面，收到了取长补短、共同提高、增强团结的效果。其他中国自然科学史讨论会关于中国数学史和天文学史方面的争论，电影界关于电影问题的讨论，教育界关于尊师重道的讨论，以及哲学界关于真理的阶级性、真理的标准的讨论，都体现了百家争鸣的精神。学术界这种热烈争鸣的局面，是几年来未曾有过的。

周恩来大力倡导发扬艺术民主，提出在文艺创作要造成一种民主风气；他要求尊重艺术规律，努力纠正"左"的错误偏向。1961年6月，中宣部和文化部在北京召开全国文艺工作座谈会和全国电影故事片创作会议。周恩来到会倾听艺术家们的意见，还找来文艺部门的领导干部谈话，研究如何发扬民主、改进领导等问题。经过充分而深入细致的调查，6月19日，周恩来在会上发表了影响深远的重要讲话，就七个方面的问题阐述了自己的看法和主张。他说："现在有一种不好的风气，就是民主作风不够"，这"是和领导有关的"。"几年来有一种做法，别人的话说出来，就给套框子、抓辫子、挖根子、戴帽子、打棍子"，"现在成为一种风气，一来就'五子登科'，这种风气不好。现在要把这种风气反过来，要造成一种民主风气，必须改变干部首先是领导干部的作风。"他提醒在座的文艺工作领导干部说："我们懂得少，发言权很少，不要过多干涉。在座的同志都是做领导的人，希望你们干涉少些。"在讲话中，周恩来强调："政治标准不等于一切，还有艺术标准，还有个如何服务的问题"，"文艺的形式是多种多样的，不能框起来"。"艺术是要人民批准

---

① 《周恩来选集》下卷，人民出版社1980年版，第343页。

的。只要人民爱好，就有价值；不是反党、反社会主义的，就许可存在，没有权力去禁演。艺术家要面对人民，而不是只面对领导。"①周恩来的讲话，处处体现了他所要求的民主作风。会后不久，在周恩来的关注下，中宣部协同文化部和全国文联在调查研究的基础上制定了《关于当前文学艺术工作的意见》，在知识分子中引起了强烈反响，使他们再次感受到春天的气息。可以说，在当时的政治气候下，周恩来对文化工作的民主精神是非常难能可贵的。

周恩来是具有高度文化自觉和文化自信的一代伟人。他总是结合时代的需要和文化创造发展的规律，来发表自己的观点，使他的文化思想在今天坚持走中国特色社会主义文化发展道路，推进文化建设的实践中，仍然具有重要的现实意义。

---

① 参见周恩来《在全国文艺工作座谈会和电影故事片创作会议上的讲话》，《周恩来选集》下卷，人民出版社 1980 年版，第 337 页。

周恩来与中国特色社会主义文化发展道路 刘国新[*]

中国特色社会主义文化发展道路是一个新的命题,为中国特色社会主义时间段的研究开拓了新领域。自从党的十七届六中全会的决定提出来以后,至今已有三四年时间了。尽管有了一些解释性的成果问世,但是还不够,还缺乏从理论和历史的结合上加以阐发。以一个人物为切入点可能是一个不错的选择。就周恩来的生平实践看,他个人的文化品格,他领导文化工作的理念,他与文化人的交往,他的理想夙愿都带有典型性。

———

思考问题的出发点是首先要弄清什么是文化发展道路,即它的内涵、外延及其有关问题。

党的十七届六中全会的《决定》做了如下归纳:

第一,文化在当今时代的地位作用凸显。文化越来越成为民族凝聚力和创造力的重要源泉、越来越成为综合国力竞争的重要因素、越来越成为经济社会发展的重要支撑,丰富精神文化生活越来越成为我国人民的热切愿望。推动社会主义文化大发展大繁荣,关系实现全面建设小康社会奋斗目标,关系坚持和发展中国特色社会主义,关系实现中华民族伟大复兴。从中国特色社会主义事业总体布局出发,充分发挥文化引领风尚、教育人民、服务社会、推动发展的作用。

第二,文化发展的方向是以马克思主义为指导,坚持社会主义先进文化前进方向,坚持为人民服务、为社会主义服务,坚持百花齐放、百家争鸣,坚持继承和创新相统一,弘扬主旋律、提倡多样化,以科学的理论武装人,以正确的舆论引导人,以高尚的精神塑造人,以优秀的作品鼓舞人,面向现代化、面向世界、面向未来的,民族的科学的大众的社会主义文化,在全社会形成积极向上的精神追求和健康文

---

* 刘国新,当代中国研究所教授。

明的生活方式。

第三，文化发展的目的是坚持以人为本，满足人民日益增长的精神文化需求，贴近实际、贴近生活、贴近群众，发挥人民在文化建设中的主体作用，坚持文化发展为了人民、文化发展依靠人民、文化发展成果由人民共享，促进人的全面发展，培育有理想、有道德、有文化、有纪律的社会主义公民。为了人民、依靠人民决定着社会主义文化的性质和方向，是我国社会主义制度的本质要求，也是我们党立党为公、执政为民理念的重要体现。

第四，文化发展的规律是坚持把社会效益放在首位，坚持社会效益和经济效益有机统一，遵循文化发展规律，适应社会主义市场经济发展要求，加强文化法制建设，一手抓繁荣、一手抓管理，推动文化事业和文化产业全面协调可持续发展。

第五，文化发展的战略是深化文化体制改革，构建有利于文化科学发展的体制机制，坚持改革开放，着力推进文化体制机制创新，以改革促发展、促繁荣，不断解放和发展文化生产力，提高文化开放水平，推动中华文化走向世界，继承和发扬中华优秀文化传统，大力弘扬中华文化，学习借鉴一切有利于我国文化改革发展的外来文化优秀成果，建设中华民族共有精神家园，切实维护国家文化安全。

党的十八大以后，对于事关文化道路的文化发展和文化建设问题上又有一些新的提法和认识。2013年8月19日，习近平在全国宣传思想工作会议上发表重要讲话，这个讲话被称为"指导新时期宣传思想工作的纲领性文件"。讲话的要旨有：

第一，经济建设是党的中心工作，意识形态工作是党的一项极端重要的工作。宣传思想工作一定要把围绕中心、服务大局作为基本职责，胸怀大局、把握大势、着眼大事，找准工作切入点和着力点，做到因势而谋、应势而动、顺势而为。宣传思想部门承担着十分重要的职责，必须守土有责、守土负责、守土尽责

第二，巩固马克思主义在意识形态领域的指导地位，巩固全党全国人民团结奋斗的共同思想基础。要把系统掌握马克思主义基本理论作为看家本领。在多元化的社会思潮、形形色色的舆论动态面前，如果不能旗帜鲜明地坚持马克思主义的指导地位，理想信念就会动摇，思想防线就会崩塌，马克思主义对我们事业的可持续引领就无从谈起。

第三，深入开展中国特色社会主义宣传教育，把全国各族人民团结和凝聚在中国特色社会主义伟大旗帜之下。

第四，加强社会主义核心价值体系建设，积极培育和践行社会主义核心价值

观,全面提高公民道德素质,培育知荣辱、讲正气、做奉献、促和谐的良好风尚。

第五,党性和人民性从来都是一致的、统一的。坚持党性,核心就是坚持正确政治方向,站稳政治立场,坚定宣传党的理论和路线方针政策,坚定宣传中央重大工作部署,坚定宣传中央关于形势的重大分析判断。坚决同党中央保持高度一致,坚决维护中央权威。坚持人民性,就是要把实现好、维护好、发展好最广大人民根本利益作为出发点和落脚点,坚持以民为本、以人为本。

第六,坚持团结稳定鼓劲、正面宣传为主,是宣传思想工作必须遵循的重要方针。面临的挑战和困难前所未有,必须坚持巩固壮大主流思想舆论,弘扬主旋律,传播正能量,激发全社会团结奋进的强大力量。在事关大是大非和政治原则问题上,必须增强主动性、掌握主动权,打好主动仗,帮助干部群众划清是非界限,澄清模糊认识。

第七,提高质量和水平,把握好时、度、效,增强吸引力和感染力,让群众爱听爱看、产生共鸣,充分发挥正面宣传鼓舞人、激励人的作用。

第八,重点抓好理念创新、手段创新、基层工作创新,努力以思想认识飞跃打开工作新局面,积极探索有利于破解难题的新举措新办法,把创新的重点放在基层第一线。

第九,在全面对外开放的条件下引导人们更加全面客观地认识当代中国、看待外部世界。要讲清楚每个国家和民族基于历史传统、文化积淀、基本国情的有自己特点的发展道路;中华文化积淀着中华民族最深沉的精神追求,是中华民族生生不息、发展壮大的丰厚滋养;中华优秀文化是中华民族的突出优势、是最深厚的文化软实力;中国特色社会主义根植于中华文化沃土,有着深厚历史渊源和广泛现实基础。对我国传统文化,对国外的东西,坚持古为今用、洋为中用,去粗取精、去伪存真,经过科学的扬弃后使之为我所用。

第十,对外宣传工作要创新,以利于积极借鉴人类文明创造的有益成果。创新对外宣传方式,着力打造融通中外的新概念新范畴新表述,讲好中国故事,传播好中国声音。

2014年10月15日,习近平主持召开文艺工作座谈会并发表长篇讲话,在这场被媒体冠以"习版文艺工作座谈会"上,72位文艺界代表,齐聚一堂,与总书记共商文艺大计。习近平不时插话,忆往事、谈感想,幽默的表达引来阵阵笑声。会后,总书记还绕场一周,跟每个代表握手交谈。

习近平在讲话中,"首先表示,文艺事业是党和人民的重要事业,文艺战线是党和人民的重要战线"。文艺"最能引领一个时代的风气"。这是说文艺工作的重要性。重要在哪里呢？重要在文艺工作者创作出来的文艺作品，乃是"传播当代中国价值观念、体现中华文化精神、反映中国人审美追求"。文艺"不是风花雪月的事儿，而是实现中国梦的重要力量"，文艺作品既是这个时代的"表情"，也是这个时代的"精神食粮"。而文艺是塑造灵魂的工程，文艺工作者是灵魂的工程师。

文艺工作者有责任推动文艺繁荣发展，其中，最根本的是要"创作生产出无愧于我们这个伟大民族、伟大时代的优秀作品"。习近平指出文艺作品中的问题，一是有些作品不够"精"，"存在着有数量缺质量、有高原缺高峰的现象，存在着抄袭模仿、千篇一律的问题，存在着机械化生产、快餐式消费的问题。"二是有些作品"市场"味道太浓厚，存在低俗化和感官化问题，"在市场经济大潮中迷失方向"。习近平要求："文艺不能当市场的奴隶，不要沾满了铜臭气。"

怎么衡量一部文艺作品是好作品？习近平给出了两个标准："一部好的作品，应该是把社会效益放在首位，同时也应该是社会效益和经济效益相统一的作品。""优秀的文艺作品，最好是既能在思想上、艺术上取得成功，又能在市场上受到欢迎。"即低俗不是通俗，欲望不代表希望，单纯感官娱乐不等于精神快乐。习近平认为，"先进的文化产品，应当既体现先进性，又能体现群众性，既不趋利媚俗，又不远离市场、忽视市场"。

怎样才能"繁荣文艺创作、推动文艺创新"？作品是要靠人来书写的，第一就得有"大批德艺双馨的文艺名家"，这样才有可能创造出更多有筋骨、有道德、有温度的作品。第二，文艺作品说到底是要为人民群众服务，而且群众对生活最熟悉，泥土的味道最贴切，好的文艺作品必须走向人民。"一旦离开人民，文艺就会变成无根的浮萍、无病的呻吟、无魂的躯壳。"再有，文艺作品还要从传统文化中汲取清水活源。"要结合新的时代条件传承和弘扬中华优秀传统文化，传承和弘扬中华美学精神。"

习近平指出，中华优秀传统文化是中华民族的精神命脉，是涵养社会主义核心价值观的重要源泉，也是我们在世界文化激荡中站稳脚跟的坚实根基。要结合新的时代条件传承和弘扬中华优秀传统文化，传承和弘扬中华美学精神。我们社会主义文艺要繁荣发展起来，必须认真学习借鉴世界各国人民创造的优秀文艺。只有坚持洋为中用、开拓创新，做到中西合璧、融会贯通，中国文艺才能更好发展繁荣起来。

把上述内容加以归纳，可以总结中国文化发展道路，即它是文化的地位作用、发展方向、发展目的、发展动力、发展思路、发展格局、发展战略、领导力量和依靠力量等一系列思想观点和论断的总成。当然,二者表述在风格上有所区别,习近平的讲话更"接地气",对存在的问题针对性更强一些,而作为党的中央全会的决定,文件的味道更足一点。

二

　　周恩来是具有高度文化自觉和文化自信的一代伟人。他从五四风暴中走来,一直到中南海任共和国总理,与文化斗争、文化工作和文化建设始终有着不解之缘。在长期实践中积累了丰富的经验,形成诸多重要的理论论断和思想观点,这些论断和观点不仅在实质上和当今的判断一脉相承,而且在用语和文字表达上也几乎是相同的。

　　比如,关于文化的地位作用。周恩来有一系列重要论述,我们耳熟能详的有:"经济建设和文化建设,好像一辆车子的两个轮子,相辅而行。"周恩来讲文化的地位和作用,从来不发泛泛之论,他总是结合实际谈怎样保证文化的重要地位和实现文化促进经济社会发展的作用。中国戏曲是一种历史悠久的综合舞台艺术样式,经过汉、唐到宋、金形成比较完整的戏曲艺术。它的特点是将文学、音乐、舞蹈、美术、武术、杂技以及表演艺术综合而成,有着丰厚的群众基础,是千百年来民众间最主要的文化娱乐消费形式。新中国成立之初,几十万戏曲艺人影响着几千万听众和观众。如何对待戏曲文化遗产,是无产阶级掌握政权以后面临的重大、复杂、艰巨的课题之一。周恩来认为,我们要继承这个遗产,但必须在新的基础上,分别好坏,加以改造。对旧文化要批判地继承。不能否定旧的一切,对其中好的,应该保留。对旧的东西取根本否定或全盘接受的态度,都会使这一社会无法改造。旧戏曲只有进行改革,才能使之成为教育人民的重要武器。也就是说"人民戏曲是以民主精神与爱国精神教育广大人民的重要武器"①。周恩来在战争年代就认识到电影是揭露敌人,动员和教育人民具有最直接、最有力的作用,是很重要的教育工具、宣传工具。1951 年 3 月,中国电影举办"新片展览月"活动,展映了1950 年以来国营电影厂拍摄的优秀新片 26 部。周恩来为这次活动题词:"新中国人民艺术的光彩",把电影比作整个艺术事业的"光彩"。他不光重视电影事业的创建和发展,还对干部队伍的培养、电影创作的方向道路问题,随时给予指示。当

---

① 《周恩来文化文选》,中央文献出版社 1998 年版,第 105 页。

时由于受苏联电影"国有化"的影响,曾经产生一些急于求成的想法和在规划建设上的不切实际的做法。周恩来发现后,及时纠正匡正。他明确说:电影事业不能集中,不但不必要,而且不应该。需要的是当地分散。艺术要有社会生活,要表现全社会的面貌与存在的矛盾。电影要在现有的基础上发展,应充分利用现有设备,发挥潜在力量。过于集中,就会脱离全中国的广大的实际。要考虑各地区及少数民族的特点去建立电影厂。发展电影事业要在高技术条件下配合发展,电影工业更应该与其他工业部门协作。不能统一到一起变成垄断,"社会主义思想不是垄断,垄断思想在任何时候都是要反对的"①。周恩来还讲到文化发展离不开经济基础。文化建设要靠工业发展。只有有步骤、有计划、有组织地把生产恢复起来,发展起来,我们才有把握建设新中国。

又比如,关于文化为什么人的问题。周恩来强调,一切文学、艺术均应以劳动人民为主要对象,以他们的生活为主要内容,鼓励他们的生产热情,启发他们的政治觉悟。文化只有在属于人民并且为人民服务的时候才能有健全的基础和广阔的前途,为劳动人民服务乃是文化发展的基本方向。他说,我们的文艺工作者,是处在最伟大的时代并有着最伟大前途的文艺工作者。我们不要有负于时代。我们如想到我们的文艺是为无产阶级政治服务的,是为工农兵服务的,我们就会感到我们的时代比起前人来,是伟大的。说到文艺创作的重点,他认为应该放在歌颂方面。创造时代的典型人物,不但要把他最优秀的方面写出来,还要把劳动人民的优点写出来。典型应该成为人民学习和效仿的对象。他提倡在文艺作品中把人物写得理想一点,像《谁是最可爱的人》歌颂的典型,感动了千百万读者,鼓舞了前方的战士。我们就是要刻画这些典型人物来推动社会前进。②

不仅仅是为什么人的问题,还有什么人说了算的问题。周恩来在国家建设遇到困难,违背客观规律的"共产风""瞎指挥"也干扰到文艺事业的当口,他在文艺工作座谈会和故事片创作会议上,响当当地提出"艺术是要人民批准的"。只要人民爱好,就有价值;不是反党、反社会主义的,就许可存在,没有权力去禁演。"艺术家要面对人民,而不是面对领导。"这就把为什么人的问题说到底了。为工农兵服务,最终还要工农兵说了算才行。那种嘴上喊着为工农兵服务,实际上全是教条主义、本本主义,完全不被工农大众所喜爱和接受,本质上并没有解决为谁服务

① 《周恩来文化文选》,中央文献出版社1998年版,第110页。
② 《周恩来文化文选》,中央文献出版社1998年版,第132页。

的问题。

再比如,关于文化的性质。周恩来十分看重文艺的人民性和民族性。他说,既然我们是人民的艺术队伍,是代表着胜利了的中国人民的艺术队伍,首先就必须具有充分的人民性。什么叫人民性? 他借用毛泽东的话就是"广大人民喜闻乐见的东西"。但是他又有所发挥。他说,人民性是与历史贯穿起来的。无论奴隶社会、封建社会还是资本主义社会,都是劳动者占多数,真正代表人类的是劳动人民,所以,人类历史都是贯穿着这样一个人民性。这就把文化的人民性讲透了。人民性不是贴标签,而是内在的与生俱来的。怎么样表现人民性? 周恩来主张"应该把人民喜欢的东西表现出来",也就是要表现人民喜欢什么,憎恨什么,要推翻什么。

周恩来还认为,人民性不仅表现在国内,还体现在国际文化交流上,即所谓人民性是共同的。日本的《双蝶道成寺》抓住了生活的本质,反映了人民的愿望,中国人看了也能欣赏,能理解。中国的《荷花舞》,有人就觉得"那里面有多少思想性"? 周恩来不这样看,他认为,《荷花舞》表现出一种集体、乐观的活力,有一种旺盛的生命力。尽管演的是古装舞蹈,但是使人感到的是新中国的歌舞,歌词也使人感到新中国的气象。所以,到东南亚受欢迎,到巴黎也受欢迎。

还比如,关于普及与提高。周恩来很早就提出要把文化普及于人民。新中国成立前夕,他在起草《共同纲领》时强调:"新民主主义的文学艺术,应先求普及,然后逐步提高。"他所谓的"文化建设,又是教育、卫生当先",其实也是讲普及。因为,这里的教育当先,指的就是在中国大众中扫除文盲之意。卫生当先,指的就是普及卫生常识,扫除不讲卫生的愚昧和流行于旧社会的疾病疫疠做斗争。随着新中国各项事业的进步,周恩来逐渐把强调的重点放到提高上来。1957年11月,他讲,文化工作的重点是大力推广、普及,但还要逐步提高。转过年初,在谈到对外文化联络工作时,他说文化工作要注意提高质量。过去的发展花钱很多,但实际没有提高多少。国家办的专业文化单位应该注意提高质量。对担任文化工作领导的同志,周恩来并不苛求一定要是内行,但要努力学习,使自己尽快熟悉业务。他曾严肃地批评陈荒煤:"三年了,你还外行!"促使陈荒煤专心钻研电影业务,再也不敢说自己是"外行"了。这是另外一种意义上的提高。

周恩来尤其重视对外文化交流,要求出国演出必须不断增加新的东西,表现新的主题,做到文采风流,日日前进,要有新的质量。新节目要有新的思想内容,用相应的艺术形式变现,不能单用几个标语口号解决问题。我们政治上无懈可击,艺术上也要无懈可击。①

此外,周恩来关于文化的依靠力量——知识分子问题、关于尊重艺术规律发扬艺术民主、关于文化工作两条腿走路、关于"百花齐放,推陈出新,百家争鸣,薄古厚今"的文艺工作方针、关于提高艺术修养,努力艺术实践等等,都有很多深刻的论述,不一一列举。

三

道路者,顾名思义有两个决定因素:一是它是一个持续行为的结果,表现为一个过程,世间所有的路都是经年累月形成的,道路不会须臾产生;二是道路的开辟往往是众人的行为,正所谓"走的人多了,也便成了路"。单个人也能踩踏出路,但那是羊肠小道,不是道路。依据这样的思考方法,我们对于道路的认识就要有历史的观念,既涉及历史过程,也涉及历史合力。

从历史过程来看,我们党经历了从提出新民主主义文化到建设社会主义文化,再到发展中国特色社会主义文化这样一个较长时期的实践与探索。

从历史合力来看,回望这条道路,我们可以看到五四新文化运动先贤、党的早期领导者、党的第一代、第二代以及继往开来的历届领导们的足迹。

无论历史过程还是历史合力,周恩来都居于不可代替的地位之上。

周恩来的文化思想,源于他的革命实践和长期领导经验,内容丰富,涉猎宽泛,包括文学艺术、新闻出版、文物考古、国民教育、社会科学、科学技术、医药卫生、体育运动和知识分子等诸多领域,而且每一个领域还包括很多的方面。周恩来的指示和论述,既有事关国家宏旨的指导纲领,也包括一行一业的政策方针,甚至还有很具体的工作意见和建议。

由于时代的变化,上述某些领域已不属于文化的范畴,如医药卫生,体育事业算不算在文化内,也有不同的意见,但这丝毫不影响我们的认识和判断。周恩来作为中国社会主义文化建设的前行者和引导者,以他浓烈的文化情结,深厚的文化积淀和练达的文化素养,对当代中国文化建设做出突出贡献。他的理论,在当时的历史条件下,发挥着重要的指导作用。在 21 世纪的今天,仍然具有重要的参考价值,毫无疑问成为中国文化发展道路重要的组成部分和珍贵的思想素材。

---

① 《周恩来文化文选》,中央文献出版社 1998 年版,第 201 页。

周恩来对新中国政教关系的思考 　毛　胜[*]
——以《关于基督教问题的四次谈话》为中心

　　1950 年 5 月 2 日、6 日和 13 日,周恩来先后三次出席基督教问题座谈会。他和中共中央、政务院有关部门负责人,同出席会议的京、津、沪基督教人士吴耀宗、刘良模、邓裕志等人,就基督教在中国的影响、基督教会的问题及应对之策,进行了深入的交流。5 月 20 日,周恩来在中共中央、政务院有关单位负责人座谈会上,再次发表关于基督教问题的谈话,主要内容是党和政府对待基督教的政策。上述四次谈话,后来被整理成《关于基督教问题的四次谈话》[①],收入《周恩来统一战线文选》。它是周恩来关于宗教问题的代表作,也是研究中国基督教问题、中国共产党宗教政策的重要文献,体现了周恩来对新中国政教关系的深刻思考,包括"政治"与"宗教"、"政党"与"宗教"、"政权"与"宗教"、"政府"与"宗教"四个方面。

一、宗教与政治:宗教要"对新中国有益"

　　在 1950 年 5 月 2 日的谈话中,周恩来回顾基督教传入中国和它的正反两方面影响,阐述了在新中国成立的历史条件下,基督教必须努力清除消极的一面,继续发扬积极的一面,真正"变成中国的基督教会",能够"在政治上站稳了脚跟",从而"对新中国有益"。

　　关于基督教的消极面,周恩来认为主要是它同帝国主义对中国的侵略紧密联系在一起,给中国人民留下了很坏的印象。他分析说:"基督教是靠着帝国主义枪炮的威力,强迫中国清朝政府所签订的不平等条约而获得传教和其他特权的。"中国把基督教叫作"洋教",反对基督教,就在于此。他还谈到 20 世纪 20 年代的非基督教运动,指出:"1922 年至 1927 年,非宗教大同盟对帝国主义利用基督教所做的许多坏事以及所发生的许多坏影响,清算了一下。这个清算是针对帝国主义文化侵略的。"

---

　　[*]　毛胜,中央文献研究室副研究员。

　　[①]　《周恩来统一战线文选》,人民出版社 1984 年版,第 180～187 页。本文引自这篇文献的内容,不再一一注明。

关于基督教的积极面,周恩来也给予充分肯定。他认为基督教进步人士在五四运动后的中国革命过程中,"是同情中国革命的",并对此进行了详细阐述。在大革命时期,"基督教青年会以及其他宗教团体中的进步民主人士,曾掩护过一些从事职工运动的革命分子和共产党员";在抗日战争时期,"基督教青年会等宗教团体也起了很好的作用";在解放战争时期,"很多基督教进步人士同情并参加了反蒋、反美斗争,反对独裁,反对内战,因而受到国民党反动政权的迫害";在筹建新中国之际,"在北京召开的人民政治协商会议,宗教界的进步民主人士也有代表出席"。

周恩来不仅指出基督教的消极面和积极面,而且有针对性地提出它在新中国成立后的努力方向。首要的一点,就是"摆脱帝国主义的控制,肃清帝国主义的影响"。周恩来认为,尽管历史条件不同了,但"美帝国主义仍企图利用中国的宗教团体来进行破坏中华人民共和国的活动",所以中国的宗教团体"要把民族反帝的决心坚持下去,割断同帝国主义的联系,让宗教还它个宗教的本来面目"。他认为,宗教界有必要自己发起"一个民族自觉运动,把近百年来同帝国主义的关系清算一下。当然,这种关系有自觉的,有不自觉的"。

在这次讲话的最后,周恩来特别强调:"宗教团体本身要独立自主,自力更生,要建立自治、自养、自传的教会。这样,基督教会就变成中国的基督教会了。"实际上,1950 年 4 月 13 日,周恩来在全国统战工作会议上就明确指出:"我们主张宗教要同帝国主义割断联系。如中国天主教还受梵蒂冈的指挥就不行。中国的宗教应该由中国人来办。"[①]

在1950 年 5 月 6 日的谈话中,周恩来再次指出,新中国成立后,基督教最大的问题就是"它同帝国主义的关系问题"。"中国基督教会要成为中国自己的基督教会,必须肃清其内部的帝国主义的影响与力量,依照三自(自治、自养、自传)的精神,提高民族自觉,恢复宗教团体的本来面目,使自己健全起来。"

在 5 月 13 日的谈话中,周恩来进一步指出:"宗教界人士参加这个反帝爱国运动是有好处的。中国是一个独立自主的国家,宗教团体割断同帝国主义的联系是理所当然的事。中国基督教徒有将近一百万人,不会因为出了少数坏人,我们就抛掉了诸位,那决不符合《共同纲领》的精神。诸位在政治上站稳了脚跟,便毫不会受到歧视,只有这样才是出路。"也只有这样,才能"使基督教在中国人民的心

---

① 《周恩来统一战线文选》,人民出版社 1984 年版,第 174 页。

目中观感一新"。

与此同时,周恩来要求包括基督教在内的宗教界,要通过主动的行动,努力使自己的活动有益于新中国。在 5 月 6 日的谈话中,他指出:宗教界"要完成自己的历史任务,各宗教之间和各教派之间就应该加强团结,联合起来,研究怎样服务于中国人民;就应该在民主与爱国的立场上,健全自己,使宗教活动有益于新民主主义社会"。周恩来认为,判断一个宗教团体对新中国有无益处,"要以爱国与民主两个条件来鉴别。如果这个宗教团体在政治上是拥护《共同纲领》的,是爱国与民主的,那么这个宗教团体便是对新中国有益的"。他还指出:"基督教团体在拥护《共同纲领》的基础上,怎样辅助社会进步,应该研究一些具体的工作。你们对政府有什么要求,可以提出来。"

需要指出的,要求基督教会割断同帝国主义的联系,并不是简单地反对基督教会的对外交流,不是完全割断宗教与外界的一切联系,也不是仅仅针对基督教而言的,其要害是反对以宗教为旗号的政治勾当,不允许宗教成为外国干涉中国内政的工具。正如周恩来 1956 年 12 月会见印度总理尼赫鲁时所说:"我们欢迎发展宗教联系,不但和印度,而且和东南亚各佛教国均要发展这种联系。但是我们反对那种以宗教为外衣而以政治为内容的活动。"尼赫鲁当时也表示:"印度政府对西藏的态度只是宗教上联系,没有政治企图。"①

周恩来与基督教代表的三次谈话,得到了积极的回应。5 月 4 日,吴耀宗根据周恩来 5 月 2 日谈话精神起草了《关于处理基督教问题的初步意见》。经过八次修改,该意见定名为《中国基督教在新中国建设中努力的途径》,并由吴耀宗等 40 位中国基督教代表人物联名公开发表,即著名的"三自宣言"。宣言提出中国基督教会及团体的基本方针是:肃清基督教内部的帝国主义的影响,警惕帝国主义利用宗教培养发动力量的阴谋;培养一般信徒爱国民主的精神和自尊自信的心理,实行自治、自养、自传。② 显然,这个宣言的主旨与周恩来的谈话精神是契合的。

9 月 23 日,《人民日报》转发"宣言"全文,同时发表社论指出:"我们欢迎基督教人士所发起的自治、自养、自传运动。这是基督教人士应用的使中国基督教脱离帝国主义影响而走向宗教正轨的爱国运动。他们号召割断与帝国主义的关系,实行自力更生,使教会从外国人的机关改变为中国人的机关,从而也是教会所举

---

① 参见《周恩来传》第 3 册,中央文献出版社 1998 年版,第 1269 页。
② 参见《中国基督教发表宣言》,《人民日报》,1950 年 9 月 23 日。

办的事业不再是服务于帝国主义利益的事业。"①此后，中国基督教"三自"爱国运动在全国范围内展开。

1950年8月19日，中共中央给各地发出了关于天主教、基督教问题的指示，比较系统地阐述了中国共产党处理天主教、基督教问题的方针，强调："我们对待目前中国的天主教、基督教，应当不帮助他们的发展，并反对其中的帝国主义影响；同时坚持保护信教自由，并在其中扩大爱国主义的影响，使天主教、基督教由帝国主义的工具变为中国人自己的宗教事业。"②

不难发现，中国共产党今天所讲的"积极引导宗教与社会主义社会相适应"，"发挥宗教界人士和信教群众在促进经济社会发展中的积极作用"，其精神实质仍然是周恩来所说的宗教要"对新中国有益"。在2001年全国宗教工作会议上，江泽民就此指出："积极引导宗教与社会主义社会相适应，不是要求宗教界人士和信教群众放弃宗教信仰，而是要求他们热爱祖国，拥护社会主义制度，拥护中国共产党的领导，遵守国家的法律法规和方针政策；要求他们从事的宗教活动要服从和服务于国家的最高利益和民族的整体利益；支持他们努力对宗教教义作出符合社会进步要求的阐释；支持他们同各族人民一道反对一切利用宗教进行危害社会主义祖国和人民利益的非法活动，为民族团结、社会发展和祖国统一多作贡献。"③

二、宗教与政党：坚持和发展中国共产党与宗教界的统一战线

在新民主主义革命时期，中国共产党就认为世界观上的对立，并不意味着政治上完全对立，而是可以在相互尊重的基础上实现团结合作。1936年4月25日，中共中央向中国国民党、全国基督教青年会、全国回教徒联合会、全国公教联合会等发出创立全国各党各派的抗日人民阵线宣言，强调"不管我们相互间有着怎样不相同的主张与信仰，不管我们相互间过去有着怎样的冲突与斗争，然而我们都是大中华民族的子孙，我们都是中国人，抗日救国是我们的共同要求"④。

1940年1月，毛泽东在描绘新民主主义社会的蓝图中，强调"一个主义"行不通，认为"在阶级存在的条件之下，有多少阶级就有多少主义，甚至一个阶级的各集团中还各有各的主义。现在封建阶级有封建主义，资产阶级有资本主义，佛教

---

① 《基督教人士的爱国运动》，《人民日报》，1950年9月23日。
② 《建国以来重要文献选编》第1册，中央文献出版社1992年版，第409页。
③ 《江泽民文选》第3卷，人民出版社2006年版，第387页。
④ 《建党以来重要文献选编》第13册，中央文献出版社2011年版，第104页。

徒有佛教主义,基督徒有基督主义,农民有多神主义"①。他还鲜明指出:"共产党员可以和某些唯心论者甚至宗教徒建立在政治行动上的反帝反封建的统一战线,但是决不能赞同他们的唯心论或宗教教义。"②这样一来,就把中国共产党与宗教界建立统一战线的相辅相成的两个方面,阐述清楚了。

1950 年 4 月 13 日,周恩来在全国统战工作会议上重申了统一战线中的政治与信仰问题,指出:"我们对宗教界民主人士是以他们的民主人士身份去联合的。允许宗教信仰自由是一件事,邀请宗教界民主人士参加政协或各界代表会是另一件事,后者是以政治为标准的,不管他是牧师还是和尚。我们的政策,是要保护宗教信仰自由。但各地基督教、天主教中发现混进有帝国主义的间谍,他们有帝国主义的国际背景。对这个问题,我们只反对帝国主义,不牵连宗教信仰问题。"③

在 1950 年 5 月 13 日的谈话中,周恩来着重阐述了怎样坚持和发展中国共产党与宗教界的统一战线问题。他指出召开基督教问题座谈会的宗旨,就是团结合作,发展统一战线:"两星期来,我们是以诚相见,彻底地交谈。这不是清谈,而是为了合作。政府有什么意见,中国共产党有什么意见,我们拿出来;你们也把自己的意见拿出来,目的是求得政府同宗教界实行更好的合作。"

周恩来还强调,"共信不立,互信不生",《共同纲领》是共产党与宗教界合作的基础。他指出,没有必要隐讳双方的不同点,但"我们可以在《共同纲领》的基础上实行合作,这是我们一致同意的"。他解释道:"《共同纲领》是四个阶级合作的基础。从各界来说,宗教界也是合作者之一。我们要彻底实行《共同纲领》,使四个阶级各得其所。此外,还要照顾到从地主阶级中间,从国民党反动派中间,以及从其他受帝国主义影响的人中间分化出来的要求进步的分子。"

周恩来认为,在新形势下坚持和发展统一战线,对宗教界也提出了新的要求。他指出,巩固和扩大统一战线,"其界限要看是否同帝国主义、封建主义和官僚资本主义割断了联系"。要求宗教界开展民族自觉运动,目的就是"通过反对帝国主义、封建主义和官僚资本主义,清算并且断绝同它们的旧关系,以巩固我们的统一战线",增强我们的合作。他还说,宗教界中存在一部分反动分子,虽然是少数,但我们要把这些"害群之马、极少数的走狗、犹大,清除出去,使广大宗教界人士在

---

① 《毛泽东选集》第 2 卷,人民出版社 1991 年版,第 687 页。
② 《毛泽东选集》第 2 卷,人民出版社 1991 年版,第 707 页。
③ 《周恩来统一战线文选》,人民出版社 1984 年版,第 173 ~ 174 页。

《共同纲领》的基础上团结起来,引导广大教徒一道前进。这是一个长时期的工作"。

更重要的是,周恩来在谈话中进一步声明了共产党与宗教界合作的原则,就是信仰上互相尊重,政治上团结合作:"你们是有神论者,我们是无神论者,我们无意在这里同诸位展开有神无神的争论。我们认为,唯物论者同唯心论者,在政治上可以合作,可以共存,应该相互尊重。我们之间有合作之道。这是我们衷心的希望。"

这个原则一直延续至今,对坚持和发展共产党与宗教界的统一战线,起到了重要作用。1993年1月,李瑞环在全国性宗教团体领导人迎春座谈会上指出:"实践证明,只有在政治上真诚团结合作,才能真正做到在信仰上互相尊重;而只有在信仰上互相尊重,才能有效巩固和加强政治上的团结合作。这两者相辅相成,缺一不可。只要我们坚定不移地执行这个原则,我们就一定能够团结宗教界爱国人士和广大信教群众,不断巩固和扩大新时期的爱国统一战线。"①

三、宗教与政权:坚持政教分离的原则

实行政教分离,是马克思主义宗教观的基本观点,是无产阶级政党对待宗教的基本态度,也是社会主义国家处理其与宗教关系的基本原则。对此,马克思、恩格斯指出:"彻底实行政教分离"②;"当国家摆脱了国教并且让宗教在市民社会范围内存在时,国家就从宗教下解放出来了"③;"国家无例外地把一切宗教团体视为私人的团体"④。在领导俄国革命的实践中,列宁也明确指出:"俄国社会民主工党的最近的政治任务是推翻沙皇专制制度,代之以建立在民主宪法基础上的共和国,民主宪法应保证……教会同国家分离,学校同教会分离"⑤;"国家不应当同宗教发生关系,宗教团体不应当同国家政权发生联系"⑥。

以马克思主义为指导思想的中国共产党,始终坚持实行政教分离。1931年11月,中华苏维埃第一次全国代表大会通过的《中华苏维埃共和国宪法大纲》就规定:"中国苏维埃政权以保证工农劳苦民众有真正的信教自由的实际为目的,绝对

① 李瑞环:《在全国性宗教团体领导人迎春座谈会上的谈话》,《人民日报》,1993年1月20日。
② 《马克思恩格斯全集》第5卷,人民出版社1958年版,第4页。
③ 《马克思恩格斯全集》第2卷,人民出版社1957年版,第143页。
④ 《马克思恩格斯全集》第22卷,人民出版社1965年版,第277页。
⑤ 《列宁全集》第2卷,人民出版社1984年版,第194~195页。
⑥ 《列宁全集》第12卷,人民出版社1987年版,第132页。

实行政教分离的原则,一切宗教不能得到苏维埃国家的任何保护和供给费用。"①

在1950年5月2日的谈话中,周恩来一上来就指出:"中国不是政教合一的国家。在中国,宗教同政治一向是分开的,所以宗教问题不像欧洲政教合一的国家那样严重。"在5月13日的谈话中,他再次指出:"中国一向是政教分开的。今天,政府同宗教界人士是根据《共同纲领》所确定的政治方针来合作的。"

在周恩来看来,要求宗教界肃清帝国主义的影响,也是政教分离原则的应有之义。他指出:"根据《共同纲领》的要求,我们必须在宗教界肃清帝国主义的影响。这不是谁来约束谁,我们大家都有这个责任。在宗教界肃清帝国主义影响,并不是说宗教界的每一个人都做了帝国主义的工具。在个人来说自己感觉没有被利用,但是帝国主义主观上有所要求,它们利用宗教团体,乃是事实。广大教徒有时不免也被利用。这一点,我们非说清楚不可。这个问题说清楚了,对教会只有好处。"他还强调:"宗教界内部要通过自我批评,把自己的工作与组织进行检讨和整理。这是个原则性的工作。我们搞清楚这些原则,把这件工作做好了,帝国主义就不能再利用宗教团体了。这也就是宗教界的自卫。"

1951年1月17日,周恩来出席政务院文教委员会邀请华北地区四十多位天主教人士参加的茶话会,谈论天主教革新问题,强调自治、自养、自传运动是宗教界的爱国运动,天主教徒应该积极参加。2月11日,他就华北天主教革新宣言提出两条原则性意见,"一要明确表示肃清帝国主义在中国天主教中的影响,二要坚持宗教与政治分开,梵蒂冈不能干涉中国的政治"②。

马克思主义经典作家在论述政教分离时,提出了一些具体主张,其中一个基本要求是:"各教派牧师的薪金一律由各个自愿组织起来的宗教团体支付"③;"各种宗教的教士可以由信那种教的教徒来供养,国家不应该用国库的钱来资助任何一种宗教,不应供养任何教士"④。在5月6日的谈话中,周恩来说到外国捐款问题时,十分坚决地表示:"我们要有自己办教的准备","基督教既然要清算同帝国主义的关系,自力更生办教会,那就不应该再向外国募捐"。新中国"是一个独立自主的国家,我们不向别人低头,不依赖别人。但是,我们也不盲目排外。这个原则也适用于其他教育团体。因此,对每一笔外款,要加以辨别,如果是有附带条件

① 《中共中央文件选集》第7册,中共中央党校出版社1991年版,第775页。
② 《周恩来年谱(1949—1976)》上卷,中央文献出版社1997年版,第130页。
③ 《马克思恩格斯全集》第5卷,人民出版社1958年版,第4页。
④ 《列宁全集》第7卷,人民出版社1986年版,第150页。

的援助,就不能接受"。

不得利用宗教干涉教育,是坚持政教分离原则的重要内容。1949 年 4 月 17 日,周恩来邀集民主人士和知识界人士座谈国共和平谈判问题时,就表达了这样的态度:"在旧中国,帝国主义办了许多文化侵略机关,如学校、医院及教堂等,这些在新中国都应该由中国人来办……其次我们还可以从内部来改造它们,使它变成民族的。例如,燕大就是中国人陆志韦先生在做校长,吴耀宗先生要用中国教士代替外国教士,那也很好。"①1950 年 9 月 6 日,他在教育部部长马叙伦《关于处理北京私立辅仁大学问题的报告》上,就新中国对待教会设立学校的态度做出批示,提出了几条明确的原则:"在遵守中央人民政府法令及《共同纲领》的条件下,可以继续办下去。"但是,"教会与学校的关系,只是协助经费及主持宗教选科的关系。学校课堂、礼堂中不容许做礼拜"。"学校中可以设立宗教选科,圣言会可以保留,但学校人事和行政方面,绝不容许教会干涉"。"教会可以开除它认为所谓背叛教义的教徒的教籍,但绝不容许干涉这些教徒的教授地位。"②

随着实践的发展,中国共产党对政教分离原则的论述越来越系统,据此制定的相关政策也越来越全面。1982 年 3 月,中央 19 号文件即中共中央印发的《关于我国社会主义时期宗教问题的基本观点和基本政策》指出:"绝不允许宗教干预国家行政、干预司法、干预学校教育和社会公共教育。"③1991 年 2 月,中央 6 号文件即《中共中央、国务院关于进一步做好宗教工作若干问题的通知》进一步指出:"任何人不得利用宗教反对党的领导和社会主义制度,危害国家统一、社会稳定和民族团结,不得损害社会、集体的利益,妨碍其他公民的合法权利。任何人不得利用宗教干预国家行政、司法、学校教育和社会公共教育,不得利用宗教进行妨碍义务教育实施的活动,不得恢复已被废除的宗教封建特权和压迫剥削制度。"④

四、宗教与政府:尊重宗教信仰自由,但"不能无原则"

尊重和保护宗教信仰自由,是马克思主义宗教观的基本主张。在革命和建设的各个时期,中国共产党始终坚持这个基本政策。1949 年新政协会议通过的具有临时宪法性质的《共同纲领》,在总纲中明确规定:"中华人民共和国人民有思想、

---

① 《周恩来文化文选》,中央文献出版社 1998 年版,第 44 页。
② 《周恩来年谱(1949—1976)》上卷,中央文献出版社 1997 年版,第 76 页。
③ 《新时期宗教工作文献选编》,宗教文化出版社 1995 年版,第 60 页。
④ 《新时期宗教工作文献选编》,宗教文化出版社 1995 年版,第 215 页。

言论、出版、集会、结社、通讯、人身、居住、迁徙、宗教信仰及示威游行的自由权。"①

参加这次政协会议的邓裕志，充满感情地说："对我来说，一个基督教届妇女能够和各界代表一起共同参与国是，也是一个没有料想到的巨大变化。会议中，在讨论《共同纲领（草案）》时，我们宗教界代表自然关心到其中对于宗教信仰自由的规定。记得是佛教代表首先提出，在以马列主义为主导思想的不信教环境里，更有必要在国家大法中标榜出人民享有宗教信仰自由的权利。大家认为《共同纲领（草案）》关于人民权利的表述只提'信仰自由'，这样只是把宗教信仰自由概括在一般人民权利中是不够明确的；同时只在民族政策中规定少数民族享有'宗教信仰自由'是不够的。结果，会议对《共同纲领（草案）》关于人民权利的规定作出重要的修改，将'信仰……的自由权'改为'宗教信仰……的自由权'。这就使宗教信仰自由的权利在国家大法中得到明确的保证。我深深感到不信宗教的共产党对有宗教信仰者的尊重。"②

1949 年 9 月 26 日，吴耀宗以宗教界民主人士首席代表的身份，在新政协会议上发言时还主动提出，宗教界要正确对待宗教信仰自由的权利。他指出："在共同纲领里，宗教信仰自由的原则是确定了的。我们宝贵这个自由，我们也决不辜负这个自由，或滥用这个自由。我们也要用尽我们的力量，把宗教里面腐恶的传统和它过去与封建力量、帝国主义的联系，根本铲除。我们不但要在宗教里面做消毒的工夫，也要把宗教的积极作用，发挥光大。"③

在 1950 年 5 月的四次谈话中，周恩来一方面反复强调党和政府始终坚持尊重宗教信仰自由，另一方面也提出了一些要求，即宗教信仰自由不能没有原则。

在 5 月 2 日的谈话中，周恩来指出："我们不搞反宗教运动。我们所遵守的约束是不到教堂里去作马列主义的宣传，而宗教界的朋友们也应该遵守约束，不到街上去传教。这可以说是政府同宗教界之间的一个协议，一种默契。"

在 5 月 6 日的谈话中，周恩来坦诚地说："宗教的存在是长期的。中国人民有宗教信仰的自由。但是，今天的中国是一个新民主主义的国家，并不是一个基督教国家。所以，传教是要受到若干限制的。在土改新区，在乡村，最好慢一点。东北是我国的一个新国防区，在教会同帝国主义的关系没有搞清楚的时候，在基督

---

① 《建国以来重要文献选编》第 1 册，中央文献出版社 1992 年版，第 2 页。
② 《迎来曙光的盛会——新政治协商会议亲历记》，中国文史出版社 1987 年版，第 195～196 页。
③ 《中国人民政治协商会议第一届全体会议各单位代表主要发言》，《人民日报》，1949 年 9 月 26 日。

教还没有成为完全是中国的教会的时候，不要去增加复杂性。"

在这次谈话中，周恩来说到外国传教士问题时，也给出明确态度："我们不再请外国传教士到中国来，因为外国传教士很容易自觉不自觉地做帝国主义的工具，而我们中国人很难看清他们。不请外籍传教士，对基督教本身有好处。至于已经在中国的外国传教士，除了他们自愿要求马上离开中国或者已发现他们有反动行为证据的以外，我们并不马上要他们走，他们可以等到双方合同期满再走。"

在5月13日的谈话中，周恩来指出："谁要企图人为地把宗教消灭，那是不可能的。苏联是社会主义国家，它还是有宗教的。我们决不打算这样做。如果我们不想要的东西就认为它不会存在，那是不符合客观实际的。反过来说，我们是专爱基督教吗？也不是的。我们主张，在《共同纲领》的基础上，信教的、不信教的可以共存。我们要团结和照顾到各种社会力量，使大家各得其所，同心协力，建设新中国。只有这样，才能使社会安定，稳步前进。"

在5月20日的谈话中，周恩来更是对中共中央、政务院有关单位负责人明确要求："对基督教，一方面不能无原则地团结，另一方面不要脱离广大群众。这是政策问题，不是策略问题。"一个多月后，1950年6月25日，周恩来在全国政协第二次党组会上进一步指出：基督教、天主教与帝国主义有关系，要慎重处理，"凡是勾结帝国主义的反动分子，都按反动分子办，不要牵扯到宗教。问题是要善于孤立少数顽固的反动分子"。他还语重心长地说："列宁在1909年曾经说过宗教就是鸦片，这是革命时期的口号。现在我们有了政权，可以不必强调宗教就是鸦片。"①

周恩来的谈话告诉人们，新中国尊重宗教信仰自由，但这种自由不是放任自由，不是没有限度的。1982年中央19号文件对宗教信仰自由的内涵进行了全面的阐述："每个公民既有信仰宗教的自由，也有不信仰宗教的自由；有信仰这种宗教的自由，也有信仰那种宗教的自由；在同一宗教里面，有信仰这个教派的自由，也有信仰那个教派的自由；有过去不信教而现在信的自由，也有过去信教而现在不信教的自由。"②在此基础上，19号文件强调指出："宗教信仰自由的政策的实质，就是要使宗教信仰问题成为公民个人自由选择的问题，成为公民个人的私

①《周恩来年谱(1949—1976)》上卷，中央文献出版社1997年版，第50页。
②《新时期宗教工作文献选编》，宗教文化出版社1995年版，第59页。

事。"①"任何人都不应当到宗教场所进行无神论的宣传,或者在信教群众中发动有神还是无神的辩论;但是任何宗教组织和教徒也不应当在宗教活动场所以外布道、传教,宣传有神论,或者散发宗教传单和其他未经政府主管部门批准出版发行的宗教书刊。"②

余论

进入改革开放历史新时期,中国共产党总结历史经验,并结合新的实践要求,形成了宗教工作的基本方针,即人们熟知的"四句话":全面贯彻党的宗教信仰自由政策,依法管理宗教事务,坚持独立自主自办的原则,积极引导宗教与社会主义社会相适应。可以说,这"四句话"已经成为中国共产党对待宗教态度的权威表述,也集中体现了新中国的政教关系。由上可见,周恩来在60多年前发表的《关于基督教问题的四次谈话》,已经蕴含了这"四句话"的基本精神。正因为如此,这篇文献对我们认识新中国政教关系的基调,是很有帮助的。

值得一提的是,周恩来虽然在这四次讲话中反复要求宗教界"讲政治",但他非常注意方式方法。在5月13日的会议上,他语重心长地说:"帝国主义利用宗教团体的问题,我们要做这样的解释:分清主观与客观,客观上是存在了的;分清少数与多数,事实上反动分子是极少数。""宗教界本身的反响,我们要注意,要逐步地提高他们的觉悟。"在5月20日的谈话中,他还说了这样一段话:"吴耀宗所拟定的第五次修正的宣言,比过去多了一个序言,把基督教同帝国主义的关系说得很偶然,就让他那样吧。一个字不改,照样发表。宣言里说的话和我们说的话不一样,我们也不需要宣言和我们说的一样。这样便于团结群众。"这里所说的宣言,就是《中国基督教今后努力的途径》。

不仅如此,周恩来还于6月1日致电吴耀宗,肯定宣言"基本方针是好的。它打开了中国基督教会及其团体今后在《共同纲领》基础上在人民政府领导下的新的努力途径",望以此精神"劝导中国基督教代表人物响应这一主张,以利基督教会的革新"。③9月15日,在《人民日报》即将转发宣言全文前,周恩来又致电吴耀宗,认为宣言中要求中国基督教会及团体"立即实现自力更生的目标"的"立即"两

---

① 《新时期宗教工作文献选编》,宗教文化出版社1995年版,第60页。
② 《新时期宗教工作文献选编》,宗教文化出版社1995年版,第64页。
③ 《周恩来年谱(1949—1976)》上卷,中央文献出版社1997年版,第45页。

字可以删去,"如此,可以减少各教会团体、学校、医院对于立即断绝国外接济的顾虑。本来,我们解决这项问题是要有步骤地进行,故去掉'立即'两字与宣言主旨并无违背"。宣言正式公布时,接受了周恩来的这个意见,改为:"中国基督教会及团体,凡仍仰赖外国人才与经济之协助者,应拟定具体计划,在最短期内,实现自力更生的目标。"①

毫无疑问,周恩来在领导宗教工作中所形成的思想认识、理论观点和实践经验,是他留给我们的一笔宝贵精神财富。他对宗教问题的高度重视,对宗教工作的慎重态度,对宗教界的宽阔胸怀,对我们今天认识和处理政教关系,也都具有重要的启发意义。

---

① 《建国以来周恩来文稿》第3册,中央文献出版社2008年版,第296页。

20 世纪 50 年代
周恩来民族团结思想内容研究 张林鹏*

一、周恩来民族团结思想的历史背景

中国是统一的多民族国家,除汉族外,55 个少数民族的分布特点主要是大杂居、小聚居。解放初期,全国少数民族人口约2 800万,约占全国总人口的 6% 左右,但分布的地区很广,占到全国总面积的 50% ~60%。[①]新中国成立前,各少数民族与汉族共同遭受帝国主义、封建主义、官僚资本主义的压迫和剥削,而对于少数民族还不同程度的遭受大汉族主义的歧视和压迫。严重损害了我国民族关系,使得民族统一成为越来越难以实现的历史遗留问题。新中国的成立,开创了中华民族的新纪元,为实现各民族的平等、团结、共同繁荣开辟了广阔的天地。

20 世纪 50 年代,民族工作面临着极其复杂的形势,主要表现在以下几个方面:首先是少数民族之间和少数民族和汉族之间都存在着很深的隔阂。这是因为历史上反动统治者长期实行民族压迫政策,使得少数民族对人民政府抱有疑虑,有些比较复杂的少数民族地区在受到历史原因,反动唆使及其他因素的影响下,甚至还存在民族对立的严重问题。其次是宗教信仰问题。少数民族大多具有自己的宗教信仰,由于受到反动宣传的影响,一部分少数民族的上层宗教领袖及普通教徒不了解共产党和人民政府的宗教政策,以至于使得民族问题和宗教问题交织在了一起,形成更加复杂的新问题。各民族地区的经济、社会发展不平衡在客观上也影响着新中国的民族关系。这个不平衡既有横向的地域因素也有纵向的历史原因。偏远的少数民族地区大都处于封建农奴制,奴隶制及原始公社末期等不同的社会发展阶段。就算是临近经济比较发达的地区,因为生活习俗,语言文字、民族政策等多方面因素的影响,也存在发展的不平衡现象。只是相对于偏远地区的少数民族区域会好一些,而在政治上比较突出的问题是少数民族的政权大

---

① 《中国共产党历史》第 2 卷(1949—1978)上册,中共党史出版社 2010 年版,第 140 ~141 页。

多处于封建阶段甚至是奴隶制阶段。如,旧社会遗留的世袭的封建王公贵族,政教合一的僧侣贵族统治制度,还有土司、山官、部落领导等等。少数民族之间的不平衡,少数民族和汉族间的差异,使得新中国建立初期民族工作的复杂性和艰巨性更加的突出。

由于中华民族是一个多民族的大家庭,在历史长河中民族问题处理得妥善与否紧密关系着神州大地的安危兴衰。鉴于民族问题的复杂性,在少数民族地区执行党的政策,必须慎之又慎,稍有不慎就会影响民族关系,甚至可能引起事端,造成严重后果,中国共产党从少数民族地区的经济政治实际出发,制定了一系列正确的民族工作的方针和政策。早在新中国诞生前夕,周恩来就与毛泽东等人一起确立了新中国民族政策的根本原则,这一原则反映在1949年9月中国人民政治协商会议第一届全体会议通过的《中国人民政治协商会议共同纲领》(以下简称《共同纲领》)中。《共同纲领》共七章60条,其中第六章就是"民族政策",该章第50条规定:"中华人民共和国境内各民族一律平等,实行团结互助,反对帝国主义和各民族内部的人民公敌,使中华人民共和国成为各民族友爱合作的大家庭。反对大民族主义和狭隘民族主义,禁止民族间的歧视、压迫和分裂各民族团结的行为。"①由周恩来亲自起草的《共同纲领》在当时起着临时宪法的作用,新中国第一代领导人从新中国成立起始就已将民族平等和团结原则纳入了法制化轨道。

二、周恩来民族团结思想的理论渊源

周恩来民族团结思想对马列主义民族理论以及毛泽东民族团结思想进行了创新和发展,是我国长期坚持的民族问题思想。推翻压迫民族的奴役和统治,以争得民族的独立和自主,推翻剥削者的压迫和剥削,以争得工人阶级和其他劳动人民的自由和解放,这就是马克思、恩格斯关于民族平等团结的基本观点和原则。②新中国的建立,结束了历史上长期分裂和混乱的局面。在领导中华民族进行社会主义革命和建设的过程中,毛泽东始终十分重视民族团结,把民族团结看作是中华民族的大团结。毛泽东把坚持党和革命队伍内部的团结作为夺取革命胜利的无价之宝。1956年,社会主义改造基本完成以后,中国面临着把一个落后的农业国改变成为一个先进的工业国的任务,他指出:"团结全党,团结国内外一

---

① 中央档案馆编:《中共中央文件选集》第14册,中共中央党校出版社1987年版,第742页。
② 郭艳:《周恩来民族团结思想研究》,《西北民族大学学报》2011年第6期,第9页。

切可能团结的力量,为了建设一个伟大的社会主义的中国而奋斗",反复强调"国家的统一,人民的团结,国内各民族的团结,这是我们的事业必定要胜利的基本保证"。周恩来继承和发展了这一思想,把民族团结与不同时期的党的中心任务结合起来,"团结就是力量,团结起来才能够实现我们的一切任务!"①其实周恩来的民族理论著作,最早的是在1921—1924年旅欧期间所写的大批《旅欧通信》中的一些篇章,主要发表在天津《益世报》。周恩来在这些文章中以大量事实揭露了帝国主义与殖民地之间不可调和的矛盾,指出了国际工人运动和民族解放运动的关系。大量文章还对列宁关于民族解放运动的思想做了深刻论述。② 由此可见,早在20年代初期,周恩来就已接触了马列主义民族理论,并用以观察研究民族问题。这为以后周恩来全心全意为少数民族服务,帮助少数民族排忧解难,在促进和加强各少数民族之间的团结的基础上,传播马列主义,宣传党的路线、方针、政策,启发群众,由此推动民族工作向前发展奠定了坚实的基础。而这又与周恩来高尚的情操,高洁的人格,高度负责的"周恩来精神"③息息相关。

周恩来在长期的民族工作实践中,对促进民族团结进行了有益探索,做了许多精辟的论述,其民族团结思想内容丰富而广泛,深入研究老一辈无产阶级理论家的民族团结思想及开展民族团结工作的方法和实践,对于我们今天的民族理论发展和民族工作实践,仍有现实指导意义。

三、周恩来民族团结思想的主要内容

20世纪50年代周恩来关于民族团结问题提出了一系列精辟的观点及相应的解决措施,奠定了我国民族团结理论的政策基础。

(一)深入分析了民族团结问题产生的内在原因

国民党的反动统治、各民族之间的经济文化发展不平衡、大汉族主义的流毒、奸商的欺骗盘剥,导致了严重的民族压迫、民族歧视和民族隔阂迫使各少数民族人民长期处于落后和分裂的状态。再加上偏远的山区、沙漠和边疆恶劣的生存空间和环境,语言风俗,宗教信仰的差异及少数民族干部的缺乏,不能正确认识新中国的民族政策,闭塞的时间和空间,使得少数民族人民也不能认清自己。这种种

---

① 周恩来:《周恩来选集》上卷,人民出版社1984年版,第365页。
② 李儒忠:《论周恩来民族理论及其实践》,《新疆大学学报》(哲学社会科学版)1986年第2期,第1页。
③ 石仲泉:《我观党史》,济南出版社2001年版,第423页。

原因的交织形成了民族团结问题的基本轮廓。周恩来也在多次不同的场合就这一问题进行了分析和总结,并提出了具体的实施措施。

1."两种民族主义"的存在

在错综复杂的历史网络中,在旧中国,不管是汉族聚居地还是少数民族生存的地方都存在"两种民族主义"或"多种民族主义"的认识。前者指大汉族主义和少数民族;后者指各少数民族之间,或者是部分少数民族和汉族之间。这样的认识和旧中国乃至封建时期中国特定的政治、经济、文化环境是分不开的,汉族地区经济发达些,少数民族地区经济落后,但这并不影响各少数民族以自我为中心和周边的汉族乃至其他少数民族形成对立。

就"两种民族主义"问题,周恩来于1957年8月4日在全国人民代表大会民族委员会在青岛召开的民族座谈会上做《关于我国民族政策的几个问题》讲话时开篇即提出:"我们反对两种民族主义,就是既反对大民族主义(在中国主要是反对大汉族主义),也反对地方民族主义,特别要注意反对大汉族主义。""这两种错误的态度,两种倾向,如果任其发展下去,会造成我们各民族间的对立,甚至是分裂。"①早在1950年4月,周恩来主持政务院第三十次政务会议。在讨论西北少数民族工作时发言:不能忽视少数民族工作。历史上的大汉族主义不能重演。② 这个时候的新中国刚刚成立,一个新生的政权,面对不同的民族地区的复杂情况,如何尽早进入状态,得到少数民族的相信和拥护,显得那么的迫切,然而,旧中国的各种顽疾使得这一美好愿望历经波折,这注定是一条难走的路。

2. 各民族间多种不平等的存在

新中国成立以来,民族平等、民族团结、共同繁荣为我国民族政策的基本原则,动员各少数民族地区,团结互助,共同为建设新中国贡献力量。各民族之间开展更广泛交流,互帮互助,使少数民族地区的经济发展取得了一定的成绩。但由于历史、政治、文化等因素的影响,少数民族地区的经济发展水平低下,东西部经济发展不平衡,山区和平原发展不平衡,甚至其差距有拉大的趋势,少数民族受压迫,受歧视的现象屡屡皆是。各民族之间的事实不平等依然存在。

关于民族间团结问题,在1956年2月9日,周恩来接见乃贴·触的努七团长率领的泰国人民促进友好访华团时,介绍中国少数民族的历史与现状,他说:"中

---

① 周恩来:《关于我国民族政策的几个问题》,民族出版社1980年版,第1页。
② 《周恩来年谱(1949—1976)》上卷,中央文献出版社1997年版,第36页。

国汉族人口占绝大多数。在旧时代,汉族是欺负兄弟民族的,所以很多少数民族居住在边境,山上和沙漠里。他们的生活水平很低,经济落后。""我们的祖宗做了对不起兄弟民族的事情,我们要向他们赔不是。"①正是周恩来认识到旧中国,民族间的不平等,汉族作为人数最多的民族,因为占有各种优势资源,总体实力强大,就对偏远的,落后的少数民族实行压迫和歧视,综合各个方面的原因,使得中华民族内部的差距越来越大,民族间的矛盾、隔阂越来越深,发展到新中国成立前后,已经存在了很多很复杂的民族问题。这一历史时期,也是各民族重塑中华民族的关键时期。所以以周恩来为代表的党和国家主要领导人,非常关切民族团结问题。

3. 风俗习惯和宗教信仰存在差异

我国幅员辽阔,东西南北,横向纵向,跨度极大,封建中国时把汉族聚居的地方称为"中原"而依偎在"中原"周边的就是"蛮夷""匈奴"等少数民族。因为物产分配不均衡,富庶的中原也会因为更强大而去扩充疆域,举兵进犯少数民族地区,而少数民族地区也会因为眼馋中原的富庶天国,而铁骑横扫。历史上这样子的征战不在少数。最终导致的结果是,少数民族地区最后基本被赶至大山、边境、沙漠,而汉族继续借富庶的"中原大地"发展壮大。

民族风俗习惯,是一个民族在其历史发展过程中传承下来的生产生活方式,表现在饮食、服饰、居住、婚姻、生育、丧葬、节庆、娱乐、生产活动、禁忌等方面。风俗习惯是民族特点的主要组成部分,也是一个民族区别于另一个民族的重要标志之一。②蜗居一方的少数民族,在历史的长河中,逐渐形成了固定的语言文字,风俗习惯以及各不相同的宗教信仰。用今天的话来说,没有交流的基础,再好的政策也是空谈。有了历史的阴影,再多的努力也是徒劳。而中国共产党在新中国成立后,要改变的就是这样一种民族现象,拿什么来改变?需要党和人民更大的智慧。

4. 少数民族干部在处理民族事务时存在沟通困难

在封建和封闭的旧中国,民族地区的交往是很少的,有些民族地区甚至一年半载下一次山,采购一些日常用品,其余的时间都待在山上。新中国成立后,需要了解个少数民族的基本情况,需要传达党中央的民族政策,更需要一大批懂少数

① 《周恩来年谱(1949—1976)》上卷,中央文献出版社 1997 年版,第 546 页。
② 吴仕民:《中国民族政策读本》,中央民族大学出版社 1998 年版,第 291 页。

民族语言,风俗习惯,宗教信仰的少数民族干部来宣传中央的各项政策。但这个时候,这样子的干部是不是够用呢? 1950 年 6 月 26 日,政务院第三十七次政务会议,在讨论西北地区民族工作时,周恩来说:"我们根据《共同纲领》规定的民族政策来办事,基本上是成功的。"这与"国民党那种压迫少数民族的政策有本质的不同,按我们的政策去做,各民族必定能够日益团结,必定会有美好的前景"。但是,"民族问题在西北是严重的,方针、政策虽然对了,但一不小心,还会出偏差,还要出乱子。我们的干部处理民族问题还不老练,常有大汉族主义"①。由此,我们可以看出周恩来对当时的情况有着清楚而且深刻的认识。

在缺乏沟通的基础上,地区间的资源是不能开发的。1956 年 5 月 30 日,周恩来在接见巴基斯坦伊斯兰教代表团、印度尼西亚伊斯兰教代表团时说:"人们都说中国'地大物博,人口众多'。其实汉族是'人口众多',少数民族地区是'地大物博',各占一条。而且汉族应该更多地帮助少数民族。"②周恩来之所以在接见外宾时提出这样的思想,一方面是就实际情况向外宾介绍,另一方面,确实也在为民族间的沟通交流想办法,少数民族地区的发展离不开汉族人的帮助,更离不开少数民族干部。在《关于我国民族政策的几个问题》中,周恩来曾讲到:"民族地区的资源开发是祖国工业化的有力后盾。但是,民族地区的资源还没有开发,劳动力少,技术不够没有各民族特别是汉族的帮助,也不可能单独发展。"③

这样,在认清少数民族团结问题以后,周恩来在 20 世纪 50 年代的革命活动、国务活动和社会活动的过程中,不断探索、总结,并发表了一系列的关于民族团结的精辟言论,为 20 世纪 50 年代新中国的民族团结政策补充了新鲜血液,并为以后的民族政策制定和实施打下了坚实的基础。

(二)全面阐述了加强民族团结的具体措施

我国是统一的多民族国家。民族团结问题始终是关系革命和建设大局的重大问题。在我们这样一个多民族国家,没有各民族的大团结,就没有社会的和谐稳定。做好民族工作,增强民族团结,维护社会稳定,既是构建和谐社会的客观要求,也是构建和谐社会的重要保障。周恩来的民族团结思想,内容十分丰富。其中最重要的大致可以分为以下几个方面:

---

① 《周恩来年谱(1949—1976)》上卷,中央文献出版社 1997 年版,第 50 页。
② 《周恩来年谱(1949—1976)》上卷,中央文献出版社 1997 年版,第 582 页。
③ 周恩来:《关于我国民族政策的几个问题》,民族出版社 1980 年版,第 7 页。

1. 坚持中国共产党的领导,建设社会主义强大祖国是实现民族团结的政治保障

周恩来在《关于我国民族政策的几个问题》中说:"建设社会主义的现代化国家。建设这样的祖国,就是我们各族人民团结的共同基础。我们反对两种民族主义——大汉族主义和地方民族主义的共同目的,就是建设社会主义的祖国大家庭,建设一个具有现代工业、现代农业的社会主义国家。这个社会主义国家,不是哪一个民族所专有,而是我们五十多个民族所共有,是中华人民共和国全体人民所共有。……争取实现宪法的要求。我们各民族必须在为了建设强大的社会主义祖国这个新的基础上来达到新的团结。"①周恩来的这段论述,指出了其民族团结思想建立的政治基础。只有建立了新中国,各族人民的大团结才拥有了共同的目标和方向,才能更好地保证其民族团结思想的实现。中国各民族人民在反对帝国主义压迫、争取中华民族解放的斗争中,形成了共同的利益。反对帝国主义压迫、争取全民族解放的斗争,把我国各民族人民紧密联系起来。在现实中,在中国共产党的领导下,建设社会主义以实现共同繁荣是各族人民的共同利益。有了这个政治保障,实现民族团结也是指日可待的事情。

2. 重视民族事务,纠正"两个民族主义"错误认识是中国民族团结的具体要求

周恩来指出,为了实现各族人民的大团结,必须坚决反对大汉族主义和地方民族主义这两种错误倾向。而且不能忽视少数民族工作。经济发达的汉族地区要帮助落后的少数民族地区,要尊重人家的风俗习惯,对他们不要太苛刻,必须照顾他们落后的一面,才能逐渐引导他们进步。这种照顾是为了他们进步得更快,而不是使人家安于落后。历史上的民族事务一直不能得到重视,历代统治者也没决心和恒心真正完整处理少数民族事务。在新中国成立后,以周恩来为主要代表的党中央对民族事务的重视程度日益增加。1956 年 3 月 15 日,周恩来接见以陈毅为团长的中央代表团成员时说:在西藏自治区筹备委员会成立之际,中央派出有八百多人的代表团去庆贺,这是西藏历史上从未有过的大事。我们国家版图大,人口六万万多,是祖宗做的好事,我们非常高兴。但是过去把兄弟民族挤到边疆和沙漠中去,这是我们祖宗的错误。好事要继承下来,错事我们要赔不是。今天我们应抱着真正的民族平等、尊重他们的心情去,要从心里尊重他们,不能有丝

① 周恩来:《关于我国民族政策的几个问题》,民族出版社 1980 年版,第 2 页。

毫的大汉族主义。①

为了根除"两种民族主义"的错误认识，周恩来指出，为了建设强大的祖国，就必须在今天强调各民族的团结，为建设社会主义共同努力。为了实现这个共同的目的，对妨碍各民族团结的、妨碍各民族共同努力的两种错误民族主义倾向，都应该批判。"我们要从团结的愿望出发进行批判，以消除或减少民族歧视的错误和民族分裂的倾向。应该把这个问题提到新的认识上来，不要避讳这种批判，而是要从正面指出这个问题。两种错误的倾向都是对我们社会主义建设不利的。为了祖国的伟大建设，我们就应当自觉地克服大汉族主义错误和地方民族主义错误。"②

周恩来对大汉族主义和地方民族主义的批判思想和反对两种民族主义的理论和方法，在新中国成立初期对各民族的团结和国家政局的稳定产生积极的作用，即使在现在，也对正确处理民族关系，推进中国民族团结进步事业的发展指明了方向。

3. 发展少数民族经济，完善民族区域自治制度是实现民族团结的具体措施

少数民族地区的经济发展状况一直令周恩来牵挂。1951年7月13日西南民族访问团报告云南有些地区发生灾荒急需救济一事，周恩来发出指示：要认真贯彻中央扶持少数民族的政策，对其的经济困难"必须予以大力解决"③。而事实上，对于少数民族地区的大力经济援助从新中国刚成立到现在，一直是一项非常重要的民族政策，历经这么多年，中共领导人一直坚持这一最初的政策，因为这一政策确实能为实现民族团结起到很重要的推动作用。

在完善民族区域自治制度方面，周恩来在1957年8月4日在青岛召开的民族座谈会上谈道："实行民族区域自治，是我们解放以后在民族问题上的一个根本性政策。""在中国适宜于实行民族区域自治，而不宜于建立也无法建立民族共和国。""我们采取的是适合我国情况的有利于民族合作的民族区域自治制度。我们不去强调民族分立，否则，帝国主义就正好来利用。"④周恩来对我国民族区域自治理论和政策的系统阐述，把马克思列宁主义民族理论运用于中国民族问题的实际，解决了中国民族自治的实际问题，从而促进了中华民族的团结进步和各民族

---

① 《周恩来年谱（1949—1976）》上卷，中央文献出版社1997年版，第558页。
② 周恩来：《关于我国民族政策的几个问题》，民族出版社1980年版，第8页。
③ 《周恩来年谱（1949—1976）》上卷，中央文献出版社1997年版，第159页。
④ 《周恩来年谱（1949—1976）》中卷，中央文献出版社1997年版，第66页。

区域自治权利的实现,为中国特色的社会主义民族理论的形成做出了重要贡献。

4. 尊重少数民族的风俗习惯,建立完善的宗教体制为实现民族团结提供有利条件

风俗习惯具有鲜明的地域性和民族性,经过历史的洗刷,每个少数民族地区都会有属于自己的风俗习惯,尊重少数民族的风俗习惯,是做好民族团结工作的具体体现。周恩来对此发表了意见:"民族的风俗习惯比宗教信仰还要广泛,因为一个民族不一定都信仰一种宗教。有很多民族是信仰多种宗教的,也有几个民族是信仰同一种宗教的。如回族和新疆几个民族是信仰同一种宗教,蒙古族和藏族也是信仰同一种宗教的。但风俗习惯常常是一个民族一种,因此,风俗习惯也同样应该受到尊重。如果不尊重,就很容易刺激感情。比如我们对回族和新疆的各个信仰伊斯兰教的民族不吃猪肉的风俗习惯就要尊重。另一方面,对于反映在文化方面的风俗习惯,不要随便加以修改。风俗习惯的改革,要依靠民族经济基础本身的发展,不要乱改。"①尊重少数民族的风俗习惯,就是在为亲密接触少数民族人民奠基,也只有充分地 尊重少数民族的风俗习惯,少数民族人民才会接纳你,才会懂得你是真的对他们好,为他们好,这样一来,民族团结工作也就好开展了。

新中国成立后,周恩来一而再,再而三地 强调了宗教问题。1950 年 6 月,他在政务院一次讨论西北地区民族工作的会议上指出:"对于少数民族的宗教……对伊斯兰教,对喇嘛教,都应该尊重。"同年下半年,在给中央民族访问团的题词中明确指出,要"尊重民族宗教信仰和风俗习惯",并强调,"对于各民族的宗教信仰和群众性的风俗习惯,人民政府和人民解放军坚持不干涉的原则"。1956 年 5 月 30 日,周恩来在接见巴基斯坦伊斯兰教代表团、印度尼西亚伊斯兰教代表团时还说:"中国的宗教信仰自由政策是在实实在在地执行着的。我们要造成这样一种习惯:不信教的尊重信教的,信教的尊重不信教的,和睦相处,团结一致。"②建立完善的宗教体制,也是周恩来关于民族团结思想的又一伟大贡献。

1. 培养少数民族干部为民族团结提供干部基础

周恩来十分重视少数民族干部的培养。新中国刚刚建立,他就提出:"培养少数民族干部是今后的一项重要任务",并要求有关各省积极创办干部学校,把它当

---

① 周恩来:《关于我国民族政策的几个问题》,民族出版社 1980 年版,第 28 页。
② 《周恩来年谱(1949—1976)》上卷,中央文献出版社 1997 年版,第 582 页。

作一项政治任务来完成。① 少数民族干部队伍建设是一件管根本、管长远的大事，是搞好民族团结的关键因素。1956年5月26日和陈毅视察中央民族学院，参观大礼堂、图书馆、学生宿舍、食堂等，在会见各民族师生时说：要把民族学院办好，为少数民族多培养共产主义干部，为建设社会主义做贡献。② 周恩来还提醒汉族干部，一定要处理好民族问题。1965年7月6日，在新疆维吾尔族自治区党、政、军负责干部会议上讲话提出八点要求，第六点强调搞好民族团结。他说："搞好民族团结。要做长期的工作，要各个方面打破界限才能够团结。首先，要学习语言，汉族干部要学好维吾尔语。其次，要尊重这个地区的民族风俗习惯。再次，汉族干部和青年，要有决心在新疆工作和革命，'埋骨岂须桑梓地，人生处处是青山'。"③

　　在民族地区，处理任何事情都要考虑到民族问题，都要和少数民族干部商量，因为他们比汉族干部更懂得本民族心理。正是周恩来充分尊重和信任少数民族干部，各民族地区的少数民族干部齐心协力，为建设共同的祖国进行了艰苦的奋斗。

　　① 《周恩来统一战线文选》，人民出版社1984年版，第93页。
　　② 《周恩来年谱(1949—1976)》上卷，中央文献出版社1997年版，第581页。
　　③ 《周恩来年谱(1949—1976)》上卷，中央文献出版社1997年版，第742页。

周恩来与民族多元文化传承及发展道路的实践研究 苏洁菁*

在历史的发展过程中,每一个民族都对本民族的文化有着深刻的感情,民族文化是由民族生活特色构成、带有民族的烙印、是民族生活的特殊标记,是每一个民族割不断、丢不掉的根基。我们国家少数民族众多,民族文化绚丽多彩,民族传统风俗各不相同,如何保护民族传统习惯,发展民族多元文化共生共存的态势对于维护中华民族和谐统一、繁荣民族文化、丰富人民精神生活意义重大。做好本民族、本地区的文化传承可以很好地维护民族自尊心,形成民族凝聚力。在由多民族组成的社会中只有强调各民族文化平等、尊重不同少数民族文化差异,促进民族多元文化发展,才可以更好地协商、进而达成民族间的互相沟通、平等对话、和谐共处。

深受祖国传统文化熏陶的周恩来深谙文化的发展规律,解放初期在制定少数民族政策时充分考虑了少数民族的发展历史,在少数民族的文化建设发展方面给予了很多有益的指示。例如,开展少数民族识别工作、保留并发展少数民族语言文字;发展少数民族教育事业、培养少数民族干部;推崇少数民族宗教信仰自由原则、尊重少数民族风俗习惯;重视保护民族地区文物文化遗产、维护良好生态环境;力促发展具有民族特色的影视歌曲等文化事业的发展等。这些工作都为传承少数民族传统文化、保证民族文化多元化态势、维护各民族相互尊重、促进民族的共同繁荣发展奠定了基础。

一、领导开展民族识别工作,促进各民族大发展

今天的中国有56个民族,然而在解放前国民政府是不分什么"民族"的,认为中国就是中华民族一个民族,其他都是汉族的"宗支",少数民族深受压迫,民族地位得不到承认,也就谈不上经济的发展和文化的繁荣。新中国建立初期,国家组

*　苏洁菁,中共代表团梅园新村纪念馆馆员。

织大批民族研究者深入少数民族地区,对待识别民族族体、族源、分布地域、语言文字、经济生活、心理素质、社会历史等进行了综合调查和分析研究,并在充分尊重该族体人民意愿的基础上,科学地甄别其民族成分和族称。在确立了各少数民族身份的基础上,周恩来指出必须重视民族化的问题。民族的语言文字,就要尊重它。没有文字的,要按照本民族的意愿帮助他们创造文字。在民族自治地方,主要民族的文字应该成为第一种文字。既然是民族自治,就要培养民族干部。既然承认民族,各民族的风俗习惯就要受到尊重。这些就是民族化。如果不重视这些民族化的问题,就不符合我们建立社会主义民族大家庭使各民族共同繁荣的政策。①

(1) 开展民族识别工作,是传承民族文化的基础

每一个民族都有各自的地域传统、民族风俗和民族感情,它是在长期历史发展中形成的,并且在很长的时期里还要存在下去。要想使民族文化传承发展,首先要承认各民族的民族地位,由于解放前国民政府的大汉族主义、实行民族压迫和歧视政策,对大多数少数民族缺乏正确的了解,没有什么资料可供参考,在这种盲目的情况下,开展"民族识别"工作成了当务之急。

新中国成立之初周恩来具体组织和领导了我国民族工作史上具有划时代意义的民族识别工作。从 1953 年起,在周恩来的指导下,中央政府派出了历史学家、民族学家、语言学家等专业人员组成的工作组到全国各地进行民族识别和考察工作 ,其工作目标是弄清楚各少数民族的名称(包括自称和他称)、人数、语言和简单的历史 ,以及他们在文化上的特点(包括风俗习惯)。在民族识别工作中,周恩来强调要坚持马列主义的指导与我国实际相结合的原则,既考虑历史因素,又强调现实因素;既要有利于民族团结,又要实事求是。他亲自与少数民族干部、群众座谈,听取他们的意见和建议。经过认真的调查研究,到 1954 年,中国政府确认了 38 个民族;到 1964 年,中国政府又确认了 15 个民族。加上 1965 年确认的珞巴族以及 1979 年确认的基诺族,全国 55 个少数民族都被正式确认并公布,从此中国确立了 56 个民族大家庭的局面。周恩来领导的民族识别工作为一批历史上不被承认的少数民族确立了平等地位,增强了民族工作的针对性,促进了各民族的团结和进步。

(2) 保留、发展语言文字与民族发展息息相关

---

① 《周恩来选集》下卷,人民出版社 1980 年版,第 268 页。

语言文字是记录历史发展轨迹的重要形式,民族语言文字是一个民族发展到成熟阶段的重要标志,借由文字可以让人们了解历史、传承文化,更可以进行思想上的交流,它是记载历史事件,发挥传承传统文化的重要载体。以西夏文字为例,1227 年西夏亡于蒙古帝国,此后西夏淡出人们的视线淹没在历史的洪流中,但由当时西夏大臣野利仁荣创造的西夏文字却为后人了解这一民族留下了踪迹。1804 年清朝著名西北史地学者张澍发现了一块刻有西夏文字的石碑,自此揭开了西夏党项族的神秘面纱,拉开了西夏学研究的序幕,西夏文字的发现为后来的史学者研究西夏党项族的历史文化带来了很大的便利。

解放后周恩来积极倡导和推动了国家对少数民族语言文字情况的全面调查,建立了专门的民族语文工作机构和研究机构,帮助少数民族创造、改进和改革了本民族的文字,大大推进了全国少数民族语言文字的发展。目前有文字的民族有21 个,共使用 27 种文字,其中有 13 种文字是由政府帮助创造或改进的。1958 年国家进行了文字的改革,实行简化汉字、推广普通话、制订和推行汉语拼音方案。在制订和推行汉语拼音方案时周恩来对当时要不要给汉字加拼音的争论进行了辩证的分析。

他认为首先汉语拼音是用来给汉字注音和推广普通话的,而不是用来代替汉字的;其次汉语拼音可以作为教学普通话的有效工具;然后他又强调汉语拼音方案可以作为少数民族创造和改革文字的共同基础。他指出如果几十个民族大家各搞一套字母,这不仅对于各族人民之间的互相学习和交流经验是个障碍,而且印刷、打字、电报的设备势必各搞一套,对于各民族今后在文化教育方面的发展极其不利。对此他不无忧虑地说,前几年,汉语采用什么字母还有些举棋不定,使一些兄弟民族创造和改革文字的工作也受到了影响。现在西南地区已经有十几个民族创造了拉丁字母的民族文字,但是他们还是不大放心,因为我们的方案还没有最后定案。因此,汉语拼音方案再不能拖延下去了,否则还要耽误人家的事情。可以预料,汉语拼音方案的制订,对于各兄弟民族的创造和改革文字,以及今后各族人民之间的互相学习和沟通,将有极大的利益。[①]

(3) 发展少数民族教育、培养民族干部促进少数民族发展

任何的发展无论是经济方面还是文化方面的发展都离不开人的智慧,西部少数民族的民风民俗不同于中东部,而且具体到每一个少数民族则又各不相同。要

---

① 《周恩来文化文选》,中央文献出版社 1998 年版,第 344 页。

想巩固和发展各民族平等、团结、互助的社会主义民族关系,发展少数民族地区经济文化建设,促进各民族间共同繁荣就要大力发展教育、培养少数民族干部。

1950年8月,经中共中央西北局报请政务院批准成立了西北民族学院,这是中国的第一所民族高等院校。周恩来强调为了实行民族区域自治,达到干部民族化,必须大力培养少数民族干部。少数民族干部比较熟悉本民族的情况,理解本民族群众的思想感情,通晓本民族的语言、文字,同群众有血肉相连的密切联系,是少数民族地区贯彻党的路线、方针、政策的骨干力量,能起到汉族干部所起不到的特殊作用。[①] 1950年11月,周恩来主持政务院会议批准了《培养少数民族干部试行方案》和《筹办中央民族学院试行方案》。在他的支持下,中央民族学院的筹备工作进展顺利,1951年6月11日该校举行了开学典礼。

1955年周恩来来到云南大学视察,他非常关心少数民族的历史传承问题,针对云南省地处边疆、民族众多的特点,他指示要根据云南的特点,着重研究少数民族的历史,特别要研究少数民族对我们伟大祖国的贡献。此后云南大学历史系组建了中国民族史教研室和中国西南边疆民族历史研究所,开设了"云南少数民族史"专门课程,中文系组建了云南少数民族语言文学专业。1956年,他指示中央民族学院在语文系增设藏文研究班,培养优秀学生去研究藏文文法、古典作品、档案资料和历史文献。使该校藏语文和藏族文献古籍的研究都得到了较大的发展空间。

(4)实行宗教信仰自由原则,尊重民族风俗习惯

我国是个多民族、多宗教的国家,佛教、道教、基督教、天主教、伊斯兰教都有自己的土壤,在藏、蒙、傣等少数民族中几乎是全民信教,宗教问题涉及社会生活的许多方面有一定的复杂性,在少数民族聚居地宗教信仰是一种普遍现象,对这一地区的政治生活和精神生活发生重大作用。

宗教具有超民族、超阶级、超社会性质的特征,它的一些基本思想具有广泛的适用性,宗教应与社会主义社会发展相适应,不能因为它存在与世俗相对立的意识形态而加以排斥,我们的社会应该允许多种信仰存在,并吸收利用宗教中的优良文化,提高民众的内在修养,促进社会和谐,建设精神文明。

鉴于宗教和政治的关系微妙且敏感,如何正确认识和处理革命及建设中的宗教和政治关系始终是一个重大、复杂而棘手的问题,宗教问题处理得当与否关系

---

① 刘孝良、李杨、吴志葵等《周恩来统一战线的理论与实践》,安徽人民出版社1989年版,第247页。

着国家稳定和民族团结。周恩来在《关于我国民族政策的几个问题》的报告中指出,我们的宗教信仰是自由的。在中国存在有宗教信仰的人和没有宗教信仰的人,就是有神论者和无神论者。这两类人应该彼此相处得很好。我们从来不像有些国家那样在宗教问题上争执得那么厉害,甚至被帝国主义者挑拨引起战争。我国信仰各种宗教的人,向来就是合作的。不信仰宗教的人应当尊重信仰宗教的人,信仰宗教的人也应当尊重不信仰宗教的人。这对我们民族大家庭的团结互助合作是有利的。[1]

另外,他还指出民族的风俗习惯比宗教信仰还要广泛,一个民族不一定都信仰一种宗教,但风俗习惯常常是一个民族一种,因此,风俗习惯也同样应该受到尊重。如果不尊重,就很容易刺激感情。比如我们对回族和新疆的各个信仰伊斯兰教的民族不吃猪肉的风俗习惯就要尊重。另一方面,对于反映在文化方面的风俗习惯,他认为不要随便加以修改。不要拿汉族的想法来修改,兄弟民族对此很不高兴。这是强加于人,不尊重人家的风俗习惯。人家的风俗习惯是建立在自己的生活条件的基础上的,风俗习惯的改革,要依靠民族经济基础本身的发展,不要乱改。[2]

二、重视少数民族影视歌曲等文化事业的发展

影视、歌曲具有广泛宣传的特点,好的影视歌曲不仅展现优美的文化内涵,起到传承和弘扬少数民族优良传统的作用,更能促使人们认清事实、深刻反省、奋发向上,成为推动社会良性发展的无限力量。20 世纪五六十年代,少数民族乌兰牧骑宣传队、中央民族歌舞团等民族文艺团体的建立和发展以及《刘三姐》《五朵金花》《达吉和她的父亲》和《阿诗玛》等一批反映少数民族生活的影片拍摄上演,皆饱含着周恩来的心血。从这些反映少数民族生产生活的电影中,人们不仅领略了少数民族地区的秀美景色,也了解了许多少数民族的民风民俗。

少数民族歌曲优美动听,对于歌曲的艺术形式,周恩来始终坚持走民族化的道路,他说凡是现在出国受欢迎的作品都可以证明这一点,只有真正的有思想性、有人民性的作品,加上民族艺术形式的表演,才是最受欢迎的。当他得知某音乐家到音乐学院学习,结果变得"不土不洋"竟然迷失自我时,教诲她要走自己的路,

---

[1] 《周恩来选集》下卷,人民出版社 1980 年版,第 270 页。
[2] 《周恩来选集》下卷,人民出版社 1980 年版,第 271 页。

不要丢掉民族风格。藏族歌唱家才旦卓玛曾多次见到周总理,她说总理常教诲她:你是党一手培养起来的藏族歌手,要回到西藏去很好地为藏族人民服务。你的歌千万不要丢掉酥油糌粑味呀! 刚开始她还不太清楚酥油糌粑味的真正含义,后来才渐渐明白总理是让她不要丢掉了民族风格和自己的演唱风格。几十年来,才旦卓玛的歌声之所以能受到人们的喜爱,关键是遵循了总理的教导,注意保持了自己的演唱风格,没有丢掉酥油糌粑味。[①] 当周恩来了解到新中国成立初期,我国绝大多数音乐干部是用西欧、苏联的洋音乐培养出来的情况后,向文化部提出,必须创办一所中国音乐学院,用中国民族音乐培养学生,并创造出中国风格的作品,以适应广大人民的需要。

20世纪50年代后期,鉴于少数民族内蒙古地区广大农牧民居住比较分散,且长期看不到电影、图书、展览和文艺演出,文化生活非常贫乏的状况,当时的内蒙古自治区主席乌兰夫同志向周恩来做了汇报,建议建立一支流动的小型综合性文化工作队,经过一系列的筹备"乌兰牧骑"诞生了,这是一支国家为开展民族文化工作、活跃民族群众文化生活、宣传传统文化而设立的综合性的基层文化事业工作队。"乌兰牧骑"的队员常年深入农牧区开展"演出、宣传、辅导、服务"等巡回活动,队员们身兼数职,有的既是报幕员又是歌手,既是舞蹈演员又是乐器演奏员。在演出前后,他们还要分别担当展览讲解员、图文借阅员、民歌收集员。周恩来对少数民族内蒙古的"乌兰牧骑"宣传方式给予高度的评价,他不仅关心和指导了"乌兰牧骑"的首创试点工作,使这支草原宣传队充满了活力,还曾12次接见"乌兰牧骑"队员,并多次向其他领导人介绍"乌兰牧骑"。"乌兰牧骑"是民族文化积极的推手,受到各族人民的喜爱。它扎根基层、服务大众的精神在今天仍有意义。"乌兰牧骑"的发展秉承了周恩来关于文化建设的民族化、科学化、大众化和推陈出新、不断改革的思想观点。为民族地区基层文化工作树立了榜样,同时也在全国各族人民心中扎下了根。

周恩来总理不仅深谙影视歌曲等文艺事业的发展规律,还非常重视少数民族文化遗产保护等方面的工作。他在出访了一些国家后感慨地说:我在欧洲也参观过几个民族博物馆,然而,我所看到的,却使我大失所望,他们全是宣扬殖民地、附属国各民族的落后面,从不展示这些民族反侵略斗争的英勇事迹,对于他们的优秀文化和传统,也一概不提。我们将来也要建立民族博物馆,就要反其道而行之。

---

① 陈荒煤编:《周恩来与艺术家们》,中央文献出版社1992年版,第335、336页。

1955年4月周恩来在昆明观看"云南少数民族文物展览"时指出:要深入民族地区做调查征集工作,要研究少数民族的社会经济形态,要反映少数民族在党的民族政策光辉下取得的成就,还要通过文物工作研究云南与中原地区的关系,与东南亚邻国的文化交流和贸易往来。在这样的历史背景下,云南民族博物馆作为云南省"八五"建设项目开始筹建,由此拉开了少数民族博物馆建设的序幕,为传承祖国优秀文化发挥了作用。

三、强调对待传统文化应在传承的基础上不断创新

任何的事物都是在潜移默化中不断发展的,民族传统文化的发展也是如此,传统文化既是历史的积淀,同时又具有时代的特征,应随着时代的进程进行扬弃地发展。因此,对待民族传统文化不能一味地保护和传承,而是在原有的基础上保留有益有利的部分,去掉不符合时代特征的内容,创造更新更吸引人的形式,以及更丰富的内容,把民族的优良文化传承下去。

周恩来在1963年做的《在音乐舞蹈座谈会上的讲话》中指出,过去我们强调"百花齐放,百家争鸣","大跃进"时又提出"薄古厚今"。我觉得把"百花齐放,推陈出新,百家争鸣,薄古厚今",四句话结合起来讲,就比较完整了。尽管你拥护社会主义,但你这个花对今天的社会主义不利,或者虽然无关,但积极作用不够,那还得推陈出新。当然,不是把陈的推了出去就不要原来的基础了。百家争鸣,是各种意见都可以争鸣,都可写文章,但是有个重点,到底还是要以今天的为主,中国的为主。外国的也要以今为主。百家争鸣,总是以今为主,还要看到前途,总是要薄古厚今。这样我们才能发展,才能为社会主义服务。百花齐放,推陈出新,百家争鸣,薄古厚今。这四句话要成为文艺工作的方针,座右铭。① 在文艺的古今问题上他还说,这就是现代化问题,或者说时代性的问题。艺术总要有时代性,现在的时代性应以现代化为主。是为今天的人民服务,不是为古人、外国人服务。当然,好的古典文学作品,古代革命故事,具有人民性的古典艺术品,我们也不排斥。但是重点放在现在。当然不能把古代的事情写成和现代一样,那是歪曲历史。我们对古代的东西,也一定要批判地接受,不要囫囵吞枣。不然,对今天就会失去教育意义,而且还会起相反的结果。②

① 《周恩来论文艺》,人民文学出版社1979年版,第179页。
② 《周恩来论文艺》,人民文学出版社1979年版,第181页。

周恩来是历史上少有的"艺术总理",他对文艺工作的关心之多、论述之广、与作家艺术家的关系之密切在中外文艺史上是非常罕见的。他关于社会主义文化建设的重要思想和开阔的国际视野,不仅指导了我国社会主义文化建设实践,更为少数民族多元文化发展提供了正确的思想指引,为民族文化发展奠定了基础。民族文化是一个地区、一个民族在共同地域环境下、共同自然环境和生活条件中经过一系列的历史事件慢慢演变发展形成的,它具有深厚的植根性和强大的民族凝聚力,发展少数民族文化是一项综合性的工程,民族的文艺要生存发展就必须研究、继承和弘扬自己民族传统资源,每个民族的文化传承都是复杂的,文化有精华与糟粕、有优秀与落后、有先进与落伍等各种情况,因此少数民族的文化传承与发展不是一成不变的,它总是与时俱进、丰富发展的、带有一定历史时期痕迹,这是民族多元文化发展的必然趋势,只有不断地丰富和发展少数民族的文化内容把少数民族文化的时代性、现代性和民族性加以融合,才能实现各族人民对本民族文化的精神需求。

在现代世界发展日臻迅速、经济一体化现象日趋明显的今天,维护民族文化特性显得尤为重要,我们应秉承周恩来对文化发展规律的阐述,努力维护好民族多元文化的发展态势,只有对中华各民族创造的灿烂多彩的文化发展规律有明晰的认识,自觉主动地担负起维护民族文化多元发展的责任,注意保护民族文化发展的特殊性,充分发掘多元文化的资源优势,坚持文化发展多元化的态势,才能真正实现整个社会政治、经济、文化的和谐发展。

周恩来:新中国外交发展道路的奠基者
孙洪斌[*]

新中国成立后,周恩来在担任总理的 26 年里,一直主管外交工作,并兼任外交部长达 9 年。在此期间,他在以毛泽东为首的党中央的领导和支持下,以其崇高的理念、卓越的远见和超人的智慧,积虑运筹,高屋建瓴,在错综复杂、风云激荡的世界外交舞台上,坚持以独立自主为基础,以求同存异为准则,以和平发展为主线,上演了一场波澜壮阔、纵横捭阖的外交大片,探索并开辟出一条顺应中国人民和世界人民共同心愿、切合和平与发展时代主题的社会主义新中国外交发展的最佳路径。他为新中国外交所制定的维护世界和平的崇高理念仍是我们继续坚持的基本战略目标,他所创立的和平共处五项原则仍是我们外交工作及国与国之间交往的基本准则,他所倡导的灵活务实、应时制宜的工作智慧仍是我们外交工作的重要方式,由他塑造的具有中国特色的外交风范得到了一代又一代外交工作者的继承和发扬。显然,周恩来是新中国外交发展道路当之无愧的奠基者。

一、周恩来外交思想——理念崇高,设计周密

周恩来不仅是新中国外交的开拓者和决策者,还是指挥者和实践家,他的外交思想既有其个人天才的创造,也是中国共产党第一代领导人集体智慧的结晶,内容博大精深,内涵十分丰富。一直以来,国内外研究周恩来外交思想的学者和论著很多,认识已经基本趋于一致。2011 年 9 月 2 日原国务委员、外交部部长唐家璇到周恩来总理的母校——天津南开中学参观考察并发表讲话,将周恩来外交思想的核心凝练为"独立自主,平等相待,求同存异,和平共处"。他认为这四点贯穿于周恩来外交思想的始终,既是中国独立自主和平外交政策的核心内容,也是中国一系列外交方针的思想源泉和理论基础。

独立自主是周恩来外交思想的根本出发点。新中国成立伊始,周恩来就说:

---

* 孙洪斌,中共江苏省淮安市委党史工作办公室主任。

"我们对外交问题有一个基本的立场,即中华民族的立场,独立自主、自力更生的立场。"①在外交上坚持独立自主,这是决定我国外交政策、处理国际问题的出发点。独立自主的关键在于"不要置身于任何一个国家的影响之下,以致成为一国的工具"②,强调不能把党和国家的独立性丧失掉。正是由于坚持独立自主的外交政策,新中国拥有了较大的战略选择空间,通过外交手段巩固了新生的中华人民共和国,维护了中国作为发展中国家的合法权益。

平等相待是周恩来外交思想的一个重要原则。周恩来主张各国主权平等,反对大国沙文主义,反对以大欺小,以强凌弱,以富压贫。对大国、强国要讲平等,维护我们的国家利益和民族尊严;对发展中国家更要讲平等,要相互支持,相互尊重,不要强加于人。周恩来多次指出,"支持和尊重是相互的,只有支持和尊重这些国家,别人才会支持和尊重中国,持之以恒,我们的朋友才能遍天下,我们才能立于不败之地"③。

求同存异是周恩来外交思想最突出的特点。周恩来常说,国与国之间在政治上不可能没有差别,应当通过相互接触,把彼此思想沟通,努力寻找和扩大双方的共同点,避免和减少分歧,求同而不是立异。求同存异既是一种思想,也是认识问题、解决问题的一种基本方法。在处理与各国关系上,求同就是努力去寻求扩大双方的共同点,存异就是正视并允许双方有一定的不同点,求同存异,既承认双方的差异,更强调了在存在差异的情况下也是能展开合作的。

和平共处是周恩来外交思想中最具创造性、代表性和生命力的内容之一。1953年,在处理中印问题时,周恩来比较完整地阐述了国家之间和平共处五项原则,即:互相尊重主权和领土完整、互不侵犯、互不干涉内政、平等互利、和平共处。随后,和平共处五项原则成为中国处理与世界各国关系的基本准则,而且日益成为世界各国的共识,并逐步发展成为通行的国际关系准则。这样,成就了国际关系史上的一个伟大创举,是东方智慧对人类社会文明与进步的杰出贡献。

除了上述四点之外,周恩来留下的外交思想精粹还包括对外经济援助八项原则、开展国际经济合作、睦邻友好、礼尚往来等内容,这些共同组成了周恩来外交思想的内涵和外延。它们在新中国成立初期帮助中国开创了外交的新局面,使中

---

① 《周恩来选集》上卷,人民出版社1980年版,第321页。
② 周恩来与美国哥伦比亚大学教授裴斐谈话纪要,1946年7月9日。
③ 唐家璇在南开中学谈周恩来外交思想,2011年9月2日。

国独立于世界之林,成为国际上一支不可忽视的新生力量,并在之后的几十年里,作为中国外交的理论基础和力量源泉,推动着社会主义中国大踏步地走向世界。新中国成立65年来,我们与之建立外交关系的国家和地区由当初的18个发展到了今天近180个。

二、周恩来外交思想——依然主导,影响深远

我们知道,周恩来主持新中国的外交工作时,其大背景是社会主义的中国刚刚成立,以美国为首的资产阶级阵营对中国层层封锁,中国在以联合国为主阵地的国际事务中还难以发挥作用,周恩来正是在这样困难的情况下,抓住每一个外交机会,一次次地破冰,一次次地沟通,一次次地开拓,在26年的实践中为新中国设计出一条以"独立自主、平等相待、求同存异、和平共处"为核心思想的外交道路。那么,近40年过去了,国际国内形势发生了翻天覆地的变化,毛泽东、周恩来等第一代中央领导集体为新中国所做的这些"外交设计"还合不合21世纪中国的"身"? 以他们的思想精粹为奠基的"外交道路"现在还畅不畅通? 有没有过时? 要不要更改? 要回答这个问题,首先要从以下三个方面考虑:

一是考虑中国的社会主义主权国家的性质有没有变,这是最基本的国情,也是国家开展外交活动的最根本的出发点。从新中国成立至今,中国一直在坚定不移地走着社会主义道路,坚持主权独立,领土完整。《中华人民共和国宪法》第一条就开宗明义:"中华人民共和国是工人阶级领导的、以工农联盟为基础的人民民主专政的社会主义国家。"《中国共产党党章》中也说:"我国正处于并将长期处于社会主义初级阶段。"每一届党中央都反复重申中国坚持走社会主义道路的决心和信心,特别是十八大之后,具有中国特色的社会主义道路正愈走愈坚定,愈走愈宽广。无论从宪法、党章、历届中央决议还是对现实国情的分析考察,都可以得出这样的结论:中国作为社会主义主权国家的基本国情,过去、现在以及将来都不会改变。主权国家的性质不变,为了维护主权和国家的尊严,独立自主这个立足点就不会变;社会主义国家的性质不变,我们反对霸权、维护和平的外交诉求就不会变。因此,在独立自主的前提下推己及人,互相尊重主权和领土完整,互不侵犯,互不干涉内政,处理国际事务时强调平等互利,最终达到和平共处,共同推动人类进步,依然是中国开展外交的基本准则。

二是考虑以美国为首的西方国家对中国的发展采取阻挠和制约的根本态度有没有变。从20世纪70年代初期周恩来主导的"以小球推动大球"的乒乓外交

打破中美之间隔阂开始,到70年代末期中美建交,中国与西方阵营的关系日趋缓和,改革开放以后双方或多边之间的科技、经济、文化、体育等交流日益频繁,在反恐等国际事务中也展开了多方合作。但是,这种交流、合作更多的是集中在经济、文化领域,并为双方都带来了巨大的经济利益和社会效益;而在更为敏感的政治、军事领域,双方的交锋、摩擦此起彼伏,意识形态方面的矛盾还有不少。随着中国综合国力的显著增强,西方国家频繁抛出"中国威胁论",美国政府策划"重返亚洲"和"亚洲再平衡"后,原被搁置的钓鱼岛归属问题、南海的疆域等问题都逐渐凸显,应该说,以美国为首的西方国家从来没有放弃对中国的制约,而且这种制约目前还日益趋紧。要在这样既合作又对抗的情况下开展外交工作,一方面必须维护国家的政治立场和领土主权;另一方面又要为中国的经济和社会发展争取到相对宽松和平的外部环境,周恩来所提出的"求同存异"仍然是中国现实中可以采取的最好的外交哲学。同时,为了保障自身安全,维护周边区域的和平稳定,"睦邻友好"也是不二选择。

三是考虑中国发展中国家的身份有没有变,在国际事务中所处的地位和所能发挥的作用有没有变。一个国家在国际事务中的发言权的大小一定程度上取决于国家实力的强弱,诚然,新中国成立至今65年,随着改革开放、经济发展,中国的国际地位不断上升,早已成为联合国的五大常任理事国之一,在国际事务中发挥着越来越重要的作用。但是,中国在政治、经济、社会等各领域的深度改革还未到位,人民生活仍未达到中等发达国家水平,在国际事务上的影响力与美、俄相比还有不小差距。要改变这种现状,根本途径是继续加快国家全方面的发展,进一步增强综合国力。此外,在国际上选择好能帮助我们并愿意帮助我们的朋友,也是外交上非常重要的部分。新中国成立初期,面对西方的封锁,周恩来放眼世界,为中国选择了很多同为发展中国家的亚非拉朋友,政治上平等相待,经济上展开援助和合作,建立起稳固而长久的友谊,直到今天,他们依然是我们在国际上最重要的支持者。十八大以后,习近平总书记密集出访亚非拉,依然将广大的发展中国家作为国家交往的重点。在新的历史背景下,拜访老朋友,发展新友谊,朋友越多,友谊越深,对双方的共同发展越有利,对中国和平大使、发展大使的形象塑造越有利,对中国在国际事务中地位的提升越有利。

可见,中国外交发展至今,国内政治基础没有变,国际上以美国为首的西方国家对我们的制约没有变,中国发展中国家的身份没有变,在国际事务中与美、俄相比相对弱势的地位没有变,所以,以此为背景而提出并发展起来的以"独立自主、平等相待、求同存异、和平共处"为核心的周恩来的外交设计仍与中国今天的外交需求完全契合,周恩来的外交思想体现出高度的前瞻性、战略性和规律性。

其次,要注意考虑周恩来个人对中国外交工作者的深远影响,这种影响既有形又无形,有明确清晰的规章纪律的约束规范,也有一言一行中润物细无声的感性熏陶。周恩来对中国外交工作具有深厚的感情,为了给中国培养和储备外交人才,他提议创建外交学院,并亲自题写校名,这也是他唯一题写的高校校名,此后这所学院成为中国外交官的摇篮。在他兼任外交部部长的9年中,对外交部的建设和发展,包括规章制度的建立、外事纪律的规定、外交干部的选拔和培养等,倾注了大量心血。周恩来曾提出一个非常著名的观点,叫"外交无小事"。因为外交是代表国家的工作,主要对象是各国政府及其当权者,所以外交领域不存在可以掉以轻心或等闲视之的问题,看似"小事",弄得不好就会变成"大事"。将"小事"当作大事看待,才能如履薄冰,减少差错。因此,周恩来对外交工作者的要求也是非常严格、具体而细致的。他要求外交人员在外交场合待人接物时言谈举止要落落大方,不卑不亢;对外交涉要立场坚定,态度鲜明,摆明事实,以理服人;对待大、小国家一律平等,反对在外交活动中以大欺小、以强凌弱、以富压贫,以实际行动充分表现新中国外交人员自尊、自信而又谦逊自处的良好形象;对外表态实事求是,说到做到,言必信,行必果,说话算数。他所总结的外交工作的十六字方针:"站稳立场,掌握政策,熟悉业务,严守纪律",至今仍是外交干部必须遵守的最重要的工作要求。

此外,在周恩来身上所体现出的友好正直、谦逊儒雅、体谅诚信,充满着东方韵味的外交风范,也为一代又一代中国外交官所秉承。由周恩来开创的新中国外交官们的风格,可用"太极"这一概念来形容,看似平静谦和,但是阴阳转化时又能迸发出无穷的力量。正如唐家璇所说:"周恩来的睿智和才华,坚韧与敏锐,在瞬息万变的外交斗争中表现出来的坦诚大度,刚柔相济;在平和淡定中纵论天下大事,从容谈笑间解决国际难题的非凡能力和外交才干,一直是外交人员学习的榜样。周恩来平等待人,以诚相见,广交朋友,深交朋友,以理服人,重信守诺的作风对中国外交人员有着极其重要的现实指导意义。"①

---

① 唐家璇在南开中学谈周恩来外交思想,2011 年 9 月 2 日。

三、周恩来外交思想——创新灵活,彰显智慧

我们说,周恩来代表新中国成立后的第一代党中央设计了中国的外交路线,设定了中国的外交原则,其外交思想至今指导着中国外交实践,但是,我们并不是说一成不变地、僵化地去理解和执行。周恩来外交思想本身,就兼顾了原则性和灵活性,周恩来让人仰慕佩服之处很多都在于他对原则的坚守和在具体处理办法上灵活的完美结合上,这种事例不胜枚举。

1972年1月,在中美乒乓外交的推动下,尼克松总统访华前夕,美国白宫发言人齐格勒向中方提出,在尼克松总统访华期间,随行的记者将通过通信卫星向美国转发电视、电讯等。中国政府不必花钱租用,只需在北京、上海等地修建地面站即可,费用由美方负责。听到报告的周恩来马上指出,这不是花钱的问题,而是关系到中国主权的重要问题。因此,他指示了三点:第一,请美方为中国政府租用一颗通信卫星,租用期是北京时间1972年2月12日上午11时至2月28日24时;第二,在租用期间,这颗卫星的所有权属于中国政府,美方可事先向中国政府申请使用权,中国政府将予同意,向使用者收取使用费;第三,租用费和使用费都要合理,并请美方提出具体数目。这三条指示既维护了中国的主权,又考虑到了经济费用的合理性,美方也认为完全可以接受,并不得不赞叹周恩来在原则上的坚定性和策略上的灵活性。20世纪70年代末,阿尔巴尼亚部长会议主席访华,向中国提出一些不切实际的援助要求,双方因此僵持不下。周恩来就指示外交部同志第二天请阿尔巴尼亚代表们访问大寨,并交代说明天的晚餐就吃小米粥、玉米,再准备几个简单素菜和一个荤菜。当时,负责的人都不相信,于是又给准备了两个,但总的来说吃得还是比较简朴。周恩来通过这种直观的方式向阿方代表表示中国目前的情况也是比较艰苦的。后来,阿尔巴尼亚代表团不再坚持,降低了要求。

周恩来还善于从中国的传统哲学和中华民族数千年的文明智慧中吸取营养,并根据他自己的外交实践和工作经验,加以总结、提高,形成了一整套充满辩证法的独特的外交艺术和外交风格。他提出外交斗争要"针锋相对",但又要做出必要的妥协;斗争要有理、有利、有节,也要令行禁止,当行则行,当止则止;外交行动讲究后发制人,决不开第一枪,但又要见机而动,来而不往非礼也,这些都充分体现出周恩来外交思想原则性和灵活性的高度统一。

综上所述,周恩来在毛泽东和党中央的领导下,不仅在实践领域开拓并推动着中国外交,在政策、思想领域也以其天才的创造、高远的目光为中国外交设计了

一整套行之有效的制度和理论,从而使新中国的外交迈上了蓬勃发展的康庄大道。当下,在国家性质、国际形势等方面没有发生根本性变化时,我们要"以不变应不变",继续坚定地走着周恩来为我们设计的这条以"独立自主、平等相待、求同存异、和平共处"为核心的外交道路;同时,在处理具体外交事务时,又要坚持原则性和灵活性的统一,务实求是,"以不变应万变",向世界展示来自古老东方不卑不亢、圆润通融的外交智慧。我们坚信,继续坚持和拓展周恩来的外交思想,中国成为一个外交大国指日可待!

周恩来对外交往中的政治智慧 何信恩[*]

中国是一个崇尚智慧的国家,所谓智慧,在相当程度上是指辨析判断和灵活应变的能力。智,就是圆而通,在正而反,反而正的反复比较中,进入智慧的大圆。中国传统文化中有许多经典的词汇,涉及如何处理国与国、人与人之间的关系,诸如"文高于武,智胜乎力"。"大巧若拙""大智若愚"、因势利导、化难为易、含蓄委婉、外圆内方、兼听并观、知化善变、审时度势、求同存异、去小取大等等,皆与一个人(尤其是政治领袖)的智慧有关。

在中国老百姓的心目中,周恩来是"智慧"的化身,善于处理各种复杂的政治、外交难题,就像古代的贤相诸葛亮一样。

周恩来的外交生涯可以追溯到很远。早在 20 世纪 20 年代,他就是中共对外联络的主要代表。1924 年从欧洲回国后,他承担了共产国际与中国共产党相互间关系的许多重担。在对国民党与国内其他政治派别的调解中间,尤其在处理西安事变,推动国共两党结成抗日民族统一战线的过程中,起了关键性作用,展现出卓越的政治智慧和外交才能。1937 年他在武汉领导建立了中共第一个外交机构——国际宣传小组。代表中共广泛接触各国外交人员与新闻记者。正是在这一时期,周恩来不拘形式团结各种社会政治力量,推行"人民外交"的方式初步成型。抗战胜利后,中共已形成了半独立外交。周主要负责与国民党和美国代表马歇尔之间的谈判。英国的迪克·威尔逊在《周恩来传》中指出:抗战胜利后,虽然内战不可避免地爆发了,但周同国民党、美国人的谈判是无懈可击的。周恩来在民主革命时期的外交工作实践中,积累了丰富的经验,从而为开展新中国的外交工作做好了必要的准备。新中国成立后,作为开国总理与首任外交部部长,他直接领导外交工作长达 26 年之久,是新中国外交事业的创始人和奠基者,在国际上享有崇高的声誉。尤其在处理中苏关系、中日关系、中美关系,以及中国与第三世界国家关系等问题上,发挥了无可替代的重要作用。其在处理与上述关系的交往

* 何信恩,绍兴市周恩来研究会副会长。

与谈判过程中所展现的政治智慧已达到了炉火纯青的地步,值得后人好好地总结。

一、硬于所当硬,让于所当让

周恩来一生将中国传统儒士的温文尔雅和无产阶级革命家的激越情怀集于一身,他既是斗士,又是调和者;既坚持原则,又灵活多变;既关注目标,又清醒务实。他待人接物的彬彬有礼和恰如其分的温和态度迷住了任何一个见到他的人,但同时他又是尖锐严厉甚至是冷酷无情的。如果说毛泽东的性格表现为"虎气"和"猴气"的迭现,那么周恩来的性格则表现为"鸽性"与"鹰性"的统一。

周恩来是古今中外罕见的谈判天才,其言辞柔中带刚,绵里藏针,其伦理、气度和分寸感折服了所有的谈判对手。他善于以适当的让步和通融打破僵局,争取主动,但如果要他放弃原则,他会毫不犹豫地离开谈判桌。

中华民族的独立自主是新中国外交的基本立场。维护得来不易的民族独立,政治上自主而不允许任何外来干涉,经济上自立而不依靠外援,这是新中国政府决定外交政策,处理外交问题的出发点,也是与旧中国屈辱外交的根本区别所在。

同许多革命者一样,周恩来是从反抗侵略,争取民族独立的浴血奋斗中走过来的,深知国家独立之不易,最懂得维护独立自主的重要。在外交部建部之初,周恩来多次指出:"我们对外交问题有一个基本的立场,即中华民族独立的立场,独立自主,自力更生的立场。"①在同爱国民主人士交谈时说:"现在中国是一个独立自主的国家,我们不向别人低头,不依靠别人。但是我们也不盲目排外。"②

在周恩来的直接领导下,新中国成立初期的外交方针,确立了两条原则,其一叫"另起炉灶",就是不承认国民党政府同各国建立的旧的外交关系,而要在新的基础上同各国另行建立新的外交关系,其前提是同台湾的国民党政权断绝关系。其二叫"打扫屋子再请客",就是对旧中国同外国签订的一切条约和协定重新审查处理,在清除帝国主义在华特权和经济、文化上的影响之后,再让外国客人进来,不让帝国主义钻进来保留一些在华特权。从而使新中国的开国外交在一开始就在整个战略上处于主动地位。

当时美国政府在其支持的蒋介石政权被中国人民推翻并逃到台湾之后,对新

---

① 《老外交官回忆周恩来》,世界知识出版社1989年版,第13页。
② 《周恩来外交文选》,中央文献出版社1990年版,第405页。

生的中华人民共和国采取了政治孤立、军事包围、经济封锁的敌视政策。朝鲜战争爆发后，美国在出兵朝鲜的同时，派遣第七舰队到台湾海峡，并对台湾实行了军事控制。这是对中国独立、安全的严重威胁，是对中国内政的粗暴干涉。以周恩来为首的中国政府对美国侵占台湾，制造"两个中国""一中一台"和鼓吹"台湾地位未定"的活动，进行了针锋相对，坚持不懈的斗争。直到 1972 年尼克松访华，承认台湾是中国的一部分，中美关系才逐步正常化。

对于另一个超级大国苏联搞大国沙文主义，以老子国家、老子党自居时，周恩来在与对方谈判时反复强调：社会主义国家都是主权国家，各国的独立和主权要受到尊重，各国的革命和建设要靠各国人民自己的实践，要靠各国党自己独立思考，要靠各国自己独立自主和自力更生。

1950 年，苏联驻华大使提出在我国旅顺口为在日俄战争中阵亡的沙俄官兵建立永久性纪念馆。周恩来听后，非常严肃地说，日俄战争是一场在中国土地上进行的帝国主义战争，列宁在世时就曾斥责过沙皇政府的侵略行径。现在要搞这种纪念物，不符合无产阶级国际主义原则，无论如何也办不到。[1]

周恩来与当时的苏共总书记赫鲁晓夫有过多次交往，也有过多次面对面的争论。传说某次赫鲁晓夫盛气凌人地对周恩来说："我出身于工人阶级，而你却是资产阶级出身，你没有资格教训我。"周恩来立即回敬道："我们都背叛了自己的阶级。"大量文献证明：周恩来同赫鲁晓夫的每一次争论，每一次较量，都围绕着一个中心，那就是维护中国的独立，捍卫中国的主权。1958 年，赫鲁晓夫无视中国的独立主权，提出"关于建立联合舰队和长波电台的建议"，被毛泽东与周恩来顶了回去。在核武器问题上，赫鲁晓夫企图使中国受制于苏联。周恩来说"不理他那一套，自己动手，从头摸起，准备用 8 年时间搞出原子弹"[2]。正是在这种精神的鼓舞下，中国人民在极其困难的条件下搞出了自己的原子弹、氢弹、导弹、人造卫星。证实了中华民族卓越的创造能力，维护了中华民族的独立和尊严。

周恩来精通政治斗争中"曲"与"直"的辩证关系，认为策略是根据形势的变动而变动。谈判是斗争与合作、进取与让步的辩证统一体，没有让步的谈判很难成为真正的谈判。让步是周恩来使用得最多的一种策略，他把让步当作谈判成功的手段，但他从来不做单方面的让步，在他看来，让步必须是双方的。

---

① 李琦主编：《在周恩来身边的日子》，中央文献出版社 1998 年版，第 214～215 页。
② 《不尽的思念》，中央文献出版社 1987 年版，第 319 页。

在中缅(甸)边界的谈判中,双方都做出了让步。在解决问题的第一步谈判中,中方主动从有争议的 1941 年线以西地区撤回所驻军队,但缅方军队不得进入;缅方则从连英国也承认其主权属于中国的片马一带撤出驻军,但中方军队也不得进入。这样就产生了中缅边界上的和解局面。在此基础上经过第二轮谈判,使得问题最终得到了解决。在中日外交谈判中,日方在周恩来的据理力争和批评下,明确宣布结束战争状态,承担侵华战争给中国带来损失的责任,对此进行深刻反省。鉴于日方做出让步,中方为表示诚意,同意放弃日本给战争支付赔偿的要求。

1969 年,当中苏关系处于兵戎相见的严重时刻,是周恩来同柯西金(苏联部长会议主席)的北京机场会晤及其达成的谅解,把两国关系从战争边缘拉了回来。事后,柯西金甚至对日本学者池田大作说:"周总理是一个特别聪明的人。如果有机会,请你转告周总理,只要周总理在世一天,我们是不会进攻的,也不可能进攻的。"[①]

二、见之以细,观之以远

新中国成立后,与中国建交的主要是苏联和东欧社会主义国家以及少数刚摆脱殖民主义统治而获得独立的亚洲邻国。日本当时仍处于美军的占领之下,一切听命于美国。并同台湾当局保持着"外交关系",双方签订了非法的所谓和约。在这种政治背景下,中日关系自然不可能正常化。虽然不期待在短期内有所突破,但毛泽东、周恩来高瞻远瞩,着眼于未来,相信两国关系最终是要正常化的。纵观我国的对日政策,有两条具有特别重要的原则:一是严格区分日本人民与日本军国主义。发动侵略战争,给中国人民造成巨大灾难的是日本军国主义,而日本人民也是受害者。二是正确对待两千年与 50 年的关系。中国人民一方面应该牢记1895—1945 年 50 年间遭受日本军国主义侵略的历史;另一方面也不能忘记中日两国人民长达两千年之久的友好交往史。

中国这一对日方针始终贯穿于战后半个世纪的对日关系中,无论是两国关系顺利发展的时期,还是遇到挫折的时候,都从未改变过。

周恩来是上述原则与方针的制定者,更是贯彻执行的典范。20 世纪 50 年代初,当他开始有机会接见来自日本的朋友时,就反复向他们阐述我们的这一对日

---

① 邓在军、周尔均:《百年恩来》,江苏文艺出版社 1998 年版,第 68～69 页。

方针,同时也经常以这一政策教育我们自己的同志。

周恩来以他的远见卓识,认为和日本打交道,太迁就不行,太勉强也不行,太迁就它,中国老百姓不答应,太勉强了,日本政府也办不到。所以总理提出了"瞻前顾后,日积月累,水到渠成"的方针,尽管一时还无法建立政府之间的关系,但在周恩来的指示下,中国政府本着人道主义的精神做了两件有利于中日关系的大事:一是送回了战后滞留在中国的日本侨民;二是释放了全部在华的日本战犯。这些战犯回国时或回国后再访问中国时,周总理还会见过他们,鼓励他们向前看,为中日友好贡献力量。这两件事留下的影响,深深扎根在老一辈日本人民心里,在一定程度上,为打开中日关系的大门奠定了民意基础。

为了挫败美日政府的反华行径,开辟中日邦交正常化的航道,周恩来审时度势,从现实可能出发,提出了"民间先行,以民促官"的对日方针,这实际上成了战后中日关系的一大特点。

开展中日民间交往,无疑首先要从经济方面着手,特别是"贸易先行"。因为这最符合两国人民的切身利益。1952年4月,周恩来指示出席莫斯科国际经济会议的中国代表团团长南汉宸,邀请三位出席会议的日本国会议员高良富(女),帆足计和宫腰喜助访华。三位议员不顾日本政府的限制,从莫斯科直接来到中国。中日双方签订了第一个民间贸易协议,金额不大意义却非同一般,正是这三位日本朋友的勇敢行动,轰动了整个日本,打开了中日友好的大门。

然而,以民促官也并非一帆风顺,而是曲折起伏。由不同时期不同日本政府对中日关系态度的好坏而定。中日民间贸易的发展进程不可避免地要伴之以必要的,有时甚至是十分激烈的斗争。在这方面,周恩来又一次展现出了他的外交艺术和超人的智慧,既坚持了原则,又采取了适当的灵活手法,将针锋相对的斗争与有理、有利、有节的争取紧密结合起来,从而促成了中日贸易的持续发展,并且逐渐向更高的形式转化。

针对岸信介政府阻挠与破坏中日关系的恶劣行径,周恩来提出了继续中日贸易和友好关系,日本政府必须遵守的三条原则。这三条原则是:第一,不执行敌视中国的政策;第二,不参与制造"两个中国"的阴谋;第三,不阻挠中日邦交正常化;统称政治三原则。同时还提出了"政治经济不可分"的原则,指出不讲政治,只讲经济是行不通的;一面对中国抱着露骨的敌意,一面想从中日贸易中捞一把,是行不通的。

新中国成立以来,周总理抽出大量时间和精力,会见来访的日本朋友。据统计,从 1953 年 7 月 1 日至 1972 年 9 月 23 日(中日邦交化前夕),周总理共会见日本客人 287 次、323 个代表团次。在周总理会见的外国客人中,日本客人一直占首位。周总理经常教育身边工作人员:外交工作首先是做人的工作,朋友越多越好。周总理会见的日本客人中既有各界要人,知名人士,也有满手老茧的普通农民,以及稚气未退的青年学生。每次谈话都给客人留下深刻、难忘的印象。经过 20 年深入、细致、锲而不舍的工作积累,到了 1972 年终于水到渠成。中日之间正式结束了战争状态,恢复了邦交,两国关系从此进入了新的阶段。

三、求同存异,以大事小

作为新中国外交的奠基人之一,周恩来提出和平与战争是世界的主要矛盾,维护世界和平是中国外交的首要目标和基本政策。只有维持一个和平安宁的国际环境,饱受战争离乱之苦后的中国才能休养生息,进行建设,逐渐强盛起来。

1953 年 12 月,中印两国政府代表就中国西藏地区的关系问题在北京举行谈判。在这次谈判中,周恩来首次提出了互相尊重主权和领土完整,互不侵犯,互不干涉内政,平等互惠和和平共处的五项原则。1954 年 6 月日内瓦会议期间,周恩来访问印度、缅甸时向这两国总理重申并确认"和平共处五项原则"是处理国家关系的指导原则。同年《日内瓦会议最后宣言》和 1955 年万隆会议通过的十项原则,都蕴含着"五项原则"的精神。以后这一原则便成为许多国家公认的建立新型国家关系和国际新秩序的普遍原则。

中国的亚洲邻国都是中小国家,政治制度和意识形态也与中国大相径庭。它们担心中国会实行扩张主义,谋求地区霸权,因而对中国存在种种疑惧和不满。1954 年 6 月 28 日,周恩来首次出访缅甸,对于这样一个"共产主义大国"的总理,缅甸总理吴努不知如何接待才既不失礼,又能讲出自己郁积已久的心里话。当他发现周恩来对接待工作很满意,又平易近人,和蔼可亲,丝毫没有"大国架子"时,才一改拘谨的态度,坦诚地把自己的担心,说了出来,周恩来耐心地听了吴努的讲话后,首先感谢缅甸在联合国中支持中国,称赞缅甸拒绝接受美援,反对美国在缅建立军事基地。接着又表示:我们的立国政策就是把自己的国家搞好,没有领土野心。根据中国共产党的经验,革命是不能输出的,输出必败。吴努听了非常满意。[①]

---

① 季明、刘强编著:《周恩来的外交艺术》,山东大学出版社 1992 年版,第 247 页。

1955 年 4 月万隆会议上，周恩来以十分诚恳的态度大力倡导"和平共处五项原则"，承诺中国不搞大国沙文主义，打动了亚洲许多邻国的听众，消除了他们的疑虑。柬埔寨、老挝、缅甸、尼泊尔、印尼、巴基斯坦等国的首脑相继访问中国，希望在五项原则的基础上发展对华关系。1956 年，周恩来对这些国家进行了回访，受到无以复加的隆重欢迎。

1963 年 12 月 14 日至 1964 年 2 月 29 日，周恩来在陈毅陪同下访问了阿联酋、阿尔及利亚、摩洛哥、阿尔巴尼亚、突尼斯、加纳、马里、几内亚、苏丹、埃塞俄比亚、索马里、缅甸、巴基斯坦、锡兰 14 国，其中 10 个国家属于首访的非洲国家。周恩来拟定出中国同阿拉伯国家和非洲国家处理相互关系的五项原则，包括支持阿拉伯国家反对帝国主义、争取和维护民族独立斗争、奉行和平中立的不结盟政策，通过和平协商的方式解决彼此之间的争端等内容，这是中国外交史上的创举，保证了中国同非洲国家和阿拉伯国家之间友好关系的不断稳定地发展。

周恩来访问加纳前夕，发生了谋刺恩克鲁玛总统的未遂政变，加纳局势出现动荡，但周恩来从政治大局出发，置个人安危于度外，仍按原计划访问加纳，为照顾受伤的恩克鲁玛总统，周恩来告诉加方免去一切礼节。使对方深为意外与感动。这种特殊形式的访问是世界政治史上所罕见的，被称为是真正的患难之交。

去埃塞俄比亚访问，也充分体现了周恩来不拘泥于枝节的大局观。当时，埃塞俄比亚尚未同中国建交，迫于外来压力。海尔·塞拉西皇帝不能在首都亚的斯亚贝巴接待，而选择在远离首都 的阿斯马拉接待周恩来。按国际惯例这是不符礼节的，但周恩来着眼于发展中埃人民的友谊，体谅埃方的困难处境，仍然欣然应邀往访。与塞拉西皇帝进行了两次会谈，迅速签署了中埃联合公报，经过这次访问，埃塞俄比亚很快就同中国建立了外交关系。

由中国援建的历时七年，投入数十亿资金的坦赞铁路，更是在周恩来的直接关心与支持下建成的一条中非人民的友谊之路。中国能够在 1971 年重返联合国，正如毛泽东所说："这是非洲黑人兄弟把我们抬进去的。"据说参加投票的坦桑尼亚代表竟身穿中山装出现在会场上。

四、以义为本，守诚讲信

以义为本，守诚讲信是周恩来在外交方面的智慧和风格之一，也是他之所以赢得各国政要与友人的高度依赖和衷心钦佩的重要原因之一。他多次表示："中国人说话是算数的。"①在对外经济交往中,他于 1958 年 7 月、12 月,1959 年 5 月三次强调要重合同,守信用。他说:"订了合同不守信用,会使中华人民共和国的名誉受到损害。"强调签合同要慎重,一旦签了,就要认真履行。他曾特意为日本田中首相题词:"言必信,行必果。"其遵约守信,说话算数的风格,大大提高了新中国在国际上发言的分量,使朋友觉得可以信赖,使对手不敢掉以轻心。② 大者,如抗美援朝,在经济困难中按期偿还苏联的债款。小者,许许多多小事虽鲜为人知,但却一次次打动了国际友人的心。

许多难度很大的谈判,由于周恩来个人的巨大人格魅力,常常化难为易,柳暗花明,出现意想不到的结果。与尼克松、基辛格的谈判如此,与柯西金的谈判如此,与日本田中角荣的谈判也是如此。如果中方谈判主角不是周恩来,结果很可能会不一样。

细节决定成败。周恩来常说:"外交无小事。"他是一个十分注重小事的人,这就是所谓举轻若重。60 年来,在对外交往方面留下许多动人的佳话。

尼克松回忆说:"周本人亲自为乐队挑选了晚宴上为我们演奏的乐曲。我相信他一定事先研究过我的背景情况,因为他选择的许多曲子都是我所喜欢的,包括在我的就职仪式上演奏过的《美丽的阿美利加》。"③他还写道:"我们在北京的第三天晚上,应邀去看体育和乒乓球表演。当时天已经下雪,而我们预定要去参观长城。周恩来离开了一会儿,我以为他是去休息室。后来我才知道,他是亲自去关照让人们清扫通往长城的路上的积雪。"④

有次北京饭店举行涉外宴会,周恩来在会前了解饭菜的准备情况,他问:"今晚的点心什么馅?"一位工作人员随口答道:"大概是三鲜馅吧。"周恩来追问道:"什么叫大概? 究竟是? 还是不是? 客人中间如果有人对海鲜过敏,出了问题谁负责?"⑤

1971 年 10 月 10 日,埃塞俄比亚皇帝来华访问,在宴请前,周恩来照例先去检查了一下宴会厅的布置,结果发现把对方的三色国旗挂颠倒了,他马上叮嘱有关人员改了过来,避免了一次外交失礼。

① 《周恩来外交文选》,中央文献出版社 1990 年版,第 440 页。
② 钱其琛在"周恩来外交思想与实践研讨会"上的开幕词。
③ 尼克松:《领袖》,刘湖等译,世界知识出版社 1983 年版,第 304~305 页。
④ 尼克松:《领袖》,刘湖等译,世界知识出版社 1983 年版,第 304~305 页。
⑤ 刘霄、徐建中:《北京饭店员工回忆周恩来同志》,《人民日报》,1988 年 3 月 4 日。

守诚讲信者总是坦荡地对待错误,绝不自欺欺人。周恩来就是这样的人。1965 年,中国驻坦桑尼亚大使的司机不慎撞死了当地一个居民,因是黑夜,又在郊外,没有被发现。使馆有的工作人员主张不必报警。使馆将两种意见报告国内。周恩来知道后,立即批示大使应该亲自向坦总统报告真相,并把司机交由他们按照坦方的法律处理,尼雷尔总统对此十分感动,大大增加了对中国的信任和友谊。①

"向渠哪得清如许,为有源头活水来。"②

周恩来的政治智慧与外交才干,来源于中华传统文化的长期熏陶,来源于对历史和现实的深刻洞察与分析,来源于在长期实践中所积累起来的经验与教训。正如基辛格在《白宫岁月》这本书中所描写的那样:"他精通哲学,熟谙往事,长于历史分析,足智多谋,谈吐机智而风趣,样样都卓越超群。"

历史证明:在当代中国,周恩来之所以能在外交领域发挥着别人所无法替代的作用。是与毛泽东在外交工作上对他的倚重和支持分不开的。尤其是在风雷激荡的"文革"岁月,没有毛周之间的默契与合作,是任何一件大事也办不成的。毛周处事中的协力,是和而不同的协力,是差异互补的协力。这种协力的效果不是按算术级数增加的,而是按几何级数增长的。

周恩来是中华之子。是具有五千年文明的神州大地所培育出来的一棵参天大树,是中华民族的人格典范,是共产党人的一面旗帜。研究周恩来是一个永久性的课题。周恩来生前多次说过,他是绍兴人。他和鲁迅一样,是绍兴人民的骄傲,是绍兴历代名贤中闪闪发光的双子星座。既然研究鲁迅和研究红楼梦一样可以成为一门"显学","周恩来学"也同样可以成为一门专门的学问,其内容博大精深,是中华民族的丰厚精神资源,建立"周学",可以在更大的空间,以更开阔的视野,充分利用和挖掘这一精神富矿,绍兴的周恩来研究者愿与全国的同行为此事而一起努力!

---

① 曹应旺:《中国外交第一人》,上海人民出版社 2006 年版,第 272 页。
② 南宋诗人朱熹(1130—1200):《观书有感》。

为中国特色和平发展道路奠基 纪亚光* 王育锋**

——周恩来和平共处外交思想的实践特征与启示

周恩来和平共处外交思想是中华人民共和国为追求民族独立、世界和平而开展的一系列对外活动的理论结晶。它以和平共处五项原则为核心，体现着人民友好、独立自主、平等互利、求同存异、共同发展、世界和平的丰富思想内涵。以其为指导，中华人民共和国的外交事业蓬勃发展，不仅在世人面前树立了良好的国际形象，而且有力提高了中华人民共和国的国际地位，为改革开放新时期开辟中国特色社会主义道路奠定了和平发展的牢固基础。正如习近平总书记指出的："我们的和平发展道路来之不易，是新中国成立以来特别是改革开放以来，我们党经过艰辛探索和不断实践逐步形成的。"①本文拟在总结周恩来和平共处思想内涵与实践特征的基础上，就其当代价值与影响进行初步探讨。

一、思想内涵

考察周恩来和平共处外交思想发展演变的历程，我们可以看到，它以和平共处五项原则为核心，经历了基本立场和原则的确定、和平共处五项原则的确立和和平共处思想在实践中继续发展三个阶段，具有丰富的思想内涵。

民族独立是周恩来和平共处外交思想的起点和基本立场。1949 年 4 月 17 日，周恩来在阐述了中国独立自主的外交立场时指出："我们对外交问题有一个基本立场，即中华民族独立的立场，独立自主、自力更生的立场。"②从民族独立的基本立场出发，1949 年 9 月 30 日，在周恩来主持起草的《共同纲领》中规定："保障本国独立、自由和领土主权的完整，拥护国际的持久和平和各国人民间的友好合

*　纪亚光，南开大学马克思主义教育学院教授。

**　王育锋，南开大学马克思主义教育学院学生。

①　习近平：《更好统筹国内国际两个大局夯实走和平发展道路的基础》，《人民日报》，2013 年 1 月 30 日。

②　《周恩来选集》上卷，人民出版社 1980 年版，第 321 页。

作,反对帝国主义的侵略政策和战争政策。"①从而确定了人民友好、反对战争、维护世界和平的基本外交原则。

以如上基本立场和原则为基础,周恩来和平共处思想在实践中不断发展,进而确立了和平共处五项原则。

1949 年 11 月 8 日,中华人民共和国外交部成立,外交工作全面展开。面对错综复杂的国与国关系,为保证外交工作以基本的外交立场和原则为基础取得更大成效,周恩来首先提出了"求同存异"的思想。他指出:"人心不同,各如其面",人和人之间尚有不同,何况国家、民族呢? 因此,应当通过相互接触,沟通彼此思想。② 随即,在同苏联签署《中苏友好同盟互助条约》时约定:"双方保证以友好合作的精神,并遵照平等、互利、互相尊重国家主权与领土完整及不干涉对方内政的原则,发展与巩固中苏两国之间的经济与文化联系。"③从而明确表达了"平等互利"的外交思想。此后不久,周恩来针对时人热议的世界大战问题指出:"帝国主义发动战争是困难的。——人民力量越强,打的可能性就越小——八万万人团结的力量是不可战胜的。"④明确表达了"人民友好"的外交思想。

伴随着外交领域的不断扩大和外交实践的不断深入,和平共处五项原则逐步形成。在 1953 年 12 月 31 日至 1954 年 4 月 29 日进行的中印两国谈判过程中,周恩来首次系统并完整地提出了和平共处五项原则,即"互相尊重领土主权⑤、互不侵犯、互不干涉内政、平等互惠⑥和和平共处的原则"⑦,并正式写入《关于在中国西藏地方和印度之间通商和交通协定》序言中。1954 年周恩来访问印度和缅甸,两国总理在联合声明中正式把和平共处五项原则作为指导中印、中缅等亚洲国家关系的基本准则,并且认为这五项原则应该成为指导整个国际关系的普遍原则。和平共处五项原则的确立,标志着周恩来和平共处外交思想基本形成。

和平共处五项原则确立后,周恩来和平共处外交思想在实践中进一步发展,逐步成为指导整个国际关系的基本准则。

1954 年 10 月 11 日,周恩来在接见日本访华团时指出:"这五项原则不应该只

---

① 《周恩来选集》上卷,人民出版社 1980 年版,第 371 页。
② 《周恩来外交文选》,中央文献出版社 1990 年版,第 6 页。
③ 《中华人民共和国对外关系文件集 1949—1950》第 1 集,世界知识出版社 1958 年版,第 76~77 页。
④ 《周恩来外交文选》,中央文献出版社 1990 年版,第 12 页。
⑤ 在亚非会议上,周恩来在发言稿中将互相尊重领土主权,改为互相尊重主权和领土完整。
⑥ 在 1954 年 6 月中印、中缅联合声明中平等互惠改为平等互利。
⑦ 《周恩来外交文选》,中央文献出版社 1990 年版,第 63 页。

限于处理中印和中缅关系,它也可以适用于全亚洲,甚至全世界各国";不同社会制度之间,资本主义与社会主义两大阵营之间是可以和平共处的,"美国如果愿意和平共处,我们也欢迎。"①在1955年4月在印尼召开的第一次万隆会议上,周恩来大力倡导和推广和平共处五项原则,指出:"在亚非国家中是存在有不同的思想意识和社会制度的,但这并不妨碍我们求同和团结。五项原则完全可以成为在我们中间建立友好合作和亲善睦邻关系的基础。"②4月24日,亚非会议一致通过《亚非会议最后公报》,以和平共处五项原则为基础规定了万隆会议的十项原则,从而使和平共处五项原则扩大到亚非两大地区。此后,在20世纪60年代,周恩来的和平共处外交思想又扩展到阿拉伯和非洲民族独立国家,20世纪70年代扩展到拉丁美洲国家。直至1972年,美国同意在和平共处五项原则基础上同中国发展互利合作关系,实现邦交正常化。随后,一些西方国家开始在和平共处五项原则的基础上与中国建立了外交关系。

周恩来提出和平共处五项原则,最初主要着眼于以此处理不同社会制度国家之间的关系。1956年波匈事件的发生,暴露出苏联大国沙文主义的倾向。由此,周恩来也将这一原则在社会主义国家间着力倡导。他多次强调:"社会主义国家都是独立的主权国家,社会主义的国家的互相关系也应该建立在和平共处五项原则的基础上。"③由此进一步拓展了和平共处五项原则的适用范围,成为指导整个国际关系的基本准则。

综上所述,周恩来和平共处思想以民族独立的基本立场为基础,注重通过和平共处五项原则推进人民友好、世界和平、人类社会共同发展,具有丰富的思想内涵。

二、实践特征

周恩来和平共处外交思想最突出的特征是实践性。它从实践中来,在指导实践中得到丰富发展,不断取得丰硕的成果:中国与周边发展中国家实现了睦邻友好,与主要发达国家实现了友好对话和邦交正常化,恢复了中华人民共和国在联合国的合法席位。以周恩来和平共处外交思想为指导,中国不仅有力维护了民族

---

① 《周恩来外交文选》,中央文献出版社1990年版,第91~92页。
② 《周恩来年谱》(1949—1976)上卷,中央文献出版社1997年版,第466页。
③ 刘泾山等编著:《周恩来的外交艺术》,山东大学出版社1998年版,第47页。

独立和国家主权,而且在国际事务中发挥着越来越大的积极作用与影响,为世界和平做出了卓有成效的贡献。

具体而言,周恩来和平共处外交思想的实践特征表现如下:

第一,矢志不渝追求和平

追求世界和平,贯穿着周恩来和平共处外交思想与实践的始终,体现着中国共产党面向世界的价值追求。

首先,中国共产党对于和平的追求不是权宜之计,而是长期的奋斗目标。

追求世界和平是中国的历史传统,也是中国共产党一贯坚持的外交方针政策。对于以引领中国实现现代化为己任的中国共产党而言,和平的外交环境是中国繁荣富强的根本保障。因此,毛泽东在 1954 年接见缅甸总理吴努时指出:"我们认为,五项原则是一个长期方针,不是为了临时应付的。这五项原则是适合我国的情况的,我国需要长期的和平环境。"①

其次,中国坚持永不称霸的原则,追求世代和平。

随着中华人民共和国的发展壮大,对中国称霸世界的忧虑在一些国家中滋长。对此,周恩来多次明确指出:"我们曾受过殖民主义的祸害,我们也看到了殖民主义的失败,我们怎能走殖民主义的老路去侵略人家呢?这是我们国家的制度和政策所不许可的。我们认为,只有同世界各国和平共处,才能得到发展;只有站在反殖民主义的立场,不容许自己重蹈殖民主义的覆辙,才不致失败。"②"不管中国将来如何发达、强大,我们都将坚持不称霸的原则。"③不仅如此,周恩来还通过行动表明这一立场。他三次出访亚非 28 国,支持亚非国家的民族独立运动,并实行无偿的经济援助真正地帮助亚非国家发展经济,从而赢得了世界各国的广泛信赖。

再次,以平等为保障捍卫持久和平。

为追求持久和平,周恩来高度重视国与国的平等,将其视为持久和平的根本保障。他指出:亚洲国家不论大小,大家都是平等的。中国虽是大国,但不能居"长"。没有什么"第二中国","第三中国"。④ 他认为,每个国家都有自己的优势和特点,国与国之间在进行交往的过程中要抱着开放包容、谦虚平等的态度,看到

---

① 《毛泽东外交文选》,中央文献出版社、世界知识出版社 1994 年版,第 186~187 页。
② 《周恩来年谱》(1949—1976)上卷,中央文献出版社 1997 年版,第 628~629 页。
③ 《周恩来年谱》(1949—1976)下卷,中央文献出版社 1997 年版,第 714 页。
④ 《周恩来年谱》(1949—1976)下卷,中央文献出版社 1997 年版,第 700 页。

对方的优势,学会欣赏他国的长处,并积极吸取其长处来补自己不足,真正做到取长补短,而不是全盘肯定或全盘否定他国。国与国之间交往只有在平等相待的基础上才能坦诚沟通,实现互利合作。以此为原则,周恩来在外交活动中始终坚持国家不分大小,一律平等,在互相尊重、平等互利中共同构建世界真正的永久和平。

第二,人民友好是世界永久和平的关键

作为无产阶级革命家,周恩来将人民视为具有国际和世界意义的概念,在开展外交工作时,始终着眼于人民利益,注重以民间外交推动官方外交,有效地打开了外交新局面。

首先,人民是实现世界和平的基础力量。

周恩来心系的人民不仅包括中国人民,也包括世界各国人民。他突破国籍地域的限制,从世界上所有国家人民的利益出发,提出了和平外交的政策。他认为,世界人民都是爱好和平的,没有哪一个国家的人民不渴望和平,因此,和平符合世界人民的愿望和追求。只要世界上爱好和平的人民团结起来,世界战争的可能性就会减少,甚至打不起来。因此,中国同世界上一切愿意和平的国家和人民一道,决心维护和平,和平是有可能维护得住的。

其次,维护人民利益是周恩来和平共处思想的目标诉求。

全心全意为人民服务是中国共产党的宗旨。周恩来提出和平共处外交思想也是以维护人民的根本利益为落脚点。对于中国人民而言,争取和平的国际环境,是恢复和发展中国国民经济的需要,最终目的是为了使人民能过上幸福的生活。同时,这也是服务于世界人民的需要。在发展中日关系中,周恩来始终着眼于日本人民的利益,指出:"为了使日本人民能过和平生活,日本能成为东方和平、独立的国家,我们亦愿意同日本恢复和平关系,建立平等互利的贸易关系。"①

再次,人民外交在实践中效果显著。

周恩来心系世界人民,在发展人民外交的基础上取得了良好的外交成果。无论是中国与发展中国家的睦邻友好,还是同发达国家实现邦交正常化,都与人民外交有着密切的关联。可以说,周恩来坚持的人民外交是新中国外交制胜的法宝,也是宝贵的历史经验。

第三,将原则性与灵活性紧密结合,建立起广泛的和平友好外交关系

---

① 《周恩来年谱》(1949—1976)上卷,中央文献出版社 1997 年版,第 324 页。

周恩来和平共处外交思想体现着将原则性与灵活性相结合的鲜明特征。以和平共处五项原则为基础,区别对待不同地域、不同发展程度、不同社会制度的国家,从而建立起广泛的和平友好外交关系。

首先,对发达国家与发展中国家采取不同的外交策略。

在与发达国家发展外交关系中,周恩来更多地使用"独立、平等、对等、和平、互利、协商、反对侵略、战争"等外交词语,展现出以独立自主为基础,通过与发达国家平等协商、和平谈判,实现互利合作的基本特征。与发展中国家发展对外关系中,周恩来更多地使用"团结、合作、大小国家一律平等、互相尊重、平等相待、不干涉、革命不输出、和平区域、集体和平、互通有无"等词语,表明中国愿与广大发展中国家共建和平地区,为实现集体和平而共同努力。

其次,对周边国家与大国采取不同的外交方针。

对于周边发展中国家,周恩来注重以平等协商、互谅互让的原则建立睦邻友好关系。他经常说:考虑国际关系问题,最主要的是要把左邻右舍的关系搞好。搞外交,首先是搞好左邻右舍的关系,也就是要亲善四邻,安定友邦。[①] 在万隆会议上,周恩来也阐述了睦邻友好的外交思想,指出:"为了对于促进世界和平和合作作出贡献,亚非各国应该首先根据共同的利益,谋求相互间的亲善和合作,建立友好和睦邻的关系。"[②]大多数亚非国家在历史上由于殖民主义的长期统治,经济上都很落后。因此,争取独立就成为亚非国家实现和平的首要任务。中国在取得民族独立之后,特别能体会亚非国家的感情,坚持尊重亚非各国的民族独立,不仅支持亚非国家在政治上的独立,还通过各种援助项目支持亚非国家争取经济上的独立,促进获得完全的独立与发展。

对于发达国家,周恩来努力通过各种途径的接触打开外交局面。为此,他首创了"民间先行"的外交方针,力求通过人民与人民之间的贸易和文化往来,逐渐开拓外交渠道,推动政府间外交局面的突破。在民间外交方针的指导下,顺利实现了中日邦交正常化。中美外交在断绝了20多年后,也是以"小球推动大球"的乒乓外交打开了局面。

再次,对发达国家之间也采取区别对待的灵活外交态度。

基于自身的国家利益诉求,在发达国家中,各国对中国的外交政策也不完全

① 曹应旺:《中国外交第一人——周恩来》,上海人民出版社2006年版,第258页。
② 《周恩来外交文选》,中央文献出版社1990年版,第119页。

相同。相应的,中国对发达国家也采取区别对待的灵活外交态度。对美国等明显敌对中国的国家,中国采取不放弃的对策,通过采取秘密外交谈判、民间交往等方式创造接触与交流的机会,同时不将其作为主要努力对象;对处于摇摆状态的国家,则作为主要的外交对象,通过积极接触,努力实现外交关系正常化。如法国,虽同台湾国民党当局尚未断交,但关系冷淡;对于"西藏问题",法国的基本立场也与美、英两国截然不同。经过积极接触和谈判,法国承认中华人民共和国是唯一合法的政府,支持中华人民共和国恢复在联合国的合法席位,中国同时在程序性问题上又做出了恰当的让步,实现了中法建交。

三、思考与启示

周恩来和平共处外交思想立足于中国实际,在外交实践中不断发展,不仅内涵丰富,而且成效显著,为中国特色社会主义和平发展道路奠定了坚实的基础,也为今天进一步坚持和发展中国特色社会主义和平发展道路留下了宝贵的精神遗产。

第一,确定中华民族独立的基本立场,坚决维护国家核心利益

中华民族独立的立场是周恩来和平共处外交思想的起点,也是中华人民共和国开展外交工作的基本立场和底线。这是近现代中国的客观国情决定的,也是中国共产党勇于承担民族复兴的使命使然。众所周知,近代中国屡遭西方列强的欺凌,陷入生死存亡的险要境地,民族独立成为中华民族复兴的首要历史任务。因此,中华人民共和国成立之初,在开展外交工作时,周恩来便明确表示:"中国一百年来的外交史是一部屈辱的外交史。我们不学他们。我们不要被动、怯懦,而要认清帝国主义的本质,要有独立的精神,要争取主动,没有畏惧,要有信心。"[①]

以此基本立场出发,中国即便在经济上较为落后、迫切需要外来的经济技术合作以推动中国经济发展的情况下,在外交工作中也一贯坚持反对世界强权、维护国家利益的立场,面对外来压力从未弯过腰、低过头。以此基本立场出发,中国在外交领域所取得的丰硕成果,尤其值得珍视,其思想遗产,也为改革开放新时期中国特色社会主义和平发展道路的开辟所继承和发扬。2013 年 3 月,习近平总书记在中央政治局第三次集体学习时指出:"我们要坚持走和平发展道路,但决不能放弃我们的正当权益,决不能牺牲国家核心利益。任何外国不要指望我们会拿自

---

① 《周恩来外交文选》,中央文献出版社 1990 年版,第 5 页。

己的核心利益做交易,不要指望我们会吞下损害我国主权、安全、发展利益的苦果。"①

显然,维护民族独立和国家核心利益是中华人民共和国立国之初便已确定并一以贯之的基本立场和原则,它在实践中不仅有利于中国的发展,也有效地维护了国际秩序的公平正义。当前,中国坚定不移走和平发展道路,始终不渝倡导合作共赢理念,并不意味着中国为了发展会轻视国家核心利益的底线,也绝不会屈服于任何外来压力突破这一底线。

第二,坚持以和平求发展,以发展维护世界和平

周恩来和平共处思想的核心是维护和平。对和平的追求,既是中国共产党本质属性所决定的,也是自身发展的需要。正如周恩来在亚非会议上所明确指出:"在中国,自从人民作了自己国家的主人以后,我们的一切努力就是要消除长期的半殖民地社会遗留下来的落后状态,把我们的国家建设成为一个工业化的国家……正像其他的亚洲国家一样,我们迫切地需要一个和平的国际环境,来发展我国独立自主的经济。"②进入改革开放新时期,中国的国情和社会发展阶段仍没有变。党的十八大报告指出:"我们必须清醒认识到,我国仍处于并将长期处于社会主义初级阶段的基本国情没有变,人民日益增长的物质文化需要同落后的社会生产力之间的矛盾这一社会主义矛盾没有变,我国是世界最大发展中国家的国际地位没有变。"这"三个没有变"就决定了当前中国的主要任务依然是继续坚持以经济建设为中心,坚持走和平发展道路。对此,习近平总书记明确指出:"中国需要和平,就像人需要空气一样,就像万物生长需要阳光一样。只有坚持走和平发展道路,只有同世界各国一道维护世界和平,中国才能实现自己的目标,才能为世界作出更大贡献。"③

伴随着中国的发展,"中国威胁论"以不同形式表现出来。对此,周恩来多次明确表示,中国的发展,是世界和平的保障。他说:"我们的确是为世界和平而奋斗的","这不是我们的一般政策,而是基本政策"④。可以说,周恩来和平共处思想本身,便是针对中国发展壮大与维护世界和平辩证关系的系统回答,也为改革

① 习近平:《更好统筹国内国际两个大局夯实走和平发展道路的基础》,《人民日报》,2013 年 1 月 30日。
② 《周恩来外交文选》,中央文献出版社 1990 年版,第 116 页。
③ 习近平:《在德国科尔伯基金会的演讲》,《人民日报》,2014 年 3 月 30 日。
④ 《周恩来外交文选》,中央文献出版社 1990 年版,第 87 页。

开放新时期中国面向世界处理自身发展与维护世界和平提供了丰富的思想与实践资源。正如习近平总书记明确指出的,追求和平,是中国的一贯政策,是中国人民在实践中的自觉选择。他说:"几十年来,中国始终坚持独立自主的和平外交政策,始终强调中国外交政策的宗旨是维护世界和平、促进共同发展","中国走和平发展道路,不是权宜之计,更不是外交辞令,而是从历史、现实、未来的客观判断中得出的结论,是思想自信和实践自觉的有机统一"①。因此,"中国的发展,是世界和平力量的壮大,是传递友谊的正能量,为亚洲和世界带来的是发展机遇而不是威胁"②。

第三,尊重差异、平等合作是实现世界和平的有效路径

周恩来和平共处外交思想在具体实践中,探索出了有效维护自身发展、实现世界和平的途径,这就是尊重差异、平等合作。对于差异,周恩来抱有尊重的宽容态度。面对亚非国家中存在的不同思想意识和社会制度问题,他明确指出:"我们应该承认,在亚非国家中是存在不同的思想意识和社会制度的,但这并不妨碍我们求同和团结。"③以尊重为基础,周恩来认为国与国之间应该互相学习,他指出:国与国"相互之间的文化交流应该尊重各国民族文化的发展,而不抹杀任何一国的特长和优点,以便互相学习和观摩"④。周恩来认为,国与国之间由于政治、经济、历史、文化以及地理位置等原因存在着很多的差异,要实现国家与国家之间的友好交往,首先必须学会互相尊重、平等相待、求同存异,只有做到这些才能建立真正的国家间友好关系,从而为实现世界和平这个共同目标努力。

进入改革开放新时期,中国在秉承周恩来尊重差异、平等合作思想基础上继续予以丰富和发展。2014 年 3 月,习近平总书记在联合国教科文组织总部发表演讲,系统阐明了文明的多样性、平等性和交流互动的价值等思想。他说,"文明是多彩的""'一花独放不是春,百花齐放春满园。'如果世界上只有一种花朵,就算这种花朵再美,那也是单调的。不论是中华文明,还是世界上存在的其他文明,都是人类文明创造的成果。"⑤同时,文明不仅是多样的,而且是平等的,"各种人类文明在价值上是平等的,都各有千秋,也各有不足。世界上不存在十全十美的文明,也

① 习近平:《在德国科尔伯基金会的演讲》,《人民日报》,2014 年 3 月 30 日。
② 习近平:《携手建设中国—东盟命运共同体》,《人民日报》,2013 年 10 月 4 日。
③ 《周恩来外交文选》,中央文献出版社 1990 年版,第 122 页。
④ 《周恩来外交文选》,中央文献出版社 1990 年版,第 118 页。
⑤ 《习近平在联合国教科文组织总部的演讲》,《人民日报》,2014 年 3 月 28 日。

不存在一无是处的文明，文明没有高低、优劣之分。"①文明的多样性和平等性决定了文明交流、互相学习的价值。"文明因交流而多彩，文明因互鉴而丰富。文明交流互鉴，是推动人类文明进步和世界和平发展的重要动力。可以丰富人类文明的色彩，让各国人民享受更富内涵的精神生活、开创更有选择的未来。"②他明确指出："文明交流互鉴不应该以独尊某一种文明或者贬损某一种文明为前提"③，国与国之间、不同文明之间应"平等交流、相互借鉴、共同进步，齐心协力推动建设持久和平、共同繁荣的和谐世界"④。习近平的如上思想，是从文明与文化层次对"文明冲突论"以及以此为基础肆意干预他国内政的世界霸权主义的有力回应，是以周恩来和平共处思想为基础，在改革开放的实践中对中国特色社会主义和平发展道路理论的进一步丰富和发展。

①　《习近平在联合国教科文组织总部的演讲》，《人民日报》，2014年3月28日。
②　《习近平在联合国教科文组织总部的演讲》，《人民日报》，2014年3月28日。
③　《习近平在联合国教科文组织总部的演讲》，《人民日报》，2014年3月28日。
④　习近平：《坚定不移走和平发展道路 坚定不移促进世界和平与发展》，《人民日报》，2013年3月20日。

试论周恩来关于新中国文化对外交流的思考 牛丽君[*]

在中国共产党的领导下,新中国文化对外交流已历经 60 多个春秋。周恩来作为新中国首任总理兼外交部部长,负责主持、直接参与了 1949—1976 年对外文化交往工作的部署和实施,以文化为纽带加强对外交流与合作,在中外文化碰撞中探索新中国的文艺发展道路。周恩来以其深厚的理论修为和丰富的实践经验,就新中国文化对外交流提出了一系列精辟的见解,许多观点在今天看来仍然有着借鉴意义。

一

在周恩来的思想观念里,文化交流既是中华民族海纳百川、兼收并蓄的优良传统,也符合人类文明的发展规律。纵览中华五千年历史,"我们的民族是不排外的"。在世界历史上,"没有任何国家是不吸收别国的东西,故步自封的"。周恩来反对束手束脚,"不敢谈人家的长处,也不敢谈我们的短处"[①],对井底之蛙的浅薄也不留情面,"有些人自己不懂,又随便给人家戴帽子"。他希望新中国能够从人类文化宝库中吸取一切好的东西:"一个民族与国家,其所以能够存在,总有它的一些长处。尽管以往的社会制度一再改变,但人民是永生的,不同时代不同民族的人民总是有自己的优秀的东西。"[②]

1. "外交的一翼"

新中国建立伊始,国际社会一般认为新中国是"好斗的公鸡""红色威胁"[③],国家形象被严重歪曲。要改善国际舆论、获得国际社会的普遍认可,亟须解决好

———————

　*　牛丽君,中央文献研究室。

　①　《周恩来选集》下卷,人民出版社 1980 年版,第 474 页。

　②　《周恩来选集》下卷,人民出版社 1980 年版,第 197 页。

　③　R. S. Chavan, *Chinese Foreign Policy: the Chou En - lai Era* [M], Sterling Publishers Pvt Ltd, 1979, pp. 112 - 123.

两大关键问题：一是在国际冷战格局下，如何打破以美国为首的西方资本主义阵营对新中国实施的政治孤立、经济封锁和军事遏制，打开新中国外交局面；二是如何尽快摆脱近代以来半殖民地的国际政治地位，与旧的、屈辱的传统彻底割裂开来，建立独立自主的外交关系。

在特殊的国际环境背景下，周恩来巧妙地运用多种文化载体，利用文化交流打破帝国主义封锁，增加世界人民对中国的了解，扩大新中国在国际舞台的影响，增进与各国人民的友谊，进而推动政治外交。他称文化交流团的人员是"外交工作的先遣队""没有大使头衔的大使"①，指导他们为改善国际舆论、塑造国家形象、打开外交局面做出了重要贡献。周恩来形象地将文化交流比喻为新中国外交的一翼："各国人民在文化上的交流……是促使各国之间的和平、友谊和合作得到巩固的一个重要的条件。"

最为人们津津乐道的"文化开路"外交事件当属 1954 年日内瓦会议期间周恩来的外交实践。他把文化交流的"先行官""宣传队""播种机"的作用发挥得淋漓尽致。周恩来在花山别墅别具匠心地装饰了齐白石、徐悲鸿字画以及故宫博物院馆藏的文物②，安排两位北京最好的厨师随时为访客烹饪新出炉的烤鸭③；他将新中国第一部彩色电影《梁山伯与祝英台》带去日内瓦播映，设计了题为"中国的罗密欧与朱丽叶"的别致请柬。至于会议期间宴请卓别林的那顿著名午餐，更是被公认为"天才的外交行为"④。这位甫亮相时被西方不无刻薄地称为"面孔显得冷淡"、喜欢享乐的共产党人，到会议结束时已经是"和莫洛托夫完全不同""有教养的人"⑤。新中国在各国眼中"不但是共产党国家，也是孔子的国家"⑥，国家形象大为改观。

周恩来擅长不露痕迹地将文化因素渗透到外交工作的方方面面。他与智利著名诗人聂鲁达交情匪浅，还介绍中国诗人萧三、艾青等人与其结识。经由聂鲁达牵线，智利总统伊巴涅斯的私人代表德阿梅斯蒂于 1952 年 9 月利用参加亚太和

① 陈荒煤主编：《周恩来与艺术家们》，中央文献出版社 1992 年版，第 300 页。
② 参见《日内瓦 1954》，中央电视台《见证·亲历》栏目。转引自梁晓君《塑造新中国形象——试论周恩来的文化外交》，《外交评论》2008 年第 2 期。
③ （英）韩素音：《周恩来与他的世纪 1898—1998》王弄笙等译，中央文献出版社 1992 年版，第 307 页。
④ 傅红星：《周恩来外交风云》，文汇出版社 2003 年版，第 37 页。
⑤ （英）迪克·威尔逊：《周恩来传》封长虹译，解放军出版社 1999 年版，第 199 页。
⑥ （美）鲍大可著：《周恩来在万隆——美记者鲍大可记亚非会议》弓乃文译，中国社会科学出版社 1985 年版，第 17 页。

会的机会,与中国政府商谈建立外交和外贸关系的问题。后来智利成为南美诸国中第一个和中国建交的国家。1954 年 10 月 11 日,周恩来与日本学术文化访华团相谈甚欢,表达了"诸位回去以后……使日本当局也能改变一些自己的看法"①的殷切希望;1955 年 11 月 1 日,他接见法国议员代表团时谈到可以"多进行贸易和文化交流"②,为日后法国正式承认新中国政权营造气氛。1961 年中苏关系紧张,周恩来前往莫斯科参加苏共二十二大,安排中国艺术代表团在苏联、波兰演出舞剧《宝莲灯》《小刀会》《雷峰塔》等,反响极好。苏联领导人全体出席观看,苏联观众在大剧院留言簿上留下了许多表达对中国人民友谊的语言。③

2."使我们更有力量来推陈出新"

"应该从世界各国吸取一切好的东西",是周恩来的一贯主张。在周恩来一生的革命和建设实践中,始终重视对外文化交流,认为"吸收外国的长处为我们所用,是我们民族的传统"。新中国成立后,周恩来对我国文化事业发展滞后的严峻现实有着清醒的认识,指出"文化虽然源远流长,光辉灿烂,但从近代水平来看,我们是落后了"。改变落后局面除了依赖自己的努力之外,还要积极开展对外文化交流,"把人家的长处学来,融会贯通,用于中国的实际"。

周恩来认为,新中国文艺应该走民族化的发展道路,但民族化并不是闭目塞听、不是排外主义,应当鼓励"把外来的形式引进中国……丰富我们的艺术形式"④,同时"以人家的长处来补我们的短处,我们吸取人家的长处,也可以使我们更有力量来推陈出新"⑤,借鉴外国独特的艺术手法,吸收外国成熟的文艺经验。唯有具备"放眼看世界"的眼光,才能更好地"丰富我们的精神食粮"⑥。

1956 年,周恩来参观《埃及艺术展览》时遇到中央美院的学生,嘱咐他们要虚心学习外国的好东西。⑦ 当驻印尼大使黄镇说起印尼总统苏加诺的藏画有着很高的美术价值时,周恩来安排人民美术出版社派出画家邵宇,带着制版、摄影、印刷方面的专家到印尼看画与拍照,出版了六大本《苏加诺藏画集》。对于钢琴、小提

---

① 《周恩来外交文选》,中央文献出版社 1990 年版,第 93 页。
② 《周恩来外交文选》,中央文献出版社 1990 年版,第 157 页。
③ 陈荒煤主编:《周恩来与艺术家们》,中央文献出版社 1992 年版,第 184 ~ 185 页。
④ 《周恩来论文艺》,人民文学出版社 1979 年版,第 172 页。
⑤ 1955 年 10 月 20 日在全国文艺工作者大会上的讲话,转引自赵春生《周恩来中外文化交流思想与实践的特点》,《淮阴师范学院学报》1999 年第 1 期。
⑥ 《周恩来论文艺》,人民文学出版社 1979 年版,第 170 页。
⑦ 陈荒煤主编:《周恩来与艺术家们》,中央文献出版社 1992 年版,第 22 页。

琴这类西洋乐器,周恩来表示"要照西方的方法训练",尊重有这类专长的文艺工作者,"比如刘诗昆、刘淑芳等这些花,应该保持,不应使他们泄气","小提琴到农村,那当然可以奏《梁祝》"①。1949—1965年这17年间,在周恩来的主持下,中国与外国签订了35个文化合作协定。

即便是在"文革"时期,周恩来依然坚持用实事求是的态度对待外国文化。1973年,周恩来批准邀请美国费城交响乐团、英国伦敦爱乐交响乐团和奥地利维也纳交响乐团访问我国;中央乐团大胆地排练了11个包括贝多芬、莫扎特、瓦格纳等人作品的世界名曲。② 这年11月,江青在有关部门邀请外国艺术团来华访问演出的报告上做出"今后少接待或不接待资本主义国家的文艺团体"的批语,周恩来看到后,当即挥笔写下"完全不接待不甚可能"予以回击。

3. 推动中华文化走出国门

周恩来自小受到传统文化熏陶,以"吾华以四千年之历史,最古之文化得立于今,而尚未若埃及之丘墟,犹太人之荒址"而骄傲。他殷切希望中华文化能够跻身世界优秀文化之林。周恩来一直叮嘱文艺工作者不能把目光局限在国内,"要立足于中国民族的基础上,来想我们对国际的贡献"③,致力于为世界人民创造精神食粮,让更多的人感受到中国文化的魅力。

基于这样的认识,周恩来坚持在文化交流中一定要有本民族的东西,"我们是中国人,总要以自己的东西为主"④,让全世界见识到中华民族的文采风流。拿出去的文艺作品不仅要有鲜明的民族特色,最好具备高超的艺术水平,因为"你的艺术品站得住了,就成了世界艺术品的一部分了"⑤,才能够在世界文艺中有自己的位置。周恩来进一步强调,不能只有数得过来的几个代表作,"出国演出必须要不断提高质量,增加新的东西,新的主题",不要"老是原来那个水平"⑥,显得陈旧、单调。

周恩来按照这样的思想精心指导、谨慎选定对外演出作品。1949年他接见赴布达佩斯参加第二届世界青年与学生和平联欢节代表团时,特意嘱咐郭兰英要将《妇女自由歌》唱好,"要认真、细致地体味亿万中国妇女的新生活告诉全世界"⑦,

---

① 《周恩来论文艺》,人民文学出版社1979年版,第178、184页。
② 张平:《周恩来中外文化交流思想初探》,《暨南学报》1989年第1期。
③ 《周恩来论文艺》,人民文学出版社1979年版,第181页。
④ 《周恩来论文艺》,人民文学出版社1979年版,第98页。
⑤ 《周恩来论文艺》,人民文学出版社1979年版,第181页。
⑥ 裴坚章主编:《研究周恩来——外交思想与实践》,世界知识出版社1989年版,第19页。
⑦ 《周恩来与文艺》下卷,中国社会科学出版社1980年版,第397页。

唱出新中国妇女获得解放的自由心声；1953年周恩来审查赴罗马尼亚参加第四届世界青年与学生和平联欢节的节目，认为民族唱法的分量太少，点名要王昆参加。① 1955年他专门派出佛教代表团恭陪一枚保存几百年的佛牙去缅甸，供佛教徒朝拜一段时间。② 1956年赵青随中国艺术团去南美演出，周恩来对她准备的西班牙舞节目不太满意，私下找其谈话："你看过松山树子来我们国家演出的《白毛女》吗？""我们中国人为什么不能跳《白毛女》呢？"③1957年周恩来访问印度时，发现维斯伐哈拉提大学是印度唯一一所开设有关中国学科的学校，但是缺少中国书籍。在他的安排下，12 000册书很快就运到了这里，另外还送来了60 000卢比。为了让世界更好地了解中国，周恩来曾支持意大利导演安东尼奥尼和荷兰导演伊文思来华拍摄纪录片，前者在著名的《中国》一片中甚至借用了周恩来的自行车。

二

周恩来关于中外文化交流的思想论述，内容丰富翔实，既有明确的指导思想论证，也有具体方针政策的阐述，形成了自己的开放、平等、科学、以国家利益为重的文化交流观念。

1."要向世界上一切国家学习"

早在20世纪50年代，周恩来就敢于打破僵化的冷战思维，指出"不仅要向苏联学习，向兄弟国家学习，而且，要向世界上一切国家学习，包括和平中立的国家，如印度、缅甸、印度尼西亚、埃及等国际，就是日本、英国和美国，它们也有长处，我们也可以学"。在周恩来眼中，各个国家、民族的文化各有千秋，都值得我们去深入了解、认真学习。对各个国家、民族文化的承认和尊重，既不应该受到国家意识形态和政治制度的框定，也不能将强弱大小、发展速度快慢作为参考标准。周恩来认为，每一个国家"都各有优点和长处"④，在文化建设方面的经验肯定有值得中国学习的地方。

青年时代便东渡日本、求学西欧的周恩来，十分重视西方优秀的文化遗产，主张用实事求是的历史唯物主义态度看待西方文化，决不能"又回到义和团时代"⑤。

① 陈荒煤主编：《周恩来与艺术家们》，中央文献出版社1992年版，第285~286页。
② 陈敦德：《周恩来飞往万隆》，中国青年出版社1998年版，第178页。
③ 陈荒煤主编：《周恩来与艺术家们》，中央文献出版社1992年版，第183页。
④ 《周恩来外交文选》，中央文献出版社1990年版，第214页
⑤ 《周恩来论文艺》，人民文学出版社1979年版，第106页。

他欣赏莎士比亚的戏剧和改编成舞剧的《巴黎圣母院》，就连描写贵公子和妓女之间爱情故事的《茶花女》也以其高超的艺术性和深刻的思想性得到了他的肯定。① 周恩来曾与卓别林畅谈后者的电影作品《杀人的喜剧》《舞台生涯》和《大独裁者》，认为从中可以感受到对"人类友爱，世界和平的呼声"②。1955年罗光达到瑞士参加洛迦诺国际电影节，周恩来专门指示他要争取将卓别林的影片等优秀外国电影作品设法引进中国放映。③ 谈到芭蕾舞，周恩来由衷地认为和民族舞蹈"一样是美"④。对于西方文化中优秀的艺术成果和先进的艺术表现形式，周恩来鼓励文艺工作者不应有排外主义或历史虚无主义，要大胆地去学习、去吸纳。

周恩来不忘提醒广大文艺工作者，文化交流不能只面向西方，对待东方的艺术也应该用心。他在和文艺工作者的谈话中多次提到，第三世界国家的人民在反帝反殖的民族运动中创作了许多广为传唱的革命歌曲，我们应该学习、歌唱；第三世界国家的民族歌舞也自有浓郁的地域风情，这些纯的民族民间的东西值得认真研究。⑤ 1961年成立的东方歌舞团，根据周恩来制定的方针，主要任务之一是"学习和演出亚非拉各国民族民间的优秀的、健康的、进步的歌舞节目"⑥。在周恩来的关照下，东方歌舞团派人去越南和拉美学习独弦琴和歌舞，从缅甸和印度尼西亚请来老师教授套鼓、佳美兰等音乐，还利用朝鲜国立艺术团来中国访问的机会学习伽倻琴和朝鲜杖鼓。1964年东方歌舞团到北非访问演出期间，遵照周恩来的指示，在埃及、摩洛哥和叙利亚等国参观了民间音乐研究所、音乐学校和广播电台等，全面了解阿拉伯民族音乐的律制、律学等情况，带回了《埃及，我的母亲》《大海》《尼罗河》等经典曲目。歌舞团还深入撒哈拉沙漠和山间牧区，向民间的骑手和牧民请教原汁原味的阿拉伯鼓乐、歌舞。⑦

在中外文化交流过程中，周恩来十分注意尊重对方的民族文化，强调务必要学好、学像，万一拿出去的东西不对头，"影响了人家民族自尊或习惯，就是政治问题了"⑧。在这种事情上，周恩来非常讲究，一点小事情也马虎不得。朝鲜客人观

---

① 《周恩来论文艺》，人民文学出版社1979年版，第106页。
② 陈荒煤、陈播主编：《周恩来与电影》，中央文献出版社1995年版，第190页。
③ 陈荒煤、陈播主编：《周恩来与电影》，中央文献出版社1995年版，第186页。
④ 《周恩来论文艺》，人民文学出版社1979年版，第177页。
⑤ 《周恩来与文艺》下卷，中国社会科学出版社1980年版，第303页。
⑥ 陈荒煤主编：《周恩来与艺术家们》，中央文献出版社1992年版，第300页。
⑦ 《周恩来与文艺》下卷，中国社会科学出版社1980年版，第304页。
⑧ 陈荒煤主编：《周恩来与艺术家们》，中央文献出版社1992年版，第293页。

看完朝鲜舞蹈《鼓舞》后提出了一个意见:服装飘带的花纹和他们原来的不一样。为此周恩来特地找演出者谈话。1963年拍摄纪录片《彩蝶纷飞》时,田雨对影片中印度舞的布景和柬埔寨宫廷舞蹈的氛围不满意,在一次联欢晚会上向周恩来反映了情况。周恩来当场派人去将影片制作工作暂停,要调查一下再继续拍摄,以免引起柬埔寨皇室和印度艺术家的不满。①

2.“立足于国内,在我们民族的基础上发展”

关于中外文化交流的方法,周恩来提出“运用外国的知识,首先要切合中国的实际……同时,我们还应该了解我们民族的优点,把我们的历史知识、民族知识,跟外国的知识结合起来”。在他看来,学习外国先进的文化艺术成果,应该以洋为中用、以我为主为指导思想,正确地鉴别何为精华、何为糟粕,把好的东西学精、学透,真正地“掌握它,并且有很高的水平”,然后创造性地吸收应用,“把人家的化为自己的,化得使人家不觉得”,以此提高我们的文化水平。

周恩来清楚地认识到外国文化中存在一些需要摒弃、剔除的成分,应当理性、客观地具体分析,不能一股脑地引进。“资本主义国家的某些文艺思潮和文艺作品是颓废的、没落的”,属于文化糟粕。譬如鼓吹沙俄侵略战争、歪曲中国人民形象的苏联小说《旅顺口》,模糊战争侵略本质、美化军国主义的日本影片《山本五十六》,不仅罔顾历史事实,而且伤害了中国人民的民族感情,无论是政治上、史实上还是艺术上都不过关,应坚决予以反对。还有一些文艺作品的质量尚可,但是不适合中国国情,在引进时也应当谨慎。例如一些反映资本主义社会丑陋面的香港电影,“到南洋一带去放映是有教育作用的,但到我们国内来放映,它批判的对象不存在,反而把香港的生活方式介绍过来了”②。周恩来认为,在准备学习借鉴某国的文化成果之前,首先要做的工作是调查研究,首先看有没有“具有战斗性的”“进步的”作品;如果没有,第二看有没有“比较健康的”;若都没有,再看是否可以学一些“典型的”、传统的。③

在学习、吸纳外国文化的过程中,周恩来反复强调要洋为中用、以我为主,一定要“和中国实际相结合”,绝不能偏听偏信、崇洋媚外,也不能生搬硬套、照单全收。这就要求文艺工作者对新中国的实际情况看得准、摸得透。1954年中国代表团参加

---

① 陈荒煤主编:《周恩来与艺术家们》,中央文献出版社1992年版,第293页。
② 《周恩来论文艺》,人民文学出版社1979年版,第148页。
③ 陈荒煤主编:《周恩来与艺术家们》,中央文献出版社1992年版,第300页。

在苏联举行的中国电影周，放映《智取华山》《鸡毛信》等影片。代表团发现，很多观众看到战争场面就低下了头；与此同时，在苏联学习的中国导演和莫斯科的中国留学生都向代表团反映以后要少拍战争影片。回国后，代表团在总结报告中把"少拍战争片"这一条认真地写了进去，孰料遭到了周恩来善意的批评。他提醒代表团团员对比一下中苏国情的不同：苏联人民经过残酷的卫国战争，几乎家家有惨痛的损失，所以怕看战争场面；而中国当时面临着帝国主义的封锁，"蒋介石还在梦想反攻大陆。我们不能放松战争的准备，尤其不能在思想上丢弃战争的警惕性"，因此不但不能停拍战争片，还要拍好战争片。① 大到文化作品的政治取向，小到音乐舞蹈的表现形式，周恩来都以民族化为指导思想，以国家需要为主，主张"艺术还是要立足于国内，在我们民族的基础上发展"②。譬如他欣赏非洲舞蹈扭胯的特点，"但在我们国内如何演，也要看情况"，可以扭得含蓄些③；他不赞成民族戏曲中加太多的洋乐器，认为那样做第一破坏了原来的艺术特色，第二压了演员歌唱。④

如何使中外文化真正融会贯通到一起，周恩来认为要在独立自主原则的指导下，把外国的东西学到家，再进一步地吸收到我们的民族艺术中来，创造性地加以融合。当时文化部有苏联顾问，周恩来指示要尊重他们、认真倾听他们的意见，但在原则问题上一定要独立自主。对于文化部的年度工作计划要先经总顾问审签一事，周恩来指出，可以请顾问提意见，但不能由他们做主。中国戏剧学院的一位顾问主张改革京剧，反对脸谱和挂髯口，引起了所谓挂胡子还是贴胡子的争论。周恩来知道后说，这位专家是搞话剧的，对京剧不了解，不应该让外国的外行来"改造"我们的传统艺术。他高度肯定了反映我国现代生活的芭蕾舞剧《白毛女》，称赞其为西洋艺术民族化的优秀成果之一；但对于舞蹈教育把芭蕾舞作为民族舞蹈基本功的行为很是不满，认为"不统一，不和谐"⑤。王昆去天津中央音乐学院苏联专家班上进修声乐，周恩来郑重地同她谈话，提醒她"学完之后，不要让我们再也认不出你来了"，万万不能丢掉民族唱法，一味学习西洋唱法。⑥"学习外国必须同独创精神相结合"⑦，是周恩来对文艺工作者的谆谆教诲。

---

① 陈荒煤主编：《周恩来与艺术家们》，中央文献出版社 1992 年版，第 137～138 页。
② 《周恩来论文艺》，人民文学出版社 1979 年版，第 177 页。
③ 陈荒煤主编：《周恩来与艺术家们》，中央文献出版社 1992 年版，第 300 页。
④ 陈荒煤主编：《周恩来与艺术家们》，中央文献出版社 1992 年版，第 279 页。
⑤ 《周恩来论文艺》，人民文学出版社 1979 年版，第 176 页。
⑥ 陈荒煤主编：《周恩来与艺术家们》，中央文献出版社 1992 年版，第 286—287 页。
⑦ 《周恩来选集》下卷，人民出版社 1980 年版，第 441 页。

3. 合理选择对外交流作品

在文化交流中,周恩来很注意如何处理文化和政治的关系。对外文化交往有其政治使命,然而必须淡化政治意识形态色彩,尽量突出新中国文艺的民族性和时代性。周恩来认为,文化团体出访有其政治责任:"经过文化交流,增强和平力量,增加友好的往来。""通过文艺形式来表达各国人民的感情,散布和平友好的空气,增强和平运动的力量。"因此,出访的文化团体是"政治和文化结合的队伍",不是单纯"为艺术而艺术"的队伍。在交流形式和内容的选择上,应综合考虑民族性、时代性和艺术性。需要特别指出的是,周恩来虽然主张文化交流和政治任务相结合,但他坚决反对强行输出政治制度和政治观点,对这种极"左"做法十分反感。

由于充分、科学地认识到了文化交流肩负的政治任务,周恩来一直鼓励文艺工作者不断地推陈出新,"不要将来在国际舞台上还是演那些老的"。1964 年 7月,有艺术团要去香港演出,准备的演出内容均是有关古人、外国人,周恩来得知后立刻喊停,"因为气氛太不适应了","不能因为要钱,就降低了我们的政治影响,思想意义就不讲了"①。他希望文艺界多创作一些革命化、民族化、群众化的文艺作品,讲求文化交流的政治效益和社会效益。1961 年周恩来陪同一位非洲国家的元首访问上海期间,首次观赏了小提琴协奏曲《梁山伯与祝英台》,给予了高度评价,认为这是一部糅合了革命性和民族性、并且能为人民喜闻乐见的交响乐作品。之后《梁祝》多次为来访外宾演出。② 他对《红色娘子军》也特别赞赏,亲自指定要以这个芭蕾舞剧作为招待苏联总理柯西金的晚会节目。③

周恩来还注意将文艺作品和交流对象的实际情况相结合,甚至专门为这些国家创作应情应景的作品。作品"要为世界上最大多数人服务,加一个世界性"④,这是"要联系到政治任务"的。1964 年,周恩来安排在非洲放映《智取威虎山》,影片的战斗性契合当时当地的客观环境,获得了不错的反响。20 世纪 60 年代拉丁美洲民族民主运动高涨,周恩来满腔热情地鼓动国内文艺工作者进行创作。1965年,总政文工团编排了话剧《安第斯风暴》。在创作过程中,周恩来多次与编导切磋剧情,并观看了彩排和正式演出,对故事发生的国家、场景布置等细节委婉地提

① 《周恩来论文艺》,人民文学出版社 1979 年版,第 199～200 页。
② 陈荒煤主编:《周恩来与艺术家们》,中央文献出版社 1992 年版,第 76 页。
③ 陈荒煤主编:《周恩来与艺术家们》,中央文献出版社 1992 年版,第 25 页。
④ 《周恩来论文艺》,人民文学出版社 1979 年版,第 198 页。

出了商榷意见。① 在周恩来眼中,这类戏剧作品的思想内容一定要注意,稍有疏忽就可能造成政治问题。譬如他认为《奇袭白虎团》这出戏把中国人民志愿军表现得太突出了,在没有修改以前不能推广,否则"在国际任务上我们就站不住了"②。

值得注意的是,如果由此认为周恩来有意在文化交流中输出意识形态,那将是对他极大的误解。在周恩来看来,政治和文化互为表里、相得益彰,但终究是泾渭分明的两回事:"以政治代替文化,就成为没有文化了。"③单就文化交流的去意识形态化而言,周恩来的表现令人称道,甚至得到了"太不重视意识形态,以至于共产党说他不是共产党"④的评价。每逢艺术团出访,周恩来总是亲自审查节目,去掉一切带政治色彩的节目。他曾对代表团说,你们头上有顶"红帽子",人家怕你们去"赤化",去鼓动革命,所以连《大闹天宫》这样的节目也不要上。⑤ 即便在"文革"时期,周恩来仍然竭力抵制文化交流工作中的极"左"思潮。譬如在欢迎蓬皮杜的文艺晚会上,他指示将"文革"主题歌《大海航行靠舵手》替换为李劫夫谱曲的《我们走在大路上》。

三

2014 年 9 月 24 日,习近平同志在纪念孔子诞辰2 565周年国际学术研讨会暨国际儒学联合会第五届会员大会开幕会上发表重要讲话,强调推进人类各种文明交流交融、互学互鉴,是让世界变得更加美丽、各国人民生活得更加美好的必由之路,同时指出正确对待不同国家和民族的文明是我们必须把握好的一个重大课题。⑥ 做好中外文化交流工作,既是推动社会主义文化事业发展、增强民族自信心和自豪感、弘扬中华民族精神、加强民族凝聚力的需要,也是塑造良好的国家形象、提升国际竞争中的软实力、维护民族文化独立性和国家文化安全性的需要。周恩来关于文化交流的思考,是对新中国文化交流事业成功经验的科学总结,今天仍然可以带给我们启迪,让中华文化以兼容并包的开放态度、源远流长的历史传统、和平友善的亲和力量、与时俱进的时代特色和博大精深的丰富内涵,向世界展现出一个崛起中的大国的文化气象。

---

① 陈荒煤主编:《周恩来与艺术家们》,中央文献出版社 1992 年版,第 71 页。
② 《周恩来论文艺》,人民文学出版社 1979 年版,第 201~202 页。
③ 《周恩来论文艺》,人民文学出版社 1979 年版,第 94 页。
④ (英)韩素音:《周恩来与现代中国》,张连康译,丝路出版社 1995 年,第 474 页。
⑤ 黄志良:《新大陆的再发现——周恩来与拉丁美洲》,世界知识出版社 2004 年版,第 62 页。
⑥ 《人民日报》,2014 年 9 月 25 日。

周恩来与对外文化传播的探索 李 潇[*]

——以日内瓦会议期间艺术片《梁祝》的热映为例

新中国成立后,周恩来为我国对外文化传播高瞻远瞩,殚精竭虑,做出了杰出的贡献。仅以 1954 年日内瓦会议为例,就可窥见其一斑。在日内瓦会议上,周恩来根据和平共处五项原则和"求同存异"的方针,开展了卓有成效的外交活动,促成了印度支那和平的实现,增进了与世界各国人民的相互了解和友好往来。周恩来博大精深的外交思想、丰富多彩的外交实践,独具一格的外交艺术和外交风格,在国际社会为我们国家赢得了很高的声誉。

在激烈的大国间纵横捭阖的政治外交之外,周恩来以电影艺术为载体,积极开展文化外交,悉心指导对外文化传播工作。在他的指导下,中国代表团热情邀请了各国代表团和新闻工作者,观看新中国第一部彩色戏曲艺术片《梁山伯与祝英台》,并将其妙喻为"中国的罗密欧与朱丽叶",一举获得成功。赢得了包括兄弟国家、西方国家在内的各国观众的一片掌声,从而取得了在谈判桌上得不到的成功,展示了新中国的形象,扩大了新中国的国家影响力。今天,回首那震撼人心的时刻,重温当年的人与事,依然可以领悟周恩来敏锐的政治洞察力与睿智的外交艺术,他对外文化传播思想的博大精深。

重新学习和探析周恩来对外文化传播思想与实践,对我们在新时期新形势下,卓有成效地开展对外文化传播交流,无疑有着积极、深远的意义和启示作用。

一、越是民族的,越有世界性

"文化是一定民族、群体、社会的生活方式。它包括了一个民族、群体数百年来积淀下来的习俗与生活样式。文化的最核心内涵在于它是一种价值观念。它

---

* 李潇,周恩来纪念馆原研究室主任、陈保科科长。

是特定民族、阶级、群体所代表的理想、信念、信仰、价值观念。"①所谓民族化，是指一个民族独特的个性特征、特色和风格。它是根据各民族自身的历史传统、习惯、生活方式、信仰、价值观、符号等所形成的一系列认知体系，也是一个民族立足于世界的根基。民族化突出表现在一定民族的文学、艺术之中。

周恩来十分热爱祖国优秀的民族文化，积极倡导传承、发展具中国风格和中国气派的民族文化。早在新中国成立之初，他就以马克思主义文化观为指导，提出了"以我为主"发展民族文化的方针，并具体落实《共同纲领》所规定的"民族的形式，科学的内容，大众的方向"文化政策。在对外文化传播交流的实践中，周恩来积极探索，勤于思考，提出了一系列的思想与主张。他说："我们要树立民族主体，有国际意义，也有很大的政治意义。"②他认为，越是民族的，越是世界的。"你的艺术品站得住了，就成为世界艺术品的一部分了，但也还是中国的艺术品。"③"民族化和国际化是统一的，互相结合的。我们要立足于中国民族的基础上，来想我们对国际的贡献。"④周恩来的论述，阐明了国际化必须以民族化为基础，这符合人类文化发展的客观规律，体现了马克思主义关于矛盾的特殊性与普遍性，即个性与共性统一的原理。

日内瓦会议期间，周恩来和中国代表团的同志们，以极富民族特色的越剧艺术影片《梁祝》作为对外宣传的文化载体，开展中华文化的传播，受到与会各国的热情欢迎，增进了兄弟国家和西方国家对新中国的了解，促进了他们对中国传统文化的认识。这部由电影艺术家桑弧导演、著名越剧表演艺术家袁雪芬和范瑞娟主演的艺术片，具有清雅脱俗之质，诗情画意之韵，优美动听之曲，再加上周恩来以西方家喻户晓、老少皆知的莎士比亚名作《罗密欧与朱丽叶》为借喻，通俗易懂，明白晓畅，极富吸引力和感染力。正如周恩来所指出的："民族形式对于艺术很重要。你要通过民族形式的艺术来影响世界人民，那就要拿出一个很完整的艺术作品来。凡是现在出国受到欢迎的作品都可以证明这一点。只有真正有思想性、有人民性的作品，加上民族艺术形式的表现，才是最受欢迎的，因为这是统一的。"⑤

周恩来对外文化传播的实践充分证明：文化越是民族的，越有价值，就越能走

① 《马克思、恩格斯全集》第42卷，人民出版社1979年版，第119页。
② 《党的文献》1995年第6期，第5页。
③ 《周恩来文化文选》，中央文献出版社1998年版，第288页。
④ 《周恩来文化文选》，中央文献出版社1998年版，第288页。
⑤ 《周恩来文化文选》，中央文献出版社1998年版，第148页。

向世界,为全人类所共有。同时也表明,文化在任何时候都必须首先是民族的,然后才是人类的。

二、传播理想、希望和乐观向上的力量

文化对外传播,除了必须具有独特的民族形式、民族风格外,在内容上还必须正确把握,严肃对待。要把民族文化中充满活力、乐观向上、真正体现民族精神和力量的作品弘扬、传播出去,这是我们应当遵循的原则,也是从事文化传播的人们应尽的责任和义务。对此,周恩来有着深刻的思考,他说:"为什么我们古典的传说最受欢迎的是《梁祝》呢?因为它不仅是写了悲剧,而且写了理想,这就表示中国人民是有理想的、有希望的,并为之奋斗的。现在理想变成现实了,人家就感觉到中国人民自古以来就有一个鼓舞人的、向上的力量,它推动着中华民族生存下去,强大起来。所以,我们的《梁祝》就超过了英国的《罗密欧与朱丽叶》。因为它那个悲剧里没有理想,而《梁祝》则化为双蝶,还能够双宿双飞,到新社会这个理想又变成了现实。"[①]总之,它表现出了中华民族的一种性格、理想和希望。

周恩来认为,"世界各国人民有不同的习惯、传统、生活方式和语言,表现在艺术语言上也有不同,这就形成了民族性。但世界各国人民总有共同性,这种共同性就贯穿了人民性。你演的东西人家能理解,首先是因为它代表了人民性,是人民的艺术。""要在丰富的艺术形式之下,内容要有完美的人民性,才能受到欢迎。""什么叫人民性?就是广大人民喜闻乐见的东西。"[②]周恩来强调:《梁山伯与祝英台》就是在"丰富的艺术形式之下",在内容上"有更完美的人民性"的一出戏,正因为如此,它才成为"最受欢迎的"。

世界文化发展的历史充分证明:富有民族特色,进步、向上的作品,才能为别国注意和认可,才能进入世界优秀文化之林。而品味高尚、格调高雅、质量上乘、民族风格浓郁的优秀文化作品,对于增强本民族在世界舞台上的思想文化影响力,塑造本民族在国际社会中的美好形象,有着不可替代的重要作用。

周恩来还进一步总结说:"我们不论是在南亚、在西方或在兄弟国家,最受欢迎的还是那些有丰富的人民性和民族形式的艺术。就是说,人民性是我们的共同性,民族形式是我们的特殊性,这两个东西结合起来,人家就能欣赏,就感觉新鲜,

---

① 《周恩来文化文选》,中央文献出版社1998年版,第144页。
② 《周恩来年谱》(1949—1976)上卷,中央文献出版社1997年版,第509页。

也就会产生鼓舞的力量。"①

三、国家是成功传播文化的强大基础和支撑

周恩来认为,新中国的建立,是我们对外文化传播获得成功的首要条件。没有新中国,就没有我们对外文化传播的巨大成功。1955年10月20日,他在全国文艺工作者大会上,针对1955年8月至10月中国青年艺术团、中国艺术团、中国杂技团、中国民间音乐杂技表演、中国古典歌舞剧团、中国越剧团等,先后去波兰、瑞士、芬兰、苏联、意大利、阿尔巴尼亚等国访问演出圆满成功,发表讲话说:"我们这次出国,特别是到西方国家,为什么受到这么热烈的欢迎?我说有两个条件:第一,就是中国人民的胜利,这是政治条件;第二,就是人民的艺术,这是艺术条件。仅仅有艺术条件还不行,过去中国也有出国的京剧团。梅先生、程先生在京剧艺术方面,有谁能超过他们两位?……但那时他们出国能受到像现在这样的盛情欢迎吗?会不会有四十多次谢幕?现在出国跟过去就不同了。这就是说,不是因为艺术上的造诣已经很高吸引了人,而是胜利了的中国人民吸引了人。六万万的中国人民胜利了,这是震动世界的事情,影响了世界上广大的人民。这是第一条,没有这一条不会有这样的场面。不仅西方国家如此,兄弟国家也是如此。因此,不管是艺术团,还是杂技团、越剧团等等出国得到的荣誉,首先要归功于人民。没有中国人民的胜利,没有抗美援朝的胜利,不可能影响这么大,外交上也证明了这一点,没有中国人民的解放,没有抗美援朝的胜利,能够有日内瓦会议的成就?能够有万隆会议的成就?那是不可设想的。"②

也就是说,对外文化传播交流,离不开国家的实力支撑与支持。一方面,通过各种艺术载体,传播本民族的优秀文化,展示国家形象;另一方面,文化传播的成效取决于国家基础实力。无疑,新中国是对外文化传播优厚基础和强大后盾。

周恩来还指出:"我们的艺术团体到国外去,人家对我们的艺术家受到国家的重视和培养非常羡慕。我国的艺术家有广阔的发展天地,这是社会主义制度的优越性。我们受人赞美,就更要提高,更向上发展,所以要重视经验和才能,要重视技巧。"③这就是说,社会主义制度为我们创造了优越的条件,我们更应当拿出更好

---

① 《周恩来文化文选》,中央文献出版社1998年版,第148~149页。
② 《周恩来文化文选》,中央文献出版社1998年版,第138~139页。
③ 《周恩来文化文选》,中央文献出版社1998年版,第228页。

的作品来,拿出内容和形式更加完满的优秀作品来,奉献给全国和全世界的人民。

四、做好细致的宣传工作,精心架设沟通之桥

日内瓦会议期间,周恩来为打好新中国外交这一仗,殚精竭虑,积极筹划做好细致的宣传工作,成功开展了中华民族文化的传播交流活动,促进了不同历史文化背景、不同民族间的沟通,引得无数知音共鸣。早在出国前的几个月,他就开始缜密思考有关活动计划,指导有关人员做了大量基础性的准备工作。据《周恩来年谱》记载:1954年2月底至3月,"为了开好日内瓦会议,进行准备:(一)阅读有关召开日内瓦会议的大量文件、电报、资料和情报……(二)经常约李克农等商谈出席会议的准备工作和中国代表团人选等问题,提出对每个环节都要认真准备,并组织模拟会议,搞翻译练兵"①。1954年3月5日、6日,周恩来"分别约有关部门负责人商谈:(一)日内瓦会议期间加强外交活动的计划。(二)配合日内瓦会议的国际宣传问题"②。从这里我们可以看出两点:首先,重视翻译工作,着力抓紧培训一支高素质的翻译队伍。对外交往,有一个语言转换的问题,翻译在其中起着"船"和"桥"的连接与沟通作用。而翻译水平的高低,翻译质量的优劣,直接关系到沟通交流的成功与否。除了会议上的翻译,对外宣传,传播中华文化,同样存在翻译水平和翻译质量的问题。翻译得准确、妥当与否,直接影响传播成效。据有关人员回忆,起初《梁祝》在日内瓦会议期间的播映,并未引起太多注意,因为没有翻译文字介绍,人们听不懂也看不懂,就逐渐走开了。后来外交官熊向晖将片名译作"梁祝的悲剧",并请人将该片的剧情和主要唱词翻译了十几页的说明书,准备放在剧场向观众介绍引荐。周恩来审稿时,看了直摇头,说这是"八股",十几页的说明书谁看呀? 20世纪20年代赴欧洲求学,在那里有着生活体验的周恩来,对欧洲的历史文化有较多的了解。他认为,只要给这部影片起个恰如其分又有吸引力的名字,外国人肯定对它有兴趣。因而,他建议在请柬上写上一句话:"请你欣赏一部彩色歌剧电影——《中国的罗密欧与朱丽叶》",周恩来非常自信地说:"放映前再用英语作3分钟的介绍,概括地介绍一下剧情,用词要有点诗意,带点悲剧气氛,把观众的思路引入电影,不再作其他解释,你就这样试试看,我保证不会失

---

① 《周恩来年谱》(1949—1976)上卷,中央文献出版社1998年版,第355页。
② 《周恩来年谱》(1949—1976)上卷,中央文献出版社1998年版,第357页。

败。"①其次，做好细致入微的宣传工作。这也是项关键性的基础工作，它起着引导和传递信息的作用。周恩来认为，"有一些影片是要宣传的，而且要做事先的、细致的宣传。"②这就必须对各国的历史文化熟悉和了解，同时还要有一定的宣传技巧，运用智慧将二者结合起来，才会达到预期的效果。

艺术片《梁祝》的宣传推介工作，正是按照周恩来的建议办理，在中国代表团新闻处放映了该片后，当观众安静地看完这部带有浓郁中国民族特色的故事，全场响起一片掌声。当世界影坛巨星、英国电影表演艺术家卓别林看了周恩来托人捎去的这部艺术片后，他由衷地称赞中国民族戏曲的优秀传统说："就是需要有这种影片，这种贯穿着中国几千年文化的影片。希望你们发扬自己民族的文化传统和对美的观念。我希望你们对自己有充分的信心，而我知道你们是已经有了。影片好极了，希望你们多拍这类片子!"③

关于文化宣传工作，周恩来曾多次讲话，循循善诱。1954年4月14日，周恩来和在京的60多位电影工作者谈话时，提出："如你们所摄制的许多有保存价值的古典舞台纪录片，就应该把有保存价值的道理说清楚，向观众进行宣传;同时，这种作品中有些历史故事和文言的唱词，一般的观众也看不懂，特别是青年一代的观众就更看不懂，对这样的作品，你们在故事和唱词上首先就要进行宣传，把唱词先印出来，使大家能够看懂，在银幕上也必须把唱词打上字幕，观众才能看懂它，才能接受它，对它发生兴趣。"④也就是说，做好宣传工作，必须懂得如何去沟通、去引导观众。今天，我们说沟通，简单理解就是信息在人与人之间的互相传递。它是一种通过传递观点、思想、感受和价值观而与他人相接触的途径，其目标是使接收者理解信息的含义。对外文化传播，更应当重视沟通工作，它的意义和作用非同小可。

综上所述，艺术片《梁祝》在日内瓦会议期间的成功播映，充分证明了周恩来对外文化传播思想和主张的正确性及时代价值。

五、周恩来对外文化传播思想和实践的当代启示

当今世界，文化因素在国际关系中的地位日趋突出，文化外交、文化交流与合作已成为各国外交的总体内容。在我国，随着改革开放的不断深入，对外文化传

---

① 钱江:《周恩来与日内瓦会议》，中共党史出版社2005年版，第202页。
② 《周恩来文化文选》，中央文献出版社1998年版，第173页。
③ 《周恩来总理生涯》，人民出版社1997年版，第99页。
④ 《周恩来文化文选》，中央文献出版社1998年版，第173~174页。

播交流的深度和广度也在日益扩大和增强。中华文化是最深厚的国家软实力,党的十六大明确提出,要扩大文化交流,增进人民之间的友谊,推动国家关系的发展。习近平总书记多次强调要加强国际传播能力建设,精心构建话语体系,讲好中国故事,传播好中国声音,展示中国形象。今天,重新学习研究周恩来对外文化传播思想和实践,其主要启示有:

(一)必须不断创新,推出中华文化精品

周恩来提出:"对民族文化遗产我们要保存最好的,要不断前进,推陈出新,发扬光大。"①今天,在跨文化传播方面,我们应当有更灵活的思路。首先,内容上,不仅学习传承传统文化,也要反映现代文化。要增加现实题材吸引力,传递时代巨变信息,让中华文化、特别是有着鲜明时代烙印的现代文化,在国际社会走得既稳又远。

其次,突破固有形式,丰富载体,使传播渠道更加灵活多样。要让世界了解和认知中华文化是世界文化的组成部分。近年来,中华文化在国外的传播方式和特点都有了新的变化,但仍远远不够。我们应当做到"既要有思想性,又要有艺术性"②。这也正如当今有识之士所指出的:文化的发展,须以民族特色为基础,外来文化相辅助,与时俱进为目标。通过传承、融合,达到创新。

(二)改变固有的推广方式,扩大文化传播范围

这些年来,中华文化走出去已获得显著成效,取得了很大成就,世界对中国的了解正在加深。但仍然存在文化影响力不足的挑战,一方面,中华文化精神和价值观未获得更多的全球性的理解与认知;另一方面,文化传播还未得到广泛接受。因此,要改变传统观念,谋求以多种多样的推广方式来进行文化传播,来达到国家形象推广的理想效果。

1. 配合重大外交活动,开展对外宣传,展示中国形象

通过外交的重大活动来开展实施文化传播,这是以往的主要推广方式,以后也仍将占主导地位。以往我国对外文化传播的实践充分表明:服从和服务于国家的外交大局,配合重大外交活动开展文化宣传、推介,是展示我国文化实力,推广中华文化行之有效的方式。一方面,我们的文化外交活动能够为国家增光添彩;另一方面,国家外交又使我们的文化传播活动提升了境界。

2. 以民间的交流合作,促进文化传播与融合,增进国际友谊

① 《周恩来文化文选》,中央文献出版社 1998 年版,第 333 页。
② 《周恩来文化文选》,中央文献出版社 1998 年版,第 184 页。

信息社会全球化时代,国内与国际界限渐趋淡化模糊,民间交往接触日益增多。近几年来,我国通过举办各式各样的文化年(节、周)、博览会、电影节等活动,把包括文学、艺术、文物、书画、影片等中华文化精髓传播介绍到世界各地,促进了国际社会对中华文化和中国形象的认知,增进了与世界人民的友谊,取得了很好的成效。与此同时,吸取融合了别的国家和民族的优秀文化,促进了自身文化的发展与创新。以后,我们还要充分利用民间渠道,进一步扩大文化传播的面积和范围,沟通文化,增进互信。并且充分运用文化来化解矛盾和误解,以达到消除对立情绪、增进和提升友谊的理想目标。

(三)重视翻译培训工作,构建有效沟通的桥梁

要跨越互相不熟悉的文化理念、意识观念、文化民族界限,达到沟通与理解,翻译的工作至关重要。实践证明,翻译的水准,决定沟通交流的成败。因此,重视翻译工作,是社会的需要,时代的需要。对此,我们应当抓紧两方面的工作:

1.加强专业培训,造就高素质的翻译人才队伍

文化承载着传统与现代之间、中国与世界之间的桥梁作用。而文化传播的担当,则需要高质量的外语人才。因此,造就一支高素质的翻译队伍,十分重要和必要。首先,要加强对翻译人才队伍建设和翻译事业发展的统筹规划。其次,除了业务培训外,还须加强翻译人员的文化修养。我们要实现文化的有效传播与沟通,必须谙熟外国的历史文化,找准"切入口",排除障碍,架设好文化沟通的桥梁。力求形成准确阐释中国道路、中国精神的对外表达方式,既体现中国立场、中国气派,又要把握国外受众的思维习惯,运用国际上能够广泛接受的表达方式,使我们的对外话语更易于接受和传播。

2.促进大众的外语学习,实施普通长效的文化传播

除了专业专职的翻译人才培训外,还必须重视推广普通民众的外语学习与交流。随着中国国家实力的增强,中国民众出境观光旅游的机会大大增多,普通人与外国人的交往接触大大增加。这些出国人员无形中打上了国家符号的标签,承载着文化传播的责任与义务。因此,要倡导加强推广大众的外语学习,消除交流中的语言障碍,更好地沟通,更快地融合。

总之,中国在世界上的形象展现,中国在世界上声音的传播,都需要通过语言转化才能得以完成。为了相互了解,我们需要超越互不熟悉的思考和语言界限,因此,我们必须学好语言,做好文化使者,使中国声音在全世界表达得更有吸引力、感染力和影响力。

论周恩来外交思想中的国家利益观 谭智俊*
——以中日外交实践为例

周恩来是新中国的第一任外交部部长,是新中国外交的创始人和奠基者,在国际上享有崇高的声誉。新中国成立之初,国际局势错综复杂,周恩来运用马克思主义的外交原理,结合中国实际,形成了具有丰富内涵且见解独到的国家利益观,指导我国对外关系。这种具有中国特色的马克思主义外交观在恢复中日邦交的过程中得到了充分的运用和实践,对实现中日邦交正常化起到了至关重要的作用。

一、周恩来国家利益观的丰富内涵

(一)坚持把维护国家利益作为外交工作的原则

新中国成立伊始,以美国为首的西方国家对华进行了全面封锁,仅有少数几个国家承认新生的红色政权,外交形势非常严峻。尽管外交工作上"我们不能说没有一点经验","但是经过整理,使它科学化系统化成为一门学问,那还没有开始"。[①]要开展外交工作,首先要明确它的原则。在这样的时代背景下,周恩来在外交部成立大会上十分明确地指出外交工作的原则是保卫国家利益:"在没有发生战争和破坏的时候,对内对外都要进行保卫国家利益的工作,对内的就不说了,对外而言,外交就成了第一线工作。"周恩来亲身经历了旧中国在外交上丧权辱国的切肤之痛,他悲愤地指出,"中国一百年来的外交历史是一部屈辱的外交史","清朝的西太后,北洋政府的袁世凯,国民党的蒋介石,哪一个不是跪倒在地上办外交呢?"[②]周恩来明确地提出以国家利益作为中国外交出发点,这是他对国际关系的科学的实事求是的分析和对国家利益的深刻理解,反映了新中国外交思想的根本性变化。

---

* 谭智俊,中央文献研究室。
[①] 《周恩来外交文选》,中央文献出版社 1990 年版,第 1 页。
[②] 《周恩来外交文选》,中央文献出版社 1990 年版,第 4 页。

正是在周恩来把国家利益作为外交工作的原则这一思想的指导下,在1949年中国人民政治协商会议第一届全体会议上通过了《中国人民政治协商会议共同纲领》,其中第七章第五十四条明确规定:"中华人民共和国外交政策的原则,为保障本国独立、自由和领土主权的完整。"①在新中国第一个宪法性文件中宣布这样的外交原则,标志着维护国家利益成为中国制定对外政策、处理与其他国家间关系的最根本的指导原则。

(二)把握国家利益的层次性特点

在周恩来的国家利益观中,国家利益包含国家主权利益、国家安全利益和国家经济利益三个方面。这三个方面虽然都十分重要,但也有主次之分,并且相互之间又有着十分紧密的联系。

第一,国家政治利益。国家政治利益是国家利益的集中表现,包括领土完整、政治独立和基本政治制度的持续。在国家的政治利益问题上,周恩来一贯坚持独立自主的原则,外交工作应当建立在"互相尊重领土主权的基础上"。对于一些企图干涉我国领土主权问题的国家,周恩来总是态度十分坚决,在1954年8月11日中央人民政府委员会第三十三次会议的外交报告上他代表中国政府再次强调:"台湾是中国神圣不可侵犯的领土,决不容许美国侵占,也决不容许交给联合国托管。解放台湾是中国的主权和内政,决不容许他国干涉。"在国家利益面前,周恩来对于外国的武力威胁毫不畏惧,"如果美国政府以为可以用战争威胁来吓倒中国人民,来使中国承认'两个中国',承认美国侵占台湾和侵入台湾海峡的行动合法,那是梦想"②。在周恩来的思路中,捍卫国家的主权独立和领土完整,确保国家安全,是一个国家的根本利益和最高利益。

第二,国家安全利益,国家安全是国家利益的根本保障。只有国家安全利益确保无忧时,国家的其他利益才可能得以实现。在国家安全方面,周恩来领导的中国政府一直把和平作为追求的目标。但是面对外国的军事威胁,周恩来也毫不屈服,他代表中国政府发表声明:"中国人民热爱和平,但是为了保卫和平,从不也永不害怕反抗侵略战争。中国人民决不能容忍外国的侵略。"维护和平的发展环境,保护国家安全利益,"最关键的问题是扩大和平地区"。他指出,"亚洲国家彼此之间应该进行协商,以互相承担相应的义务的方法,共同努力维护亚洲的和平

---

① 《人民日报》,1949年9月30日。
② 《周恩来外交文选》,中央文献出版社1990年版,第108页。

和安全",中国承诺"愿意与任何国家签订互不侵犯条约"。

第三,国家经济利益,国家的政治利益和安全利益是一个国家外交工作的原则和底线,而外交工作的核心则是经济利益。中国经历了长达数十年的战争,恢复生产和经济建设的任务十分紧迫。国内建设需要大量的物资和技术,除了外国援助外,更多地需要依靠贸易。针对这样的情况周恩来认为,在我们这样经济文化落后的国家,关起门来进行现代化建设是不行的,必须要在自力更生的基础上"向一切国家的长处学习"①,开展广泛的经济技术交流和合作,这样,才能逐步赶上和超过先进国家。他积极主张打开与西方资本主义国家的经济关系,"我们跟西方国家改进关系,在政治上是和平,在经济上是贸易。"从1952年在莫斯科召开的国际经济会议上,中国代表团同西欧各国的与会人士就有关经济技术合作问题进行接触开始,到1957年,中国已同包括英国、法国、比利时、意大利和荷兰等主要资本主义国家在内的世界上82个国家和地区建立了经济贸易关系,并同其中24个国家签订了政府间贸易协定或议定书,每年都派出一些代表团前往这些国家参观、考察,并进口了许多经济建设急需的物资和设备。

(三)把平等互利作为外交工作的方向

在周恩来的国际利益观中,各国的国家利益应当是一种平等的关系。在亚非会议上,他郑重宣告:"国家不分大小强弱,在国际关系中都应该享有平等的权利,他们的主权和领土完整都应该达到尊重,而不应受到侵犯。"②新中国在处理国际事务中,周恩来坚持以"平等互利"作为中国外交工作的原则之一,并为世界多数国家所接受。对于帝国主义强加给旧中国的一切不平等枷锁,周恩来向世界宣布,"中华人民共和国必须取消一切帝国主义在中国的一切特权",对于旧政府与外国所订立的各项条约,我们有权根据国家利益"分别予以承认,或废除,或修改,或重订",彻底结束了中国近代百年来外交的屈辱史。

周恩来国家利益观中的平等观念中还包含着长远的概念,认为国家间的利益关系是长远的,国家的对外政策应立足于国家的长远战略利益。因此在追求中国的国家利益的同时需要兼顾其他国家的利益。周恩来在诸多国际场合中反复强调国家间的外交应当建立在"互利"的基础上。周恩来认为,国际社会由于存在着许多国情不同的国家,国家利益之间存在冲突在所难免,在这样的情况下除了考

---

① 《周恩来外交文选》,中央文献出版社1990年版,第158页。
② 《周恩来外交文选》,中央文献出版社1990年版,第116页。

虑自身国家利益外,也应当从对方国家利益的角度出发考虑问题。中国在此做出了表率,周恩来代表中国在对外经济技术援助的八项原则中写到,"中国政府在对外提供援助的时候,严格尊重受援国的主权,绝不附带任何条件,绝不要求任何特权"。

二、周恩来国家利益观在中日关系中的实践

(一)从国家利益出发选择日本

从国际局势来看,中华人民共和国成立后不久,朝鲜战争爆发,在美国的操纵下,西方国家对华进行了全面封锁。美国利用占领日本的地位,逐步地扶持日本将它变为美国在东亚地区执行冷战政策的桥头堡,使日本成为可能的侵略战争帮凶。周恩来清楚地意识到了这一情况,他在外交部全体干部会上的讲话鲜明地指出,"在东方,美帝国主义要发动战争就要控制日本"[①]。

此时的中国政府则坚决反对美国的亚太政策,坚持一个中国的原则。因此,中国和美国、日本等西方国家处于对峙状态,外交上向苏联东欧"一边倒"。但这种局面从长远看是对中国不利的。中国要走向世界,改变"一边倒"的局面,就必须打破西方世界的封锁。就中国最切近的利益来说,在于首先打破在亚太地区的被孤立封锁的局面。而打破此种局面,从根本上来说,在于打破日本、美国与台湾的国民党政府的所谓的"亲密关系"。从当时世界政治对立状况和中苏关系来看,与美国无直接对话的可能,与持顽固立场的台湾国民党政府来看,国共两党亦不可能重开谈判。据此周恩来与党的第一代领导集体,从维护中国国家安全利益的角度出发,将新中国外交的突破口选在与宿敌日本的关系方面。

在这样的背景下,尽管"中日两国的社会制度不同","日本军国主义者侵略中国,使得中国人民遭受重大灾难",甚至"战争状态没有宣告结束",周恩来为了国家利益,坚持"求大同,存小异",打开了中日邦交正常化的大门。

(二)把国家利益原则作为处理中日关系的最高准则

周恩来在制定对外战略和处理对外关系这个"第一线工作"时,始终都不忘"保卫国家利益"。从吉田茂到岸信介,从佐藤荣作到田中角荣,从国家政治利益到国家经济利益,不论日方态度是友善或是敌对,周恩来领导的中国政府对日工作都始终从国家利益出发来处理两国在恢复邦交过程中的诸多难题。在周恩来

---

① 《周恩来外交文选》,中央文献出版社1990年版,第13页。

的国家利益观中,主权和领土完整是国家的核心利益,是一国赖以生存和发展的基础。在维护主权和领土完整、反对外国干涉中国内政问题上,周恩来的立场是非常坚决的。这在中日关系最为敏感和关键的两大问题战争责任问题和台湾问题上得到了最好的体现。

在战争责任的问题上,日方总是试图隐瞒和掩盖其侵华的累累罪行。对于日方这样的历史态度,周恩来认为,过去的事情既然发生了就是事实,历史是客观存在的,容不得文过饰非的掩盖,更不允许对历史的歪曲和否认。正确面对历史,是处理中日关系问题的原则性问题,不仅关系到给千千万万受到巨大战争创伤的中国人民一个"说法",更关系到日本能否吸取战争教训防止悲剧重演。否认侵略历史,逃避战争责任就无法构建信任,就更谈不上中日间的和平共处、友好往来了。因此对于任何企图抹杀或减轻日本侵华罪行的行为,不论当事人出于主观故意还是其他原因,周恩来都绝不姑息。1972年日本田中首相为恢复中日邦交来华访问,在欢迎宴会上致答谢词时说,"遗憾的是过去几十年间,日中关系经历了不幸的历程。期间,我国给中国国民添了很大的麻烦,我对此再次表示深切的反省之意"。对于这样伤害中国人民感情,逃避战争责任的言辞,周恩来有针对性地强调说:"'添了很大麻烦'这句话,引起了中国人民的强烈反感。因为很普通的事情也可以说是'添麻烦','麻烦'在汉语的意思很轻。"田中对此费了不少唇舌解释,最终在中日联合声明最后写到,"日本方面痛感日本过去由战争给中国人民造成的重大损害的责任,表示深刻的反省",以示日本对战争责任的公开谢罪。

在台湾问题上,日本与台湾签订了日台"双边条约",甚至在一些重大敏感问题上以已在"日台条约"中解决为由拒绝再次表态。对于日本这样侵犯了中国的主权与领土完整的行为,周恩来一面怒斥其为"法匪",一面提出了"复交三原则":中华人民共和国政府是中国的唯一合法政府;台湾是中国领土不可分割的一部分;"日台条约"是非法的、无效的、应予废除。以有力反驳和实际行动向日方表明,中国的核心利益神圣不容侵犯。在台湾的归还问题上,周恩来还特别强调:"日本必须承认台湾已经归还中国",因为对日本来说,"单说台湾是中国的一个省,或者说是中国领土不可分割的一部分还不够,还要说台湾已经归还它的祖国——中华人民共和国"。周恩来严谨的外交作风和保护中国国家利益的坚定态度,赢得了日本的尊重,日本的田中首相评价周恩来"身似柔柳,心如巨石"。最终日方在签署中日联合声明的当天,由大平外相以答记者问的方式,宣布"日台条约"归于完结。

（三）以经济利益为核心处理中日关系

中日外交的主要分歧是国家的政治利益,而中心工作却是围绕两国的经济利益展开的。从中国自身的经济利益来看,因为20世纪六七十年代的新中国,经济发展因为道路、方针和方法的严重错误,国内经济遇到了新中国成立以来的最大困境,经济发展停滞不前甚至部分领域严重倒退。中国此刻十分需要对外实现经济贸易往来,以缓解当时的不利局面。然而,随着中苏关系的逐渐恶化,直至破裂,苏联与中国经济往来也逐渐萎缩,当时在中国的周边国家中,能够有能力对中国进行经济技术援助的国家只有日本。

面对中国经济利益的需求,周恩来有着清醒的认识。他在会见日本关西经济访华代表团时说,"中国经济的发展,主要依靠自力更生","但是要使经济技术达到现代化的水平,也需要进行国际的合作","日本可以供应中国技术设备的种类相当多"。在1952年4月莫斯科召开一个国际经济会议,中国的南汉宸、雷任民两位经济界领导也去参加。出发前,周恩来总理对他们特别交待,"你们这次去参会,日本也有国会议员参加,你们一定要把他们请到中国来"。二人受命后主动致函日本国际恳谈会,表示愿与日本代表在会议期间就国际贸易和国际经济合作等问题进行磋商。中国的主动换来了日方三名议员的访华,当时中日没有正式外交关系,高良富等人在明知违反签证规定的情况下,还特意从欧洲绕道而来,成为第一批访问新中国的日本人。他们因勇敢的破冰之旅,被人们称为"三勇士"。这次访问,取得了实质性的成果。于同年6月中日双方签订了第一个中日民间贸易协定,约定年底前完成进出口总额三千万英镑。

有了这样良好的开端,周恩来对中日关系特别是经济关系的发展有着良好的预期,"中国有六七亿人口,日本有一亿人口,彼此有很大的市场,中日经济力量发展了需求就会增加,互通有无的可能性就会更大"[1]。在他的全力促成下,中日签订了一个具有创造性的国际贸易协定《中日长期综合贸易备忘录》。这个贸易协定以民间贸易形式出现,但经过两国政府承认,具有半官半民的性质,使得中日贸易纳入了一个稳定的轨道,贸易的性质和品种十分丰富,扩大了双方贸易余地,中日双方都因此获得了巨大的经济利益。

（四）兼顾共同利益,妥善解决战争遗留问题

日本政府发动的侵华战争不仅给中国带来巨大伤害,其战争的遗留问题也给

---

① 《周恩来外交文选》,中央文献出版社1990年版,第414页。

中日两国邦交正常化造成了阻碍。周恩来从两国人民的共同利益出发,将日本军国主义政府与日本人民区别开来,本着不应由日本人民来承担战争责任的思路,妥善处理了日侨、战犯、战争赔款等一系列的问题,为中日关系发展扫清障碍。

对待战后留在中国的日本军人及其家属,中国通过红十字会出面,分批次先后送回了日本。周恩来把这批人看作是"友好的种子",他说:"昨天还在打仗,今天就成了朋友。中国人民相信他们,没有记仇。""这是友谊,可以说是真正的友谊,可靠的友谊。""这种友谊的基础上改善中日关系是完全有可能的。"①对于日本战犯,中国政府鉴于他们的悔罪表现,决定对他们宽大处理,分三批宣布免于起诉,释放回国。只对其中罪行较重的45人予以判刑,而这45人也根据表现可以提前释放,或者邀请战犯家属来中国看望。周恩来对此说明时讲到:"这样处理是为了表明,中国政府是真正希望结束两国之间的不愉快的历史,开始中日间全面的友好合作。"这种做法,一方面确认了战犯的罪行,维护了国家利益;同时又宽大为怀,照顾日本国民的情感需求,在对待日本战争赔款的问题上,蒙受了巨大灾难的中国人民毫无疑问地拥有要求战争赔偿的权利,但是长期承受巨额赔款重负的中国人民,深知这种赔偿对日本人民的负担。因此周恩来说,"我们不向日本要求赔偿。为什么呢?因为日本人民也和我国人民一样,是日本军国主义的受害者。所以如果我们要求赔偿,就会变成让同是受害者的日本人民支付。这从我国的意识形态来看是不可取的"②。最终中国在日本做出军国主义不再复活的承诺下,从和平友好这个大局出发放弃了战争赔款。

周恩来从中国长远的国家利益出发,充分理解和照顾日本人民的利益,扫清两国间的外交障碍,实现中日两国的共赢,展现了他高超的政治智慧和伟大的国际主义情怀。

三、周恩来国家利益观对中日关系发展的意义

习近平在十八届中共中央政治局集体学习中强调,我们要坚持走和平发展道路,但决不能放弃我们的正当权益,决不能牺牲国家核心利益。任何外国不要指望我们会拿自己的核心利益做交易,不要指望我们会吞下损害我国主权、安全、发

---

① 《周恩来外交文选》,中央文献出版社1990年版,第88页。
② 袁成毅:《1972年中国政府正式放弃对日索赔始末》,《党史研究资料》1998年第3期。

展利益的苦果。① 开展外交工作,要始终坚持把维护国家利益作为出发点,把寻求和发展共同利益作为处理外交关系的发展方向;在面对外交中国家利益冲突时,要充分考虑认两国政治制度、地理环境、人口数量等诸多不同的客观事实,要顺应人民对和平共处、友好往来的美好愿望。周恩来国家利益观,从时代和战略的高度丰富和发展了马克思主义的国家利益观,他打破了传统国家利益观中狭隘的"爱国主义"的限制,是爱国主义与国际主义相结合的产物。在这样的国家利益观的指导下,新中国制定了一系列的外交政策,外交工作取得了显著成效,提高了中国的国际地位,改善了安全环境,推动了中国的经济发展,维护和实现了中国的国家利益。周恩来的国家利益观对处理当今中国的复杂外交局面,具有重要的时代意义与实践意义。

---

① 《人民日报》,2013 年 1 月 30 日。

论周恩来的非洲理念 薛 琳* 张 象**

  非洲是世界第二大陆,有"自然资源聚宝盆"之称,它地跨南北半球,扼东西方交通要冲,有 54 个发展中国家和近 10 亿人口。非洲对全球经济、政治乃至生态环境都有着不可低估的作用。非洲已完成民族独立大业,它与我国一样都正在实现伟大的"复兴梦"。中国需要非洲,非洲也需要中国。在此新形势下,我们更加怀念周恩来总理,他为中非新型关系和中非人民传统友谊的缔造做出了历史性的贡献。重温他的非洲理念,对于中非关系的新发展有着重要现实意义。目前学界有关周恩来外交的研究已经取得丰硕的成果,但对他非洲理念的研究尚属软肋。故我们写出此文,以求得到同仁们的指正。

一、周恩来怎样看非洲

  青少年时期的周恩来,出于对殖民主义列强的憎恨,就十分同情被压迫的非洲黑人大众。有一天,当他读到奉天《盛京日报》上有殖民者奴役贩卖黑奴的消息时,十分气愤激动,他大声地说:"黑奴总有一天要解放!"[①]

  1920—1924 年周恩来旅欧勤工俭学,接受了国际共产主义的先进思想,成为共产主义者。从此,他有了革命的唯物史观,对非洲黑人民族由感性的同情开始转化为理性的支持。1920 年 7 月,共产国际召开"二大",通过了列宁起草的《民族殖民地问题提纲初稿》和《报告》。列宁指出:世界进入帝国主义时代后,世界民族被分割为两大部分,一部分是人数少却拥有财富和实力的压迫民族,另一部分是人数占世界 70% 左右的被压迫民族。列宁不仅号召"全世界无产者联合起来",还号召"全世界无产者和被压迫民族联合起来"。[②]周恩来通过法国和德国的共产党人,及时接受了列宁这一思想。

  在旅欧期间,周恩来除了关注欧洲各国的工人运动之外,也十分关注非洲埃

  * 薛琳,中国延安干部学院副教授。

 * * 张象,南开大学教授。

  ① 《周恩来传》第 1 册,中央文献出版社 1998 年版,第 10 页。

  ② 《列宁选集》第 4 卷,人民出版社 1995 年版,第 326 页。

及正在进行的反英运动。埃及是非洲的文明古国,从 1798 年起遭受殖民主义侵略,1869 年苏伊士运河通航后,从半殖民地沦为英国殖民地。1919 年和中国一样掀起爱国反帝运动,迫使英国承认埃及形式上独立,废除"保护权"。1922 年 2 月,周恩来以《伦敦通信》的形式通过天津《益世报》向国内报道了这一事件,揭露英国殖民主义的罪行,表示对埃及民族解放运动及其领导人扎格鲁尔的同情和支持。①1924 年他在《救国运动与爱国主义》一文中,表述了他的理念:"我们心中不容丝毫忘掉与我们受同样苦痛的全世界无产阶级和弱小民族,亦即是全世界的被压迫阶级。并且我们若认清事实,果想将军阀打倒、国际帝国主义打倒,我们也非与全世界被压迫阶级联合一致,来打此共同敌人不可。故我们的救国运动乃必须建立在国际主义上面。"②

所以,周恩来的非洲理念,从一开始就有两个要点:一是中国与非洲同属被压迫民族,同遭受西方殖民主义者欺凌是天然同盟者;二是中国人民对非洲人民要奉行国际主义的关怀,并支持他们改变命运的斗争。

随着历史的发展,周恩来的这一理念也不断发展。20 世纪 30 年代法西斯主义猖獗,这是现代帝国主义的极端派。他们妄图奴役世界,首先从亚非国家开刀。1931 年日本帝国主义挑起"九一八"事变侵占中国东北,1937 年发动全面侵华战争。意大利法西斯 1934 年在非洲东北部挑起"瓦尔瓦尔绿洲"事件,1935 年全面侵占埃塞俄比亚(时称阿比西尼亚)。1937 年 11 月意大利加入"柏林——罗马——东京(轴心)",承认"满洲国",支持日本侵华战争,面对共同遭遇。刚刚结束长征的周恩来关注着非洲事变,声援埃塞俄比亚的抗意战争,在其关注下中华苏维埃政府机关报《红色中华报》报道了埃塞俄比亚反抗意大利侵略斗争的情况,进行声援。③

反法西斯战争的现实,使以毛泽东、周恩来为代表的中国共产党人对国际主义有了更深刻的理解。1938 年 9 月中共六届六中全会明确提出:"中国共产党人必须将爱国主义和国际主义结合起来。我们是国际主义者,我们又是爱国主义者。"④周恩来于 1941 年 6 月专门撰文,阐述共产党的这一主张,他说:"中国民族

---

① 《周恩来早期文集》下卷,南开大学出版社 1993 年版,第 307~312 页。
② 《周恩来早期文集》下卷,南开大学出版社 1993 年版,第 455 页。
③ 见《从阿比西尼亚的胜利说到中国能不能抗日?》,《红色中华报》,1935 年 12 月 6 日,第 4 版;《阿比西尼亚人民继续进行对意抗战》,《红色中华报》,1936 年 8 月 9 日,第 1 版。
④ 《毛泽东选集》第 2 卷,人民出版社 1991 年版,第 507 页。

主义与国际主义并不矛盾,也不冲突。国际主义者在中国必须坚决实行中国民族主义,才能使中华民族得到独立解放,走上国际舞台。同时,中国的民族主义者,必须同情和联合国际主义的运动,才能共同打倒国际帝国主义的统治,求得国际上真正的民族平等,中华民族的彻底解放。"①所以,这时周恩来的国际主义理念,不简单地就是国际支持,而且还注重这种国际援助要与双方的民族愿望、民族利益相结合,这样的国际主义才会有实效。

1949年10月1日新中国成立,南非非洲人国民大会和南非印度人大会等民族主义政党发来贺电。同年冬,亚澳工会会议在北京召开,苏丹工会领导人参加了这次会议②,周恩来以自己的非洲理念回敬他们,并指示中国的舆论部门声援非洲人民反抗种族主义和殖民主义的斗争。③ 1951年周恩来发表了《民族解放运动的国际地位和作用》的谈话,论述了支援亚非民族解放运动在中国外交中的重要意义,他说:"民族解放运动已经成为当前革命的主要力量,我们不能低估这个力量,也不能认为这个力量只是辅助的力量……我们的任务就是支持、推动民族解放运动的发展。"④随后,在1952年的一次讲话中,他进一步将"对原殖民地半殖民地国家"的团结和支持,确立为中国和平外交政策的方针之一。⑤ 1950年到1953年的朝鲜战争实质上是帝国主义对中国的武装干涉。大量的西方武装人员和军用物资通过苏伊士运河运抵朝鲜,日美安保条约、东南亚集体防卫条约和有中东国际参与的马尼拉条约组织,形成对中国和社会主义国家的包围圈。如何打破包围? 与非洲国家的关系非常重要。1955年召开的亚非会议为中国提供了机遇。

在亚非会议上周恩来接触到当时非洲仅有的六个独立国家的政府代表和多个非洲民族主义政党代表,这使他对非洲的认识更深入了一步。这些国家面对两极对立的"冷战"形势,都奉行"中立"政策。它们"反帝、反殖"的立场受到了周恩来的重视,但是,它们又对社会主义国家存有疑虑。4月15日,周恩来赴会路过仰

① 《周恩来政论选》上册,人民日报出版社1998年版,第318页。

② 《周恩来总理设宴招待世界公联执行局委员及亚澳工会会议各国代表》,《人民日报》,1949年11月17日,第1版。

③ 关于新中国早期对非洲民族解放运动的关注,见《意大利殖民地的前途》,《人民日报》,1949年12月9日,第4版;《西非民主联盟被禁闭领袖在狱中绝食抗议》,《人民日报》,1949年12月23日,第4版。关于周恩来支持种族平等运动的论述,见廉正保主编《中华人民共和国外交大事记》第1卷,世界知识出版社2003年版,第95页。另外,在1950年,毛泽东以国家主席名义已经发表通电支持南非人民的正义斗争。见《支持对南非联邦政府的抗议》,《人民日报》,1950年7月27日,第1版。

④ 《周恩来外交文选》,中央文献出版社1990年版,第36~37页。

⑤ 《周恩来外交文选》,中央文献出版社1990年版,第51页。

光时,特意在机场迎接了埃及领导人纳赛尔——当时非洲最有影响的政治家,并同他就即将召开的亚非会议和国际形势进行了深入沟通。① 埃及 1952 年"七月革命"促进了北非民族独立运动高潮,但没有解决苏伊士运河主权问题。周恩来同纳赛尔的会晤是对非洲最好的调查研究,为他在亚非会议上的发言做了准备。4 月 19 日,周恩来在万隆会议全体会议上发言时,他首先强调:"近代以来,亚非两洲的大多数国家在不同程度上遭受了殖民主义的掠夺和压迫,以致被迫处于贫困和落后的停滞状态。我们的呼声受到抑制,我们的愿望受到摧残,我们的命运被旁人摆布,因此我们不得不起而反对殖民主义。由于同样的原因而受到的灾难和为了同样的目的而进行的斗争,使我们亚非各国人民容易互相了解,并在长期以来就深切地互相同情和关怀。"② 当会议上有人挑起不同社会制度国家间的争议问题时,周恩来再次用亚非人民共同命运的理念来说服他们,强调亚非国家必须要相互了解和尊重。会议《最后公报》也吸收了周恩来的理念,开宗明义第一句话就写道:"亚非会议考虑了亚洲和非洲国家有共同利害关系和共同关心的问题,并且讨论了它们各国人民可以用来实现更充分的经济、文化和政治合作的办法。"③

20 世纪 60 年代初"非洲觉醒"是震惊世界的大事件,仅 1961 年就有 17 个非洲国家宣布独立,这一年被称为"非洲年"。非洲独立国家会议和全非人民大会相继召开。1963 年 5 月 25 日非洲统一组织成立,非洲国家开始用一个声音说话。以埃及和加纳为代表的非洲国家参加了不结盟运动,大大壮大了第三世界的力量,使之在世界舞台上不可忽视。由于中苏分歧的扩大,越南战争和中印边界冲突的相继爆发,使中国面临着"C"型包围,如此严迫的国际形势,中国需要加强同非洲国家的关系以打破僵局。于是周恩来三次访问非洲,为中非首脑外交开创了范例。特别是 1963 年 12 月 13 日至 1964 年 2 月 5 日历时 53 天的"非洲十国之行",访问了埃及、阿尔及利亚、摩洛哥、突尼斯、加纳、马里、几内亚、苏丹、埃塞俄比亚、索马里。他在出访中更具体地阐述了他的非洲理念,也是他对非洲的实地考察。在第一站开罗,他对记者说:"我们不是来得太早了,而是来得太晚了。"言外之意,我们是老朋友了,应该早点来。他接着说:"我们访问非洲国家的目的,是寻求友谊与合作,多了解一些东西,多学习一些东西。"④ 有国外学者曾评述周恩来

① 《周恩来年谱(1949—1976)》上卷,中央文献出版社 2007 年版,第 464 页。
② 《中华人民共和国外交档案选编》第 2 集,世界知识出版社 2007 年版,第 52 页。
③ 《中华人民共和国外交档案选编》第 2 集,世界知识出版社 2007 年版,第 99 页。
④ 《亚非人民反帝大团结万岁》,人民出版社 1964 年版,第 15 页。

此行的目的是:(1)寻求朋友,争取中国进入联合国的支持者;(2)修复因中印边界冲突而产生的国际消极影响;(3)将中国确立为第三世界真正的支持者;(4)寻找苏联社会主义阵营外的贸易伙伴。① 此种分析虽有道理,但不全面,它没有理解到周恩来此行的更深层次意图——通过实地调研完善他的非洲理念,为中国对非政策奠定基础。

从埃及到索马里,每访问一个国家,周恩来都要结合被访问国的实际情况讲述三个观点:一是,中国人民与非洲人民有着遭受帝国主义和殖民主义侵略和压迫的"共同经历"和"共同苦难遭遇";二是,今天中非人民仍有继续反对新老殖民主义、维护民族独立、发展民族经济、改变贫穷落后状态的"共同愿望"和"共同任务";三是,中国与非洲必须加强团结合作、相互支持、相互鼓舞,这是共同的"根本利益所在"。② 在非洲之行的最后一站索马里,周恩来全面地阐述了上述三个观点,他说:"中国人民同非洲人民虽然语言不通、相隔万里,但是,我们有着遭受帝国主义和殖民主义的侵略和压迫的共同经历,有着反对帝国主义、建设自己国家的共同斗争任务,我们之间是最容易彼此了解的,我们的感情是交流在一起的。"③ 周恩来对非洲的未来充满希望,他坚信:"非洲人民一定能够用自己的双手,在这个辽阔富饶的大路上,画出最美丽的图画,写下最壮丽的诗篇。一个没有帝国主义和新老殖民主义的独立自主的新非洲是一定会出现的。一个经济先进、文化先进的繁荣富强的新非洲是一定会出现的。"④

1965年3月至4月周恩来再次访问阿尔及利亚和埃及,时年6月又访问了坦桑尼亚。在此后的10年期间,他接待了众多来华访问的非洲代表团,向他们传递自己的非洲理念。即使在1974年到1975年他病重期间,仍接见了大量来华访问的非洲朋友,表达他对非洲事业的重视。1974年9月26日,周恩来在医院里会见了毛里塔尼亚总统达达赫,称赞他们能摆脱殖民主义的控制,是非洲国家楷模。⑤他用自己的实际行动宣示自己的非洲理念:中国要重视非洲,坚信中国与非洲同

---

① Emmanuel John Hevi, *The Dragon's Embrace: The Chinese Communists and Africa*, London: *Pall Mall Press*, 1967, pp. 142—144.

② 见人民出版社编《亚非人民反帝大团结万岁》,第8、99、129、152页相关内容。

③ 《周恩来总理在索马里摩加迪沙群众欢迎大会上的讲话》(1964年2月3日),人民出版社编:《亚非人民反帝大团结万岁》,第246页。

④ 《周恩来总理向几内亚"革命之声"广播电台发表的告别词》(1964年1月26日),人民出版社编《亚非人民反帝大团结万岁》,第186页。

⑤ 廉正保主编:《中华人民共和国外交大事记》第4卷,世界知识出版社2003年版,第153页。

命运、同期望,中国与非洲是最可靠的同盟。

二、周恩来怎样对待非洲

1957 年加纳独立,点燃了撒哈拉以南地区非洲民族独立运动的烽火,1963 年非洲统一组织建立后,非洲独立国家从 20 世纪 50 年代的 6 个发展到 33 个。不过形势是十分复杂的。在"非统"成员中,当时只有 12 个与新中国有外交关系。非洲新独立国家的领导者多为民族主义知识精英和爱国军人,他们虽然反对西方殖民主义,但他们受的教育和价值观仍是西方的。他们对共产党执政的国家存有戒心。非洲革命的性质仅属民族革命,反封建的民主革命任务并不突出,这与中国革命有着很大差别。非洲的传统势力——酋长与王公贵族既受殖民者摧残,又受其扶植,政治态度兼具斗争与妥协两面性,他们能接受新的政权。非洲独立国家的政治体制就更是多种多样,有的保持君主制,有的是军人专制,有的是民族主义政党领导的共和制,效仿西方国家的民主制度。如何对待? 仍须研究。

这时期的西方殖民国家对非洲的政策也多种多样。它们在有的地方奉行武装镇压方针,有的地方则进行退让改革。英国推行"宪制改革",法国搞"非殖民化"措施,美国打着"反殖民主义"的旗号,进入非洲。这使许多非洲国家独立后仍与西方集团保持着密切联系。它们对新中国的,有的热情,有的则顾虑重重,而是继续与台湾保持外交关系。

面对如此复杂的形势,周恩来从其非洲理念出发,运用自身的丰富革命经验,采取了一系列具有鲜明特色的中国对非洲的政策。

他首先把统一战线的理论和策略运用到非洲,团结非洲一切可以团结的力量。早在抗日战争时期,周恩来与毛泽东就一起积极构筑国际反法西斯统一战线。新中国成立后,周恩来明确指出外交工作就是"争取尽可能多的友国,孤立极少数敌对者……使国家有一个长治久安的国际环境,进行社会主义建设"①。为此,新中国对原殖民地半殖民地国家"要团结争取",要和它们"做朋友","不能采取敌对态度,不要把它们挤到敌人的营垒里去"。②

在出席亚非会议之前,周恩来将相关与会国的政治态度分为四类,即:甲、和

---

① 裴默农:《从中巴关系看周恩来争取友好邻邦的远大谋略》,裴坚章主编:《研究周恩来——外交思想与实践》,世界知识出版社 1989 年版,第 124 页。

② 《周恩来外交文选》,中央文献出版社 1990 年版,第 51~53 页。

平中立国家;乙、接近和平中立国家;丙、接近反对和平中立国家;丁、反对和平中立国家。将与会的六个非洲国家,埃及、苏丹、加纳划为乙类国家;利比亚、利比里亚、埃塞俄比亚划为丙类国家。根据这样的分析,依据扩大和平统一战线的总方针,周恩来提出了"团结甲类国家、争取乙类国家、影响丙类国家、孤立并分化丁类国家"的基本政策,强调在非洲国家中,重点做埃及的工作,争取"建交或建立事务关系(例如互设商业机构)"。①

周恩来强调在统一战线中对朋友必须要真诚,过去搞革命如此,现在搞外交更要这样。加纳总统恩克鲁玛坚决反对新老殖民主义,遭到西方殖民主义者的忌恨。1964年1月20日,周恩来访问加纳时,突然发生了谋刺恩克鲁玛致伤事件。要不要按原计划访问呢? 周恩来坚定地说:越是在人家困难的时候,越是要去,要支持。为了照顾主人的安全,周恩来打破礼宾常规,主动建议恩克鲁玛不必到机场迎送,访问期间的一切活动都在总统所住的城堡中进行,并劝恩克鲁玛不必到宾馆回拜,这种设身处地为他人着想的作风,使对方深受感动。周恩来还语重心长地建议恩克鲁玛:要有一个领导核心、要有一支可靠的军队、要有适当的经济政策。② 周恩来对待恩克鲁玛的这种真诚态度被传颂为外交史中的佳话。

周恩来认为同非洲国家交往要坚持"求同存异"原则,这是他在万隆会议上领悟到的同民族主义国家交往时的一项重要外交原则。当时,面对各国分歧,他说道:"我们并不要求各人放弃自己的见解,因为这是实际存在的反映。但是不应该使它妨碍我们在主要问题上达成共同的协议。"③把社会制度和意识形态差异搁置一边,"求大同,存小异"是能达成一致协议的④,他将此经验用在非洲。

在非洲十国之行中,他更具体地运用和发展了这一经验。例如,访问突尼斯时,布尔吉巴总统在宴会讲话中对中国的外交政策提出了若干异议,特别是如何认识美国与中国的观点不尽相同,一时气氛很紧张。周恩来泰然自若,当场做了圆满答复,他说:"我们两国不是在所有的问题都是一致的……但是,我们相信,通过两国领导人的接触和交换意见,我们总是可以增进相互了解,求同存异,并且为我们的共同目标而加强努力的。"⑤他的讲话博得一片掌声,布尔吉巴非常满意,出

① 《周恩来年谱(1949—1976)》上卷,中央文献出版社1998年版,第460页。
② 《周恩来年谱(1949—1976)》中卷,中央文献出版社1998年版,第611页。
③ 《中华人民共和国对外关系文件集》第3集,世界知识出版社1958年版,第250页。
④ 《周恩来年谱(1949—1976)》上卷,中央文献出版社1998年版,第476~477页。
⑤ 《周恩来总理在布尔吉巴总统举行的宴会上的讲话》(1964年1月9日),人民出版社编《亚非人民反帝大团结万岁》,第96页。

现彼此谈笑风生极为融洽亲切的场面。第二天,双方便宣布建交。代表团离开时,欢送的规模特别盛大,外国报纸评论:是这位中国总理的胜利。①

周恩来认为"求同存异"的目的是要实现"和平共处五项原则"。他在同非洲记者谈话时,明确指出中国是按照"互相尊重主权和领土完整、互不侵犯、互不干涉内政和平等互利的原则"②与非洲国家友好相处的。周恩来访问埃塞俄比亚时,该国尚未同中国建交。海尔·塞拉西皇帝希望周恩来访问,但又怕美国压力,会断绝对它的经济和军事援助,所以,他表示不在首都接待周恩来。按照国际惯例,这是不礼貌的。然而周恩来着眼于发展中埃友好关系,便未计较这些外交礼仪。不仅如此,为了照顾老皇帝的顾虑,周恩来在答谢宴会上不讲话,而是将讲话稿送他,以便他能了解中国的立场和政策,妥善处之。埃皇对此甚表感谢,一再表示要与中国建交,终于在1970年11月24日,埃塞俄比亚宣布正式同中国建交。

周恩来对非洲的外交虽然十分灵活、务实,但在原则问题上,他是绝不松动的。以美国为首的西方国家搞"两个中国"的阴谋,不少非洲国家受其影响。它们与台湾保持外交关系的同时,也想与新中国建立外交关系,对此周恩来是绝不退让的。例如,塞内加尔首任总统桑戈尔是反殖民主义的著名人物,也是非洲的著名诗人,曾提出"黑人传统精神论",在非洲大陆颇有影响。③ 他对新中国持友好态度,曾多次派代表团访华。我国于1961年就承认其独立,但由于它与台湾保持外交关系,我国一直未答应其建交要求,直至它与台湾在1971年断交后,才与其建交。这一事例反映了周恩来非洲理念的原则性。为了帮助那些与台湾断交的非洲国家,减少因台湾农耕队撤离后而产生的损失,周恩来指示:不能让这些非洲受援国因为与我们建交而受经济损失,只要他们升起五星红旗,降下青天白日旗,我们就要尽快派出专家顶替台湾农耕队,而且还要比台湾搞得更好。④

三、周恩来论怎样援助非洲

殖民主义的长期剥削造成了非洲国家贫穷落后,新生的非洲国家都迫切需要

---

① 《周总理亚非十三国之行——外国报刊通讯社的评论》,《五洲的怀念》,人民日报出版社1978年版,第339页。

② 《周恩来总理在开罗举行记者招待会》(1963年12月20日),人民出版社编《亚非人民反帝大团结万岁》,第17页。

③ 张象:《塞内加尔、冈比亚》,社会科学文献出版社2007年版,第353—355页。

④ 程飞:《"老外经"心中的周恩来总理》,商务部网站,http://lgj. mofcom. gov. cn/aarticle/c/200606/20060602420693. html。

外援。第二次世界大战后的新殖民主义正是利用这一点，打起"援助"的旗号，向不发达国家原殖民地、半殖民地进行渗透。美国总统杜鲁门1949年发布了"第四点计划"，国会据此通过了《对外经济援助法案》，同时，它还以"军援"的名义，借助"北大西洋公约组织"向西亚北非国家设立军事基地。英法老牌殖民者也"效仿"这一办法，"大英帝国"成了"英联邦""法兰西帝国"成了"法兰西共同体"，它们打着"合作"与"军援"的幌子，对成员国继续进行控制。有的成员国接受了这些，有的则坚决反对。例如，几内亚总统塞古·杜尔就曾说："宁要贫困的自由，不要富足的奴役。"新中国对非洲的援助应该如何搞？如何区别于西方殖民主义的所谓"援助"？这是我国与非洲国家交往的一项重要课题。

新中国对非援助是从埃及开始的。西方大国为了报复1952年埃及"七月革命"的反殖运动，针对埃及依赖棉花出口的单一经济特点，对其施加经济制裁，拒买或减购棉花，致使埃及棉花严重滞销，经济受到重创。为帮埃及渡过难关，1953年周恩来指示外贸部门，在中埃尚未建交且中国也不需要进口棉花的情况下，购买埃及的棉花和棉纱。[①] 此举赢得了埃及人民的友谊。1956年5月3日，埃及成为第一个与新中国建交的非洲国家。同年9月19日，埃及将苏伊士运河收归国有，英法伙同以色列于10月29日出兵对埃及发动进攻。在战争期间，中国又给予埃及物质支援，赠款2 000万瑞士法郎现金，提供豆类、牛羊肉及其他物资，以解燃眉之急。[②]

自1954年起，阿尔及利亚开展了反对法国殖民的武装斗争。1958年，阿尔及利亚人民组建临时政府，中国无偿提供了大量援助。该国革命领导人布迈丁高度评价说"在革命斗争的岁月里，阿尔及利亚战士用的枪炮、盖的毛毯、穿的衣服都是中国送的"[③]。1958年几内亚宣布独立，法国对其进行经济制裁，我国也给予了几内亚无偿的食品和资金援助。1960年，中国政府邀请杜尔总统访华签订经济技术合作协定。转年又同加纳、马里签订了类似协定。所以周恩来访问非洲十国时首先要到这些国家访问，考察我国援助的实际情况。[④]

周恩来依次到各受援国调查中国援助的效果，设身处地地为受援国考虑，进

① 王成安：《中非关系中的七件大事》，陈公元主编：《中非关系回顾与思考：中国非洲问题研究会成立30周年特集》（2010年10月），内部出版，第66页。
② 张忠祥：《略论1956—1965年中国与非洲的关系》，《历史教学问题》1997年第5期，第15页。
③ 王泰平主编：《中华人民共和国外交史》第2卷，世界知识出版社1998年版，第115页。
④ 吴兆契主编：《中国与非洲经济合作的理论与实践》，经济科学出版社1993年版，第41~42、158页。

一步丰富了中国援非的一些原则考虑。1964 年 1 月 14 日,周恩来同恩克鲁玛专门探讨此问题,公开提出了八项原则的方案,并通过加纳通讯社以答记者问的形式,公布于世,听取反映。1 月 20 日,周恩来在同马里总统凯塔会谈后,正式将"八项原则"的全文写入了 1 月 21 日发表的《中国和马里的联合公报》,以政府文件的形式确定下来。

从理念上分析,这八项原则有三大特点:第一,它体现了中国共产党人传统的国际主义理念,是在新形势下的创新和运用。这种援助与"大国恩赐"决然不同,它是国际主义与爱国主义的有机结合,是融入了双方民族主义利益和任务的国际主义。正如,第一项规定"中国政府一贯根据平等互利的原则对外提供援助,从来不把这种援助看作是单方面的赐予,而认为援助是相互的",这里的"相互"是国际主义的体现,"平等互利"是民主民族主义的反映,最后一项规定,中国政府派到受援国帮助进行建设的专家,要像当年国际主义战士白求恩那样,"同受援国自己的专家享受同样的物质待遇,不容许有任何特殊要求和享受"[1]。周恩来反复告诫大家,我们与非洲国家是同命运的伙伴关系。我们援助了它们,它们也援助了我们。中国是大国,是先取得革命胜利的国家。在援助支持弱小国家时多一些担当是应该的。即使暂时看不到回报,但回报最终是会有的,因为非洲是发展中国家的重要组成部分。非洲的和平发展、复兴繁荣关系到世界的和平与稳定,非洲大陆的复兴有利于推动公正合理的国际经济秩序的建立,这对中国来说就是最大的回报。7 年后,在 1971 年第 26 届联大上,中国以压倒多数的 76 票恢复了自己在联合国的合法地位,其中非洲国家占了 25 票,约 1/3。这是回报中国援助的最好例证。

第二,援助要不附带任何条件,不要求任何特权。第二次世界大战后,老殖民主义体系崩溃,"新殖民主义"粉墨登场。无论是"新殖民主义者"的"经济合作",还是美国"反殖民主义"的"美援",它们都是有附加条件的。美国在非洲首先援助的是有其军事基地的国家和美苏争霸的关键国家,例如,"非洲之角"和某些中、南非洲国家。这种"经援""军援""技术援助"都是以牺牲这些受援国主权为代价的。新殖民主义的"英联邦"和"法兰西共同体"与成员国签订有条件的相互"合作"与"援助"协定,继续控制这些非洲国家的经济命脉,无偿或以极小代价获取其资源,并享有军事和外交特权。中国"八项原则"与之全然不同,提出"中国政府在提供对外援助的时候,严格尊重受援国的主权,绝不附带任何条件,绝不要求任何

① 《周恩来年谱(1949—1976)》中卷,中央文献出版社 1998 年版,第 611 页。

特权。""中国政府以无息或低息贷款的方式提供经济援助,在需要的时候延长还款期限,以尽量减少受援国的负担。""中国政府对外提供援助的目的,不是造成受援国对中国的依赖,而是帮助受援国逐步走上自力更生、经济上独立发展的道路。"①就连外国学者也承认,对受援国主权的尊重是中国援助的最大特点,这是中国同西方国家"援助"的根本差别。②

第三,中国援助追求实效,惠及民生。周恩来多次指出援建项目要"符合当地实际",并强调"这是援外建设工作中最重要的一环"③。"八项规定"中的第二项"中国政府帮助受援国建设的项目,力求投资少,收效快,使受援国政府能够增加收入,积累资金"、第六项"中国政府提供自己所能生产的、质量最好的设备和物资,并且根据国际市场的价格议价。如果中国政府所提供的设备和物资不合乎商定的规格和质量,中国政府保证退换"和第四项"中国政府对外提供任何一种技术援助的时候,保证做到使受援国的人员充分掌握这种技术",清楚地展现出中国援助的这一特征。为此,我国的援建项目通常是"采取因地制宜,以中、小为主和土洋结合的方法,帮助他们建立起自己的工业基础"④。据当年陪同周恩来访问非洲的黄镇大使回忆:周总理在访问非洲马里时,十分注意帮助解决人民日常生活必需品,便向马里派去了茶叶专家,帮助马里人民种植和炒制茶叶。⑤ 马里总统凯塔深受感动地说:中国人民宁愿自己过简朴生活,省出钱来支援被压迫人民的斗争和不发达国家的建设。今后马里要尽一切努力帮助中国同马里的邻国发展友好关系。⑥ 坦赞铁路是中非友谊的丰碑,周恩来作为这条铁路的核心决策者和最高执行者,不仅明确指出"援助项目的设计必须适合当地的条件",更是多次强调:在铁路建设的过程中,一定要训练好技术人员和工人,使受援国人民掌握全套技术和经营管理方法。⑦ 坦桑尼亚总统尼雷尔称赞中国援助道:"援助的目的应该是真

① 《周恩来年谱(1949—1976)》中卷,中央文献出版社1998年版,第611页。

② John Franklin Copper, *China's foreign Aid: An Instrument of Peking's Foreign Policy*, Lexington: D. C. Heath and Company,1976,p. 271.

③ 《周恩来年谱(1949—1976)》下卷,中央文献出版社1998年版,第48页。

④ 《建国以来重要文献选编》第11册,中央文献出版社1997年版,第524页。

⑤ 黄镇:《把友谊之路铺向觉醒的非洲》,《不尽的思念》,中央文献出版社1987年版,第367页。

⑥ 陆苗耕:《毛泽东主席对中非关系的历史性贡献》,《同心若金——中非友好关系的辉煌历程》,世界知识出版社2006年版,第69页。

⑦ 《刘少奇、周恩来、陈毅等同坦桑尼亚联合共和国总统尼雷尔第一次会谈记录》(1965年2月18日)、《周恩来同赞比亚副总统卡曼加第二次会谈记录》(1966年8月20日)、《周恩来会见坦桑尼亚政府代表团、赞比亚政府代表团谈话记录》(1970年7月9日),见《关于中国政府援助修建非洲坦赞铁路的文献选载》,《党的文献》2012年第3期。

正用来造福人民,而你们的援助就是这样的。"①

四、周恩来论怎样研究和学习非洲

非洲的发展相对落后,非洲独立时间相对较晚,可以向非洲学习的问题,不大引起人们普遍的关注。但为了发展中非关系,周恩来十分重视对非洲问题的研究和学习工作。他一向主张:为了进行外交活动,首先必须学习,由学习进入活动。②学习非洲是开展对非洲国家外交的前提,历史和地理的诸多原因,我们对非洲了解得实在太少了。在1960年6月,周恩来同刚果的朋友会谈时坦言说:"你们来很好,要不来我们对你们情况就不知道。我们对非洲知道得很少,很抱歉。"③转年4月27日,毛泽东主席会见非洲外宾时也讲到:"我们对于非洲的情况,就我来说,不算清楚。"④领袖们这种实事求是的谦虚态度着实令人感动。周恩来的非洲十国之行被誉为"三寻求之旅",即:寻求知识之旅、寻求友谊之旅、寻求和平之旅。他在第一站埃及就表示:此行是为了多了解一些非洲知识,多学习一些非洲知识。⑤接着每访问一站他都要表达这一动机。回国后,他又叮嘱那些出访非洲的人员,要他们注意学习非洲。

要怎样学习和研究非洲呢? 毛泽东和周恩来都主张首先要进行基础研究和知识普及工作,要从建立研究机构、培养专门人才入手。毛泽东专门指示:"应该搞个非洲研究所,研究非洲的历史、地理、社会经济情况……可以编写一本简明的书,不要太厚,有一二百页就好。""内容要有帝国主义怎么来的,怎样压迫人民,怎样遇到人民的抵抗,抵抗如何失败了,现在又怎么起来了。"⑥在周恩来的直接指导下,中国科学院亚非研究所于1961年7月成立,并着手编印了《亚非译丛》《亚非问题参考资料》《非洲地理资料》等内部期刊。世界知识出版社也于1962年出版了新中国第一本介绍非洲情况的入门书——《非洲手册(概况部分)》。

1963年年底,周恩来亲自召集有关部门负责同志,就加强对外国问题的研究

---

① 《周恩来与尼雷尔第二次会议记录》(1968年6月21日),见《关于中国政府援助修建非洲坦赞铁路的文献选载》,《党的文献》2012年第3期。

② 郑锦炯、刘祺宝:《周恩来与外事调研》,《研究周恩来——外交思想与实践》,第299页。

③ 《周恩来年谱(1949—1976)》中卷,中央文献出版社1998年版,第325页。

④ 《毛泽东外交文选》,中央文献出版社1994年版,第465页。

⑤ 《周恩来总理在开罗举行记者招待会》(1963年12月20日)、《周恩来总理在阿尔及尔举行记者招待会》(1963年12月26日),人民出版社《亚非人民反帝大团结万岁》,第15、67页。

⑥ 《毛泽东外交文选》,中央文献出版社1994年版,第465页。

工作进行了座谈,并于会后向中央提交了《关于加强研究外国工作》的报告。不久,《报告》和毛泽东"这个文件很好"①的批语一起以"中共中央文件"(中发〔63〕866号)的名义下发全国。② 根据文件指示,国内多处专门研究非洲问题的机构相继建立起来。北京大学于1964年4月成立亚非研究所,同年7月南京大学成立非洲经济地理研究室,北京大学、南开大学等高等院校开始讲授非洲课程。20世纪70年代初期,周恩来又指示有关部门翻译和出版了大批非洲史、地著作,其中既有非洲各国历史、地理专著,也有全非洲和地区性的综合史地著作。

周恩来强调学习和研究非洲必须要转变观念,不要以为非洲受了几百年的殖民统治就什么都是落后的,没有什么值得我们学习。要学习非洲国家的长处,学习对我国建设有用的东西。在访问阿尔及利亚时,他参观了该国的现代化炼油厂,就向身边人员表示:在现代化采矿方面非洲企业走在我们的前面,有许多技术可以让我们学习,并强调:回国后一定要石油部派人来学习。③ 访问摩洛哥时,他发现该国桔子个大、皮薄、汁多、香甜可口。橘子源于中国,后来传播到世界各地,但因缺乏研究,品种长期得不到改良,品质已大大退化。当即,他就表示要派中国专家赴摩学习,并邀请该国专家来华讲学。④ 周恩来也十分注重中非文化交流工作。在他的直接关怀下,中国成立了东方歌舞团。这次访非回国不久,他就指示即将赴非洲演出的该团成员,"你们去不光介绍我们的文化,也要学习人家的文化"⑤。该团沿着周恩来的足迹访问了非洲,排演了大量反映非洲民族独立运动的歌舞和音乐节目,很受当地群众欢迎。

周恩来强调要到非洲实地进行调研,获得第一手资料。他认为"对一个国家亲眼看看,要有益得多"⑥,"没有现场的感性知识,就没有法子提高自己的理论知识"⑦。为此他身体力行,在出访非洲十国的过程中,他不停地进行调查研究,深得非洲朋友的赞赏和积极回应。突尼斯总统布尔吉巴在告别宴会上,向周恩来建议说要"如实地了解非洲各国人民和政府及其领导人,了解他们所想的是什么,以便

---

① 《毛泽东年谱》(1949—1976)第5卷,中央文献出版社2013年版,第298页。
② 赵宝煦:《关于加强外国问题研究的一点史料》,《国际政治研究》2004年第3期,第142页。
③ 黄镇:《把友谊之路铺向觉醒的非洲》,《不尽的思念》,中央文献出版社1998年版,第370页。
④ 杨琪良:《在摩洛哥王国的六年概忆》,《当代中国使节外交生涯》(第3辑),世界知识出版社1996年版,第60—61页。
⑤ 莫德格玛:《东方歌舞团艺术家的成长——张均篇》,民族出版社2011年版,第12页。
⑥ 《周恩来同摩洛哥国王哈桑二世会谈记录》(1963年12月28日),中华人民共和国外交部公开档案。
⑦ 《周恩来关于访问亚非欧十四国的报告》(1964年3月31日),中华人民共和国外交部公开档案。

你能在你的总政策中,在你的国际活动中考虑到这个大陆"①。周恩来十分重视此建议,他在同非洲领导人会谈时"有一半多的时间是在倾听",而且回国后,他又指示外交部、外贸部、对外文委等部门要派专人"到亚非地区特别是非洲去,站稳脚跟,长期工作"②。上述论述反映出周恩来对非洲问题研究的基本观点,即:了解非洲是从非洲人民的视角出发,而不是由我们的主观意图来进行,调查研究只能从某一国家或某一地区入手,真正到非洲实地去获取第一手资料。

习近平主席指出:"上世纪五六十年代,毛泽东、周恩来等新中国第一代领导人和非洲老一辈政治家共同开启了中非关系新纪元。"③我们要发展他们的事业,学习、继承他们的思想。中国与非洲是"休戚与共的命运共同体"、有着"同呼吸、共命运、心连心的兄弟情谊"。④ 周恩来的非洲理念今天仍是发展中非关系的宝贵精神财富,让我们弘扬其理念,面对全球化和多样化的世界,共创中非美好未来,再掀中非关系的新篇章。

---

① 《布尔吉巴总统在周恩来总理举行的告别宴会上的讲话》(1964年1月10日),《亚非人民反帝大团结万岁》,人民出版社1964年版,第112页。

② 《周恩来总理访问十四国报告提纲》(1964年3月26日),中华人民共和国外交部公开档案。

③ 习近平:《永远做可靠朋友和真诚伙伴》,《人民日报》,2013年3月26日,第2版。

④ 习近平:《永远做可靠朋友和真诚伙伴》,《人民日报》,2013年3月26日,第2版;杜尚泽、蒋安全:《听,非洲的声音》,《人民日报》,2013年3月29日,第3版。

周恩来对生态文明建设的思考研究 李洪河*

建设生态文明是关系人民福祉、关乎民族未来的大计。新中国首任国务院总理周恩来在长期的执政实践中，虽未明确提出过"生态文明"一词，却在水利、林业、环境等方面体现了其对生态文明建设的重要思考。在大力推进生态文明建设的今天，重温周恩来有关水利、林业、环境、人口等生态文明建设的思考，对促进我国建设生产发展、生活富裕、生态良好的文明社会，具有重要的理论价值和深刻的现实意义。

一、提出生态文明建设中人民利益至上的思想

"我们的一切工作都是为了人民的。"[①]周恩来有关生态文明建设的最重要的思考是人民利益至上。众所周知，我国历史上的水、旱、风、雹、霜、虫等灾害非常严重，特别是为数众多的水灾给人民造成的苦难尤为深重。1949 年新中国建立伊始，河北、山东、皖北、苏北、河南等地即发生严重水灾。据当年内务部的资料统计，该年度全国受灾面积约 1.2787 亿亩，受灾人口约 4 555 万人，倒塌房屋 234 万余间，减产粮食 114 亿斤，灾情分布在 16 个省、区的 498 个县、市。[②]严重的水灾灾情使当时的政务院总理周恩来忧心如焚。当年 11 月在接见各解放区水利联席会议的代表时，周恩来就指出了兴修水利的重要意义，勉励大家为人民除害造福。[③]1950 年 3 月 20 日，周恩来与水利部长傅作义联名发布《关于一九五〇年水利春修工程的指示》，要求各级人民政府、各级水利机关及其他有关机关加紧春修工程建设，确保农村经济的恢复与发展。[④]5 月 19 日，周恩来主持政务院第 33 次政务会议时说：中国是个农业国，河流长期失修，"是多灾多难的国家"，"江、淮、河、汉，几乎

＊ 李洪河，河南师范大学政治与公共管理学院教授。

① 《周恩来选集》下卷，人民出版社 1980 年版，第 142 页。

② 《建国以来灾情和救灾工作史料》，法律出版社 1958 年版，第 1 页。

③ 《要使江湖都对人民有利——缅怀周总理对我国水利建设事业的关怀》，参见《敬爱的周恩来总理永远活在我们心中》第 4 集，北京师范大学 1977 年 2 月内部印行，第 76 页。

④ 《建国以来周恩来文稿》第 2 册，中央文献出版社 2008 年版，第 192～196 页。

年年有灾"，人民政府已经注意到这个问题，准备大兴水利，治理水灾。① 7月，淮河发生大水，造成豫皖两省淹地4 000余万亩，受灾人口达1 300余万。② 毛泽东主席注意到了淮河问题的严重性，于7—9月间连续发出关于根治淮河的4次批语。③ 根据毛泽东主席的指示，7月22日，周恩来就7月中旬以来淮河中游水势猛涨一事，约请董必武、薄一波、傅作义、李葆华、张含英等研究防灾救灾工作和导淮工程问题，以保证人民生活和工农业生产。④ 此后，豫、皖、苏、鲁四省人民开展了轰轰烈烈的治淮运动，揭开了我国水利建设高潮的序幕。

当时正值我国普遍地进行土改以解放生产力的关键时期，周恩来认为配合土改，新中国第一件要做的事就是"兴修水利"："我们不能只求治标，一定要治本，要把几条主要河流，如淮河、汉水、黄河、长江等修治好。华北的永定河，实际上是'无定'的，清朝的皇帝封它为'永定'，它还是时常泛滥。不去治它，只是封它，有什么用？……我们今天必须用大力来治水。"他还要求中国的科学家们团结一致，积极投身于新中国的水利事业："大禹治水，为中华民族取得了福利，中国科学家的努力，一定会比大禹创造出更大的功绩"，从而为我们自己和我们的子孙打下万年根基，"其功不在禹下"。⑤ 新中国成立初期，财政经济十分困难，但国家依然拿出了相当于国民党政府时期数十倍的资金，对全国4.2万里堤防的绝大部分进行了培修和加固，对淮河、沂河、沭河、永定河、大清河、潮白河等一些水灾比较严重的河流进行了全流域治理，还修建了荆江分洪工程。1952年6月30日，《人民日报》发表了周恩来为庆祝荆江分洪工程竣工而向工程指挥部赠送的锦旗上的题词："要使江湖都对人民有利。"⑥基于这种人民利益至上的理念，此后一直到1970年代初期，从长江流域规划和三峡坝址的选定，到黄河流域三门峡水电站设计方案的修改和施工方案确定，再到三门峡工程的改建以及海河的治理、葛洲坝工程的胜利建成等等，周恩来始终都对人民水利事业充满关怀。

而兴修水利、兴建水库工程与发展林业关系密切。周恩来说："我最担心的，

---

① 《周恩来年谱（1949—1976）》上卷，中央文献出版社1997年版，第41页。
② 《水利运动十年》（1949—1959），农业出版社1960年版，第75页。
③ 《建国以来重要文献选编》第1册，中央文献出版社1992年版，第355~357页。
④ 《周恩来年谱（1949—1976）》上卷，中央文献出版社1997年版，第58页。
⑤ 《周恩来选集》下卷，人民出版社1980年版，第24、30页。
⑥ 《荆江分洪总指挥部在沙市举行庆功大会 隆重奖励分洪工程中所有的有功人员》，《人民日报》，1952年6月30日。

一个是治水治错了,一个是林子砍多了。治水治错了,树砍多了,下一代人也要说你。"①因此,他十分重视林业建设以及林业建设中人民利益的保护。1950年8月,在关于内蒙古林业经营问题给毛泽东等的信中,周恩来强调"森林损害甚大,如不很好整顿,东北十年后(每年砍伐四百万立方米)、东蒙廿五年后(每年砍伐四十万立方米)便将无好木可伐"②。这就会直接导致当地人民的经济利益严重受损。1953年7月9日,在主持政务院第185次政务会议时,他就林业问题发言时对林业部过去因造林、采伐方面太集中而对"林农照顾不够",引起林农不满的问题提出了批评。③ 这次会议还通过了《关于发动群众开展造林、育林、护林工作的指示》,要求各地的造林、育林、护林工作必须依靠广大群众,必须严格保护农民的本身利益。④ 考虑到迅速地大规模地发展造林事业对于促进我国自然面貌和经济面貌改变的重大意义,1958年4月7日,中共中央、国务院发出了《关于在全国大规模造林的指示》。⑤ 然而,随着"大跃进"中大炼钢铁运动的发动,森林资源受损严重。1961年4月13—15日,周恩来在西双版纳傣族自治州首府景洪参加傣历新年庆祝活动时强调了保护森林资源、保护生态平衡问题的重要性,并对在西双版纳自治州工作的植物学家蔡希陶说:"这里是富饶美丽之乡,如果破坏了森林,将来也会变成沙漠。我们共产党人就成了历史的罪人,后代就会骂我们。"并且嘱咐蔡希陶"一定要研究这个问题,要解决好合理开垦,保护好自然资源,改造好大自然。要做人民的功臣,可不要做历史的罪人"⑥。1962年6月23日,周恩来在去延边农学院视察的路上指出:"千万要保护好森林,这是关系到国计民生的大问题。森林保护不好,子孙后代要骂我们的。"⑦1966年2月,周恩来还在出席全国林业工作会议的讲话中说:植树造林是百年大计,"要好好搞"⑧。直到1970年代初期,周恩来还指出:"我们搞建设,一定要想到人民的利益,想到子孙后代,不要做对不起子孙后代的事情。"⑨1975年8月29日,处于病重中的周恩来仍然强调:"在发展经济的同时,还要注意保护好森林和各种自然资源,要造福于我们的子孙

① 《周恩来选集》下卷,人民出版社1980年版,第446页。
② 《建国以来周恩来文稿》第3册,中央文献出版社2008年版,第129页。
③ 《周恩来年谱(1949—1976)》上卷,中央文献出版社1997年版,第313~314页。
④ 《建国以来重要文献选编》第4册,中央文献出版社1993年版,第296~304页。
⑤ 《建国以来重要文献选编》第11册,中央文献出版社1995年版,第244~251页。
⑥ 《周恩来年谱(1949—1976)》中卷,中央文献出版社1997年版,第404页。
⑦ 《周恩来年谱(1949—1976)》中卷,中央文献出版社1997年版,第486页。
⑧ 《周恩来选集》(下卷),人民出版社1980年版,第446页。
⑨ 转引自曲格平《新中国环境保护工作的开创者和奠基者——周恩来》,《党的文献》2000年第2期。

后代。"①

　　同样，也是出于对人民利益问题的考量，周恩来对因工业发展而致的环境污染问题和各种社会公害问题十分关注。1960年代末至1970年代初，周恩来对首都北京的废水、废渣、废气的处理问题多次提出意见。1971年2月15日，在接见来京参加全国计划会议的各大军区和各省、市、自治区负责人的讲话中，周恩来提出要搞好综合利用、解决"三废"污染等问题。② 4月5日，他在接见全国交通工作会议代表时提出：在经济建设中的废水、废气、废渣不解决，就会成为公害；发达的资本主义国家公害很严重，我们要认识到经济发展中会遇到这个问题，采取措施解决。③ 10月9日，周恩来在陪同埃塞俄比亚皇帝海尔·塞拉西一世参观北京东方红石油化工总厂时，指示陪同的北京市和该厂负责人应采取有效措施，消除危害工人健康的黄烟污染。并且鉴于该厂接待人员介绍该厂污水处理工程言过其实，他要求在赠送埃方的纪录片中剪掉有关该厂污水处理情况的不符实际的镜头。之后，他又嘱咐中国驻埃塞俄比亚大使返任后向塞拉西当面说明和道歉。④ 1972年9月8日，周恩来在邀集国家计委和各省、市、自治区负责人参加的会议上，对工业"三废"问题再次做出指示：一定要解决好工业污染，"因为我们是社会主义计划经济，是为人民服务的。我们在搞经济建设的同时，就应该抓紧解决这个问题，绝对不做贻害子孙后代的事"⑤。

　　可以说，在有关水利、林业及污染治理等生态文明建设的重要问题方面，周恩来考虑最多的是如何确保广大人民群众的利益不受损害。这也正是周恩来从党和国家事业长远发展的战略高度，切实贯彻党的群众路线、巩固党的执政基础的生动实践。

二、主张重点生态工程建设中的综合开发与利用

　　周恩来一生关注的重点生态工程建设包括淮河、黄河、长江等相关水利治理与建设，其主要的思想是综合开发与利用。1950年8—9月间，周恩来根据毛泽东根治淮河的指示精神，参加了由水利部主持召开的治淮工作会议，并多次约谈水

①　《周恩来年谱(1949—1976)》下卷，中央文献出版社1997年版，第718页。
②　《周恩来年谱(1949—1976)》下卷，中央文献出版社1997年版，第436页。
③　《周恩来年谱(1949—1976)》下卷，中央文献出版社1997年版，第448页。
④　《周恩来年谱(1949—1976)》下卷，中央文献出版社1997年版，第488页。
⑤　《周恩来年谱(1949—1976)》下卷，中央文献出版社1997年版，第549页。

利部长傅作义等人。在广泛调研的基础上,10月14日,政务院颁布了由周恩来主持制定的《关于治理淮河的决定》,确定了治理淮河的方针"应蓄泄兼筹,以达根治之目的"①。11月3日,他在主持政务院第57次政务会议时,针对傅作义所做《关于治理淮河问题的报告》发言指出:"淮灾最急,是非治不可的",并根据国家财力、物力等实际情况,提出了治理淮河的原则是:"统筹兼顾,标本兼施";"有福同享,有难同当";"分期完成,加紧进行","集中领导,分工合作";"以工代赈,重点治淮"。治淮总的方向是"上游蓄水,中游蓄泄并重,下游以泄水为主。从水量的处理来说,主要还是泄水,以泄洪入海为主,泄不出的才蓄起来"。周恩来还特别指出:"这次治水计划,上下游的利益都要照顾到,并且还应有利于灌溉农田,上游蓄水注意配合发电,下游注意配合航运。"②这在实际上指出了水利建设中如何处理工业、农业和交通运输业的关系问题,以及淮河治理中的综合开发与利用问题。其中,尤应注意治淮工程建设对农业发展的作用。根据周恩来的指示,安徽省从1950年冬季起至1957年,展开了规模巨大的以防洪与除涝为重点的治淮工程建设,除在淮河干流上大力修建蓄水水库外,还在山区大搞水土保持工程,丘陵区大做塘坝水库等蓄水工程,平原区大搞河网化工程③,取得了很大成绩,真正落实了周恩来有关淮河治理中的综合开发与利用的精神。

周恩来也从全面出发,认真考虑了黄河的根治问题。早在1949年新中国成立不久,中共中央就指出:"我们治黄的目的应该是变害河为利河,治理黄河的方针应该是防灾和兴利并重、上中下三游统筹、干流与支流兼顾。"④。1949年11月8—18日,各解放区水利联席会议召开,会议决定1950年举办引黄济卫工程⑤,并于11月18日向周恩来主持的政务院第6次政务会议做了汇报。三年经济恢复时期,周恩来多次突出强调引黄济卫工程,并积极表示予以支持修建。如1951年1月12日,周恩来主持的第67次政务会议讨论并通过了傅作义所做水利工作报告,该报告强调"关于引黄济卫工程,应继续推行"⑥;1952年3月,周恩来主持起草的

---

① 《建国以来重要文献选编》第1册,中央文献出版社1992年版,第426页。
② 《周恩来年谱(1949—1976)》上卷,中央文献出版社1997年版,第90~91页。
③ 《治淮十年 成绩辉煌》,《水利与电力》1959年第18期。
④ 《水利运动十年》(1949—1959),农业出版社1960年版,第64页。
⑤ 傅作义:《各解放区水利联席会议的总结报告》,参见《当代中国的水利事业》编辑部:《历次全国水利会议报告文件》(1949—1957),1987年1月内部印行,第22页。
⑥ 傅作义:《中央人民政府水利部关于水利工作一九五〇年的总结和一九五一年的方针与任务》,参见《当代中国的水利事业》编辑部:《历次全国水利会议报告文件》(1949—1957),1987年1月内部印行,第97页。

《中央人民政府政务院关于一九五二年水利工作的决定》提出了引黄济卫灌溉工程的年内总目标。① 在周恩来的支持下，从 1950 年起，河南省新乡地区着手进行了引黄灌溉济卫工程，经过两年施工，在 1952 年完成了第一期工程，并且立即发挥了效益。这个事实，标志着黄河在下游兴利的开端，为在下游充分利用黄河水利资源开辟了广阔的道路。此后，在下游千里河线的两岸，虹吸引黄、引黄淤灌等工程大量地建成，使沿河很多地方普遍地受到了黄河水的灌溉，为发展生产、改良土壤提供了良好的条件。② 1954 年，水利部在编制根治黄河水害和开发黄河水利的综合规划的时候，提出了以"从高原到深沟，从支流到干流，节节蓄水，分段拦泥，尽一切可能把河水用在工业、农业和运输业上，把黄土和雨水留在农田上"，作为控制黄河的水和泥沙、根治黄河水害、开发黄河水利的基本方法。③ 1955 年 7 月 18 日，周恩来主持的国务院第 15 次全体会议通过了《关于根治黄河水害和开发黄河水利的综合规划的报告》，批准了规划的原则和基本内容。这个历史事件应是新中国成立后人民群众对黄河的综合治理与开发的里程碑。

当然，生态工程建设中的综合开发与利用也并非一件容易的事。1950 年代中期在长江流域的治理与开发实践中，周恩来把治理长江同治理全国主要河流结合起来进行通盘考虑，提出了治标和治本相结合的治水方针。在对长江流域规划和荆江分洪工程、三峡工程、丹江口水利枢纽工程等的实际领导工作中，周恩来的治水方针逐步趋于成熟。1958 年 3 月 6 日，周恩来在三峡工程现场会议上所做总结发言指出：以兴建三峡为主体的治理长江流域规划的方针，应是统一规划，全面发展，适当分工，分期进行。他要求有关部门正确处理远景与近期，干流与支流，上、中、下游，大中小型，防洪、发电、灌溉与航运，水电与火电，发电与用电七种关系。这七种关系必须互相结合，根据实际情况，分别轻重缓急，具体安排。④ 周恩来提出的治理长江流域的方针，可以说是比较完整的治理大江大河的思想。8 月 31 日，周恩来又在北戴河长江流域规划座谈会上，提出了解决长江防涝、发电、航运、灌溉等全面的综合利用的整体规划。⑤ 后来，他还根据长江流域经济发展的实际情况，提出了综合利用水利资源，全面发展长江流域经济的基本指导思想，并指导

---

① 《中央人民政府政务院关于一九五二年水利工作的决定》，参见《当代中国的水利事业》编辑部：《历次全国水利会议报告文件》(1949—1957)，1987 年 1 月内部印行，第 119 页。

② 王化云：《人民治黄十年》，《黄河建设》1959 年第 10 期。

③ 《建国以来重要文献选编》第 7 册，中央文献出版社 1993 年版，第 17 页。

④ 《周恩来年谱(1949—1976)》中卷，中央文献出版社 1997 年版，第 132 页。

⑤ 《周恩来年谱(1949—1976)》中卷，中央文献出版社 1997 年版，第 164 ~ 165 页。

长江流域规划办公室拟出了《长江流域综合利用规划要点报告》，使长江流域的规划更加具体化，这也成为后来治理开发长江流域的基本原则。①

　　1960 年代末 1970 年代初，由于人口过度增长和工业的快速发展，水资源短缺与河流污染的问题便逐步暴露出来。周恩来也注意到了这一问题。1970 年 11 月 21 日，他针对上海炼油厂的废油、废渣、废水的处理问题，提出了"统统回收，综合利用"的思想。② 1972 年 3 月，北京有群众食用鲜鱼后出现中毒症状。周恩来立即派人查找原因。在得知是污水所致后，周恩来马上要求展开对官厅水库的水源、水质问题的调查并进行相应治理。③ 后来，鉴于污染问题愈来愈严重，1972 年 6 月，中国派出高规格代表团参加了联合国人类环境会议，了解世界环境状况和环境问题对经济社会发展的影响，以此为镜认识中国环境问题。次年 8 月 5—20 日，周恩来同意以国务院名义召开了中国第一次环境保护会议。该会议比较充分地揭露了中国在环境污染和生态破坏方面的严重问题，如长江、黄河、珠江、松花江、海河、辽河等主要江河一些断面水质恶化，鱼产品大幅度下降甚至绝迹，大中城市附近的河流和地下水普遍遭到污染等等。④ 对此情况，周恩来感触很深。他说：我们现在再不搞综合利用，后一代就要骂死我们，骂我们蠢材。我们可不能不顾一切呀，要为后代着想。⑤ 可以说，周恩来对生态工程建设中的综合开发与利用问题的阐述，应是其有关生态文明建设的重要思考。

三、注重生态建设中的政策引导和法规建设

　　周恩来还从生态建设的长远战略考虑，非常注重生态建设中的政策引导和法规建设。1949 年 9 月 29 日，中国人民政治协商会议第一届全体会议通过的《共同纲领》提出了"保护森林并有计划地发展林业"的经济政策，把林业建设作为新中国各项事业的重要方面。⑥ 周恩来对此非常重视，在其后的林业建设实践中领导政务院或国务院颁发了诸多林业保护的指示、政策与法令。1950 年 5 月 16 日，他

---

① 参见康沛竹《中国共产党执政以来防灾救灾的思想与实践》，北京大学出版社 2005 年版，第 168 页。
② 转引自曹应旺《周恩来与治水》，中央文献出版社 1991 年版，第 220～221 页。
③ 参见闵绪国《周恩来的生态文明思想及其特点——纪念周恩来诞辰 110 周年》，《中共宁波市委党校学报》2008 年第 4 期。
④ 曲格平、彭近新：《环境觉醒——人类环境会议和中国第一次环境保护会议》，中国环境科学出版社 2010 年版，"我与中国的环境保护（代序言）"第 2～3 页。
⑤ 转引自石仲泉《周恩来：一部党性修养的大书》，《毛泽东思想研究》2010 年第 4 期。
⑥ 《中国人民政治协商会议共同纲领》，人民出版社 1952 年版，第 12 页。

和林垦部梁希部长联名签署了《关于林业工作的指示》,该指示鉴于全国"大部分地区对森林的破坏和滥伐行为,迄未停止"的情况,提出了当时林业工作的方针和任务:"以普遍护林为主,严格禁止一切破坏森林的行为";在风沙水旱灾害严重的地区,发动群众,"有计划地进行造林";"制订各森林区的合理采伐计划,并推行节约木材的社会运动"等。① 当年 8 月,周恩来在其就内蒙古和东北地区林业的统一管理问题给毛泽东、刘少奇、朱德等的信中,提出了从林政、林业观点出发的"保林、育林、伐林"工作的重要性。② 1951 年 8 月 13 日,周恩来在给中南军政委员会副主席邓子恢的信中,要求地方政府不得以不正当手段倒卖木材或砍伐森林解决财政问题③;同日,为缓解全国木材供应紧张状况,保证国家建设的需要,周恩来签署了《政务院关于节约木材的指示》,责成各级人民政府除"大力发动群众进行护林造林工作,以求逐渐增加木材供应量外,对木材采伐和使用,全国必须厉行节约,防止浪费"④。1952 年 3 月 4 日,周恩来鉴于国家森林资源因火灾而遭受巨大损失的情况,签署了《政务院关于严防森林火灾的指示》,强调要充分了解我国森林资源贫乏和木材供应不足的严重情况,认识森林对保护水土、减免天灾的重要作用,坚决纠正某些地方领导干部对森林防火工作重要性认识不足的错误倾向,加强今后的护林防火工作,使森林不继续遭受破坏。⑤ 1953 年 9 月 30 日,周恩来署名发布了政务院第 185 次政务会议讨论通过的《关于发动群众开展造林育林护林工作的指示》。此后直到 1970 年代中期,周恩来还有许多有关林业保护问题的指示和文件等,有力地推动了新中国的林业建设。

与此同时,周恩来也非常注重与林业建设密切相关的水土保持工作。1953 年12 月 26 日,周恩来签署发布了政务院第 163 次政务会议讨论通过的《关于发动群众继续开展防旱抗旱运动并大力推行水土保持工作的指示》,根据山东等地的经验,要求在山区丘陵和高原地带有计划地封山、造林、种草和禁开陡坡,以更有利地开展水土保持工作。该指示并且强调了水土保持的重要性:"由于各河治本和山区生产的重要,水土保持工作目前已属刻不容缓。""水土保持是群众性、长期性和综合性的工作,必须结合生产的实际需要,发动群众组织起来长期进行,才能收

① 《周恩来年谱(1949—1976)》上卷,中央文献出版社 1997 年版,第 41 页。
② 《周恩来年谱(1949—1976)》上卷,中央文献出版社 1997 年版,第 62 页。
③ 《周恩来论林业》,中央文献出版社 1999 年版,第 18~19 页。
④ 《周恩来论林业》,中央文献出版社 1999 年版,第 20 页。
⑤ 《周恩来年谱(1949—1976)》上卷,中央文献出版社 1997 年版,第 222 页。

到预期的功效。"①《指示》还明确地提出了水土保持的三大基本措施,即耕作措施、林草措施、工程措施,充分体现了水土保持的综合性,且正确地处理了工程与生物、治坡与治沟的关系,为尔后数十年我国水土流失的治理工作指出了方向。根据上述指示精神,全国各地尤其是西北黄土高原地区在各省党政领导下积极进行了水土保持工作,到 1954 年底,据不完全统计,陕、甘、晋三省共做地埂、地坎沟、梯田、垅作区田、截水沟等田间工程 270 余万亩,谷坊 116.8 万座,大型留淤坝及淤地坝 103 座,涝池、水窖、水簸箕等 117.2 万个,整理天然池及新修蓄水池 14 个,引洪漫地 36.7 万亩,造林种草 735 万亩。这些工作的完成,使每年流入黄河的泥沙减少约 4 500 万吨,同时增加了农业生产,初步改善了人民的生活。② 周恩来还领导国务院于 1955、1957、1958 年先后召开了三次全国水土保持工作会议,并于 1957 年颁布了《中华人民共和国水土保持暂行纲要》。③ 而 1956 年至 1958 年间,国务院水土保持委员会提出的"全面规划,综合开发,坡沟兼治,集中治理"的方针,在一定程度上讲也是在上述《指示》精神的指导下提出的。④

在生态环境的法规建设方面,周恩来也做出了贡献。在他的推动下,1972 年 6 月 5 日,我国派出了由国家计划、外交、冶金、轻工、卫生、核工业、石油化工、农业等部门和北京、上海以及科技界的四十多人组成的代表团参加了在斯德哥尔摩召开的第一次联合国人类环境会议。受这次会议的精神以及大连海湾、渤海湾、上海港口、南京港口以及官厅水库污染事件等的影响,1973 年 8 月 5—20 日,周恩来领导国务院召开首次全国环境保护会议。会议研究了有关环境保护的方针、政策,制定了《关于保护和改善环境的若干规定(试行草案)》。这是中国第一部环境保护的综合性法规。这一法规确立了"全面规划、合理布局、综合利用、化害为利、依靠群众、大家动手、保护环境、造福人民"的 32 字环境保护方针,并就全面规划、工业的合理布局、改善老城市的环境、综合利用、土壤和植物的保护、水系和海域的管理、植树造林、环境监测、环境科学研究和宣传教育、环境保护投资和设备十

---

① 《周恩来论林业》,中央文献出版社 1999 年版,第 43 页。
② 参见《王化云关于进一步开展水土保持工作的总结报告》,《建国以来重要文献选编》第 6 册,中央文献出版社 1993 年版,第 94 页。
③ 《长江流域水土保持》,参见 http://node.cjw.com.cn/index/information/detail/20031223/6341.asp,2014 年 10 月 13 日。
④ 参见高峻《周恩来保护水生态环境的思想述论》,《党史研究与教学》2007 年第 3 期。

个方面的问题,做了较全面的规定,从而开创了中国环境法规建设的先河。① 1974年国务院正式成立了由 20 多个部、委负责人参加的环境保护领导小组,该小组曾先后于 1974、1975、1976 年下发了《环境保护规划要点》《关于环境保护的 10 年规划意见》《关于编制环境保护长远规划的通知》等文件,标志着党和政府已将环境问题作为一个重要社会问题给予重视。②

另外,根据 1954 年《宪法》"矿藏、水流,由法律规定为国有的森林、荒地和其他资源,都属于全民所有"的规定③,周恩来领导国务院制定并颁布了若干矿产资源、农用土地、工业卫生等资源管理法规,如 1950 年第一部矿产资源法规《中华人民共和国矿业暂行条例》,1953 年的《国家建设征用土地办法》,1956 年的《工业企业设计暂行卫生标准》等。除此之外,周恩来还领导国务院各行政主管部门针对某些特殊的环境污染问题,颁布了一大批有利于保护人民生活环境的卫生标准或规程等,如 1956 年 10 月,国家建设委员会、卫生部颁布的《饮用水水质标准》,对经常供生活饮用及工业企业中生产用水兼生活用水的集中给水的相关要求及其卫生监督工作等,进行了明确规定④;1959 年 9 月,建筑工程部和卫生部颁发的《生活饮用水卫生规程》,对水质标准、水源选择和水源卫生防护等进行了严格规定,要求取水地点 20～30 米以内应建立必要的卫生制度,禁止设立深水坑、渗水厕所、垃圾堆、粪池、牲畜饮水场所或洗衣、洗菜等等。⑤ 周恩来领导国务院各行政主管部门颁布的这些法规、标准或规程等,对新中国刚刚起步的环境保护事业起到了重要的法制支撑作用。

四、重视生态建设中历史经验与现实教训的总结

周恩来还善于在生态建设实践中总结历史的经验与现实的教训,以更好地指导新中国的生态建设工作。实际上,早在 1949 年 11 月各解放区水利联席会议上,傅作义部长就曾根据东北号称"泥龙"、含沙量有 62% 的柳河,因建筑水库,变成了

① 曲格平、彭近新:《环境觉醒——人类环境会议和中国第一次环境保护会议》,中国环境科学出版社 2010 年版,第 264～267 页。
② 刘建伟:《建国后中国共产党对环境问题认识的演进》,《理论导刊》2011 年第 10 期。
③ 《中华人民共和国宪法》,人民出版社 1954 年版,第 5 页。
④ 《卫生法令汇编(1951 年 6 月至 1956 年 12 月)》第 2 辑,1957 年 12 月内部印行,第 268～270 页。
⑤ 《卫生防疫法规选辑》第 2 册,1964 年 3 月内部印行,第 784～790 页。

清水,防止了水灾的经验,提出了根治黄河泥沙淤积的"信心"问题。① 对此,周恩来深有同感。他根据1949年毛泽东主席亲临黄河视察时做出的"要把黄河的事情办好"的指示②,号召广大群众一定要树立根治黄河的信心和雄心。"旧中国不能治理好黄河,我们总要逐步摸索规律,认识规律,掌握规律,不断地解决矛盾,总有一天可以把黄河治理好。我们要有这样的雄心壮志。"③在这种"雄心壮志"的基础上,周恩来非常注意分析我国治理水利的历史经验和现实教训。1951年1月12日,他在主持政务院第67次政务会议时指出:水可用以灌溉、航行,还可用以发电。在中国历史上并非没有治水理论,只是那些理论对于今天的情况来说,是远远不够的,因此要把治水理论提高一步,即"从现在的蓄泄并重,提高到以蓄为主;从现在的防洪防汛,减少灾害,提高到保持水土,发展水利,达到用水之目的",并进而提出了新中国的治淮方针。④ 1953年8月20日,在主持政务院第186次政务会议并讨论傅作义所做《关于农田水利工作的报告》时,针对水利工作取得重大成就的同时也存在好大贪多、不注意工程效益等问题,周恩来指出:改造大自然不是短期的事。在一定时期内,几万万人的眼前利益还是农田水利,大工程的时间很长,长远的利益应当与眼前的利益相结合。⑤ 这也是新中国水利建设的现实经验的总结。

　　特别是在黄河三门峡水利枢纽建设问题上,周恩来很好地总结了历史和现实的经验教训。1955年第一届全国人民代表大会第二次会议通过了《关于根治黄河水害和开发黄河水利的综合规划的决议》,决议中的第一期工程项目就包括兴建三门峡水利枢纽。当时苏联还把它作为援建中国第一个五年计划的156个重点项目之一。该水利枢纽位于河南省西部黄河峡谷,控制黄河流域面积68.8万平方千米,为全流域面积的91.5%;多年平均水量占全河的89%,控制全河来沙量的98%。⑥ 在该水利枢纽修建前的论证阶段,清华大学水利系黄万里教授曾于1956年5月就苏联专家提出的建造方案向黄河流域规划委员会提出过不同意见。⑦

　　① 傅作义:《各解放区水利联席会议的总结报告》,参见《当代中国的水利事业》编辑部:《历次全国水利会议报告文件》(1949—1957),1987年1月内部印行,第19页。
　　② 《黄河三门峡水利枢纽志》,中国大百科全书出版社1993年版,"序"第1页。
　　③ 《周恩来选集》下卷,人民出版社1980年版,第433页。
　　④ 《周恩来年谱(1949—1976)》上卷,中央文献出版社1997年版,第116页。
　　⑤ 《周恩来年谱(1949—1976)》上卷,中央文献出版社1997年版,第321页。
　　⑥ 《黄河三门峡水利枢纽志》,中国大百科全书出版社1993年版,"序"第1页。
　　⑦ 参见黄万里《对于黄河三门峡水库现行规划方法的意见》,《中国水利》1957年第8期。

1957 年 5 月 24 日,周恩来在主持国务院第 49 次全体会议时,根据水利部副部长何基沣谈到黄河水利委员会陕西绥德韭园沟所搞的拦沙水库只三年已淤平的情况,着重指出:"根据韭园沟的经验,三门峡也不能避免淤塞了。尽管现已开工,我还是有些不安。三门峡工程如何搞,应该研究。"因此,他提议利用科学规划委员会开会的时机,由水利部主持,邀请水利、水力发电、水土保持等几方面的专家,和苏联专家一起研究讨论,最后由水利部提出方案报国务院。① 据此,1957 年 6 月 10—24 日,水利部、电力部、清华大学、武汉水利电力学院、天津大学、三门峡工程局及有关省的水利厅的专家、教授共 50 余人,参加了由水利部负责召集的三门峡水利枢纽讨论会。黄万里教授等人亦在会上提出了反对意见。② 但在当时社会主义建设的高潮中,黄万里等人的意见并未引起高度重视。

此后,周恩来曾多次主持国务院常务会议、全体会议等,对三门峡水利枢纽修建过程中所涉及的防洪、灌溉、发电、水土保持、水土浸润影响以及修建水库的利弊等做全面的分析比较。其间,周恩来还于 1958 年 3 月 3 日,曾主持会议对需不需要修建三峡大坝、能不能修建三峡大坝、三峡大坝是不是开发长江水利资源的主体工程、这个工程是不是有巨大的经济效益和社会效益、是不是要争取提前修建这个工程等,征求过相关专家和与会人员的意见。他一再强调要大家"敞开思想,各抒己见"③。同年 4 月 21—25 日,为了正确确定修建三门峡水利枢纽的目标和明确整个治黄工作的指导思想,周恩来主持召开了由 40 省区和有关部门负责人参加的三门峡现场会议,听取各方面的意见。4 月 25 日上午,周恩来做了长达两万言的总结报告,指出三门峡工程是改变黄河流域面貌的一个重大措施,并提出了三门峡工程的目标应以"防洪为主,其它为辅","先防洪,后综合利用","确保西安、确保下游"为原则;要求各有关部门全面规划,各方配合,依靠群众,改变面貌。④ 1959 年 10 月 13 日,周恩来在视察三门峡水利枢纽工程的现场会议上,主持讨论了三门峡枢纽 1960 年拦洪发电以后继续根治黄河的问题,提出根治黄河必须在依靠群众发展生产的基础上,大面积地实施全面治理与修建干支流水库同时并举,保卫三门峡水库,发展山丘地区的农业生产;而对三门峡水利枢纽修建中的水土流失问题,他要求必须做到三年小部、五年大部、八年完成黄河流域七省区

① 《周恩来年谱(1949—1976)》中卷,中央文献出版社 1997 年版,第 45 页。
② 《三门峡水利枢纽讨论会》,《中国水利》1957 年第 7、8 期。
③ 《周恩来年谱(1949—1976)》中卷,中央文献出版社 1997 年版,第 131 页。
④ 《黄河三门峡水利枢纽志》,中国大百科全书出版社 1993 年版,第 257 页。

的水土保持工程措施和其他措施,逐步控制水土流失。① 在三门峡水利枢纽的修建过程中,周恩来不辞辛劳,深入群众,广泛调研的精神令人感佩。尤其是周恩来对水利工作的高瞻远瞩的思考与探索,为整个治黄工作明确了指导思想。

但是,由于缺乏建设经验,1960 年三门峡水利枢纽工程建成运用后,库区淤积很严重,直接影响到了渭河、洛河,并威胁到了关中平原和西安市的安全。对此,周恩来曾多次深入地反思其中的经验教训。1961 年 7 月 4 日,他在接见越南水利电力部代表团时说:治水不是一件容易的事,中国两千多年治水的历史有一套经验,要很好地研究总结。其中的经验就是:"不管搞大的、中的、小的,勘测、设计、研究时间放得长一些好。要把水害变为水利。要采取积极的方针,但是不要急躁。"他还说,在治水方针下要注意做好勘测、设计、施工准备工作、"同一时间不要搞多了"等几点经验。"搞水利是向自然作斗争,一定要经过失败才能取得胜利。百战百胜这句话,是不合逻辑的。"②1964 年 6 月 10 日,周恩来在接见以水利部部长何继晋为首的越南水利考察团时,介绍了我国水利工作上的四条经验教训:(1)都江堰这个有历史的工程是成功的,但我们利用得不好,没有很好研究总结这个历史经验。(2)三门峡工程上马是急了一些,对一些问题了解得不够,研究得不透,没有准备好,就发动进攻上马,革命精神有,但是科学态度不够严格,二者没有很好结合。我们历史上治黄是最重要的问题,还没有将历史经验加以科学总结。天下一切事物的发展总是吸取前人经验,后来者居上,这是一个教训。(3)治淮工作中犯了地方主义、分散主义的错误,治水要从上游到下游照顾全局,要有共产主义风格,有时要牺牲自己救别人。要让干部和农民都有所认识。(4)密云水库搞得太快,负担太重。三年建成急了一些。水库容量大,迁移人口多,淹地多,因此计划施工时间应该长一些,慎重一些。虽然工程是成功的,但是有偶然性。最后,周恩来特别指出:"我们做工作要经常发现新的矛盾,不断解决矛盾,统一矛盾,把工作向前推进。"③当年 12 月 6—18 日,周恩来在北京亲自主持召开了治黄会议。他认为"治理黄河规划和三门峡水利工程,做得全对还是全不对,是对的多还是对的少,不宜过早下结论"。他鼓励大家畅所欲言,充分发表意见,"只要有利于社会主义建设,能使黄河水土为民兴利除弊,各种不同的意见都是允许发表的"。他提

① 《周恩来年谱(1949—1976)》中卷,中央文献出版社 1997 年版,第 261 页。
② 《周恩来年谱(1949—1976)》中卷,中央文献出版社 1997 年版,第 421~422 页。
③ 《周恩来年谱(1949—1976)》中卷,中央文献出版社 1997 年版,第 647 页。

出三门峡水利工程改建规模不要太大,总的战略是要把黄河治理好,把水土结合起来解决,使水土资源在黄河上中下游都发挥作用,让黄河成为一条有利于生产的河。"修水库不是一件容易的事,这几年的教训是应该深刻吸取的。"①1965年8月,周恩来还在听取水电部党组汇报全国水利会议情况时指出:"中国人民有改造自然的雄心壮志,我们的雄心壮志、伟大理想要世世代代传下去。水利上犯了错误的经验,也要一代一代传下去,使他们接受经验。才会少犯错误,把理想变成现实,得几代到几十代。一定要通过不断实践,世世代代地实践,不断地修正错误。中国历史五千年了,现在治水的经验还没有总结好,没有系统化。这是个艰巨任务。"②在周恩来亲自主持下,黄河流域规划委员会后来根据其意见两次对工程进行了改建,大大推进了治黄事业的发展。

总之,周恩来在领导和探索新中国的生态文明建设实践中,对有关的林业、水利、环境等问题均提出了诸多的真知灼见,并逐步形成了一套具有理论性、系统性和可操作性的生态文明建设的理念、思想,有效地指导和推动了新中国的生态文明建设的历史进程,为新中国后来的生态文明建设提供了思想镜鉴。

---

① 《周恩来选集》下卷,人民出版社1980年版,第433~438页。
② 《周恩来年谱(1949—1976)》中卷,中央文献出版社1997年版,第752页。

周恩来与我国生态文明建设 潘 铉 *

党的十八大第一次深刻、全面地论述了生态文明建设的理论和政策,提出经济建设、政治建设、文化建设、社会建设和生态文明建设"五位一体"的中国特色社会主义建设总布局,并且把生态文明建设放在突出地位,融入经济建设、政治建设、文化建设、社会建设各方面和全过程,努力建设美丽的中国,实现中华民族永续发展。这不仅为建设中国特色社会主义指明了方向,也是对马克思主义的丰富与发展。十八大生态文明建设理论源于马克思主义关于人与自然的理论,也源于中国共产党几代中央领导集体的长期实践和艰苦探索。周恩来没有提出过生态文明的理念,但在提倡节育使人口有计划增长、珍惜国土资源、保护森林、节约自然资源以及防止环境污染等方面,做了大量工作,也有许多重要论述。为生态文明建设理论的产生提供了坚实的基础。

控制人口 计划生育

我们知道,人类为了生存就要改造自然,而改造自然超越一定限度,又会破坏人类存在的环境,这就是"生存悖论"。"生存悖论"特别体现在自然资源的有限和人口自然增长的无限矛盾上;这个矛盾不解决,势必影响人类社会的正常发展。周恩来十分了解人口同资源、环境的关系,主张积极控制人口增长。他是较早意识到人口增长过快会给经济建设造成严重困难的中央领导人。虽然在 20 世纪 50 年代初期他也认为人口多好办事,说过:目前(1954 年)提出避孕问题,是可以的。但不要写在决议上。但随着人口增长给国民经济发展造成的问题严重性日益显现,他对控制人口增长态度越来越坚决,要求的力度也越来越大。1956 年 4 月 20 日在国务院常务会议上说:避孕要大力宣传……在工人、职员中生育要有计划,别的都有计划了,为什么生育不能有计划呢? 他提出 20 世纪 60 年代我国人口自然增长率控制在 1% 以下的目标。1955 年 7 月 28 日接见中华医学会、药学会的代表

* 潘铉,原上海市教卫党委党史工作委员会秘书长。

和港澳来宾时说:"邵力子建议节育,当时卫生部不同意。我们是同意的。我们向卫生部提意见,节育是为了母亲的健康和后代的繁荣。"①1956年10月、11月在国务院常务会议上说:人口多确实是个问题。马寅初、邵力子提出这个问题不能一概驳掉,说是马尔萨斯思想。1957年6月6日,在接见日本医学代表团时专门了解日本节育工作的情况和技术水平,说:中国人口多,人多了会引起种种问题,带来很多困难,特别是对国家的建设……应该有计划地生育。关于节育,当然要尊重人格,也应当根据人民的觉悟,在自觉自愿的基础上进行……夫妻也应当协商。我们的节育与马尔萨斯是毫无共同之处的。无论是经济建设、教育、生活,都必须重视起来,都必须在国家所仅有的土地上担当起来。这就是我们节育工作的全部真相和根据。

1957年8月,国务院常务会议根据周恩来提议,决定由陈云担任国务院节育委员会主任。9月26日,在中共八届三中全会报告中又明确提出中国人口的增长应与生产相适应,强调节育的重要性。尽管周恩来强调控制人口增长,提倡计划生育,但由于人们受传统观念"避孕是不合乎自然规律的""生育是个人私事,政府不能管"等影响,不少人也认为人多好办事,六亿人口是我们的本钱,因此政府对控制人口增长很不得力。经过三年困难时期,1962年起我国人口呈现前所未有的暴增趋势,对社会经济生活造成了极大的困难。周恩来着急万分,1963年2月26日在中共中央和国务院联合召开的全国农业科学技术工作会议上说:晚婚和计划生育,是卫生保健中关系到全民族健康和全民族前途的问题。这个问题过去曾经提倡过多次,但重视不够,常常放松。人口众多,应该肯定是好事,但长处中也埋藏着缺点。去年人口增长率达3.1%,这样的增长率,即使农业丰收,国家粮食问题也难过关。控制生育,我们要有计划。我们是社会主义国家,经济要有计划发展,但就是对人口增长没有计划,这也是个缺陷。对于这一点,马克思、列宁没定出过办法,因为没碰到这样的问题。我们遇到了,就得想办法解决。我们希望人口增长率由3%压到2%,城市压到1.5%,但这并不是一件容易的事。如果从现在开始注意了这个问题,也要到15年以后才能见效。在这里,周恩来把晚婚和计划生育提高到关系全民族健康和前途的高度。1965年11月1日接见中华医学会第一届全国妇产科学术会议代表时又说:怎样使我国人口能有计划地生育,这是一个伟大的事业。"如果不实行计划生育,人口增长得太快,生产就跟不上,这是

① 《周恩来年谱(1949—1976)》上卷,中央文献出版社1997年版,第494~495页。

一个大问题。要使全社会都能够按照计划生育的要求,在二十世纪以内把人口年纯增率控制在百分之一,这就很了不起。"①在这里,周恩来把晚婚和计划生育从关系全民族健康和前途的高度又提高一步,第一次把计划生育称作是"一个伟大的事业"。两个月后,1966年1月28日,周恩来改定中共中央宣传部报送的卫生部长钱信忠《有关计划生育的几个问题的报告》及中宣部代中央所拟的转发批语。中央批语指出:实行计划生育,是一件极为重要的大事,请各地按照中央、国务院一九六二年十二月《关于认真提倡计划生育的指示》精神,参照这份材料,积极开展计划生育工作。为说明计划生育对出生率的控制效果,周恩来在修改时加写:"天津市区解放后每年出生率在千之三十以上,到一九六四年下降为千分之十三,纯增率在千分之十以下",他要求"在全国首先在城市"提倡晚婚、反对早婚。② 由此可见,周恩来为了我国人口和社会经济发展的平衡,从根本上说也是为了人类的发展和生态自然环境的平衡,付出了毕生的心血。

植树造林　绿化祖国

植树造林,保护水土资源,这是生态文明建设的重要内容。周恩来对此高度重视。早在1950年5月,他在和林垦部部长梁希联名签署《关于林业工作的指示》中,提出当前林业工作6个方面的方针和任务,强调以普遍护林为主,严禁一切破坏森林的行为。8月,又和梁希研究内蒙古林业管理问题,决定由内蒙古组建独立经营的林业公司,中央和东北通过合同向其订货。为我国林业的统一经营管理做了尝试。他在给毛泽东、刘少奇、朱德的信中说:"从林政、林业观点来看,保林、育林、伐林如没有统一计划、统一管理,只从地方经营和收入着眼,其害与水利之不统一相等,而时间性更过之。"③1952年3月4日,又签署了《政务院关于严防森林火灾的指示》。之后,鉴于林业部过去在造林、采伐方面太集中,计划过大,要求过高,脱离群众,对林农照顾不够,1953年7月9日主持政务院第185次政务会议,决定发展群众性造林,让林农自由些,小的树林分给他们,大的宜分的也还是分了好,林业部只管大的,对其他的实行指导性意见。

为缓解全国木材供应紧张状况,保证国家建设的需要,1951年8月13日,周

---

① 《周恩来年谱(1949—1976)》中卷,中央文献出版社1997年版,第762页。
② 《周恩来年谱(1949—1976)》下卷,中央文献出版社1997年版,第7页。
③ 《周恩来年谱(1949—1976)》上卷,中央文献出版社1997年版,第62页。

恩来签署《政务院关于节约木材的指示》。《指示》中说："除责成各级人民政府大力发动群众进行护林造林工作，以求逐渐增加木材供应量外，对木材采伐和使用，全国必须厉行节约，防止浪费。""一切工程建筑，应将需用木材数量，切实核减至最低标准，非迫切需要的，应缓用或少用，可以其他材料……代替的，应不用或减用。""力求经济合理，禁止大材小用、长材短用、优材劣用。提倡在不妨害工程安全的条件下，适当利用杨木、桦木、柳木和陈材、废材。""造纸原料，应尽量利用竹头、芦苇或其他纤维植物。"①1963 年 3 月 18 日，又和邓小平联合批发《中共中央、国务院关于抓紧木材生产的紧急通知》。《通知》说：木材生产是当前工业生产中最突出的薄弱环节之一，完成今年的木材生产计划，对保证今年整个国民经济计划的完成有重大的意义。

据统计，从 1952 年 2 月到 1966 年 2 月 14 年间，周恩来在森林防火、植树造林方面做过不少于 10 次的讲话。1961 年 4 月 14 日对在西双版纳自治州工作的植物学家蔡希陶说：这里是富饶美丽之乡，如果破坏了森林，将来也会变成沙漠。我们共产党人就成了历史的罪人，后代就会骂我们。所以一定要合理开垦，保护好自然资源。要做人民的功臣，不要做人民的罪人。1962 年 6 月 23 日，在去延边农学院视察路上说：千万要保护好森林。这是关系到国计民生的大问题。森林保护不好，子孙后代要骂我们的。1962 年 8 月 16 日，周恩来审阅《关于林业工作几个主要问题的报告》，在给毛泽东的信中说：木材问题，关系生产、基建和长期计划甚大。建议毛泽东将报告印发中央工作会议到会各同志，以便引起全党普遍的重视。11 月 2 日约林业部负责人谈林业问题，在讨论中共中央、国务院关于成立东北林业和农垦两个总局的决定草稿时指出：林业问题与每个人的关系都很大。林业的经营要合理采伐，采育结合，越采越多，越采越好，青山常在，永续作业。采伐是有条件的，再不能慷慨地破坏自然，对此要慎重，林区开荒也要注意这个问题，违背自然规律什么都做不通。② 林业的技术改造，首要问题是搞机械化。1964 年 5 月 7 日听取林业部副部长惠中权汇报植树造林工作时说：一亿二千万亩造林分布和全国无林地区分布，要分别造图、做表；东北、内蒙古地区的林业所要恢复；其他各地的林业指导所也要恢复；为解决劳动力问题，造林和森林采伐可采取征兵入伍的办法。从中央到地方，每个负责同志，除年老有病的外，每年都要带头种

---

① 《周恩来年谱（1949—1976）》上卷，中央文献出版社 1997 年版，第 170 ~ 171 页。
② 《周恩来年谱（1949—1976）》中卷，中央文献出版社 1997 年版，第 509 页。

树,要养成一种风气,并对此事做出相应的规定。

兴修水利　保护水土

周恩来深刻认识到水利是农业的命脉,水利工作对各方面工作都有关系,所以十分重视兴修水利,保护水土资源。新中国成立后,他在治淮工程、荆江分洪工程、修建官厅水库、三门峡水利枢纽工程等重大水利建设中鞠躬尽瘁,日夜操劳,倾注了大量心血。他不仅参与国家水利建设的总体设计、规划,还风尘仆仆,四处奔波,检查监督,贯彻落实。从1949年11月20日到1965年10月21日这17年中,据《周恩来年谱》不完全记载,他主持政务院(后国务院)讨论水利工作的会议就有14次;约水利部钱正英等有关人员讨论水利工作有42次;赴水库工地视察9次;参加修水库体力劳动3次。特别是1956—1958年这3年中,差不多每月都要讨论或找人谈水利工作。1950年8月31日,毛泽东致电周恩来:"导淮必苏皖豫三省同时动手,三省委的工作计划,均须以此为中心。"①周恩来接电后即于9月2日约董必武、傅作义、薄一波研究治淮计划。决定苏、皖、豫三省同时动手,专家、群众、政府三结合,新专家、土专家结合;9月提出计划,10月动工,3年为期,根治淮河。1949年11月20接见各解放区水利联席会议代表,周恩来用"大禹治水,三过家门而不入"的故事鼓励水利工作者。1950年8月24日在全国第一次自然科学工作者代表大会上做了《建设与团结》的报告,提出医治战争创伤,首先要做好几件基本工作:"第一,兴修水利。我们不能只求治标,一定要治本,要把几条主要河流,如淮河、汉水、黄河、长江等修治好。""第二,修筑铁路。""第三,制造化学肥料。"这些都需要科学家的努力。为了有效地工作,科学家必须团结,必须破除门户之见。"发挥集体主义的精神,打破个人主义的小圈子,群策群力,与群众结合,为新中国的建设而努力"。他又一次引大禹治水的故事说:"大禹治水,为中华民族取得了福利,中国科学家的努力,一定会比大禹创造出更大的功绩。"②之后,在9月12日会议上,决定以"蓄泄兼筹"为治淮方针,确定上游"以拦蓄洪水发展水利为长远目标",中游蓄泄并重,下游则开辟入海水道,以利宣泄。1951年1月12日,周恩来主持政务院第六十七次政务会议,在讨论傅作义做的《一九五〇年水利工作总结和一九五一年的方针与任务的报告》时指出:水可用以灌溉、航行,还可

---

①　《毛泽东文集》第6卷,人民出版社1999年版,第87页。
②　《周恩来年谱(1949—1976)》中卷,中央文献出版社1997年版,第68页。

用以发电。在中国历史上并非没有治水理论,只是那些理论对于今天的情况来说,是远远不够的,因此要把治水理论提高一步,即"从现在的蓄泄并重,提高到以蓄为主;从现在的防洪防汛,减少灾害,提高到保持水土,发展水利,达到用水之目的"。今天的治淮方针是:"上游以蓄为主,下游以泄为主,中游蓄泄并重。当前工作要与总方针配合,治本要与治标结合……以治标辅助治本。"①他强调:长江的荆江分洪工程,在必要时要用大力修治。否则,一旦决口,就会成为第二个淮河。

对水利建设中的重大问题,周恩来主张多讨论,多听取各方面意见,允许唱反调。1964 年 12 月出席国务院召开的治理黄河会议,18 日在会上做总结发言说:治理黄河规划和三门峡水利工程,做得全对还是全不对,是对的多还是对的少,不宜过早下结论。"只要有利于社会主义建设,能使黄河水土为民兴利除弊,各种不同的意见都是允许发表的。不管持哪种意见的同志,都不要自满,要谦虚一些,多想想,多研究资料,多到现场去看看,不要急于下结论。""专门性的问题,就是要互相发现矛盾,解决矛盾,有的放矢,这样,才能找出规律,发现真理。""旧中国不能治理好黄河,我们总要逐步摸索规律,认识规律,掌握规律,不断地解决矛盾,总有一天可以把治好。我们要有这样的雄心壮志。""总的战略是要把黄河治理好,把水土结合起来解决,使水土资源在黄河上中下游都发挥作用,让黄河成为一条有利于生产的河。"②

1961 年和 1964 年,周恩来两次接见来访的越南水利代表团介绍治水经验,说:要把水害变成水利,要采取积极的方针,但是不要急躁。有几点经验要注意。首先要做好勘测;第二要做好设计;第三要做好施工准备工作;第四是同一时间不要搞多了。另外,在计算水利资源时,有关的专业部门不能只算自己需要的那部分,要进行综合计算。治水要从上游到下游照顾全局,要有共产主义风格,有时要牺牲自己救别人。要让干部和农民都有所认识。

周恩来特别强调水利工作要的生产服务,为人民服务,这是最根本一条。他说农业现代化是毛主席提出的,是战略方针问题,水利工作首先为农业生产服务,要为生产办水利,不是为水利而水利。要有长期观点,长期为农业生产服务。要全面规划,综合经营,综合利用,灌溉、防洪、水土保持全面搞,又工又农,又要造林。周恩来心目中只有人民群众,没有他自己,他处处以人民利益为重的精神使

---

① 《周恩来年谱(1949—1976)》上卷,中央文献出版社 1997 年版,第 116 页。
② 《周恩来年谱(1949—1976)》中卷,中央文献出版社 1997 年版,第 691 页。

人感动。1958年8月6日听闻济南黄河铁路桥出现险情,周恩来立即赶到济南视察铁路桥。行前通知济南铁路局负责人,不得因他的到来影响列车的通过,也不要撤换守桥战士和增加警卫。他边走边看边问。回到桥南头,对大桥哪里该维修,哪里该加固,一一做了指示。并对路局的有关人员说:你们要千方百计把大桥保住!后又走上大堤指导抢修加固。1959年6月7日,在去平山县岗南水库途中,路遇马车翻倒,老农受伤,当即命令停车救人,直至送老农的车从医院回来,得知老农只有点轻伤,才重新上车,继续前进。6月9日在车上同李葆华谈密云水库、岳城水库、岗南水库、黄壁庄水库的修建问题。周恩来叮嘱要注意移民问题,无论如何要保障今冬明春移民有房子住。移民的耕地不够,应当注意解决。

尽管为我国水利和林业做了大量工作,周恩来仍对自己自责,1966年2月23日,他在同出席全国林业工作会议的代表谈话说:"林业和水利上犯了错误,多少年也翻不过身来。我最担心的一个是治水治错了,一个是林子砍多了。"林业工作会议之前,曾对林业部负责人说:我当总理十六年,有两件事交不了账,一是黄河,一是林业。林业是抓晚了。并表示担心林业生产吃掉了老本。①

治理"三废" "化害为利"

周恩来是新中国最早提出环境保护和治理各种污染的国家领导人。据原国家计委常务副主任顾明和国家环保局原局长曲格平回忆,从1970—1974年这5年中,周恩来对环保问题做过31次谈话,足见他对环保的重视。早在1957年2月11日到重庆视察时就对陪同的地方领导说:污染环境的工厂一定不要建。1958年7月7日在广东江门甘蔗化工厂视察时对设计人员说:工厂建成后的废气、废渣、废水如何处理,要大搞综合利用,化害为利,造福人民。要"化害为利,变废为宝"②。1959年6月8日,召开石家庄专区主要钢铁厂、焦化厂负责人和技术人员座谈会时提出,焦的环境太烤,建议出焦机械化。对烟囱冒黑烟问题,指出烟是个宝贝,应该回收利用,减轻污染。1969年6月26日,在与卫生部军管人员谈话中指出,毛主席讲卫生工作要"预防为主",我认为要包括空气和水;如果污水、污气解决了,人民的身体健康了,就什么财富都可以创造,这是最大的财富。1970年6月21日,当时正是"文化大革命"动乱期间,他在同参加中日民间渔业谈判的中方

① 《周恩来年谱(1949—1976)》下卷,中央文献出版社1997年版,第15~16页。
② 《话说周恩来》,中央文献出版社2000年版,第127页。

负责人说:要处理好工业废水污染问题,保护好水产资源。1971年2月15日接见出席国务院规划会议各大区负责人说:要搞好综合利用,解决废水、废气、废渣的"三废"染污。4月5日,又和参加交通会议代表谈环保问题,说在经济建设中的废水、废气、废渣不解决,就会成为公害。发达的资本主义国家,公害很严重。我们要认识到经济发展中会遇到这个问题,采取措施解决。1972年6月5日,联合国人类环境会议在斯德哥尔摩召开,标志着人类环境意识的觉醒。周恩来决定我国派代表团出席,并认真审阅了代表团准备提交大会的关于中国环境问题的报告草稿。9月8日在邀集国家计委和各省、市、自治区负责人参加的会议上,对治理"三废"问题做指示说:资本主义国家解决不了工业污染的公害,这是因为他们的私有制,生产无政府主义和追逐最大的利润。我们一定能够解决工业污染,因为我们是社会主义国家,是为人民服务的。我们在搞经济建设的同时,就应该抓紧解决这个问题,绝对不做贻害子孙后代的事。这一年的11月,周恩来心脏病比较严重,专家会诊后一致认为"要及时严重注意"。毛泽东审阅叶剑英等的报告后批示:"应当休息、节劳,不可大意。"①12日,周恩来遵嘱休息,中午,到北海公园散步,登上白塔俯瞰首都市容。在了解北京市消烟除尘情况后,又指示北京市有关部门把首都的环境保护工作做好。1974年3月31日,周恩来癌症已经扩散,他一边治疗一边仍在不停地工作,这一天他主持中央专门委员会会议,听取"七二八"秦山核电站工程进展汇报。强调核电站的建设必须绝对安全可靠,特别对放射性"三废"的处理,必须从长考虑,一定要以不污染国土、不危害人民为原则。他强调对这项工程来说,掌握核电技术的目的大于发电。

周恩来对大气污染有高度的警觉,对我国出席斯德哥尔摩国际人类环境会议代表团成员说,千万不能让北京成为当年伦敦那样的"雾都"。因此他特别关注气候的变化和空气中有无新的元素增加。1972年7月30日批示整顿气象局全国布局:"凡属空白地区、海岸都要分类补上,对北线西线寒流、东线南线暖流也要管。人不够,要从'五七'干校调回,或者将转业或遣散走的调回。要打破军民界限,共同协力,军民两用。"强调:"预防各种气象变化,特别要防气流、大风突变转向。总结经验,并且要考虑到空气中有无新的因素、元素增变。"②这充分说明周恩来对预防空气污染的科学预见。

① 《周恩来年谱(1949—1976)》下卷,中央文献出版社1997年版,第563页。
② 《周恩来年谱(1949—1976)》下卷,中央文献出版社1997年版,第541页。

1973 年 8 月 5—20 日,在周恩来指导下,国务院召开全国首次环境保护会议。会议研究了有关环境保护的方针政策,编辑了 12 期《简报》分发到各省市自治区和国务院各部门。制定了《关于保护和改善环境的若干规定(试行草案)》。这是新中国第一个环境保护的综合性法规。《规定(试行草案)》确定环保 10 年规划,提出环境污染 5 年控制、10 年解决的奋斗目标。一年后,即 1974 年 5 月,国务院环境保护领导小组成立,作为国家领导全国环境保护工作专门机构。根据周恩来对环境保护工作的历次指示精神,制定国家环境保护的方针为:"全面规划,合理布局,综合利用,化害为利,依靠群众,大家动手,保护环境,造福人类。"①

从上面的论述可以看到,作为国家的总理,周恩来不仅最早重视保护生态和关心环境治理,进入 20 世纪 70 年代更无时不在关心防止环境污染;从上面的论述还可以看到,一切以人民群众的长远利益为目的,这是周恩来环境保护、生态建设、防止污染思想的核心内容,而方针则为预防为主,积极应对,综合利用,化害为利,变废为宝。周恩来毕生的辛劳和英明的决策,为生态文明建设理论的形成,也为建设美丽中国,实现中华民族永续发展做出了不朽的贡献。

---

① 转引自刘春秀《周恩来对环境保护工作的重大贡献》,《新中国 60 年研究文集》第 2 册,中央文献出版社 2009 年版,第 434 页。

论周恩来对建设社会主义生态文明的奠基性贡献 王家云[*]

党的十八大将建设社会主义生态文明建设作为中国特色社会主义道路的内涵之一。作为中国特色社会主义道路开拓者之一的周恩来,在开拓中国特色社会主义道路的历史进程中,非常关注社会主义生态文明建设。尽管目前尚未见到周恩来使用过生态文明这个概念,但考究其实践,我们又惊奇地发现周恩来对生态文明建设的理念是清晰的,对生态文明建设内涵的把握是全面的,对生态文明建设的认识是深刻的,对生态文明建设的措施是扎实的,成效是显著的。周恩来关于社会主义生态文明建设的理念及实践,对新时期社会主义生态文明建设战略的提出及实施做出了奠基性贡献。重新学习研究周恩来社会主义生态文明建设的理念及实践,对于积极推进社会主义生态文明和美丽中国建设,具有极为重要的借鉴价值。

一、奠定了社会主义生态文明建设的基本内涵

研究领袖人物对生态文明建设的贡献,首先要看他对生态文明建设的理解把握,即具体内涵是什么? 如上所述,虽然我们尚未看到周恩来使用过生态文明建设这一概念,也未看到他对生态文明建设的具体内涵做过概括,但从历史实践看,我们发现周恩来对生态文明建设具体内涵的把握是全面的、清晰的。尽管学界对第一代中央领导集体其他成员的生态文明建设思想也有过研究。但相比较而言,作为国务院总理的周恩来对生态文明建设内涵把握上的全面性更为突出。这为我们完整地把握生态文明建设的内涵奠定了基础。

一是计划生育、协调发展。人口关系到经济、社会、资源与环境能否协调和持续发展的重大问题,是生态文明建设的重要问题。新中国成立之初的头几年,因为社会安定、生产发展和医疗条件的改善,人口再生产出现了高出生、低死亡、高

---

* 王家云,淮阴师范学院周恩来研究会会长。

增长的状况。第一次全国人口普查资料显示,到 1953 年底的前四年平均每年以 20.7‰的速度在增长。面对这一严峻形势,周恩来与党内外有识之士开始关注人口政策问题。

1956 年 4 月 20 日,周恩来在主持国务院常务会议上率先提出计划生育这一新概念。他说,在工人、职员中生育要有计划,别的都有计划了,为什么生育不能有计划呢? 生育有计划就可以把后一代教育得更好。卫生部要好好研究一下,多访问一些职工家属,研究些科学的好的避孕方法。计划生育也是保健的一种。① 同年 9 月 27 日,他在党的八大上所做的《关于发展国民经济的第二个五年计划的建议的报告》中,正式提出"我们赞成在生育方面加以适当的节制,卫生部门应该协同有关方面对节育问题进行适当的宣传,并且采取有效的措施"②。这不仅是代表党和政府倡导计划生育这一政策,而且作为国家发展国民经济第二个五年计划的任务提出的,是将计划生育作为国策的最初雏形。11 月 10 日,他在中共八届二次全会上做关于 1957 年国民经济计划的报告中再一次强调:"昨天我在政治局会议上说了,要提倡节育。""我们的党和青年团要用一定的力量宣传这个问题。这实际上是广大人民所需要的,首先是城市人民所需要的。""我觉得甚至提倡晚婚也是有好处的。"至此,不仅提倡节育、加大宣传力度,而且还提出"晚婚"这概念。之后的近 20 年间,周恩来一直为我国计划生育这一国策的确立与实施进行不懈的努力。他着力探讨人口发展与经济发展、人民生活水平与健康的提高、社会持续发展的关系,系统地思考人口发展的理论问题,大力宣传计划生育的意义,具体提出并督促实施计划生育工作的组织领导、规划、指标要求、方法、途径及相关政策,为我国计划生育事业的发展倾注了大量心血。周恩来关于计划生育的理念及实践,不仅有效地推动了计划生育事业的发展,而且为后人理解生态文明建设的内涵奠定了认识基础。

二是综合治理、保护环境。环境是人类生存与发展的基本前提,环境保护事关经济社会的能否可持续发展、人类能否健康发展的大问题。周恩来是我们党和国家较早关注环境保护的领导人。早在 20 世纪 50 年代即提出综合利用,充分利用"三废",化害为利、造福人民的方针。20 世纪 70 年代明确提出"环境保护"的新理念。原国家环境保护局局长、第八与第九届全国人民代表大会环境与资源保

---

① 《周恩来年谱(1949—1976)》上卷,中央文献出版社 1997 年版,第 568 页。
② 《人民日报》,1956 年 9 月 19 日。

护委员会主任委员曲格平认为,周恩来是新中国环境保护工作的开创者和奠基者。曲格平介绍,在"文化大革命"极为混乱的时期,周恩来日理万机、苦撑危局,还一直想着关系到国家的发展和未来的环境保护问题。他提出这个问题的时候,对于大多数人来说,甚至包括一些领导同志对环境保护这个词都感到生疏,不了解这方面的情况。但一再讲这个问题的重要性。据曲格平个人掌握的资料,仅1970年到1974年这四年多时间里,周恩来有关环境保护的讲话多达31次。周恩来这些讲话包括环境保护的重要意义,应该采取的措施、方针、政策。曲格平认为,"今天我们国家制定的一些环境保护的方针、政策、基本思路还是从他那时来的"。

三是兴修水利、保持水土。水是人的生命之源,是人类生存发展的必须资源和条件。水治理好了,变成水利;反之,则变成水患。这是生态文明建设的重要内容。

1972年11月21日,周恩来在听取葛洲坝工程问题汇报会上说:"解放后20年我关心两件事,一个水利,一个上天(指导弹、卫星)。"①新中国成立伊始,百废待兴。1949年11月20日,周恩来在接见各解放区水利联席会议代表时,即用"大禹治水,三过家门而不入"的故事,勉励水利工作者要下决心为人民除害造福。他指出:水利部的工作和各方面都有关系,必须搞好,否则全盘计划都会受到影响。水利工作做的是开路的工作,"种树"的工作。水利工作本身就是为人民服务。假如中国的全部水能都能利用,那将是一件多么伟大的事业!②翌年5月19日,他在主持政务院第33次政务会议讨论救灾问题时说:中国是个农业国,河流长期失修,"是多灾多难的国家","江淮、河、汉,几乎年年有灾"。现在人民政府已注意到这个问题,准备大兴水利、治理水灾。③8月24日,在中华全国自然科学工作者代表会上他谈到国家建设计划中认为,"站在科学家的岗位上,我们开始做些什么呢?不可能百废俱兴,要先从几件基本工作入手"。而在农业方面,"第一,兴修水利。我们不能只求治标,一定要治本,把几条主要河流,如淮河、汉水、黄河、长江等治理好"。"我们今天必须大力来治水。""兴修水利,联系到动力,更需要有长远的计划。"④在26年的总理生涯中,周恩来始终如一地把兴修水利作为生态文明建

① 《周恩来年谱(1949—1976)》下卷,中央文献出版社1997年版,第564页。
② 《周恩来年谱(1949—1976)》上卷,中央文献出版社1997年版,第13页。
③ 《周恩来年谱(1949—1976)》上卷,中央文献出版社1997年版,第41页。
④ 《周恩来选集》下卷,人民出版社1980年版,第24~25页。

设的大事来抓。他亲自调查研究水利工作,系统总结运用历史上的治水经验,不断探讨并提出新的治水理论,具体确定治水规划、方针、原则、政策,亲自主持落实主要江河的治理,为生态文明建设奠定了坚实的基础。

四是植树造林、平衡生态。植树造林,事关水土保持、植被保护,环境改善、生态平衡的大问题,是生态文明建设的重要内容。

1966年2月23日,周恩来谈到植树造林时,认为这"是百年大计,要好好搞"。他坦陈:"工业犯了错误,一二年就能转过来,林业和水利犯了错误,多少年也翻不过身来。我最担心的,一个是治水治错了,一个是林子砍多了。治水治错了,树砍多了,下一代也要说你。"①事实上正是如此,周恩来一直牵挂着植树造林这件大事。早在1950年5月,就和梁希联名签署《关于林业工作的指示》明确林业工作的方针和任务。同年8月6日,他就内蒙古和东北林区的统一管理问题,致信毛泽东、刘少奇、朱德,强调从林政、林业观点来看,保林、育林、伐林如没有统一计划、统一管理,只从地方经营和收入着眼,其害与水利之不统一相等,而时间性更过之。②即强调林业工作的统一规划、管理的意义。1964年5月7日,他在听取林业部副部长惠中权汇报植树造林工作时进一步强调,不仅要专业队伍,更要靠人民群众的广泛参与。为此,他提出:"从中央到地方,每个负责同志,除年老有病的外,每年都要带头植树,要养成一种风气,并对此事作出相应的规定。"③之后的二十几年中,他反复宣传植树造林的意义,着力加强植树造林的领导、管理与整顿,亲自主持制定林业的发展规划,提出发展林业的具体方针、政策,为生态文明建设做出了重要贡献。

五是倡导节约、善待资源。周恩来对生态文明建设内涵的把握,还体现在倡导节约、善待资源。中央人民政府组建之初,周恩来即从从严控制政府用房、精简机构设置、紧缩人员编制开始,提倡节约人力、物力、财力。1951年8月13日,周恩来签署的《政务院关于节约木材的指示》中,"除责成各级人民政府大力发动群众护林造林工作外,全国必须厉行节约,防止浪费"④。旨在保护森林资源。1956年9月16日,他在中共八大所做的《关于发展国民经济的第二个五年计划的建议的报告》中,要求"一切国家机关、国营企业、事业单位和合作社,都应该厉行节约,

① 《周恩来经济文选》,中央文献出版社1993年版,第588页。
② 《周恩来经济文选》,中央文献出版社1993年版,第39页。
③ 《周恩来年谱(1949—1976)》中卷,中央文献出版社1997年版,第641页。
④ 《周恩来年谱(1949—1976)》上卷,中央文献出版社1997年版,第170页。

使人力、物力、财力都能够发挥作用,以加速我国社会主义的建设事业"①。之后,他反复从国情国力、生产方式、消费方式、生活理念、资源利用等方面宣传节约资源的意义,而且从自己做起,从国务院做起,率先垂范。

总之,周恩来当年对生态文明建设的相关认识与当今倡导生态文明建设的基本内涵是相通的、一致的、全面的。这为我们准确把握生态文明建设的基本内涵奠定了坚实的基础。

二、奠定了社会主义生态文明建设的认识基础

研究领袖人物对生态文明建设的贡献不仅要探讨他对什么是生态文明的把握,还要探讨他对生态文明建设意义的认识,即为什么要建设生态文明? 周恩来对生态文明建设意义的认识,不仅全面,而且极为深刻,这为我们理解生态文明建设的意义奠定了认识基础。

第一是人本性。周恩来论及生态文明建设意义时,首先坚持"我们的一切工作都是为人民的"②这一理念。无论是控制人口,还是保护环境、兴修水利、植树造林、善待资源,其宗旨只有一个,造福人民。即努力满足人民群众日益增长的物质生活和文化生活的需求,满足于人民群众全面发展的需要,满足于人民群众长远发展的需要。这既是他恪守的政府工作的出发点与落脚点,也是他关注生态文明建设工作的出发点与落脚点。比如谈到控制人口、实行计划生育问题时,"首先是为了母亲与孩子的健康。第二是为了教育,生的太多,难以教育好。第三是为了使民族一代代健康"③。不仅如此,他还从减轻家庭负担、提高人民生活水平、保证个人发展、后代幸福等角度论证其意义。一句话,就是为人的发展、人的幸福。再比如谈到环境保护的意义时,1958 年 7 月,他在广东江门甘蔗化工厂视察时,即提出大搞综合利用、充分利用"三废"的目的在于化害为利,造福人民。④ 1969 年 6 月 26 日,他在卫生部军管人员谈话中指出:毛主席讲"预防为主",要包括空气和水,如果污水、污气解决了,人民的身体健康了,就什么财富都可以创造,这是最大的财富。⑤ 1974 年 3 月 21 日,他在听取"七二八"秦山核电站工程技术情况汇报

① 《人民日报》,1956 年 9 月 19 日。
② 《周恩来选集》下卷,人民出版社 1980 年版,第 142 页。
③ 《周恩来年谱(1949—1976)》中卷,中央文献出版社 1997 年版,第 610 页。
④ 《周恩来年谱(1949—1976)》中卷,中央文献出版社 1997 年版,第 152 页。
⑤ 《周恩来年谱(1949—1976)》下卷,中央文献出版社 1997 年版,第 305~306 页。

时强调,核电站的设计必须绝对安全可靠,特别对放射性废水、废气、废物的处理,必须从长远考虑,一定要以不污染国土不危害人民为原则。① 这是生态文明建设的一条底线,任何突破这一底线的行为,都是对党的宗旨的违逆与背叛。这对于大建设的当下,引导我们的干部牢固地树立全心全意为人民服务的宗旨观,确立正确的政绩观,尤为重要。

第二是可持续性。在讨论生态文明建设的意义时,周恩来更关注发展的可持续性。他将计划生育、环境保护、兴修水利、植树造林、善待资源等都列为百年大计,旨在关注发展的可持续性。既关注人民的现实利益、眼前利益,更关注人民的长远利益,关注人类、社会与自然发展的可持续性。比如谈到计划生育这一国策时,他反复强调为一代代人的健康教育与发展着想。谈到植树造林,总是强调这是百年大计,谈到环境保护时总是强调要为后代着想,绝对不做贻害后代子孙的事。1973 年 9 月 16 日,他陪同法国总统乔治·蓬皮杜游览西湖发现西湖水面出现油污时,指示当地负责人:为了给我们的子孙后代留下一个风景如画的西湖,也为了让更多的外宾在这胜似天堂的湖光山色中一饱眼福,今后西湖内要少用机动游艇,以避免湖水污染。②

1975 年 8 月 29 日他在同准备参加西藏自治区成立 10 周年庆祝活动的中央代表团团长华国锋的谈话中,请华国锋转告在那里工作的同志们,在发展经济的同时还要注意保护好森林和各种自然资源,要造福于我们的子孙后代。③ 所谓"子孙后代",实际上是指发展的可持续性,利用自然的可持续性,追求幸福的可持续性。这对于大发展的当下,引导我们的干部牢固地树立科学发展观,有着极为重要的现实意义。

三是均衡性。周恩来在论证生态文明建设意义的立足点之一是发展的均衡性。1956 年 9 月 16 日,他在党的八大做的《关于发展国民经济的第二个五年计划的报告》中,提出经济计划要注意"综合平衡"的观点。即我们应该对客观情况做全面的分析,同时尽可能地把本年度和下年度的主要指标作统一的安排,以便使每个年度能够互相衔接和比较均衡的向前发展。④ 推而广之,生态文明建设也如此,比如谈到计划生育,周恩来在中共八届中央委员会第二次全体会议上的报告

---

① 《周恩来年谱(1949—1976)》下卷,中央文献出版社 1997 年版,第 659 页。
② 《周恩来年谱(1949—1976)》下卷,中央文献出版社 1997 年版,第 624 页。
③ 《周恩来年谱(1949—1976)》下卷,中央文献出版社 1997 年版,第 718~719 页。
④ 《周恩来选集》下卷,人民出版社 1980 年版,第 219 页。

中指出："人口众多也有一个困难，人多消费需要的量就大。衣食住行，首先是食。我国人口现在平均每年增长2%左右，每年增长一千多万人这是一个可观的数目，而我们的粮食，平均每年增长3%左右，增长量并不大。"①不仅如此，还有就业的问题、家庭负担问题、下一代教育培养问题，都有个与之相适应的问题。1963年7月，他在《应该确立社会主义人口的正确观点》中更明确指出，城乡人口比例同经济发展的速度、技术水平、机械化的程度等有很大关系。因此，"发展人口必须跟生产、教育、劳动力的安排等方面都联系起来，不可能孤立地发展"②。之后他反复强调，人口增长的速度要和国民经济的发展的速度、民生改善的幅度、资源环境保护的力度相适应。

四是方向性。生态文明，既是人类普遍追求的文明现象更是社会主义的本质体现。周恩来思考生态文明建设意义时一个重要的视角是坚持社会主义方向，努力体现社会主义的优越性。社会主义不仅体现在根本制度、道路、理论上，而且还具体体现在生态文明建设上。1962年6月，周恩来到吉林省延边朝鲜族自治州视察时特别叮嘱道："千万要注意保护好森林，这是关系到后代的问题。破坏了森林后代要骂我们的，那还搞什么社会主义。"③显然搞好生态文明建设，这是社会主义的题中应有之义。这是我们应该坚持的根本方向。1965年11月召开的中央政治局会议上的讲话中十分坚定地指出："计划生育是进步的，是共产主义的。我们有社会主义制度，能够做到计划生育。"④之所以能够做到计划生育，就在于社会主义的优越性，可以克服人口生产的无政府主义。之前在谈到实施计划生育这一政策时，他既坚持克服人口生产的无政府主义，也坚决反对禁欲主义和官僚主义，倡导努力培养共产主义风气，彰显社会主义的优越性。1972年9月8日，周恩来在谈到治理"三废"（工业废水、废气、废渣）问题时明确指示："资本主义国家解决不了工业污染公害，是因为他们的私有制，生产无政府主义和追逐最大利润。我们一定能够解决工业污染，因为我们是社会主义计划经济，是为人民服务的。"⑤与资本主义相比较，社会主义的优越性决定着我们一定能够走出一条中国特色的社会主义生态文明建设之路。对此，我们应该充满自信。

① 《周恩来选集》下卷，人民出版社1980年版，第230~231页。
② 《周恩来经济文选》，中央文献出版社1993年版，第509页。
③ 《周恩来论林业》，中央文献出版社1999年版，第98页。
④ 《坚持科学发展，建好周恩来家乡》，江苏人民出版社2009年版，第120~121页。
⑤ 《周恩来年谱(1949—1976)》下卷，中央文献出版社1997年版，第549页。

综上所述,周恩来对生态文明建设意义的认识是全面的、深刻的,对于当下认识生态文明建设的战略意义,仍具有重要的指导意义。

三、奠定了社会主义生态文明建设的实践基础

研究领袖人物对生态文明建设的贡献,不仅要看他对什么是生态文明建设理解及为什么要进行生态文明建设的认识,更要看他在实践上是如何推进生态文明建设、实际成效如何。周恩来对社会主义生态文明建设的贡献,他更重要的是体现在实际推进生态文明建设上的措施是扎实的,成效是显著的。这为我们在新的历史条件下推进社会主义生态文明建设奠定了坚实的实践基础。

首先是有较为健全的领导机制。1950 年 3 月 21 日,周恩来签署的《政务院关于 1950 年水利春修的指示》中首要的一条是,加强组织领导。除各级水利机关加强组织领导外,并须建立强有力的联合的领导机关。① 强调建立必要的领导机构。就水利工作而言,政务院组建之初,即设立水利部,由傅作义任部长,之后为切实加强主要江河的治理分别成立相关的专门委员会。比如为切实推进治淮工作,1950 年 10 月成立治淮委员会。之后在武汉设立"长办",在郑州成立"黄委",行使对治淮、治江、治黄系统的领导职能。在思考实施计划生育这一政策的同时,周恩来即想到要建立相应的领导机构,设想成立专门委员会。1957 年 8 月 20 日,周恩来主持的国务院第 11 常委会议上讨论节制生育问题,认为中央和各省市都要成立专门委员会来抓这件事。根据周恩来的提议,决定由陈云担任国务院节育委员会主任。同年 9 月,周恩来在党的八届三中全会上公开宣布:"我们陈云同志已经开言答应,他做计划生育委员会主任。"②当然这个机构因为特殊政治气候的影响,未能实施有效的领导。到了 20 世纪 60 年代初,面对人口急剧增长的现实,国务院于 1964 年正式成立计划生育委员会,由国务院秘书长周鑫荣兼任主任,对实施节育工作开始了切实的组织领导。比如环境保护工作,1972 年因为官厅水库死鱼事件,周恩来在经过调查确认是污染所致之后,立即指示组织一个领导小组下设办公室,负责对官厅水库的治理。在周恩来的直接关心下,成立由京、冀、晋和中央有关部委组成的领导小组,由万里任组长,这是国家最早成立的环保部门。1973 年又成立国家级领导机构,即国务院环境保护领导小组办公室,简称"国环

---

① 《建国以来周恩来文稿》第 2 册,中央文献出版社 2008 年版,第 193 页。
② 费虹寰:《周恩来人口与计划生育思想初探》,《党的文献》1998 年第 2 期。

办",具体负责国家的环境保护工作的组织领导。再比如发展林业工作,政务院成立之初,即设立林垦部,之后改为林业部。1950年5月16日,周恩来签署的《关于全国林业工作的指示》中,专门谈到组织机构和领导问题。不仅各省自治区相应地设立林业厅(局),而且到专署及市县人民政府、区公所形成网络。到了20世纪60年代针对重点地区林业工作,周恩来明确指示:"西北局要搞一个领导小组,管农垦、水土保持。"①有关林区,还相继成立专门委员会,负责林业发展规划的组织实施。为有效地实施水土保持工作的组织领导,早在1956年国务院专设水土保持委员会,具体负责水土保持工作的领导、管理、协调。总之,周恩来在推进生态文明建设的实践上的贡献之一,设立了相应的领导机构,从中央到地方形成组织网络,尤其是对解决跨省跨地区的治理与开发中条、块分割的矛盾起了有效的保证作用。

其次是有较为具体的理论、方针、政策。生态文明建设是一项全新的建设领域,要有效地推进这一建设,要有相应的理论、方针、政策。比如计划生育工作,周恩来明确提出应该确立社会主义人口论的正确观点,以此来指导我国具体的计划生育工作。为此,他提出控制城乡人口比例,实行晚婚、节育的政策及其有效的措施,贯彻社会主义教育方针,不断地克服官僚主义等10个问题。他不仅对这10个问题有了自己的思考,而且希望与有关专家共同研究,进而形成正确观点,进而指导实践。与此同时,在实践中逐步形成一系列具体的方针政策。诸如既要加强领导,又要重视技术创新与指导;既要重视宣传教育,又要普及相关知识;既要普及推广,又要有试点示范;既要自觉自愿,又要有约束;既要积极推进,又要注意轻重缓急、防止简单粗暴;既要有必要的奖励,又要有限制措施;既要自力更生,又要学习外国先进经验。等等,有效地推进了计划生育工作。

比如环境保护,根据周恩来提出的预防为主、基建项目的环境保护设施与主体工程同步建设、环境保护列入国家经济计划之中等思想,1973年8月召开的中国第一次环保会议上制定了《关于保护和改善环境的若干规定》(试行草案),不仅明确提出"全面规划、合理布局、综合利用、化害为利、依靠群众、大家动手、保护环境、造福人民"的方针,而且规定基建项目的防治污染和其他公害的设施,必须同主体工程同时设计、同时施工、同时投产及相关的政策措施,把环境保护纳入法制轨道,着力从源头抓起。其中一些方针政策至今仍然是适用的,甚至还远没有达

---

① 《周恩来经济文选》,中央文献出版社1993年版,第590页。

到这个要求。

再比如兴修水利,周恩来明确提出要提高治水理论,他不断总结历史上的治水经验,研究治水理论,明确要"从现在的蓄泄并重,提高到以蓄为主;从现在的防洪防汛,减少灾害,提高到保持水土,发展水利,达到用水的目的"①。除了重视治水理论研究与指导,还有一些具体的原则、方针、政策,即治水方略。诸如:禹为楷模、史为镜鉴;百废待举、治水为先;分清缓急、标本兼治;蓄泄兼筹、瞻前顾后;综合利用、除害兴利;分工合作、同福同难;依靠群众、尊重专家;统一规划、集中领导;百家争鸣、博采众长;审时度势、积极慎重;反对极端、实事求是。② 有效地推进治水工作。

再次是有规划、有目标、有要求、有成效。生态文明建设既然是百年大计,就应该有具体的规划与奋斗目标。周恩来在实践上积极推进生态文明建设上的贡献,还体现在有具体的规划、目标与要求。

比如实施计划生育,周恩来在 1963 年 2 月 13 日召开的中央工作会上的报告中明确指出:不论从哪个方面说,精简控制城市人口,勤俭建国,计划生育都是我们长期的方针。为此,1964 年成立国家计划生育委员会后,在周恩来的指导下,逐步明确计划生育的目标。同年 12 月 16 日,周恩来在接见美国作家斯诺的谈话中明确提出,争取在 20 世纪内把人口年纯增长率控制在 1%。③ 在 1965 年的全国计划工作会议上的讲话及接见中华医学会第一届全国妇产科学术会议代表时的讲话进一步宣传这个目标。其间,因为"文化大革命"的突然爆发及影响,被延至 1970 年实行计划生育政策。1971 年 7 月 8 日,周恩来在批转《关于做好计划生育工作的报告》,报告强调除少数民族地区和其他地区外,都要加强对这项工作的领导,深入开展宣传教育,把晚婚和计划生育变成城乡广大群众的自觉行动,力争在第四个五年计划期间城市人口自然增长率降到 1% 左右,农村降到 1.5% 以下。1973 年全国计划工作会议首次将人口发展计划纳入国民经济发展与社会发展规划。这一年召开了第一次全国计划生育工作会议,在全国范围内实施计划生育明确提出"晚、稀、少"的方针,要求一对夫妇生育数最好一个,最多两个,且生育间断要在 3 年以上,要求非常具体。此后,有效地抑制了人口增长过快的势头,人口出

---

① 《周恩来经济文选》,中央文献出版社 1993 年版,第 86~87 页。

② 曹应旺:《中国的总管家》,中共党史出版社 1996 年版,第 3 页。

③ 《周恩来选集》下卷,人民出版社 1980 年版,第 445 页。

生率明显下降。与此同时,还促进了人民群众婚姻、生育、家庭观念转变,促进了人口素质的提高与人的全面发展,促进了人民生活水平的提高和中国社会经济发展。

比如环境保护,周恩来不仅亲自组建代表团参加联合国在斯德哥尔摩举行的第一届人类环境会议,而且指示立即召开全国第一次环境保护工作会议,并批准会议提出的环境保护工作的具体规划。相继出台了《关于保护和改善环境的若干规定》(试行草案)《工业"三废"排放试行标准》《防止沿海水域污染暂行规定》等法规,明确环境保护的目标、要求。中国20世纪70年代的环境保护工作尽管深入开展的面不够广,但认识起点高,尤其是重视综合治理与利用、重视法规建设,这对于当下推进生态文明建设还是极具启迪意义的。

再比如兴修水利、发展林业,周恩来不仅关注相关的经验总结与理论探讨,更具体地关注水利林业工作的规划、目标、具体要求。单就治水而言,他直接关注有关江河治理开发的规划及组织实施,诸如治理淮河、兴修荆江分洪工程、勘察三峡坝址、修建葛洲坝水利枢纽、三上三门峡、七上密云水库等,每一条江河的治理无不浸透着他的心血。就其成效而言,恰如他在新中国成立之初所说的那样:"从新民主主义开步走,为我们自己和我们的子孙打下万年根基,'其功不在禹下'。"①

---

① 《周恩来选集》下卷,人民出版社1980年版,第30页。

浅析周恩来"以人为本"的环境保护思想 刘明阳[*]

　　我国是一个历史悠久的文明古国,具有光辉灿烂的文化和业绩,但是我国自古以来也是一个频繁深受灾害危害的国家。新中国成立以后,几乎没有哪一个省份没发生过自然灾害,也没有哪一年度没发生过灾害。灾害历来是困扰我国严重的社会经济问题之一。周恩来在任国务院总理时,一直把环境保护工作看成是治国安邦、顺利地进行经济建设的一个关键问题。他不仅经常不避艰险、亲临救灾抗灾第一线,而且亲自领导救灾防灾抗灾工作,形成了一系列可持续的环境保护的思想。

一、周恩来环境保护思想形成

　　随着我国社会主义改造建设的进行,尤其是在"大跃进"时期,在全民大炼钢铁和国家集中力量大办重工业后,全国的环境污染和生态破坏的现象开始加剧。1962 年国家实行了"调整、巩固、充实、提高"的八字方针,通过对国民经济的调整,在一定程度上减轻了新兴工业尤其是重工业对环境的压力,工业污染问题得到了一定的控制。但是,由于对环境保护工作缺乏必要的认识,恢复已经遭到破坏的生态环境的工作未能引起足够的重视,被大量砍伐的林木未能及时补植,许多被破坏的地貌、植被更是没有进行有计划的恢复工作,这种完全依赖自然修复的恢复方式使得生态环境的复原速度极为缓慢。

　　"文化大革命"开始后,进一步加重环境污染和生态破坏。一方面,由于在经济建设中仅仅追求数量而忽视质量,片面追求产值,不注意经济效益、生态效益,尤其是各地"五小"工业的发展,在获得一定的经济利益的同时,也导致了更多的资源浪费和环境污染。一些消费型城市由于执行了变消费型城市为生产型城市的方针,更加剧了这些城市业已存在的工业污染。另一方面,随着全国人口数量的快速增长,粮食问题也日益凸显出来,为了解决"吃饭"问题,进一步强调"以粮

---

　　*　刘明阳,三峡大学。

为纲",甚至在一些不宜种粮的地区也开始要求开荒种粮,毁林毁草现象加剧,围湖围海造田等问题开始突出,因而引发了严重的水土流失,生态环境更加恶化。

周恩来最先注意到环境保护工作的重要性,是我国环境意识的启蒙者。20 世纪 70 年代初,全国正值"文化大革命"动乱,对于大多数人来说,"环境保护"这个概念还很陌生,更不了解这方面的情况,都觉得中国的环境问题不大,不必太着急。同时,由于极"左"思潮的影响,不承认社会主义制度下有环境污染,认为那都是资本主义社会的产物,是资本主义国家的不治之症,谁要是说中国有污染问题就是给社会主义抹黑。还有一些人根据环境污染会危害人体健康的现象,认为环境问题属于卫生问题,无形之中降低了环境污染对经济社会危害的严重性。周恩来认为:这种看法不对,不要认为不要紧,我们对这个问题不能再等待了,从现在起就应该抓紧进行这方面的工作,防止这方面的问题出现。据不完全统计,他为了唤醒各方面对环保问题的意识,从 1970 年到 1974 年 4 年多的时间,对环境保护做了 31 次讲话。周恩来敏锐地意识到在中国的工业化过程中,也将面临环境公害问题。环境污染是人类面临的共同问题,必须认真对待,这个问题不能再等了,从现在起就应该抓紧进行这方面的工作。正因为如此,在周恩来的推动下,我国环境保护事业的起步并不晚。

二、周恩来环境保护的内涵

(一)环境保护——水利方面

周恩来对我国的水利建设事业一直高度重视。他深深意识到,水利建设是关乎中华民族生存环境与条件的重要问题。周总理的足迹更是踏遍中华大地的大大小小的许多江河,很多的水库建设、水利工程都倾注着他的心血,全国几条主要江河:长江、黄河、淮河、海河的水利规划;丹江口、葛洲坝、刘家峡、三门峡等大型水电工程的布局、建设;以及河北的岳城水库、北京的密云水库等等,都是由周总理亲自主持确定并修建起来的,他在实践中还形成了系统的水利思想。新中国水利工作的开展困难、繁重,但在周总理的亲自带领下,仍然取得了巨大的成就,积累了重要、丰富的经验,为我们后代的水利事业打下了坚实基础。1966 年 4 月 5日,周恩来在视察房城水库时,基于以往治水的经验教训说:过去搞水库只管分洪,不提灌溉是不对的。修水库,要全面修水库,要全面规划、综合经营、综合利用,灌溉防洪、水土保持全面搞,又工又农,又要造林。水利部门要负责到底,不能头痛医头、脚痛医脚,综合经营是方向。后来,我国水利部门建的水电站充分体现了周总理的这一思想,考虑"综合利用"。1974年建成的汉江丹口水枢纽工程,就具有防洪、发电、灌溉、航运、养殖等综合效益。周恩来曾经说过:"工业犯了错误,一二年就可能转过来,林业和水利上犯了错误,多少年也翻不过身来。我最担心的是,一个是治水治错了,一个是林子砍多了。治水治错了,树砍多了,下一代人也要说你。"①从这段话,充分体现了周总理开发水利工程不仅仅是分洪,还有要用水利枢纽来造福人民。要从长远的利益出发,要从人民的利益出发,为人民和子孙后代造福。让前人在开发利用水利的同时也为后人创造更多的财富,让后人有利,造福后人。

始终坚持以人民利益为根本出发点。"我们的一切工作都是为了人民的"②,周恩来提出保护环境,其根本目的就在于维护人民利益。即便是在"文化大革命"的十年动乱中,他也始终坚持这一点。在他看来,保护环境、维护人民的生命健康是我们在生产建设中应当遵循的基本原则。1974年3月,他在听取秦山核电站工程技术情况汇报时强调,核电站的设计建设,必须绝对安全可靠,特别是对放射性废水、废气、废物的处理,必须从长远考虑,一定要以不污染国土、不危害人民为原则。③

(二)环境保护——森林保护、水土流失

作为一个大陆性气候为主和农耕文明历史悠久的国家,我国的森林和植被的覆盖率是比较低的,1949年全国森林覆盖率的概数为8.6%。④ 森林覆盖率低导致恶劣的自然生态环境,特别明显表现在水土流失上,全国水土流失面积约150万平方公里,相当于国土面积的1/6。黄河流经的黄土高原地区水土流失更为严重,面积达58万平方公里。⑤ 新中国建立之初,周恩来在领导治淮、治黄的同时,对治理水土流失也给予极大的关注,思考着解决的途径。他多次指出,森林植被的破坏是造成水土流失的关键性原因。中国的森林覆盖率很低,和世界上许多森林国家相比还相差甚远。1951年9月7日,周恩来在主持第101次政务会议讨论全国灾情问题时强调了造林、护林的重要性,指出"靠山吃山,靠水吃水"这两句

① 《周恩来选集》下卷,人民出版社1980年版,第446页。
② 《周恩来选集》下卷,人民出版社1980年版,第142页。
③ 《周恩来年谱(1949—1976)》下卷,中央文献出版社1997年版,第659页。
④ 《周恩来论林业》,中央文献出版社1999年版,第4页注释。
⑤ 中国社会科学院、中央档案馆编:《1953—1957中华人民共和国经济档案资料选编》(农业卷),中国物价出版社1998年版,第679页。

话,就要写得适当才行,否则,"靠山吃山",把树都砍光了,水灾就来了。①

1952年12月26日,周恩来审阅签发了《政务院关于发动群众继续开展防旱抗旱运动并大力推行水土保持工作的指示》(以下简称《指示》),对全国尤其是对黄河流域的水土保持工作怎样开展做出全面部署。《指示》首先明确了水土保持的战略地位和区域重点,指出:"水土保持是一项长期的改造自然的工作。由于各河治本和山区生产的需要,水土保持工作,目前已属刻不容缓。""应以黄河的支流、无定河、延水,及泾、渭、洛诸河流域为全国的重点。"其次,《指示》对水土保持的治理方针和技术路线做了全面、科学的阐述,明确提出:"首先应在山区丘陵和高原地带有计划地封山、造林、种草和禁开陡坡,以涵蓄水流和巩固表土,同时应推行先进的耕种方法,如修梯田、挑旱渠、等高种植和牧草轮作等方法,期使降落的雨水尽量就地渗入,缓和下流,不致形成冲刷的流势和流量。对于已经冲刷的山溪沟壑,即应先支沟,后干沟,自上而下,由小而大地修筑拦沙坝和缓流坝,以改变沟壑纵向的坡度,延缓洪水下泄的速度,截留其挟带下泄的泥沙,淤出的土地并可增加生产。"②由此可看出,《指示》中明确地提出了水土保持的三大基本措施,即耕作措施、林草措施、工程措施,充分体现了水土保持的综合性,且正确地处理了工程与生物、治坡与治沟的关系,为尔后数十年我国水土流失的治理措施指出了方向。1956年至1958年,国务院水土保持委员会提出的"全面规划,综合开发,坡沟兼治,集中治理"的方针;1973年至1977年,治黄领导小组提出的"以土为首,土水林综合治理,为农业生产服务"的方针,虽具体提法不同,但是对于水土流失必须综合治理,必须正确对待工程与生物、治坡与治沟等的要求,都是在《指示》精神的指导下提出的。第三,关于水土保持的工作方针和组织路线,《指示》中提出:"水土保持是群众性、长期性和综合性的工作,必须结合生产的实际需要,发动群众组织起来长期进行,才能收到预期的功效","必须依靠群众,通过群众,使群众自愿地行动起来";水土保持要以"预防为主",要"深入调查研究","总结当地的经验",要"拟定因地制宜的计划",水土保持"必须与农、林、水利和畜牧各项开发计划密切配合,才能巩固和扩大工作的成绩","各级农、林、水利部门必须组织一定力量协助各地群众,及时给予技术指导。"③《指示》下达后,水土保持工作在全

---

① 《周恩来论林业》,中央文献出版社1999年版,第25页。
② 《周恩来论林业》,中央文献出版社1999年版,第43页。
③ 《周恩来论林业》,中央文献出版社1999年版,第43~44页。

国特别是黄河流域逐步展开。

　　周恩来出席第三届全国人民代表大会第一次会议期间,看到有关江西兴国地区由于水土流失严重、河床逐年升高的提案后,对江西省委负责人说:解决兴国的淤沙,一要挖沙筑坝,二要从根本上解决问题,严禁滥砍滥伐上游的森林,大力植树造林,搞好水土保持,固住泥沙不下流。造林是百年大计,黄河流域可以造林固沙挡风,江西山区多,我们不能光采伐不造林育林,光吃祖宗饭,造子孙孽。只要我们有雄心壮志,长期搞下去,增加森林覆盖率,兴国的淤沙问题就可以迎刃而解。1966 年 2 月 23 日,周恩来出席全国林业工作会议之前,对林业部负责人说:我当总理 16 年,有两件事交不了账,一是黄河,一是林业。林业是抓晚了。并表示担心林业生产吃掉了老本。会议期间,他针对林业工作中只注意采伐不注意造林的片面性,指出:林业工作"要两条腿走路。林业部过去只注意林区采伐,我看主要任务还是造林。工业犯了错误,一二年就可扭转过来;林业和水利上犯了错误,多少年也翻不过身来。我最担心的,一个是治水治错了,一个是林子砍多了"。"16 年来,全国砍多于造,是亏了。20 世纪还剩下 30 几年,再亏下去不得了。"他指出:"造林也要两条腿走路,要依靠 6 亿人民。四旁植树也是个大工作。""国营与群众营林,重点放在群众;伐木与育林,重点放在育林。""西北地区造林要集中在黄河泥沙主要来源地区,不要孤零零地分散搞。"否则,投资大,功效小。要"在第三个五年计划时期摸出一套林业工作的经验来"。

　　周总理深知智慧来自于群众,群众发动起来了就会产生不竭的动力。方法、点子取之于民用之于民。具有远见卓识的周总理于 1950 年提出:"在风沙水旱灾害严重的地区,只要有群众基础,并备种苗条件,应选择重点,发动群众,斟酌土壤气候各种情形,有计划地进行造林。""我国的森林资源是不足的,除了必须加强国家的造林事业和森林工业、有计划有节制地采伐木材和使用木材以外,还必须在全国有效地开展广泛的群众性的护林造林运动。"①这种"以人为本"的思想也时时刻刻在周总理环境保护中体现。

　　(三)环境保护——工业

　　1958 年 7 月 7 日,周恩来在广东省新会县江门甘蔗化工厂视察。他发现该厂在设计规划中,没有考虑如何处理工厂的"三废"问题后,非常明确地对该厂领导和工程设计人员说:每建一个工厂,在工程设计上都要首先考虑这个工厂建成投

---

　　① 《周恩来年谱(1949—1976)》中卷,中央文献出版社 1997 年版,第 138 页。

产后,它产生出来的有危害人民身体健康的无用的废气、废渣、废水怎么处理,要大搞综合利用,充分利用"共废",化害为利,造福人民。① 1959 年 6 月 8 日,周恩来视察石家庄炼钢厂和焦化厂后,在召开的钢铁厂、焦化厂负责人和技术人员参加的座谈会上,提出出焦的环境太烤,建议搞出焦机械化。对烟囱冒黑烟的问题,他指出烟是个宝贝,应该回收利用,减轻污染。② 20 世纪 70 年代初,中国的环境状况已经日益恶化,一些工业集中地区,环境污染严重,直接危害了人民群众的健康。这时,有关环境污染的两件事引起了周总理的关注。一是大连海湾发生严重污染,昔日蔚蓝的海水变成一片黑色,5 000 多亩贝类滩因工业污染荒废。海参、贝类、蚬子等珍贵海产品损失惨重。港口淤塞,堤坝腐蚀损坏。第二件事是北京的市民反映,市场上出售的浅水鱼有异味,经查明是因水质污染所造成的。周恩来清醒地意识到中国环境问题的紧迫性。在 20 世纪 70 年代初,他接连做出了许多有关发展中国环境科学研究和开展环境保护工作的重要指示,并亲自部署及参与了许多有关工作。1970 年 6 月 21 日,周恩来在谈到中国渔业应该有一个大发展、大丰收时说:中国内河外海水产丰富得很,第一步可先搞海,然后再搞江,同时处理好工业废水污染问题,保护好水产资源。③ 5 天后,6 月 26 日,他在同卫生部军管人员谈话时指出:毛主席讲"预防为主",要包括空气和水:如果污水、污气都解决了,人民的身体健康了,就什么财富都可以创造,这是多么大的财富!④ 同年 12 月 26 日,周恩来在召集中联部、外交部、农林部等有关负责人会议时说:"过去伦敦的烟雾最多,现在比纽约少。在美国,汽油也滥用,煤也滥用;美国大少爷,没有什么底子,是暴发户。日本也是这样,战后畸形发展。我们不要做超级大国,不能不顾一切,要为后代着想。对我们来说,工业公害是一个新的问题。工业化一搞起来,这个问题就大了。"⑤ 这年,周恩来还对国家计委曲格平等说:这个问题非常重大,在西方国家,环境污染已经对人民的生活和健康造成很大的危害,激起了强烈的社会公愤,经济发展也受到很大的影响。这个问题对我们中国来讲虽然还是个新课题,但如果我们不注意,工业化搞起来,我们也可能会出现这种问题。现在我们就应开始来抓这方面的事情。他还说:这是一个关系到国家、民族生存发展

① 《周恩来年谱(1949—1976)》中卷,中央文献出版社 1997 年版,第 152 页。
② 《周恩来年谱(1949—1976)》中卷,中央文献出版社 1997 年版,第,234 页。
③ 《周恩来年谱(1949—1976)》下卷,中央文献出版社 1997 年版,第 375 页。
④ 李琦:《在周恩来身边的日子》,中央文献出版社 1998 年版,第 332 页。
⑤ 李琦:《在周恩来身边的日子》,中央文献出版社 1998 年版,第 332 页。

的大问题,现在如果不抓,为时就已经晚了。① 1972 年 9 月 8 日,周恩来邀集国家计委和各省市区同志汇报情况时对治理"三废"问题做了重要指示。周恩来说:"资本主义国家解决不了工业污染的公害,是因为他们的私有制,生产的无政府和追逐更大利润。我们一定能够解决工业污染,因为我们是社会主义计划经济,是为人民服务的。"1973 年,周恩来在接见一个外国经济代表团时指出,我们的外援工程,"要注意做好环境保护工作,保证不使土地、河流和空气遭到污染";并指出:"如果我们社会主义国家不把这个优越性表现出来,那我们算什么社会主义国家?"1972 年 11 月,70 多岁高龄的周恩来又拖着重病的身躯,在冬日的寒风中登上了北海公园的白塔,在白塔平台上俯瞰北京的市容,了解北京市的消烟除尘情况,当场对有关人员指示,一定要把首都的环境保护工作搞好。事隔几个月,在一次会议上,周恩来又亲自询问当时北京市委的一位负责人,首都的消烟除尘工作搞得怎么样了? 要抓紧时间,采取措施解决。

在周总理的大力推动下,一些有关环境保护的其他法规和环境标准出台了,像《森林采伐更新规程》(1973 年)、《工业三废排放试行标准》(1973 年)、《中华人民共和国防止沿海水域污染暂行规定》(1974 年)、《食品卫生标准》(1974 年)等等。也就是从这时起,一批国外先进的环境监测设备仪器终于得以引进国门,官厅水库的水质污染、包头钢铁厂的烟尘得到了有效的治理,连北京的垃圾桶都开始重新设计和设置。人民利益既有当前利益,又有长远利益;既有当代人的利益,又有后代人的利益。周恩来反复强调要把这几个方面统一起来,"我们搞建设,一定要想到人民的利益,想到子孙后代,不要做对不起子孙后代的事情"②。1973 年 9 月,他在陪同法国总统蓬皮杜游览西湖时,针对机动游艇产生的油污,向浙江省负责人提出:为了给我们的子孙后代留下一个风景如画的西湖,今后西湖内应少用机动游艇,以避免湖水污染。1975 年 8 月,病床上的他又强调:"在发展经济的同时,还要注意保护好森林和各种自然资源,要造福于我们的子孙后代。"③今天,我们的科学发展观强调可持续发展,强调在满足当代人需要的同时不对后代人满足其需要的能力构成危害,这一点实际上也体现在周恩来的环境保护思想中。

---

① 《话说周恩来》,中央文献出版社 2000 年版,第 126 页。
② 曲格平:《新中国环境保护工作的开创者和奠基者——周恩来》,《党的文献》2000 年第 2 期。
③ 《周恩来年谱(1949—1976)》下卷,中央文献出版社 1997 年版,第 718 页。

三、总结

通过重温周总理环境保护思想,加大自然生态系统和环境保护力度。要实施重大生态修复工程,增强生态产品生产能力,推进荒漠化、石漠化、水土流失综合治理。加快水利建设,加强防灾减灾体系建设。坚持预防为主、综合治理,以解决损害群众健康突出环境问题为重点,强化水、大气、土壤等污染防治。坚持共同但有区别的责任原则、公平原则、各自能力原则,同国际社会一道积极应对全球气候变化。

我们缅怀周总理的同时,重温周恩来关于环境保护的思想,倍感亲切,在周恩来环境保护思想中我们不难发现,他的思想中是以人民的利益为主,充分体现了"以人为本"的思想,中国是一个发展中的国家,想建设富强、民主、文明的社会主义国家还要依靠人民的力量,要坚持"以人为本",共铸中国梦。资源不仅当代人有使用权利,子孙后代也有平等的使用权利,当代人承担着对后代人的利益、价值保护的义务和责任。

我们党提出的生态文明建设思想与周恩来的生态思想是一致的,加强生态文明建设是以人与自然的和谐发展为基础的,其最终目的是自然和人的全面发展,也是自然的解放和人的解放。只有深入学习和贯彻十八大精神,我国的高度经济发展才能具有可持续性。关于研读周恩来环境保护思想,对人与自然的和谐发展、认识和解决生态与环境危机、保持我国经济又好又快发展等战略性问题都具有重要的理论指导意义。要从周恩来的生态观入手,进一步加强我国的生态文明建设,"五位一体"的布局才会奏效,"美丽中国"的"中国梦"才会实现。

试论周恩来可持续发展思想
及其当代价值 李　勤*

　　周恩来作为党的第一代领导集体的主要成员,在长达26年的总理生涯中,针对在环境保护上提出的"化害为利,变废为宝";在兴修水利上提出的"统筹兼顾,标本兼施";在植树造林上提出的"青山常在,永续作业"等一系列的讲话和决策,充分体现了可持续发展的本质含义,形成了颇具特色的可持续发展思想。深入研究、继承这一思想,对于我们贯彻实施可持续发展战略具有十分重要的理论价值和现实意义。

一、环境保护——化害为利,变废为宝

　　周恩来对环境保护极其重视,反复强调其重大意义。据国家环保局的资料显示,仅1970年到1974年,他关于环境保护的讲话就达31次之多。他的有关化害为利、变废为宝的思想,应该就是现在循环经济的最初思想。那个时候,他就指示李先念副总理和余秋里(国家计委主任)负责,在国务院成立了一个研究小组,关注和研究环境保护问题。随后在1973年,成立了国务院环境保护领导小组办公室。这就是现在的国家环保总局的前身。20世纪70年代末,中国改革开放以来,逐步提高了对可持续发展的认识,在经济建设和社会发展方面上取得了重要成果。

　　当时,中国的科学技术落后,社会主义建设经验不足,一些工矿企业缺乏治理"三废"的技术措施,排放废水、废气、废渣几乎不受约束,造成了一定范围的工业污染,特别是火电厂沿着江河建设,工业废水、废渣排入江河,严重破坏了一些水域的生态环境。周恩来敏锐地意识到在中国的工业化过程中,面临环境公害问题,多次强调要注意环境保护问题,并多次提出治理环境污染要"化害为利,变废为宝"。1971年2月15日,周恩来在接见参加全国计划会议的各大军区和各省、

　　*　李勤,周恩来邓颖超纪念馆。

市、自治区负责人时再次强调环境保护的重要性,他指出:"现在公害已成为世界的大问题。废水、废气、废渣对美国危害很大……我们要除三害,非搞综合利用不可! 我们要积极除害,变'三害'为'三利'。以后搞炼油厂要把废气统统利用起来,煤也一样,各种矿石都要搞综合利用。"①1972 年 9 月 8 日,周恩来在召集国家计委和各省、市、自治区负责人参加的会议上,对治理"三废"问题做出指示:"资本主义国家解决不了工业污染的公害,是因为他们的私有制,生产的无政府主义和追逐最大利润……我们在搞经济建设的同时,就应该抓紧解决这个问题,绝对不做贻害子孙后代的事。"②

1972 年,中国正处于十年动乱的旋涡中,周恩来毅然安排中国代表团参加联合国第一次环境会议,对我国的环境保护事业产生了极大的积极影响。他指示出席瑞典斯德哥尔摩人类环境会议的中国代表团:"通过这次会议,了解世界环境状况和各国环境问题对经济、社会发展的重大影响,并以此作为镜子,认识中国的环境问题。"③1973 年 8 月,在周恩来指导下,国务院召开首次全国环境保护会议。会议研究了有关环境保护的方针、政策,制定了《关于保护和改善环境的若干规定(试行草案)》。这是中国第一部环境保护的综合性法规,确定了我国第一个环境保护工作方针:"全面规划、合理布局、综合利用、化害为利、依靠群众、大家动手、保护环境、造福人民。"1974 年 3 月 31 日,重病中的周恩来主持召开中央专委会会议。在听取秦山核电站工程技术情况汇报时,他特别强调:"核电站的设计建设,必须绝对安全可靠,特别对放射性废水、废气、废物的处理必须从长远考虑,一定要以不污染国土、不危害人民为原则。"④

可见,当时的周恩来已经深刻地认识到工业化带来的污染问题,指出我们应该借鉴国外的经验教训,在规划设计、施工和生产过程中,采取有效的措施,综合利用、处理"三害",保护群众健康。化害为利,变废为宝,不仅利于治理污染,造福人民,而且体现了对资源的循环节约利用思想。

二、兴修水利——统筹兼顾,标本兼施

国以民为本,民以食为天,而水又是粮食的命脉。特别是像中国这样以自然

---

① 李琦:《在周恩来身边的日子》,中央文献出版社 1998 年版,第 332 页。
② 《周恩来年谱(1949—1976)》下卷,中央文献出版社 1997 年版,第 549 页。
③ 《周恩来年谱(1949—1976)》下卷,中央文献出版社 1997 年版,第 528 页。
④ 《周恩来年谱(1949—1976)》下卷,中央文献出版社 1997 年版,第 659 页。

经济为主体的农业大国,要解决人民的吃饭问题,必须首先发展农业生产。而水利是农业的命脉,是影响粮食产量的至关重要的因素。如何解决中国人民的吃饭问题,是摆在党和政府面前的首要课题。周恩来一直把治水作为国家建设基本的、先行的工作。1950年8月24日,周恩来在中华全国自然科学工作者代表会议上做了《建设与团结》的重要讲话,谈到基本工作时着重谈了农业方面,他说:"首先是实行土改,解放生产力,然后求得发展……配合土改,我们要着手以下几件工作。第一,兴修水利。我们不能只求治标,一定要治本,要把几条主要河流,如淮河、汉水、黄河、长江等修治好。"①此后,针对中国水利问题,周恩来做了一系列重要指示。

1950年11月,周恩来在谈到治理淮河的原则时,强调要统筹兼顾,标本兼施。除了"上下游的利益都要照顾到,并且还应有利于灌溉农田,上游蓄水注意配合发电,下游配合航运"②。1951年1月12日周恩来在关于水利工作的讲话中指出:"中国水少了,并不是自然水少了,而是可用水少了,无力蓄水以致用,只能泄水少灾。"③还要兴利除弊,即"增加水利时,同时要减少水害,只有这样,才能达到用水目的"。要把治水理论提高一步,即"从现在的蓄泄并重,提高到以蓄为主;从现在的防洪防汛,减少灾害,提高到保持水土,发展水利"④。1952年3月21日又指示:应加强水利建设工程的计划性及其准备工作,并将"根治水害与灌溉、发电,航运的设计结合起来,综合利用水资源"⑤。1959年10月13日,他在视察三门峡枢纽工程现场会上指出:根治黄河,要"大面积地实施治理与修建干支流水库同时并举……水土流失问题,必须做到三年小部、五年大部、八年完成黄河流域七省区的水土保持工程措施和其它措施,逐步控制水土流失"⑥。1961年7月4日,他在接见越南水利电力部代表团时说:"在计算水利资源时,有关的专业部门不能只算自己需要的那部分,要进行综合计算。"⑦1964年12月18日,他在治理黄河会议上的讲话中指出:"水土如何结合起来用,这不仅是战术性的问题,而且是带有战略性的问题。""把水土结合起来解决,使水土资源在黄河上中下游都发挥作用,让黄河成

① 《周恩来选集》下卷,人民出版社1980年版,第24页。
② 《周恩来经济文选》,中央文献出版社1993年版,第79页。
③ 《周恩来经济文选》,中央文献出版社1993年版,第86~87页。
④ 《周恩来经济文选》,中央文献出版社1993年版,第87页。
⑤ 《周恩来年谱(1949—1976)》上卷,中央文献出版社1997年版,第228页。
⑥ 《周恩来年谱(1949—1976)》中卷,中央文献出版社1997年版,第261页。
⑦ 《周恩来年谱(1949—1976)》中卷,中央文献出版社1997年版,第422页。

为一条有利于生产的河。"①总之,这些重要的指示进一步确立了治水在发展中国农业、工业、交通运输业等社会主义经济建设中的重要地位。

周恩来的标本兼治的治水思想,在很大程度上体现了当前利益和长远利益相结合的精神。治标,主要解决当前利益问题;治本,则是解决长远利益问题。但治本的各种投入巨大,而且见效慢。因此,在治水活动中必须妥善处理好当前利益和长远利益的关系。当时上马三峡工程的条件尚不成熟。周恩来审时度势,本着标本兼施、积极稳妥、量力而行的精神,实事求是地做出了调整三峡建设步伐的决定。1958年,在周恩来的主持下,做出了先建设丹江口水利枢纽工程的重大决策。1970年,周恩来又做出了支持先上葛洲坝水利枢纽工程的重大决策。他在致毛泽东等的信中说:"兴建葛洲坝水利工程是可行的……至于三峡大坝,需视国际形势和国内防空炸的技术力量的增长,修高坝经验的积累,再在'四五'期间考虑何时兴建。"②建设丹江口和葛洲坝这两项大型水利工程,既是治理长江的治标工程,又是治本工程重要的有机组成部分。两大工程建成后,不但很好地发挥了防洪、发电、航运等综合效益,同时也为三峡工程的建设做了充分的实战准备,体现了可持续发展思想。

三、植树造林——青山常在,永续作业

新中国成立后,我国林业建设虽然取得了显著的成绩,但是,由于种种原因,水土流失和荒漠化问题仍然十分突出,形势十分严峻。目前全国"水土流失面积356万千米,占国土总面积的37%,严重的水土流失平均每年使土壤流失量达50亿吨。严重的水土流失导致耕地减少,土地沙化,制约着经济的可持续发展"③。早在50多年前,周恩来就尖锐地指出:"我最担心的,一个是治水治错了,一个是林子砍多了,治水治错了,树砍多了,下一代人也要说你。""工业犯了错误,一二年就可能转过来,林业和水利上犯了错误,多少年也翻不过身来。"他多次强调:"植树造林是百年大计。"④今天,我们重温周恩来"植树造林是百年大计"的思想,对于科学认识国情林情,科学认识农业、水利、林业建设的相互关系,科学认识林业建设在我国社会主义现代化建设中不可替代的重要地位和作用,科学认识规划和

① 《周恩来选集》下卷,人民出版社1980年版,第434页。
② 《周恩来经济文选》,中央文献出版社1993年版,第625页。
③ 田宁宁:《加强水土保持 保护生态环境》,《天津科技》2012年第4期。
④ 《周恩来经济文选》,中央文献出版社1993年版,第588页。

建设大型生态综合治理工程的重要性和紧迫性,从而把林业建设作为社会主义现代化建设和民族生存可持续发展的"百年大计"来抓是很必要的。

1961年4月,周恩来陪同缅甸总理吴努到西双版纳访问期间,强调"保护森林资源、保护生态平衡问题的重要性"①。他对在西双版纳自治州工作的植物学家蔡希陶说:"这里是富饶美丽之乡,如果破坏了森林,将来也会变成沙漠。我们共产党人就成了历史的罪人,后代就会骂我们。"并嘱咐:"一定要研究这个问题,要解决好合理开垦,保护好自然资源,改造好大自然。要做人民的功臣,可不要做历史的罪人。"②1962年11月中央工作会议期间,周恩来约见林业部负责人谈话,指出:"采伐是有条件的,再不能慷慨地破坏自然,对此要慎重,林区开荒也要注意这个问题,违背自然规律什么都做不通。"同一次会议上,周恩来指出:"林业的经营要合理采伐,采育结合,一定要越伐越多,越多越伐,青山常在,永续作业。"③从20世纪60年代初起周恩来针对林业生产中重采伐、轻育林的错误做法多次指出:长此下去,林业生产在几十年后要出现生产中断的危险,我们将会犯"吃祖宗饭、造子孙孽"的历史错误。④ 他还曾语重心长地说:"我国森林覆盖率只有百分之十多一点。十六年来,全国砍多于造,是亏了。二十世纪还剩下三十几年,再亏下去不得了。""西北黄土高原搞了多少年造林啦? 劳大功小,要很好总结经验。陕北防沙林带有人烟,地下水浅,就可以造林。靖边、定边高原上水位低,不容易成林。要有选择、有阵地地前进。""西北局要搞一个领导小组,管农垦、水土保持。农村互相支援有好处。植树造林是百年大计,总得坚持到二十一世纪。"⑤

综上所述,周恩来可持续发展思想内容十分丰富,是我国人民宝贵的精神财富,也是我国进行社会主义现代化建设的宝贵经验。新中国成立60多年的社会主义建设实践表明,周恩来可持续发展思想是有创见、有远见、有着重要指导价值的。

在新中国成立后的执政生涯中,周恩来以战略家特有的洞察力,敏锐地认识到环境保护和生态建设是关系到中华民族和人类社会生存发展的大事。他主张发展水利、保持水土,植树造林、平衡生态,保护环境、造福人民,其可持续发展思

① 《周恩来年谱(1949—1976)》中卷,中央文献出版社1997年版,第404页。
② 《周恩来年谱(1949—1976)》中卷,中央文献出版社1997年版,第404—405页。
③ 《周恩来年谱(1949—1976)》中卷,中央文献出版社1997年版,第509页。
④ 《周恩来选集》下卷,人民出版社1980年版,第529页。
⑤ 《周恩来选集》下卷,人民出版社1980年版,第446—447页。

想内涵既丰富又深刻。虽然受当时历史条件的局限,周恩来的可持续发展思想中的某些观点,还带有计划经济时代的痕迹;虽然受极"左"思潮的影响和政治运动的冲击,在实践中未能得到完全的贯彻实施。但并不影响周恩来可持续发展思想的光辉。

在新的历史时期,我们必须贯彻可持续发展思想。可持续发展是一种注重长远发展的经济增长模式,指既满足当代人的需求,又不损害后代人满足其需求的能力;可持续发展就是要促进人与自然的和谐,实现经济发展与资源、环境相协调。在发展中,把节约资源、保护环境、兴修水利和植树造林放在重要的位置上,坚持走生产发展、生活富裕、生态良好的文明发展道路,保证一代接一代地永续发展,这与周恩来的可持续发展思想是一脉相承的。当今,在实现中华民族伟大复兴中国梦的进程中,深入研究、继承这一思想,对稳中求进推动中国经济社会持续健康发展具有十分重要的理论价值和现实意义。

周恩来生态文明观及其现实影响 沈安龙*

　　生态文明是继人类农业文明和工业文明之后的更高形态的文明,是包含了人与自然、人与人和谐相处的文明。对于"生态文明"这个概念,周恩来总理虽然没有系统提及,但是,周总理可以说是新中国生态建设事业的开拓者和奠基人。在他长达26年的政务活动中,关于发展水利、植树造林、保护环境等诸多主张,融入了许多关于生态文明的思考和实践,在当代仍然具有极大的指导与现实意义。

一、周恩来的生态文明观

　　周恩来总理的生态文明观主要体现在发展水利、植树造林和保护环境三个方面。

　　第一,治水是治国安邦的大事

　　中华民族有着悠久的治水历史,但受自然条件、生产力水平和社会制度等方面制约,严重的水旱灾害一直困扰着国家和民族的发展。因此,周恩来特别指出"治国必先治水",强调"兴水利,除水害,是治国安邦的大事"。在26年里,他亲自过问每一条大江大河的治理,亲自主持了每一项重大水利政策的制定。

　　发展水利要治本长效。由于历史等诸多原因,我国很多河流长期失修,黄河、淮河等大江河流,几乎年年有灾,给人民的生命财产安全造成极大危害。因此,1950年8月,周总理指出,"必须大兴水利,根绝水患,我们不能只求治标,一定要治本,要把几条主要河流,如淮河、汉水、黄河、长江等修治好。"此外,周总理认为,兴修水利不仅在于克服水患,更在于变害为利,促进生产,造福于民。

　　发展水利要继承创新。周恩来多次强调要注意总结历史上的治水经验、教训。他曾指出:"治水不是一件容易的事,中国两千多年治水的历史有一套经验,要很好地研究。"在总结三门峡水利枢纽工程的教训时,他说:"洪水出乱子,清水也出乱子。我们的老祖宗有一套经验,但是我们对老祖宗的经验也不注意了。"同

---

　　* 沈安龙,绍兴市旅游集团有限公司董事长。

时,他也认识到,仅仅依靠老经验、老方法是远远不够的,必须与时俱进,提高治水水平,他提出,"治水为了用水。从现在的蓄泄并重,提高到以蓄为主;从现在的防洪防汛,减少灾害,提高到保持水土,发展水利,达到用水目的"。

发展水利要直面现状。周总理坚持实事求是,直面中国的水污染等生态环境问题。在"文化大革命"的特殊年代,周恩来力排"左"的干扰,直面中国的水污染现状。1972年6月为参加联合国首届人类环境会议,周恩来在审阅报告草稿时,发现其中大讲中国取得的建设成就,而对污染、公害问题却只字未提,他要求在报告中还原事实,承认中国也存在环境污染。

第二,植树造林是百年大计

周总理一直都把我国的林业发展事业放在心中,认为"植树造林是百年大计"。概括起来,周总理在植树造林方面的主张主要有:

植树造林是林业的核心工作。新中国成立初期,工业基础十分薄弱,木材是支撑国家建设的重要原材料,而大量采伐森林,使森林资源大幅度下降,将会导致资源枯竭等一系列生态问题。周总理是最早洞察到这一问题的国家领导人之一。新中国成立仅几个月,他就主持召开了第一次林业工作会议,讨论并通过林业工作的一系列重大决策,制定《关于全国林业工作的指示》,之后又相继做了森林防火、水土保持、群众育林护林等指示。他在接见出席会议的有关负责同志时指出:"过去光看到林区采伐,我看林业部主要还是抓造林,尤其要把主要力量放在南北方造林上。"

要千方百计保护森林。周总理特别强调对森林资源的管理保护。他曾指出,"工业犯了错误,一二年就可能转过来,林业和水利犯了错误,多少年也翻不过身来。我最担心的,一个是治水治错了,一个是林子砍多了"。1950年,他指出,"我国森林基础太小,林政不修,森林采伐不按科学的方法,这都需要大力整顿。不科学的采伐,没有护林和育林,森林地带也会变成像西北那样的荒山秃岭"。1962年,他到吉林延边视察,一再叮嘱:"千万要注意保护森林,这是关系到国计民生、子孙后代的问题。森林保护不好,后代会骂我们的,那还搞什么社会主义。"

林业科技要先行。周总理十分重视林业科技,第一届中央人民政府成立时,他任命林学专家梁希为林垦部(后改为林业部)部长,并多次对林业科技人才培养提出具体的要求,指示要充分发挥林业科技人才的作用。1952年,林业部梁希、李范五等部领导,为加快开发大兴安岭林区,向政务院提出了引进苏联专家与技术设备,进行森林航测的方案,在周总理的关怀和重视下,该项目经国家批准列入苏联对我援建项目,并组织实施。从此,开创了我国利用国外先进技术进行森林资源航测的新局面。

第三,环境治理要为后代着想

周恩来总理认为搞好环境保护工作不仅有益于维护人民健康、造福子孙后代,而且还有益于社会主义制度优越性的发挥。他一再提出"环保问题一定要有个人管起来",反复叮嘱大家,"要为后代着想"。为此,哪怕在"文化大革命"那个动荡的年代里,他对环保工作也毫不懈怠。有关资料表明,仅1970年到1974年的4年里,周恩来有关环境保护的讲话就达30多次。

1971年4月5日,周恩来在谈到环境保护问题时指出:"在经济建设中的废水、废气、废渣不解决,就会成公害。"1973年8月,在周总理的指导下,国务院召开了第一次环境保护会议。会议取得了三个主要成果:做出环境问题"现在就抓,为时不晚"的结论;确定了我国第一个环境保护工作方针;审议并通过了我国第一部环境保护法规。1974年10月,全国性的环境保护机构——国务院环境领导小组正式成立,各地也陆续建立起环境保护机构,标志着我国的环保事业开始步入正轨。

二、周恩来生态文明观的现实意义

面对沙尘暴仍然肆虐,全球气候日趋变暖的趋势,在环境破坏速度仍然快于建设速度的今天,人类正在开始承受以资源型发展带给我们的沉重代价。与此同时,注重生态文明,共创美丽家园,也正在成为人们的普遍共识与行动自觉。

在这样的背景下,周总理其具有前瞻性、实践性、科学性、人民性等鲜明特点的生态文明建设思想,对绍兴当前以"五水共治"为重点的生态文明建设,更具有十分重要的指导意义,给予我们工作以现实启迪。

首先,生态文明建设要始终坚持惠及民生

周总理无论是谈环境保护意义,还是谈环境保护措施,都始终着眼于维护人民的利益,着眼于经济社会的可持续发展。他多次强调要处理好眼前利益与长远利益的关系,局部利益与整体利益的关系,战术问题与战略问题的关系。水是生产之基、生态之要、生命之源,人与自然都离不开水。如今,我们以"五水共治"为突破口,推进生态文明建设,既优环境又惠民生,既扩投资又促转型,可以说"治水"就是抓生态、就是抓转型、就是抓民生。这与周总理一直秉持的生态建设要体现人民性的观点是一脉相承,对当前抓好"五水共治",建设"两美绍兴",有着重要的指导意义。

其次，生态文明建设要始终坚持着眼长远

新中国成立初期，全国上下还没有形成环境保护的共识，周总理就敏锐地意识到在中国的工业化过程中，也将面临环境公害问题。他提出治理环境污染要坚持"预防为主"原则，避免重蹈西方国家"先污染，后治理"的覆辙。如今，"江南水乡没水喝"的尴尬，已让我们尝到了粗放发展的苦果。牢固树立"绿水青山就是金山银山"和"山水林田湖是一个生命共同体"的理念，"早抓事半功倍，晚抓事倍功半"的意识，以治水倒逼转型，推进绿色发展、科学发展、可持续发展，这正是周总理生态文明建设前瞻性给予我们的启示之一。

再次，生态文明建设要始终坚持科学治水

周总理生态文明建设的思想是开放的，他多次强调，兴修水利，保护环境，要注意总结历史上的经验、要虚心学习国外经验，要加强理论研究提高水平。正因为周恩来的求知精神，我国在生态文明建设上少走了一些弯路。这对当今的"五水共治"更具有深远的指导意义，需要我们在治水中努力做到：把握规律，科学化治水；统筹兼顾，系统化治水；广泛发动，全民化治水；久久为功，常态化治水。

三、把弘扬周恩来生态文明观与实践有机结合起来

绍兴，伴水而生，因水而兴，"治水文化"积淀深厚，古有"大禹治水"，今有"五水共治"。今年，在我省建设"两美浙江"总目标的指引下，在"五水共治"总号角的鼓舞下，绍兴市做出了"重构绍兴产业、重建绍兴水城"战略部署，坚持以治水为突破口，推进转型升级，提升城市品质，努力把绍兴打造成为宜居宜业宜游的现代水城。为此，我们要大力弘扬周总理生态文明建设思想，积极推进"美丽绍兴、美丽生活"建设。

第一，要着力建设绍兴水城

兴水利，除水害，是治国安邦的大事，"治国必先治水"。同样，建设美丽绍兴、美丽生活，也需要我们先治好水。水是绍兴的血脉，良好的水质是城市环境优化的前提，因此必须要铁腕治污、爱心护水。我们应下大决心，花大力气，进一步通过畅流、截污、清淤、洁面、拆违、护岸等多种方式改善河道水质，要切实加强生态文明宣传教育这一理念，引导全市人民树立起人与自然和谐相处的绿色生活观念，自觉选择节能环保的生活方式，养成健康、绿色的生活习惯，努力营造共建美丽绍兴的浓厚氛围。

第二,要着力构建生态环境

"植树造林是百年大计",生态环境直接关系到人民群众的身心健康、生活质量和幸福指数,关系到社会的和谐稳定。我们要坚持以人为本,深入开展绿色创建活动,努力推进"爱鸟周""森林文化节"等活动的举办,不断壮大生态环保志愿者队伍。特别是要围绕国家森林城市的建设,积极发展绿色建筑,推进城镇园林绿化,适地适树,见缝插绿,形成合理的绿色空间网络结构。严格环境执法监管,加强环境信息公开,持续加大环境执法力度,有效遏制环境违法行为,建立良好环境的秩序。

第三,要着力推进科学治理

建设美丽绍兴,核心在于人与自然和谐发展。因此,我们必须坚定不移地"要为后代着想",坚持发展绿色经济,优化产业布局,加快淘汰高污染高能耗的落后产业,抵制任何形式以破坏环境为前提的经济发展。全面深化循环经济发展建设,大力发展生态循环农业,生态旅游、健康养生等产业,加快形成高效益,低污染,低耗能的生态产业体系。统筹城乡发展,鼓励资源节约型,环境友好型企业发展,推进低碳试点示范,大力发展清洁能源,减少温室气体排放,拒绝城市热岛效应。

为什么能够成为周恩来 杨明伟[*]

——再谈周恩来思想方法的总体特性

　　探寻一位历史伟人如何能够令不同体制的其他国家领导人和世界人民所尊重和赞赏,如何能够令中国各党派各民族的人们所敬仰和怀念。对这个问题,人们可以从不同的感受去观察和体会,学者们也可以从不同的角度去认识和分析。我个人认为,思想方法(包括由此而形成的工作方法)的独特性,是我们认识周恩来的一个重要窗口。

　　周恩来的思想方法,从总体上看,就是唯物辩证的方法,是马克思主义唯物论与辩证法的高度统一体,是辩证唯物论的世界观和方法论的"一致体"。笔者曾经写过文章,大致归纳了周恩来思想方法的六个显著特性。

　　一是求真性。讲究求实、求真。一切从实际出发、实事求是。这是周恩来思想方法的基本出发点和最大特点。

　　二是辩证性。讲究辩证思考,不走极端。注重从对立统一的角度认识和分析问题。这是周恩来思想方法的基本特点或精髓。

　　三是整体性。讲究把握唯物辩证法的整体性原则,善于从大局、全局和整体出发考虑问题。这是周恩来认识和处理问题的一个重要战略支点。

　　四是前瞻性。讲究从事物的发展变化上去认识事物,关注事物发展的主要趋势和前进方向。这是构成周恩来思想鲜活和思维活跃的基本元素。

　　五是细密性。讲究思考问题和观察事物既要从大局着眼又要从细微处着手,对具体问题进行具体分析。这是贯穿周恩来认识和处理问题全过程的灵魂。

　　六是包容性。讲究求同存异,善于团结各方力量,在共同点上统一矛盾,凝聚最广泛的同盟军共同完成历史重任。这是周恩来处理人与人之间、社会集团之间关系的思想基点,体现一种境界和胸怀。

　　周恩来思想方法的以上特性,是相互联系、相辅相成的。这些总体特性的辩

---

　　* 杨明伟,中央文献研究室研究员。

证统一,使得他的思想方法构成一个有机关联的系统。而在这个系统中,求真性和辩证性是它的核心。有一位外国友人正是抓住了这一特征,曾经做过这样的评价:"周恩来从来不是一个狂想主义者和极端主义者。"①这种评价,恰当而准确。

周恩来思想方法上的这些特性,既源于他确立的马克思主义的世界观,也源于他丰富的革命和建设实践。周恩来认为,要解决思想方法问题,必须首先解决世界观问题。所以他经常强调"要学哲学"。他认为:"哲学解决我们的世界观问题、思想方法问题。我们要破除唯心主义、形而上学的世界观,树立辩证唯物主义的世界观。不学辩证唯物主义就无从批判唯心主义和形而上学。我们应该掌握这种马克思主义哲学,作为我们日常分析问题的武器,把它运用到实际生活中去。"②正因为掌握了马克思主义的世界观,才使得周恩来在实践中能够把握正确的思想方法,并运用得娴熟自如、特性鲜明。

从历史和现实的双重视角,重新梳理周恩来在思想方法上的一些特性,有几个出发点特别值得我们关注。

一、善于抓根本,看事实,实事求是,一切从实际出发

求实、求真的特性,贯穿在周恩来实践活动的各个环节和思想方法的各个层面。早年在确定自己的思想信仰时,周恩来就表达过,自己"求真的心又极盛","对于一切主义开始推求比较"③。革命战争时期,他明确表示,自己崇尚"俄国人的革命胆略;美国人的求实精神"④。到了建设时期,周恩来多次提醒人们:"对群众的积极性不能泼冷水,但领导者的头脑发热了的,用冷水洗洗,可能会清醒些。""脑筋热了,拿冷水洗一下好。"⑤人们公认的周恩来"不善狂想"的思维特点,在革命和建设的各个阶段中都体现得非常明显。

周恩来曾经在两个角度求实的角度上,概括过毛泽东思想的根本或精髓:一是从实事求是的视角来概括。他将毛泽东思想的精髓(或核心)"实事求是",独具特色地阐发为四条方法论原则:"说真话,鼓真劲,做实事,收实效。这四句话归纳起来就是:实事求是。"⑥他把作为理论基石的"实事求是",从思想方法层面进行

---

① 转引自石仲泉《周恩来是运用辩证唯物主义哲学的典范》,《文献和研究》1984 年第 11 期。
② 《周恩来教育文选》,教育科学出版社 1984 年版,第 218 页。
③ 《周恩来书信选集》,中央文献出版社 1988 年版,第 41 页。
④ 《周恩来选集》上卷,人民出版社 1980 年版,第 132 页。
⑤ 《周恩来选集》下卷,人民出版社 1980 年版,第 190～191 页。
⑥ 《周恩来选集》下卷,人民出版社 1980 年版,第 350 页。

概括,突出了其中的"真"和"实"这一最根本的内容。

二是从群众路线视角来概括:一切从实际出发反映在历史观上,即一切从群众利益出发,面向人民群众。周恩来曾经从领导和群众的关系角度来解读过毛泽东思想,他说:"'不能脱离实际,不能脱离群众',这是毛主席的根本思想。"①这种对毛泽东思想的独特概括中,就包含了求实的特性和彻底的唯物主义的观点。

对周恩来思想方法中的这一特性,李先念曾经做过特别的概述:"周恩来同志是一位既有革命胆略又有求实精神的共产主义者。他在每一重大斗争中,善于把两者结合起来。他是非常务实的人,时刻不忘实事求是这一原则。"②

二、善于抓大节,看主流,扭住重点和带关键性的问题不放

从大节和主流着眼,抓住重点和关键性环节,是周恩来思想方法的一个固有的特点。在对待主流与支流的问题上,他经常强调,支流毕竟"只是支流,不能影响主流","也不会让它影响主流"。③ 他告诫人们,看问题首先要"承认主流"。④

周恩来考虑问题和处理问题,首先善于抓大事和关键环节。以 1963 年处理"跃进号"沉船事件为例,就充分体现了他的这种思想方法上的特点。一是他抓住重大事件的关键环节,亲赴现场指挥调查;二是他要求"主要领导干部不但要亲临第一线,还要善于抓住带有关键性的问题不放,一抓到底";三是他善于从事件中提出制度性规定:"对于重大问题,我们主要领导干部,一定要亲自出马,这要成为一条规矩。"⑤

有人说,"细节决定成败"。乍一看,这种似是而非的说法好像有道理。因为历史事件的发生确有许多关键细节在起作用,存在一些偶然性。但是,细细斟酌,这句话与唯物史观有些相悖。历史发展的走向从来都是由客观规律决定的,换句话说,是由"大节"决定的。如果只看到一些小细节,看不到历史的大关节和规律性,我们的思想方法和认识取向就会走偏,甚至会得出一些违背历史发展本原脉络的结论。因此毛泽东强调:"要抓大节,抓大方向,防止在一些枝节问题上纠缠。"⑥应该说,在这个问题上,周恩来与毛泽东等老一辈有远见的政治家一样,都

---

① 《周恩来年谱(1949—1976)》中卷,中央文献出版社 1997 年版,第 767 页。
② 《不尽的思念》,中央文献出版社 1987 年版,第 3 页。
③ 《周恩来文化文选》,中央文献出版社 1998 年版,162 页。
④ 《周恩来文化文选》,中央文献出版社 1998 年版,683 页。
⑤ 《周恩来年谱(1949—1976)》中卷,中央文献出版社 1997 年版,第 553 页。
⑥ 《建国以来毛泽东文稿》第 12 卷,中央文献出版社 1998 年版,第 440 页。

是这种"大节论"者,是彻底的历史唯物论者,他们正是抓住了历史的大关节,才得以推动历史前进的。

三、善于抓细节,看全局,思考问题的周密如水银泻地

在抓住了大节的前提下,周恩来也善于抓细节。早在青年时期,他就养成了对事物进行独立观察和细密分析的习惯。早在南开学校的一篇作文中,他就写了自己的感悟:"物虽微,理所据也。事虽细,神所系也。观一物之结构,而后知万象之生理。察一事之组织,而后洞人类之精神。"①在后来长期的革命和建设实践中,他的思想方法和工作方法逐渐走向了抓大节与抓细节的高度统一。

作为长期处于党的中枢地位或枢纽环节的一位领导人,作为一国总理,周恩来在党和国家的政治生活中,一个极为重要的职责是要组织执行或贯彻落实党和国家的重大方针政策。实践经验告诉他:"要落实就要考虑细致些。"②极为复杂的局面和极为艰苦的环境,迫使他养成细密地分析问题和周到地处理问题的习惯,做到临阵而不乱,临难而有法。一些与他熟悉的人对此感受极深,李先念曾说过:周恩来"考虑问题的周密和细致是出了名的"③。郭沫若和屈武等亲历者也曾深有感触地评论:"周恩来思考事物的周密有如水银泻地,处理问题的敏捷有如电火行空。"对周恩来思想方法中的细密性,对他思考问题的周密和处理问题的周到,他们毫不掩饰地钦佩:"向来是心悦诚服的。"④

周恩来善于抓细节,但并不是只看到局部。他抓的是全局和整体中的关键细节。比如在全面主持新中国政府工作的过程中,周恩来历来主张要把局部放在整体和全局中去考虑,避免认识和实践的孤立性和盲目性。他始终强调:"观察问题总要和全局联系起来,要有全局观点。"⑤他时常告诫有关部门的领导人:"大家都要为整个国家利益着想,不能只考虑自己那一部门。在一个局部看来是很好的事,但整体看就可能有问题。"⑥

以往评论周恩来,曾有人将他的思想方法和工作风格归入关注细节或"举轻若重"一类。他自己也说过,在为党、国家和人民群众利益操劳的过程中,"抱有战

---

① 《周恩来早期文集》上卷,中央文献出版社、南开大学出版社1998年版,第203页。
② 《周恩来经济文选》,中央文献出版社1993年版,第631页。
③ 《不尽的思念》,中央文献出版社1987年版,第3页。
④ 郭沫若:《洪波曲》,人民文学出版社1979年版,第206~207页。
⑤ 《周恩来选集》下卷,人民出版社1980年版,第435页。
⑥ 《周恩来经济文选》,中央文献出版社1993年版,第631页。

战兢兢、如临深渊、如履薄冰的谨慎态度"①，"戒慎恐惧地工作"②。但这只是问题的一面。事实上，周恩来有时"举重若轻"，有时则"举轻若重"。应该说，作为一个杰出的领导者，在周恩来身上充分体现了"举轻若重"与"举重若轻"的高度统一。

四、善于抓两点，看对立统一，搞两条腿走路

与周恩来接触过的中外人士都公认他从来"不走极端"，他本人也早在青年时期就表达过自己"与其各走出极端，莫若得其中和以导国人"③的思想方法。还有人说周恩来奉行的是"中庸之道"。其实这反映出的正是周恩来思想方法中的辩证性特征。周恩来认识和处理问题，习惯辩证思考，坚持两点论。他经常批评那些缺少辩证法的人，"总容易看到一面，忽略或不太重视另一面，不能辩证地看问题"④。周恩来之所以能够成为"解决困难的能手"和"解决矛盾的大师"，靠的正是娴熟地运用对立统一的矛盾法则，善于正视矛盾，始终看到事物的两面性，从而周全地处理纷繁复杂的问题。

新中国成立后，面对复杂的国际国内问题，周恩来更加强调两点论，反对一点论。他不断提醒党内同志，搞社会主义建设要注意思想方法和工作方法，要讲辩证法。他明确提出："要从思想方法学会两条腿走路。""两条腿走路，就是对立的统一……对立统一本身就是两条腿，既要有结合，又要有主导（也就是矛盾的主要方面）；这是我们的哲学思想，也是我们主要的工作方法。"他认为如果"总是强调某一方面，变成一条腿，一条腿走路，难免就要跌跤"⑤。

在实际工作中，周恩来经常强调，贯彻对立统一的法则，就要在思想方法和工作方法上学会"两条腿走路"。他多次提到，"大跃进"发生后他有一篇关于"两条腿走路方针的讲话"，后来一直被一些部门领导人"打入'冷宫'"，不让传达。对这种做法，他表达了少有的不满情绪，明确表示："使我难过"，"叫人不免有点情绪"⑥。由此可见对立统一法则和辩证思维原则在周恩来思想方法中所占的重要位置。

---

① 《周恩来年谱（1949—1976）》下卷，中央文献出版社 1997 年版，第 562 页。
② 《周恩来选集》上卷，人民出版社 1980 年版，第 132 页。
③ 《周恩来书信选集》，中央文献出版社 1988 年版，第 24 页。
④ 《周恩来选集》下卷，人民出版社 1980 年版，第 438 页。
⑤ 《周恩来文化文选》，中央文献出版社 1998 年版，第 186、182 页。
⑥ 《周恩来选集》下卷，人民出版社 1980 年版，第 324 页。

五、善于抓变化，看发展，不僵化、不凝固

熟悉周恩来的人经常听到他讲这样一句话："活到老,学到老,改造到老。"他还说："我自己也是这样做的,停顿就是落后,落后就要思想生锈。"他提醒人们,"我们正处在继往开来的时期",要关注其中的发展变化,"只有不断地学习、改造,才会不断地前进"。①

事物是不断地发展变化的,但并不是每一个人都能自觉地以发展的眼光看问题。而周恩来善于捕捉事物发展变化的能力和从不僵化保守的眼光却特别明显。他历来反对思想僵化保守,他经常提醒人们,要掌握马克思主义关于事物发展变化的观点,"必须全面地发展地考虑问题","要看到变动的情况"②。他经常提醒人们,"如果不肯多用脑筋,不吸收新的东西,思想就容易僵化"。他也提醒自己:"我现在非常担心自己,工作这样多,想的功夫少,搞不好,思想就容易离不开那个旧轨道。"③

在领导制定新中国建设方针和各种政策的时候,周恩来着重强调要看到长远、看到发展,要有这样的"出发点":"应当立足现实,瞻望前途。""必须瞻前顾后,有一个远期的奋斗目标。"④这一出发点体现的就是前瞻性的思想方法,包含了发展的眼光和长远的观点。在分析人的思想状态时,周恩来也特别注意用发展的眼光去看问题,关注人的思想变化。他提出:每个人必须适应客观矛盾发展的需要,加强思想改造。他特别强调党政领导干部、知识分子、民主人士和亲属等要过"五关",其中第一关就是"思想关",讲的就是不断进行思想改造的问题。他告诫大家:"只有不断地学习、改造,才会不断地前进。"⑤

剖析周恩来的思想方法,我们发现其中有许多特有的生动性。这种生动性的一个主要的原因,就是源于他对事物和人的发展变化性的生动把握。他始终善于观察变化的因素,善于把握发展的趋势。在观察和思考问题时,他总是从长远的、动态的角度出发,看到事物的发展变化,力图避免短视和认识凝固。

———————————

① 《周恩来统一战线文选》,人民出版社1984年版,第360页。
② 《周恩来选集》下卷,人民出版社1980年版,第54、436页。
③ 《周恩来文化文选》,中央文献出版社1998年版,792页。
④ 《周恩来经济文选》,中央文献出版社1993年版,第516、518页。
⑤ 《周恩来统一战线文选》,人民出版社1984年版,第361页。

六、善于抓共同点，看异中之同，求同而存异

人们公认，周恩来是"求同存异"的大师。这指的就是周恩来在认识和处理同一性和差异性关系问题上体现出的高超水平。周恩来思想方法的一个重要特点，就是善于"在共同点上把矛盾的各方统一起来"。这也反映出他思想方法中的包容性，揭示出一个有内涵的领导者高深的哲学素养。

周恩来曾经概括过"毛泽东同志的领导艺术"，即"要照顾全局，照顾多数，以及和同盟者一道干"①。要达到这样的领导艺术，就必须懂得运用唯物辩证法。因此周恩来强调，在复杂的矛盾关系中，不仅要看到矛盾双方的对立属性或斗争属性、差异性，而且要非常注意被列宁称为"活生生的东西"的矛盾的同一性。他提出了有关求同存异、注重对立统一的系列思想及其方法。在处理国内问题时，强调团结、合作，建立最广泛的统一战线；在处理国与国之间的关系问题时，根据不同情况阐述并运用了一整套"求同存异"的原则，如："从异中求同""求大同存小异""求同抑异""求同立异"等等。

但是，周恩来所强调的"求同""团结"等意，与调和、折中的观点有着原则性的区别。周恩来求同性的思想方法，是在对立统一的矛盾关系中解决矛盾双方"共处于一个统一体中"的问题的辩证方法，包含了"和而不同"的成分。为了区别于无原则的机械拼合和一味妥协让步的调和做法，周恩来经常强调："所谓团结，是在原则性基础上的团结。有分歧，我们要从团结的愿望出发，经过适当的批评或斗争，在新的基础上达到团结。"②他强调的团结和统一矛盾，并不是忽略矛盾，"并不要求各人放弃自己的见解"③，更不是妨碍个性的发展。他说："我们在自己的队伍中，就是要强调统一与团结。统一矛盾并不妨碍个性的发展。"团结起来，"以全人类的力量来和自然界作斗争，这是多大的自由，多大的个性发展！""团结就是在共同点上把矛盾的各方统一起来。善于团结的人，就是善于在共同点上统一矛盾的人。"④他强调的"求同"，并不是要否认"异"，而是"从异中求同"，在"大同"中存"小异"，在"求同"中"立异"等等。

纵观周恩来思想方法上的各种特点及其高超运用，完全可以说，正是他的这

---

① 《周恩来选集》上卷，人民出版社 1980 年版，第 132 页。
② 《周恩来选集》下卷，人民出版社 1980 年版，第 302 页。
③ 《周恩来选集》下卷，人民出版社 1980 年版，第 154 页。
④ 《周恩来选集》下卷，人民出版社 1980 年版，第 29～30 页。

些思想方法上的独特性,才有了周恩来的思想魅力和精神影响力,才使得周恩来成为杰出人物、党的领袖、世界伟人,成为政治大家和解决问题的大师;也才使得他在我们党、国家和民族的历史上,留下了丰富的精神财富;在世界历史上,留下了深厚的足迹。

附录1：

中国中共文献研究会
周恩来思想生平研究会章程（修正草案）

第一章　总　则

第一条　本团体定名为中国中共文献研究会周恩来思想生平研究会（以下简称本团体）。

第二条　本团体为我国从事周恩来思想生平研究、周恩来纪念馆（地）管理单位、机构和人员自愿结成的全国性的、非营利性的、学术性的社会组织。

第三条　本团体以马列主义、毛泽东思想、邓小平理论、"三个代表"重要思想、科学发展观为指导，深入学习、研究、宣传习近平总书记系列重要讲话精神，坚持党的基本理论、基本路线、基本纲领、基本经验和基本要求，遵守中华人民共和国的宪法、法律、法规和国家政策，遵守社会道德风尚。旨在以周恩来思想生平研究和宣传教育为基础，加强同国内外学术界的沟通与联系，加强同全国各地周恩来纪念馆（地）的联系、交流与协作，组织和调动国内和国外的研究力量和宣传教育资源，进一步推进周恩来思想生平的研究与宣传教育工作，扩大研究成果和宣教基地的社会影响，进一步发挥党的文献工作在党的思想理论建设中的重要作用，为夺取中国特色社会主义新胜利、实现中华民族伟大复兴的中国梦贡献力量。

第四条　本团体为中国中共文献研究会的二级学会，接受中国中共文献研究会的业务指导和监督管理。

第五条　本团体住所设在北京市。

第二章　业务范围

第六条　本团体的主要业务范围包括：

（一）开展学术研究。广泛组织和协调相关研究力量，进一步推动周恩来思想生平的研究工作，努力形成有价值的研究成果，为党的思想理论建设、作风建设和干部队伍建设服务。

（二）开展学术交流和经验交流。通过学术年会、报告会、研讨会和科研成果的编辑出版和经验交流会、网站等形式，搭建交流平台，扩大周恩来思想生平和周恩来纪念馆（地）的研究成果、经验、信息和工作动态的交流，促进资源共享，提高周恩来思想生平研究队伍的思想理论、业务水平和周恩来纪念馆（地）保护、利用和管理能力。

（三）开展对外交流与合作。通过建立和拓宽同境外相关学术团体、研究机构、高等院校和教育基地的交流渠道，走出去、请进来，共同组织学术活动、共建活动、专家学者和管理人员互访等形式，促进和推动周恩来思想生平研究的对外交流。同时积极开展同境外相关研究机构的信息交流、人才交流和研究成果交流。

（四）开展宣传普及活动。以丰富多彩、通俗易懂的形式，把周恩来思想和生平的研究成果转化为宣传普及成果，组织专家学者编辑出版面向普通群众和青少年的通俗读物和音像出版物；充分利用报刊、图书、展览、影视和互联网等新媒体手段，对周恩来思想和生平进行多种形式的宣传普及活动。做好宣传和维护周恩来形象的工作，为巩固党的执政地位、凝聚党心、民心贡献力量。积极发挥周恩来纪念馆（地）的教育基地作用，推动周恩来的精神的传播和弘扬。

（五）开展全国各地周恩来纪念馆（地）的协作交流和联谊活动。

第三章　会　员

第七条　本团体的会员由团体会员和个人会员组成。团体会员，包括与周恩来思想生平研究和宣传教育密切相关的研究部门、党政机关、纪念场馆、高等院校、党校、干部管理学院、军队院校和社会团体，全国各地相关纪念馆、革命历史博物馆和档案馆等。个人会员，包括从事周恩来思想生平研究、编辑、宣传、教育等方面的专家学者和工作人员；热心支持周恩来思想生平研究和纪念馆（地）建设的各界人士。

第八条　申请加入本团体的团体会员和个人会员，必须具备下列条件：

（一）拥护本团体的章程；

（二）有加入本团体的意愿；

（三）在本团体的业务领域内具有一定的影响。

第九条　会员加入本会要遵循以下程序：

（一）提交入会申请书；

（二）经本团体办公室审核；

（三）经本团体理事会审议通过。

第十条 会员享有下列权利：

（一）本团体的选举权、被选举权和表决权；

（二）参加本团体举办的各项活动；

（三）获得本团体服务的优先权，优先享有本团体提供的信息资料和各类书刊，优先参加本团体举办的研讨会、报告会、培训班及各种学术、经验交流活动，优先享有本团体提供的各种理论研究成果、调研报告及咨询服务，优先参加本团体组织的有关调研、观摩、巡展等活动；

（四）对本团体工作的批评建议权和监督权。

第十一条 会员须履行下列义务：

（一）执行本团体的决议；

（二）维护本团体的合法权益；

（三）完成本团体交办的工作；

（四）按规定交纳会费；

（五）向本团体反映情况，提供有关资料。

第十二条 会员退会应向本团体办公室提出申请，经秘书长认可后，准予退出。

第十三条 会员如有严重违反本章程的行为，经理事会表决通过，予以除名。

第四章 组织机构和负责人产生、罢免

第十四条 本团体的最高权力机构是会员代表大会，会员代表大会由全体会员经过选举产生的代表组成。会员代表大会的职权是：

（一）制定和修改章程；

（二）选举和罢免理事；

（三）审议理事会的工作报告；

（四）制定和修改会费标准；

（五）决定终止事宜；

（六）决定其他重大事宜。

第十五条 会员代表大会每 5 年召开一次，须有 2/3 以上的会员代表出席方能召开，其决议须经到会会员代表半数以上表决通过方能生效。

第十六条　会员代表大会每届 5 年。因特殊情况需提前或延期换届的,须由理事会表决通过,报中国中共文献研究会审查并经社团登记管理机关批准同意。延期换届时间最长不得超过 1 年。

第十七条　理事会是会员代表大会的执行机构,经会员代表大会选举,由会长、副会长、秘书长、常务理事及理事组成。理事会在会员代表大会闭会期间领导本团体开展日常工作,对会员代表大会负责。

第十八条　理事会的职权是:

(一)执行会员代表大会的决议;

(二)选举和罢免会长、副会长、秘书长、常务理事;

(三)筹备召开会员代表大会;

(四)向会员代表大会报告工作和财务状况;

(五)决定会员的吸收或除名;

(六)决定副秘书长、各机构主要负责人的聘任;

(七)领导本团体各机构开展工作;

(八)制定内部管理制度;

(九)决定其他重大事项。

第十九条　理事会每年召开一次会议。有下列情况之一的,应召开理事会议。

(一)会长认为必要时;

(二)1/3 理事联名提议时。

情况特殊的,可以采用通讯形式召开会议。

第二十条　理事会须有 1/2 以上理事出席方能召开,其决议须经到会理事半数以上表决通过方能生效。若遇特殊情况或理事会难以召集时,可召开常务理事会代行理事会职权。

第二十一条　本团体设会长 1 名、副会长若干名、秘书长 1 名。会长、副会长、秘书长须经理事会或理事会委托的常务理事会选举产生和更换。

第二十二条　会长、副会长、秘书长必须具备下列条件:

(一)坚持党的路线、方针、政策,政治素质好;

(二)在本团体业务领域内有较大影响;

(三)会长、副会长、秘书长最高任职年龄不超过 70 周岁;

(四)身体健康,能坚持正常工作;

（五）未受过剥夺政治权利的刑事处罚；

（六）具有完全民事行为能力。

第二十三条　本团体会长、副会长、秘书长如超过最高任职年龄的，须经理事会表决通过，报中国中共文献研究会审查并经社团登记管理机关批准同意后，方可任职。

第二十四条　本团体会长、副会长、秘书长任期 5 年，任期最长不得超过两届。因特殊情况需延长任期的，须经会员代表大会 2/3 以上的会员代表表决通过，报中国中共文献研究会审查并经社团登记管理机关批准同意后方可任职。

第二十五条　会长为本团体法定代表人。

第二十六条　会长行使下列职权：

（一）召集和主持理事会；

（二）检查会员代表大会、理事会决议的落实情况。

第二十七条　秘书长行使下列职权：

（一）主持办事机构开展日常工作，组织实施年度工作计划；

（二）协调各分支机构、代表机构、实体机构开展工作；

（三）提名副秘书长以及各办事机构、分支机构、代表机构和实体机构主要负责人，交理事会决定；

（四）处理其他日常事务。

第二十八条　本团体根据需要，可由创会团体会员单位协商，经中国中共文献研究会批准，邀请名誉会长 1 名、顾问若干名。

第二十九条　本团体的常设办事机构为办公室，在理事会领导下开展工作。

第五章　经费管理

第三十条　本团体经费来源：

（一）收缴会费；

（二）国内外组织和个人的自愿捐赠；

（三）发起单位及业务主管单位资助；

（四）在核准的业务范围内开展活动或服务的收入；

（五）其他合法收入。

第三十一条　本团体按照国家有关规定收取会员会费。

第三十二条　本团体经费必须用于本章程规定的业务范围和事业的发展，不得在会员中分配。

第三十三条　本团体在主管单位的监管之下,建立严格的经费管理制度。

第六章　章程的修改程序

第三十四条　对本团体章程的修改,须经会员代表大会审议并表决通过。

第三十五条　本团体修改的章程,须在会员代表大会通过后 15 日内,经中国中共文献研究会审查同意,并报社团登记管理机关核准后生效。

第七章　终止程序

第三十六条　本团体完成宗旨或自行解散或由于分立、合并等原因需要注销的,由理事会提出终止动议。

第三十七条　本团体终止动议须经会员代表大会表决通过,并报中国中共文献研究会审查同意。

第三十八条　本团体终止前,须在中国中共文献研究会及有关机关指导下处理善后事宜。

第三十九条　本团体经社团登记管理机关办理注销登记手续后即为终止。

第八章　附　则

第四十条　本章程经 2014 年 11 月 13 日会员代表大会表决通过。

第四十一条　本章程的解释权属本团体理事会。

第四十二条　本章程自社团登记管理机关核准之日起生效。

杨凤城(中国人民大学党史系教授)

杨亚军(淮阴师范学院副书记兼副院长)

杨明伟(中央文献研究室《党的文献》常务副主编)

杨茂荣(中央文献研究室出版社总编)

沈　浩(南京中共代表团梅园新村纪念馆馆长)

沈安龙(绍兴市旅游集团董事长)

邱文利(天津周恩来邓颖超纪念馆)

邱小云(赣南师范学院副院长)

陈扬勇(中央文献研究室室务委员、第一编研部主任)

陈答才(陕西师范大学文科基础部教授)

周　铮(北京市文化产业创意中心)

周秉宜(周恩来亲属)

庞廷娅(淮安周恩来故居主任)

金延锋(中共浙江党史研究室主任)

姜玥鸿(天津周恩来邓颖超纪念馆信息部主任)

姜锡肇(中国海洋石油工程股份有限公司)

柳建辉(中央党校党史教研部主任)

费虹寰(中央文献研究室第二编研部副主任)

赵一心(中共江苏省委党史工作办公室副主任)

徐　行(南开大学周恩来行政管理学院教授)

徐塞声(中共重庆市委党史研究室主任)

殷　华(北京凯航科技有限公司总经理)

郭　鹏(共青团中央)

陶传铭(解放军南京政治学院训练部部长)

黄　玲(中共福建党史研究室副主任)

曾林平(中共浙江党史研究室副馆长)

曾绍晖(绍兴周恩来纪念馆馆长)

韩同友(江苏省盐城工学院党委书记)

潘敬国(中央文献研究室第二编研部)

刘德军(山东轻工业大学政法学院)

朱舒坤(中央文献研究室第二编研部)

齐德学(军事科学院)

邵维详(兰州军区政治部)

吴建宁(江苏电视台)

宋德才(大庆铁人王进喜纪念馆)

张　健(南开大学)

张小灵（遵义会议纪念馆）

张建儒(延安革命纪念馆)

张秋兵(淮安周恩来纪念地管理局)

张鲁鲁(重庆市委党史研究室)

李北群(淮阴工学院)

李　潇(淮安周恩来纪念馆)

李小萍(中央电视台)

李红喜(中央文献研究室科研管理部)

李洪河(河南师范大学)

李　勤(天津周恩来邓颖超纪念馆)

杨　光(中央文献研究室第二编研部)

杨　帆(沈阳周恩来少年读书旧址纪念馆)

杨发喜(《求是》杂志社国际部)

杨秉连(山东杨柳雪纪念馆)

沈　清（周恩来亲属）

肖燕燕(南昌八一起义纪念馆)

苏　毅(周恩来亲属)

邹亮辉(江西瑞金中央革命根据地纪念馆)

陈汉初(汕头市社科联)

袁　琳(八路军武汉办事处旧址纪念馆)

周　戎(周恩来亲属)

周　苓(周恩来亲属)

周　蓉(周恩来亲属)

周校水(南京市博物馆)

周描坤（中华英才杂志社）

季寿山（宝应县周恩来少年读书处）

季建平（常州明道科技集团有限公司）

吴爱珊（揭阳市博物馆）

杨　琪（广东革命历史博物馆）

罗永赋（四渡赤水纪念馆）

金新果（南京陆军指挥学院）

秦　彬（八路军桂林办事处纪念馆）

施春生（淮安周恩来纪念地管理局）

柳国庆（绍兴文理学院）

唐　蕊（中央文献研究室第二编研部）

郭　彬（南京三江学院）

查时启（大悟县宣化店纪念馆）

梁晓平（邢台地震资料陈列馆）

黄飞建（南京航空航天大学金城学院）

黄明理（河海大学公共管理学院）

韩兆乾（企业家）

廖毅文（总政宣传局）

薛　琳（延安干部学院）

魏　芬（中央文献研究室办公厅）

魏　涛（铁岭周恩来纪念馆）

林道琦（西安事变纪念馆）

魏继昆（天津师范大学）

潘兴祥（绍兴塔牌绍兴酒有限公司）

周恩来思想生平研究会第二届理事会
领导成员名单（按姓氏笔画排名）

一、会长

闫建琪（中央文献研究室室务委员、秘书长）

二、副会长

王小玲（南昌八一起义纪念馆馆长）

刘景泉（南开大学党委副书记）

朱　军（重庆红岩联线文化发展管理中心党委书记）

张　谨（淮安纪念地管理局局长）

沈安龙（绍兴市旅游集团董事长）

沈　浩（南京中共代表团梅园新村纪念馆馆长）

邱文利（天津周恩来邓颖超纪念馆副馆长）

杨亚军（淮阴师范学院党委副书记兼副院长）

赵一心（中共江苏党史办副主任）

金延锋（中共浙江党史研究室主任）

费虹寰（中央文献研究室第二编研部副主任）

徐塞声（中共重庆市委党史研究室主任）

陶传铭（解放军南京政治学院训练部部长）

黄　玲（中共福建党史研究室副主任）

三、秘书长

潘敬国（中央文献研究室第二编研部处长）

四、副秘书长

王庆华(重庆红岩联线文化发展管理中心科研处处长)

朱延华(淮阴师范学院宣传部部长)

纪亚光(南开大学马克思主义学院院长)

吴小宝(南京中共代表团梅园新村纪念馆编研部主任)

李清平(中央文献研究室第二编研部调研员)

周　铮(北京市文化产业创意中心)

庞廷娅(淮安周恩来故居主任)

姜玥鸿(天津周恩来邓颖超纪念馆信息部主任)

曾绍晖(绍兴周恩来纪念馆馆长)

后 记

　　2014 年 11 月,周恩来思想生平研究会和中共绍兴市委在绍兴联合召开"周恩来与中国道路探索学术研讨会"暨周恩来思想生平研究会 2014 年年会。来自北京、江苏、浙江、天津等省、市的作者共 100 余人进行了专题研讨。会后,我们将论文汇编成册,供研究者参考。错漏之处,祈请指正。

编　者
2015 年 5 月